교회를 세우는
요한계시록 강해

Today's Sermon Series

신동식 저

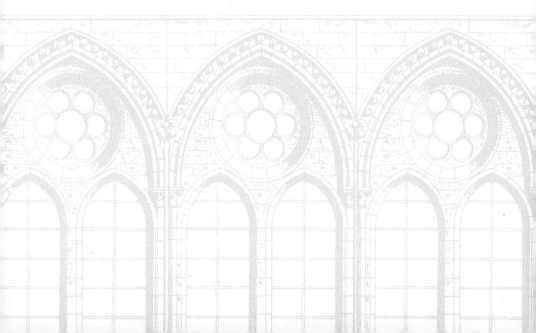

신동식

저자는 삶의 모든 영역에 하나님의 주인 되심을 증거하는 것을 소명으로 삼고 살아가는 전도자이며, 늘 정직한 질문을 던지고 성경을 통하여 정직한 답을 추구하는 탐구자이자 진리에 대하여 결코 양보하지 않고 정직하게 선포하는 설교자이다.

총신대신학대학원과 Reformed Bible College & Seminary(D.Miss)에서 수학했으며, 현재 기독교윤리실천운동 교회신뢰운동본부장, 문화와설교연구원과 개혁파선교협의회(RMA) 대표로 섬기고 있다. 실천의 현장으로서 고양시 덕양구 주교동에서 빛과소금교회를 섬기고 있다.

주요 저서로 『정직한 질문 정직한 답변』(토라), 『신뢰받는 교회를 위한 30일 여정』(예영커뮤니케이션), 『쉬운 창세기』 외 15권(프리셉트), 『변화는 가능하다』, 『믿음의 유일한 근거, 십자가』, 『청년, 길을 찾다』, 『기독교 세계관이 상실된 세상에서』, 『빠름에서 바름으로』, 『선교는 교회 세움이다』, 『도피 성도』, 『팬데믹과 교회격변』, 『비전인가, 욕망인가』(이상 우리시대) 등이 있으며 설교사역과 왕성한 저작 및 강연 활동을 하고 있다.

차 례

추천의 글

참 귀한 책이 한국의 교회 앞에 선사된다. 교회를 사랑하고 주님의 심장을 품고 그리스도의 장성한 분량에 이르기까지 성장하도록 목양하는 후배가 엄청난 작업을 이뤄냈다. 예수님께서 제자들에게 자기보다 더 큰 일을 하리라고 말씀하셨듯이 실지로 제자들은 땅끝까지 복음을 전하는 큰 일을 감당하였다. 예수님은 책 한 권도 자신의 이름으로 남기지 않았으나 제자들은 신약성경 27권이나 남겼다. 말도 많고 탈도 많은 것이 요한계시록 해석이다. 이단들치고 요한계시록을 설교하지 않은 자들이 없다. 그래서 오해를 살까 봐 요한계시록 강론을 미루거나 포기하는 설교자들이 대부분이다. 그 위대한 종교개혁자요 성경 박사인 칼빈조차도 요한계시록 주석을 남기지 않을 정도였는데 필연 그도 제자들이 자기보다 큰 일, 즉 계시록 강해나 주석을 집필하여 내놓을 것을 믿었을 것이다. 마침내 그런 사람이 또 하나 등장했다. 원당에서 빛과소금교회를 개척하여 19년째 담임하고 있는 신실한 목사이다. 늘 진리를 탐구하는 겸허한 자세로 주님의 말씀을 대하고 설교자로서 회중에게 양질의 양식을 제공하고자 온 힘을 기울이는 목사의 수고 열매이다. 교회에서 3년간 강론한 것을 책으로 엮어서 한국의 교회 앞에 내놓게 된 것을 진심으로 축하한다. 쉽지 않은 결정이지만 결단한 것은 강론하기 전 준비하고 기도하고 연구하고 깨달은 진리에 대한 검증을 나름 마쳤기 때문이었다고 믿는다. 말씀을 맡은 일꾼으로서 어떻게 요한계시록을 대하고 연구하고 선포해야 할지 고민하는 후배들이나 동역자들에게 디딤돌로 삼고 나아가기를 바라는 마음에서 내놓고자 결심하였을 것이다. 추천인으로서 요한계시록을 강론한 경험도 없고 그렇다고 강론집을 내놓은 적도 없는데 추천서를 쓴다는 것이 정말 자격이 없는 일이라고 생각한다. 그래서 부탁을 받아놓고서 2주가 지나갔다. 그래도 읽어보기라도 하고 추천서를 쓰자는 생각에 보내준 원고를 펼치면서 저자의 탐구정신과 목양정신 그리고 공교회정신을 엿볼 수 있게 되었다. 하나님의 말씀을 옳게 분별하여 부끄러울 것이 없는 일꾼으로 인정된 자로 네 자신을 하나님께 드리기 힘쓰라는 바울의 권면을 디모데가 받아 충성스러운 일꾼으로 교회를 돌보았듯이 그 일에 본을 보인 신동식 목사에게 감사하며 본 설교집 출간을 진심으로 축하하고 독자 여러분들에게 적극 추천함을 망설이지 않는다. 장차 도래할 하나님 나라, 그러나 현재 구현되고 있는 하나님 나라를 앙망하고 맛보는 은혜가 강론집을 읽는 모든 독자에게 넘치게 될 것을 확신한다.

서창원 목사 (한국개혁주의설교연구원 원장)

북극과 그린란드의 빙하가 너무 빨리 녹아내리고 있다는 소식과 더불어 지구 환경 위기에 대한 경종이 거세게 울리고 있지만, 교회마저도 종말에 대한 관심이 무덤덤해지고 있는 시절입니다. 한때 시한부 종말론에 근거한 휴거론 열풍이 교인들뿐 아니라 온 사회의 병리적 현상으로 여겨질 만큼 소요를 일으키고, 거대한 종말론적 사이비 집단이나 세대주의 종말론적 프레임에 기초한 음모이론이나 시한부 종말론들이 유튜브를 통해서 범람하고 있음에도 불구하고, 교회 내에서마저도 건전한 종말론에 대한 관심을 찾기가 어려운 시절입니다. 위기가 위기인 줄도 모르고 종교적 세속주의에 물든 이 시대 그리스도인들에게는 종말론적 경성(警醒)이 진정으로 필요하다고 늘 생각하는데, 신동식 목사님의 『요한계시록 강해』를 읽고 기쁨으로 추천사를 쓰게 됩니다. 요한계시록은 마치 열쇠를 잃어버린 (구형) 자물통이나 쇠문과 같다고 비유될 만큼, 해석의 키를 찾기가 어려운 본문이다 보니 지교회 강단에서 연속 강해의 텍스트로 사용되는 일이 드문데, 신 목사님은 각고의 노력을 기울여 본문을 연구하고 회중 적합성 있는 연속 강해를 진행했고 그 결과를 다듬어서 이처럼 강해서를 내어놓는 것을 보며 환영하는 바입니다. 본서는 개혁주의적 성경관에 기초하되 개혁주의 성경신학과 종말론에 있어 주요한 흐름인 무천년설의 관점에서 요한계시록이 해설되고 강론되고 있습니다. 하나님 나라의 현재성과 미완성에 대한 균형 잡힌 입장, 주님의 단회적인 재림과 곧바로 이어질 부활, 심판, 새 하늘과 새 땅 등에 대한 관점을 적실하게 잘 드러내고 있는 강해서입니다. 더욱이 요한계시록은 단순히 재림 직전의 세대를 위한 책이기만 한 것이 아니라 1세기의 회중들을 위하여 주어진 계시이자 만대의 교회를 위하여 적실성을 가진 텍스트라는 점을 잘 드러내주고 있습니다. 그런 의미에서 본 강해서는 교회를 세우는 건덕의 목적에 충실하다고 할 수가 있습니다. 본문과 세심하게 씨름하여 자세하게 강설하다 보니 책의 두께도 700쪽 가까이 되지만, 요한계시록에 대한 성경적이고 개혁주의적인 이해를 가지기를 희망하는 그리스도인 독자들에게 기꺼이 본서를 추천하며, 매일 일정한 범위를 정하여 찬찬히 읽어볼 것을 권하는 바입니다. 본서의 독서를 통하여 무엇보다 성령을 통하여 이미 우리 가운데 계시며, 또한 영광 중에 다시 재림하실 우리 구주의 강림을 대망하는 마라나-타 신앙이 독자들의 가슴 속에 불붙게 되기를 소망합니다.

이상웅 교수(총신대학교 신학대학원 조직신학)

변화의 바람이 거세다 못해 무섭다. 코로나 이후로 그 이전과는 전혀 다른 세상이 열리고 있다. 미래학자들이 예견했던, 멀게 느껴졌던 미래의 일이 우리가 머무는 삶의 한복판으로 다가왔다. 재앙과도 같은 변화 앞에서 당혹해하며 삶을 등지는 이들이 있는가 하면, 일부 사람들은 변화를 갱신의 기회로 삼아 삶의 산업과 구조를 바꾸어가기 위해 분주하다. 모이지 못하는 환경에서 비대면으로 강의를 하고 예배하는가 하면, 쓰고서는 호흡하기도 힘들었던 마스크는 일상의 필수용품이 되어버렸다. 각국 은행들의 양적완화 정책으로 인플레가 가속화되고 녹아내리는 현금자산들 앞에서 기존의 저축을 통해 노후를 준비하던 시대는 아득히 저물어 버렸다.

미국 중심 세계질서에 균열이 가고 새로운 냉전의 시작을 알리는 현상들이 곳곳에서 속출하고 있다. 러시아와 나토, 미국과 중국, 한미일의 회귀 신호음이 들려오고 있다. 우크라이나와 러시아 간 전쟁이 세계적 규모의 전면전의 시작이 아닐까 하는 불안 속에서 무기들은 날개 돋친 듯 팔려나가고 있다. 한치 앞을 모르는 미래에 대한 두려움 속에서 가장 무성하게 자라나는 것이 바로 왜곡된 종말론이다. 요한계시록에 대한 굴절된 해석을 이용하여 공포 속에서 불안해하는 어린 성도들을 미혹하고 거짓 교리로 교회에 혼란을 주는 이들이 한국교회를 병들게 했던 주범들이다.

왜곡된 종말론은 한국교회의 오래된 도전이다. 이만희의 신천지나 신옥주의 은혜로 교회, 안상홍의 하나님의 교회는 물론이고, 요한계시록에 대한 저열한 해석으로 교회를 혼란에 빠뜨리고, 약한 성도들을 미혹하는 일들이 여전하다. 종말론의 왜곡은 말씀의 체계가 정돈되지 않은 신자들에게는 치명적이다. 그래서일까 근래 들어 요한계시록에 대한 주석들과 연구서, 설교집들이 쏟아지고 있다. 어렵고 난해하기에 오용되어왔던 과거의 아픔을 치유하기 위해서인지도 모른다.

하지만 주석과 연구서가 많고, 관련 설교집이 많다고 마냥 좋은 일이 아니다. 홍수에 마실 물 찾기가 힘들듯, 건전한 해석과 교회를 세워가는 유익한 해설집은 손에 꼽히는 까닭이다. 평소부터 존경하던 신동식 목사님의 신간, 『교회를 세우는 요한계시록 강해』가 출간되어 기쁘다. 세워져가는 교회를 통해 말씀사역자의 건전성은 드러난다. 목사의 설교는 교회공동체의 요구와 함께 가야 마땅하다. 그는 설교계획을 교중에 보고하고, 성도들의 요구를 수렴하여 교회의 설교가 되는 방식을 택하고 있어 귀하다. 설교가 온전히 교회를 위한 것이 될 수 있도록 하는 좋은 길이기 때문이다.

저자는 요한계시록을 대하는 4가지 주요 관점 중에서 구속사적 입장을 견지한 가운데, 무천년적 시선으로 계시록의 본문을 해설하고 있다. 무엇보다 제목에서도 드러나듯 요한계시록의 목적이 교회를 위한 말씀이라는 방점을 염두하고 전개해나간다. 딱딱한 학술서도 의미가 있지만 성도들에게 더욱 중요한 것은 말씀을 쉽게 이해하고 적용하는 일이다. 계시록에 대한 학문적 토론과 논쟁도 의미가 없지 않으나, 더 중요한 것은 교회를 바르게 세우는 일일 터. 가독성 있는 본 강해는 지역교회에 속한 성도들에게 유익을 줄 것이다. 본문을 쉽게 해설하고 설교하는 일은 결코 쉽지 않다. 읽기 쉽다고 결코 가벼운 책이 아니다. 본문에 대한 치열한 씨름과 교우들이 잘 소화할 수 있도록 흘린 땀을 넉넉히 볼 수 있다.

본서는 무엇보다 교회를 향한 외침에 무게를 싣고 있다. 진리의 말씀보다 성장주의에 경도되어 본질을 상실하고 배도의 거대한 탁류에 휩쓸리는 작금의 현실을 아파한다. 참된 예배를 위해서는 싸움을 피해갈 수 없다. 심판하시는 하나님의 엄중함 앞에서 돌이켜야 한다고 강변한다. 환난과 고난이 없을 수 없으나 대장부와 같이 담대할 것을 요구하며, 복음의 비밀을 가진 공동체로서 담력 있게 증언하는 자들로 설 것을 강조하고 있다. 주 예수 그리스도의 몸으로 선 신부, 교회가 이 땅의 소망이라는 저자의 말에 깊이 공감했다.

저자는 한편 방향으로의 편향됨이 없는 균형을 가진 해석으로 일관되게 말씀을 풀어낸다. 1세기의 시대적 상황을 놓치지 않으면서도, 오늘날을 향한 무게 있는 외침을 잘 전달해내고 있다. 유독 많은 상징으로 난해하게 만드는 666이나 144,000에 대한 해설들도 간략하게 몇 가지 의견을 알리면서 균형 잡힌 해석으로 무난하게 풀어내고 있다. 몇몇의 상징에 매달려 탈선하는 경우들을 얼마나 많이 보았던가. 요한계시록이 교회에 주신 하나님의 말씀이라는 일관된 중심으로 풀어내고 있기에 좌나 우로 경도되지 않을 수 있다고 생각된다.

요한계시록이 담고 있는 주 예수 그리스도 안에서 넉넉한 위로 역시 빼놓지 않는다. 현실의 고통과 읽어내기 바쁜 미래의 변화 앞에서 자칫 탈선하거나 길을 잃기 쉬운 우리 모두에게 성도들이 가진 부요함을 넉넉하게 전달하고 있다. 우리는 베케트의 『고도를 기다리며』에서 말하는 삶의 부조리와 권태 속에서의 막연하고 절망적 기다림과 구별되는, 확연하고 찬연한 소망의 미래를 기다리며 살아간다. 본 강해설교는 상 주시는 주님을 소망하는 신실한 성도들의 간구, "마라나타!" 아버지의 나라를 유업으로 받을 소망을 가진 성도답게 많은 미혹의 손을 뿌리치고, 세상의 달콤함에 취하지 말 것을 권하고 있다. 친절한 저자의 안내를 따라 난해하게만 보이는 요한계시록의 메시지를 마음 판에 차근차근 채워나가기를 바라며, 기쁜 마음으로 본서를 추천한다.

이종인 목사 (울산 언약교회)

요한계시록은 한국 교회가 꼭 정립시켜야 할 시대적 사명을 갖고 있습니다. 칼빈이 요한계시록을 주석하지 않았다고 요한계시록의 난해점을 말하는 분들이 있습니다. 성경해석자에게 난해하지 않은 성경본문은 없습니다. 그러나 그 시대의 해석자에게 부여된 과제가 있습니다. 우리 한국 교회에 부여된 성경 본문은 요한계시록이라 생각합니다. 요한계시록 해석으로 말미암아 형성된 한국형 이단들이 많으며, 그 집단들은 대한민국이라는 것과 함께 세계에 포교활동을 전개하고 있습니다. 외국에서도 수많은 연구자들이 요한계시록을 연구했고, 한국 연구자들도 요한계시록을 연구하고 있습니다. 신동식 목사가 『교회를 세우는 요한계시록 강해』를 집필하여 출판한 것에 큰 도전을 받습니다. 매우 좋은 본보기를 보여준 한 작품입니다. 신동식 목사는 요한계시록에 대한 자기 관점을 8가지로 제시했습니다. 요한계시록을 해석하거나 주해, 설교하면서 자기 관점을 명확하게 제시한 연구자는 보지 못했습니다. 가장 광범위한 저술을 이룬 그레고리 비일 박사는 모든 관점을 총괄하려는 목표로 집필을 저술한 것 같습니다. 이 책은 전문 연구저술이나 주석서가 아닌 설교집입니다. 그래서 독자가 좀 더 친숙하게 접근할 수 있습니다. 그리고 저자가 명료한 자기 이해를 밝히며 논제를 진술하고 있기 때문에, 해석자의 원리와 설교에 나타난 내용의 차이점을 분석할 수 있습니다. 독자도 요한계시록을 해석할 때에 취하는 전제가 있어야 하기 때문입니다. 요한계시록을 이해하기 위해서는 상당히 많은 전제를 설정해야 합니다. 그 전제와 해석된 산물의 인과 관계를 분석해야만 그 가치를 평가할 수 있습니다. 그런데 많은 저작들이 전제를 밝히지 않기 때문에 집필된 산물에 대해서 적당한 평가를 할 수 없습니다. 이 책은 설교집이기 때문에 누구나 읽을 수 있으며, 누구나 요한계시록에 대해서 접근할 수 있습니다. 신동식 목사의 저술을 잘 익힌다면 보다 전문적인 주석서나 연구서도 읽을 수 있을 것입니다. 저자의 전제에 따라서 자기 전제를 구축할 수 있기 때문입니다. 저자는 교회의 요청으로 요한계시록을 설교하게 되었다고 소개하고 있습니다. 매우 좋은 모습입니다. 설교자가 설교할 담력을 얻지 못했지만, 교회의 요구에 의해서 자기 이해를 명료하게 밝히며 함께 말씀을 상고하며 은혜를 나누는 모습은 매우 아름다운 모습입니다.

이 책은 요한계시록 22장, 각 장에서 2-3편씩의 설교로 구성되어 있습니다. 요한계시록 전체 본문을 균형있게 살필 수 있는 좋은 구성입니다. 요한계시록에 있는 난제들을 설교자가 이해하는 방식으로 진솔하게 제시하고 있습니다.

개혁신학과 기독교세계관을 체계적으로 연구하는 연구자가 해석한 요한계시록을 찾기는 쉽지 않습니다. 연구는 자의적으로 할 수 있지만 타의적으로도 할 수 있습니다. 요한계시록은 한국 교회에게 중요한 정경이기 때문에, 좋은 사역자와 연구자들이 참여하여 명확한 본문 이해가 될 수 있기를 기대합니다. 그러한 과정에 신동식 목사의 『교회를 세우는 요한계시록 강해』는 합당한 기여를 했다고 생각합니다. 저는 결정적인 기여까지 기대하며 신동식 목사의 『교회를 세우는 요한계시록 강해』를 추천합니다.

고경태 목사(주님의 교회, 조직신학박사)

저자 서문

요한계시록 강해를 내기까지 많은 용기가 필요했습니다. 충분한 시간과 많은 공부, 묵상이 필요했기 때문입니다. 그런데 교회가 정식으로 요한계시록 설교를 요청하였습니다. 해마다 목회 계획을 보고할 때 그 해설교할 성경을 제시합니다. 항상 연속설교를 하고 있기에 한번 시작하면 긴 시간이 필요함을 성도들은 알고 있습니다. 그런 상황에서 교회는 설교자에게 요한계시록을 요청하였습니다. 그리고 더불어 한 달이라는 안식월도 허락하였습니다. 안식월 동안 요한계시록을 읽고 묵상하고 연구하였습니다. 그리고 약 3년이라는 긴 시간 동안 요한계시록을 설교하였습니다. 그리고 설교를 출판할 수 있게 교회가 재정도 허락하였습니다.

부끄러움과 두려움이 있지만, 한 지교회를 섬기는 목사로서 지교회 성도들의 요청을 받고 설교할 수 있다는 것은 얼마나 큰 영광이고 축복인지 모릅니다. 이제 그동안 설교하였던 내용을 책으로 묶어서 내게 되었습니다. 물론 설교를 녹취한 것은 아닙니다. 설교 원고이기에 현장감은 떨어질 수 있습니다. 그러나 어떻게 준비하여 설교하였는지 보여주기 위해 설교 원고를 그대로 보여주는 것이 좋다고 생각합니다.

요한계시록은 뜨거운 감자입니다. 그래서 각종 이단들이 나오기도 합니다. 그러다 보니 건강한 지교회를 흔드는 일도 자주 있습니다. 이단들은 목사들이 요한계시록을 잘 모르기 때문에 설교하지 않는 것이라고 미혹합니다. 이러한 상황 가운데 교회의 요청은 감사하였습니다. 원래의 계획은 복음서를 충분하게 설교하고, 선지서를 살핀 후에 하려고 하였지만, 시대의 상황으로 서두르게 되었습니다.

요한계시록에는 상징이 많고, 예언에 대한 말씀이기에 다양한 해석이 존재합니다. 번 S. 포이스레스는 요한계시록을 해석하는 주요 방식을 과거주의자, 미래주의자, 역사주의자, 이상주의자 넷으로 분류합니다. 해석가들은 계시록 6:1-18:24에 기록된 이상들의 해석에 따라 달라집니다. 과거주의자들은 이상의 성취가 예루살렘의 멸망과 로마제국의 멸망으로 봅니다. 미래주의자는 그리스도의 재림 직전에 있을 위기로 봅니다. 역사주의자는 1세기부터 재림에 이르기까지 교회사의 과정에 대한 연대기적인 기본적인 개요를 제공한다고 말합니다. 이상주의자는 계시록의 장면들이 구체적인 사건들보다는 영적인 전쟁의 원리를 묘사한다고 봅니다. 교회시대 전 기간 동안 작용하고, 반복된 구현으로 봅니다.[1]

어느 관점에 서 있느냐에 따라 요한계시록 이해가 달라집니다. 그래서 요한계시록을 해석할 때 그 관점을 바르게 알고 있는 것이 중요합니다. 이제 요한계시록을 설교하면서 가진 전제를 말씀드립니다.

첫째, 구속사적 이상주의 입장에서 요한계시록을 보았습니다. 구속사적 이상주의는 과거주의, 미래주의, 역사주의의 중요한 해석을 함께 공유하는 해석입니다. 그런 의미에서 본문의 내용이 좀 더 분명하게 드러날 수 있다면 충분하게 살펴보았습니다.

둘째, 요한계시록을 교회를 위한 목회서신의 입장에서 보았습니다. 예언의 말씀이지만 핵심은 교회를 위하여 주신 말씀이기 때문입니다. 그러

---

1   번 S. 포이스레스, 『요한계시록 맥잡기』, 유상섭 역, 크리스챤, 2002, 30.

기에 말씀의 해설 과정에 교회를 세우기 위한 하나님의 가르침을 보는 데 힘을 쏟았습니다.

셋째, 천년왕국의 관점에서는 어거스틴과 칼빈과 같은 개혁파 무천년의 관점에서 보았습니다. 미래주의적 관점으로 보지 않고 구속사적 이상주의 관점은 자연스럽게 무천년으로 해석하였습니다.

넷째, 새 하늘과 새 땅을 언약의 성취만이 아니라 하나님의 창조경륜의 성취로 보았습니다. 또한 에덴동산이 성전이었듯이 새 하늘과 새 땅 역시 성전의 관점으로 해석하였습니다. 창조경륜의 완성이라는 부분으로 보면서 문화의 총화라는 관점을 강조하였습니다. 동산에서 도시로의 관점에서 문화적 성취를 해설하였습니다.

다섯째, 요한계시록이 교회를 위한 말씀이라는 관점에서 교회를 세우는 일에 방점을 두고 적용하였습니다. 교회를 세우는 하나님의 말씀임을 강조하였습니다.

여섯째, 구속사적 이상주의에 따라 인, 나팔, 대접 심판은 반복적으로 보았습니다. 연대순의 관점이 아닌 반복과 대조라는 관점으로 해석했습니다.

일곱째, 요한계시록의 시기를 95년 도미티아누스 시대로 보았습니다.

여덟째, 요한계시록 설교의 전제는 개혁파입니다. 개혁파 신학의 관점이 중심이었습니다.

참고도서 목록에 설교를 하면서 참고하였던 책들의 목록을 남기려고 합니다. 설교가 끝나고 난 뒤에 나온 주석과 설교들을 참고하지 못한 아쉬움이 있습니다. 그러나 지교회를 섬기는 목사로서 성도들에게 성경과 하나님의 계획을 알 수 있는 도움이 되었다면 참으로 감사한 일입니다.

해석의 분류만큼 서로 다른 이해가 있을 수 있습니다. 자신이 가진 관점에서 건강한 나눔이 있기를 바랍니다.

본서는 설교이기에 각주를 달지 않았습니다. 간혹 있는 것은 잊지 않기 위하여 달았던 것입니다. 그러나 이 설교에는 많은 이들의 도움이 있습니다. 일일이 열거하지 못하지만, 참고도서 목록을 통하여 알 수 있을 것입니다. 앞선 선배들과 좋은 학자들의 연구가 요한계시록을 설교하는 데 큰 힘이 되었습니다.

지교회의 목사로서 책을 낼 수 있도록 격려하고 함께 동역하고 있는 빛과소금교회 성도들에게 진심으로 감사를 드립니다. 이 책은 빛과소금교회 성도들에게 헌정합니다. 설교자를 위하여 기도하고, 격려하고 도움을 주는 성도가 있다는 것이 얼마나 큰 행복인지 모릅니다. 이 설교는 빛과소금교회의 강단이 있었기에 가능했습니다. 지난 19년 동안 연속강해설교를 할 수 있게 해 준 교회에 진심으로 감사드립니다.

그러나 설교에 부족한 부분이 있다면 설교자의 미천함 때문입니다. 앞으로 더욱 바르게 설교할 수 있도록 격려와 책망을 함께 해주시기 바랍니다.

소명의 땅 원당에서
신동식 목사

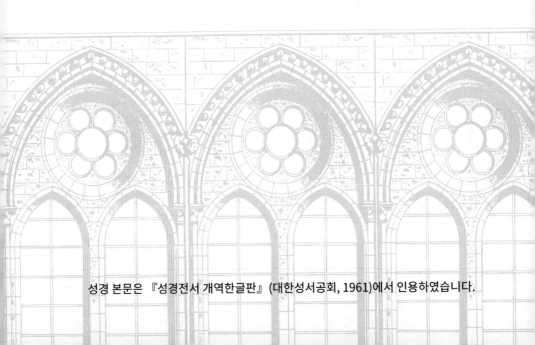

성경 본문은 『성경전서 개역한글판』(대한성서공회, 1961)에서 인용하였습니다.

1장

우리도 계시록에서 두려움을 얻는 것이 아니라 계시록을 통해
예수 그리스도를 만나고 그 안에서 기쁨을 누릴 수 있어야 합니다.
사도 요한을 만져 주신 예수님은 오늘 우리를 만져 주시는 분입니다.

예수 그리스도의 계시(계 1:1-4)

　요즘 신천지라는 집단이 교회를 혼란시키는 미혹의 영으로 활약하고 있습니다. 서울의 한 교회에서는 설교 시간에 공식적으로 신천지에 소속된 사람들에게 떠날 것과 회심할 것을 요구하였다고 합니다. 이러한 일들은 여러 교회에서 일어나고 있습니다. 그런데 이러한 신천지가 교회를 혼란케 하는 것에는 이유가 있습니다. 우선 교회가 공교회 교리를 중요하게 여기지 않았습니다. 그래서 오랜 시간 동안 가르치지 않았습니다. 이로 인하여 성도들의 신앙에 기초가 빈약해졌습니다. 둘째, 계시록과 같은 예언서를 신비하게 해석함으로 성도들을 미혹하였습니다. 특히 요한계시록의 해석이 신천지의 중심을 이루고 있습니다. 그러므로 요한계시록을 이해하는 것은 우리시대에 더욱 중요하게 되었습니다.

　신약성경의 마지막 말씀인 요한계시록은 다양한 상징 언어로 되어 있어서 이해하기에 어려운 것이 사실입니다. 그래서 칼빈 같은 개혁자는 그의 주석 가운데 계시록은 기록하지 않았습니다. 그만큼 어렵다는 것을 보여주는 사실입니다. 그러나 요한계시록은 반드시 읽어야 할 말씀입니다. 성령께서 말씀을 주시는 것은 말씀을 읽고 깨닫게 하시기 위함입니다. 계시록 1:3에서 말씀하시기를 "이 예언의 말씀을 읽는 자와 듣는 자들과 그 가운데 기록한 것을 지키는 자들이 복이 있나니 때가 가까움이라"고 하였습니다. 말씀은 우리가 읽고 듣고, 행하기 위하여 주어졌습니다.

그러나 아무렇게나 읽을 수는 없습니다. 특별히 계시록이나 다니엘서 혹은 마태복음 24장의 종말에 관한 말씀은 그 뜻을 잘 살펴보지 않으면 성령께서 하시는 말씀과 전혀 다른 해석을 할 수 있습니다. 교회사의 다양한 이단의 출현과 신비주의자의 출현 가운데는 계시록에 대한 잘못된 이해가 있었습니다. 그러므로 계시록을 읽을 때는 매우 신중하고 조심해야 합니다.

배경

요한계시록이 쓰여진 연대는 일반적으로 주후 95년경으로 봅니다. 이것은 사도 요한이 유배를 떠난 시대적 상황 때문입니다. 사도 요한이 유배를 떠난 시점은 로마의 황제 도미티아누스의 박해의 시기입니다. 그 어떤 박해보다도 심하였던 시기가 바로 도미티아누스 황제 때입니다. 또한 바울이 에베소 교회에 보내는 서신을 썼을 당시에 니골라당은 나타나지 않았습니다. 에베소서는 주후 62년경에 쓰여진 것으로 봅니다. 이러한 배경으로 인해 요한계시록이 쓰여진 시기는 일반적으로 주후 95년경으로 보고 있습니다.

저자

이 책의 원 저자는 예수 그리스도입니다. 그러나 이 책을 집필한 이는 사도 요한입니다. 사도 요한이 이 책 집필자라는 사실에는 학자들 간의 이견이 없습니다. 성경 자체의 증거뿐 아니라 속사도들의 글에서도 나타나기 때문입니다. 요한계시록에 요한의 이름이 붙어 있지만 이 책의 원저자는 예수 그리스도입니다. 하나님께서 예수님에게 주신 말씀을 예수님께서 요한을 통하여 증거하게 하셨습니다.(1절)

수신자

이 서신을 받는 이들은 아시아의 일곱 교회입니다.(4절) 일곱 교회는 지금의 터키지방의 교회입니다. 이 교회들은 지도상에서 원형으로 위치하고 있습니다. 그리고 요한이 유배당하고 있는 밧모섬에서 가까운 거리에 있습니다. 가장 가까운 교회가 바로 에베소 교회입니다. 그리고 돌아가면서 교회가 세워졌습니다. 이렇게 서신은 일곱 교회에 보내진 것입니다. 그런데 일곱 교회라고 해서 이 교회만 의미하는 것이 아닙니다. 성경에서 일곱이라는 숫자는 완전수를 말합니다. 다시 말한다면 아시아의 일곱 교회는 전 우주적인 교회의 대표성을 가진 것입니다. 결국 이 편지는 오고 오는 모든 교회와 성도들을 위하여 주신 말씀입니다.

내용

하나님께서 그리스도에게 주시고 요한을 통하여 알려주신 것은 "반드시 속히 될 일"(계 1:1)입니다. 속히 될 일의 기록이 바로 요한계시록입니다. 속히 될 일은 이미 이루어진 어떤 일의 궁극적 성취의 의미를 가지고 있습니다. 그러므로 우리가 인식하여야 할 것은 요한계시록이 먼 미래의 이야기만이 아니라 오늘 우리의 이야기를 포함하며 궁극적으로 완성될

교회를 세우는 요한계시록 강해

것을 말씀하고 있다는 사실입니다.

그렇다면 우선적으로 이미 이루어진 어떤 일은 무엇입니까? 그것은 예수 그리스도의 구속 사건입니다. 예수님의 십자가의 은혜는 이미 시작되었습니다. 그러나 아직 완성되지 않았습니다. 이렇게 본다면 이 말씀은 구속의 완성이 이루어질 날들에 대한 이야기입니다. 그리고 그날이 오기 전에 있을 것을 묘사하고 있습니다. 그런데 이러한 속히 될 일을 아시아의 일곱 교회에 보내는 편지를 통하여 말씀하고 있습니다.

계시록은 많은 상징과 비유로 되어 있고 동시에 종말에 대한 예언들로 되어 있기에 해석하기에 어려운 책입니다. 그래서 앞서 말씀드렸듯이 종교 개혁자 칼빈 같은 이는 신약성경을 주해하였음에도 요한계시록은 주해하지 않았습니다. 그것은 잘못 해석하여 하나님의 뜻을 곡해할 수 있기 때문입니다. 말씀에 대한 경외하심이 칼빈으로 하여금 해석을 포기하게 한 것입니다. 그렇다고 칼빈이 계시록을 아예 읽지 말라고 하는 것은 아닙니다. 이 말씀은 우리에게 읽으라고 주어진 말씀입니다. 1-2절 말씀을 다시 보겠습니다.

"예수 그리스도의 계시라 이는 하나님이 그에게 주사 반드시 속히 될 일을 그 종들에게 보이시려고 그 천사를 그 종 요한에게 보내어 지시하신 것이라 요한은 하나님의 말씀과 예수 그리스도의 증거 곧 자기의 본 것을 다 증거하였느니라".

요한은 기록하기를, 하나님께서 이 말씀을 예수님에게 주시고 예수님은 반드시 속히 될 일을 보이시려고 요한에게 말씀하여 주셨습니다. 그리고 요한은 그 본 것을 다 증거하였습니다. 요한계시록이 비록 어렵고 힘들지만 하나님께서 우리에게 주신 말씀입니다. 그러므로 이 말씀을 외면

하는 것은 온전하지 않습니다. 그러나 앞서서 말씀드렸듯이 알되 바르게 아는 것이 참으로 필요합니다. 계시록 때문에 오해가 되는 것들이 많이 있기 때문입니다. 그런 의미에서 성경 본문이 무엇을 말하는지 바르게 해석하여야 하고 오랫동안 연구하여 왔던 믿음의 선진들의 가르침을 참고하는 것이 참으로 필요합니다.

권위

이 서신의 권위는 삼위 하나님에게 있습니다. 계시록이 해석하기 어려운 서신임에도 불구하고 이 말씀을 읽고 들어야 하는 이유는 계시록이 가지고 있는 권위 때문입니다. 사도 요한은 이 서신의 권위를 삼위 하나님에 대한 고백으로 나타냅니다. 요한은 이 서신을 받는 아시아의 일곱 교회를 향하여 이 서신의 권위가 하나님에게 있음을 강조합니다. 그리고 삼위 하나님께서 이 책을 읽고 듣고 헤아리라고 말씀하셨기 때문입니다.

사도 요한은 "영원하신 하나님"을 고백합니다. "이제도 계시고 전에도 계시고 장차 오실 이"(4절)라고 말씀합니다. 구약의 하나님, 신약의 하나님 그리고 장차 완성될 영원한 하나님의 나라의 왕이신 하나님을 고백합니다. 이 말씀 자체가 우리에게 큰 능력입니다. 이제도 계시고, 전에도 계시고 장차 오실 이는 우리의 존재와 관계없이 영원히 존재합니다. 이 말씀은 내가 있기에 하나님이 계시는 것이 아니라 하나님이 있기에 내가 존재하는 것임을 말씀합니다.

또한 일곱 영이신 성령을 고백합니다. 이 말씀은 일곱 개의 영을 가진 분이라는 의미가 아닙니다. 이미 말씀드렸듯이 일곱은 성경에서 완전수

교회를 세우는 요한계시록 강해

를 의미합니다. 그러므로 일곱 영은 성령의 완전한 능력을 표현한 말씀입니다. 무한하시고 온전하신 성령님을 고백하는 말씀입니다. 그런데 성령은 하나님 보좌 앞에 있습니다. 보좌 앞은 명령을 받드는 자리입니다. 성령은 결코 자기의 뜻대로 행동하지 않습니다. 성령은 하나님의 뜻을 전하는 분입니다. 그러므로 성령은 하나님의 뜻에 반하는 사역을 결코 하지 않습니다.

그리고 성자 예수님에 대하여 고백합니다. 첫째, 예수님은 "충성된 증인입니다. 그리고 둘째로 예수님은 죽은 자들 가운데서 먼저 나신 분입니다. 셋째는 땅의 임금들의 머리가 되신 분입니다." 우리 예수님은 하나님의 뜻을 온전히 받들었습니다. 충성된 증인으로서의 사명을 감당하였습니다. 이것은 이사야 선지자가 예언하였던 그 사명을 주님께서 온전히 이루셨음을 의미합니다.

"나 여호와가 말하노라 너희는 나의 증인, 나의 종으로 택함을 입었나니 이는 너희로 나를 알고 믿으며 내가 그인줄 깨닫게 하려 함이라 나의 전에 지음을 받은 신이 없었느니라 나의 후에도 없으리라"(사 43:10)

"내가 하늘로서 내려온 것은 내 뜻을 행하려 함이 아니요 나를 보내신 이의 뜻을 행하려 함이니라 나를 보내신 이의 뜻은 내게 주신 자 중에 내가 하나도 잃어 버리지 아니하고 마지막 날에 다시 살리는 이것이니라 내 아버지의 뜻은 아들을 보고 믿는 자마다 영생을 얻는 이것이니 마지막 날에 내가 이를 다시 살리리라 하시니라"(요 6:38-40)

그리고 죽은 자 가운데서 부활하사 첫 열매가 되신 분입니다.

"그러나 이제 그리스도께서 죽은 자 가운데서 다시 살아 잠자는 자들의 첫 열매가 되셨도다 사망이 사람으로 말미암았으니 죽은 자의 부활도 사람으로 말미암는도다 아담 안에서 모든 사람이 죽은 것같이 그리스도 안에서 모든 사람이 삶을 얻으리라 그러나 각각 자기 차례대로 되리니 먼저는 첫 열매인 그리스도요 다음에는 그리스도 강림하실 때에 그에게 붙은 자요"(고전 15:20-23)

그러므로 누구든지 예수 그리스도 안에 있으면 예수님과 함께 첫째 부활에 참여한 자가 됩니다. 그리고 장차 이루어질 생명의 부활에 참여하게 됨을 보장받습니다.

또한 예수님은 왕 중의 왕이 되신 분입니다. 땅은 하나님의 통치에 대적하는 세력들을 의미합니다.

"큰 소리로 불러 가로되 거룩하고 참되신 대주재여 땅에 거하는 자들을 심판하여 우리 피를 신원하여 주지 아니하시기를 어느 때까지 하시려나이까 하니"(계 6:10)

"땅의 임금들과 왕족들과 장군들과 부자들과 강한 자들과 각 종과 자주자가 굴과 산 바위 틈에 숨어"(계 6:15)

"내가 또 보고 들으니 공중에 날아가는 독수리가 큰 소리로 이르되 땅에 거하는 자들에게 화(禍), 화, 화가 있으리로다 이 외에도 세 천사의 불나팔 소리를 인함이로다 하더라"(계 8:13)

"죽임을 당한 어린 양의 생명책에 창세 이후로 녹명되지 못하고 이 땅에 사는 자들은 다 짐승에게 경배하리라"(계 13:8)

이렇게 땅은 그리스도의 적대 세력을 의미합니다. 그런데 예수님은 이러한 권세자들을 제압하신 분입니다. 그러므로 바울은 승리하신 주님을

교회를 세우는 요한계시록 강해

노래합니다.

"이러므로 하나님이 그를 지극히 높여 모든 이름 위에 뛰어난 이름을 주사 하늘에 있는 자들과 땅에 있는 자들과 땅 아래 있는 자들로 모든 무릎을 예수의 이름에 꿇게 하시고 모든 입으로 예수 그리스도를 주라 시인하여 하나님 아버지께 영광을 돌리게 하셨느니라"(빌 2:9-11)

사도 요한은 이렇게 삼위 하나님의 이름으로 고백하고 문안합니다. 이 서신이 권위가 있고 또한 참된 위로가 되는 것은 삼위 하나님의 말씀이기 때문입니다. 그러므로 우리 역시 이 말씀의 권위가 삼위 하나님에게 있으므로 이 말씀을 바로 듣고 깨닫는 것이 중요합니다. 이 말씀을 주신 것은 우리를 떨게 함이 아닙니다. 우리를 혼란에 빠트리게 함도 아닙니다. 이 말씀은 우리에게 하나님의 복을 주시기 위함입니다. 하나님의 뜻을 바로 아는 자에게 하나님은 복의 복을 주실 것을 말씀하셨습니다. 특별히 일곱 교회를 향한 하나님의 말씀은 우리에게 매우 중요한 기준을 제공합니다. 교회의 모습이 어떠해야 하는가에 대한 가르침을 주기 때문입니다. 그러므로 이 말씀을 읽고 듣는 것은 참된 복입니다.

그렇다면 말씀 앞에 서 있는 우리는 어떠한 자세를 가져야 합니까? 3절 말씀이 바로 답변입니다. 그리고 우리가 어떻게 살아야 하는가를 보여주는 지침이기도 합니다.

"이 예언의 말씀을 읽는 자와 듣는 자들과 그 가운데 기록한 것을 지키는 자들이 복이 있나니 때가 가까움이라"(3절)

본문의 모습은 당시의 예배의 일반적인 모습을 보여줍니다. 우선 회당에서 한 사람이 말씀을 읽습니다. 그리고 다른 사람들은 그 말씀을 듣습니다. 그리고 말씀의 명령에 즉각적으로 순종합니다. 그래서 본문에서 읽는 것은 단수로 표현했습니다. 그리고 듣는 자들과 지키는 자들은 복수로 되어 있습니다.

이 말씀은 우리의 영적인 자세가 어떠해야 하는가를 말씀하고 있습니다. **첫째, 우리는 말씀을 읽는 자가 되어야 합니다.** 개인적으로 말씀을 읽고 묵상하는 일이 필요합니다. 말씀을 묵상하는 자리에 서지 않으면 우리는 하나님의 거룩한 뜻을 발견하지 못합니다. 말씀이 없다면 일반 종교와 다를 것이 없습니다. 하나님은 말씀을 통하여 우리에게 그의 뜻을 제시하여 주셨습니다. 그러므로 말씀을 묵상하고 연구하는 일이 중요합니다. 말씀을 읽는 것은 또한 암송하는 것을 말하기도 합니다. 큰 소리로 말씀을 읽고 그 말씀을 암송함으로 잊어지지 않게 합니다. 이것이 우리가 가져야 할 자세입니다. 시편기자는 이렇게 고백합니다.

"나의 사랑하는 바 주의 계명을 스스로 즐거워하며 또 나의 사랑하는 바 주의 계명에 내 손을 들고 주의 율례를 묵상하리이다 주의 종에게 하신 말씀을 기억하소서 주께서 나로 소망이 있게 하셨나이다 이 말씀은 나의 곤란 중에 위로라 주의 말씀이 나를 살리셨음이니이다"(시 119:47-50)

시편 기자는 말씀 묵상을 통하여 소망을 가지게 되었음을 노래합니다. 말씀이 곤란 가운데 있을 때 위로를 주었고, 말씀이 위기 가운데 있을 때 살렸다고 고백합니다. 말씀은 살아있기에 영혼을 살리는 능력이 있습니다. 말씀은 마음의 생각과 뜻을 판단하여 바른 길로 가게 합니다(히 4:12). 말씀을 묵상하는 것은 하나님의 뜻을 알고, 하나님과 소통하는 일입니다(시 1:2). 하나님의 계획을 이해하는 길이 말씀에 있습니다. 하나님의 위대한 구속의 역사를 아는 길도 말씀에 있습니다(시 119:105). 그리스도를 아는 지식에 이르는 길도 말씀에 있습니다(벧후 3:18). 고난이 엄습하는 세상에서 담대하게 믿음의 길을 갈 수 있는 능력도 말씀에 있습니다(롬 8:18). 성령 하나님은 말씀을 통하여 우리에게 역사하시고, 인도하십니다. 말씀이 환난의 때를 이기게 합니다. 말씀이 가야 할 길을 명확하게 알려줍니다. 이 모든 은혜는 말씀을 읽는 자에게 주어집니다.

두번째로 말씀을 듣고 행하는 일입니다. 여기서 말씀을 '듣는 자들과 행하는 자들'이 있습니다. 이는 말씀을 전하는 자가 있음을 의미합니다. 말씀 선포됨을 듣는 자들과 선포된 말씀을 행하는 자들은 복이 있습니다. 구약에서는 선지자들이 말씀을 전하였고 백성들은 그 말씀을 듣고 행하였습니다. 모두 자발적 행동입니다.

하나님 나라는 말씀을 부지런히 연구하여 전하는 자가 있습니다. 그리고 그 말씀을 하나님의 말씀으로 받고 행하는 자가 존재합니다.

"이 구원에 대하여는 너희에게 임할 은혜를 예언하던 선지자들이 연구하고 부지런히 살펴서 자기 속에 계신 그리스도의 영이 그 받으실 고난과 후에 얻으실 영광을 미리 증거하여 어느 시, 어떠한 때를 지시하시는지 상고하니라"(벧전 1:10-11)

하나님은 우리에게 말씀을 주십니다. 구약에서는 선지자를 통하여, 신약에서는 예수 그리스도와 사도를 통하여 주셨습니다. 그리고 교회의 시대는 전도자와 목사를 통하여 증거하셨습니다. 하나님은 말씀을 전하는 설교자를 세우셨습니다. 설교자의 입술을 통하여 말씀이 증거됩니다. 그러므로 말씀을 전하는 설교자를 위하여 기도해야 합니다. 하나님의 말씀이 정직하게 선포될 수 있도록 기도해야 합니다. 바울은 자신의 사명이 담대하게 복음을 전하는 것임을 알았기에 성도들에게 복음의 증인으로 담대하게 살 수 있도록 기도 부탁을 하였습니다.

"또 나를 위하여 구할 것은 내게 말씀을 주사 나로 입을 벌려 복음의 비밀을 담대히 알리게 하옵소서 할 것이니"(엡 6:19)

설교자들이 복음을 바르게 전할 때 성도들이 거룩한 삶을 살 수 있습니다. 동시에 성도는 선포된 말씀을 바로 분별하고 하나님의 말씀 앞에 순종하는 은혜가 있도록 간구해야 합니다. 이것이 우리에게 너무나 소중한 일입니다. 이러한 삶이 준비될 때 우리는 성경이 약속한 복을 누리게 됩니다. 데살로니가 교회를 향한 바울의 편지에서 이러한 아름다움을 발견할 수 있습니다.

"이러므로 우리가 하나님께 쉬지 않고 감사함은 너희가 우리에게 들은 바 하나님의 말씀을 받을 때에 사람의 말로 아니하고 하나님의 말씀으로 받음이니 진실로 그러하다 이 말씀이 또한 너희 믿는 자 속에서 역사하느니라"(살전 2:13)

말씀을 받을 때 사람이 말이 아닌 하나님의 말씀으로 받았기에 데살로니가 교회에 역사가 일어났습니다. 이것은 지금도 동일합니다. 하나님의 말씀이 들려지면 역사가 일어납니다.

말씀의 역사로 믿음이 생깁니다. 구원의 역사가 나타납니다. 믿음은 들음에서 나기 때문입니다(롬 10:17). 말씀이 들려지고, 들을 때 믿음이 생기고 구원의 역사가 나타납니다. 믿음은 반드시 행함으로 나갑니다. 행함이 없는 믿음은 죽은 것이기 때문입니다(약 2:17). 행함이 있는 믿음이 구원의 믿음이며 복을 누리게 합니다.

심판대 앞에 섰을 때 참된 믿음은 하나님이 예비하신 영광을 누립니다.

교회를 세우는 요한계시록 강해

이것은 약속입니다.

"나는 선한 싸움을 싸우고 나의 달려갈 길을 마치고 믿음을 지켰으니 이제 후로는 나를 위하여 의의 면류관이 예비되었으므로 주 곧 의로우신 재판장이 그 날에 내게 주실 것이며 내게만 아니라 주의 나타나심을 사모하는 모든 자에게도니라"(딤후 4:7-8)

믿음의 선한 싸움은 믿음으로 살아냄을 의미합니다. 말씀을 읽는 자들과 그 가운데 기록된 것을 실천하는 자들에게 예비된 하늘의 복은 의와 생명의 면류관입니다. 이러한 영광을 누릴 수 있기를 소망합니다.

본문은 우리에게 주신 예수 그리스도의 계시입니다. 계시는 밝히 드러내어 보이는 것을 의미합니다. 예수 그리스도께서 우리에게 하나님 나라의 역사를 밝히 보여주려고 요한을 통하여 우리에게 말씀해 주셨습니다. 그러므로 우리에게 주어진 말씀은 우리에 하늘의 복을 주시기 위한 말씀입니다. 하지만 이 말씀이 참된 복이 되려면 말씀을 읽고 듣고 행하는 일이 있어야 합니다. 하나님의 말씀에 대하여 바른 분별력을 가져야 합니다. 그리고 말씀을 믿음으로 받고 순종하는 삶이 되어야 합니다. 그래야 미혹의 영이 날뛰고 있는 이 시대에 하나님의 진리를 바로 알고 하나님의 영광을 위하여 살 수 있습니다. 이 말씀이 우리의 삶을 지배하고 말씀이 주시는 가르침에 순종하여 하나님의 사람으로 복된 삶을 사는 은혜가 있기를 소망합니다.

예수님이 복음입니다(계 1:5-8)

미국의 유명한 정치인이었으며 현재 복음주의 전도자요 변증가로 살았던 교도소 선교회 대표인 척 콜슨은 그의 책 『믿음』에서 다음과 같이 말하였습니다.

"극단적인 무슬림들이 미국 사는 대부분의 크리스천들보다 훨씬 유식한 신학자들이다...서방 기독교는 현재 두 개의 도전에 직면해 있는데, 이는 세속주의와 극단적 이슬람이다. 이 같은 도전에 대항하는 길은 '급진적 기독교,' 혹은 '정통 기독교'로 회귀하는 것이다."

척 콜슨은 이러한 현상이 서구와 미국의 모습이라고 말하고 있습니다. 그러나 이것은 미국과 서구 유럽의 모습만이 아니라 오늘 우리의 모습이기도 합니다. 교회는 많고 사람은 많이 모이고 있지만 성경적 지식에 있어서는 어린 아이와 같은 신앙을 가지고 있습니다. 교회는 열심히 다녀도 복음의 바른 도리를 알지 못하고 있다면 작은 미혹에도 넘어질 수 있습니다. 지금 우리 사회는 극단적 무슬림이 판을 치고 있지는 않지만 세속주의와 이단들의 도전은 대단히 강력합니다. 이러한 도전에 대항하여 이길 수 있는 길은 척 콜슨의 고백처럼 정통 기독교 즉 역사적 신앙고백 교회로 돌아가는 것입니다.

교회를 세우는 요한계시록 강해

오순절에 세워졌던 교회의 참 모습이 무엇이며 이 교회가 전하여 준 예수 그리스도의 복음의 핵심이 무엇인지를 바로 아는 것이 세속화와 극단적 이단들의 미혹에서 이길 수 있습니다. 놀라운 것은 극단적 이단들이 미혹하는 도구가 성경이라는 사실입니다. 이들은 왜곡된 성경해석을 통하여 성도를 미혹하여 교회를 무너뜨립니다. 그러므로 성경의 바른 진리 위에 서 있지 않으면 이들의 도전에 무너지고 말 것입니다.

성경이 가르치는 핵심은 바로 예수 그리스도입니다. 성경은 예수 그리스도의 전 역사로 되어 있습니다. 구약이 오실 예수 그리스도를 소망하였다면 신약은 초림하신 예수 그리스도를 고백하고 재림하실 예수 그리스도를 소망하고 있다는 것입니다. 결국 성경은 오직 예수 그리스도에게 그 초점이 맞추어져 있습니다. 그러므로 성경의 중심은 예수 그리스도입니다.

사도 요한은 이 사실을 결코 잊지 않았습니다. 계시록에는 이러한 신앙고백이 담겨져 있습니다. 그렇다면 사도가 고백하는 예수 그리스도는 어떤 분입니까? 우리가 믿고 고백하는 성자 하나님은 우리에게 어떠한 존재입니까? 우리가 예수님을 구원주로 고백하는 이유가 무엇입니까? 이 질문에 대한 사도 요한의 답을 통하여 함께 복음의 진리 안에 들어가기를 소망합니다.

복음서 저자인 사도 요한은 누구보다도 예수님에 대하여 잘 알고 있습니다. 이러한 사도 요한이 유배당한 가운데 아시아의 일곱 교회를 향하여 편지를 보냅니다. 그리고 서신을 통하여 다시 한번 예수 그리스도에 대하여 고백하고 있습니다. 특별히 본문 5-7절 말씀을 통하여 예수 그리스도가 어떤 분인가를 증거합니다. 5-7절은 예수님에 대한 송영입니다. 우리는 이 짧은 노래를 통하여 사도 요한이 밝히고 있는 예수님을 발견할 수 있습니다.

첫째, 예수님은 우리를 변함없이 사랑하시는 분입니다. 예수님이 사랑이심을 우리는 모르지 않습니다. 그러나 이 사실을 늘 기억하여야 합니다. 예수님께서 우리를 사랑하신다는 것은 우리의 영적인 삶의 새 힘이 되기 때문입니다. 예수님의 사랑은 우리의 사랑과 비교할 수 없습니다. 특별히 현대화된 세상에서는 지속가능한 사랑이란 불가능하다고 여기고 있습니다. 그래서 모든 것이 단기전으로 끝나고 맙니다. 결혼 생활도 오랜 시간 함께하는 것이라 생각하지 않습니다. 마치 직장이 평생직장이라는 개념이 사라지듯이 결혼도 언젠가는 헤어질 수 있는 것으로 생각합니다. 매우 실용주의적인 생각입니다. 모든 것이 매일 매일 변화되는 이 시대에 변하지 않는 것은 없다고 여깁니다. 한 예로 핸드폰만 봐도 그렇습니다. 매일 새롭게 나오는 것 같습니다. 그래서 핸드폰의 수명이 일 년도 안 됩니다.

그러나 이러한 변화되는 세상에서 변하지 않는 것이 있음을 보여주는 것이 바로 예수님의 사랑입니다. 모든 사람들이 실용주의 가치에 따라 사람을 판단하고 인생을 설계하고 살아갑니다. 그래서 쉽게 만나고 쉽게 헤어집니다. 이것은 보기에 편할지 모르지만 영적인 곤고함과 인생의 불안을 만들어 냅니다. 궁극적으로 자기 파멸과 공동체의 공동화 현상을 만들어 내는 것입니다.

그런데 이러한 시대에 변하지 않고 나를 지켜줄 뿐 아니라 사랑해 준다면 그것은 우리의 삶에 큰 힘이 됩니다. 우리에게는 변하는 세상 가운데 변하지 않는 사랑이 있습니다. 그 사랑이 예수님의 사랑입니다. 사도 요

교회를 세우는 요한계시록 강해

한은 이 사실을 누구보다 잘 알고 있었습니다. 예수님의 가장 큰 사랑을 받았던 사도 요한은 예수님의 사랑에 대하여 아름답게 기록하였습니다.

"유월절 전에 예수께서 자기가 세상을 떠나 아버지께로 돌아가실 때가 이른 줄 아시고 세상에 있는 자기 사람들을 사랑하시되 끝까지 사랑하시니라"(요 13:1)

사랑하시되 끝까지 사랑하시는 분이 바로 우리 예수님입니다. 사람들은 변하고 버리고 싫증내지만 우리 주님의 사랑은 변함이 없습니다. 우리를 사랑하시되 끝까지 사랑하시는 분입니다. 그리고 이 사랑을 실제로 우리에게 보여주셨습니다. 그것이 바로 십자가의 죽으심입니다. 십자가의 은혜는 바로 우리를 끝까지 사랑하시는 증거입니다. 또한 우리에게 성령을 보내심입니다. 영원토록 우리와 함께하시기 위하여 약속하신 대로 성령을 보내 주셨습니다. 사랑이신 예수님은 사랑을 보여주셨고 그리고 우리에게 사랑을 실천하라고 말씀하셨습니다(요 13:34-35).

사도 요한은 그의 사역 끝까지 이 사랑을 증거 하였습니다. 요한은 자신을 소개할 때 주님의 사랑받는 제자라고 하였습니다. 그러므로 요한의 별명이 바로 사랑의 사도입니다. 사랑을 받았기에 사랑을 전할 수 있었고 고난의 순간에도 주님의 사랑이 있기에 넉넉히 이길 수 있었습니다. 주님에 대한 사랑이 변함 없기를 소망합니다.

둘째, 예수님은 우리에게 영적인 자유를 주신 분입니다. 예수님의 변하지 않는 사랑이 우리로 하여금 활력 있는 삶을 살게 한다면 예수님의 은혜는 우리에게 영적인 자유를 선물하여 주셨습니다. 사도 요한은 예수님의 피가 우리를 죄에서 해방시켜 주셨다고 증언합니다. 죄는 우리의 모든 것을 더럽고 추악하게 만들었습니다. 사랑도 믿음도 신뢰도 정직도 성공도 왜곡시켰습니다. 모든 왜곡의 시작이 바로 죄입니다. 죄가 세상을 오염시켰고 인간은 죄의 노예가 되어 살아왔습니다.

죄는 모든 관계를 허무는 일에 그 사명을 가지고 있습니다. 죄의 노예가 되었던 우리는 죄의 굴레에서 헤어 나오지 못하고 자유를 누리지 못하였습니다. 오직 이 죄의 올무에서 벗어나는 길은 바로 죄의 오염을 제거하는 것입니다. 그런데 이 일은 오직 예수 그리스도만이 할 수 있습니다. 사도 요한은 예수님의 피가 우리 죄에서 우리를 해방하셨음을 알고 있었습니다(5절). 요한 일서를 통하여 이 사실을 분명하게 전하였습니다.

"나의 자녀들아 내가 이것을 너희에게 씀은 너희로 죄를 범치 않게 하려 함이라 만일 누가 죄를 범하면 아버지 앞에서 우리에게 대언자가 있으니 곧 의로우신 예수 그리스도시라 저는 우리 죄를 위한 화목 제물이니 우리만 위할 뿐 아니요 온 세상의 죄를 위하심이라"(요일 2:1-2)

예수님은 우리 죄를 위한 화목제물입니다. 예수님은 우리에게 영적인 자유를 주실 수 있는 유일한 분입니다. 예수님만이 하나님의 마음을 만족시키십니다. 그러므로 누구든지 예수님 안에 있으면 죄의 굴레에서 해방을 얻습니다. 세상이 줄 수 없는 자유를 얻는 것입니다. 이것이 바로 사도 요한이 전하고자 하는 예수 그리스도입니다.

셋째, 예수님은 우리를 나라와 제사장 삼아 주신 분입니다. 사도 요한은 우리를 사랑하시고 죄의 굴레에서 영적인 자유를 주시는 주님께서 우리를 나라와 제사장을 삼아 주신 분임을 고백합니다. 나라와 제사장은 왕의 직분과 제사장의 직분을 주셨음을 의미합니다. 이 말씀은 통치할 수 있는 권위와 하나님을 대면할 수 있는 자격을 주셨다는 것입니다. 아마 이 말에 대하여 확실하게 표현한 말씀이 있다면 바로 베드로의 기록입니다.

교회를 세우는 요한계시록 강해

"오직 너희는 택하신 족속이요 왕 같은 제사장들이요 거룩한 나라요 그의 소유된 백성이니 이는 너희를 어두운 데서 불러내어 그의 기이한 빛에 들어가게 하신 자의 아름다운 덕을 선전하게 하려 하심이라"(벧전 2:9)

예수 믿는 우리에게 주어진 복된 선물이 있다면 우리가 예수님으로 말미암아 왕과 제사장으로 부름을 받았다는 사실입니다. 하나님이 주신 피조세계를 통치할 수 있으며 죄를 억제하고 사단을 이기게 하고 거룩한 나라를 만들어 하나님께 영광 돌릴 수 있게 하였습니다. 동시에 우리의 죄를 가지고 하나님께 직접 나아갈 수 있게 하셨습니다.

나라와 제사장으로 삼아 주신 주님은 이 직분을 통하여 하나님께 봉사할 수 있도록 하셨습니다. 사도 요한은 이 사실을 아주 분명하게 말씀합니다. "그 아버지 하나님을 위하여 우리를 나라와 제사장으로 삼으셨습니다."(6절) 왕과 제사장의 직분을 받은 우리들의 사명은 바로 하나님을 섬기는 일입니다. 하나님의 영광을 위하여 존재합니다. 하나님을 위하여 이러한 신분을 주셨습니다. 죄의 굴레에서 벗어나서 하나님을 섬길 수 있는 영광을 주셨습니다. 그러므로 사도 요한이 예수님의 영광과 능력을 송영하는 것입니다.

예수 믿는 우리의 삶에 가장 큰 기쁨이 오는 것은 우리의 성공이 아니라 하나님의 영광을 위한 우리의 본질적인 삶을 회복할 때입니다. 모든 것이 다 사라져도 여전히 변함없으신 하나님의 영광을 위하여 살 때 우리는 참다운 기쁨과 행복을 누리게 됩니다. 이러한 복 있는 삶이 우리에게 있기를 소망합니다.

넷째, 예수님은 모든 이들이 보는 가운데 심판주로 재림하실 분입니다. 우리에게 영적인 자유를 주셔서 하나님을 섬길 수 있는 왕과 제사장의 직분을 주신 주님은 하늘에 올라가신 것으로 끝나지 않습니다. 예수님은 다시 오십니다. 이미 그러한 약속을 하셨습니다.

"가로되 갈릴리 사람들아 어찌하여 서서 하늘을 쳐다보느냐 너희 가운데서 하늘로 올리우신 이 예수는 하늘로 가심을 본 그대로 오시리라 하였느니라"(행 1:11)

승천하시는 예수님을 바라보던 제자들을 향하여 천사들이 전하여 준 말씀입니다. 하늘로 올리우신 예수님이 다시 오신다는 말씀입니다. 사도 요한은 계시록에서 다시 오실 예수님의 모습을 좀 더 자세하게 말씀합니다.

"볼지어다 구름을 타고 오시리라 각인의 눈이 그를 보겠고 그를 찌른 자들도 볼 터이요 땅에 있는 모든 족속이 그를 인하여 애곡하리니 그러하리라 아멘"(7절)

예수님은 우선 구름을 타고 오십니다. 성경에서 구름은 신적 임재를 의미합니다. 예수님께서 재림하시는 그날 삼위 하나님의 영광이 함께하실 것임을 말씀하는 것입니다. 또한 모든 사람이 예수님의 재림을 봅니다. 이것은 예수님을 믿는 사람만 보는 것이 아니라 불신자들 그리고 핍박자들 모두가 예수님의 재림을 보게 됨을 의미합니다. 그 날은 땅에 있는 모든 족속 즉 예수님을 대적하고 그를 핍박하고 조롱하였던 모든 이들이 애곡하는 날이 됩니다. 이 말씀은 예수님의 재림은 심판주로서 오심을 강조합니다. 재림하신 예수님은 모든 이들을 심판하십니다. 히브리서 저자는 이 사실을 다음과 같이 증거합니다.

"한 번 죽는 것은 사람에게 정하신 것이요 그 후에는 심판이 있으리니"(히 9:27)

"원수 갚는 것이 내게 있으니 내가 갚으리라 하시고 또 다시 주께서 그의 백성을 심판하리라 말씀하신 것을 우리가 아노니"(히 10:30)

예수님은 심판주로서 재림하십니다. 그래서 의인과 악인을 구분하시고 심판의 잣대를 대실 것입니다. 우리가 주님의 재림을 묵상하고 이 땅에서 더욱더 거룩하게 살아야 하는 이유입니다. 모든 것이 변하는 시대는 재림을 묵상하지 않습니다. 그러나 예수님은 분명하게 말씀하셨습니다. 그러므로 우리는 주의 재림을 묵상하고 그날이 오도록 기도하고 기다려야 합니다.

다섯째, 예수님은 처음과 나중이 되시는 분입니다. 사도 요한은 7절까지의 송영에서는 예수님을 노래하다가 8절에 와서는 하나님을 송영합니다. 그러나 이것은 하나님을 송영하는 것이지만 동시에 예수님을 노래하는 것입니다. 왜냐하면 예수님 역시 처음과 나중 되시는 분이기 때문입니다. 17절 말씀에서 하나님에게 쓰여진 말씀을 예수님에게 적용하는 것을 볼 수 있습니다. 즉 예수님은 처음과 나중 되시는 하나님이심을 말씀하는 것입니다.

여기서 "처음과 나중 되신다"라는 것은 모든 만물과 역사의 근원과 의미가 바로 예수님에게 있음을 말씀합니다. 바울은 이 사실을 다음과 같이 기록하였습니다.

"깊도다 하나님의 지혜와 지식의 부요함이여 그의 판단은 측량치 못할 것이며 그의 길은 찾지 못할 것이로다 누가 주의 마음을 알았느뇨 누가

예수님이 복음입니다(계 1:5-8)

그의 모사가 되었느뇨 누가 주께 먼저 드려서 갚으심을 받겠느뇨 이는 만물이 주에게서 나오고 주로 말미암고 주에게로 돌아감이라 영광이 그에게 세세에 있으리로다 아멘"(롬 11:33-36)

모든 만물의 기원과 역사의 의미가 바로 예수 그리스도에게 있습니다. 이것은 오늘 우리의 삶과 역사 역시 예수님 안에 있을 때 의미가 있다는 사실입니다. 가치 교육을 가볍게 여기는 우리 시대에 더욱 힘써야 할 것은 바로 예수 그리스도에게로 돌아가는 것입니다. 우리가 믿고 고백하는 예수님은 알파와 오메가요 처음과 나중입니다. 우리의 삶의 모든 의미와 가치가 예수님 안에 있을 때 그 빛을 보게 됩니다. 세상은 보이는 관점, 실용적 관점에서 의미와 가치를 매기지만 성경은 우리에게 참다운 가치는 예수님 안에 있을 때 발견할 수 있다고 말씀합니다.

그러므로 우리의 믿음은 이러한 분명한 고백을 가지고 있을 때 힘을 발휘하고 능력 있는 신앙생활을 할 수 있습니다. 또한 삶의 영역에서 기준을 상실하지 않고 살아갈 수 있습니다.

예수 그리스도의 계시인 이 말씀을 통하여 우리에게 알려주시는 예수님에 대하여 살펴보았습니다. 우리가 늘 묵상하고 기억하여야 할 진리입니다. 우리가 예수님을 믿는다고 하면서 예수님에 대한 바른 가르침을 가지고 있지 않다면 우리는 아직도 그리스도의 초보에 머물러 있는 것입니다. 시간이 지나면 우리는 장성하여서 깊은 진리의 가르침을 배워야 합니다. 언제까지나 젖만 먹는 갓난아이로 있을 수 없습니다.

우리가 믿는 예수님은 어떠한 분입니까? 우리가 예수님을 우리의 구주로 믿어야 하는 이유가 무엇입니까? 사도 요한은 예수 그리스도의 계시를 통하여 우리에게 알려주고 있습니다.

"예수 그리스도는 충성된 증인이십니다. 예수님은 부활한 자들의 첫 열매입니다. 예수님은 왕 중의 왕입니다. 예수님은 우리를 사랑하시되 변함없이 사랑하신 분입니다. 예수님은 우리에게 영적인 자유를 주신 분입니다. 예수님은 우리를 나라와 제사장 삼아 주신 분입니다. 예수님은 모든 이들이 보는 가운데 심판주로 재림하실 분입니다. 예수님은 처음과 나중이 되시는 분입니다."

이런 의미에서 예수님은 복음입니다. 복된 소식이 바로 예수님입니다. 예수님을 만나고 믿는 사람들은 이 세상에서 가장 복된 소식 즉 복음을 가진 자입니다. 그러므로 우리가 고백한 예수 그리스도를 나의 주인이요 나의 하나님으로 고백하시기 바랍니다. 예수 그리스도를 믿고 그의 가르침대로 살아가시기 바랍니다. 장차 재림하실 주님을 만날 것을 묵상하면서 오늘 우리에게 주어진 시간들을 귀하게 여기시기 바랍니다. 진리를 더욱더 알아가는 일에 열심을 내시고 왕과 제사장의 역할을 감당하기에 부족함이 없기를 바랍니다. 육적인 성공과 부자가 되는 것도 의미 있지만 더욱 중요한 것은 영적인 자유를 소망하고 풍성하게 누리는 것입니다. 우리 모두에게 이러한 은혜와 진리가 풍성하기를 소망합니다.

예수 그리스도의 거룩함과 영광
(계 1:9-20)

예전에는 길을 잘 아는 사람이 인기가 있었습니다. 이리저리 길을 잘 찾아가는 것이 신기하게 보였기 때문입니다. 그런데 요즈음 인기의 방향이 바뀌었습니다. 바로 내비게이션 때문입니다. 내비게이션만 있으면 이제 어디든 갈 수 있습니다. 그 길이 초행길이라도 두려움이 없게 된 것입니다. 내비게이션이 모든 것을 해결해 주기 때문입니다. 정말 좋은 기계임이 틀림없습니다. 그런데 이렇게 좋은 기계라 할지라도 사용 방법을 알지 못하면 소용이 없습니다. 또한 목적지 주소를 모르면 역시 소용이 없습니다. 이렇게 아무리 좋은 기계라 할지라도 뛰어난 성능을 가졌다 할지라도 사용 방법과 찾아가야 할 주소를 알지 못하면 무용지물입니다. 그래서 내비게이션이 그 기능을 최상으로 발휘하려면 사용 방법과 목적지를 아는 것이 가장 중요합니다.

제가 이 말을 하는 것은 우리에게도 동일한 문제가 있기 때문입니다. 다음과 같이 비유하는 것이 적당한지 모르겠습니다. 우리에게도 영적 내비게이션이 있습니다. 거기에는 무한한 자료가 있습니다. 최상의 것으로 우리에게 주어졌습니다. 그런데 이것을 사용할 줄 모르면 역시 무용지물입니다. 그리고 이것이 무엇을 말하는지 알지 못하고 목적하는 바를 얻지 못한다면 이 좋은 것이 가치가 없습니다.

우리에게 주어진 내비게이션은 짐작하셨듯이 계시의 말씀입니다. 즉 우리 손에 와 있는 하나님의 말씀입니다. 성경은 우리의 인생 여정에 있어서 하나님이 주신 영적 내비게이션입니다. 성경을 통하지 않고는 우리는 하나님을 만날 수 없고 인생을 의미 있게 살아 갈 수 없습니다. 성경이 우리에게 있어서 길이 되기 때문입니다. 그렇기에 시편 기자는 주의 말씀이 생명이 됨을 노래합니다.

"내가 주의 법도를 영원히 잊지 아니하오니 주께서 이것들로 나를 살게 하심이니이다"(시 119:93)

주의 계시의 말씀이 우리의 영혼을 살리고 이 땅에서 살아가야 할 이유를 발견할 수 있으며 의미 있는 삶을 살아가게 하는 것입니다. 사도 요한은 계시의 말씀을 받았습니다. 그리고 사용방법도 알려주었습니다.

"이 예언의 말씀을 읽는 자와 듣는 자들과 그 가운데 기록한 것을 지키는 자들이 복이 있나니 때가 가까움이라"(3절)

그리고 이 계시가 무엇을 말씀하는지도 알려주고 있습니다. 계시의 중심은 바로 예수 그리스도입니다. 하나님께서 성경을 통하여 밝히 알려주고자 하는 것은 예수 그리스도입니다. 예수 그리스도가 구원의 복된 소식입니다. 즉 예수 그리스도가 복음입니다. 성경은 이 사실을 알려주고자 기록되었습니다. 그러므로 누구든지 성경을 통하여 예수 그리스도를 만나지 못하면 그는 잘못된 길로 가는 것입니다. 바로 여기에 참된 신앙의 구별이 있습니다. 성경을 통하여 예수 그리스도를 만나지 않으면 성경을 잘못 본 것입니다. 사도들은 성경이 말씀하신 예언의 성취가 바로 예수 그리스도임을 알았습니다. 그러므로 그들은 담대하게 예수 그리스도를 전하였던 것입니다. 행 3:20-26절을 보시기 바랍니다.

"또 주께서 너희를 위하여 예정하신 그리스도 곧 예수를 보내시리니 하나님이 영원 전부터 거룩한 선지자의 입을 의탁하여 말씀하신 바 만유를 회복하실 때까지는 하늘이 마땅히 그를 받아 두리라 모세가 말하되 주 하나님이 너희를 위하여 너희 형제 가운데서 나 같은 선지자 하나를 세울 것이니 너희가 무엇이든지 그 모든 말씀을 들을 것이라 누구든지 그 선지자의 말을 듣지 아니하는 자는 백성 중에서 멸망 받으리라 하였고 또한 사무엘 때부터 옴으로 말한 모든 선지자도 이 때를 가리켜 말하였느니라 너희는 선지자들의 자손이요 또 하나님이 너희 조상으로 더불어 세우신 언약의 자손이라 아브라함에게 이르시기를 땅 위에 모든 족속이 너의 씨를 인하여 복을 받으리라 하셨으니 하나님이 그 종을 세워 복 주시려고 너희에게 먼저 보내사 너희로 하여금 돌이켜 각각 그 악함을 버리게 하셨느니라"

이 말씀의 핵심은 예수 그리스도가 성경 전체의 핵심이라는 것입니다. 그러므로 누구든지 예수 그리스도를 만나지 않으면 어떠한 소망도 없습니다. 하나님 나라에 가려면 예수 그리스도를 만나야 합니다. 그렇지 못하면 결코 갈 수 없습니다. 왜냐하면 예수 그리스도가 길이요, 진리요 생명이기 때문입니다.

성경은 다른 것을 말씀하지 않습니다. 예수 그리스도를 말씀합니다. 성경에서 예수 그리스도가 빠진다면 그것은 성경이 아닙니다. 모든 성경은

교회를 세우는 요한계시록 강해

예수 그리스도를 중심으로 쓰여졌습니다. 그러므로 우리는 위대한 영적 내비게이션인 성경을 통하여 예수 그리스도를 만나야 합니다.

이 사실을 잘 알고 있었던 사도 요한은 그의 마지막 서신인 계시록을 통하여 더욱 분명히 말씀하고 있습니다. 앞서 살펴보았던 것처럼 사도 요한은 예수 그리스도에 대하여 놀라운 고백을 하고 있습니다. 그것은 예수 그리스도가 참된 복음이라는 것입니다. 참되고 가장 복된 소식이 바로 예수 그리스도입니다. 예수 그리스도가 우리에게 있어서 가장 복된 소식입니다. 그러기에 6절에서 영광과 능력이 세세토록 있기를 찬양하는 것입니다.

사도 요한은 예수 그리스도에 대하여 말씀하고 난 뒤에 1장 후반절에서 서신을 쓰게 된 이유와 서신을 받을 교회를 밝히고 다시금 그리스도의 거룩함과 영광을 선포합니다. 사도 요한은 우선 자신의 상태를 밝힙니다. 첫째는 서신을 받는 모든 이들과 주 안에서 한 형제임을 말씀합니다. 둘째는 예수님의 고난에 참여하였고 셋째는 하나님 나라에 들어갈 특권을 가졌고 넷째는 예수님과 함께 인내하였고 다섯째는 복음 증거로 인하여 밧모섬에 유배당하였습니다. 이러한 상황 가운데 성령께 감동되어 주의 음성을 듣게 됩니다.

사도 요한의 이러한 고백은 우리로 하여금 많은 생각을 하게 합니다. 사도로서 부름받은 것은 정녕 복된 일입니다. 그러나 그의 일생은 복음과 함께 고난받는 길이었습니다. 그가 얻은 것은 이 땅의 부와 명예가 아니었습니다. 오직 하나님 나라에 들어가는 것입니다. 그것이 전부였지만 그는 행복한 사람이었습니다. 이미 그 안에는 세상이 줄 수 없는 복된 소식 즉 복음을 가지고 있기 때문입니다. 그의 마지막의 여정도 복음으로 인하여 밧모섬에 유배를 당하였습니다. 그러나 바로 그곳에서 주님은 요한에게 나타났고 가장 오래 이 땅에 있었던 사도 요한에게 복음의 복된 소식을 전하여 주셨습니다.

그러므로 계시록은 두려움을 주는 이상한 말씀이 아니라 복된 소식입니다. 로이드 존스 목사는 계시록을 통하여 하늘의 기쁨을 보지 못하면 계시록을 잘못 이해한 것이라고 하였습니다. 전적으로 동의합니다. 계시록은 구원받은 자에게 주어지는 기쁨의 복음입니다.

사도 요한은 밧모섬에서 주님의 음성을 듣습니다. 놀라운 은혜를 체험합니다. 이것은 사도만이 받은 특권입니다. 오늘 많은 사람들이 자신을 사도요, 선지자라 말하면서 하늘로부터 직접 음성을 듣는다고 합니다. 그러나 조심하여야 합니다. 하나님의 음성을 듣는 것은 곧 계시의 말씀이 됩니다. 그렇다면 오늘 계속하여 성경이 쓰여져야 합니다. 그리고 우리가 가진 성경은 점점 가치가 없어지게 됩니다. 이것은 매우 위험합니다. 예언이니, 하나님의 음성이니 하는 것은 성경의 계시로 이미 끝났습니다. 다만 우리는 주어진 말씀을 통하여 하나님의 뜻을 알아갈 뿐입니다. 말씀 없이 하나님 음성 듣기와 예언 사역을 운운하는 것은 매우 위험합니다. 물론 우리는 하나님의 초자연적인 사역을 무시하지 않습니다. 그러나 하나님의 초자연적인 사역은 오직 성경의 계시 안에서 이루어져야 합니다. 명백한 하나님의 말씀인 성경이 있음에도 불구하고 또 다른 음성을 듣기를 원하는 것은 바른 신앙이 아닙니다.

그런데 여기서 주목할 것이 또 하나 있습니다. 그것은 사도 요한이 계시를 받은 날이 바로 주일이라는 사실입니다. "주의 날에 내가 성령에 감동하여 내 뒤에서 나는 나팔 소리 같은 큰 음성을 들으니"(10절) 아무 생

　　　　　　　　　　　　　　　교회를 세우는 요한계시록 강해

각 없이 주의 날을 기록한 것이 아닙니다. 주일은 하나님의 말씀이 선포되는 날입니다. 그러므로 이 날에 모여 예배하고 말씀을 듣습니다. 사도 요한 역시 이 날에 계시의 말씀을 받았습니다. 그리고 그 계시를 일곱 교회에 보내라는 명령을 받습니다(11절).

요한은 나팔 소리와 같이 선명하게 들리는 주님의 음성을 듣고, 그 소리의 근원지를 보고자 등을 돌립니다. 그리고 놀라운 광경을 보게 됩니다. 그것은 일곱 교회를 상징하는 일곱 금 촛대 사이를 다니시는 주님의 거룩함과 영광을 보았기 때문입니다. 사도 요한이 본 예수 그리스도의 영광의 모습은 어떠합니까? 사도 요한은 계시의 말씀을 통하여 예수 그리스도를 더욱 분명하게 밝히고 있음을 봅니다. 이것이 계시록 전체의 주제이기도 합니다. 사도 요한이 다시금 강조하는 예수님은 어떤 분입니까?

첫째, 예수님은 제사장입니다. 13절은 촛대 사이에 인자 같은 이가 발에 끌리는 옷을 입고 가슴에 금띠를 띠신 분으로 말씀합니다. 발에 끌리는 옷과 가슴의 금띠는 바로 제사장들이 입는 옷을 말씀합니다.

"그들의 지을 옷은 이러하니 곧 흉패와 에봇과 겉옷과 반포 속옷과 관과 띠라 그들이 네 형 아론과 그 아들들을 위하여 거룩한 옷을 지어 아론으로 내게 제사장 직분을 행하게 할지며"(출 28:4)

우리를 제사장으로 삼아 주셨던 예수님 자신이 바로 제사장이십니다. 예수님은 제사장으로서의 사역을 완성하신 분입니다. 프란시스 쉐퍼의 말처럼 "예수님은 제사장으로서 우리의 죄를 제거하실 뿐 아니라 우리를 위하여 참된 성결과 의를 마련하신 분입니다." 예수님은 대제사장이시면서 거룩한 제물이 되셨습니다. 베드로 사도는 이 사실을 증거합니다.

"그리스도께서도 한 번 죄를 위하여 죽으사 의인으로서 불의한 자를 대신하셨으니 이는 우리를 하나님 앞으로 인도하려 하심이라 육체로는 죽임을 당하시고 영으로는 살리심을 받으셨으니"(벧전 3:18)

제사장으로서 예수님은 우리를 하나님께로 인도하는 사역을 감당하십니다. 더구나 제사장으로서 예수님의 사역은 구약의 제사장들과 다릅니다. 구약의 제사장들은 자신들의 죄를 위하여 제사를 드리고 다음에 백성의 죄를 위하여 제사를 드립니다. 뿐만 아니라 이러한 제사는 매번 드립니다. 이것은 제사장 역시 죄인 된 피조물이며 불완전함을 의미합니다. 그러나 예수님은 이러한 제사장의 사역과 같지 않습니다. 대제사장이신 예수님께서 영원한 제물이 되셨습니다. 그러므로 매번 제사를 드릴 필요가 없습니다. 자신이 제사장이며 동시에 영원한 제물이 되신 것입니다. 그러므로 예수님 안에 있는 자는 누구든지 죄의 문제를 해결받습니다. 즉 예수 그리스도의 거룩하신 보혈이 우리로 하여금 하나님께 나아갈 능력을 주십니다. 이 사실에 대하여 히브리서는 증언합니다.

"이러한 대제사장은 우리에게 합당하니 거룩하고 악이 없고 더러움이 없고 죄인에게서 떠나 계시고 하늘보다 높이 되신 자라 저가 저 대제사장들이 먼저 자기 죄를 위하고 다음에 백성의 죄를 위하여 날마다 제사 드리는 것과 같이 할 필요가 없으니 이는 저가 단번에 자기를 드려 이루셨음이니라"(히 7:26-27)

"그러므로 형제들아 우리가 예수의 피를 힘입어 성소에 들어갈 담력을 얻었나니 그 길은 우리를 위하여 휘장 가운데로 열어 놓으신 새롭고 산 길이요 휘장은 곧 저의 육체니라 또 하나님의 집 다스리는 큰 제사장이 계시매 우리가 마음에 뿌림을 받아 양심의 악을 깨닫고 몸을 맑은 물로

교회를 세우는 요한계시록 강해

씻었으니 참 마음과 온전한 믿음으로 하나님께 나아가자"(히 10:19-22)

이러한 성경의 가르침처럼 예수님은 온전한 대제사장입니다. 사도 요한이 보았던 예수님은 바로 성경이 증거하신 예수님입니다. 그러므로 예수 그리스도를 떠나서는 천국의 기쁨을 결코 누릴 수 없습니다. 하늘의 영광이 바로 예수 그리스도 안에 있습니다.

둘째, 예수님은 심판주입니다. 사도 요한이 본 예수님은 심판주로 오십니다. 이미 이 사실은 지난 시간에 살펴보았던 것입니다. 장차 오실 주님은 만물을 심판하실 것입니다. 그 사실을 잘 보여주는 말씀이 로마서 14장 10-12절입니다.

"네가 어찌하여 네 형제를 판단하느뇨 어찌하여 네 형제를 업신여기느뇨 우리가 다 하나님의 심판대 앞에 서리라 기록되었으되 주께서 가라사대 내가 살았노니 모든 무릎이 내게 꿇을 것이요 모든 혀가 하나님께 자백하리라 하였느니라 이러므로 우리 각인이 자기 일을 하나님께 직고하리라"

우리는 다 하나님의 심판대 앞에 서게 됩니다. 그런데 이때 우리를 심판하실 분이 있습니다. 바로 예수 그리스도입니다. 사도 요한은 이러한 예수님을 보았습니다. 그가 보았던 예수님은 "불꽃 같은 눈"을 가지신 분입니다.(14절b) 이것은 사람들의 깊은 속까지도 꿰뚫어 보신다는 것입니다. 우리 주님은 그 중심을 알고 있습니다. 예수님께서 중풍병자를 고쳐주었을 때의 일입니다. 서기관들이 예수님에 대하여 모여서 의논하고 있을 때 주님은 이들의 중심을 아시고 다음과 같이 말씀하셨습니다.

"저희가 속으로 이렇게 의논하는 줄을 예수께서 곧 중심에 아시고 이

르시되 어찌하여 이것을 마음에 의논하느냐"(막 2:8)

우리의 중심을 보시는 주님은 우리의 모든 것을 알고 있습니다. 그러므로 주님 앞에는 피할 길이 없고 변명할 길이 없습니다. 우리 주님은 이 땅의 재판관처럼 결코 실수하지 않습니다.

또한 **"그의 입에서 좌우에 날선 검이 나옵니다"**(16a) 날선 검은 말씀입니다. 이 말씀이 심판의 기준이 됩니다. 좌우에 날선 검은 치시기도 하시고 세우시기도 하시는 모습을 말씀합니다. 이는 마치 이사야 11장에 나타난 심판주의 모습을 잘 보여줍니다.

"공의로 빈핍한 자를 심판하며 정직으로 세상의 겸손한 자를 판단할 것이며 그 입의 막대기로 세상을 치며 입술의 기운으로 악인을 죽일 것이며"(사 11:4)

주님의 심판이 정확할 뿐 아니라 누구든지 피할 길이 없음을 보여주십니다. 또한 예수님은 **"사망과 음부의 열쇠를 가지신 분입니다(18b)."** 사망과 음부의 열쇠는 우리 주님께서 심판의 최종 판결을 하시는 분임을 보여줍니다. 이것은 이사야 22장 22절을 통하여 증거되었던 말씀의 성취입니다.

"내가 또 다윗 집의 열쇠를 그의 어깨에 두리니 그가 열면 닫을 자가 없겠고 닫으면 열 자가 없으리라"

사도 요한이 본 예수님은 우리 가운데 심판의 최종 판결자로서 오십니다. 우리는 다 예수 그리스도의 심판대 앞에 서게 됩니다. 그리고 우리의 삶이 심판받게 됩니다. 그러나 예수 그리스도 안에 있는 자들은 두려워할 이유가 없습니다. 심판의 날은 우리에게 생명의 날이 되기 때문입니다.

교회를 세우는 요한계시록 강해

셋째, 예수님은 거룩하시고 전능하시고 영원하신 하나님입니다. 사도 요한이 본 예수님의 모습은 참된 하나님입니다. 사도 요한이 본 예수님의 모습을 상징적으로 묘사하고 있습니다. 이것은 구약에 기록된 장차 오실 예수님의 모습과 동일함을 볼 수 있습니다. 이러한 사실은 성경의 통일성을 보여줍니다. 그렇다면 사도 요한이 보았던 참되신 하나님의 모습은 무엇입니까?

첫째는 예수님의 거룩성입니다. 예수님은 거룩하신 하나님입니다. "그 머리와 털의 희기가 흰 양털 같고 눈 같으며"(14a) 이 말씀은 단 7:9에서 볼 수 있습니다.

"내가 보았는데 왕좌가 놓이고 옛적부터 항상 계신 이가 좌정하셨는데 그 옷은 희기가 눈 같고 그 머리털은 깨끗한 양의 털같고 그 보좌는 불꽃이요 그 바퀴는 붙는 불이며"

그리고 "얼굴은 해가 힘있게 비취는 것 같더라"(16b)에 나타난 모습은 단 10:6에서 볼 수 있습니다.

"그 몸은 황옥 같고 그 얼굴은 번갯빛 같고 그 눈은 횃불 같고 그 팔과 발은 빛난 놋과 같고 그 말소리는 무리의 소리와 같더라"

이러한 표현은 예수님의 성결하심을 의미합니다. 죄가 없으신 예수 그리스도의 모습을 그대로 보여주는 말씀입니다. 많은 이단들이 자신을 신격화시키거나 거룩한 이미지를 연출하고자 할 때 흰 옷을 입는 것이 바로 이 때문입니다. 그러나 이것은 우리 예수님의 이미지입니다. 이것을 문자 그대로 보면 우리 예수님은 거의 괴물에 가까울 것입니다. 그러므로 이것은 예수님을 묘사하는 상징으로 보아야 합니다.

두번째는 예수님의 전능성입니다. "그의 발은 풀무에 단련한 빛난 주석 같고 그의 음성은 많은 물소리와 같으며"(15절) 이 말씀은 겔 1:24에 묘사된 것을 보게 합니다.

"생물들이 행할 때에 내가 그 날개 소리를 들은즉 많은 물 소리와도 같으며 전능자의 음성과도 같으며 떠드는 소리 곧 군대의 소리와도 같더니 그 생물이 설 때에 그 날개를 드리우더라"

풀무에 빛난 주석은 그의 견고하심과 강력한 능력을 의미한다면 많은 물소리는 마치 거대한 폭포의 소리와 같이 멀리 있는 사람들도 이 소리를 들을 수 있음을 묘사합니다. 즉 우리 주님의 말씀을 모두가 듣고 무릎을 꿇게 됩니다.

세번째는 예수님의 영원성입니다. "곧 산 자라 내가 전에 죽었었노라 볼지어다 이제 세세토록 살아 있어"(18a)

영원부터 계신 주님은 우리를 위하여 육신으로 우리 가운데 오셨고 육신으로 사시다가 십자가에서 죽으셨습니다. 그리고 죽음 가운데서 부활하신 예수님은 영원토록 우리와 함께 계십니다. 시편 기자는 이 사실을 아주 분명하게 노래합니다.

"산이 생기기 전, 땅과 세계도 주께서 조성하시기 전 곧 영원부터 영원까지 주는 하나님이시니이다"(시 90:2)

이처럼 예수님은 거룩하시고 전능하시고 영원하신 하나님입니다. 성경 전체가 증언하듯이 예수 그리스도는 하나님이십니다. 그러므로 다른 어떤 이름도 우리에게는 필요가 없습니다. 예수 그리스도가 하나님이십니다. 그러므로 예수 그리스도가 우리의 모든 것이 되십니다. 예수 그리스도 안에 있는 자만이 영원한 복을 누립니다. 많은 사람들이 자신을 예수 그리스도라고 말합니다. 이는 사단의 소리입니다. 다시 오실 예수 그리스도는 모두가 볼 수 있게 오십니다. 다시 죽음이 없습니다. 나이를 먹지도 않습니다. 아프지도 않습니다. 그는 죄의 자리에 서지 않습니다. 그러므로 이러한 헛된 소리에 미혹되어서는 안 됩니다. 오직 우리에게 있어야 할 것은 바로 참 하나님이신 예수 그리스도 한 분뿐입니다.

넷째, 예수님은 참된 위로자이십니다. 사도 요한은 제사장과 심판주 그리고 참 하나님으로서의 예수님을 보았습니다. 그러자 사도 요한에게 두려움이 엄습하여 주님 발 앞에 엎드리어 죽은 자같이 되었습니다. 거룩하신 하나님을 보는 것은 바로 죽음을 의미하기 때문입니다. 우리는 이 사실을 모세의 모습에서(출 3:6) 기드온의 모습에서(삿 6:22-23) 삼손의 부모의 모습에서(삿 13:22) 볼 수 있습니다. 사도 요한도 동일하였습니다. 거룩하신 하나님 앞에 섰을 때 두려움이 그를 덮었습니다. 그런데 바로 그때에 주님께서 두려워 말라고 말씀하신 것입니다. 뿐만 아니라 그가 오른손을 얹었다고 고백합니다.

"내가 볼 때에 그 발 앞에 엎드러져 죽은 자같이 되매 그가 오른손을 내게 얹고 가라사대 두려워 말라 나는 처음이요 나중이니"(17절)

이 말씀은 우리 주님의 위로와 사랑을 보여줍니다. 손을 얹고 어루만져 주는 것은 사랑의 풍성함을 의미합니다. 이러한 사랑을 받은 자는 새 힘을 얻습니다. 예수님의 만져 주심은 가장 큰 위로가 됩니다. 다니엘은 이러한 하나님을 경험하였습니다(단 8:18, 10:10). 그러므로 그는 위기 가운데 절망하지 않고 능력 있는 삶을 살 수 있었습니다. 그의 고백이 무엇입니까?

"또 사람의 모양 같은 것 하나가 나를 만지며 나로 강건케 하여 가로되 은총을 크게 받은 사람이여 두려워하지 말라 평안하라 강건하라 강건하라 그가 이같이 내게 말하매 내가 곧 힘이 나서 가로되 내 주께서 나로 힘이 나게 하셨사오니 말씀하옵소서"(단 10:18-19)

우리가 살아가면서 사랑한다는 말 한마디가 얼마나 큰 위로와 힘이 되는지 모릅니다. 그런데 나를 잘 알고 있는 이가 그런 말을 하면 더욱 힘이 납니다. 특별히 열심히 하고자 하였는데 뜻대로 되지 않아 지쳐 있을 때 다가와서 괜찮다고 말씀하시고 위로하시면 그것이 얼마나 큰 힘이 되는지 모릅니다. 그런데 그분이 바로 우리의 주님이십니다. 이러한 주님을 너무나 잘 알고 있었던 바울은 이렇게 고백합니다.

"찬송하리로다 그는 우리 주 예수 그리스도의 하나님이시요 자비의 아버지시요 모든 위로의 하나님이시며 우리의 모든 환난 중에서 우리를 위로하사 우리로 하여금 하나님께 받는 위로로써 모든 환난 중에 있는 자들을 능히 위로하게 하시는 이시로다"(고후 1:3-4)

예수 그리스도는 우리의 위로자입니다. 우리를 지키시고 도와주시고 사랑을 주시는 분입니다. 힘들고 지쳐 있을 때 가장 먼저 우리를 만지시고 위로하여 주시는 분입니다. 이 예수님을 보았던 사도 요한은 새 힘을 얻었고 그 사실을 전하여 준 것입니다. 위로의 하나님이 바로 우리 주님이십니다. 이 주님과 함께 하는 은혜가 있기를 소망합니다.

우리에게 기쁨과 평안을 주고자 기록된 계시의 말씀을 살펴보고 있습니다. 하나님께서 우리에게 주신 말씀을 통하여 우리가 발견하여야 하는 것은 예수 그리스도입니다. 예수 그리스도를 만나게 하는 것이 바로 계시록의 선물입니다. 그러므로 계시록 전체는 예수님에 대한 가르침으로 가

교회를 세우는 요한계시록 강해

득 차 있습니다. 사도 요한은 서신의 서문을 통하여 이 사실을 분명하게 증거하고 있습니다. 특별히 사도 요한이 본 예수 그리스도는 영원한 대제사장입니다. 그리고 참된 하나님이시며, 심판주요 위로자이십니다. 이 사실이 사도 요한으로 하여금 재림의 날을 기쁨으로 맞이하게 하였고 환난과 고통의 시간을 이겨 내게 하였습니다. 또한 오고 오는 모든 이들에게 예수 그리스도의 거룩함과 영광을 분명히 나타냄으로 동일한 은혜의 자리에 설 것을 말씀합니다.

우리도 계시록에서 두려움을 얻는 것이 아니라 계시록을 통해 예수 그리스도를 만나고 그 안에서 기쁨을 누릴 수 있어야 합니다. 사도 요한을 만져 주신 예수님은 오늘 우리를 만져 주시는 분입니다.

예수 그리스도는 이 말씀을 일곱 개의 별을 가진 자 즉 일곱 교회의 사자들에게 보내고 있습니다. 사자들이 누구인지에 대하여 다양한 의견이 있지만 이들은 교회에 말씀을 전하는 자들입니다. 이들을 통하여 계시의 말씀을 전하라고 하십니다. 오늘도 이 말씀이 각 교회에서 증거되고 있습니다. 말씀을 전하는 자들을 통하여 우리에게 알려주시고자 하는 기쁨의 말씀이 전하여지고 있습니다. 주님께서 주신 이 말씀을 바로 듣고 깨달음으로 세상이 알 수 없고 얻을 수 없는 영적 기쁨이 넘치기를 소망합니다. 또한 우리에게 주신 주님의 말씀을 받고 분명하게 고백하고 찬양하는 삶이 되기를 소망합니다.

2장

주님은 교회 안에 거짓된 가르침을 전하는 이단들을 결코 용인하지 않습니다.
뿐만 아니라 적당히 타협하게 하는 혼합주의 신앙 역시 용납하지 않습니다.
모든 종교가 다 같다는 생각에 대해 아니라고 분명하게 말씀합니다.

에베소 교회(계 2:1-7)

신앙생활을 일관성 있게 할 수 있는 것은 참으로 복된 일입니다. 그러나 많은 성도들이 일관성 있는 신앙생활을 유지하지 못합니다. 이것이 우리의 연약함이기도 하지만 동시에 우리의 불충함이기도 합니다. 의지적으로 하나님의 영광을 위하여 살아야 하는데 삶의 다양한 유혹에 밀려서 그렇게 살지 못하는 경우를 봅니다. 물론 균형 잡힌 신앙생활을 하는 것은 쉬운 것이 아닙니다. 교회로 모이고 교회로 흩어지고 교회가 되는 것은 하나님 앞에서 철저한 자기 부인과 십자가를 지겠다는 다짐이 없으면 결코 이루어질 수 없습니다. 그렇기에 하나님의 영광을 위하여 귀하게 쓰임받은 사람이 많지 않은 것이 사실입니다.

우리는 모두 하나님 나라의 회복과 영광을 위하여 쓰임받기를 소망합니다. 무엇을 하든지 어디에 있든지 하나님의 일하심에 사용되는 도구가 되기를 원합니다. 하나님은 이 일을 위하여 교회를 세우셨습니다. 교회가 어떤 곳입니까? 교회는 거룩하신 하나님을 고백하고 예배하는 곳입니다. 그리고 상처 입은 하나님 나라를 회복하기 위하여 하나님의 사람들을 훈련시키는 곳입니다. 그러므로 우리에게 교회로 모이는 일은 참으로 중요합니다. 교회로 모이지 않고 교회로 흩어지는 것은 불가능합니다. 이것이

교회를 세우는 요한계시록 강해

가능하다고 한다면 주님은 반석 위에 교회를 세우지 않았을 것입니다. 그러므로 교회가 건강해야 합니다. 교회가 건강할 때 삶의 모든 영역이 건강을 유지할 수 있습니다.

교회를 세운다는 것은 결코 쉬운 것이 아닙니다. 물론 건물을 얻고 집기를 갖다 놓고 예식에 따라 예배를 드릴 수 있습니다. 그러나 이것이 참된 교회임을 증명하지 않습니다. 우리 주님이 말씀하시고 명하신 대로 반석 위에 교회를 세우는 것은 간단하지 않습니다. 지상의 교회는 불완전하지만 그리스도를 드러내는 표지입니다. 그러므로 바로 세워지지 않은 교회는 하나님의 영광을 훼손하게 됩니다. 교회를 세우는 것은 하나님의 영광을 위한 최전선의 일입니다. 그런데 많은 사람들이 교회를 가볍게 여깁니다. 또한 교회를 세우는 일에 큰 관심이 없습니다.

많은 사람들은 교회를 단순히 예배드리는 곳으로만 생각합니다. 그러나 교회는 단순히 예배만 드리는 곳이 아닙니다. 교회는 하나님 나라를 회복하기 위하여 하나님의 뜻을 구하고 그 뜻대로 살아갈 수 있는 능력을 공급받는 곳입니다. 교회는 지역을 섬기고 하나님의 영광을 실질적으로 나타내는 곳입니다. 주님께서 십자가를 지시기 며칠 전에 제자들의 발을 씻기시면서 자신이 행한 대로 행하라고 하셨습니다. 교회는 이 일을 수종드는 곳입니다. 그러므로 교회로 모인 이들은 예배를 통하여 하나님의 뜻을 듣고 그 말씀을 가지고 섬김의 현장으로 가는 것입니다.

이 땅의 많은 교회들이 모두 이 사명을 받고서 시작하였습니다. 자신의 생각이 아니라 하나님의 생각으로 세상을 향하여 나갔습니다. 그리고 모진 핍박과 고난을 인내하고 교회를 세웠습니다. 이러한 모습 가운데 하나님의 기뻐하심이 나타났고 가난하고 힘들고 상처받고 지쳐 있는 영혼들이 예수 그리스도의 복음의 소식을 듣고 삶의 소망을 갖게 되었습니다. 그러자 교회는 커지기 시작하였습니다. 그리고 많은 사람들이 교회를 통하여 자신들의 삶을 살피기 시작하였습니다. 교회가 삶의 유익을 나누는 광장이 된 것입니다.

그런데 시간이 얼마 지나지 않았는데 이곳저곳에서 들리지 말아야 할 소리들이 들리기 시작하였습니다. 처음의 순수함과 열정이 사라지고 욕심이 나타나고 권력이 생기고 차별이 나타난 것입니다. 그러자 교회는 순식간에 흔들리기 시작하였습니다. 얼마 되지 않아 사단은 교회를 허물고자 염탐꾼들을 보내고 선동하기 시작하였습니다. 그러자 교회가 흔들린 것입니다. 이 상황을 보신 하나님은 마음이 아프셨고 결국 채찍을 드셨습니다.

무엇이 교회로 하여금 이러한 아픔에 직면하게 한 것입니까? 그리고 이러한 교회의 모습이 우리와는 전혀 관계가 없는 것입니까? 이 모습에 직면하였던 1세기의 에베소 교회를 통하여 그 답을 찾아볼 수 있습니다. 우리가 살펴보는 소아시아의 첫번째 교회인 에베소 교회는 매우 의미 있는 교회입니다. 이 교회는 바울의 사랑이 아주 깊이 스며들어 있는 교회입니다. 에베소 교회는 바울이 3차 전도 여행 시에 오랫동안 머물렀던 지역입니다. 에베소 교회는 소아시아에서 가장 큰 도시였습니다. 이곳에는 아데미 신을 섬기는 신전이 있었습니다. 아데미 신전은 도망자들의 도피처로 유명하였습니다. 그러나 얼마 되지 않아 이곳은 범죄자들이 모인 곳으로 변하였고 이들로 인하여 온갖 미신과 마법이 판을 치는 곳이 되었습니다. 바울은 이러한 곳에 자리를 잡고 복음을 전하고 교회를 세웠습니다. 그 자세한 내용이 사도행전 19장에 잘 기록되어 있습니다.

교회를 세우는 요한계시록 강해

바울은 후에 이곳에 디모데를 목회자로 보냅니다. 그리고 사도 요한 역시 이곳에서 말년을 보냅니다. 일설에 의하면 예수님의 육신의 어머니 인 마리아도 이곳에 정착하였다고 합니다. 이렇듯 에베소 교회는 초대 교회에 있어서 매우 의미 있는 곳입니다. 에베소 교회는 당시의 교회 가운데 어머니 교회로서 그 역할을 감당하였습니다. 그러한 영향력이 있는 교회가 40년 후의 모습은 어떠하였을까요? 하나님은 에베소 교회를 향하여 칭찬과 책망을 하십니다. 그리고 이 모습을 통하여 교회의 바른 본을 말씀하십니다.

일곱 교회의 모습은 오고 오는 모든 교회의 모습을 대표합니다. 그러므로 에베소 교회를 향한 하나님의 말씀을 통하여 우리에게 말씀하시는 하나님의 뜻을 살펴야 합니다.

에베소 교회는 말씀대로 살고자 최선을 다한 교회였습니다. 이것이 바로 에베소 교회가 받은 칭찬입니다. 본문 2-3절의 말씀에 에베소 교회의 모습이 잘 나타나 있습니다.

"내가 네 행위와 수고와 네 인내를 알고 또 악한 자들을 용납지 아니한 것과 자칭 사도라 하되 아닌 자들을 시험하여 그 거짓된 것을 네가 드러낸 것과 또 네가 참고 내 이름을 위하여 견디고 게으르지 아니한 것을 아노라"

에베소 교회는 무엇보다도 말씀대로 살고자 최선을 다하는 교회입니다. 주님은 이러한 에베소 교회를 보고 계셨습니다. 그들은 주님 말씀을 부여잡고 그 말씀을 이루기 위하여 수고하였습니다. 교회를 세우고 성도들 돌보고 이웃을 섬기는 일에 열심을 다한 교회였습니다. 또한 이 일로 인하여 나타나는 지역의 반대자들의 반대에도 포기하지 않고 하나님의 영광을 위하여 인내하였습니다. 동시에 자신들을 무너뜨리려는 온갖 유혹을 능히 이겼습니다. 이것이 에베소 교회의 모습이었습니다. 주님은 이러한 에베소 교회의 모습을 보고 계셨습니다. 그리고 칭찬하셨습니다. 우리는 이 사실에서 주님은 멀리 계시는 분이 아니라 늘 우리와 함께 계시는 분임을 알 수 있습니다. 그러므로 우리의 삶에 있어서 최선을 다해 살아야 합니다. 그리고 다가오는 많은 유혹과 고난에도 결코 포기하지 말고 인내하여야 합니다. 신앙생활의 일관성은 결코 쉽지 않습니다. 그러나 이것이 주님이 기뻐하시는 일이며 칭찬하는 일입니다. 그러므로 무엇보다도 말씀을 믿음으로 받고 말씀대로 살겠다는 고백과 의존함이 충만하여야 합니다. 이것이 에베소 교회의 모습입니다.

에베소 교회는 교리적 순수성을 지키고자 최선을 다한 교회였습니다. 에베소 지역은 앞서 말하였듯이 온갖 미신이 난무하는 지역입니다. 자칫하면 이러한 미신에 넘어갈 수 있는 상황입니다. 교회도 예외가 아닙니다. 그러한 상황 가운데 에베소 교회는 교회를 건강하게 지켰습니다. 악한 자들을 용납지 아니한 것과 자칭 사도라 하되 아닌 자들을 시험하여 그 거짓된 것을 드러냈습니다.(2절) 또한 니골라 당의 행위를 미워하였습니다. 이것은 우리 주님도 미워하는 것입니다.(6절) 자칭 사도라 하는 이들은 니골라 당을 의미합니다. 니골라 당에 대하여 많은 자료가 없습니다. 다만 버가모 교회에 보내는 글을 통하여 이들의 정체를 알 수 있습니다.

"그러나 네게 두어 가지 책망할 것이 있나니 거기 네게 발람의 교훈을 지키는 자들이 있도다 발람이 발락을 가르쳐 이스라엘 앞에 올무를 놓아 우상의 제물을 먹게 하였고 또 행음하게 하였느니라 이와 같이 네게도 니골라 당의 교훈을 지키는 자들이 있도다"(계 2:14-15)

이 사실에서 알 수 있는 것은 이들이 우상숭배와 행음을 하는 자들이었다는 사실입니다. 이러한 자들에 대하여 에베소 교회는 견고하게 믿음의 자리를 지켰습니다. 말씀으로 말미암아 바른 교리를 사수한 것에 대하여 주님의 칭찬을 받았습니다. 이것은 바울이 에베소 교회를 떠나면서 부탁하였던 말씀 가운데 하나였습니다.

"내가 떠난 후에 흉악한 이리가 너희에게 들어와서 그 양 떼를 아끼지 아니하며 또한 너희 중에서도 제자들을 끌어 자기를 좇게 하려고 어그러진 말을 하는 사람들이 일어날 줄을 내가 아노니 그러므로 너희가 일깨어 내가 삼 년이나 밤낮 쉬지 않고 눈물로 각 사람을 훈계하던 것을 기억하라 지금 내가 너희를 주와 및 그 은혜의 말씀께 부탁하노니 그 말씀이 너희를 능히 든든히 세우사 거룩케 하심을 입은 모든 자 가운데 기업이 있게 하시리라"(행 20:29-32)

흉악한 이리들과 어그러진 말을 하는 사람들을 잘 막고 교회를 건강하게 세우라는 것이 바울의 고별사였습니다. 그리고 40년이 흐른 상황 가운데 바울의 예언은 현실화되었습니다. 그리고 에베소 교회는 바른 교리를 사수함으로 교회를 건강하게 유지하였습니다. 이것이 에베소 교회가 칭찬받은 일이었습니다. 에베소 교회의 건강함에 대해 안디옥의 교부 이그나티오스는 다음과 같이 편지하였습니다.

"당신들 모두는 진리에 따라 살며 어떠한 이단도 당신들 가운데는 발을 붙이고 있지 않습니다. 아니 그렇기는커녕 당신들은 진리 가운데서 예수 그리스도에 관한 것을 제외해 놓고 누가 그 밖의 무언가 이야기하려면 듣지도 않았습니다."(존 스토트, 『그리스도가 보는 교회』)

이렇게 엄청난 칭찬을 받은 에베소 교회였지만 칭찬으로 끝나지 않고 준엄한 책망도 받게 됩니다. 이 사실이 우리로 하여금 긴장과 겸손함을 갖게 합니다. 우리는 무엇보다도 교리적 순수함을 가지고 있어야 하지만 이것으로 모든 것이 다 되는 것은 아님을 알아야 합니다. 그렇다면 에베소 교회가 받은 책망은 무엇입니까?

에베소 교회는 처음 사랑을 상실함으로 책망을 받습니다. 처음 사랑을 버린 것이 책망의 원인이라고 말씀하고 있습니다. 처음 사랑은 다른 것이 아닙니다. 하나님을 사랑하고 이웃을 사랑하라는 하나님의 명령입니다. 이것은 모든 교회가 지켜야 하는 말씀입니다. 바울은 에베소 교회를 떠나면서도 이 문제를 강조하였습니다.

"내가 아무의 은이나 금이나 의복을 탐하지 아니하였고 너희 아는 바에 이 손으로 나와 내 동행들의 쓰는 것을 당하여 범사에 너희에게 모본을 보였노니 곧 이같이 수고하여 약한 사람들을 돕고 또 주 예수의 친히 말씀하신 바 주는 것이 받는 것보다 복이 있다 하심을 기억하여야 할지니라"(행 20:33-35)

바울은 욕심을 버렸으며 스스로 수고하여 약한 사람을 도움으로 주님의 말씀 즉 주는 것이 받는 것보다 복되다는 말씀을 스스로 지켰습니다. 그리고 이 말씀대로 에베소 교회도 그렇게 살 것을 말씀하였습니다. 사랑을 나누는 것이 참으로 복된 것임을 누누이 강조한 것입니다. 또한 약 5년 뒤에 쓰인 에베소서 마지막 마무리를 하면서 다시 한번 강조합니다.

"우리 주 예수 그리스도를 변함없이 사랑하는 모든 자에게 은혜가 있을지어다"(엡 6:24)

바울은 변함없는 사랑을 강조하였습니다. 그런데 약 40년 후의 에베소

교회를 세우는 요한계시록 강해

교회는 교리적 순수성을 지켰지만 사랑의 모습은 냉랭하였습니다. 주님은 이러한 모습에 대하여 분명하게 지적하시고 책망한 것입니다. 고린도전서 13장 1-3절은 다음과 같이 선언합니다.

"내가 사람의 방언과 천사의 말을 할지라도 사랑이 없으면 소리나는 구리와 울리는 꽹과리가 되고 내가 예언하는 능이 있어 모든 비밀과 모든 지식을 알고 또 산을 옮길 만한 모든 믿음이 있을지라도 사랑이 없으면 내가 아무 것도 아니요 내가 내게 있는 모든 것으로 구제하고 또 내 몸을 불사르게 내어 줄지라도 사랑이 없으면 내게 아무 유익이 없느니라"

사랑이 없는 교회는 죽은 교회입니다. 예수님은 사랑을 회복할 것을 재차 말씀하십니다. 주님은 아주 세밀하게 잃어버린 사랑을 회복할 것을 말씀합니다. 이 회복이 없이는 하나님이 교회가 건강하게 설 수 없음을 경고합니다. 주님은 촛대를 옮기겠다고 말씀하십니다.(5절) 이것이 에베소 교회가 책망받은 내용입니다. 교리적 순수성을 지키겠다고 사랑을 버리는 것은 온전한 모습이 아닙니다. 교회는 세워질 때부터 이 사명을 감당해야 합니다. 바른 복음을 전하고 성경의 가르침을 사수하여야 하지만 동시에 사랑을 나누고 베풀어야 합니다. 이것이 교회의 본질이 되는 것이고 책망의 자리에 서지 않는 일입니다.

누구든지 처음에 열심히 시작하였던 일도 사랑이 없으면 차차 짜증 나고 요령을 피우게 됩니다. 그리고 기쁨과 감사의 일이 아니라 노동이 되어 버립니다. 교회를 위한 섬김도 동일합니다. 성도를 향한 사랑도 마찬가지입니다. 사랑이 없으면 모든 것이 노동이 되어지고 감사함과 자원함이 사라지게 됩니다. 이것이 바로 첫 사랑을 상실한 이들의 모습에서 볼 수 있습니다. 사랑이 없으면 무수히 가지고 있는 지식이 의미가 없습니다. 결국 책망만이 돌아오게 될 뿐입니다.

주님은 에베소 교회를 향하여 상실한 첫 사랑을 회복할 것을 강력하게 촉구합니다. 주님의 가르침은 명료합니다. 첫째, 첫 사랑의 왜곡을 생각합니다. 첫 사랑이 어디서부터 잘못되었는지 기억하라는 말씀입니다. 두 번째, 철저하게 그리고 즉각적인 회개입니다. 셋째, 처음 행위의 회복입니다. 즉 첫 사랑을 실천하는 일입니다. 이것이 없이는 교회가 교회로서 존재할 수 없으며 교회의 정체성이 무너지게 됩니다.

교회는 하나님이 세우신 기관입니다. 교회를 통하여 하나님의 나라가 회복됩니다. 그러므로 건강한 교회를 세우는 것은 우리의 사명이며 하나님의 영광을 돌리는 길입니다. 그렇다면 어떠한 교회를 만들어야 합니까? 우선 에베소 교회를 향한 말씀에서 그 첫 모습을 찾아볼 수 있습니다. 우선 **하나님이 기뻐하시는 교회는 말씀을 받은 대로 살려는 수고와 인내가 있는 교회입니다.** 하나님께서 교회를 세우신 이유는 복음을 전하고자 함입니다. 바울 역시 이 사실에 대하여 분명하게 강조하였습니다.

"예수 그리스도의 종 바울은 사도로 부르심을 받아 하나님의 복음을 위하여 택정함을 입었으니 이 복음은 하나님이 선지자들로 말미암아 그의 아들에 관하여 성경에 미리 약속하신 것이라"(롬 1:1-2)

"너희는 자기를 위하여 또는 온 양 떼를 위하여 삼가라 성령이 저들 가운데 너희로 감독자를 삼고 하나님이 자기 피로 사신 교회를 치게 하셨느니라"(행 20:28)

바울은 교회가 할 일이 복음을 전하는 것임을 분명하게 강조합니다. 자신이 사도로 부름받은 이유도 오직 복음을 전하게 함임을 고백합니다. 복

교회를 세우는 요한계시록 강해

음을 전하는 것이 교회의 존재 이유이고 소명입니다. 또한 성도는 받은 말씀에 순종해야 합니다. 바울은 말씀을 받은 성도의 자세를 치리의 측면에서 언급합니다. 교회는 가르치는 장로와 치리하는 장로를 통하여 자라가게 하셨습니다. 이것이 하나님의 뜻입니다. 그러므로 무엇보다도 하나님의 말씀이 전하여지고 가르쳐지는 곳에 참된 순종과 고백이 있어야 합니다.

이것은 오늘 우리 가운데 선포되어지는 말씀을 결코 헛되게 들어서는 안 됨을 말합니다. 주일에 말씀을 바로 듣지 못한다면 여러분의 삶은 하나님의 의하여 지배당하지 않고 자기 소견에 옳은 신앙에 지배당하게 됩니다. 그러므로 무엇보다도 하나님의 말씀을 받고, 받은 말씀대로 살려는 수고와 인내가 있어야 합니다. 이것이 하나님이 기뻐하는 교회를 이루는 길입니다.

둘째는 성경적이고 바른 교리를 지키는 것입니다. 사도 요한이 서신을 주고 있던 시대도 온갖 종류의 종교들이 난무하였던 종교 다원주의 시대였습니다. 이러한 시대에 하나님이 원하시는 교회의 모습은 다른 것이 아니라 바른 교리를 지키는 일입니다. 지금도 우상숭배와 행음의 종교가 판을 치고 있습니다. 삼위일체 하나님을 부정하고 예수 그리스도를 통한 구원을 부정하는 이들이 난무하는 시대입니다. 더구나 불신자들이 교회를 가볍게 여기는 시대가 되었습니다. 이러한 시대에 무엇이 중요하겠습니다. 다원주의 시대에는 더욱더 선명한 신앙고백이 필요합니다. 성경적인 바른 교리를 지켜야 합니다. 이것이 교회를 교회답게 유지하고 세상에 참된 구원을 주는 교회가 됩니다. 이 일을 위하여 우리 역시 성경이 무엇을 말씀하는지 믿음의 선진들이 전하여 준 신앙고백을 부지런히 살펴야 합니다. 그래야 악한 자들과 자칭 사도라 하는 이들의 소리에 넘어가지 않습니다. 오늘날 너무나 많은 사람들이 자칭 사도라 말하고 있습니다. 이런 시대에 흔들리지 않으려면 열심을 다하여 진리를 탐구해야 합니다.

셋째는 사랑으로 진리를 전하는 교회가 되어야 합니다. 에베소 교회는 진리는 지켰으나 생명이 없는 진리였습니다. 그것은 사랑이 없기 때문입니다. 사랑이 사라진 것은 아무 유익이 없습니다. 사랑은 진리를 더욱 굳게 하고 능력 있게 합니다. 그런데 우리가 종종 실수하는 것은 바로 이 부분입니다. 많은 지식을 가지고 있는데 실천하는 사랑이 없습니다. 그러면 교회는 결코 자라지 않습니다. 그리고 자신도 성장하지 않습니다. 진리가 진리다우려면 사랑으로 진리를 전해야 합니다. 사도 요한의 말씀처럼 우리가 말과 혀로만 사랑하지 말고 오직 행함과 진실함으로 하여야 합니다. 이것이 교회는 세우는 자세입니다. 교회를 세우는 것은 참으로 큰 영광입니다. 이것이 교회 건물을 크게 짓는 것이 아니라는 것을 아실 것입니다. 하나님이 기뻐하시는 교회는 하나님의 진리가 살아 움직입니다. 모든 성도들이 이 진리를 삶으로 순종합니다. 주님은 서신을 마치기 전에 성령을 통한 약속을 하십니다. 그것은 바로 영원한 생명입니다.

"귀 있는 자는 성령이 교회들에게 하시는 말씀을 들을지어다 이기는 그에게는 내가 하나님의 낙원에 있는 생명나무의 과실을 주어 먹게 하리라"(7절)

주님의 말씀을 따라 첫 사랑을 회복하고 말씀의 자리에 견고히 서고 사랑으로 진리를 전하는 교회는 영원한 생명을 얻습니다. 우리 모두 성령께서 교회를 향하여 말씀하시는 소리를 들을 수 있어야 합니다.

우리는 에베소 교회를 통하여 하나님이 기뻐하시는 교회의 모습을 보앞습니다. 이제 이러한 교회를 우리가 만들어야 합니다. 이것이 우리의 소명입니다. 우리의 교회가 하나님의 마음을 기쁘게 하는 교회가 되기를 소망합니다. 그러기 위해서는 교회의 일원인 우리들이 교회를 세우고자 하는 열망이 있어야 합니다. 하나님의 일하심에 순종이 있어야 합니다. 교회는 하나님의 영광을 드러내는 기관입니다. 우리의 자발적이고 순수한 헌신이 교회를 교회답게 만듭니다. 이러한 은혜의 사역에 동참하는 기쁨이 있기를 소망합니다.

처음 행위를 가지라(계 2:1-7)

우리는 지난 시간에 에베소 교회의 전반적인 모습에 대하여 살펴보았습니다. 당시에 가장 큰 도시였으며 아데미 신전이 있었던 지역입니다. 그리고 바울이 참으로 많은 시간을 들여서 교회를 세운 지역입니다. 그리고 40여 년이라는 시간이 지난 후에 하나님은 이 교회를 평가하십니다. 그리고 우리의 마음을 아프게 하는 책망을 받습니다. 이러한 사실이 우리로 하여금 장차 있을 하나님의 평가를 생각하게 합니다.

오래전 TV 공익광고 중에 처음 시작하는 마음으로 돌아가자는 광고가 있었습니다. 공무원도, 간호사도, 경찰도 처음 시작할 때 마음으로 돌아가는 것이 곧 국가를 바로 세우는 길이라는 내용이었습니다. 새로운 시작은 바로 처음부터 시작이라는 의미에 많은 공감을 하였습니다. 오늘 우리 시대는 첫 순간의 설레임과 뜨거운 열정이 필요한 시대임이 분명합니다.

이러한 모습은 우리 교회가 담당해야 될 모습이라 생각합니다. 새로운 도약을 위해서 기도하며 함께 마음을 모으고 있는 우리 교회의 할 일 중에 가장 우선순위는 바로 첫 사랑을 유지하는 자세입니다. 우리가 주님을 알고 주님께 받았던 그 사랑을 간직하고 있다면 우리의 소망은 주님 안에서 열매를 맺을 것입니다. 이런 의미에서 본문이 주는 메시지는 우리에게 분명한 도전의 말씀이라 생각합니다. 밧모섬에 있는 요한에게 계시로 말씀하여 주신 본문을 통하여 주의 음성을 듣는 귀한 시간이 되기를 소망합니다.

본문은 아시아의 일곱 교회에 보내는 편지 중에 첫번째 교회인 에베소 교회에 보내는 편지입니다. 앞서 살펴보았듯이 에베소 교회는 말씀 위에 든든히 서 있었던 교회였습니다. 2, 3절의 내용은 이러한 에베소 교회의 모습을 잘 보여줍니다. 그러나 칭찬만 받은 교회는 아니었습니다. 본문 4, 5절을 통하여 주님은 에베소 교회를 책망하고 있음을 볼 수 있습니다. 주님은 에베소 교회의 아름다운 모습과 더불어 아쉬운 모습을 보여주십니다. 이러한 에베소 교회를 향한 주님의 의도는 분명합니다. 그것은 바른 교회의 회복입니다. 그리고 그 회복이 무엇인가 하는 문제입니다.

에베소 교회는 그 어느 교회보다도 말씀의 진리 위에 굳게 서 있었던 믿음의 교회였습니다. 그러한 교회를 향한 주님의 책망은 오늘 우리들에게 매우 중요한 메시지라 생각합니다. 에베소 교회를 향한 주님의 메시지는 장차 우리에게 있을 것을 보여주는 말씀입니다. 주님의 책망을 받았던 에베소 교회는 지금은 사라지고 말았습니다. 지금은 교회 터만 남아 있습니다. 그리고 잡초들뿐입니다. 하나님의 말씀에 어떠한 반응을 하고 어떻게 유지하고 지켜 나가느냐는 정말로 중요합니다. 물론 이 땅의 교회가 유한하지만 그러나 하나님의 말씀을 지켜 나간다면 주님 오심을 맞이하는 교회가 될 수 있습니다. 이러한 은혜를 누릴 수 있는 우리 교회가 되기를 소망합니다. 그렇다면 어떻게 하여야 주님을 맞이하는 교회로 세움을 입을 수 있을까요?

첫째, 교회의 아름다움은 첫 사랑을 지키는 데 있습니다. 무엇을 하든지 간에 처음의 기쁨을 잊어버리면 그처럼 안타까운 것이 없습니다. 사랑을 처음 했을 때, 결혼을 처음 했을 때, 자녀를 처음 가졌을 때, 그리고 대학을 처음 들어갔을 때. 좋은 직장을 처음 가졌을 때의 기쁨은 이루 말할 수 없습니다. 그러나 이러한 기쁨을 잊어버리면 모든 것이 불편해집니다. 그리고 재미가 없어집니다. 그러다 보면 싫어지게 되는 것입니다. 사랑도 그렇습니다. 자녀도, 학교도, 직장도 동일하게 의미가 없어지게 됩니다. 이렇게 되면 철저히 사무적이 되고 인간미가 사라지고 기계의 톱니바퀴처럼 살아가게 됩니다. 여기에는 정의는 있을 수 있으나 사람이 살 곳은 못 되는 것입니다. 그러므로 새로운 기운을 얻으려면 처음의 기쁨을 회복하는 일 밖에 없습니다.

주님은 에베소 교회의 문제가 무엇인지 잘 알고 계십니다. 2, 3절에서 반복되는 단어는 "안다"는 것입니다. 이 단어는 단순히 아는 정도가 아니라 완벽하게 알고 있다는 의미입니다. 주님은 에베소 교회를 누구보다 잘 알고 있습니다. 에베소 교회의 문제뿐 아니라 대안도 잘 알고 있다는 사실입니다. 주님은 에베소 교회의 어제와 오늘 그리고 내일의 문제도 잘 알고 있습니다. 에베소 교회는 어떤 교회였습니까?

우리가 잘 알고 있듯이 바울의 복음이 떨어져 있는 곳입니다. 그리고 브리스굴라와 아굴라가 복음을 전한 도시였습니다. 뿐만 아니라 말씀을 잘 가르치는 말씀을 더 깊이 있게 이해시키기 위해 아볼로를 파송하였던 교회입니다. 여기에 디모데가 목회를 하였고 전하는 소식에 의하면 사도 요한이 말년에 설교 사역을 하였습니다. 그리고 예수님의 어머니인 마리아가 정착한 지역입니다. 엄청난 이력을 가지고 있는 도시입니다. 외적인 조건을 본다면 너무나도 부러운 교회입니다. 이렇게 에베소 교회의 모습

교회를 세우는 요한계시록 강해

은 칭찬받기에 부족함이 없는 교회입니다. 2절, 3절을 보시기 바랍니다.

"내가 네 행위와 수고와 네 인내를 알고 또 악한 자들을 용납지 아니한 것과 자칭 사도라 하되 아닌 자들을 시험하여 그 거짓된 것을 네가 드러낸 것과 또 네가 참고 내 이름을 위하여 견디고 게으르지 아니한 것을 아노라"(계 2:2, 3)

또한 에베소 교회는 진리의 싸움에 있어서 분명한 태도를 가지고 있었습니다. 교회를 허무는 이리들을 잘 대처한 교회였습니다. 이것은 말씀의 진리에 대하여 성도들이 굳게 세워져 있음을 의미합니다. 그리고 주님의 이름을 위하여 고통을 참은 아름다운 교회입니다. 참으로 주님의 칭찬을 받기에 부족함이 없는 교회입니다. 그러므로 주님은 반복해서 내가 알고 있다고 말씀합니다.

그런데 이런 에베소 교회를 향하여 주님은 그러나 책망할 것이 있다고 말씀하십니다. 그 책망은 바로 처음 사랑의 상실입니다. 에베소교회의 자랑이며 정체성이 무너졌습니다. 주님의 준엄한 책망은 5절에서 더욱 구체적으로 말씀하십니다. 그러므로 어디에서 떨어진 것을 생각하고 회개하여 처음 행위를 가지라는 것입니다. 그렇지 않으면 촛대를 옮겨 버리신다는 것입니다.

에베소 교회가 받은 책망은 그들이 소유하고 있었던 예수님을 향한 첫 사랑을 버렸다는 데 있습니다. 에베소교회가 가지고 있었던 아름다운 모습은 무엇입니까? 에베소서 1:15, 16절을 보시기 바랍니다. 15절은 바울의 에베소 교회를 향한 감사의 기도입니다.

"이를 인하여 주 예수 안에서 너희 믿음과 모든 성도를 향한 사랑을 나도 듣고 너희를 인하여 감사하기를 마지 아니하고 내가 기도할 때에 너희를 말하노라"

바울이 에베소를 떠난 지 3년 후에 옥중에서 복음의 편지를 보낼 때에 에베소 교회의 소식을 듣고 그들의 사랑을 감사하고 있었습니다. 그만큼 사랑이 넘쳤던 교회였습니다. 앞에서도 보았지만 아볼로를 향한 사랑과 바울을 향한 사랑의 모습에서도 볼 수 있었듯이 에베소 교회는 사랑의 교회였습니다. 특별히 사도 요한은 에베소 교회에서의 설교의 주제가 사랑이었다고 전해지듯이 에베소 교회 하면 사랑이었습니다. 영국의 유명한 설교가인 로이드 존스 목사는 그의 에베소 강해에서 "그들은 사심이 없고 티 없는 진실함으로 예수 그리스도를 변함없이 사랑했고 가장 귀히 여기는 사람들이었습니다"라고 하였습니다.

바로 이러한 교회가 지금은 사랑을 잊어버리고 만 것입니다. 그렇다고 사랑이 전혀 없는 교회가 되었다는 내용이 아닌 것 같습니다. 왜냐하면 첫 사랑을 말하고 있기 때문입니다. 결국 이 말은 사랑이 있으나 변질된 사랑으로 남아 있음을 의미합니다. 변질된 사랑은 모든 관계를 파괴시킵니다. 왜냐하면 눈에는 사랑이 있는 것처럼 보이나 마음에는 그러하지 않기 때문입니다. 이것은 하나님과의 관계뿐 아니라 사람 사이의 관계에도 동일하게 적용됩니다. 하나님의 책망은 바로 여기에 있었습니다. 그러므로 순수한 사랑을 회복하기를 바라고 계신 것입니다. 에베소교회는 너무 익숙한 나머지 무시해 버리는 삶을 살았습니다.

에베소 교회는 진리에 대한 열정은 남아 있지만 사랑이 식어짐으로 진리가 울리는 꽹과리가 되어 버렸습니다. 우리는 이 사실을 항상 기억해야 하는 것입니다. 본문에서 "버렸다"라는 헬라어 아페카스(ἀφήκας)는 "포

교회를 세우는 요한계시록 강해

기하였다"는 의미입니다. 하나님이 에베소 교회를 책망한 것은 이들이 하나님의 명령대로 사랑하기를 포기하였다는 데 있습니다.

에베소 교회는 복음에 대한 지적인 능력은 있었으나 의식적인 교회가 되어 버렸습니다. 즉 아는 것으로 만족하였습니다. 결국 이들은 아는 지식을 사용하지 않을 뿐 아니라 아는 것과 상관없는 삶을 살았습니다. 이것은 에베소 교회가 건조한 교회가 되어 버렸음을 의미합니다.

사랑이 없는 지식은 굳어 버린 지식입니다. 사랑이 없기에 열정도 점점 식어지고 외식적이 됩니다. 사랑이 없으면 의식적 종교로 남게 됩니다. 그리고 예배를 드리기 위한 모임의 중심에 그리스도가 없습니다. 다른 무엇인가가 채워지게 됩니다. 예수님을 향한 사랑이 없기 때문입니다. 그래서 많은 지식을 가지고 있어도 헌신의 삶을 살지 못하는 이유가 바로 여기에 있습니다.

사랑이 없는 교회를 향한 하나님의 심판이 무엇인지 아십니까? 그것은 촛대를 그 자리에서 옮기는 것입니다. 아무리 대단한 권세를 가지고 있고 교세를 가지고 있다 하더라도 촛대를 옮기면 아무 소용이 없습니다. 5절 하반절은 이 사실을 분명히 말하고 있습니다.

"만일 그리하지 아니하고 회개치 아니하면 내가 네게 임하여 네 촛대를 그 자리에서 옮기리라"

촛대는 교회를 의미합니다. 사랑을 회복하지 않으면 교회를 옮긴다고 말씀합니다. 이 말씀은 교회가 하나님의 뜻을 따르고 교회다울 때 하나님께서 교회를 유지시켜주지만 그렇지 않으면 교회를 향하여 손을 떼시겠다는 경고입니다. 실제로 에베소 교회는 사라지고 말았습니다. 이것이 우리로 하여금 진지하게 만듭니다.

이러한 사실 앞에 오늘 우리들의 모습은 어떠합니까? 너무 오랫동안 신앙생활을 하여서 주님을 향한 순수한 삶을 잊지는 않았습니까? 교회 생활에 익숙한 나머지 복음의 진리를 무시하고 있지는 않습니까? 교회가 건강해지고 하나님의 뜻을 펼치고 하나님 나라를 확장하는 사명을 이루시기를 원하십니까? 그렇다면 오늘 우리들은 주님을 향한 첫 사랑을 회복해야 합니다. 복음의 첫 사랑, 형제와 자매를 향한 첫 사랑이 회복되지 않고는 그 어떤 도약도 의미가 없습니다. 우리의 그 아름답고 순수했으며 참 기쁨이 넘쳤던 주를 향한 첫 사랑이 회복되어야 합니다.

둘째, 처음 행위의 회복이 없이는 바른 교회로 세워질 수 없습니다. 주님은 처음 행위를 회복하지 않으면 촛대를 그 자리에서 옮기겠다고 말씀하십니다. 다시 한번 5절을 보시기 바랍니다.

"그러므로 어디서 떨어진 것을 생각하고 회개하여 처음 행위를 가지라 만일 그리하지 아니하고 회개치 아니하면 내가 네게 임하여 네 촛대를 그 자리에서 옮기리라"

이 말씀은 첫 사랑의 회복은 단순한 감상이 아님을 분명하게 말씀하고 있습니다. 말로는 회복하였다고 하고 속으로는 꿍하고 있다면 그것이 어찌 회복이 되었다고 말할 수 있습니까? 앞에서 웃고 뒤에서는 딴소리하는 모습을 가지고 있다면 이것처럼 불행한 사람이 없습니다. 그러므로 회복은 단순한 감상이 아니라 현실이 되어야 합니다. 우리의 주님은 우리의 중심을 보고 계십니다. 그러므로 주님 앞에 정직한 삶을 살기를 원한다면 단순한 감사요 말뿐인 회복이 아니라 신전의식을 갖는 회복이 필요합니다. 이것이 없이는 바른 교회로 세워질 수 없습니다.

교회를 세우는 요한계시록 강해

주님은 이것을 에베소 교회에 말하고 있습니다. 주님은 분명히 말씀하십니다. 교회가 하나님의 뜻을 이루고 하나님의 영광을 바라보기 위해서 반드시 점검해야 할 것이 있다고 말씀합니다. 이 일을 날마다 이루며 나갈 때 교회는 바른 교회로 세워질 수 있습니다.

그렇다면 건강한 교회로 세워지기 위한 회복의 길은 무엇입니까? 첫째로 어디에 떨어진 것을 생각하는 작업입니다. 둘째는 생각은 회개로 나아갑니다. 셋째는 회복된 삶을 실천하는 것입니다. 이것은 우리의 전 인격적인 삶의 회복을 말하는 것입니다. 우리에게는 주님이 주신 지혜가 있습니다. 이 지혜는 하나님을 알고 그 하나님이 기뻐하시는 삶을 살게 하는 선물입니다. 그러나 이 선물을 사용하지 않으면 하나님의 전에서 떨어지는 불행을 맞게 됩니다. 전도서 기자는 "가난하여도 지혜로운 소년은 늙고 둔하여 간함을 받을줄 모르는 왕보다 나으니"(전 4:13)라고 하였습니다. 또한 잠언 기자도 "지혜로운 자는 위로 향한 생명길로 말미암음으로 그 아래 있는 음부를 떠나게 되느니라"(잠 15:24)고 말했습니다.

하나님이 주신 지혜는 바로 우리의 삶을 돌아보게 합니다. 그러기에 하나님을 아는 일이 매우 필요합니다. 주님은 우리의 지적인 사고를 활용하시기를 바라십니다. 우리는 우리의 삶을 되돌아보는 작업이 날마다 필요합니다. 하나님 앞에서 오늘 나의 삶이 어떠하였는가? 일 년 동안 나의 삶이 어떠하였는가? 이 작업은 매우 필요합니다. 이것이 이루어질 때 진정한 회개가 이루어지기 때문입니다.

회개는 반드시 생각을 동반합니다. 그렇게 될 때 우리의 삶을 회복할 수 있습니다. 그러므로 무엇이 잘못되었는지 기억하여야 합니다. 세상 사람들은 세상의 운수에 따라 삽니다. 하지만 이처럼 어리석은 일이 없습니다. 하지만 그리스도 예수를 믿는 우리는 주님이 주신 지혜를 가지고 주님 앞에 서야 합니다. 그리고 우리가 무엇을 잘못했는지 기억하고 살펴야 합니다. 그리고 잘못이 생각나면 회개의 자리에 가야 합니다. 철저하게 회개하여야 합니다. 그러나 회개는 입술과 마음과 머리로만 하는 것으로 끝나지 않습니다. 회개의 결과는 삶으로 실천하는 것입니다. 머리와 가슴과 입으로 고백한 것을 이제 삶으로 옮겨야 합니다. 이렇게 될 때 하나님의 은혜가 떠나지 않습니다. 떨어진 것을 기억하였음에도 불구하고 회개하지 않았다면 하나님의 촛대는 옮겨질 것입니다. 그러므로 우리는 무엇이 잘못되었는지 기억해야 하며 동시에 철저하게 회개하고 돌이켜야 합니다. 이것이 우리로 온전하게 하고 교회를 건강하게 세우게 합니다.

우리가 처음 가졌던 주님과 교회에 대한 사랑과 열정을 생각하십시오. 주님 앞에 다짐했던 그 순수한 신앙을 생각하십시오. 그러한 복음에 대한 순수 그리고 교회에 대한 순수가 지금은 어떠하십니까? 혹시 세파에 휩싸여 변질되지는 않았습니까? 그렇다면 우리의 모습을 회개하시고 다시금 주님을 향한 그 아름다운 신앙을 회복하시는 우리 모두가 되기를 소망합니다. 진정 주님이 원하시는 것이 무엇인지 깨닫고 주님의 마음에 합한 삶과 신앙이 되기를 소망합니다. 바로 이것이 회개를 통한 실천적인 삶의 회복입니다.

정말로 주님이 기뻐하시는 교회를 이루시기를 원하십니까? 그렇다면 오늘 주님의 말씀과 같이 우리의 처음 행위를 가져야 합니다. 우리가 그토록 사랑하였던 주님을 다시 만나야 합니다. 또한 주님의 사랑을 속삭였던 우리의 공동체의 지체들을 다시 만나야 합니다. 감상적인 만남이 아니라 주님의 마음으로 만나야 합니다. 그것이 바른 교회를 만드는 것입니다. 순수의 변질은 사단이 원하는 일입니다. 우리는 주님의 마음에 맞는 우리의 삶을 바쳐야 합니다. 그렇게 될 때 주님의 교회는 바르고 견고하게 서 가게 됩니다.

하나님은 우리를 알고 계십니다. 그리고 우리는 하나님 앞에 서게 될 것입니다. 그러기에 7절의 말씀은 우리에게 매우 중요합니다.

"귀 있는 자는 성령이 교회들에게 하시는 말씀을 들을지어다 이기는 그에게는 내가 하나님의 낙원에 있는 생명 나무의 과실을 주어 먹게 하리라"

이기는 자에게 하나님의 낙원의 복이 있습니다. 하지만 귀 있는 자는 성령이 하시는 말을 들으라는 주님의 이 선포는 우리에게 위안과 동시에 심판의 메시지임을 기억하십시오. 주님을 믿으십니까? 복음을 확신하십니까? 주님의 교회를 사랑하십니까? 그렇다면 주님을 향한 첫 사랑을 회복하십시오. 그것이 진정한 복입니다.

"우리 주 예수 그리스도를 변함없이 사랑하는 모든 자에게 은혜가 있을지어다"(에베소서 6:24)

이 말씀은 에베소 교회에 대한 바울의 마지막 축도입니다. 바울의 마지막 축도가 변함없는 사랑을 강조하고 있습니다. 이것은 우리에게도 동일한 축도입니다.

첫 사랑을 유지하는 믿음은 "변함없는 사랑을 소유하는 것입니다." 이것은 불가능한 것 같으나 가능한 이유는 변함없으신 예수님께서 우리들을 붙잡아주시고 끝까지 이끌어주시기 때문입니다. 우리가 먼저 사랑한 것이 아니라 주님이 먼저 우리를 사랑하셨기 때문입니다. 그리고 우리를 사랑하시되 끝까지 사랑하시기 때문입니다. 이러한 변함없는 예수님의 사랑이 오늘 우리에게 풍성하게 있기를 소망합니다.

한 일화에 의하면 밧모섬에서 풀려나온 고령의 사도 요한이 에베소 교회에서 "사랑하는 여러분, 사랑하십시오, 사랑하십시오, 사랑하십시오." 라고 설교하고 내려왔다고 합니다. 그러나 노사도의 외침에 교회는 반응하지 않았습니다. 결국 세월의 흐름 앞에 에베소 교회는 사라졌습니다. 촛대가 옮겨진 것입니다. 이러한 불행이 우리에게 다가오지 않기를 기도합니다. 우리 교회는 노 사도의 외침처럼 진리와 사랑이 풍성하고 균형 잡힌 교회가 되기를 소망합니다. 우리의 게으름과 죄악으로 인하여 떨어트렸던 우리의 첫 사랑을 회복하여 주님의 기뻐하심이 넘치는 교회가 되기를 소망합니다.

오래전 중국 가정 교회 젊은 사역자들의 설교하는 모습을 보면서 많은 도전을 받았습니다. 말씀에 대한 뜨거운 사랑과 열정이 참으로 대단하였습니다. 하나님을 향한 소망과 자신의 나라의 복음화에 대한 간절함이 참으로 대단하였습니다. 마치 우리나라 초대 교회의 모습을 보는 듯하였습니다. 이들의 모습이 많은 도전을 주었습니다. 한국 교회의 첫 모습이 이러했습니다. 그리고 저의 모습도 그러했습니다. 그런데 지금은 너무나 편한 나머지 말씀을 사모하고 갈급함을 가지고 있지 않은 것 같습니다. 그것이 마음을 아프게 합니다.

하나님께서는 우리에게 교회를 세우고 교회를 통하여 하나님의 영광을 나타낼 수 있는 기회를 주셨습니다. 정말로 순수하고 믿음의 선진들이 알려주었던 교회의 아름다움을 만들 수 있는 기회를 주셨습니다. 우리 모두 이 기회를 소중하게 사용하는 은혜가 있기를 소망합니다. 참으로 주님을

교회를 세우는 요한계시록 강해

맞이할 수 있는 교회가 되기를 소망합니다. 세상의 흐름에 따라가는 교회가 아니라 하나님의 말씀에 사로잡혀 있는 교회가 되기를 소망합니다. 그러기 위해서 주님이 주신 첫 사랑을 상실하거나 혹은 식어지지 않아야 합니다. 처음 사랑을 늘 유지함으로 하나님의 손이 언제나 머물러 있는 교회와 성도가 되기를 주님의 이름으로 축복합니다.

생명의 면류관(계 2:8-11)

예수 믿으면서 고난 가운데 있고, 가난하게 사는 것이 칭찬이 될 수 있을까요? 제가 만났던 많은 사람들은 예수 믿는데 가난하다면 그것이 덕스럽지 못하다고 생각하였습니다. 또한 큰 교회를 목회하고 있는 어떤 분은 가난한 것은 오히려 죄라고 하였습니다. 예수 믿으면 부자가 되는 것이 하나님의 뜻이라고 하였습니다. 그래서 할 수 있다, 하면 된다는 신앙이 인기 있는 것입니다. 그런데 한번 생각해 보면 정말 가난한 것이 죄일까요? 가난한 것이 신앙생활에 덕스럽지 못한 것인가요?

오늘 많은 사람들이 성경적 신앙을 소유하지 못한 채 사는 것을 목격합니다. 이것은 로이드 존스 목사의 말을 빌자면 "어중간한 진리를 소유하고 살고 있다"라는 것입니다. 어정쩡한 태도는 성경적 신앙을 소유하지 못하게 만듭니다. 어정쩡한 태도는 인본주의 신앙의 모습입니다. 적당히 신앙생활을 하면 결코 진리를 알지도 믿지도 못합니다. 그리고 성경적 신앙이 없기에 하나님의 말씀을 이 시대의 관점(문화와 사상)으로 이해하고 해석하고 적용합니다. 결국 하나님을 위하여 거룩한 삶은 불가능합니다.

우리는 하나님의 말씀을 강조합니다. 하지만 강조한다는 것이 말씀을 듣고 읽는 것으로 끝나라는 뜻이 아닙니다. 말씀을 강조하는 것은 말씀이 나의 생각과 삶을 지배하여야 한다는 의미입니다. 성경을 강조하는 것은 성경으로 세상을 바라보는 통합적인 신앙이 세워져야 함을 말합니다. 그래야 성경적 신앙을 소유하게 됩니다. 어정쩡한 신앙이 되는 것이 아닙니다. 진리에 대한 말이 화려해도 삶으로 나타내려는 실체적인 노력이 없다면 우리의 신앙을 정직하게 돌아보아야 합니다. 왜냐하면 의롭다 함을 입은 자는 거룩함을 위한 열매를 맺기 때문입니다. 이것은 우리 모두에게 다 해당되는 일입니다.

서머나 교회는 이러한 측면에서 우리에게 많은 도전을 줍니다. 책망이 없이 칭찬을 받은 서머나 교회는 우리의 생각과 전혀 다른 모습을 하고 있습니다. 서머나 교회는 주님의 칭찬만이 남아 있는 교회였습니다. 서머나 교회는 교부 폴리갑에 의하면 사도 바울이 전도하여 세운 교회라고 합니다. 그리고 폴리갑은 서머나 교회의 교부 즉 목사로서 사역하다가 서머나에서 순교하였습니다.

서머나는 에베소와 경쟁 관계에 있는 지역입니다. 에베소에 비하여도 결코 뒤지지 않는 모습을 자랑하는 무역의 도시였습니다. 특별히 이 지역은 로마 황제의 총애를 받는 곳이었습니다. 왜냐하면 이 지역에는 로마의 황제 신상들이 모여 있는 신전이 있었기 때문입니다. 또한 서머나는 로마 황제 숭배를 관장하는 지역입니다. 이러한 지역적 특성들 때문에 서머나는 부흥하는 지역입니다.

그러나 반대로 황제 숭배를 거부하는 그리스도인에게는 참으로 살기 어려운 지역입니다. 더구나 이 지역의 유대인들은 그리스도인들에 대하여 위기의식을 가지고 로마 정부와 결탁하여 핍박하였습니다. 이러한 결과로 이들의 삶은 참으로 힘들었습니다. 하지만 주님은 서머나 교회를 칭찬하였습니다. 놀라운 것은 에베소 교회와 지역은 흔적도 없지만 서머나는 현존하고 있는 도시입니다. 현재 터키의 제2의 도시라고 하는 이즈미르입니다. 주님의 칭찬을 받은 서머나 교회의 모습은 오늘 우리들에게도 분명한 교훈을 줍니다.

우선 서머나 교회에 묘사된 주님의 모습을 유념할 필요가 있습니다. 이 표현은 에베소 교회에 묘사된 주님과는 다릅니다. 서머나 교회를 향하여 나타나신 주님은 "처음과 나중이며, 죽었다가 살아나신 이"(8절)입니다. 특별히 주님은 서머나 교회를 향한 말씀에서 죽었다가 살아나신 이, 즉 부활하신 이를 강조한 것은 서머나 교회의 상황과 밀접한 관계가 있습니다. 황제 숭배로 인하여 환난 가운데 있는 이들에게 주님은 십자가를 지나 부활하여 영광의 자리에 오른 자신을 분명하게 드러냄으로써 이들을 격려합니다. 이렇듯 서머나 교회를 향한 주님의 격려와 칭찬은 우리에게 많은 도전을 줍니다. 주님의 칭찬을 받은 서머나 교회는 우리가 생각하는 것과 분명 다른 상황에 있었습니다. 그 상황들을 하나씩 살펴 보려고 합니다.

첫째, 서머나 교회는 진정으로 부요한 교회였습니다. 서머나 교회는 주님으로부터 진정으로 부요한 교회라는 칭찬을 받았습니다. 서머나 교회는 믿음으로 인하여 환난과 궁핍 가운데 있었습니다. 환경적으로 볼 때 부러울 만한 모습을 가지고 있지 않았습니다. 그러나 주님은 서머나 교회를 칭찬하셨습니다. 사람의 눈에 덕이 되는 것도 중요하지만 그것으로 인하여 주님의 눈에 멀어지는 일이 있어서는 안 됩니다. 그런 의미에서 서머나 교회는 칭찬받기에 합당하였습니다.

우리들 가운데 누구도 힘들게 신앙생활하는 것을 원하지 않습니다. 더구나 믿음으로 인한 환난과 궁핍은 누구도 원하지 않는 상황입니다. 그런데 서머나 교회는 이러한 환난과 궁핍 가운데 있었습니다. 이들이 당하는 환난은 두 가지입니다. 하나는 황제 숭배를 거부함으로 인하여 당하는 고난입니다. 황제 숭배가 팽배한 지역에서 우상을 섬기지 않고 믿음의 길을 가는 것은 결코 쉬운 길이 아닙니다. 온갖 모함과 질투 그리고 비방이 끊이지 않습니다. 모든 사람들이 가는 길을 가지 않는 것은 대단한 용기입니다. 그러나 그것은 곧 고난을 의미합니다. 서머나 교회는 이러한 환난 가운데 직면한 교회였습니다.

두번째는 유대인들에 의한 핍박이었습니다. 주님은 이들을 자칭 유대인이라 표현합니다. 참된 유대인이 아니라는 선언입니다. 바울이 강조한 것같이 이들은 표면적으로는 유대인일지 몰라도 이면적으로는 유대인이 아닙니다(롬 2:28-29). 즉 언약의 백성이 아닙니다. 이들은 하나님을 믿는다고 하면서 그리스도인들을 얼마나 핍박하였는지 모릅니다. 이들은 황제에 절하지 않는 그리스도인들을 로마 정부에 고발하였고, 로마 정부는 그리스도인들을 잡고 불이익을 주었습니다.

주님은 이들을 훼방꾼이며, 사단의 무리라고 지적했습니다. 가장 가까울 것 같은 이들이 사단의 역할을 감당했습니다. 결국 이들로 인하여 예배의 자유는 박탈당하고 온갖 핍박을 당해야만 했습니다. 이러한 환난은 경제적 불이익까지 주어졌습니다. 서머나 교회는 신앙적 환난뿐 아니라 물질적 핍박의 자리에 놓였습니다. 여기에는 쓰인 "궁핍"이라는 단어 "프토코스"는 단칸방도 없는 처지를 의미합니다. 그만큼 이들의 삶이 힘들었습니다. 이것이 바로 서머나 교회의 실제였습니다. 이들이 불의한 자들입니까? 죄인들입니까? 아닙니다. 사람들은 늘 외모를 보고 판단하지만, 주님은 서머나 교회의 중심을 알고 있었습니다. 그리고 이들을 칭찬하십니다. 우리는 이 사실을 바로 알아야 합니다.

주님은 환난과 궁핍함 가운데 있는 서머나 교회를 칭찬하셨습니다. 가난한 것이 죄라고 말하는 이들의 말 앞에 주님의 말씀은 환난과 궁핍한 가운데 서머나 교회를 향하여 실상은 부자라고 말하고 있습니다. 주님은 서머나 교회의 중심을 아셨습니다. 비록 고난이 있고 물질적인 가난함이 이들에게 있지만, 주님은 이들이 진정한 부자라고 말씀하십니다.

무서운 환난 가운데서 믿음을 포기하지 않고 주님을 향한 사랑과 고백을 지킨 이들은 진정한 부자입니다. 자신들의 모든 것이 빼앗기도 힘들며 지친 상황에 있음에도 불구하고 주님을 향한 믿음을 상실하지 않고, 변하지도 않았습니다. 주님은 이들의 중심을 아셨습니다. 그리고 칭찬을 아끼지 않으셨습니다. 서머나 교회는 그런 의미에서 라오디게아 교회와 비교가 됩니다.

"네가 말하기를 나는 부자라 부요하여 부족한 것이 없다 하나 네 곤고한 것과 가련한 것과 가난한 것과 눈먼 것과 벌거벗은 것을 알지 못하도다"(계 3:17)

부자요 부요한 모습을 가진 교회였지만, 어중간한 신앙을 가지고 있는 교회를 향한 주님의 책망입니다. 그러나 서머나 교회는 분명하였습니다. 주님을 향한 믿음이 환난으로 결코 흔들리지 않았습니다.

우리에게 있어서 진정한 부요함이란 무엇일까요? 특별히 우리 시대는 실용주의 시대이며, 자신이 느낀 것만이 진리가 될 수 있고 마지막 판단이 될 수 있다는 시대입니다. 이러한 시대에 하나님을 믿고 그분의 말씀

교회를 세우는 요한계시록 강해

대로 산다는 것이 오히려 무모하게 들릴 수 있습니다. 그래서 많은 이들이 실용주의에 맞게 각색하고 혼합하여 사는 것을 좋게 여기고 있습니다. 하지만 이것이 정말로 하나님이 기뻐하시는 것일까요? 오늘 우리 시대에 서머나 교회는 어리석은 교회일까요? 주님의 칭찬이 틀린 것일까요? 아닙니다. 주님의 칭찬은 진리입니다. 실용주의 시대에 우리가 분명하게 고백하여야 할 것은 더욱더 선명한 복음이며 신앙입니다. 적당하게 신앙생활하지 말아야 합니다. 주님은 우리의 중심을 알고 있습니다. 정말로 성경적 믿음을 가지고 있는지 아니면 자신의 신앙을 가지고 있는지 아십니다. 물질적 신앙에서 벗어나서 하나님 중심의 신앙으로 세움을 입는 것이 실용주의에 물들지 않고 하나님의 나라를 위하여 십자가의 길을 가는 길입니다.

둘째, 십자가 없이 면류관은 결코 주어지지 않습니다. 십자가 없이 면류관은 결코 주어지지 않습니다. 이 사실은 분명합니다. 주님은 우리가 영광의 면류관을 받아 쓰기를 원하십니다. 바울 역시 동일한 고백으로 주님의 말씀을 증거하였습니다.

"내가 선한 싸움을 싸우고 나의 달려갈 길을 마치고 믿음을 지켰으니 이제 후로는 나를 위하여 의의 면류관이 예비되었으므로 주 곧 의로우신 재판장이 그 날에 내게 주실 것이니 내게만 아니라 주의 나타나심을 사모하는 모든 자에게니라"(딤후 4:7-8)

믿음을 지킨 자에게 면류관이 주어집니다. 그러나 이 영광의 면류관은 반드시 십자가의 고난을 통과하여야 합니다. 마치 죽음이 있기에 부활이 있었듯이 믿음의 선한 싸움을 싸운 자에게 승리의 면류관이 주어집니다.

주님은 서머나 교회를 향하여 이 사실을 분명하게 알려주셨습니다. 서머나 교회는 생명의 면류관을 받을 것입니다. 그러나 고난의 길을 지난 뒤에 얻을 것입니다. 주님은 이 사실을 다음과 같이 밝힙니다.

"네가 장차 받을 고난을 두려워 말라 볼지어다 마귀가 장차 너희 가운데서 몇 사람을 옥에 던져 시험을 받게 하리니 너희가 십 일 동안 환난을 받으리라"

주님은 서머나 교회가 받을 고난을 설명합니다. 첫째로 마귀가 장차 너희 가운데서 몇 사람을 옥에 던져 시험을 받게 할 것이며 둘째로 너희가 십 일 동안 환난을 받을 것이라는 사실입니다. 십 일의 정확한 의미는 알 수 없습니다. 이필찬 교수는 다니엘서(단 1:12-15)를 근거로 10일을 시험의 순수성을 나타내는 날로 봅니다. 그러나 중요한 것은 날짜가 아니라 시험이 주어진다는 사실입니다.

그런데 예수님은 서머나 교회가 고난을 당할 것이지만, 덧붙여 격려의 말씀을 줍니다. 장차 받을 고난을 두려워 말라고 위로합니다. 그것은 고난은 힘들고 어려운 것이지만, 고난이 고난으로 끝나지 않고 곧 영광으로 나타남을 아시기 때문입니다. 운동하는 선수가 고강도의 훈련을 이기지 못하면 좋은 성적을 낼 수 없습니다. 주님은 고난을 바로 이와 같은 의미로 말씀하십니다.

특별히 주님은 이 고난에는 마귀의 개입이 있음을 말씀합니다. 그리고 마귀는 몇 사람을 감옥에 던져 시험을 받게 할 것입니다. 하나님의 이 말씀은 곧 실현되었습니다. 서머나 교회의 목회자인 폴리갑이 순교의 자리에 서게 되었습니다. 이방인과 유대인들이 보는 앞에서 폴리갑의 고백이 사느냐 죽느냐의 순간이 되었습니다. 폴리갑의 순교 기록은 다음과 같습니다.

교회를 세우는 요한계시록 강해

노령의 지방 총독 게르마니쿠스(Germanicus)가 재판정에 서게 되었다. 재판관은 폴리갑이 노인임을 생각하여 고문과 죽음을 당하느니 개심하도록 충고했다. 이때 폴리갑은 총독에게 말한다. "나는 86년 동안 그분을 섬겨 왔는데, 그동안 그분은 한 번도 나를 부당하게 대우하신 적이 없소. 그런데 내가 어떻게 나를 구원하신 나의 왕을 모독할 수가 있겠소."

　총독이 말한다. "나는 사나운 짐승들을 준비해 두고 있소, 만일 당신이 마음을 바꾸지 않는다면 당신을 그 짐승들에게 던져 버리겠소."

　폴리갑이 대답한다. "그 짐승들을 부르시오. 우리는 선을 버리고 악으로 돌이켜서는 안 되오, 오히려 악에서 돌이켜 덕을 택하는 것이 선한 일이오."

　뜻을 굽히지 않는 폴리갑을 향해 총독이 마지막으로 위협을 한다. "만일 당신이 마음을 바꾸지 않는다면 당신을 화형시키겠소." 폴리갑이 대답한다. "당신은 잠시 타오르다가 곧 꺼져버리는 불로 나를 위협하고 있소. 왜냐하면 당신은 장차 임할 심판과 악인을 위해 예비된 영원한 형벌을 알지 못하고 있기 때문이오." 이렇게 대답하는 폴리갑의 얼굴은 확신과 기쁨으로 가득 차 있었다. 총독의 위협에 전혀 용기를 잃지 않았다.

　총독은 전령을 경기장 한복판으로 보내어 '폴리갑은 자신이 기독교인이라고 고백했다'고 선포하게 했다. 경기장의 청중들은 열광하며, 아시아 의회원(Asiarch) 빌립에게 사자를 풀어놓아 폴리갑을 죽이라고 요청했다. 그러나 빌립은 이미 원형 경기장에서 검투 경기를 마쳤기 때문에 자기에게는 그럴 권리가 없다고 말했다. 그러자 청중들은 폴리갑을 산 채로 태워 죽이라고 소리쳤다. 군중들은 상점이나 목욕탕으로부터 장작과 밀짚을 모아다가 단을 만들고 폴리갑을 그 위에 세웠다. 그들은 폴리갑을 큰 못으로 말뚝에 고정시키려 했다. 그때 폴리갑은 이렇게 말했다.

"나를 이대로 두시오. 나에게 화형을 견뎌낼 힘을 주실 그분은 당신들이 못을 박지 않아도 장작더미 위에서 움직이지 않고 견딜 능력도 주실 것이오." 그들은 못을 박지 않고 그냥 말뚝에 묶었다.

폴리갑이 마지막 기도를 한다. "사랑하는 복된 아들 예수 그리스도를 통해 우리에게 당신에 관한 지식을 주신 아버지여! 당신 앞에 살고 있는 모든 천사들과 천군들과 피조물, 그리고 모든 의인들의 하나님이시여! 당신께서 오늘 이 시간 나로 하여금 순교자의 반열, 그리스도의 잔에 참예하게 하시어 내 몸과 영혼이 성령의 썩지 않은 축복 속에서 영생의 부활을 얻기에 합당하게 여겨 주심을 감사하나이다. 오늘 나는 신실하고 참되신 하나님이신 당신께서 예배하시고, 계시하시고, 이루신 풍성하고 열납될 만한 제물로 당신 앞에 드려지기를 소원하나이다. 나는 이 모든 일을 인하여 당신의 사랑하는 독생자, 영원한 대제사장을 통해서 당신을 찬양하고, 감사드리며 영광을 돌리나이다. 성부와 성자와 성령께 이제부터 영원토록 영광이 있을지어다. 아멘." (유세비우스, 『유세비우스의 교회사』 4권 15장)

그리고 폴리갑 이후의 서머나 교회 감독(장로)이었던 피오니우스(Pionius) 역시 폴리갑의 순교 기념일에 체포되었습니다. 피오니우스는 신들에게 희생 제물을 바칠 것을 요구당했으나 그의 순수한 믿음을 지키며 순교의 반열에 들어갔습니다. 그는 순교하기 전에 이렇게 말했습니다.

"서머나의 아름다움을 자랑하며 멜데스 강가에 살면서 호머를 자랑으로 삼고 있는 여러분! 버림받은 사람을 보고 웃고 농담하는 그리스 사람들이여! 죽어 가는 사람을 만족스럽게 바라보는 것이 거룩한 일이 아니라고 말한 너희 선생의 말을 들어라. 모세의 율법에 따라 사는 유대인들이여! 너의 원수의 짐승을 보거든 그의 짐을 내려주라. 너희는 그냥 지나치지 말고 가서 도와주라고 한 말을 들어라. 나는 주의 명령을 어기는 것보다 내 주님께 순종하기 위해 죽음을 택한다."

이들의 순교가 있는 서머나 지역은 지금 로마 가톨릭, 동방 정교회, 영국 성공회, 개신교회가 아직도 세워져 있습니다. 그렇습니다. 서머나 교회가 당해야 할 고난은 참으로 힘든 일이었습니다. 그러나 이 고난을 피하고 쉬운 길로 가지 않았기에 승리의 면류관은 얻을 수 있었습니다.

우리는 때때로 어려운 것보다 쉽고 편한 길로 가려고 합니다. 그러나 그 길은 잠시의 안식은 있으나 영원한 고통이 있는 자리임을 기억하시기 바랍니다. 룻기에 나오는 엘리멜렉의 집안이 잠시의 어려움을 이기고자 가지 말아야 할 곳, 우상의 땅인 모압으로 갔다가 남자들은 다 죽고 빈털터리로 여자 둘만 돌아온 것을 볼 수 있습니다. 승리의 면류관은 고난의 십자가를 지고 간 자만이 누릴 수 있습니다.

주님은 서머나 교회를 향하여 다음과 같이 강권하십니다. "네가 죽도록 충성하라 그리하면 내가 생명의 면류관을 네게 주리라." 주님의 요구는 고난의 순간에 오히려 죽도록 충성할 것을 말씀하고 있습니다. 이 말씀은 너무 가혹하게 들릴 수 있습니다. 힘들고 지쳐 있는데 어떻게 죽도록 충성하라는 것입니까? 그러나 이러한 생각은 결국 우리로 하여금 하나님 중심의 생각을 막습니다. 바울 역시 감옥에 있을 때 동일한 고백을 하였습니다. "그러므로 네가 우리 주의 증거와 또는 주를 위하여 갇힌 자 된 나를 부끄러워 말고 오직 하나님의 능력을 좇아 복음과 함께 고난을 받으라"(딤후 1:8)

"죽도록 충성하는 것"은 어떠한 상황에서도 하나님을 향한 온전한 고백에서 흔들리지 말라는 뜻입니다. 특별히 고난의 순간에 하나님의 말씀을 의심하지 말고 복음을 위하여 살라는 가르침입니다. 우리가 사는 세상은 성경적 가르침을 가지고 사는 것을 우습게 여깁니다. 성경대로 살다가는 다 굶어 죽는다고 말합니다. 마치 서머나 교회의 유대인들처럼 말합니다. 또한 예수 믿는 것이 자랑스럽지 못한 시대가 되었습니다. 전도하기가 어려운 시대입니다. 교회를 이상하게 보는 눈이 많아진 시대입니다. 이러한 시대에 우리가 살아야 할 방법은 동일합니다. 말씀대로 주를 위하여 죽도록 충성하는 일입니다. 주님을 위한 우리의 삶이 중심이 되어야 합니다. 그러면 생명의 면류관을 얻게 됩니다. 생명의 면류관이 무엇입니까? 바로 영원한 생명입니다. 더 이상 고통과 슬픔이 없는 영원함을 선물로 받습니다.

우리의 모습은 어떠합니까? 힘들고 어려운 순간에 어떠한 선택을 하시고 있습니까? 죽도록 충성하라는 주님의 말씀에 어떻게 고백하십니까? 생명의 면류관에 대하여 어떻게 생각하십니까? 그렇게 중요하게 여기지 않습니까? 사는 것이 중요해서 장차 있을 생명의 면류관은 안중에 없습니까? 그렇다면 우리는 하나님 중심의 삶이 아닙니다. 온전하게 충성하는 삶이 아닙니다. 오늘 우리는 여기에 살지만 늘 영원한 생명을 바라보며 사는 자가 되어야 합니다. 그래야 가난해도 부유한 삶을 살 수 있습니다. 고난이 와도 행복을 누릴 수 있는 삶이 되어야 합니다. 영원한 생명을 향한 고백이 우선되어야 합니다. 그런데 고난이 없이는 면류관이 없음을 기억해야 합니다. 이것이 없는 삶은 외적으로는 부유하나 부질없는 삶입니다. 이것이 성경의 가르침입니다.

주님은 환난과 궁핍 가운데 있으며 고난의 삶이 계속될 서머나 교회를 향하여 칭찬을 하십니다. 참된 부자라고 말씀합니다. 그리고 어떠한 상황

교회를 세우는 요한계시록 강해

가운데서도 주님을 향한 사랑과 믿음을 포기하지 말고 죽도록 충성하라고 말씀합니다. 이것이 생명의 면류관을 얻는 길이라 말씀합니다.

주님은 말씀을 마치기 전에 주님의 약속을 강조합니다. "귀 있는 자는 성령이 교회들에게 하시는 말씀을 들을지어다 이기는 자는 둘째 사망의 해를 받지 아니하리라"(11절) 이 말씀을 듣는 자들은 둘째 사망 즉 영원한 심판에 이르지 않을 것임을 말씀합니다. 주님은 오늘도 이 말씀을 증거하십니다.

이제 우리도 이 말씀 앞에 진지하게 응답해야 합니다. 영원한 심판의 자리에 설 것인가? 아니면 영원한 생명의 자리에 설 것인가? 우리는 진지하게 이 문제를 살펴보아야 합니다. 하나님의 말씀이 자유롭게 선포되고 들을 수 있는 것은 참된 축복입니다. 그래서 오히려 말씀을 가볍게 여길 수 있습니다. 말씀이 우리의 삶을 지배하지 않는다면 고난의 순간에 복음의 길이 아닌 쉬운 길을 선택하게 됩니다. 그러한 안타까움이 없으려면 말씀의 소리에 귀를 기울여야 합니다.

그리고 말씀이 나의 생각과 나의 삶을 이끌어야 합니다. 그렇게 되면 우리는 약속하신 생명의 면류관을 얻는 칭찬받는 교회가 됩니다. 사라지는 교회가 아니라 주님을 맞이하는 교회가 됩니다. 서머나 교회는 죽었으나 살아나신 주님과 같은 축복을 받은 교회입니다. 고난과 궁핍 가운데서도 죽도록 충성하여 생명의 면류관을 받은 교회입니다. 이러한 은혜가 우리에게도 있기를 소망합니다.

좌우에 날 선 검을 가진 분(계 2:12-17)

바른 진리 안에 있으면서 이웃을 사랑하고 섬기며 흔들리지 않는 믿음을 소유할 수 있다면 얼마나 좋겠습니까? 모두 그런 소망을 가지고 있을 것입니다. 그런데 우리의 모습을 보면 실망스러운 점이 많습니다. 마치 몸과 마음이 따로 노는 것 같은 모습을 보기 때문입니다. 참으로 속상한 현실입니다. 그런 측면에서 버가모 교회를 향한 주님의 말씀은 우리에게 많은 도전을 줍니다.

주님은 세번째로 버가모 교회에 대하여 말씀합니다. 버가모는 위치상으로 밧모섬에서 가장 북쪽에 있습니다. 버가모 교회를 향한 주님의 사랑과 경고는 우리들에게 양약과 같습니다. 우리 역시 버가모 교회와 같은 모습을 종종 보이기 때문입니다. 버가모 교회는 어려운 환경 속에서 진리를 지키고자 몸부림친 교회였지만, 곧 진리를 떠나 버리는 일이 일어났습니다. 우상과 간음의 죄악이 버가모 교회에 일어났습니다. 주님은 이 일에 대하여 단호하게 책망하십니다. 버가모 교회를 향한 주님의 말씀을 통하여 우리에게 들려주시는 주의 뜻을 들을 수 있기를 소망합니다.

첫째, 주님은 복음을 위하여 당한 고난을 기억하고 있습니다. 주님은 버가모 교회를 칭찬하였습니다. 주님의 이러한 칭찬은 버가모 교회가 처하여

교회를 세우는 요한계시록 강해

있는 상황을 잘 아시기 때문입니다. 버가모 지역도 에베소, 서머나 지역처럼 번창하는 지역이었습니다. 그리고 버가모는 두 지역과 비교해서 전혀 뒤지지 않는 우상 숭배 지역입니다. 버가모는 전통적으로 아스클레피우스, 테메데르, 아테네, 디오니소스 등을 숭배하였으며 가로 37미터, 세로 34미터 크기의 제우스 신전이 있었습니다. 또한 버가모는 소아시아 지역에서 처음으로 살아 있는 황제 아우구스투스를 위하여 성전을 건축하고 황제 숭배를 공식화한 곳입니다. 모든 시민은 황제 숭배에 참여하여야 했습니다. 만일 참여하지 않으면 국가에 대한 불충으로 의심받았습니다. 그리고 모진 핍박을 받았고 심지어는 이로 인하여 사형을 당하기도 하였습니다.

버가모는 다른 지역보다 황제 숭배가 매우 강렬하게 일어났던 지역입니다. 버가모 지역의 그리스도인들은 이러한 환경 가운데 분명한 결단을 하여야 했습니다. 황제숭배를 할 것인가? 아니면 순교의 자리에 설 것인가? 주님의 이러한 상황에 있었던 버가모 교회를 알고 있었고 그들의 신앙을 칭찬하였습니다.

"네가 어디 사는 것을 내가 아노니 거기는 사단의 위가 있는 데라 네가 내 이름을 굳게 잡아서 내 충성된 증인 안디바가 너희 가운데 곧 사단의 거하는 곳에서 죽임을 당할 때에도 나를 믿는 믿음을 저버리지 아니하였도다"(계 2:13)

사단의 위 즉 사단의 왕좌가 있는 지역입니다. 이러한 지역에 있으면서 버가모 교회는 주님의 이름을 굳게 잡았습니다. 주님을 위하여 고난받는 것을 견디어 내었습니다. 특별히 주님은 안디바의 순교에 대하여 잘 알고 있었습니다. 주님은 안디바에 대하여 "내 충성의 증인"이라고 각별하게 말씀하셨습니다. 안디바가 누구인지 잘 알려져 있지 않습니다. 다양한 교회사에서도 이름을 발견할 수 없습니다. 그러나 분명한 사실은 안디바가 주님을 위하여 고난받았다는 사실입니다. 주님은 이러한 안디바를 귀하게 여기고 있었습니다. 이렇게 안디바가 순교할 때도 버가모 교회는 믿음을 잘 지키고 있었습니다. 주님은 이러한 버가모 교회를 향하여 "나를 믿는 믿음을 저버리지 않았다"고 칭찬하십니다. 주님은 이러한 버가모 교회를 귀하게 여기고 있었습니다. 복음을 위하여 고난받는 것을 주님은 다 알고 있습니다. 주님 앞에 서는 날 그 일에 대하여 칭찬하실 것입니다.

버가모 교회를 향한 주님의 칭찬을 기억하시기 바랍니다. 그리고 복음과 함께 고난받는 길을 나 혼자 가는 길이라고 생각하지 마십시오. 주님은 우리와 늘 동행하십니다. 우리가 힘들고 지쳐서 주저앉고 싶을 때 주님은 우리를 업고 가시는 분입니다. 결코 멀리 계시는 분이 아닙니다. 주님은 언제나 함께하십니다. 사방이 다 막혀 있는 현실이라서 원망과 시비 그리고 허탈감에 빠질 수 있는 상황이라 할지라도 결코 포기하지 마시기 바랍니다. 소망이 없는 삶이 아닙니다. 하나님의 영광이 우리 가운데 있습니다.

성도는 나와 동행하시는 주님을 믿는 믿음으로 삽니다. 두려움과 의심은 영적인 삶에서 실패하는 삶을 살게 합니다. 우리의 상황이 어렵게 보일지라도 믿음으로 그 길을 감당해야 합니다. 믿음으로 주님께 나가면 주께서 우리의 상황을 이기게 하십니다. 주님은 풍랑이 이는 배 위에서 무서워 떨고 있는 제자들에게 말씀하십니다.

"예수께서 이르시되 어찌하여 무서워하느냐 믿음이 적은 자들아 하시고 곧 일어나사 바람과 바다를 꾸짖으신대 아주 잔잔하게 되거늘"(마 8:26)

교회를 세우는 요한계시록 강해

무서움은 믿음이 적은 자의 특징입니다. 사단이 가장 많이 사용하는 도구가 의심과 무서움입니다. 예수님이 함께하는 그 순간에도 사단은 우리를 시험합니다. 그러기에 주님은 "믿음이 적은 자들아"라고 말씀합니다.

그러나 주님의 말씀을 믿고 담대하게 바다 위를 걸어왔던 베드로가 출렁이는 바다를 보고 두려워 빠지게 될 때 주님은 손을 내밀어 잡으셨습니다.

"예수께서 즉시 손을 내밀어 저를 붙잡으시며 가라사대 믿음이 적은 자여 왜 의심하였느냐 하시고"(마 14:31)

우리의 삶이 참담한 현실로 다가올 수 있습니다. 믿음 생활에 결코 쉽지 않는 상황이 올 수 있습니다. 주님을 위하여 헌신하며 산다는 것이 힘들 수 있습니다. 고난의 길을 걸어야 할 상황이 올 수 있습니다. 두렵고 힘든 환경이 주어질 수 있습니다. 그럴 때에 우리는 종종 무서움 때문에 그리고 풀리지 않는 상황으로 인하여 다가오는 의심으로 우리의 믿음이 흔들릴 때가 있습니다. 그러나 이러할 때 주님의 말씀을 기억하셔야 합니다. 우리 주님이 우리와 함께하십니다.

"나는 세상에 더 있지 아니하오나 저희는 세상에 있사옵고 나는 아버지께로 가옵나니 거룩하신 아버지여 내게 주신 아버지의 이름으로 저희를 보전하사 우리와 같이 저희도 하나가 되게 하옵소서"(요 17:11)

우리를 지키시고 보전하여 주시는 주님의 사랑이 있습니다. 주님은 우리의 믿음을 알고 있습니다. 이 사실을 잘 알았던 바울은 "이를 인하여 내가 또 이 고난을 받되 부끄러워하지 아니함은 나의 의뢰한 자를 내가 알고 또한 나의 의탁한 것을 그 날까지 저가 능히 지키실 줄을 확신함이라"(딤후 1:12)고 고백하였습니다. 이 고백이 바울을 바울 되게 하였습니다. 우리들에게도 이러한 고백이 있기를 소망합니다. 주님은 우리의 아픔을 잘 알고 있습니다. 우리의 가는 길을 잘 알고 있습니다. 그러므로 주님을 의지하는 자에게 주님은 풍성한 사랑으로 함께하십니다.

둘째, 진리를 따를 때에 다가오는 영적인 함정을 조심해야 합니다. 저수지의 작은 구멍을 대수롭지 않게 여겨서 막지 않으면 얼마 되지 않아 그것이 저수지를 무너뜨리고 재앙을 가져다줍니다. 이것은 모든 영역에 다 해당됩니다. 작은 것을 무시하면 큰일을 당하게 됩니다. 몸에 난 작은 부스러기를 아무렇게나 방치하였다가 큰 수술을 받는 일이 생깁니다. 그러므로 작은 것이라고 소홀히 여기면 안 됩니다. 이것은 영적인 삶에도 동일합니다. 당장에 큰 문제가 없고 조금 편할 수 있다는 생각으로 살아간다면 영적인 큰 시험과 침체에 빠지게 됩니다. 뿐만 아니라 공동체에 들어온 영적이고 교리적인 문제들을 사랑이라는 미명 아래 혼합해 버린다면 얼마 지나지 않아서 교회의 위기를 가져 올 수 있습니다. 적은 누룩이 온 덩어리로 번지는 것은 순식간입니다.(고전 5:6)

버가모 교회가 당하고 있는 상황은 지금 한국 교회의 상황과 매우 비슷한 면을 볼 수 있습니다. 각종 이단 집단이 교회 안에 몰래 들어와서 이상한 교리를 가르치고 있고 공동체를 험담하는 상황에 있음에도 불구하고 그러한 사실을 잘 분별하지도 못하고 또한 사랑이라는 미명 아래 용납하고 타협함으로 급기야는 교회가 위기에 처하는 것을 봅니다.

우리는 진리를 사랑하고 따르는 자들입니다. 진리로 거룩하게 되기를 소망하는 자들입니다. 그리고 사랑으로 진리를 전하는 자들입니다. 그러나 이러한 우리의 삶에 있어서 조심하여야 할 것이 있습니다. 진리를 따르는 우리들에게 다가오는 미혹의 영을 잘 분별하고 처음부터 막아야 합니다. 주님은 버가모 교회가 사단의 권좌가 있는 어려운 상황 가운데 믿음을 지킨 것을 칭찬하였습니다. 그러나 칭찬으로 끝나지 않고 주님은 두어 가지 책망을 합니다.

"그러나 네게 두어 가지 책망할 것이 있나니 거기 네게 발람의 교훈을 지키는 자들이 있도다. 발람이 발락을 가르쳐 이스라엘 앞에 올무를 놓아 우상의 제물을 먹게 하였고 또 행음하게 하였느니라 이와 같이 네게도 니골라 당의 교훈을 지키는 자들이 있도다"(14-15)

주님의 책망은 버가모 교회에 니골당의 교훈을 따르는 자들이 있음을 지적합니다. 에베소 교회와는 전혀 다른 모습을 하고 있습니다. 버가모 교회는 니골라당의 교훈을 따르는 자들이 있었는데 그것을 제지하지 않았습니다. 책망하지 않고 함께 신앙생활을 하였습니다. 주님은 이 사실을 분명하게 지적하고 책망하십니다.

니골라당의 모습은 발람 선지자의 모습을 통하여 보여주었던 우상숭배와 음행이었습니다. 발람의 이야기는 민수기 22-25장 그리고 31:8-16절에 나타나 있습니다. 발람은 모압 왕 발락에게 매수되어 이스라엘 백성들을 몰살시키고자 하였으나 하나님이 이를 용납하지 않자 이스라엘 사람들로 하여금 우상에게 바쳐진 고기를 먹게 하고, 이방 여인과 음행하게 하였습니다.

"이스라엘이 싯딤에 머물러 있더니 그 백성이 모압 여자들과 음행하기를 시작 하니라 그 여자들이 그 신들에게 제사할 때에 백성을 청하매 백성이 먹고 그들의 신들에 절하므로 이스라엘이 바알브올에게 부속된지라 여호와께서 이스라엘에게 진노하시니라"(민 25:1-3)

이스라엘 사람들은 발람의 말을 듣고 이렇게 타협하고 순응했습니다. 발람은 직접 저주하지 않았지만 이스라엘 백성을 교묘하게 속이고 이방 여인과 행음하게 하였습니다. 그리고 모압 여자들이 자신들의 신들에게 제사할 때 와서 구경하라고 초청하였습니다. 그런데 와서 하지 말아야 할 일을 하였습니다. 이들은 차츰 차츰 우상숭배에 빠져들어 갔습니다.

결국 하나님은 이스라엘을 심판하셨고 발람 역시 죽음으로 그 결말을 맞이하였습니다. 발람에 대하여 신약성경 유다서는 가인과 고라와 같이 여기고 있습니다. 이들은 모두 공동체를 위기에 처하게 한 자들입니다. 그런데 지금 이러한 자들이 버가모 교회에 있습니다. 니골라 당의 교훈을 따르는 자들입니다. 거짓 선지자 혹은 이단들의 가르침에 넘어가 영적인 간음과 우상숭배에 빠진 자들이 있음에 대하여 주님은 분명하게 경고하고 있습니다.

우리는 간혹 너무나 쉽게 신앙을 타협하는 것을 봅니다. 이 정도는 되겠지라는 생각을 가지고 살아갑니다. 성경의 가르침에 순종하는 것보다는 삶의 유익에 가치를 두고 순종하는 것을 봅니다. 종종 이렇게 힘들게 사는데 하나님도 이해하실 거야 하면서 예배하는 일을 가볍게 여깁니다. 사회에서 성공을 위해서 쉽게 거짓과 타협하는 것을 봅니다. 그리고 이 정도는 괜찮다고 스스로 생각합니다. 하나님 말씀에 비추어보지 않습니다. 하나씩 하나씩 무너지면 결국 영적인 간음과 우상숭배의 죄에 빠지는 일을 행하게 됩니다. 이것이 개인과 교회 안에 들어오는 영적 함정입니다. 주님은 이러한 사실에 대하여 냉정하게 말씀하십니다. 그렇지 않으면 교회가 결국은 무너지기 때문입니다.

"그러므로 회개하라 그리하지 아니하면 내가 네게 속히 임하여 내 입

의 검으로 그들과 싸우리라"(16절)

"회개하라" 주님은 우상숭배자에 대하여 그리고 행음한 자에 대하여 회개하라고 말씀합니다. 새롭게 되는 길은 회개하는 것밖에는 없습니다. 회개하지 않고는 어떠한 은혜도 누릴 수 없습니다. 회개하는 것은 그리스도인의 본질적 자세입니다. 그러나 동시에 영적인 공동체는 회개의 자리에 함께하여야 합니다. 개인이 하나님께 기도할 뿐 아니라 공동체가 함께 회개하여야 합니다. 이것이 건강한 교회가 되는 길입니다. 회개 없는 영적인 건강은 존재하지 않습니다. 하나님의 말씀에 대하여 쉽게 타협하고 적당하게 살고 있지는 않는지 돌아보시기 바랍니다. 혹 내 모습에 그리고 우리 교회에 성경의 가르침과 멀어져 가고 있는 모습이 있다면 즉시 회개의 자리로 나가야 합니다. 한 번 두 번은 괜찮겠지 하는 생각은 매우 위험합니다. 성경은 말씀을 주야로 묵상하라고 말씀합니다. 항상 기도하라고 말씀합니다. 언제든지 모이기를 폐하지 말라고 말씀합니다. 범사에 감사하라고 말씀합니다. 우리의 모습이 어떠합니까? 하루 정도는, 한 번 정도는 하나님 없이 살아도 된다는 생각을 가지고 있었다면 즉시 회개의 자리로 나와야 합니다.

주님은 회개하지 않으면 속히 임하여 입의 검으로 그들 즉 니골라당의 교훈을 따르는 자들과 싸우시겠다고 말씀하십니다. 즉 임박한 심판을 의미합니다. 회개하는 자에게는 하나님의 은혜가 분명하게 따르듯이 그렇지 않는 자들에게 하나님은 속히 임하여 입의 검 즉 말씀으로 심판하시겠다는 것입니다.(계 19:15-16)

주님은 교회 안에 거짓된 가르침을 전하는 이단들을 결코 용인하지 않습니다. 뿐만 아니라 적당히 타협하게 하는 혼합주의 신앙 역시 용납하지 않습니다. 모든 종교가 다 같다는 생각에 대해 아니라고 분명하게 말씀합니다. 그러므로 바른 진리 위에 믿음을 가져야 합니다. 우리 시대는 저마다 진리를 외치고 있습니다. 참으로 다양한 이단들이 출현하였고 미혹하여 사람들을 모으고 있습니다. 이러한 상황에서 무엇이 바른 진리인지 알기란 무척 어려운 일입니다. 그러나 불가능하지 않습니다. 그것은 다시금 종교개혁의 시대로 돌아가고 초대 교회의 신앙과 가르침으로 돌아가는 결단입니다. 믿음의 선배들이 남겨주었던 공교회의 신앙고백을 다시금 세워야 합니다. 그리고 삶의 열매로 나타나는 신앙이 되고자 몸부림쳐야 합니다.

그렇지 않다면 우리는 영적으로 험악한 세상에서 적당히 타협하는 신앙인이 될 수밖에 없습니다. 어정쩡한 신앙인으로 사는 것은 살아서도 불행이지만 죽어서는 더욱 비참하게 됩니다. 그러므로 성경과 믿음의 선진들이 목숨 걸고 지키고 전한 복음의 진리를 붙잡고 있어야 합니다. 이것이 미혹의 영이 날개 치는 이 시대에 하나님의 사람으로 승리하는 길입니다.

세번째, 이기는 자에게 하나님의 축복이 주어집니다. 앞선 편지와 같이 주님은 버가모 교회를 향하여서도 동일한 약속을 합니다. 사단의 보좌가 있는 환경 가운데서 믿음을 지키고 영적인 간음과 육적인 간음을 떠나고 우상숭배의 자리에 서지 않는 자에게 주님은 놀라운 축복을 약속하여 주셨습니다.

"귀 있는 자는 성령이 교회들에게 하시는 말씀을 들을지어다 이기는 그에게는 내가 감추었던 만나를 주고 또 흰 돌을 줄 터인데 그 돌 위에 새 이름을 기록한 것이 있나니 받는 자 밖에는 그 이름을 알 사람이 없느니라"(17절)

말씀을 듣고 이기는 자에게 주님은 놀라운 은혜를 베풀어 주십니다. "이긴다"라는 것은 거짓된 가르침 가운데서 돌이켜 회개의 자리에 나오는 자를 의미합니다. 또한 온전한 가르침을 받고 그 말씀대로 사는 자, 즉 끝까지 내 일을 지키는 자를 포함합니다. 주님은 이렇게 자신을 지키는 자에게 선물을 주신다고 약속하십니다.

그 첫번째 선물은 감추었던 만나입니다. 만나는 이스라엘 백성들이 광야 40년 동안 하나님께서 먹여 주셨던 식물입니다. 즉 만나는 하나님의 은혜의 상징입니다. 가나안 입성 후에 만나는 그쳤고 그 상징으로 언약궤에 넣어 보관하였습니다. 언약궤는 주전 586년경에 분실되었습니다.(렘 3:16) 유대의 전승에 의하면 예레미야 선지자나 혹은 천사가 그것을 숨겼다고 합니다. 그리고 종말에 다시 회복될 것이라고 전해 내려오고 있습니다. 이런 의미에서 감추어진 만나라는 말을 의미합니다.

결국 이 말씀은 진리를 지키는 자에게 하나님께서 동행하여 생명을 주셨듯이 믿음의 선한 싸움을 싸운 이들에게 하나님께서 영원한 생명의 상징인 만나를 주시겠다는 약속입니다.

둘째는 흰 돌을 주십니다. 그리고 그 위에 새 이름을 기록한 것이 있다고 말씀합니다. 흰 돌에 대한 해석은 아주 다양하여 이해가 쉽지 않습니다. 그러나 보통 세 가지 정도로 압축됩니다. 첫째는 심판을 할 때 사용한 돌입니다. 유죄는 검은 돌, 무죄는 흰 돌을 사용하였습니다. 두번째는 축제 때에 들어올 수 있는 입장권으로 사용되었습니다. 셋째는 경기에서 이기는 자에게 주는 돌을 주고 이름을 기록하였습니다.

이렇게 볼 때 두번째와 세번째가 본문의 해석에 있어서 더 가깝다고 생각합니다. 믿음의 선한 싸움을 싸우고 승리한 자에게 주어지는 하나님 나라 잔치의 입장권일 수 있습니다. 또한 승리의 면류관과 같습니다.

그 돌 위에는 "새 이름"이 기록되어 있습니다. 새 이름 역시 두 가지 해석이 가능합니다. 한 가지는 그리스도인들의 새 이름으로 볼 수 있습니다. 둘째는 그리스도의 이름입니다.(계 3:12, 19:12) 이 둘 다 하나님 나라에서 주님과의 새로운 관계를 의미합니다. 그런데 흰 돌에 기록된 새 이름을 받는 자 밖에는 아무도 모르는 것입니다. 다시 말한다면 주님 나라는 오직 흰 돌을 받은 자만이 들어갈 수 있습니다. 불신자들은 결코 알 수 없는 비밀입니다. 하나님 나라에 들어가서 주님과 교제할 수 있는 것은 오직 흰 돌을 받고 기록된 새 이름을 아는 자만이 들어갑니다. 그런데 이 흰 돌을 바른 복음을 위하여 믿음을 지킨 자에게 주십니다.

하나님 나라는 곧 옵니다. 개인적으로 올 수 있습니다. 그리고 공동체적으로 나아가 국가적으로 올 수 있습니다. 이때에 어떠한 모습으로 하나님 나라에 서겠습니까? 주님이 약속하신 감추어진 만나를 먹고, 하나님 나라에 들어가 주님과 교제하는 흰 돌을 받기 위해서는 복음의 바른 진리 위에 서야 합니다. 주 예수 그리스도를 믿는 믿음 외에는 다른 길이 없습니다. 주님이 알려주신 말씀의 길을 따라 살아가야 합니다. 바로 거기에 우리의 기쁨이 있습니다.

우리는 버가모 교회에 보내는 편지를 살펴보았습니다. 에베소와 서머나보다 좀 더 현실적으로 어려운 환경 가운데 있었던 버가모 교회임을 보았습니다. 그러므로 주님은 버가모 교회를 향하여 분명하게 자신을 드러내셨습니다.

주님은 버가모 교회에 편지를 보내면서 자신을 "좌우에 날 선 검"을 가진 분으로 묘사합니다. 이미 앞서서 보았듯이 주님은 자신을 상징으로 표

교회를 세우는 요한계시록 강해

현하는 것은 그 교회의 현실을 정확하게 반영하기 위함입니다. 주님은 이러한 반영을 통하여 자신이 무엇을 말씀하고자 하는지를 보여주십니다. 검은 하나님의 말씀을 의미합니다(히 4:12, 계 1:16). 또한 이 검은 사단과의 싸움에 사용되는 무기입니다(엡 6:17). 그래서 예수님은 이렇게 날 선 검을 가지시고 말씀하시는 이유입니다.

버가모 교회는 황제 숭배 가운데 믿음을 지키는 아름다운 신앙이 있었습니다. 그러나 교회 안에 거짓된 교사들로 인하여 우상숭배와 행음의 죄를 범하고 있음에도 불구하고 용인하고 있었습니다. 주님은 이러한 상황이 얼마나 위태로운가를 잘 아셨습니다. 그러므로 칭찬과 책망을 통하여 버가모 교회가 다시금 바로 서기를 원하셨습니다. 그러므로 회개하라고 말씀하십니다. 버가모 교회가 다시 돌아가야 할 곳은 바로 말씀의 자리입니다. 헛된 소리에 흔들리지 말고 진리의 자리에 서라는 말씀입니다.

버가모 교회에 하시는 말씀은 곧 우리 교회를 향한 말씀입니다. 우리 역시 진리를 외치고 있습니다. 그리고 바른 교회를 세우고자 열심을 다하고 있습니다. 하지만 진리를 아는 열심이 다른 것을 가볍게 여기게 할 수 있습니다. 말씀과 신학적 지식을 많이 알고 있기에 삶에 있어서 조금 모자라도 괜찮겠지 하는 생각입니다. 하나님의 뜻대로 나의 삶의 영역에서는 정말 열심히 살면서 예배하는 일에는 쉽게 생각하고 가볍게 여기는 것은 아닌가 생각해 보시기 바랍니다. 성경을 많이 알고 있다고 하면서 기도하는 일에는 소홀히 하고 있지는 않습니까? 하는 일이 많다고 하면서 섬기고 봉사하는 일은 다른 사람이 해야 한다고 생각하지는 않습니까? 우상숭배에 참여하는 것은 문화적인 일이라고 하면서 아무런 거리낌 없이 참여하고 있지는 않습니까? 결과만 좋다면 수단이 어떻게 해도 좋다는 생각에 사로잡혀 있지는 않습니까?

이것은 결코 주님의 기뻐하심이 아닙니다. 주님이 기대하시는 것은 말씀의 자리에 서서 그 말씀대로 살아가는 신앙입니다. 이때에 하나님의 영광을 볼 수 있습니다. 이렇게 우리 모두 하나님의 영광을 볼 수 있기를 소망합니다. 하나님이 준비하신 영원한 만찬에 함께할 수 있는 기쁨이 있기를 소망합니다.

내가 올 때까지 굳게 잡으라
(계 2:18-29)

자본주의 사회에서 가장 힘든 것이 있다면 경제 권력 앞에 고개를 숙여야 하는 것입니다. 오래전 한 TV 프로그램에서 버스 기사가 회사 직원들에게 험한 욕을 듣고 폭행을 당하고 이루 말할 수 없는 모욕과 각종 불이익을 감수하고서 운전하는 것을 보았습니다. 누가 보아도 있을 수 없는 일인데 그런 일을 당하는 것을 볼 때 이해가 되지 않았습니다. 폭행을 당한 그 기사는 이 직장을 떠나면 어디서 밥을 먹고 살 수 있느냐면서 아이들도 공부하여야 하는데 이 정도의 수모는 참아야 한다고 하였습니다. 돈 있는 사람 앞에 돈 없는 서민들이 겪는 아픔을 보고 눈물이 핑 돌았습니다. 이들은 회사가 하라는 대로 해야 합니다. 이런 현실에 신앙의 자유를 말하는 것이 얼마나 어렵겠습니까?

요즘 사업을 하거나 영화를 찍거나 하면 고사를 지내는 것을 가끔 봅니다. 많이 줄어들었지만 여전히 남아있습니다. 모두가 아주 자연스럽게 고사를 지냅니다. 회사가 한 마음이 되어서 잘 되고자 하는 소망으로 고사를 지냅니다. 이럴 때 어렵게 취업을 하게 된 그리스도인이라면 어떻게 해야 할까요? 쉬운 일이 결코 아닙니다. 경제 권력을 가진 곳에서 경제적 약자가 영적인 진보를 이룬다는 것은 참으로 어려운 일입니다. 그러나 피하여 갈 수는 없습니다. 반드시 해결해야 합니다.

본문은 바로 이러한 상황 가운데 있었던 두아디라 교회를 향한 주님의 말씀입니다. 두아디라 교회의 현실은 우리와 매우 비슷한 모습을 가지고 있습니다. 그러므로 이 말씀 앞에 우리의 믿음을 진지하게 살펴보기를 바랍니다. 그리고 말씀을 통하여 우리의 믿음을 더욱 분명하게 세우는 은혜가 있기를 소망합니다.

주님은 두아디라 교회에 보내는 편지에서 자신을 "그 눈이 불꽃 같고 그 발이 빛난 주석 같은 하나님의 아들"이라고 말씀합니다. 이 말씀은 예수님께서 우리의 외적인 모습만을 보는 분이 아니라 중심을 보시는 분임을 드러내고 있습니다. 외적인 체험으로 인하여 들떠 있는 이들을 바라보시는 주님의 모습을 잘 보여줍니다. 이미 계 1:14에서 이 말씀을 살펴보았습니다. 우리의 중심을 보시는 하나님입니다. 예레미야 선지자를 통하여 증거되신 하나님의 말씀은 이 사실을 더욱 분명하게 드러냅니다.

"만물보다 거짓되고 심히 부패한 것은 마음이라 누가 능히 이를 알리요마는 나 여호와는 심장을 살피며 폐부를 시험하고 각각 그 행위와 그 행실대로 보응하나니"(렘 17:9-10)

하나님은 사람의 심장을 살피며 폐부를 시험하시는 분입니다. 중심에 무엇을 생각하고 있으며 무엇을 말하고자 하는지 알고 있으신 분입니다 (렘 11:20, 막 2:8, 요 21:17). 이에 대하여 23절은 분명하게 밝히고 있습니다. "또 내가 사망으로 그의 자녀를 죽이리니 모든 교회가 나는 사람의 뜻과 마음을 살피는 자인 줄 알지라 내가 너희 각 사람의 행위대로 갚아

교회를 세우는 요한계시록 강해

주리라" 주님은 사람의 마음과 뜻을 아십니다. 그러므로 그 누구도 예수님 앞에서 거짓을 행할 수 없고 속일 수 없습니다. 그 중심대로 주님 앞에 드러납니다.

또한 주님은 "그 발이 빛난 주석" 같은 분입니다. 이 역시 요한계시록 1장 15절에서 예수님의 모습을 생각할 때 살펴보았던 말씀입니다. 빛난 주석 같다는 것은 주님의 견고하심과 강력한 능력을 의미합니다. 그런데 이 강력한 능력은 주님의 섭리하심과 심판하심에 있어서 거룩하고 한결같고 완전하시다는 의미입니다.

두아디라 교회에 보내는 편지의 시작에서 주님은 중심을 보시는 분으로 그리고 강력한 심판자로 분명하게 말씀합니다. 이것은 두아디라 교회가 어떤 문제를 안고 있는지 보여줍니다. 그렇다면 두아디라 교회가 어떠하기에 주님께서 이렇게 말씀하시는 것입니까? 두아디라 교회를 향한 칭찬과 책망과 명령은 무엇입니까?

첫째, 주님은 두아디라 교회의 믿음의 성장을 칭찬하십니다. 두아디라 교회는 삶과 신앙에 있어서 진보가 있었습니다.

"내가 네 사업과 사랑과 믿음과 섬김과 인내를 아노니 네 나중 행위가 처음 것보다 많도다"(19절)

두아디라 교회를 향한 주님의 칭찬입니다. 두아디라 교회는 버가모 지역에서 남동쪽으로 60km 지점에 위치한 도시입니다. 역사적으로 볼 때 이 지역은 많은 협동조합 형태의 경제 조직이 있어서 무역이 아주 활성화되었던 지역입니다. 특별히 협동조합은 길드라고 하는데 이 중에서 구리세공과 염색업이 아주 크게 번성하였던 지역입니다. 이 지역은 바울이 빌립보에서 전도할 때 만났던 자주 장사 루디아의 고향입니다.(행 16:14-15) 그런데 당시 상업의 중심지에는 늘 우상숭배와 음행이 함께하였던 것을 볼 수 있습니다. 두아디라도 예외가 아니었습니다. 이곳에서 경제 활동을 하려면 이들 협동조합에 들어가야 하고 그들이 하는 신전예식을 해야 했습니다. 만약에 그 일을 하지 않으면 경제적 불이익을 당했습니다.

두아디라 교회는 이러한 상황 가운데 있었습니다. 정치적인 핍박보다는 경제적인 핍박이 더 큰 지역입니다. 그런데 이렇게 쉽지 않은 상황 가운데서도 신앙의 진보를 이룬 교회였습니다. 주님은 이들의 모습을 칭찬하였습니다. 신앙은 장성한 분량에 이르기까지 자라납니다. 신앙생활에는 멈춤이란 없습니다. 바울의 고백처럼 우리는 푯대를 향하여 가는 자입니다.

"형제들아 나는 아직 내가 잡은 줄로 여기지 아니하고 오직 한 일 즉 뒤에 있는 것은 잊어버리고 앞에 있는 것을 잡으려고 푯대를 향하여 그리스도 예수 안에서 하나님이 위에서 부르신 부름의 상을 위하여 좇아가노라"(빌 3:13-14)

이것이 우리의 모습입니다. 처음보다 나중이 나은 것이 하나님 앞에 복된 것입니다. 두아디라 교회는 이러한 진보가 있었던 교회입니다. 마치 데살로니가 교회처럼 주님의 마음을 기쁘게 하는 교회입니다.

"형제들아 우리가 너희를 위하여 항상 하나님께 감사할지니 이것이 당연함은 너희 믿음이 더욱 자라고 너희가 다 각기 서로 사랑함이 풍성함이며"(살후 1:3)

주님은 이러한 믿음을 가지고 있는 두아디라 교회를 기뻐하셨습니다.

교회를 세우는 요한계시록 강해

그리고 아낌없는 칭찬을 하십니다. 이것이 우리를 향한 주님의 마음입니다. 믿음의 진보가 있을 때 주님은 기뻐하십니다. 정체되어 있는 신앙이 아니라 자라나는 신앙이 하나님의 마음을 움직입니다. 믿음의 성장은 하나님을 찾고 찾을 때 이루어집니다. 하나님을 아는 지식이 풍성해지면 질수록 우리의 믿음은 자라납니다. 믿음의 성장은 주님 오시는 날까지 계속됩니다. 잠시만 손을 놓아도 우리의 영적인 상태는 땅으로 곤두박질합니다. 그러므로 영적인 성장을 위하여 최선을 다하여야 합니다. 말씀과 기도 그리고 삶 속에서 복음을 전하는 사명을 감당해야 합니다. 이 일에 지치거나 소홀해지면 우리의 믿음은 결코 자라지 않습니다. 혹시라도 믿음의 진보가 없다고 생각한다면 나의 삶을 진지하게 돌아보시기 바랍니다. 반드시 어딘가에 문제가 있습니다. 그 문제를 바로잡는다면 우리의 믿음은 자랄 것이고 주님의 칭찬을 받는 자리에 서게 됩니다. 이러한 진보가 우리 가운데 있기를 소망합니다.

둘째, 두아디라 교회가 받은 책망입니다. 두아디라 교회가 받은 책망은 거짓 가르침을 용납한 것입니다. 버가모 교회는 거짓 가르침이 있어서 책망받았지만, 두아디라 교회는 거짓 가르침을 용납하는 죄를 범하였습니다. "용납한다"라는 것은 그 가르침을 허락하였다는 것입니다. 두아디라 교회의 실수는 바로 거짓 선지자인 이세벨의 가르침을 허락한 것입니다. 이세벨은 거짓 선지자를 상징하는 호칭입니다. 이세벨은 구약 시대의 가장 악한 왕이었던 아합의 아내로 그 역시 악한 자의 상징입니다. 이세벨은 이스라엘에 우상숭배를 도입한 인물입니다.(왕상 16:29-33, 왕하 9:2) 우상숭배는 반드시 음행을 가져왔습니다. 이세벨은 이스라엘이 음행과 우상숭배의 패역한 길로 가게 한 인물입니다. 그런데 이러한 인물이 두아디라 교회에 들어와서 거짓 가르침을 전하는 것을 허락하였습니다.

결국 이들의 속임으로 교회의 지도자들이 음행하고 우상숭배를 하는 자리에 떨어지게 되었습니다. 이들의 꾀임에 주의 종들이 넘어갔으며 결국 교회도 위험에 처해지게 되었습니다. 교회가 이러한 헛된 가르침이 있을 때 분명한 입장을 내세우고 거짓 가르침을 없애야 하는데 그렇게 하지 못하였습니다. 거짓 선지자들은 자신들의 권위를 가지고 행음과 우상숭배하는 일을 가볍게 여기도록 하였습니다. 이들은 당시의 경제상황 가운데 힘들고 지쳐 있는 이들의 마음을 위로하여 주는 척하였습니다. 우상숭배와 행음은 별것 아니라고 속였습니다. 그런데 이들의 유혹이 지쳐 있는 이들의 마음을 움직였습니다. 더구나 이들의 행위에 교회 지도자들도 동참하게 되었습니다.

이것은 구약의 이세벨이 이스라엘 백성들에게 했던 것과 동일한 모습입니다. 이세벨은 아주 자연스럽게 우상숭배를 하게 했습니다. 백성들 누구도 죄의식을 갖지 않도록 했습니다. 그러나 선지자 엘리야는 이러한 이세벨의 행위가 하나님의 뜻이 아님을 분명히 알았기에 불복종 운동을 하였고 백성들로 하여금 결단을 촉구하도록 하였습니다.

"엘리야가 모든 백성에게 가까이 나아가 이르되 너희가 어느 때까지 두 사이에서 머뭇머뭇 하려느냐 여호와가 만일 하나님이면 그를 좇고 바알이 만일 하나님이면 그를 좇을지니라 하니 백성이 한 말도 대답지 아니하는지라"(18:21)

그러나 두아디라 교회에는 이러한 선지자가 없었습니다. 그러므로 주님은 편지를 통하여 직접 두아디라 교회를 책망하고 돌아설 것을 촉구했습니다. 두아디라 교회의 모습은 오늘날에도 볼 수 있습니다. 진리를 위하여 정직하게 하나님의 가르침을 전하기보다는 삶의 편리를 위하여 진리를 가볍게 여기는 이들이 있습니다. 예수 그리스도의 십자가의 은혜를 가르치기 보다는 이 땅의 부와 명예를 위한 삶의 기술을 가르치는 이들이 있습니다. 이러한 거짓되고 혹은 변형된 복음에 대하여 교회가 단호하게 대처하지 않으면 결국 교회는 큰 혼란에 빠지게 됩니다. 또한 분명한 신앙고백과 가르침을 가지고 있지 않으면 이단들의 침투에 속수무책으로 당할 수 있습니다. 그러므로 어떠한 경우에도 거짓 가르침을 용납해서는 안 됩니다. 용납하는 자의 모습을 우리 주님은 불꽃 같은 눈으로 보고 있음을 기억해야 합니다. 어떠한 경우에라도 거짓된 복음을 용납하는 어리석음을 겪지 않기를 소망합니다.

셋째, 회개의 기회를 사용하지 않는 자는 누구든지 주님의 심판을 피할 수 없습니다. 주님은 불꽃 같은 눈으로 거짓 선지자들을 보셨습니다. 그리고 그들에게 회개의 기회를 주셨습니다. 교회를 허무는 이리와 같은 이들을 징계하시기 전에 하나님은 돌아올 기회를 주셨습니다. 이것이 하나님의 마음입니다.

"나 주 여호와가 말하노라 죽는 자의 죽는 것은 내가 기뻐하지 아니하노니 너희는 스스로 돌이키고 살지니라"(겔 18:32)

"주 여호와의 말씀에 나의 삶을 두고 맹세하노니 나는 악인의 죽는 것을 기뻐하지 아니하고 악인이 그 길에서 돌이켜 떠나서 사는 것을 기뻐하노라 이스라엘 족속아 돌이키고 돌이키라 너희 악한 길에서 떠나라 어찌 죽고자 하느냐 하셨다 하라"(겔 33:11)

"주의 약속은 어떤 이의 더디다고 생각하는 것같이 더딘 것이 아니라 오직 너희를 대하여 오래 참으사 아무도 멸망치 않고 다 회개하기에 이르

기를 원하시느니라"(벧후 3:9)

하나님은 한 사람이라도 회개하여 의인의 자리에 서기를 원하십니다. 그런데 이들은 회개하지 않았습니다.

"또 내가 그에게 회개할 기회를 주었으되 그 음행을 회개하고자 아니하는도다"(21절)

기회를 주셨음에도 이들은 회개하지 않았습니다. 주님은 즉시 회개하라 하지 않으셨습니다. 회개의 시간을 주셨습니다. 그런데도 회개하지 않았습니다. 결국 하나님의 심판의 자리에 떨어지게 되었습니다. 이에 대해 메튜 헨리는 분명한 어조로 말했습니다.

"첫째, 회개는 죄인의 파멸을 막아주는 절대 필요한 것이다. 둘째, 회개는 시간을 필요로 한다. 회개는 시간이 걸리는 아주 큰일이다. 셋째, 하나님이 회개의 시간을 주셨을 때 하나님은 회개의 합당한 열매를 바라신다. 넷째, 회개의 시간을 잃어버리게 될 때 죄인은 이중의 파멸로 망하게 될 것이다."

회개의 자리에 서는 일이 참으로 중요합니다. 회개는 구원에 이르는 길입니다. 회개 없이 구원은 없습니다. 회개하는 자에게 하나님은 구원이 임하는 것입니다. 소요리문답 87문은 생명에 이르는 회개에 대하여 분명하게 고백합니다.

"생명에 이르는 회개란 구원의 은혜인데 이로써 죄인이 자기 죄를 바로 알고 그리스도 안에 있는 하나님의 자비를 깨달아 자기 죄에 대하여 슬퍼하고 미워하며 새롭게 순종하고자 하는 굳은 결심과 노력으로 죄에서 떠나 하나님께로 돌아가는 것입니다."

교회를 세우는 요한계시록 강해

이렇듯 회개는 죄를 미워하고 생명을 얻어 하나님께로 돌아가는 길입니다. 그런데 이러한 하나님의 자비를 받지 않으면 결국 임하는 것은 심판입니다. 주님은 회개하지 않은 이들을 향하여 분명하게 징계하십니다. 22-23절입니다.

"볼지어다 내가 그를 침상에 던질 터이요 또 그와 더불어 간음하는 자들도 만일 그의 행위를 회개하지 아니하면 큰 환난 가운데에 던지고 또 내가 사망으로 그의 자녀를 죽이리니 모든 교회가 나는 사람의 뜻과 마음을 살피는 자인 줄 알지라 내가 너희 각 사람의 행위대로 갚아 주리라"

이들은 침상에 던짐을 받게 됩니다. 침상은 즐거움의 상징이지만 심판에 임하였을 때 이 침상은 고통의 장소가 됩니다. 이들과 함께 간음한 자들도 큰 환난 가운데 처합니다. 또한 그의 자녀들이 죽습니다. 이들은 이세벨의 제자들입니다. 마치 하나님의 자녀들과 대비되듯이 이들은 철저하게 이세벨을 따르는 자들입니다. 이들은 영원한 사망에 이를 게 됩니다.

회개하지 않은 자들을 향한 주님의 심판은 강력하게 이루어집니다. 주님은 이러한 심판을 통하여 자신을 드러내십니다. 우리의 마음과 뜻을 알고 우리의 행위를 아시는 주님께서 회개치 않는 자에 대하여 분명하게 심판을 내리십니다. 누구도 피하여 갈 수 없습니다. 그러나 회개하면 모든 문제가 해결됩니다. 회개의 자리에 서면 우리의 문제들이 아무리 크다 할지라도 하나님은 우리를 사랑하시고 받아 주십니다. 우리 하나님은 우리가 멸망하는 것을 원하시지 않기 때문입니다. 그러나 반대로 회개의 기회가 있음에도 불구하고 회개의 자리에 서지 않으면 영원한 멸망에 떨어집니다. 주님은 우리의 마음과 행위를 아십니다. 이 주님 앞에 정직하게 고백하고 살아가기를 소망합니다.

자본주의 시대에 온전한 믿음으로 산다는 것은 결코 쉬운 것이 아닙니다. 그러나 주님은 이러한 시대일수록 더욱 거룩한 믿음을 강조하십니다. 거짓 선생들이 쉽게 살고 편하게 신앙생활하는 것을 가르칩니다. 행복하면 되지 무슨 교리가 필요하고 고민이 필요하냐고 말합니다. 사람들 불편하게 하지 않고 적당하게 사는 것이 하나님의 뜻이라고 말합니다. 이러한 가르침이 우리에게 올 수 있습니다. 그러나 그것은 멸망으로 치닫는 길입니다.

주님은 이러한 감언이설이 있는 상황 가운데 온전한 믿음을 지킨 두아디라 교회의 성도들이 있음을 알고 있었습니다. 이들은 거짓 선생의 가르침을 따르지 않았습니다. 자칭 깊은 진리를 가지고 있다는 사단의 꾀임에 빠지지 않았습니다. 주님은 여기서 "소위 사단의 깊은 것"(24절)이라고 말씀합니다. 이것은 사단이 깊은 것을 알고 있다는 의미가 아닙니다. 사단이 지어낸 것은 모두 거짓입니다. 그런 의미에서 새로운 것을 발견하였고 이전의 모든 사람들은 다 거짓되었다고 말하면서 자신만이 참된 말씀의 해석자라고 말하는 이들이 있다면 이는 사단에 속한 자입니다. 결코 이 일에 빠져서는 안 됩니다.

주님은 믿음을 지킨 이들에게 다른 짐을 지울 것이 없다고 말합니다. 다만 이미 가르쳐준 복음의 진리를 굳게 잡을 것을 명령하십니다. "다만 너희에게 있는 것을 내가 올 때까지 굳게 잡으라"(25절) 새로운 어떤 것에 현혹당하지 말라는 뜻입니다. 이미 우리에게 주어진 복음의 소리에 충실하라는 의미입니다. 우리는 종종 새로운 것이 좋은 것인 양 따라 가지만 우리에게 필요한 것은 어제나 오늘이나 영원토록 동일합니다. 그것은

교회를 세우는 요한계시록 강해

바로 "예수 그리스도의 복음"입니다. "그의 죽으심과 부활하심과 다시 오심"을 전하는 일입니다. 이것이 우리에게 필요합니다. 이것을 지키는 것이 우리가 할 일입니다. 그런데 많은 이들이 본질에서 떠나는 신앙을 하고 있습니다. 이것은 결코 주님이 원하시는 것이 아닙니다. 말씀과 믿음의 선진들이 지키고 물려준 신앙고백적 신앙을 가지는 것이 주님의 뜻을 이루는 사명입니다. 주님은 이러한 명령을 지키는 자에게 만국을 다스리는 권세를 주신다고 말씀하십니다.

"이기는 자와 끝까지 내 일을 지키는 그에게 만국을 다스리는 권세를 주리니 그가 철장(鐵杖)을 가지고 저희를 다스려 질그릇 깨뜨리는 것과 같이 하리라 나도 내 아버지께 받은 것이 그러하니라"(26-27절)

거짓 선생들의 가르침을 이기고 복음의 진리를 굳게 지키는 자가 하나님 나라의 통치에 동참하게 됩니다. 또한 심판의 자리에 하나님의 사람인 우리가 함께합니다. 이것이 약속입니다. 이 통치권은 철장으로 다스리는 것과 같은 강력한 능력입니다. 이러한 권세를 복음을 지키는 자에게 주십니다. 물론 이 권세는 이 땅에서부터 시작합니다. 그리고 주님 나라에서 완성됩니다. 하나님 나라를 다스릴 권세를 받는다는 것은 가장 큰 영광이며 기쁨입니다. 이 영광의 약속을 주님께서 하셨습니다.

또한 새벽별을 주십니다. 새벽별은 예수님을 의미합니다. 이 사실은 계 22:16에 나타납니다. "나 예수는 교회들을 위하여 내 사자를 보내어 이것들을 너희에게 증거하게 하였노라 나는 다윗의 뿌리요 자손이니 곧 광명한 새벽별이라 하시더라" 이 말씀에 비추어 새벽별을 받는다는 것은 장차 올 그리스도의 영광에 동참함을 의미합니다. 물론 어떤 이는 새벽별을 승리의 상징으로 보기도 합니다. 그러나 여기서 중요한 것은 복음을 지키고 거짓 가르침에서 벗어난 자에게 주시는 주님의 영광을 받는다는 사실입니다. 주님의 나라에 동참하게 되는 영광을 누리게 됩니다. 이것이 바로 주님의 약속입니다.

우리 시대는 두아디라 교회의 현실보다 더 복잡하고 힘든 시대가 되었습니다. 복음을 지키고 살아가는 것보다 타협하고 편하게 살아갈 수 있는 길들이 참으로 많이 있습니다. 그러한 말을 하는 사람들이 인기를 끌고 있습니다. 이러한 시대에 복음을 지키고 처음보다 나중이 나아지는 삶을 살아가는 것은 쉽지 않습니다. 그러나 우리가 가야 할 길입니다. 주님의 말씀처럼 많은 짐을 우리에게 요구하지 않습니다. 다만 우리에게 주신 복음의 도를 굳게 지킬 것을 요구하십니다. 주님 오실 때까지 우리에게 주신 이 생명의 말씀을 굳게 지키기를 소망합니다. 힘들지만 주님을 굳게 의지하고 한 걸음 한 걸음 이겨 나갈 수 있기를 주님의 이름으로 축복합니다.

교회를 세우는 요한계시록 강해

3장

우리 시대는 보다 크고, 보다 높고, 보다 넓어야 주의 일을 할 수 있다고 생각합니다.

그래서 큰 것을 우선 추구합니다. 교회 성장을 위해서 온갖 것을 도입합니다.

성도 역시 영적 성장을 위하여 체험을 강하게 추구합니다.

그러다가 본질에서 떠나는 어리석음을 범합니다.

우리는 이러한 어리석음의 자리에 서지 않아야 합니다.

이기는 자(계 3:1-6)

"요즘 같아선 사는 것이 사는 것이 아니다"라는 말을 들어 보셨을 것입니다. 이 말은 살아있기는 한데 살아있는 의미가 없다는 말입니다. 이러한 삶에 처하게 되면 참으로 힘들어지게 됩니다. 그리고 이러한 삶을 지속적으로 방치하면 하지 말아야 할 극단적인 태도로 나갑니다. 다른 어떤 때보다도 더욱 기도하여야 할 시점입니다.

그런데 이 문제는 현실의 문제에만 적용되는 것은 아닙니다. 우리의 영적인 삶에도 이러한 모습이 있습니다. 살아있는 것 같으나 실상은 생명이 없는 신앙을 볼 수 있습니다. 저는 이러한 모습을 종교인은 있으나 성경적 신앙인은 없다는 말로 표현합니다. 그래서 많은 소리가 울려 퍼지고 있지만 정작 생명을 살리는 참된 소리는 좀처럼 들을 수 없습니다. 하나님의 영광이 선포되는 소리가 아니라 삶의 유익을 위한 소리는 어디서나 들을 수 있습니다. 하지만 그 소리는 구원으로 인도하는 소리가 아닙니다. 그런 의미에서 우리 자신의 모습을 바르게 살펴볼 필요가 있습니다.

사데 교회는 우리의 신앙의 모습을 살펴보는 데 좋은 나침반이 됩니다. 사데는 두아디라에서 48킬로미터 정도 떨어진 지역에 있던 교회입니다. 교회의 역사에 따르면 사데 지역은 옛 루디아의 수도로 한때는 엄청난 부

교회를 세우는 요한계시록 강해

를 자랑하는 지역이었습니다. 금이 많이 났으며 양털 염직 산업이 발달한 지역입니다. 주전 700년경에는 귀게스라는 왕의 통치 아래 부의 절정에 이른 지역이었습니다. 또한 사데는 난공불락의 도시여서 이방의 침입은 없을 것이라 생각하였습니다. 그러나 그러한 생각과 달리 사데는 페르시아의 고레스, 그리스의 알렉산더와 로마의 안디오커스에 의하여 완전히 정복당하고 역사 속에 사라졌습니다. 그러나 그것이 끝이 아니었습니다. 주후 17년경에 일어난 지진으로 도시는 거의 황폐화되었습니다. 다행히 로마의 황제 티베리우스의 지원을 받아서 재건하였으나 옛 영광은 누리지 못하였습니다.

지금 편지를 받고 있는 상황은 이렇게 재건된 도시였지만 큰 영광을 가지고 있지 못하는 상황입니다. 그리고 이러한 상황 가운데 있었던 사데 교회 역시 건강하지 못한 교회였습니다. 사데는 람세이의 표현처럼 지금 아무도 살지 않는 두 개의 지역 가운데 하나입니다. 메튜 헨리는 이 지역에 대해 "그 도시에는 지금까지도 어떤 교회나 목사가 없다"고 하였습니다. 화려한 부를 자랑하고 안전을 자랑하였던 도시의 몰락은 우리에게 많은 도전을 줍니다. 사데의 모습은 부의 자랑과 권력이 영원하지 않음을 보여주고 있습니다.

그렇다면 **사데 교회의 어떠한 모습이 슬픈 역사를 만들게 한 것입니까?** 주님은 사데 교회에 보내는 서신을 통하여 그 원인을 말씀하시고 다시 회개의 자리로 돌아올 것을 촉구하고 있습니다. 사데 교회에 보내는 이 서신을 통하여 우리의 자리를 확인하는 은혜가 있기를 소망합니다.

첫째, 슬픈 역사를 가진 교회의 모습은 화려한 명성은 있으나 생명력이 없는 교회입니다. 이는 우리를 참으로 슬프게 합니다. 사데 교회의 모습을 아주 적나라하게 보여주는 말씀이기 때문입니다. 주님은 다른 교회와는 다르게 사데 교회는 칭찬으로 시작하지 않고 책망으로 시작합니다. 사데 교회는 살았다는 이름만 있습니다. 그러나 사실은 죽은 자입니다. "사데 교회의 사자에게 편지하기를 하나님의 일곱 영과 일곱 별을 가진 이가 가라사대 내가 네 행위를 아노니 네가 살았다 하는 이름은 가졌으나 죽은 자로다"(1절). '죽은 자'의 의미는 소망이 없다는 것이며, 영적인 영향력이 없다는 것입니다. 이것이 사데의 모습입니다.

사데 교회를 향한 책망은 이단과 우상숭배에 있지 않습니다. 물론 이 지역에 우상숭배가 없었다는 뜻이 아닙니다. 사데 교회 역시 우상숭배가 있었습니다. 그러나 그것보다 본질적인 측면에서 사데 교회는 문제가 있었습니다. 사데 교회는 이름은 거창하지만 실상은 아무것도 없는 교회의 전형적인 모습을 잘 보여주고 있습니다. 우리는 종종 앙꼬 없는 찐빵이라는 말을 합니다. 찐빵이라는 이름은 있지만 찐빵이 아닌 것입니다. 이름만 그럴듯하게 있지 실제의 삶은 없는 것처럼 사람을 허탈하게 하는 것이 없습니다.

경건의 모양은 있지만 경건의 능력이 상실된 교회입니다. 이것은 죽은 교회입니다. 사람들에게 천국의 소망을 줄 수 없는 교회는 교회가 아닙니다. 이름만 교회라면 그것은 교회가 아닙니다. 우리는 무늬만 그리스도인이라는 말도 종종 듣습니다. 이것은 결코 자랑스러운 말이 아닙니다. 겸손의 표현으로도 이러한 말은 써서는 안 됩니다. 이것은 죽은 자의 묘지에나 있는 표현이기 때문입니다.

주님이 우리에게 요구하시는 것은 이름뿐인 명성이 아닙니다. 활기찬 외모의 모습만이 아닙니다. 실제입니다. 실제의 삶이 명성만큼 되기를 원

교회를 세우는 요한계시록 강해

하시는 것입니다. 우리는 겸손하게 섬김이 하나님을 기쁘시게 하는 것을 알고 있음에도 실제로 나타내지 않습니다. 작은 일 하나에도 솔선수범하지 않습니다. 이것은 아는 것이 아닙니다. 알고 있다면 하면 됩니다. 누가 하겠지 기다리지 말고 하면 됩니다.

저는 그런 의미에서 교회의 이름 때문에 고민한 적이 많이 있었습니다. 빛과 소금이라는 단어가 주는 압박감은 가볍지 않았습니다. 몇 번이고 교회 이름을 바꾸려고 하였습니다. 그런데 그럴 때마다 다양한 이유로 하지 못하였습니다. 그래서 정말 이름에 걸맞은 교회가 되어야겠다고 기도하고 소망하였습니다. 이름만 있는 교회는 죽은 교회라는 사데 교회를 향한 책망은 우리 교회를 향한 말씀이라고 생각합니다.

둘째, 슬픈 역사를 가진 교회의 모습은 하나님 중심의 신앙을 가지고 있지 않았습니다. 슬픔의 역사를 가진 교회들에게서 공통적으로 볼 수 있는 모습이 있다면 하나님 앞에 온전하지 못하였다는 사실입니다. 이것은 사람 중심의 교회가 아니라 하나님 중심의 교회로서 하나님 앞에 온전한 모습을 가졌느냐의 질문입니다.

"너는 일깨워 그 남은 바 죽게 된 것을 굳게 하라 내 하나님 앞에 네 행위의 온전한 것을 찾지 못하였노니"(2절)

주님은 사데 교회를 향하여 "네 행위의 온전한 것을 찾지 못하였노니"라고 말씀합니다. 존 스토트 목사는 온전하다는 것은 "완벽한perfect"이 아니라 "충족됨fulfilled"이라고 말합니다. 하나님은 우리에게 하나님의 속성처럼 완전함을 원하지 않습니다. 우리 역시 부패한 존재로서 완전한 신앙을 소유할 수 없습니다. 다만 하나님이 기뻐하시는 것은 하나님의 마음에 충족된 신앙입니다. 주님께서 이 말씀을 하셨을 때 사람에게는 인정받았는지 모르지만 하나님의 기준에는 충족되지 못할 수 있음을 의미합니다.

주님은 사람 앞에 그럴듯하게 보이는 것이 중요한 것이 아니라 하나님의 마음을 기쁘게 하는 것이 중요함을 역설하십니다. 사데 교회는 행함이 있었습니다. 행함이 없는 믿음은 죽은 믿음입니다. 그러므로 행함이 있는 것은 복된 신앙입니다. 그런데 하나님 앞에 온전하지 않은 행함 역시 책망의 대상이 됩니다. 믿음의 고백으로서의 행위가 아니라 단순히 보여주기 위함으로서의 행함을 한다면 이것은 더욱더 불행합니다. 바울은 고린도 교회에 보내는 편지에서 이 사실을 잘 언급하였습니다.

"내가 사람의 방언과 천사의 말을 할지라도 사랑이 없으면 소리나는 구리와 울리는 꽹과리가 되고 내가 예언하는 능이 있어 모든 비밀과 모든 지식을 알고 또 산을 옮길 만한 모든 믿음이 있을지라도 사랑이 없으면 내가 아무것도 아니요 내가 내게 있는 모든 것으로 구제하고 또 내 몸을 불사르게 내어 줄지라도 사랑이 없으면 내게 아무 유익이 없느니라"(고전 13:1-3)

내적인 고백이 없다면 나타나는 행위는 오래가지 않습니다. 가식은 잠시의 영광을 얻지만 쉽게 시들어지고 맙니다. 이것이 사데 교회의 모습입니다. 때로는 화려한 모습으로 나타났지만 그 안에 참된 복음의 고백이 없습니다. 결국 작은 돌부리에도 무너지고 맙니다. 그러므로 무엇보다도 하나님 앞에 인정함을 받는 신앙이 필요합니다. 하나님께서 기뻐하시는 삶의 모습이 있어야 합니다. 이것은 교회 공동체의 모습만이 아닙니다. 우리의 신앙의 모습 역시 동일합니다.

하지만 오늘 우리 시대의 흐름을 보면 사람 중심으로 흘러갑니다. 사람이 있기에 하나님이 있다는 생각입니다. 하나님이 있기에 우리가 존재합니다. 전자가 인본주의 세상의 생각이라면 후자는 성경적 가르침입니다. 그러므로 우리가 가야 할 길은 하나님 중심으로 하나님의 마음을 기쁘시게 하는 삶을 누리는 길입니다. 이것은 이미 주님께서 우리에게 말씀하여 주셨습니다. 성경은 그 사실들로 가득 차 있습니다. 더 이상 이렇게 살아야 한다, 저렇게 살아야 한다는 것이 의미 없음은 성경이 우리에게 주어졌기 때문입니다. 그러므로 슬픔의 역사가 아니라 기쁨의 역사를 가진 교회가 되기를 소망한다면 하나님 중심의 신앙으로 돌아가야 합니다.

주님은 이러한 사데 교회를 향하여 바른 진리로 돌아올 것을 촉구합니다. 또한 돌아오지 않는 자에 대하여 분명한 징계의 말씀을 하십니다. **바른 진리로 돌아오기 위하여 주님이 내리신 처방은 무엇입니까? 또한 돌아오지 않는 자에게 주어지는 징계는 무엇입니까?**

첫째, 남은 자의 삶을 살아야 합니다. 주님은 사데 교회를 향하여 분명한 처방을 내려 주셨습니다. 2절은 그러한 모습을 보여줍니다.

"너는 일깨워 그 남은 바 죽게 된 것을 굳게 하라 내 하나님 앞에 네 행위의 온전한 것을 찾지 못하였노니"

주님은 사데 교회를 향하여 깨어날 것을 말씀합니다. 여기서 일깨운다는 것은 잠에서 깨어나 정신을 차리라는 의미입니다. 그리고 죽게 된 것을 굳게 하는 자세입니다. 이 말씀은 죽어가고 있는 자 가운데 아직 살아 있는 자를 말합니다. 주님은 죽어가는 자들 가운데 아직 죽지 않고 남은 자를 굳게 하라고 말씀합니다. 즉 견고하게 하거나 강하게 하라는 뜻입니다. 이것이 살아 있으나 죽어가는 자를 향하신 주님이 주신 처방입니다. 깨어나서 정신을 차리고 아직 살아남은 자를 죽게 하지 말고 견고하게 하라는 말씀입니다. 소망이 없는 것 같은 상황 가운데 하나님은 남겨 둔 자가 있음을 말씀합니다. 주님은 4절에서 이 사실을 밝히십니다.

"그러나 사데에 그 옷을 더럽히지 아니한 자 몇 명이 네게 있어 흰 옷을 입고 나와 함께 다니리니 그들은 합당한 자인 연고라"

그 옷을 더럽히지 아니한 자들이 있다는 말씀입니다. 많은 자들은 아니지만 거룩한 삶을 위하여 하나님께 헌신한 자들이 있습니다. 주님은 그들과 함께 다닐 것이라고 말씀합니다. 하나님은 남은 자를 통하여 하나님의 나라를 만들어 가십니다. 이것은 성경의 위대한 가르침입니다. 구약 시대에 주님은 선지자를 통하여 남은 자 사상에 대하여 말씀하셨습니다. 우리가 잘 알듯이 이세벨과 싸웠던 엘리야가 지친 자신의 삶을 돌아보고서 차라리 죽는 것이 좋겠다고 생각할 때 주님은 세미한 음성으로 그에게 남은 자가 있음을 알려주셨습니다.

"그러나 내가 이스라엘 가운데 칠천 인을 남기리니 다 무릎을 바알에게 꿇지 아니하고 다 그 입을 바알에게 맞추지 아니한 자니라"(왕상 19:18)

이것이 엘리야로 하여금 우상과 권력에 굴복하지 않는 남은 자의 삶을 살게 하였습니다. 이러한 삶은 포로의 삶을 사는 유다를 향한 이사야의 메시지에서 찾아볼 수 있습니다.

"그 날에 이스라엘의 남은 자와 야곱 족속의 피난한 자들이 다시 자기를 친 자를 의뢰치 아니하고 이스라엘의 거룩하신 자 여호와를 진실히 의뢰하리니 남은 자 곧 야곱의 남은 자가 능하신 하나님께로 돌아올 것이라 이스라엘이여 네 백성이 바다의 모래 같을지라도 남은 자만 돌아오리니 넘치는 공의로 훼멸(毀滅)이 작정되었음이라"(사 10:20-22)

교회를 세우는 요한계시록 강해

주님은 이러한 말씀을 사데 교회를 향하여 동일하게 말씀하십니다. 남은 자의 삶을 살 것을 촉구하십니다. 남은 자가 할 일은 삼위 하나님으로부터 영의 양식을 공급받는 일입니다. 주님을 향한 믿음의 자리에서 떠나지 않는 믿음입니다. 그 길이 힘들어도 거룩한 주님의 품에 거하는 삶입니다. 거룩하신 자 여호와를 진실히 의뢰하는 자입니다. 그리고 자신도 거룩한 삶을 살고자 고백하는 자입니다. 이러한 신앙은 우리 주님과 함께 거니는 복을 누리게 됩니다.

둘째, 말씀을 받고 들은 것을 기억하고 순종하여 회개의 자리에 이릅니다.
주님은 사데 교회를 향하여 하나님의 마음에 충족된 믿음을 회복하기 위하여 아주 의미 있는 말씀을 합니다. 그것은 에베소 교회를 향하여 하셨던 말씀이기도 합니다.

"그러므로 네가 어떻게 받았으며 어떻게 들었는지 생각하고 지키어 회개하라 만일 일깨지 아니하면 내가 도적같이 이르리니 어느 시에 네게 임하는지 네가 알지 못하리라"(계 3:3)

주님은 사데 교회를 향하여 복음에 대하여 받은 것과 들은 것을 기억하라고 말씀합니다. 그리고 말씀을 순종하고 말씀이 제시하는 대로 회개할 것을 명령합니다. 주님은 회개의 이르는 길이 무엇인지 잘 보여주고 있습니다. 첫째, 말씀을 받고 들음입니다. 둘째로 말씀을 기억하고 순종합니다. 끝으로 말씀 앞에 자신을 비추고 회개합니다. 그러므로 말씀을 듣지 않는 사람은 말씀을 순종할 수 없습니다. 순종이 없이는 회개가 없습니다. 회개가 없다면 그는 남은 자가 아니라 죽은 자입니다.

교회는 말씀이 바르게 선포되고 그 말씀을 듣는 것이 필요합니다. 무엇을 받았는지 또한 무엇을 들었는지 알지 못한다면 그 영혼은 황폐한 영혼이 됩니다. 아무리 신앙의 연륜이 있다 해도 사데 교회와 같이 순식간에 사라지게 됩니다. 그러므로 무엇보다도 말씀을 받고 듣고 기억하는 일이 있어야 합니다. 주일에 선포되는 말씀을 잘 받으시고 들으시고 기억하시기 바랍니다. 성령께서 이 말씀과 함께하십니다. 주님은 우리에게 무리한 것을 요구하지 않습니다. 받고 들은 말씀을 기억하고 기억한 말씀에 순종하고 순종한 말씀 앞에 거룩하지 못한 모습이 있다면 회개해야 합니다. 이것이 바른 진리로 돌아오는 길입니다. 성령으로 충만하다는 모습이 바로 이러한 신앙입니다.

그러나 **셋째, 주님의 말씀이 있음에도 불구하고 돌아오지 않는다면 주님의 심판을 피할 수 없습니다.** 주님은 분명하게 말씀하시기를 "내가 도적같이 이르리니 어느 시에 네게 임할는지 네가 알지 못하리라"고 하십니다. 주님의 심판은 생각하지 못한 때에 이릅니다. 그때에 아무리 살려달라고 소리쳐도 소용이 없습니다. 그러므로 기회가 주어졌을 때 우리는 받고 들은 말씀을 기억하고 순종하고 회개하는 자리에 서야 합니다.

바울은 말합니다. "가라사대 내가 은혜 베풀 때에 너를 듣고 구원의 날에 너를 도왔다 하셨으니 보라 지금은 은혜 받을 만한 때요 보라 지금은 구원의 날이로다"(고후 6:2)

하나님께서 우리에게 기회를 주셨습니다. 성결하게 깨끗한 삶을 살 것을 우리에게 말씀하십니다. 내적인 거룩함과 외적인 거룩함을 유지하기를 원하십니다. 비록 그 길이 쉽지 않은 길이지만 주님은 우리에게 그 길을 갈 것을 말씀하십니다. 주님은 이 길을 가는 자에게 큰 힘을 주십니다. 5절은 바로 이러한 주님의 은혜의 약속입니다.

"이기는 자는 이와 같이 흰 옷을 입을 것이요 내가 그 이름을 생명책에서 반드시 흐리지 아니하고 그 이름을 내 아버지 앞과 그 천사들 앞에서 시인하리라"

주님의 약속은 세 가지입니다. **첫째, 주님과 함께 거룩한 옷을 입습니다. 둘째, 그 이름이 생명책에서 지워지지 않습니다. 셋째, 주님께서 하나님과 천사들 앞에서 우리에 대하여 증거하십니다.** 이처럼 놀라운 은혜가 어디 있습니까? 결코 우리의 구원이 상실되지 않음을 주님께서 분명하게 약속하여 주셨습니다. 그러나 이것은 저절로 이루어지는 것이 아닙니다. 주님은 이 놀라운 약속을 "이기는 자"에게 주셨습니다. 이기는 자는 누구를 말하는 것입니까? 이미 2-3절에서 살펴보았습니다.

이기는 자는 남은 자의 삶을 사는 자입니다. 복음을 받고 들은 것을 기억하고 순종하여 회개의 자리에 서는 자입니다. 이것이 바로 이기는 자를 말합니다. 하나님의 말씀대로 이 땅에서 세상의 가치에 따라 살아가지 않고 힘들지만 하늘의 가치를 두고 살아가는 자에게 하나님은 약속하십니다. 주님의 약속은 잠시 있다 사라지지 않습니다. 이 땅의 모든 것이 잠깐 있다 사라지지만 우리 주님의 약속은 영원합니다. 이 은혜가 우리에게 있기를 축복합니다.

우리는 지금까지 사데 교회에 보내는 주님의 서신을 통해 사데 교회의 문제가 무엇인지 보았습니다. 사데 교회는 살았다 하는 이름은 있으나 죽은 자였습니다. 이것이 사데 교회의 현실입니다. 그러나 하나님은 이러한 사데 교회에 남아 있는 하나님의 사람들이 있음을 아셨습니다. 그리고 그들에게 남은 자의 삶을 살 것을 강력하게 촉구하십니다. 또한 남은 자로서 복음을 받고 듣고 순종하여 하나님 앞에 회개하는 삶을 말씀하셨습니다.

사데 교회의 문제 역시 말씀에 대한 자세에 있었습니다. 이름만 있는 교회와 신앙이 아니라 말씀이 삶의 실제로 니다니는 교회가 될 것을 말씀합니다. 명성은 다 사라집니다. 실제화되지 않는 신앙의 무용성을 주님은 잘 알고 있었습니다. 말씀은 들음에서 시작됩니다.

주님은 이러한 사실을 알기에 사데 교회에 보내는 서신에서 자신을 "하나님의 일곱 영과 일곱 별을 가진 이"라고 말씀하십니다. 일곱 영은 이미 말씀드렸듯이 성령의 완전한 능력을 표현한 말씀입니다. 무한하시고 온전하신 성령님을 고백하는 말씀입니다. 그리고 일곱 별은 교회에 보낸 사자들입니다. 이들은 하나님의 말씀을 전하는 자들입니다. 말씀 증거자 즉 설교자를 통하여 주님은 말씀을 전하십니다. 이 사역은 오늘도 여전히 진행되고 있습니다.

설교자가 타락하고 성도들이 말씀을 듣지 않으면 교회는 소망이 없습니다. 아무리 명성이 자자해도 이미 그 교회는 죽은 교회며 죽어가는 교회입니다. 그러므로 설교자는 설교자대로 성령의 도우심으로 바른 복음을 선포하여야 합니다. 그리고 성도는 성령의 힘을 입어서 말씀을 받고 들어야 합니다. 그리고 말씀 앞에 순종하고 말씀이 이끄시는 대로 회개와 봉사와 거룩한 삶을 살아야 합니다. 이것이 살아있는 이름과 활기 있는 교회와 성도의 모습입니다.

교회를 세우는 요한계시록 강해

적은 능력과 큰 일(계 3:7-13)

자본주의 경쟁 시대에 핵심적 단어는 성공입니다. 성공을 위하여 모든 것이 집중되어집니다. 성공을 위한 리더십, 성공을 위한 긍정적 사고, 성공을 위한 길잡이 등 성공을 위한 도구들이 쏟아져 나오는 것을 봅니다. 성공을 위한 길에는 기독교인이나 비기독교인이나 상관이 없습니다. 모두가 동일한 마음을 가지고 있습니다. 그렇다면 이렇게 성공을 위하여 매진하는 이유는 무엇일까요? 거기에는 권위와 풍요의 삶에 대한 동경이 가득하기 때문입니다. 남들보다 높은 지위에 오르고 풍족한 삶을 누릴 수 있다면 무엇이든 할 수 있는 것이 우리들의 사고입니다.

얼마 전에 어느 대학에서 경쟁에서 살아남는 과만 존치하겠다고 발표하였습니다. 그리고 그 조건으로 취업률을 내세웠습니다. 취업이 잘 되는 과는 남기고 그렇지 못한 과는 없애겠다는 것입니다. 이것은 삶의 질을 오직 물질에 두고 있는 실용주의 사고입니다. 결국 인문학과들 국사학과, 철학과, 물리학과, 천문학과 등 기초학문분야들을 없애겠다는 것입니다. 이것은 참으로 가슴 아픈 일입니다. 인문사회과학과 기초 자연과학이 사라지게 되면 정신의 황폐함을 낳습니다. 생각 없이 돈 버는 기계로 인간을 만들겠다는 사고는 제정신이 아닙니다. 그러나 일반인들의 사고에도 이러한 비슷한 현상이 나타나고 있습니다. 돈 되지 않는 일에 투자를 하는 것처럼 어리석은 것이 어디 있느냐는 것입니다.

그래서 무엇이든 자신에게 이익이 되는 일에 우선을 둡니다. 그 현상 가운데 하나가 큰 것에 대한 동경입니다. 중소기업보다는 대기업, 작은 가게보다는 큰 가게, 낮은 지위보다 높은 지위, 작은 교회보다는 큰 교회, 성품과 인격보다는 사회적 지위나 부의 소유 등 다양한 면에서 보다 큰 것을 바라보고 살아가는 모습을 봅니다. 물론 큰 것이 많은 일을 할 수 있습니다. 그러나 큰 것이 모두 좋은 것은 아니며 작은 것이 모두 나쁜 것은 아닙니다. 작은 것이 가지고 있는 장점이 많이 있습니다. 작지만 큰일을 감당할 수 있습니다. 변방에 있지만 중심을 깨우는 일을 얼마든지 할 수 있습니다. 물론 작은 것이 가지고 있는 약점들도 있습니다. 그러나 이러한 약점들이 무시당할 만한 것은 아닙니다. 하나님이 기뻐하시고 칭찬하시는 것은 적은 능력을 가졌지만 큰일을 감당할 때입니다. 작아도 하나님의 뜻을 이루어 갈 때 하나님은 기뻐하시고 행복해하십니다.

우리가 살펴볼 빌라델비아 교회는 바로 이러한 교회였습니다. 적은 능력을 가진 교회였지만 그 어느 교회보다 칭찬을 받은 교회였습니다. 일곱 교회에 보내는 서신 가운데 빌라델비아를 향한 이 말씀은 우리에게 참으로 많은 위로를 주고 있습니다. 이것은 교회뿐만 아니라 개인의 삶에도 동일하게 적용되는 말씀이기에 더욱 은혜가 되는 말씀입니다. 빌라델비아를 향한 하나님의 말씀을 통하여 함께 은혜의 자리에 서기를 소망합니다.

빌라델비아 교회는 사데에서 동남쪽으로 약 50㎞ 떨어진 지역입니다. 이 지역은 지진이 빈번한 지역이었습니다. 그러나 동시에 이 지역은 비옥

한 토지가 많은 지역이었습니다. 당대의 역사가인 스트라보에 의하면 빌라델비아에 있는 집들의 벽이 금이 가지 않은 날이 없었다고 기록하고 있습니다. 그래서 도시를 떠나 시골에서 생활하는 이들이 많았다고 합니다. 이렇게 지진이 많은 빌라델비아는 주후 17년에 사데 교회와 함께 지진으로 황폐화되었다가 주후 90년경에 황제의 보조금으로 다시 재건한 도시였습니다. 이 지역 역시 다른 지역과 동일하게 우상을 섬기는 신전들이 있었습니다. 그리고 유대인들의 핍박도 여전히 존재하는 교회였습니다. 그런데 다른 교회와 다르게 처음부터 끝까지 칭찬만을 받은 교회였습니다. 이렇게 주님으로부터 칭찬받은 빌라델비아 교회는 서머나 지역처럼 현재 터키의 작은 마을로 여전히 존재하고 있습니다. 그런 의미에서 빌라델비아 교회는 우리에게 있어서 좋은 모델입니다.

빌라델비아 교회를 향한 예수님의 마음은 교회를 향하여 나타내신 모습에서 알 수 있습니다. "빌라델비아 교회의 사자에게 편지하기를 거룩하고 진실하사 다윗의 열쇠를 가지신 이 곧 열면 닫을 사람이 없고 닫으면 열 사람이 없는 그이가 가라사대"(7절)

주님은 빌라델비아 교회를 향하여 자신을 거룩하고 진실하신 존재로 나타내십니다. 또한 열면 닫을 사람이 없고 닫으면 열 사람이 없는 다윗의 열쇠를 가지신 분입니다. 이렇게 자신을 표현하시는 것은 앞으로 있을 빌라델비아 교회를 향한 칭찬의 말씀이 결코 편향됨이 없음을 분명히 하시기 위함입니다. 8절에서 주님은 "네 행위를 안다"고 말씀합니다. 이렇게 말씀하심은 주님 자신이 거룩하고 진실하기에 빌라델비아 교회를 정직하게 판단하고 있다는 의미입니다. 뿐만 아니라 주님은 다윗의 열쇠를 가진 분입니다. 다윗은 이스라엘의 가장 위대한 왕입니다. 그가 가진 열쇠는 왕국의 모든 것을 열 수 있습니다. 이 편지를 받는 당대의 사람들은 이 열쇠가 가진 능력을 잘 알고 있었습니다. 이것은 이사야 22장 20-22절을 근거로 합니다.

"그 날에 내가 힐기야의 아들 내 종 엘리아김을 불러 네 옷을 그에게 입히며 네 띠를 그에게 띠워 힘 있게 하고 네 정권을 그의 손에 맡기리니 그가 예루살렘 거민과 유다 집의 아비가 될 것이며 내가 또 다윗 집의 열쇠를 그의 어깨에 두리니 그가 열면 닫을 자가 없겠고 닫으면 열 자가 없으리라"

이 말씀은 엘리아김이 왕위에 오를 때 주어질 하나님의 약속입니다. 엘리아김은 이스라엘의 모든 국고를 열 수 있는 권한을 가진 자입니다. 그런데 주님께서 자신을 이러한 다윗의 열쇠를 가진 자라고 묘사합니다. 주님께서 가지신 열쇠는 주님 나라의 문을 열 수 있는 열쇠입니다. 혹자는 이 열쇠가 복음의 문을 열고, 봉사의 문을 여는 열쇠라고 하지만 그것보다 하나님 나라의 문을 여는 열쇠로 보는 것이 합당합니다. 주님은 천국 문의 열쇠를 가진 분입니다. 주님이 열어주지 않고서는 누구든지 천국 문으로 들어갈 수 없습니다. 주님은 말씀하십니다.

"예수께서 가라사대 내가 곧 길이요 진리요 생명이니 나로 말미암지 않고는 아버지께로 올 자가 없느니라"(요 14:6)

"다른 이로서는 구원을 얻을 수 없나니 천하 인간에 구원을 얻을 만한 다른 이름을 우리에게 주신 일이 없음이니라"(행 4:12)

다른 길이 없습니다. 오직 주님만이 천국 문을 열 수 있는 분입니다. 그런데 바로 이 주님께서 빌라델비아 교회를 향하여 "네 앞에 열린 문"(8

절)을 두셨다고 말씀하십니다. 이 문은 복음의 문이 아니라 천국 문을 말합니다. 이렇게 빌라델비아 교회 앞에 열면 닫을 수 없고 닫으면 열 수 없는 천국 문이 열려졌습니다. 즉 빌라델비아 교회가 하나님 나라의 백성이 되었습니다. 주님은 빌라델비아 교회의 모든 행위를 알고 있었습니다. 거룩하고 진실하신 주님께서 빌라델비아 교회를 하나님 나라로 들어올 수 있는 은혜와 영광을 베풀어 주셨습니다. 주님은 빌라델비아 교회를 향하여 아낌없이 모든 것을 주셨습니다. 활짝 대문을 열고 어서 오라고 말씀하십니다. 이 얼마나 복되고 아름다운 모습입니까? 주님께서 문을 활짝 열고 맞이하고 있는 모습을 상상해 보시기 바랍니다. 지금 은혜의 자리가 바로 빌라델비아 교회에 주어졌습니다.

그렇다면 구체적으로 무엇이 이러한 칭찬을 받게 한 것입니까? 도대체 빌라델비아 교회가 어떠한 모습을 가지고 있기에 이러한 칭찬을 받은 것입니까?

첫째, 빌라델비아 교회는 작지만 큰일을 감당한 교회였습니다.

"내가 네 행위를 아노니 네가 적은 능력을 가지고도 내 말을 지키며 내 이름을 배반치 아니하였도다"(8절)

이 말씀에 의하면 빌라델비아 교회는 작은 교회였습니다. 그리고 그 영향력도 적었습니다. 또한 다른 도시에 비하면 작은 도시에 위치한 교회였습니다. 그런데 이 교회는 큰일을 감당한 교회로 칭찬받았습니다. 빌라델비아 교회의 큰 모습은 주님의 말씀을 지키고 주님을 배반치 않았음에 있습니다. 이 말씀은 대수롭지 않게 여겨서는 안 됩니다. 작은 교회입니다. 적은 능력을 가지고 있습니다. 큰 세력에 의하여 얼마든지 어려움을 당할 수 있습니다. 9절에서 보듯이 사단의 무리들이 교회를 힘들게 하였습니다. 이들은 자칭 유대인입니다. 이들에 대해서는 이미 서머나 교회에 보내는 서신에서 살펴보았습니다.(계 2:9) 이들은 진리에 대하여 관심이 없습니다. 오직 외식에 갇혀 있는 자들입니다. 그래서 주님은 이들을 향하여 사단의 무리라고 규정하였습니다. 빌라델비아 교회도 이들의 농간에서 자유롭지 못한 교회였습니다. 하지만 끝까지 주의 말씀을 지키며 배교하지 않았습니다. 주님은 이것을 귀하게 여겼습니다.

사실 큰 교회보다 작은 교회가 성경의 가르침에서 쉽게 떠날 수 있습니다. 주의 말씀의 가르침에 견고하게 서서 살기보다는 커지기 위하여 성경의 가르침을 떠나는 경우가 있습니다. 교회 성장만 이루어진다면 무엇이든 하겠다는 전투적 자세는 참으로 부끄러운 것입니다. 동시에 우리의 신앙 역시 동일합니다. 높아지기 위하여 성경에서 떠나는 행위를 하는 것은 결코 우리의 영적인 삶을 성숙시키지 못합니다. 뿐만 아니라 주님의 칭찬과 거리가 먼 삶이 될 것입니다. 이 땅의 칭찬으로 만족할 것인지 아니면 주님의 영원한 칭찬을 사모할 것인지 결정하여야 합니다. 우리 교회 역시 작은 교회입니다. 그러나 빌라델비아처럼 큰일을 감당하는 교회가 되기를 소망합니다.

주님은 이렇게 작지만 큰일을 감당한 빌라델비아 교회를 향하여 칭찬에 대한 선물을 주셨습니다. 하나는 거짓된 유대인들을 꿇어 엎드리게 하였습니다. 가진 것 많고 거들먹거리던 이들이 무릎을 꿇었습니다. 이 얼마나 통쾌한 일입니까? 자신만만하게 조롱하고 모독하고 핍박하였던 이들이 절을 하는 광경을 보시기 바랍니다. 하나님은 이들의 행위도 잘 알고 있었습니다. 그런데 이들이 무릎을 꿇었습니다. 유대인들 가운데 몇 명이 빌라델비아 교회가 고백하는 참 진리이신 예수 그리스도를 고백하

교회를 세우는 요한계시록 강해

였습니다. 저주와 조롱이 변하여 겸손과 회개와 고백이 일어났습니다. 주님은 이러한 회심의 모습을 약속하심으로 이 땅에서 믿음의 길을 지킨 우리들을 위로하십니다.

또한 주님은 이 일을 통하여 우리를 사랑하시는 하나님의 마음을 알려주셨습니다. 사실 우리는 하나님의 마음을 모를 때가 많이 있습니다. 삶의 문제들이 잘 안 풀리고 어려움이 다가오고 거기에다 훼방꾼들이 있으면 하나님을 원망하게 되고 하나님의 사랑을 의심하기도 합니다. 그러나 하나님은 우리를 사랑하시되 변함없이 사랑하시는 분입니다. 우리가 변하면 변했지 하나님은 결코 변하지 않습니다. 믿음을 지킨 성도들은 이러한 하나님의 사랑을 반드시 경험하게 됩니다.

빌라델비아 교회가 받은 칭찬을 우리 역시 받을 수 있는 기회가 있습니다. 우리도 작은 교회입니다. 적은 영향력을 가졌습니다. 그러나 우리가 하나님의 말씀에 바로 서고 믿음의 선진들이 가졌던 온전한 신앙에서 흔들리지 않고 자라 간다면 우리도 칭찬받는 은혜의 자리에 서게 될 것입니다. 작다고 하나님의 쓰임에서 벗어나는 것이 아닙니다. 오히려 작기에 하나님의 말씀을 더욱 선명하게 사랑하고 나눌 수 있습니다. 당장에 어떠한 결과를 얻는 것에 흥분되는 것이 아니라 궁극적으로 주어질 주님의 칭찬을 기뻐하는 삶이 되기를 소망합니다.

둘째, 인내하라는 말씀에 순종한 교회였습니다. 빌라델비아 교회가 칭찬받은 두번째 이유는 인내하라는 주님의 말씀에 순종하였기 때문입니다.

"네가 나의 인내의 말씀을 지켰은즉...."(10절)

주님은 빌라델비아 교회가 인내하라는 말씀을 순종한 것을 알고 있었습니다. 이들이 힘든 환경 가운데서도 주님의 말씀을 의심하지 않고 인내하였습니다. 주님은 이 사실을 높이 사신 것입니다. 빌라델비아 교회가 믿음의 환난을 잘 견뎠습니다. 조롱하는 소리에도 흔들리지 않았습니다. 다양한 핍박에도 무너지지 않았습니다.

말씀을 지키고 믿음의 삶을 사는 것은 쉽게 이루어지지 않습니다. 인내가 필요한 길입니다. 좁은 길로 가는 것이기 때문에 쉬운 것이 결코 없습니다. 그러나 주님은 이 길을 이기며 가는 성도를 늘 보고 있습니다. 그리고 바울의 고백처럼 믿음의 선한 싸움을 싸우고 마친 자에게 의의 면류관이 주어집니다. 주님은 빌라델비아 교회가 바로 이러한 교회임을 드러내시고 있습니다. 작았지만 주님의 눈에 칭찬받기에 합당한 교회이며 주님의 마음을 참으로 기쁘게 해 준 교회였습니다.

여기서 중요한 한 가지 사실을 기억해야 합니다. 주님은 인내하라는 말씀에 순종한 빌라델비아 교회를 향하여 놀라운 복을 약속하십니다. 속히 임할 시험의 때를 면하게 해 주심입니다. 이 말씀은 어떠한 고난도 받지 않을 것이라는 의미가 아닙니다. 이 말씀은 육체적인 고난이 있겠지만 믿음으로 견디어 이기게 해 주신다는 것이며 영적인 측면에서 보호해 주신다는 의미입니다. 이것이 바로 빌라델비아 교회가 받은 약속입니다.

그러므로 주님은 가진 것을 굳게 잡으라고 말씀하십니다. 처음부터 가진 예수님에 대한 믿음과 사랑 그리고 온전한 고백을 끝까지 지키라는 명령입니다. 그러면 면류관을 빼앗기지 않습니다. 면류관은 승리를 상징합니다. 믿음을 굳게 지킨 자는 반드시 승리의 면류관을 받습니다. 믿음의 경주는 이미 시작되었습니다. 이제 승자와 패자가 나타날 것입니다. 주님은 우리 모두 영적인 승자가 되어 승리의 면류관을 쓰기를 기뻐하십니다.

우리가 가는 길은 여러 가지 어려움이 많이 있습니다. 곳곳에 뜻하지 않은 지뢰들이 있습니다. 어떤 순간에는 휘청거리기도 합니다. 감당하기 어려운 일들이 있습니다. 때로는 사람들의 눈초리가 힘들게 느껴지기도 합니다. 그러나 주의 말씀을 굳게 잡으면 반드시 그 영광을 보게 됩니다.

그러나 인내하라는 말씀에 순종한 빌라델비아 교회가 받은 복은 여기에 그치지 않습니다. 주님은 더욱 큰 은혜를 예비하셨습니다.

"이기는 자는 내 하나님 성전에 기둥이 되게 하리니 그가 결코 다시 나가지 아니하리라 내가 하나님의 이름과 하나님의 성 곧 하늘에서 내 하나님께로부터 내려 오는 새 예루살렘의 이름과 나의 새 이름을 그이 위에 기록하리라"(12절)

이 구절은 크게 세 가지를 말하고 있습니다. 첫째는 하나님 성전에 기둥이 됩니다. 둘째는 성전에서 결코 쫓겨나가지 않습니다. 셋째는 성전의 기둥에 우리의 이름이 각인됩니다. 우선 성전의 기둥을 생각해 보시기 바랍니다. 성전은 주님이 임재하시는 곳이며 그곳의 가장 중요한 것은 기둥입니다. 그러므로 고대에는 기둥에 중요한 것을 기록해 놓았습니다. 믿음을 지키고 인내한 자에게 이러한 영광이 주어집니다. 즉, 가장 중요한 존재로 하나님 나라에서 인정받습니다. 또한 어떠한 경우에도 결코 하나님 나라에서 떨어지지 않습니다. 하나님의 손에 의하여 결코 흔들리지 않습니다. 그리고 우리의 이름 다시 말한다면 하나님의 이름, 새 예루살렘의 이름, 새 이름이 기둥에 각인됩니다. 누구도 지울 수 없습니다. 우리의 시민권에 대한 완전한 보장을 선언하시는 것입니다. 이것이 바로 빌라델비아 교회가 받은 복입니다.

인내의 말씀을 순종하였던 자에게 주님은 환난의 시기를 이기게 하시고, 승리의 면류관을 주시고, 성전의 기둥이 되게 하시고 하나님 나라의 영원한 백성으로 인정하여 주시는 복을 주셨습니다.

빌라델비아 교회는 우리에게 많은 도전을 줍니다. 교회는 그 크기에 관계없이 하나님 앞에 어떻게 서 있느냐가 중요함을 말씀합니다. 아무리 큰 교회라 할지라도 하나님의 손이 떠난 교회는 이미 죽은 교회입니다. 환난의 때를 견디기가 쉽지 않습니다. 하지만 작더라도 주님의 말씀을 지키며 주님의 이름을 자랑하며 인내의 말씀을 순종한 교회는 주님의 손이 함께하는 교회입니다. 그런 교회가 작지만 큰일을 감당하는 교회입니다. 주님의 마음을 시원케 하는 교회이며 주님의 칭찬을 받기에 합당한 교회입니다.

우리가 주님의 말씀대로 복음의 본질에 합당한 교회와 신앙이 된다면, 큰일을 감당하고 주님의 칭찬을 받기에 합당한 신자가 됩니다. 주님의 말씀대로 우리가 가진 십자가의 신앙을 굳게 잡고 믿음으로 이기어 나간다면 우리는 영광의 자리에 서게 됩니다. 우리를 향하여 조롱하던 이들이 우리 앞에 돌아오는 것을 보게 될 것입니다.

우리 시대는 보다 크고, 보다 높고, 보다 넓어야 주의 일을 할 수 있다고 생각합니다. 그래서 큰 것을 우선 추구합니다. 교회 성장을 위해서 온갖 것을 도입합니다. 성도 역시 영적 성장을 위하여 체험을 강하게 추구합니다. 그러다가 본질에서 떠나는 어리석음을 범합니다. 우리는 이러한 어리석음의 자리에 서지 않아야 합니다. 참된 생명이 살아있는 교회와 신앙을 만들어 가기를 소망합니다. 그래서 우리가 기도하듯이 작지만 큰일을 감당하는 교회, 변방에 있지만 중심을 깨우는 교회, 개혁과 부흥을 통하여 하나님 나라를 회복하는 교회를 세워야 합니다. 삼위 하나님을 찬미

교회를 세우는 요한계시록 강해

하고 온 백성에게 칭송을 받으므로 구원받는 자가 더하여지는 부흥을 경험하는 교회가 됩시다. 이러한 아름다움이 우리 각자의 삶에도 나타나기를 소망합니다.

차든지 덥든지(계 3:14-22)

개성에 가면 선죽교라는 유명한 다리가 있습니다. 이 다리가 유명해진 것은 다리의 아름다움 때문이 아닙니다. 이 다리에서 죽은 한 사람 때문입니다. 그는 바로 정몽주입니다. 고려의 충신이었던 정몽주는 조선의 왕자인 이방원에 의하여 죽게 됩니다. 정몽주는 철저하게 충신으로서 살고자 하였습니다. 이에 이방원은 정몽주에게 다음과 같은 시를 보냅니다. "이런들 어떠하리 저런들 어떠하리/만수산 드렁칡이 얽어진들 어떠하리/ 우리도 이같이 얽어져 백년까지 누리리라"

그러자 정몽주는 "이 몸이 죽고 죽어 일백 번 고쳐 죽어/백골이 진토 되어 넋이라도 있고 없고/님 향한 일편단심이야 가실 줄이 이시랴"라고 받아치며 유혹을 뿌리칩니다. 이방원의 작품은 하여가라 불리고 정몽준의 작품은 단심가라 불립니다. 두 시를 통하여 당대의 모습이 어떠하였는지 잘 보여주고 있습니다. 특별히 정몽주의 단심가는 목숨을 잃게 되는 시가 되었지만 충신의 기개를 잘 보여주고 있습니다.

이렇게 한 마음으로 살아갈 수 있는 것이 참으로 아름다움이라 생각합니다. 단심은 영적인 삶의 영역에서도 요구됩니다. 이런들 어떻고 저런들 어떠냐 편안한 삶을 살 수 있다면 좀 쉽게 살아도 되지 않느냐는 생각을 합니다. 그래서 교회에서의 삶과 삶의 영역에서의 삶에 너무나 다른 것을 종종 보게 됩니다.

그렇다면 어떻게 하는 것이 하나님 앞에 충신다운 신앙의 모습입니까? 주님은 라오디게아 교회에 보내는 서신을 통하여 충신의 신앙을 말씀하여 주고 있습니다. 라오디게아 교회는 아시아의 일곱 교회 중 마지막으로 서신을 받은 교회입니다. 라오디게아 지역은 리쿠스강 언덕 위에 위치한 도시입니다. 이 지역은 당시의 소아시아를 가로지르는 세 개의 제국도로가 만나는 지점에 위치하여 상업과 행정의 중심지로 이름을 날렸습니다. 첫째, 이 지역은 은행 업무의 중심이었습니다. 둘째는 의복과 양탄자를 생산하였습니다. 셋째는 의약을 공부하는 학교가 있었으며 이 지역의 돌을 분쇄하여 만든 안약이 유명하였습니다. 하지만 물 공급이 언제나 문제가 되는 지역입니다.

이러한 지역에 세워진 라오디게아 교회는 골로새 교회와 아주 밀접한 관계를 맺은 교회였습니다. 바울이 자신의 서신을 골로새 교회에 보낼 때 라오디게아 교회와도 함께 읽을 것을 요청하고 있기 때문입니다.

"이 편지를 너희에게서 읽은 후에 라오디게아인의 교회에서도 읽게 하고 또 라오디게아로서 오는 편지를 너희도 읽으라"(골 4:16)

라오디게아 교회는 골로새 교회와 가까운 위치에 있는 교회입니다. 그래서 골로새 지역과 많은 교제가 있는 지역이며 또한 교회입니다. 그러나 라오디게아 교회는 일곱 교회 가운데 최악의 교회로 책망을 받고 있음을 봅니다. 앞서 나누었던 빌라델비아 교회와 분명하게 대비되는 교회입니다. 그렇다면 이렇게 최악의 교회로 책망을 받은 라오디게아 교회의 모습은 어떠할까요? 무엇이 주님의 마음을 아프게 한 것입니까?

주님은 라오디게아 교회에 보내는 서신에서 자신을 "아멘이시요 충성되고 참된 증인이시요 하나님의 창조의 근본이신 이"(14절)라고 말씀하셨습니다. "아멘"이시라는 것은 주님의 신실하심을 나타내시는 것입니다. 우리 주님은 성부 하나님을 위한 "충성되고 참된 증인"이십니다. 참된 충성의 본을 가지신 분이 바로 우리 주님이십니다. 주님은 죽기까지 복종하신 분입니다. 그러나 동시에 주는 창조의 제일 원인 즉 가장 중요한 원천이십니다. 그런 의미에서 주님은 알파가 되시는 분입니다.

이러한 주님께서 라오디게아 교회를 향하여 말씀하십니다. 예수님은 라오디에 교회가 가지고 있는 잘못된 신앙을 주목하십니다. 라오디게아 교회는 참되고 온전한 권위를 가진 주님을 순종하지 않았습니다. 주님의 권위를 가볍게 여겼습니다. 그렇기 때문에 전적인 순종이 없었습니다. 주님은 이러한 라오디게아 교회를 책망하셨습니다. 그렇다면 라오디게아 교회가 책망받아야 할 모습은 무엇입니까? 책망의 이유가 어디에 있습니까? 책망을 통하여 회개하는 자에게 주님이 기대하시는 것은 무엇입니까? 이러한 질문을 통하여 라오디게아 교회를 통한 주님의 교훈을 살펴보고자 합니다.

첫째, 주님의 책망입니다. 주님은 라오디게아 교회의 미지근한 신앙을 책망하십니다. 주님은 라오디게아 교회에 대하여 냉철하고, 강력하게 책망합니다. 다른 교회를 향한 표현과 전혀 다른 모습으로 라오디게아 교회를 책망합니다. 주님의 책망은 라오디게아 교회가 가지고 있는 영적인 상태 때문입니다. 15-16절은 이러한 모습을 잘 보여줍니다.

"내가 네 행위를 아노니 네가 차지도 아니하고 더웁지도 아니하도다 네가 차든지 더웁든지 하기를 원하노라 네가 이같이 미지근하여 더웁지

교회를 세우는 요한계시록 강해

도 아니하고 차지도 아니하니 내 입에서 너를 토하여 내치리라"

주님이 분명한 신앙고백을 원하십니다. 그런데 라오디게아 교회는 그런 모습과는 거리가 있었습니다. 분명한 신앙의 자세를 보여주지 못했습니다. 기록을 보면 라오디게아 교회는 다른 지역과 달리 외적인 핍박이 적은 교회였습니다. 주님 역시 그 문제에 대하여 말씀하고 있지 않습니다. 라오디게아 교회는 행정의 중심지에 위치하였습니다. 환경적으로 어려움이 적은 교회였습니다. 라오디게아 교회의 문제는 외적인 고난에 있는 것이 아니라 내적인 신앙고백에 있었습니다. 그렇다고 우상숭배가 없었다는 것이 아닙니다. 이 문제가 있었지만 본질적인 문제는 바로 내적인 신앙에 있었습니다.

주님은 분명한 신앙고백을 요구하십니다. "차든지 덥든지 하라"는 요구입니다. 이것은 복음을 떠나라는 의미를 말씀하는 것은 아닙니다. 오히려 분명한 신앙의 자리에 설 것을 촉구하는 말씀입니다. 주님은 두 사이에 머뭇 거리는 모습을 너무나 싫어하십니다. 그래서 미지근하다면 입에서 토하여 내치겠다고 말씀합니다.

라오디게아 교회는 이 말씀의 의미를 잘 알고 있습니다. 라오디게아 지역은 물에 있어서 어려움이 많았습니다. 그런데 반대로 골로새 지역 즉 히에라폴리스 지역에는 좋은 온천들과 시냇물들이 있었습니다. 그래서 물이 떨어진 라오디게아 교회는 수로를 이용하여 골로새의 물을 받아야 했는데 긴 수로를 통해 물을 공급받다보니 물이 아주 미지근하고 때로는 불순물이 많아 병을 유발하기도 하였습니다.

주님은 이러한 상황을 통하여 라오디게아 교회의 영적 상태를 말씀하셨습니다. 분명한 신앙고백을 가지고 있지 않다면 작은 시험에도 넘어짐니다. 또한 세상의 유혹에도 넘어집니다. 동시에 세상과 구별될 수도 없습니다. 주님은 쉽게 타협하고 적당하게 살아가는 것을 용납하지 않으십니다. 입으로만 고백하고, 기계적이고 습관적인 예배의 삶만 있는 것을 원치 않으십니다. 우리가 구원받은 백성이라면 우리의 신앙 고백이 분명해야 합니다. 주님은 라오디게아 교회의 미지근한 신앙의 모습을 잘 알고 있었습니다. 이들의 모습에서 하나님께 헌신하고 순종하고자 하는 모습을 찾아볼 수 없습니다.

그런데 라오디게아 교회가 미지근한 신앙을 갖게 된 데에는 현실적 이유가 있었습니다. 라오디게아 교회는 스스로 부자라 생각하였습니다. 그리하여 부족한 것이 없음을 자랑하였습니다. 이들이 자랑하는 부자됨은 구약적 의미로 본다면 하나님의 축복을 의미합니다. 구약은 정직한 자의 후대가 물질적인 복을 누릴 것을 말씀하고 있습니다(시 112:1-3). 라오디게아 교회는 자신들이 하나님의 축복을 받은 부자라고 자부하고 있었습니다. 이러한 자부심으로 자신들의 믿음이 옳다고 생각하였습니다. 외적인 성공이 내적인 모습을 왜곡하게 하였습니다.

주님은 이렇게 생각하고 있는 이들을 향하여 곤고하고, 가련하고, 가난하고, 눈멀고, 벌거벗은 것을 알지 못한다고 책망하십니다. 외적으로는 부유할지 모르지만, 주님의 눈에는 가련하고 가난하였습니다. 영적으로 눈멀고 벌거벗은 불쌍한 자들임을 주님은 말씀하십니다.

분명한 신앙고백을 가지고 있지 않다면 우리는 영적으로 가련한 자입니다. 외적인 모습이 그럴듯하다고 하여서 내적인 모습도 온전한 것은 아닙니다. 하나님을 아는 지식과 그의 은혜의 복음에 대하여 분명하게 고백하지 않는다면 부요하나 실상은 가난하고 가련한 자입니다. 그러므로 무

교회를 세우는 요한계시록 강해

엇보다도 중요한 신앙은 하나님 앞에서 온전한 신앙고백입니다. 이것이 미지근한 신앙을 벗어나는 길입니다. **주님은 18절 말씀을 통하여 이런 상태에 있는 라오디게아 교회를 향하여 정신을 차릴 것을 권면합니다.**

"내가 너를 권하노니 내게서 불로 연단한 금을 사서 부요하게 하고 흰 옷을 사서 입어 벌거벗은 수치를 보이지 않게 하고 안약을 사서 눈에 발라 보게 하라"

주님은 라오디게아 교회의 문제를 라오디게아 지역에서 가장 잘 알려진 것을 통하여 권면합니다. 문제의 원인을 찾아 해결하지 못한다면 앞으로도 소망이 없기 때문입니다. 주님은 "연단한 금을 사서 부요하게" 하라고 말씀합니다. "연단한 금"만이 사용될 수 있습니다. 이것은 "영적인 정결함"을 의미합니다. 그런데 이렇게 영적인 정결함을 사라는 것은 그리스도께 나오라는 뜻입니다. 이사야 선지자의 말씀은 이것을 잘 보여줍니다.

"너희 목마른 자들아 물로 나아오라 돈 없는 자도 오라 너희는 와서 사먹되 돈 없이 값 없이 와서 포도주와 젖을 사라 너희가 어찌하여 양식 아닌 것을 위하여 은을 달아 주며 배부르게 못할 것을 위하여 수고하느냐 나를 청종하라 그리하면 너희가 좋은 것을 먹을 것이며 너희 마음이 기름진 것으로 즐거움을 얻으리라 너희는 귀를 기울이고 내게 나아와 들으라 그리하면 너희 영혼이 살리라 내가 너희에게 영원한 언약을 세우리니 곧 다윗에게 허락한 확실한 은혜니라"(사 55:1-3)

그리스도께 나오고, 영적인 정결함을 통하여 참된 영적 부요함을 누려야 합니다. 하지만 저절로 영적인 정결함에 이르는 것이 아닙니다. "연단"을 통하여 정결함에 이릅니다. 믿음의 연단은 우리로 하여금 영적인 부요에 이르게 합니다. 고난이 당시에는 힘들어 보여도 인내하고 견디면 우리를 부요하게 만들어 줍니다. 그러므로 주를 위하여 고난받고 있다면, 인내함으로 감당해야 합니다. 이것이 주님이 주시는 참된 은혜를 얻는 길입니다.

또한 "흰 옷을 사서 벌거벗은 수치를 보이지 않게 하라"고 말씀합니다. "흰 옷"은 그리스도로 말미암아 주시는 의와 거룩함입니다. 그런데 이 옷을 사서 입으라고 명령하십니다. 이 역시 그리스도께 나오는 자에게 주시는 말씀입니다. 이 옷은 수치를 가려 줍니다. 라오디게아 교회의 수치는 돈을 섬기는 우상숭배의 모습이라고 할 수 있습니다. 이 수치를 가리는 것은 오직 예수 그리스도의 은혜 외에는 없습니다. 우리는 예수 그리스도를 통하여 의롭게 된 자로서 거룩함을 위하여 살아야 합니다. 이것은 구원의 본질입니다. 이러한 구원이 바로 하나님과 깨어졌던 관계를 회복시키고 영적인 수치를 회복합니다.

마지막으로 "안약을 사서 눈에 바르라"고 합니다. 이 말씀은 라오디게아 교회가 영적인 분별력을 상실하여 주님의 참된 영광을 보지 못하고 어두움 속에 헤매고 있음을 말씀합니다. 그렇다면 눈을 뜨게 하는 "안약"은 무엇입니까? 그것은 "주님의 말씀과 성령의 조명"입니다. 말씀이 우리 가운데 와야 합니다. 성령께서 조명하여 주셔야 우리는 어두움의 자리에서 벗어날 수 있습니다. 영적 분별력이 없으면 교회가 건강해질 수 없습니다. 무엇이 옳은지 그른지 잘 분별할 수 있어야 합니다. 이 일을 위하여 고민하고 복음으로 그 답을 얻게 되면 영적인 성숙이 있게 됩니다. 건강한 교회의 모습을 우리가 볼 수 있는 것입니다.

주님의 요구는 너무나 분명합니다. 우리의 일관된 신앙입니다. 미지근하여 무엇이 옳은지 그른지 모르고 살아가는 신앙이 아닙니다. 미지근하여 적당하게 타협하고 살아가는 신앙이 아닙니다. 주님은 우리가 이 땅 가운데 분명한 신앙고백을 가지고 살아가기를 원하십니다. 뜨거운 열정으로 주님을 향하여 달려가기를 원하십니다. 비록 힘들고 어려움이 있다 하더라도 분명하게 고백하고 믿음의 길을 가기를 원하십니다. 누구나 어려운 상황에 처하여 있습니다. 주님은 바로 그곳에 함께하고 있습니다. 믿음의 길을 피하여 살아간다면 하나님의 책망을 피할 수 없습니다. 그러므로 분명하게 믿음의 고백을 할 수 있어야 합니다. 담대하게 말씀의 길로 나갈 수 있어야 합니다. 미지근하여 토하여 내쳐지는 신앙이 아니라 잘했다 칭찬받는 믿음의 길에 서기를 소망합니다.

주님은 미지근한 신앙을 가진 라오디게아 교회를 향하여 준엄한 책망을 하셨습니다. 이 책망을 받은 라오디게아 교회는 마음이 아팠습니다. 하지만 주님의 책망은 아픔을 주기 위함이 아닙니다. 주님의 책망은 살리기 위한 책망입니다. 그렇다면 주님의 책망을 어떻게 이해하여야 합니까? 이제 두번째 이유를 살펴보겠습니다.

둘째, 주님의 책망은 라오디게아 교회를 사랑하시기 때문입니다. 즉 사랑의 채찍입니다. 주님은 모든 성도들이 믿음의 길에 서기를 원하십니다. 라오디게아 교회를 향한 주님의 마음에서 이 사실을 볼 수 있습니다. 주님은 라오디게아 교회를 책망하시지만 미워하시는 것이 아닙니다. 그러므로 주님은 사랑의 책망을 말씀하십니다.

"무릇 내가 사랑하는 자를 책망하여 징계하노니 그러므로 네가 열심을 내라 회개하라"(19절)

주님은 사랑하는 라오디게아 교회를 향하여 책망하여 징계합니다. 주님의 징계는 책망을 위한 것이 아닙니다. 주님의 징계는 아들을 사랑하기에 잘못에 대하여 매를 드는 부모의 마음과 동일합니다.(히 12:6) 주님이 이렇게 책망하시는 것은 영적인 무감각에서 회복할 것을 촉구하기 위함입니다.

"무릇 징계가 당시에는 즐거워 보이지 않고 슬퍼 보이나 후에 그로 말미암아 연단한 자에게는 의의 평강한 열매를 맺나니"(히 12:11)

주님은 의의 평강한 열매를 알기에 징계하십니다. 주님은 징계를 통해서라도 의의 열매를 맺기를 기대하십니다. 그래서 열심을 내어 회개하라고 강권하십니다. 즉 차든지 뜨겁든지 하라는 말씀입니다.

그리스도인은 미지근한 상태로 살지 않습니다. 주님을 향한 분명한 자세를 세상 가운데 분명하게 드러냅니다. 교회의 영광을 분명하게 나타냅니다. 영적인 기쁨을 온전하게 표시하며 삽니다. 대충 신앙생활하지 않습니다. 주님은 이러한 명령을 하고 있습니다.

주님은 사랑으로 진리를 전하시는 분입니다. 사랑하는 자를 책망하시고, 사랑하는 자를 징계하시고, 사랑하는 자를 훈련시키십니다. 사랑이 식으면 말하기가 싫어집니다. 잘못되었어도 말하지 않습니다. 싫은 소리 하지 않습니다. 사랑이 식으면 듣기 좋은 소리만 합니다. 영적인 나약함에 있음에도 삶에 어떠한 책망도 느끼지 못한다면 행복한 것이 아닙니다.

그러므로 주님의 말씀을 받았을 때 혹 책망의 소리를 들었을 때 영적인 성장을 위하여 권면의 소리를 들었을 때 가볍게 여기지 마시고 진지하게 자신을 살펴보아야 합니다. 하나님의 사랑의 손이 함께하는 순간이기 때문입니다. 하나님께서 우리를 향하여 열심을 내라고 말씀하십니다. 회개하라고 말씀하십니다. 이 소리를 깨닫는 것은 가장 큰 축복입니다. 사랑

교회를 세우는 요한계시록 강해

을 사랑으로 승화시킬 수 있는 기쁨이 있기를 바랍니다.

이제 주님께서 책망을 통하여 기대하시는 것이 무엇인지 살펴보고자 합니다. **주님은 라오디게아 교회와 교제하기 원합니다. 사랑의 책망을 듣고 순종하는 자에게 주님은 자신과 교제할 수 있는 선물을 약속하십니다.** 주님은 라오디게아 교회를 향하여 분명한 촉구를 합니다. 그것은 주님이 하신 말씀에 대한 응답입니다. 그러면 주께서 함께하시겠다는 약속입니다.

"볼지어다 내가 문 밖에 서서 두드리노니 누구든지 내 음성을 듣고 문을 열면 내가 그에게로 들어가 그로 더불어 먹고 그는 나로 더불어 먹으리라 이기는 그에게는 내가 내 보좌에 함께 앉게 하여 주기를 내가 이기고 아버지 보좌에 함께 앉은 것과 같이 하리라"(20-21)

이 말씀은 라오디게아 교회에 주시는 말씀입니다. 예수를 처음 믿는 사람에게 주는 말씀이 아닙니다. 이 말씀은 이미 복음을 알고 있는 라오디게아 교회를 향하여 주시는 말씀입니다. 주님은 19절 말씀을 근거로 하여 라오디게아 교회를 향하여 말씀합니다.

주님께서 사랑으로 책망하여 징계할 때에 회개하고 주님의 말씀을 듣는다면 주님은 그와 함께 영광의 교제를 나누십니다. 주님의 말씀에 순종한다면 주님은 우리와 인격적인 나눔과 교제를 하십니다. 우리의 신앙이 충만하지 못한 것은 바로 주님과의 교제가 단절되었기 때문입니다. 모든 삶의 근원이신 주님과 교제가 끊어지고 우리의 생각과 경험으로 살아간다면 우리는 결코 충만한 삶을 살 수 없습니다.

주님은 우리가 말씀을 듣고 순종한다면 우리와 친밀한 교제를 할 것을 말씀합니다. 이 말씀은 오늘도 여전히 유효합니다. 그런데 이 놀라운 사랑은 여기에서만 끝나는 것이 아닙니다. 영원한 나라에까지 이를 것을 말씀하십니다. 장차 임할 하나님 나라에서의 영광을 주시겠다는 약속입니다. 이 영광은 오직 하나님의 말씀을 듣고 순종한 자에게 주어지는 선물입니다. 주님의 약속은 미쁘십니다. 결코 변치 않으십니다. 주님의 거룩한 약속이 주님의 말씀에 순종한 자에게 주어집니다.

오늘 우리 시대의 불행은 하나님의 말씀을 귀하게 여기지 않는 것에 있습니다. 한 쪽에서 함부로 전하는 말씀이 있는가 하면 다른 한 편에서는 가소롭게 듣는 이들이 있습니다. 이 모두는 영광의 교제에 이르지 못합니다. 오직 주님의 영광의 교제에 이르는 자는 주님의 말씀에 두렵고 떨림으로 순종하는 자입니다. 이것이 우리로 하여금 영광의 교제가 가능하게 합니다.

빌라델비아 교회와 대비되는 라오디게아 교회를 살펴 보았습니다. 말할 수 없는 책망을 받은 교회가 라오디게아 교회입니다. 그러나 소망이 없는 교회는 아닙니다. 라오디게아 교회 역시 주님의 사랑을 받을 수 있는 기회가 있었습니다. 그리고 오늘 우리들도 아직 기회가 있습니다. 누구든지 주님의 말씀을 받고 순종하면 영광의 자리에 이를 수 있습니다. 책망이 변하여 영광이 될 수 있습니다.

그렇다면 영광의 자리에 이를 수 있으려면 어떻게 해야 합니까? 우선 미지근한 신앙에서 탈피하여야 합니다. 대충 시간 되는 대로 여건이 되는 대로 상황에 맞게 신앙생활해서는 안 됩니다. 어디에 있든지 무엇을 하든지 그리스도인의 정체성을 포기해서는 안 됩니다. 그 자리가 어렵고 힘들어도 반드시 이기어 내야 합니다.

또한 우리를 사랑하시는 주님을 잊지 말아야 합니다. 주님을 우리를 사랑하시되 변함없이 사랑하시는 분입니다. 그렇기 때문에 사랑하는 자를 위하여 책망과 징계를 하십니다. 이것은 미움이 아닙니다. 사랑의 표현입니다. 우리 주님은 모든 것이 합력하여 선을 이루시는 분입니다. 그러므로 어떠한 상황에서도 흔들리지 말고 주님을 사랑하고 순종하시기 바랍니다.

우리 주님은 우리들이 영적으로 나약해지면 채찍을 들어서라도 정신을 차리게 합니다. 그때에 우리가 믿음의 고백을 하고 주님의 말씀을 받고 회개의 자리에 서야 합니다. 회개는 주님과 교제를 회복하는 길입니다. 우리의 모든 문제는 주님과의 교제의 단절에서 옵니다. 주님과의 회복은 문제 해결의 지름길입니다.

라오디게아 교회는 문제가 많은 교회였지만 역으로 우리에게 하나님의 교제를 회복하는 길이 무엇인가를 잘 보여주는 교회입니다. 라오디게아 교회의 실수를 반복하지 않는다면 우리 모두 주와 함께 영광의 교제를 할 수 있습니다. 주님의 말씀처럼 미지근한 신앙이 아니라 주를 향한 열정이 가득한 신앙이 되기를 소망합니다. 충신다운 기개가 있는 믿음이 되기를 소망합니다. 그래서 하나님의 나라를 회복하는 삶을 살 수 있기를 바랍니다. 또한 교회를 세우기를 원하시는 하나님의 뜻을 따라 참된 교회를 세우는 하나님의 사람들이 되기를 소망합니다. 우리에게 주어진 짧은 생애 동안 하나님의 영광과 기쁨을 나타내는 은혜가 풍성하기를 소망합니다. 귀 있는 자는 성령이 교회들에게 하시는 말씀을 들을 수 있기를 바랍니다 (22절). 오늘도 성령은 우리에게 말씀하고 있습니다. 귀 있는 자는 이 말씀 앞에 온전한 고백이 있기를 소망합니다. 사람의 소리가 아니라 성령께서 우리에게 들려주시는 말씀으로 듣고 고백하기를 바랍니다.

4장

우리는 진정 만물을 창조하시고, 다스리시는 하나님을 예배하고 있습니까?

거룩하시고, 영원하시고, 역사의 심판주이신 하나님을 고백하고 있습니까?

현실의 삶이 어떠한 어려움을 준다 할지라도

믿음의 자리에서 흔들리지 않도록 예배하고 있습니까?

날마다 영광과 존귀와 감사와 능력을 하나님께 돌리고 있습니까?

나의 나 된 것은 오직 하나님의 은혜와 사랑임을 고백하십니까?

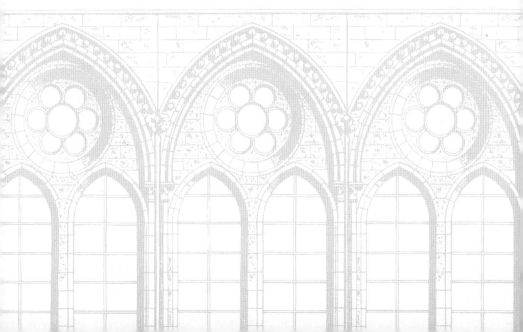

보좌에 앉으신 하나님(계 4:1-5)

　　요한계시록의 구조를 간단하게 살펴보면 요한계시록 1장 1-9절은 서론 부분에 해당합니다. 그리고 1장 10절-22장 5절까지는 본문으로 각 이상들에 대한 말씀입니다. 22장 6-17절까지는 결론에 해당합니다. 그리고 본문을 더 나눠보면 1장 10절-3장 22절까지는 땅에 있는 교회에게 주는 이상들입니다. 4-16장까지는 하늘에서의 이상입니다. 17장-21장 8절까지는 광야에서 본 이상입니다. 21장 9절-22장 5절은 크고 높은 산에서 본 이상입니다. 이렇게 요한계시록이 구성되어 있습니다. 우리가 그동안 읽고 나눴던 말씀은 땅에 있는 교회들에게 주는 이상이었습니다.

　　4장부터 살펴볼 말씀은 하늘의 이상입니다. 성령은 사도 요한을 하늘로 부르십니다. 그리고 그에게 앞으로 이루어질 일에 대하여 말씀합니다. 이 모습은 다니엘에게 이상을 보여 주실 때와 동일합니다.(단 2:28) 이미 땅에 있는 교회에 대한 말씀을 주셨던 하나님은 이제 하늘에서 앞으로 이뤄지는 일들을 보여줍니다. 이 일의 주목적은 땅에 있는 교회를 향한 하나님의 위로와 격려입니다. 요한계시록은 이상한 것을 보여주는 것이 목적이 아닙니다. 교회를 돕기 위한 목회서신입니다. 그러므로 요한계시록을 통하여 우리는 하나님이 교회를 얼마나 사랑하고 있는지를 알 수 있습니다. 이렇게 하시는 것은 교회가 당하고 있는 고난과 앞으로 당할 고난을 알고 있기 때문입니다.

요한계시록은 주님의 재림 시기에 있을 말씀을 주는 것이 아니라 주님의 초림과 부활과 재림 사이에 있을 말씀을 주는 것입니다. 그러므로 일차적으로 요한이 살던 당시의 교회를 위로하는 것이 우선이며 동시에 모든 보편교회를 향하여 주시는 말씀으로 받아야 합니다.

요한은 하늘의 열린 문을 보고 그리로 들어갑니다. 이 하늘은 상상의 장소가 아닙니다. 이 장소는 실제입니다. 우리 주님이 오신 장소이며, 천군 천사가 있는 곳입니다. 어떤 이는 이곳을 실제가 아니라 새로운 계시의 영역 안으로 들어가는 것이라고 말합니다. 하지만 예수님이 승천하셔서 가 계신 실제의 장소입니다. 일반적으로 말하는 천당입니다. 하나님의 능력이 땅 위 사람들에게 작용하는 근원지라고 할 수 있습니다.

그곳에서 이후에 일어날 일들을 보게 됩니다. 요한이 하늘 문을 통과하여 들어가서 본 첫번째 모습은 하늘에 있는 보좌와 그 위에 앉으신 분입니다. 이 분은 바로 하나님입니다. 그리고 하나님을 묘사합니다. 보좌에 앉으신 이의 모습은 어떤 말로도 표현할 수 없어서 가장 존귀하게 여겨진 보석으로 묘사합니다. 그 첫번째 모습은 "벽옥"입니다. 벽옥으로 묘사한 것은 하나님의 거룩하심과 정결하심과 변함없는 사랑을 의미합니다. "홍보석"은 어떤 분들은 하나님의 넘치는 사랑이라고 말하지만 일반적으로 붉은색은 심판을 상징합니다. 즉 하나님의 거룩한 진노와 정의의 심판을 말합니다, 그리고 "무지개와 녹보석"은 노아의 홍수 심판 위에 주셨던 것을 떠올릴 수 있습니다. 이것은 성도들에게 고난의 파도가 지나갔다는 의미와 함께 언약에 신실하신 하나님을 보여줍니다. 또한 에스겔 1장 28절의 말씀처럼 하나님의 영광을 보여줍니다.

"그 사면 광채의 모양은 비 오는 날 구름에 있는 무지개 같으니 이는 여호와의 영광의 형상의 모양이라 내가 보고 곧 엎드리어 그 말씀하시는 자의 음성을 들으니라"

그리고 요한이 본 다음 장면은 보좌 주위로 24보좌와 24장로들이 흰 옷을 입고 머리에 금관을 쓰고 앉은 모습입니다. 24장로는 구약을 대표하는 12지파와 신약을 대표하는 12사도를 말합니다. 이들은 크게 두 가지로 해석됩니다. 한 가지는 교회 전체를 대표하는 천사로 봅니다. 이렇게 보는 것은 5장 8절에 성도들의 기도를 올려드리는 것은 천사의 직임이기 때문입니다. 두번째는 신구약의 구속받은 성도들의 대표라고 봅니다. 저는 두번째가 합당하다고 봅니다. 좀 더 분명하게 말하자면 하늘에 있는 구속받은 성도들의 대표라고 할 수 있습니다. 이들은 흰 옷과 머리에 금관을 썼습니다. 이것은 죄로부터 구속받은 의인이며 그리스도의 왕권을 나눠 가진 사람입니다, 즉 하나님의 통치에 참여하였다는 것입니다. 이런 의미에서 장로는 "완전히 구속을 받고, 완전히 그리스도의 영광을 나눠 받은 사람의 상징입니다"[2]

이때에 보좌로부터 "번개와 음성과 우렛소리가" 나옵니다. 이 말씀은 출애굽기 19장 16절에서 본 것과 같은 모습입니다. 시내 산에서 말씀을 받을 때 나타난 현상입니다. 이 모습은 하나님의 말씀이 가진 엄위하신 권위를 상징합니다. 하나님의 말씀이 가진 권위가 얼마나 무서운지를 말씀하시는 것입니다. 그분의 말씀은 결코 헛되게 사라지지 않는다는 말씀입니다. 말씀하신 것은 반드시 성취됨을 강조합니다. 그 사실을 분명하게

---

2   김홍전, 『요한계시록』, 성약, 2013

보여주시는 것이 바로 보좌 앞에 일곱 등불, 일곱 영 즉 성령을 말씀합니다. 일곱이라는 의미는 하나님의 말씀이 완전하다는 뜻입니다. 하나님의 말씀은 공허하지 않습니다. 완전하며 반드시 실현됩니다. 이 모든 것이 바로 보좌에서 흘러나옵니다. 이것이 오늘 살펴본 말씀의 내용입니다.

이미 말씀드린 대로 당시의 그리스도인들은 심한 핍박 가운데 있었습니다. 로마 황제의 강력한 핍박은 교회로 하여금 심각한 위기에 처하게 합니다. 신앙을 포기한다든지, 배교한다든지, 아니면 혼합주의로 살게 합니다. 더구나 당시의 지배자였던 로마는 황제 숭배를 노골적으로 시행하였습니다. 로마 황제를 신으로 여겼고 예배하게 하였습니다. 그렇지 않을 때는 엄청난 핍박이 가해졌습니다. 순교의 자리에 서야 합니다. 그리고 실제로 많은 신앙인들이 순교하였습니다. 이러한 시대에 고난과 핍박을 이기고 신앙의 승리를 위한 길은 무엇이겠습니까? 하나님은 교회들이 직면하고 있는 고난을 이길 수 있도록 약속을 보여주셨습니다. 그것이 바로 요한계시록이며 하늘의 모습입니다.

하늘의 보좌와 그곳에서 보여줄 심판은 그리스도인들에게 강력한 힘과 위로가 됩니다. 그러나 핍박자들에게는 심판 선고문이 됩니다. 최고 법정의 선고입니다. 뒤바뀔 수 없습니다. 이것은 공중 권세 잡은 자인 사단을 향한 하나님의 최종 판결임을 알 수 있습니다.

그런 의미에서 하늘에서 보여주시는 모습을 바르게 이해하고 있어야 합니다. 본문은 우리가 바른 신앙위에 설 수 있도록 도와주고 있습니다. 본문을 통하여 우리가 바르게 일고 있어야 할 신앙의 모습은 무엇인지 살펴보고, 하늘의 위로를 받기를 소망합니다.

첫째, 하나님의 거룩하신 주권입니다. 주권이라는 것은 모든 삶의 최고의 권위를 의미합니다. 하나님의 거룩하신 주권이라는 의미는 하나님이 우리의 삶의 최고의 권위라는 사실입니다. 그 사실을 보여주는 것이 바로 하늘의 보좌입니다. 보좌는 주권을 상징합니다. 그런데 하늘 보좌에 하나님이 존재하십니다. 이것은 너무나 중요합니다. 모든 피조물은 다 하나님의 보좌 앞에 무릎을 꿇어야 합니다. 동시에 하나님의 보좌로부터 심판이 시작됩니다. 심판은 하나님의 권위의 실현입니다.

성령께서 요한에게 이 사실을 보여주는 것은 로마 황제의 권세가 하늘 높은 줄 모르게 높아지고 있지만 하늘 보좌 앞에서 심판을 받아야 할 피조물에 불과함을 알려주고자 하심입니다. 그러므로 하나님을 대적하는 눈에 보이는 세력이 아무리 거대하게 보여도 마침내는 무너질 존재요, 멸망할 것임을 말씀하시는 것입니다. 그러므로 우리가 복종할 존재는 이 세상이 아니라 살아계신 삼위 하나님입니다.

하나님의 주권에 대한 분명한 고백은 나의 존재를 인정하게 합니다. 이것이 요한계시록의 핵심입니다. 모든 것이 우연히 일어나지 않습니다. 하나님의 주권 가운데 시행되어집니다. 그러므로 내가 삶의 주인 되는 교만함이 사라집니다. 모든 것이 하나님의 섭리가운데 있음을 인정하게 됩니다. 하나님이 약속하신 것에 대한 확신을 가지게 됩니다. 이것이 하늘 보좌를 통하여 알려주십니다. 우리가 가지고 있어야 할 삶의 자세는 모든 영역에서의 하나님의 주권을 인정하는 고백입니다. 나의 삶의 진정한 주인은 오직 하나님입니다. 그 무엇도 우리의 주인이 될 수 없습니다. 아무리 강력한 힘을 가지고 있다고 할지라도 그것은 다 사라지고 말 것입니다. 우리의 고백은 하나님이 삶의 주인이라는 고백입니다. 교회에서만이 아니라, 가정과 직장과 모든 관계에서 삶의 주인은 오직 하나님 한 분이

교회를 세우는 요한계시록 강해

십니다.

둘째, 하나님의 은혜입니다. 우리는 요한이 본 세 가지 사실을 다시금 생각해야 합니다. 하나는 하나님의 속성을 표현한 벽옥과 홍보석입니다. 그리고 무지개입니다. 세번째는 보좌 주위에 있는 24장로들입니다. 이것은 하나님의 은혜를 보여주는 연속적인 모습이라고 할 수 있습니다. 벽옥은 이미 말씀드렸듯이 하나님의 거룩하심과 정결하심과 변함없는 사랑을 보여주십니다. 이것은 하나님께서 죄에 대하여는 결코 용납할 수 없으신 분임을 보여주십니다. 이것이 바로 거룩하심의 모습입니다. 그러기에 죄에 대하여서는 반드시 심판하십니다. 하나님의 진노의 심판이 임하면 피할 자가 없습니다. 계시록은 이 사실을 잘 보여줍니다. 그 모습을 홍보석으로 상징하였습니다.

그런데 이렇게 죄에 대하여 용납하지 않으시고, 반드시 죄에 대하여 심판하시는 하나님께서 은혜를 베풀어 주셨습니다. 그것이 바로 무지개로 상징되는 약속입니다. 노아 시대의 죄에 대하여 물로 심판하신 하나님이 더 이상 물로 심판하지 않으시겠다는 사랑의 표시입니다. 그래서 무지개 언약을 보존언약이라고도 합니다. 새 언약에 대한 약속을 보여주심입니다.

노아 언약을 통하여 보여주신 것은 인간의 힘으로는 결코 죄를 해결할 수 없다는 사실입니다. 그래서 하나님께서 인간을 구원하시고자 사람의 편으로 낮아지셔서 구원 약속을 하셨습니다. 이것을 우리는 하나님 은혜라고 고백합니다. 하나님이 친히 약속을 주시고, 약속을 지키면 보상해주겠다는 약속입니다. 바로 은혜의 모습이 보좌에 둘려 있습니다. 거룩하신 하나님께서 죄에 대하여는 분명하게 심판하시지만 말씀을 듣고 순종하는 자에게는 구원을 약속하십니다. 이것이 은혜입니다.

그런데 그 은혜의 실체가 무엇인가 하면 바로 보좌에 둘려 있는 24장로들입니다. 24장로들은 신구약 교회를 대표하는 성도들입니다. 이들 역시 죄인입니다. 그런데 하나님의 은혜로 하나님 보좌 앞에 있습니다. 이들의 모습을 보면 은혜를 더욱 알 수 있습니다. 흰 옷과 금관입니다. 그리스도의 보혈로 깨끗함을 입었습니다. 그리고 금관 즉 그리스도의 영광을 나눠 가졌습니다. 그러므로 하나님의 통치에 참여하는 영광을 받았습니다. 이것이 바로 은혜입니다.

하나님께서 값없이 주신 영광입니다. 이 모든 것이 지금 천상에서 이뤄지고 있습니다. 그리스도의 은혜로 사는 모든 자에게 주어지는 영광입니다. 예수님을 믿고 신앙생활하는 우리들에게 주어진 약속입니다. 오늘 우리들이 힘들고 어려운 상황을 만날 때 이길 수 있는 힘은 바로 하나님의 은혜입니다. 예수를 주로 고백하고 살고 있다는 것은 바로 은혜를 받은 존재임을 나타내는 것입니다. 우리 모두 은혜받은 자로서 담대하게 살 수 있기를 소망합니다.

셋째, 하나님의 말씀의 실현입니다. 우리는 천상에 이뤄지는 것을 볼 것입니다. 하나님은 인과 나팔과 대접을 통하여 심판이 어떻게 진행될 것인지를 보여주셨습니다. 그리고 그 심판은 반드시 그리고 완벽하게 성취될 것임을 말씀합니다. 그것이 요한이 본 이상이었습니다.

"보좌로부터 번개와 음성과 우렛소리가" 나왔습니다. 이 상징은 쉽게 우리가 접할 수 있습니다. 하늘에서 번개가 치고 천둥소리가 나면 몸이 저절로 움츠립니다. 그러면 곧 비가 쏟아지고, 바람이 불어옵니다. 그런데 보좌로부터 이러한 모습이 나타납니다. 이것은 이미 말씀드린 대로 하나님의 말씀하심에 대한 상징입니다. 하나님의 말씀이 얼마나 엄격하고 위엄이 있으신 지를 보여주십니다. 하나님의 약속하신 말씀은 반드시 성취됩니다. 일곱 영에 대한 말씀을 통하여 보여주신 것입니다.

하나님을 모독하고 믿는 사람들을 핍박하는 자들이 승승장구하는 것처럼 보일 수 있습니다. 세상을 보면 그러한 생각이 들 때가 많습니다. 그러나 바울의 고백처럼 보이는 것은 잠시입니다. 그리고 하나님의 엄위하신 말씀 앞에 서야 할 것입니다. 하나님의 말씀은 가볍게 들을 말씀이 아니라 두렵게 들어야 합니다.

하나님의 은혜로 구원받은 우리들이 복된 이유는 하나님의 말씀에 대한 자세 때문입니다. 우리는 결코 말씀을 가볍게 여기지 않습니다. 그 말씀이 생명이기 때문입니다. 말씀을 듣는 자와 읽는 자와 그 가운데 기록한 것을 지키는 자에게는 복이 임합니다. 이것은 약속 있는 말씀입니다.

우리가 가는 길이 힘들고 어려울 수 있습니다. 지금은 아니라도 언제든지 그러한 날이 올 수 있습니다. 필리핀에서 들려온 소식에 의하면 한 교회의 모녀가 경제적 문제로 동반 자살을 하였고, 30대 청년이 사업이 지지부진하여 자살하였다고 합니다. 아주 슬프고, 끔찍한 소식입니다. 그런데 이 세 사람이 다 교회를 다녔습니다. 그래서 교회들이 장례를 다 치렀다고 합니다.

우리에게도 이처럼 힘들고 어려운 일이 있을 수 있습니다. 그러나 우리에게는 소망이 있습니다. 힘들고 어려울 때 하나님 보좌를 볼 수 있기를 바랍니다. 하나님께서 우리의 기도를 들으십니다. 그리고 우리를 인도해 주십니다. 사단의 시험에 굴복하지 마시고 인내로서 이겨야 합니다. 하나님의 주권을 굳게 붙잡으시고 믿음의 경주를 감당할 수 있기를 소망하니다.

혹이라도 하나님의 도우심을 의심하였다면 다시금 회개의 자리에 서시고 회복하시기를 바랍니다. 그리고 최종 심판이 있을 그날을 바라보면서 이 땅에서 당하는 억울함과 속상함 그리고 고난과 핍박을 견뎌야 합니다. 마지막 날 웃을 사람은 여러분입니다. 이 믿음으로 끝까지 신앙의 길을 감당할 수 있기를 주님의 이름으로 소망합니다.

교회를 세우는 요한계시록 강해

영광과 존귀와 감사(계 4:6-11)

사람들은 행복할 때 콧노래를 부릅니다. 기쁘고 즐거우면 절로 노래가 나옵니다. 노래가 끊이지 않는 삶은 행복의 연속이라고 할 수 있습니다. 이러한 삶이 계속된다면 얼마나 좋겠습니까? 그런데 이러한 행복이 영원히 주어지는 곳이 있습니다. 바로 하늘 보좌 앞의 삶입니다.

하나님과 함께하는 삶은 찬양이 끝나지 않는 삶이라 말할 수 있습니다. 영원한 찬양이 흘러나오는 것이 바로 천국의 삶입니다. 이 본문에서는 천국에서 이뤄지는 삶이 무엇인지를 볼 수 있습니다.

우선 본문의 의미를 차례대로 살펴보겠습니다. 사도 요한이 하늘로 올리움을 받은 후에 본 사실은 이 땅에서 믿음의 길을 가고 있는 성도들에게 매우 중요합니다. 그것은 이 땅의 삶은 하늘의 삶을 바라보며 살아가기 때문입니다. 우리의 삶은 땅에서 끝나는 것이 아니라 땅에서 시작합니다. 그렇기 때문에 보좌 앞에서 이뤄지는 삶의 모습은 너무나 중요합니다.

첫째, 수정 같은 유리 바다입니다. 사도 요한은 보좌 앞에 수정과 같은 유리 바다가 있는 것을 보았습니다. 코란의 기록에 의하면 솔로몬을 만나러 왔던 시바 여왕이 솔로몬 성전의 바닥이 너무나 맑아서 물로 착각하여 자신의 치마를 걷고 지났다는 이야기가 있습니다. 수정과 같은 바다의 모습이 이렇게 맑은 것을 의미한다면 그 앞에 모든 것이 드러나지 않을 것이 없습니다.

사실 바다는 솔로몬 성전에 있는 것의 천상의 모습이라고 할 수 있습니다. 성전 마당 번제단과 성소 사이에 물두멍이 있습니다. 그것을 놋 바다라고 표현합니다. 이것은 하나님 앞에 나아갈 때 손을 씻는 곳입니다. 즉 하나님께 나아가는 자는 거룩하여야 함을 의미합니다. 하지만 바다에는 또 다른 의미도 있습니다. 바다는 성경에서 괴물이 나오는 장소입니다. 악의 근원으로 묘사되고 있습니다.

"내가 보니 바다에서 한 짐승이 나오는데 뿔이 열이요 머리가 일곱이라 그 뿔에는 열 면류관이 있고 그 머리들에는 참람된 이름들이 있더라"(계 13:1)

"둘째가 그 대접을 바다에 쏟으매 바다가 곧 죽은 자의 피 같이 되니 바다 가운데 모든 생물이 죽더라"(계 16:3)

다시 말하면 혼돈의 장소가 바로 바다입니다. 이렇게 다양하게 지칭되고 있는 바다가 보좌 앞에 수정과 같은 모습으로 존재합니다. 이것은 괴물이 나오는 바다가 아닙니다. 수정과 같은 바다는 혼돈이 아니라 잔잔함을 묘사합니다. 맑고 청량함을 의미합니다. 이것은 하나님의 거룩하심으로 모든 것이 다스림을 받고 있음을 보여줍니다. 왜냐하면 새 하늘과 새 땅에는 바다가 없기 때문입니다.

"또 내가 새 하늘과 새 땅을 보니 처음 하늘과 처음 땅이 없어졌고 바다도 다시 있지 않더라"(계 21:1)

교회를 세우는 요한계시록 강해

즉 혼돈과 악한 짐승이 나오는 바다가 더 이상 존재하지 않습니다. 그런 의미에서 "수정과 같은 바다"의 의미는 하나님의 거룩함과 공의와 영광을 드러내는 것이라 할 수 있습니다. 하나님 앞에는 누구도 교만할 수 없습니다. 그러므로 누구든지 보좌 앞에 나아가기 위해서는 하나님의 거룩함을 입어야 합니다. 이것이 수정과 같은 바다가 주는 가르침입니다.

둘째, 네 생물의 사명입니다. 보좌 가운데와 주위에는 네 생물이 있습니다. 첫째 생물은 사자 같습니다. 둘째 생물은 송아지 같습니다. 셋째 생물은 얼굴이 사람 같습니다. 넷째 생물은 날아가는 독수리 같습니다. 이들은 각각 여섯 개의 날개가 있고 그 안과 주위에는 눈이 가득합니다. 이 모습은 참으로 기이합니다. 이 환상은 이사야와 에스겔 선지자가 보았던 환상과 비슷합니다.

"그 얼굴들의 모양은 넷의 앞은 사람의 얼굴이요 넷의 우편은 사자의 얼굴이요 넷의 좌편은 소의 얼굴이요 넷의 뒤는 독수리의 얼굴이니 그 얼굴은 이러하며 그 날개는 들어 펴서 각기 둘씩 서로 연하였고 또 둘은 몸을 가리웠으며"(겔 1:10-11)

이 네 생물이 무엇을 상징하는 것인지에 대한 세 가지 견해가 있습니다. 하나는 전체 생명체로서 창조 질서를 대표하는 존재라고 합니다. 두번째는 교회의 사역자들이라고 말합니다. 세번째는 천상에 있는 특별한 지위의 거룩한 천사라고 말합니다. 이 견해 가운데 두번째 견해는 조금 지나친 것 같습니다. 그러나 첫째와 세번째의 견해는 성경의 지지를 받을 수 있습니다. 우선 이사야 6장 2절을 보면 "스랍들은 모셔 섰는데 각기 여섯 날개가 있어 그 둘로는 그 얼굴을 가리었고 그 둘로는 그 발을 가리었고 그 둘로는 날며"라는 말씀에서 여섯 날개를 가진 생물들의 존재가 스랍임을 알 수 있습니다. 또한 에스겔 10장 14절은 이들을 그룹으로 말하고 있습니다. "그룹들은 각기 네 면이 있는데 첫 면은 그룹의 얼굴이요 둘째 면은 사람의 얼굴이요 셋째는 사자의 얼굴이요 넷째는 독수리의 얼굴이더라"

이렇게 볼 때 이들은 천상에 있는 특별한 지위의 천사들로서 하나님을 섬기는 모든 이들을 대표하는 것으로 보는 것이 합당합니다. 초대 교회에서는 이 네 생물을 사복음서에 비유하였습니다. 마태복음을 사자, 마가복음은 소, 누가복음을 사람, 요한복음을 독수리로 비유하였습니다. 이렇게 보면 사복음서의 특징이 잘 나타납니다. 마태복음을 사자로 표현한 것은 마태복음이 그리스도를 왕으로 묘사하기 때문입니다. 마가복음은 예수님을 종으로 묘사하기에 소로 묘사한 것입니다. 그리고 요한복음을 독수리로 묘사한 것은 요한복음이 예수님의 신성을 다루기 때문입니다. 이러한 모습에서 볼 수 있듯이 그리스도께서 하시는 사역에 천사들이 동일한 모습으로 수종 들고 있음을 보여주는 것입니다.

그런데 이들에게는 여섯 날개가 있습니다. 이것을 이사야 6장 2절은 이렇게 기록합니다. "스랍들은 모셔 섰는데 각기 여섯 날개가 있어 그 둘로는 그 얼굴을 가리었고 그 둘로는 그 발을 가리었고 그 둘로는 날며" 네 날개는 얼굴과 발을 가리었습니다. 이것은 천사들이 가지고 있는 겸손을 의미합니다. 하나님 앞에서의 자신의 위치를 정확하게 나타내는 것입니다. 그런데 이 네 생물은 많은 눈을 가졌습니다. 하나님을 보좌하는 이들에게 많은 눈이 있다는 것이 무엇을 의미하는 것입니까? 그것은 이들의 풍성한 지식과 올바른 통찰력을 가지고 있음을 보여줍니다. 모든 것을 꿰뚫어 볼 수 있는 능력입니다. 하나님 보좌 주위에서 이들이 하는 일은 바로 이 땅에서 일어나는 모든 것을 보는 일입니다. 그리고 가장 필요할 때 정확하게 알려줍니다. 이것이 네 생물에게 주어진 사명입니다.

셋째, 천사들의 찬송입니다. 하나님을 보좌하는 네 생물이 밤낮 쉬지 않고 하는 일은 바로 하나님께 영광과 존귀와 감사의 찬양을 하나님께 돌리는 것입니다. 이들은 이렇게 찬양합니다.

"거룩하다 거룩하다 거룩하다 주 하나님 곧 전능하신이여 전에도 계셨고 이제도 계시고 장차 오실 자라 하고"(8절)

그런데 이 찬양은 이사야 6장 3절에서 이사야 선지자가 보았던 모습과 비슷합니다.

"서로 창화하여 가로되 거룩하다 거룩하다 거룩하다 만군의 여호와여 그 영광이 온 땅에 충만하도다"

천사들이 하고 있는 찬양은 하나님의 거룩하심입니다. 세 번이나 거룩하다고 부르는 것은 하나님의 거룩하심이 완전하심을 노래하는 것입니다. 또한 전에도 계셨고 이제도 계시고 장차 오실 자라고 찬양함으로 하나님의 영원하심을 찬양하는 것입니다. 또한 장차 오실 자라고 한 것은 역사의 주인 되심을 찬양하는 것입니다. 장차 오실 하나님은 심판 주로 오십니다. 그리고 거룩하고 공의롭게 심판하십니다. 이것이 천사들의 찬송입니다. 그러나 이것은 곧 우리의 찬양이기도 합니다.

넷째, 이십사 장로들의 찬송입니다. 하지만 천사의 찬송만 있지 않습니다. 사도 요한은 천사들이 찬송을 돌릴 때에 이십사 장로들의 찬송을 듣습니다. 이들은 영원토록 사시는 하나님께 경배하고 자기의 면류관을 보좌 앞에 던집니다. 이것은 이십사 장로들의 겸손입니다. 이미 말씀드렸듯이 구원받은 성도들의 대표인 이십사 장로들은 자신이 받은 면류관을 보좌 앞에 내려놓습니다. 이들은 자신들이 영광 받기에 합당하지 않음을 고백합니다. 믿음으로 사는 자는 면류관을 받는다는 약속을 받았지만 하나님 보좌 앞에 섰을 때 자신에게는 어떠한 공로도 없음을 더욱 철저하게 깨닫게 됩니다. 이십사 장로의 모습에서 그것을 알 수 있습니다.

그러나 더 중요한 것은 이들의 찬송입니다. 이들은 하나님의 보좌 앞에 엎드려 오직 하나님의 주권을 찬양합니다. 그 내용을 주의해서 보아야 합니다.

"우리 주 하나님이여 영광과 존귀와 능력을 받으시는 것이 합당하오니 주께서 만물을 지으신지라 만물이 주의 뜻대로 있었고 또 지으심을 받았나이다 하더라"(11절)

이 찬송의 시작은 "우리 주 하나님"입니다. 이것은 오늘 우리에게는 크게 다가오지 않을 수 있습니다. 그러나 당대에 고난받고 있던 성도들에게는 매우 중요한 고백이었습니다. 도미티아누스는 당시의 사람들에게 자신에게 붙일 찬송으로 "우리의 주요, 우리의 하나님"^{DOMINUS ET DEUS NOSTER}이라고 하였습니다. 철저하게 황제 숭배를 강요하였습니다. 그리고 이를 거절하는 것은 곧 죽음을 의미하였습니다. 이러한 황제 숭배는 교회의 순결성을 허무는 일입니다. 이러한 시대적 상황 가운데 하늘에 있는 믿음의 대표들의 찬양은 하늘 보좌에 계신 하나님만이 우리의 주이시며, 우리의 하나님이라는 고백입니다. 오직 하나님만이 영광과 존귀와 능력을 받으시는 것이 합당합니다.

하나님은 만물의 창조주이시고, 만물을 다스리시는 분이심을 아주 분명하게 찬양합니다. 이러한 찬송은 고난받는 성도들에게 확실하게 용기

교회를 세우는 요한계시록 강해

와 위로를 줍니다. 우리의 삶을 인도하시는 하나님이 늘 함께하고 있음을 아는 것은 큰 힘이 됩니다. 결코 혼자가 아니라는 사실은 영적인 삶에 있어서 가장 중요합니다.

이제 말씀을 우리에게 비춰 보고자 합니다. 사도 요한이 하늘에서 본 것은 이 땅에 교회가 혼자 있는 것이 아님을 분명하게 말씀하심입니다. 하늘의 예배가 곧 땅의 예배이고, 땅의 예배가 곧 하늘의 예배임을 말씀합니다. 그리고 예배의 핵심은 하나님 찬양입니다. 오늘 우리들의 예배는 여기서 끝나는 것이 아니라 영원히 이어집니다. 그리고 그 예배는 하나님을 영원토록 찬양합니다. 그러므로 예배는 하나님을 아는 만큼 풍성하여집니다. 우리가 하늘에서 드려질 때 우리의 예배는 최상의 예배가 될 것입니다. 그리고 그것은 지금 이곳의 예배로 시작됩니다. 우리의 예배의 목적은 우리의 만족에 있지 않습니다. 우리의 예배는 오직 하나님을 찬양함에 있습니다. 무엇을 찬양합니까? 하나님만이 우리의 주라는 고백입니다. 그 어떤 것도 하나님을 대체할 수 없습니다. 하나님의 주권을 찬양합니다. 이것은 교회의 영역에서만 멈추는 것이 아닙니다. 삶의 모든 영역에서 하나님의 주인 되심을 고백하는 것이 참된 예배이며 찬송입니다.

이 고백이 중요한 것은 하나님께서 우리의 모든 것을 살피신다는 사실에 기인하기 때문입니다. 우리가 행하고 있는 것들을 우리 하나님이 아십니다. 우리의 고난을 아십니다. 우리의 슬픔을 아십니다. 우리의 열심을 아십니다. 우리의 현실을 아십니다. 그리고 우리에게 가장 좋은 것을 응답하여 주십니다. 많은 눈을 가진 천사들이 하나님 보좌 주위에 있습니다. 지혜롭고 통찰력 있게 우리의 삶을 지배하시고 인도하십니다. 동시에 우리의 죄에 대하여도 분명하게 책망하십니다. 때로는 인생 채찍과 사람

막대기를 동원하여 우리를 죄의 자리에서 건져 내십니다.

그러므로 피조 세계를 섭리하시는 하나님은 우리의 삶 역시 섭리하심을 기억해야 합니다. 하나님을 따르는 자들에게는 합력하여 선을 이루십니다. 그래서 우리가 믿음의 길을 갈 수 있습니다. 우리가 비록 부족한 것이 있다 할지라도 담대하게 계획을 세울 수 있는 것은 합력하여 선을 이루실 하나님이 계시기 때문입니다. 우리가 이 땅에서 최선을 다하여 감당하여야 할 것은 살아계신 하나님을 온전한 마음으로 예배함입니다. 이것이 천상의 예배를 이 땅에서 누리는 것입니다.

우리의 예배는 어떠한지를 살펴보아야 합니다. 우리는 진정 만물을 창조하시고, 다스리시는 하나님을 예배하고 있습니까? 거룩하시고, 영원하시고, 역사의 심판주이신 하나님을 고백하고 있습니까? 현실의 삶이 어떠한 어려움을 준다 할지라도 믿음의 자리에서 흔들리지 않도록 예배하고 있습니까? 날마다 영광과 존귀와 감사와 능력을 하나님께 돌리고 있습니까? 나의 나 된 것은 오직 하나님의 은혜와 사랑임을 고백하십니까? 우리의 예배가 온전히 하나님께만 집중되고 있습니까? 우리의 삶이 하나님의 다스리심을 받을 준비로 항상 되어 있습니까? 우리 모두 온전한 마음으로 예배한다면 이미 천상의 예배에 참여하는 것입니다. 이러한 모습이 우리에게 넘치기를 소망합니다.

5장

우리의 천국 생활은 삼위 하나님을 마음껏 찬양하는 것입니다.

그리고 그것은 주님 재림하시기까지 이 땅에서 우리가 불러야 하는 것입니다.

우리의 입술과 삶이 오직 예수 그리스도를 향해야 합니다.

우리가 경배하고 찬양하여야 할 분은 예수 그리스도입니다.

다윗의 뿌리가 이기었다(계 5:1-7)

우리는 계속해서 사도 요한이 하늘에서 보았던 환상을 살피고 있습니다. 유일하신 하나님을 믿는 것이 핍박과 고난의 원인이 되었던 시기에 하나님은 믿음의 자녀들에게 위로와 용기를 주시고자 사도 요한을 부르셨습니다. 그리고 사도 요한은 우리의 주는 오직 하나님 한 분이심을 분명하게 고백하고 있는 이십사 장로들의 찬송 소리를 들었습니다. 하늘과 땅에 오직 하나님 한 분밖에는 참 신이 없음을 분명하게 찬양하는 소리는 고난의 행군을 하고 있는 성도들에게 강력한 격려와 위로와 힘이 되었습니다.

사도 요한은 이십사 장로들의 찬양 소리를 듣고 난 후에 놀라운 광경을 보게 됩니다. 그것은 바로 보좌에 앉으신 이의 오른손에 있는 책입니다.(1절) 하나님의 오른손에 한 책이 들려 있었습니다. 사도 요한은 그 책을 바라보았습니다. 그것은 보통 책이 아니었기 때문입니다. 그러기에 사도 요한은 매우 긴장하였습니다.

그렇다면 이 책은 어떤 책일까요? 성경은 하나님 앞에 있는 여러 가지 책을 말하고 있습니다. 모세는 우리의 이름이 기록된 책이 있다고 말합니다.(출 32:32) 그리고 계시록에는 또 다른 한 권의 책이 있다고 말합니다.

교회를 세우는 요한계시록 강해

바로 우리의 행적을 기록한 생명의 책입니다.(계 20:12) 그렇다면 요한이 본 책은 어떤 책일까요? 이 책은 모세가 본 것도 아니고 요한이 말한 생명의 책도 아닙니다. 왜냐하면 이 책은 아무나 열 수 없기 때문입니다. 또 앞으로 살펴보겠지만 앞으로 이 책의 인봉이 열려질 때마다 엄청난 일이 일어나고 있기 때문입니다.

그렇다면 이 책은 무슨 책일까요? 이 책은 하나님의 구원 역사가 기록된 책입니다. 구원의 소식이 들려 있는 책이라 할 수 있습니다. 사람의 구원은 누구도 알 수 없습니다. 오직 하나님만이 아십니다. 우리 스스로 구원에 이를 수 없습니다. 우리의 구원은 철저하게 하나님의 주권에 달렸습니다. 하나님의 손에 있는 책은 바로 하나님의 구원에 관한 모든 사실이 기록된 책이라 할 수 있습니다.

그런데 이 책은 안과 밖으로 일곱 인으로 봉하여졌습니다. 인은 도장을 말합니다. 옛날에는 편지를 보낼 때 다른 사람이 보는 것을 방지하기 위하여 편지봉투에다 도장을 찍었습니다. 그래서 도장이 끊어져 있으면 다른 사람이 그 편지를 보았음을 알 수 있습니다. 그런데 오늘 말씀을 보면 일곱 인으로 봉해 있다고 말합니다. 이것은 완벽하게 봉하여졌다는 뜻입니다. 누구도 열 수 없는 상태임을 말하는 것입니다.

그래서 힘 있는 천사가 외치는 것입니다. "또 보매 힘 있는 천사가 큰 음성으로 외치기를 누가 책을 펴며 그 인을 떼기에 합당하냐 하니 하늘 위에나 땅 위에나 땅 아래에 능히 책을 펴거나 보거나 할 이가 없더라"(2-3)

일곱 인을 떼어서 하나님의 구원 계획을 볼 수 있는 사람이 하늘 위나, 땅 위나, 땅 아래에 없습니다. 어느 누구도 그 책을 열어 볼 수 없습니다.

즉, 하나님의 구원 계획을 알 수가 없습니다. 이 사실을 보았던 사도 요한은 절망하지 않을 수 없었습니다. 하나님의 구원 계획을 알 수만 있다면 얼마나 좋겠습니까? 그런데 아무도 그 책을 열 수 없습니다. 사도 요한의 마음을 잘 보여주는 것이 바로 4절입니다.

"이 책을 펴거나 보거나 하기에 합당한 자가 보이지 않기로 내가 크게 울었더니"

'크게 울었다'는 것은 '큰 소리로 울부짖었다'는 뜻입니다. 요한이 이렇게 슬퍼하면서 울부짖은 것은 당연합니다. 하나님의 구원 계획을 알 수 없다는 것이 얼마나 큰 상실감이겠습니까? 왜 그럴까요? 일단 요한이 이 서신을 받았던 상황을 다시 생각해야 합니다. 주님은 십자가에서 죽으셨습니다. 그리고 지금 교회는 심한 핍박 가운데 있습니다. 그 고난이 얼마나 지속될지 아무도 모릅니다. 세상을 이기셨다는 약속을 받았지만 현실은 참혹하였습니다. 그러므로 하나님의 구원의 계획을 알 수 있다면 그것은 큰 힘이 됨이 분명합니다. 그런데 피조물 중에 누구도 그 책을 볼 수 없습니다. 그러니 사도 요한이 할 수 있는 일이란 우는 것밖에 없었습니다. 가슴이 미어지면 울음이 나오게 되어 있습니다. 더구나 끝이 보이지 않는 고난 가운데 있을 때는 더욱 힘이 듭니다. 하지만 사도 요한의 울음은 오래가지 않았습니다. 장로 중 한 분이 사도 요한에게 그 책을 볼 수 있는 길이 있음을 알려주었습니다.

"장로 중에 하나가 내게 말하되 울지 말라 유대 지파의 사자 다윗의 뿌리가 이기었으니 이 책과 그 일곱 인을 떼시리라 하더라"(5절)

장로는 일곱 인을 떼실 분은 유대 지파의 사자 다윗의 뿌리라고 말합니다. 그가 이기었다고 말씀합니다. 유대 지파의 사자가 누구입니까? 이에 대한 근거는 창 49:9-10절에 기록되어 있습니다.

"유다는 사자 새끼로다 내 아들아 너는 움킨 것을 찢고 올라갔도다 그의 엎드리고 웅크림이 수사자 같고 암사자 같으니 누가 그를 범할 수 있으랴 홀이 유다를 떠나지 아니하며 치리자의 지팡이가 그 발 사이에서 떠나지 아니하시기를 실로가 오시기까지 미치리니 그에게 모든 백성이 복종하리로다"

야곱의 예언처럼 유다 지파의 사자 다윗의 뿌리는 바로 예수님을 말씀합니다. 그것을 분명히 하기 위해서 6절에 그가 바로 '어린 양'이라고 밝히고 있습니다.

"내가 또 보니 보좌와 네 생물과 장로들 사이에 어린 양이 섰는데 일찍 죽임을 당한 것 같더라 일곱 뿔과 일곱 눈이 있으니 이 눈은 온 땅에 보내심을 입은 하나님의 일곱 영이더라"

어린 양이 있는 자리는 보좌와 네 생물과 장로들 사이입니다. 이것은 예수님이 어떠한 분인가를 보여줍니다. 즉 그의 중보직을 말합니다. 예수님은 하나님과 우리 사이를 이어주는 중보자이십니다. 예수님은 일찍 죽임을 당하셨습니다. 유다 지파의 사자인 예수님은 어린 양으로 죽으셨습니다. 그 이유는 우리를 구원하기 위함입니다.

사도 요한은 어린 양을 묘사하기를 일곱 뿔과 일곱 눈이 있다고 말합니다. 뿔은 권세를 말합니다. 일곱 뿔은 완벽한 권세를 의미합니다. 또한 일곱 눈은 이미 보았듯이 성령을 의미합니다. 성령의 능력으로 완벽한 지혜와 통찰력과 돌보심을 의미합니다. 이것이 바로 일찍 죽임을 당하신 어린 양의 실체입니다. 그런데 이 어린 양이 보좌에 앉으신 이의 오른손에서 책을 취하셨습니다. 누구도 열 수 없는 책입니다. 일곱 인으로 봉해진 책입니다. 그런데 예수님께서 그 책을 취하셨습니다. 이제 사도 요한은 더 이상 울어야 할 이유가 없습니다. 하나님의 구원하심을 알 수 있기 때문입니다. 이제 예수님께서 인을 하나씩 열 때마다 하나님의 구원의 역사가 펼쳐질 것입니다. 이것이 사도 요한이 본 또 하나의 장면입니다. 사도 요한은 이 내용을 기록하여 우리들에게 알려주고 있습니다.

그렇다면 이 장면을 통하여 하나님께서 우리에게 알려주시고자 하는 뜻은 무엇일까요? 이 장면은 당시의 그리스도인은 물론이고 오늘 우리에게도 중요합니다. 그것은 우리의 믿음에 매우 큰 위로와 능력이 되기 때문입니다. 세 가지로 그 의미를 살펴보겠습니다.

첫째, 오직 예수 그리스도만이 우리의 구원 중보자입니다. 하나님과 우리 사이에 갈려진 틈을 메울 수 있는 분은 오직 예수 그리스도 한 분입니다. 하나님과 분리된 원인이었던 죄의 문제를 해결할 수 있는 분은 오직 예수 그리스도입니다. 하나님은 예수 그리스도의 중보사역을 통하여 우리를 죄에서 사하여 주시고 구원하여 주십니다. 우리를 구원하심은 이 땅의 모든 불의에서 건져내심입니다.

우리가 구원받을 수 있는 유일한 길은 오직 예수 그리스도의 중보사역 외에는 없습니다. 그의 십자가의 죽으심이 우리를 하나님과의 관계를 회복하게 하였습니다. 우리의 능력으로는 어떠한 것도 할 수 없습니다. 오직 예수 그리스도의 십자가의 죽으심이 우리를 구원합니다. 이것은 오늘 우리가 무엇을 하여야 하는지를 분명하게 말씀합니다. 오늘도 우리의 구원은 오직 예수 그리스도뿐입니다. 다른 방법을 하나님께서 보여주지 않았습니다. 일찍 죽임을 당하신 어린 양이신 예수님을 믿는 것만이 구원

교회를 세우는 요한계시록 강해

에 이르는 길입니다. 길이요 진리요 생명이신 예수님을 통하지 않고는 하나님께로 올 자가 없습니다. 이것이 오늘도 예수님의 이름으로 기도하고, 예수님께 나아가는 이유입니다. 다른 길이 없습니다.

두번째, 우리의 눈물을 멈추게 해 주시는 분은 오직 예수 그리스도입니다.
이 땅의 삶에서 고난을 피하여 살 수 있는 방법이 없습니다. 이미 죄로 말미암아 부패된 세상은 평화를 상실하였기에 서로를 헐뜯고 미워하고 시기합니다. 죄의 잔존 세력은 예수 믿어 살아가는 우리들을 더욱 절망하게 만듭니다. 다양한 모습으로 우리를 유혹하고 힘들게 합니다.

예수 믿는다고 핍박하는 사람들이 있습니다. 육체적 핍박은 아니지만 무시하는 사람들도 참 많습니다. 이러한 모습은 먼 곳에서 일어나는 것이 아니라 아주 가까운 가족에서부터 일어나기도 합니다. 그러면 정말 힘이 듭니다.

물론 이러한 핍박이 아니더라도 죄 된 육신을 입고 살아가는 삶은 그 자체가 힘이 듭니다. 육신과 물질과 관계 등 다양한 모습으로 우리로 하여금 눈물을 흘리게 합니다. 이러한 아픔을 당하면 누구라도 울부짖지 않을 수 없습니다. 언제 이러한 아픔이 끝나는지 알고 싶고, 또한 아픔의 현실을 이기고 싶어 합니다. 그런데 이 땅에서 우리의 눈물을 해결할 수 있는 것은 없습니다. 우리의 눈물을 멈추게 하는 것은 오직 예수님의 사랑입니다. 예수님의 은혜입니다. 그래서 우리는 사나 죽으나 참된 위로가 예수님이라고 말합니다. 예수님이 우리의 눈물을 씻어 주십니다. 우리가 찾고 두드리고 구하는 분이 예수 그리스도입니다. 어떠한 상황에서도 우리가 능력을 발휘할 수 있는 것은 바로 예수 그리스도께서 우리를 중보하시기 때문입니다. 이 사실을 잊지 말아야 합니다.

세번째는 다윗의 뿌리가 최종 승리자입니다. 다윗의 뿌리이신 예수님은 일곱 뿔과 일곱 눈을 가지셨습니다. 이미 말씀드린 대로 이것은 예수님의 권세와 능력을 말씀하시는 것입니다. 예수님의 사단의 시험을 이기신 분입니다. 예수님은 죽음의 권세를 이기신 분입니다. 예수님은 세상을 이기신 분입니다. 이것이 우리가 고백하는 예수님입니다.

죽음을 이기시고, 세상을 이기신 예수님은 성령으로 이 땅을 다스리십니다. 성령은 온 땅에 보내심을 받았습니다. 성부와 성자로부터 나오시는 성령님은 철저하게 그리스도의 영으로서 사명을 감당하십니다. 온 땅에 보냄을 받은 성령은 그리스도인들을 지키고 보호하십니다. 세상의 유혹에 빠지지 않도록 지켜 주십니다. 성령을 통하여 교회는 든든하게 세워집니다. 세상에서 가장 미련한 사람은 성령의 도우심 없이도 살 수 있다는 사람입니다. 이것은 가장 교만하면서 동시에 가장 불쌍합니다. 성령의 도우심이 없는 우리의 지혜는 진리를 아는 일에 아무것도 할 수 없습니다. 오직 지옥을 향하여 달려가는 일에만 열중하게 됩니다. 그러나 무슨 일이든 성령을 의지하면 성령께서 우리를 인도하여 주십니다. 여기에는 모든 것이 포함됩니다. 가정생활, 학교생활, 직장생활, 인간관계, 부부관계 등 모든 것이 성령의 인도하심이 필요합니다. 우리는 무슨 일이든 철저하게 성령님의 도우심을 구해야 합니다. 왜냐하면 성령님은 세상을 이기신 그리스도의 영이기 때문입니다. 예수님은 성령님을 통하여 우리와 함께하십니다. 모든 것을 이기신 예수님께서 우리에게 보내신 성령을 의지하는 것은 가장 복된 일입니다.

오늘도 내일도 우리의 일생이 성령을 의지하여 산다면 그리스도의 영광이 우리에게 영원히 함께할 것입니다. 그러므로 우리 앞에 어떤 일이

교회를 세우는 요한계시록 강해

있어도 기억하여야 할 것은 이미 모든 것을 이기신 주님이 함께하신다는 믿음입니다.

우리의 구원은 오직 예수 그리스도를 통하여 주어집니다. 예수 그리스도가 우리의 구원 중보자이십니다. 그리고 예수님은 세상의 승리자이십니다. 또한 성령을 보내심으로 우리를 인도하시는 분이 바로 예수 그리스도입니다. 그러므로 우리들의 소망은 오직 예수님께 있습니다. 우리 모두 예수님을 향한 우리의 믿음이 더욱 견고해지기를 소망합니다. 그래서 세상을 이기신 주님과 함께 힘 있는 믿음의 길을 갈 수 있기를 축복합니다.

찬양받기에 합당하신 어린 양
(계 5:8-14)

영화나 연극에서 보면 장면이 바뀔 때는 새로운 내용이 시작되는 것을 볼 수 있습니다. 어떤 사건에 대한 시작이든지 아니면 지금까지 진행하여 온 내용의 강조라든지 또는 새로운 변화가 시작되는 것입니다. 지금 살펴볼 말씀이 바로 그러한 상황입니다. 계시록 4장 1절-5장 7절에서는 보좌에 앉으신 이에 대한 찬송이 울려 퍼졌습니다. 찬양받기에 합당하신 성부 하나님을 향한 찬송이었습니다. 그런데 이 찬송이 어린 양에게로 돌려지고 있습니다. 5장 8-14절은 어린 양이신 성자 하나님을 향한 찬양을 볼 수 있습니다.

하나님의 구원 계획이 담긴 책을 어린 양께서 취하십니다. 피조물 가운데 아무도 펼칠 수 없는 책이 드디어 어린 양의 손으로 옮겨졌습니다. 그러자 네 생물과 이십 사 장로들이 어린 양 앞에 엎드렸습니다. 이것은 경배의 모습입니다. 계시록 4장 10절을 보면 이들은 성부 하나님 앞에 엎드려 경배하는데 동일한 모습으로 어린 양에게 엎드리고 있습니다. 이 장면에서 어린 양의 존재가 어떠한지를 짐작할 수 있습니다. 그리고 이십사 장로들은 거문고와 향이 가득한 금 대접을 가졌습니다. 특히 향은 성도들의 기도입니다. 거문고와 성도들의 기도를 가지고 어린 양 앞에 엎드립니다. 거문고라고 번역되었지만 서구의 하프라고 할 수 있습니다.

그런데 여기서 거문고와 금 대접은 네 생물이 아니라 이십사 장로들이 가졌습니다. 그렇게 보는 것은 이십사 장로들의 역할을 보여주고 있는 구약의 배경 때문입니다. 그레고리 비일은 역대상 25장 6-31절을 근거로 이십사 레위 제사장들의 역할이 하나님께 감사와 찬송을 돌렸으며 또한 성도들의 기도를 드리는 제사의 의무를 감당하였음을 제시합니다.

어린 양 앞에 엎드린 이들은 새 노래로 찬양합니다. 여기서 새 노래라고 강조한 이유는 일반적인 노래와는 질적으로 다른 것임을 나타내고자 하는 것입니다. 새 노래의 핵심은 바로 어린 양이신 예수 그리스도를 향한 찬송입니다. 네 생물과 이십사 장로들의 찬양만이 아니었습니다. 하늘의 수많은 천사들이 동참하였습니다. 그리고 모든 만물이 찬양하였습니다. 이렇게 어린 양을 향한 찬양이 이어졌습니다. 이것이 천국의 모습입니다. 천국은 삼위 하나님을 마음껏 찬양하는 곳입니다.

본문은 네 생물과 이십 사 장로들이 하나님 앞에 경배하며, 이십사 장로들이 성도의 기도를 올려드리고, 새 노래로 찬양합니다. 경배와 기도와 새 노래의 찬양의 모습을 사도 요한은 보았습니다. 이 아름다운 모습을 통하여 주의 재림을 기다리는 우리에게 말씀하시는 교훈은 무엇입니까?

첫째, 성도의 기도는 예수 그리스도를 통하여 하나님께 올려집니다. 요한은 성도의 기도가 금 대접에 가득 채워졌다고 말합니다. 구약에서도 향은 기도를 의미합니다. 다윗은 시편 141편 2절에 이렇게 말합니다.

"나의 기도가 주의 앞에 분향함과 같이 되며 나의 손 드는 것이 저녁 제사 같이 되게 하소서"

이처럼 성도의 기도가 제사장들의 손에 의하여 하나님 앞에 드려집니다. 요한이 본 성도들의 기도는 고난의 현실 가운데 하나님의 구원과 악한 자들을 향한 탄원의 기도입니다. 이것은 계시록 6장 10절과 8장 3-4절을 통하여 알 수 있습니다. 1세기의 상황을 생각해보면 성도들의 기도는 정말 간절하였습니다. 핍박이 끝이 없어 보일 때 당연히 원망하고, 의심이 들고 항의할 수밖에 없습니다. 고난의 현실을 이길 수 있는 것뿐만 아니라 하나님을 대적하는 무리들을 심판하는 것이 당연한데 아무 응답이 없을 때 답답하지 않을 수 없습니다.

이것은 1세기의 성도만이 아니라 우리의 삶에도 동일합니다. 우리는 때로 악한 자를 그대로 놔두시는 하나님을 이해하지 못할 때가 있습니다. 그러나 하나님은 가장 좋은 방법으로 응답하십니다. 우리의 기도를 듣지 않으시는 것이 아니라 합력하여 선을 이루십니다. 하나님의 응답은 우리의 시간표와 분명 다릅니다. 때로는 즉각적으로 응답하시지만 한참 시간이 흐른 뒤에 응답하시기도 합니다. 그리고 침묵하심으로 응답하시기도 하기 때문입니다. 그러나 하나님은 우리의 기도를 다 들으십니다.

특히 하나님은 이 땅에서 고난받고 있는 성도들의 기도를 들으실 뿐 아니라 하나님을 대적하고 우리를 핍박하는 자들을 반드시 심판하십니다. 이것이 요한이 천국에서 본 장면입니다. 그렇다면 우리는 기도를 쉬지 말아야 합니다. 결코 헛되지 않기 때문입니다. 당장 응답이 되지 않는 것처럼 보일 때가 있지만 이미 하나님은 우리의 기도를 알고 있으시며 가장 선한 방법으로 응답해 주십니다. 이 사실을 확신한다면 기도를 멈출 수

교회를 세우는 요한계시록 강해

없습니다. 우리의 기도를 들으시는 하나님이 계시기 때문입니다. 나보다 나를 더 잘 아시고 변함없이 사랑하시는 하나님께서 반드시 응답하여 주시기 때문입니다.

둘째, 오직 예수님만이 모든 성도로부터 찬양 받기에 합당합니다. 네 생물들과 이십사 장로들은 어린 양을 찬양합니다. 이들의 찬양은 바로 우리의 찬양이며 우리의 신앙고백입니다.

먼저 예수님이 인을 떼기에 합당함을 찬양합니다. 하나님의 구원 계획이 담긴 책을 열 수 있는 이는 이 땅에 아무도 없습니다. 거룩하신 하나님의 뜻을 알 수 있는 존재는 이 땅에 없기 때문입니다. 오직 거룩하신 어린 양만이 열 수 있습니다. 이것은 오직 그리스도만이 하나님의 계획을 성취하실 분임을 노래하는 것입니다. 그리고 일찍 죽임을 당하신 예수님께서 모든 민족 가운데서 구원받기로 작정된 자를 구원하셨음을 찬양합니다.

"새 노래를 노래하여 가로되 책을 가지시고 그 인봉을 떼기에 합당하시도다 일찍 죽임을 당하사 각 족속과 방언과 백성과 나라 가운데서 사람들을 피로 사서 하나님께 드리시고"(9절)

예수님은 각 족속과 방언과 백성과 나라 가운데서 사람들을 피로 사셨습니다. 이 말은 예수님의 십자가의 구속은 모든 민족에게 주어졌음을 의미합니다. 즉 구원의 우주성입니다. 온 우주가 다 그리스도의 구원의 혜택을 받습니다. 그런데 만인이 구원에 이르는 것은 아닙니다. 그 "가운데서" 사람들을 구원하셨습니다. 모두가 구원에 이르는 것이 아니라 구원받기로 작정된 자가 천국에 이르게 됩니다. 하나님 나라에는 인종, 성, 빈부 등의 차이가 존재하지 않습니다. 오직 구원받은 자만이 있습니다. 인류의 구원은 오직 예수 그리스도로 주어집니다. 그러므로 찬양받기에 합당합니다.

또한 그리스도인을 나라와 제사장으로 삼으심을 찬양합니다. 구원받은 자는 다 천국에 들어갑니다. 그러나 이들은 이미 이 땅에서 천국을 살아갑니다. 요한이 들은 그리스도인의 모습은 아주 분명하였습니다.

"저희로 우리 하나님 앞에서 나라와 제사장을 삼으셨으니 저희가 땅에서 왕 노릇하리로다 하더라"(10절)

그리스도인은 하나님의 나라와 제사장이 되었습니다. 이것은 하나님의 선민이 되었음을 가리킵니다. 하나님의 통치가 직접적으로 주어짐을 의미합니다. 요한은 이러한 모습을 잘 알고 있었습니다. 왜냐하면 이스라엘이 하나님의 나라와 제사장이었기 때문입니다.

"너희가 내게 대하여 제사장 나라가 되며 거룩한 백성이 되리라 너는 이 말을 이스라엘 자손에게 고할지니라"(출 19:6)

이스라엘은 하나님의 특별한 존재가 되어 이 땅의 역사를 이끌어 갔습니다. 그런데 이제 그러한 영광이 이스라엘이 아니라 각 족속과 방언과 백성과 나라 가운데서 선택받은 그리스도인들에게 주어졌습니다. 이제 그리스도인들이 하나님의 다스림을 받는 자가 되었습니다.

마지막으로 그리스도인을 하나님의 대리 통치자로 세우심을 찬양합니다. 주님으로부터 통치권을 받아서 다스리는 자가 되었습니다. 이것은 첫 사람 아담이 받은 사명이었습니다. 그리고 그 통치권이 그리스도인들에게 있습니다. 이제 그리스도인들은 하나님의 통치권을 가지고 주님 오시는 그날까지 이 땅을 다스리는 자가 되었습니다.

그렇다면 어떻게 다스립니까? 삶의 모든 영역에 그리스도가 주인 됨

교회를 세우는 요한계시록 강해

을 인정함으로 다스립니다. 온 우주에 주님의 소유가 아닌 곳이 없습니다. 나의 삶의 모든 영역에 그리스도의 주인 되심을 선포하는 것이 바로 왕 노릇입니다. 모든 것에 하나님을 영화롭게 합니다. 물론 완전한 통치는 궁극적으로 주님 재림하실 때 완성됩니다. 그러나 땅에서 왕 노릇한다는 말은 이 땅에서 그리스도인이 어떤 자세로 살아야 하는지를 지시합니다. 그리스도인 즉 교회는 이 땅에서 그리스도의 대리 통치자입니다. 그리스도의 나라가 어떠한 지를 보여주는 것이 그리스도인의 자세입니다. 우리가 행하는 모든 움직임이 하나님 나라를 세우기 위함입니다. 그리스도인의 삶이 영광스러운 것은 대리 통치자의 인식을 갖고 있기 때문입니다. 그래서 우리를 대리 통치자로 삼아주신 그리스도를 찬양하지 않을 수 없습니다.

세번째, 오직 예수님만이 많은 천사들에게 찬송 받기에 합당합니다. 요한은 네 생물과 장로들의 찬양에 이어서 많은 천사들의 찬송을 듣습니다. 이들의 숫자는 만만이요 천천이라고 합니다. 1억 명이 되는 숫자입니다. 어마어마한 숫자의 천사들이 찬송을 합니다. 이들의 찬송은 예수님이 어떤 분인지를 분명하게 보여주고 있습니다.

천사들은 예수님의 능력을 찬송하였습니다. 이 능력은 인을 뗄 수 있는 능력입니다. 그리고 만물을 구원하실 수 있는 능력입니다. 또한 죄인을 의롭다 할 수 있는 능력입니다. 그러므로 찬양하지 않을 수 없습니다.

그리고 예수님의 부요함을 찬양합니다. 모든 것이 다 주의 것입니다. 그리스도는 가장 부요하신 분입니다. 그러나 가장 낮은 자리에 오신 분입니다. 사람들은 낮아지신 예수님만 알았습니다. 그러나 예수님은 모든 것의 주인이신 분입니다.

또한 예수님의 지혜를 찬양합니다. 성경은 지혜를 하나님이라고 표현합니다. 지혜가 죄의 자리에서 건져 내고, 거룩한 길로 가게 합니다. 이 지혜가 바로 예수 그리스도입니다.

그리고 예수님의 힘을 찬양합니다. 이 땅의 권세 잡은 자를 굴복시키는 능력입니다. 우리로 하여금 죄와 싸워 이길 수 있게 하는 능력입니다.

이렇듯 예수님은 존귀와 영광과 찬송을 받으시기에 합당한 분입니다. 모든 거룩함이 예수님에게 있으며 모든 영광이 예수님에게 돌려집니다. 이것이 예수님입니다. 천사들은 마음껏 찬양합니다. 예수님은 찬송받기에 합당하신 분입니다. 우리의 찬양은 오직 예수 그리스도에게 집중되어야 합니다. 사람이 주인이 되고 찬송의 대상이 되어서는 안 됩니다. 오직 우리의 찬송은 예수 그리스도를 향해야 합니다. 이것이 우리의 모습입니다.

네번째, 만물의 찬송 받기에 합당하신 예수님입니다. 요한은 천상에서 찬양을 받으시는 모습에서 모든 만물의 찬양으로 장면을 옮깁니다. 이것은 참으로 놀라운 모습입니다. 왜냐하면 영적인 존재들의 찬송이 아니기 때문입니다. 영혼이 없는 피조물들의 찬양이기 때문입니다.

"내가 또 들으니 하늘 위에와 땅 위에와 땅 아래와 바다 위에와 또 그 가운데 모든 만물이 가로되 보좌에 앉으신 이와 어린 양에게 찬송과 존귀와 영광과 능력을 세세토록 돌릴지어다 하니"(13절)

"하늘 위에와 땅 위에와 땅 아래와 바다 위에와 또 그 가운데 모든 만물"의 찬송은 무엇일까요? 영혼이 없는 피조물들의 찬양은 어떻게 불러지는 것일까요? 만물의 찬송은 지음받은 대로의 역할에 충실하는 것이라

교회를 세우는 요한계시록 강해

생각합니다. 시편 19편 1-2절에서 다윗은 아주 멋진 고백을 합니다.

"하늘이 하나님의 영광을 선포하고 궁창이 그 손으로 하신 일을 나타내는도다 날은 날에게 말하고 밤은 밤에게 지식을 전하니"

하늘이 하나님의 영광을 선포한다고 말합니다. 이것은 하나님이 창조하신 만물이 하나님의 지혜를 드러내기 때문입니다. 하나님이 기뻐하시는 것은 만물이 지음받은 대로 그 사명을 감당하는 것입니다. 이처럼 모든 만물이 예수님을 찬송하는 것은 예수님의 구원으로 만물이 신음에서 구원받았기 때문입니다.

"피조물이 다 이제까지 함께 탄식하며 함께 고통하는 것을 우리가 아나니"(롬 8:22)

그런데 예수 그리스도의 구속으로 말미암아 모든 피조물도 저주에서 구속을 받아 자유가 주어졌습니다. 이 자유는 하나님의 창조 목적대로 존재하는 것입니다. 그러기에 모든 만물의 찬송은 저주로부터 구원받음으로 하나님의 뜻이 온전히 드러냅니다. 예수님은 모든 만물의 찬송을 받기에 합당하신 분입니다.

모든 피조물의 찬송도 천사들과 동일합니다. 찬송과 존귀와 영광과 능력을 노래합니다. 이 찬송은 오직 예수 그리스도만이 받을 수 있습니다. 이러한 찬송이 끝나자 네 생물과 장로들이 아멘으로 화답하고 경배합니다.

우리는 예수님이 찬양받기에 합당하신 분임을 다시 한번 확인하였습니다. 예수님은 하나님이심을 확인할 수 있는 장면이었습니다. 그리고 우리의 찬양은 예수 그리스도임을 다시금 보았습니다. 예수님이 우리의 구원자이십니다. 그리고 우리로 하여금 이 땅에서 받는 고난을 이기게 하시는 분입니다. 우리의 기도를 들으시고 항상 우리 가까이 계시는 분입니다. 이것은 이 땅에서 우리의 삶이 어떠해야 하는지를 보여주는 말씀입니다. 우리의 천국 생활은 삼위 하나님을 마음껏 찬양하는 것입니다. 그리고 그것은 주님 재림하시기까지 이 땅에서 우리가 불러야 하는 것입니다. 우리의 입술과 삶이 오직 예수 그리스도를 향해야 합니다. 우리가 경배하고 찬양하여야 할 분은 예수 그리스도입니다. 예수 그리스도께서 우리를 세상 가운데 선택하시고 구원하여 주셨습니다. 이 사실을 잊지 말아야 합니다. 세상은 예수 없이도 살 수 있다고 유혹합니다. 그러나 예수 그리스도 없이 우리는 살 수 없습니다. 오직 예수 그리스도만이 우리를 지켜 주십니다. 이 믿음을 굳게 잡고 승리할 수 있기를 바랍니다.

교회를 세우는 요한계시록 강해

6장

진노의 날에 버틸 수 있는 사람이 없습니다.

하나님의 심판을 피할 사람이 없습니다.

여기에는 부자와 권력자뿐 아니라 가난한 사람도 예외가 아닙니다.

하나님은 가난한 사람을 존중히 여기지만 우상숭배와 죄의 자리에 있는 자는

존중히 여기지 않습니다.

하나님의 심판을 피할 수 없습니다.

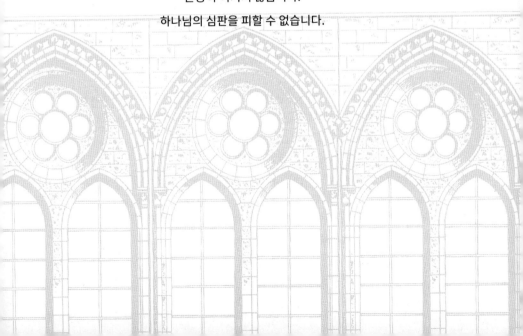

인을 떼심(계 6:1-8)

요한계시록이 어렵게 느껴지는 것은 많은 상징들로 쓰여졌고 그 상징들에 다양한 해석이 있기 때문입니다. 그래서 읽는 것조차 힘든 것이 사실입니다. 그러나 이미 말씀드린 것처럼 계시록은 목회서신으로 고난받는 성도들에게 믿음의 길을 알려주는 말씀이라는 사실을 기억해야 합니다. 그러면 그 어렵게 느껴지던 말씀이 조금은 편하게 다가올 수 있습니다.

계시록 6장은 계시록의 중심부라고 할 수 있는 심판과 구원의 시작을 다루며 인 심판과 나팔 심판 그리고 대접 심판으로 나뉘어져 있습니다. 이 심판은 연대기적으로 주어진 것이 아니라 같은 심판에 대한 강조를 하고 있습니다.

이 말씀을 이해하려면 4-5장을 잘 기억해야 합니다. 사도 요한은 하나님의 오른손에 있는 책을 보았습니다. 하나님의 구원과 심판에 관한 책입니다. 그런데 누구도 그 책을 열 자가 없었습니다. 이에 사도 요한은 너무나 서글퍼 울었습니다. 그때 24장로들이 울음을 멈추라고 하였습니다. 다윗의 뿌리이신 예수님께서 그 일곱 인을 떼실 것이라고 하였습니다. 그러자 네 생물과 24장로들 그리고 수많은 천사들이 어린 양께 찬송을 드렸습니다.

6장은 이러한 찬송의 열매를 보여줍니다. 어린 양이신 예수님께서 일곱 인을 떼시는 장면을 볼 수 있습니다. 드디어 하나님의 구원과 심판의 계획이 열리는 것입니다. 이 장에서는 일곱 인 가운데 넷째 인까지 살펴보겠습니다.

첫째 인과 영적 핍박

어린 양이신 예수 그리스도께서 일곱 인 중에 하나를 떼십니다. 그때에 네 생물 가운데 하나가 우렛소리로 사도 요한을 오라고 합니다.

"내가 보매 어린 양이 일곱 인 중에 하나를 떼시는 그 때에 내가 들으니 네 생물 중에 하나가 우뢰소리 같이 말하되 오라 하기로"(1절)

우렛소리는 큰 소리입니다. 큰 소리는 하나님의 진노가 임하였다는 신호입니다. 이어서 사도 요한은 네 생물 즉 말을 탄 사람들을 차례대로 봅니다. 그것은 하나님의 심판이 어떻게 주어지는가를 보여줍니다. 사도 요한이 첫번째로 본 모습은 흰 말과 그 말을 탄 자의 모습입니다. 그는 활을 가졌고, 면류관을 받고, 나가서 이기고 또 이기려고 하였습니다(2절). 이 모습이 무엇을 의미하는지는 다양한 해석이 존재합니다. 보통 4가지 해석이 공존하고 있으며 그 해석은 다음 두 가지 전제에 기반합니다.

우선 본문에서 첫번째 인과 나머지 세 개의 인을 분리합니다. 그리고 또 하나는 네 개의 인을 하나로 묶어서 생각합니다. 이에 따라서 본문의 의미가 달라지기 때문입니다. 전자의 의미로 생각한다면 흰 말과 말을 탄 사람은 예수 그리스도와 그의 승리를 의미합니다. 성경에서 흰색은 항상 승리를 말하기 때문입니다.

그리스도는 이 세상의 승리자입니다. 그 증거구절은 요한복음 16장 33절과 계시록 3장 21, 5장 5절과 같은 말씀입니다. 그리고 결정적으로 계시록 19장 11절에서 흰 말을 탄 자가 그리스도라고 말하고 있다고 봅니다.

"또 내가 하늘이 열린 것을 보니 보라 백마와 탄자가 있으니 그 이름은 충신과 진실이라 그가 공의로 심판하며 싸우더라"

이 말씀을 근거로 흰 말을 탄 자는 그리스도입니다. 이런 해석이 전통적이며 다수를 차지하고 있습니다. 그러나 전자로 생각하는 자들 중 계시록 19장 11절의 말씀을 근거로 그리스도라고 부르기는 적당하지 않다고 말하기도 합니다. 그것은 19장 11절과 6장 2절의 상황이 전혀 다르기 때문입니다. 그래서 일부는 흰 말을 탄 기사는 "복음의 능력 혹은 승리"를 나타낸다고 해석합니다. 마가복음 13장 10절에서 복음이 만국에 전파되어야 한다는 말씀을 근거로 첫째 인은 만국에 전해진 복음의 승리라고 말합니다. 이것이 전자의 관점에 있는 두 가지 해석입니다.(김서택)

그러나 후자의 관점 즉 네 말의 유사성의 관점에서 첫번째 말과 나머지 말이 분리되어 있는 것이 아니라 하나의 그룹으로 이해 합니다. 의도적으로 흰 말과 다른 말을 구분하는 것이 합당하지 않다고 생각합니다. 이러한 예언의 형태를 이미 구약성경을 통하여 알려주셨기 때문입니다. 구약의 예언서를 잘 알고 있다면 이 표현에 친숙할 것입니다. 우선 스가랴 1장 8절 말씀에서 우리는 사도 요한이 본 예언과 유사한 말씀을 볼 수 있습니다.

"내가 밤에 보니 사람이 홍마를 타고 골짜기 속 화석류나무 사이에 섰고 그 뒤에는 홍마와 자마와 백마가 있기로"

또한 스가랴에서도 동일합니다.

"첫째 병거는 홍마들이, 둘째 병거는 흑마들이, 세째 병거는 백마들이, 네째 병거는 어룽지고 건장한 말들이 메었는지라"(슥 6:2, 3)

여기에는 흰 말이 먼저 나오지 않습니다. 그러나 네 개의 말이 하나의 그룹으로 나타나고 있음을 봅니다. 그런데 나머지 세 말이 하는 짓이 악한 일을 행합니다. 전쟁과 기근과 전염병과 사망을 가져옵니다. 그렇다면 첫째 말 역시 악한 일을 하는 자입니다. 그런데 왜 흰 말을 타고 있는 것입니까? 그것은 고린도후서 11장 14절에서 말하는 것처럼 사단이 광명의 천사처럼 위장하였기 때문입니다. 그러므로 본문의 흰 말을 탄 자는 광명한 천사인 사단의 세력으로 성도들을 박해하고 속이는 자입니다. 이것이 세번째 해석입니다.(그레고리 빌, 오광만, 월아웃)

마지막 해석은 네 기사 모두 심판을 상징하고 흰 말을 탄 기사는 압도적으로 강력한 군사력을 의미한다고 말합니다. 당시 로마의 장군들이 전쟁에서 승리하고 귀국할 때면 흰 말을 탔습니다. 그래서 흰 말을 탄 모습은 군사적 승리를 의미한다고 말합니다.(윌리엄 바클레이)

김홍전 목사님은 더욱 독특한 해석을 했습니다. 헤겔의 역사철학의 정반합의 관점에서 본문을 해석하려고 하였습니다. 이렇게 다양한 해석이 공존하기 때문에 청교도 주석가인 메튜 폴은 독자에게 맡긴다고까지 하였습니다. 하지만 성경 전체의 모습을 볼 때 네 말을 굳이 나눠야 할 이유가 없다고 생각합니다.

그러면 본문에서 말하고자 하는 것이 무엇일까요? 저는 네 말을 하나의 그룹으로 보는 세번째 해석을 지지합니다. 그렇게 본다면 네 말의 유사성에 비추어 볼 때 흰 말을 탄 기사는 광명의 천사 즉 사단의 세력이라고 보는 것이 합당합니다. 이들은 활을 가지고 하나님의 명령을 받습니다. 이들은 나가서 교회를 파괴하려고 날뜁니다. "이기려고 또 이기려는" 모습에서 이들이 얼마나 성도를 유혹하고 핍박하는지 알 수 있습니다.

그러나 이 모든 것이 하나님의 계획 속에 있습니다. 이들은 하나님의 심판을 행하라는 명령을 받은 대행자들입니다. 사단은 광명의 천사처럼 나타나서 교회를 허물고 그리스도인들을 핍박하지만 하나님은 이를 통하여 참 성도들을 단련시키십니다. 그리고 마침내 사단을 심판하십니다.

이것은 주님 나라가 완성되는 그날까지 우리에게 있을 사단의 핍박을 보여주는 말씀입니다. 하지만 그 환난도 하나님의 주권 아래 있음을 기억해야 합니다. 사단은 결코 자기 마음대로 우리들을 파멸시킬 수 없습니다. 그러므로 환난과 어려움이 있을 때 두려워하지 말아야 합니다. 인내하며 이겨야 합니다. 그 힘은 주께서 주십니다.

둘째 인과 영적 전쟁

이제 그리스도께서 둘째 인을 떼십니다. 둘째 인을 뗄 때 붉은 말이 나옵니다.

"둘째 인을 떼실 때에 내가 들으니 둘째 생물이 말하되 오라 하더니 이에 붉은 다른 말이 나오더라 그 탄 자가 허락을 받아 땅에서 화평을 제하여 버리며 서로 죽이게 하고 또 큰 칼을 받았더라"(3-4절)

붉은 말은 보통 피를 의미합니다. 붉은 말은 하나님께로부터 허락을 받아서 일을 합니다. 그것은 땅에서 화평을 제하고, 서로 죽이고, 큰 칼을

교회를 세우는 요한계시록 강해

받습니다. 이것은 신자들이 이 땅에서 받는 고난을 잘 묘사합니다. 화평이 제하여지고, 서로 죽이는 일은 전쟁을 상징합니다. 주님 나라가 이 땅에 완성되는 그 때까지 이 땅에는 전쟁이 끝나지 않습니다. 예수님은 마지막 날에 있을 일에 대하여 예언하시면서 이 부분을 분명하게 말씀하셨습니다.

"민족이 민족을, 나라가 나라를 대적하여 일어나겠고 처처에 지진이 있으며 기근이 있으리니 이는 재난의 시작이니라"(막 13:8)

이 땅에 나타나는 수많은 전쟁을 통하여 우리는 이 사실을 알고 있습니다. 세계전쟁은 물론이고 최근에 나타난 내전들을 보면서 사단의 광분을 볼 수 있습니다. 이러한 사실을 통하여 우리의 믿음을 더욱 분명하게 하여야 합니다.

셋째 인과 기근의 고통

세번째 인을 뗄 때 검은 말이 나옵니다. 그런데 그 손에 저울이 있습니다.

"세째 인을 떼실 때에 내가 들으니 세째 생물이 말하되 오라 하기로 내가 보니 검은 말이 나오는데 그 탄 자가 손에 저울을 가졌더라"(5절)

이 저울은 평균케 하는 것입니다. 그래서 저울이 거짓되면 모든 것이 거짓됩니다. 이것은 경제적 고통이 임할 것임을 보여줍니다.

경제적인 양극화는 세상을 어둡게 만듭니다. 인간의 평가를 갑과 을로 나누는 것은 바로 경제입니다. 검은 말이 전하는 모습에서 그 불평등을 정확하게 볼 수 있습니다.

"내가 네 생물 사이로서 나는 듯 하는 음성을 들으니 가로되 한 데나리 온에 밀 한 되요 한 데나리온에 보리 석 되로다 또 감람유와 포도주는 해 치 말라 하더라"(6절)

한 데나리온은 하루 품삯입니다. 그런데 그 품삯으로 밀 한 되와 보리 석 되를 살 수 있습니다. 엄청난 인플레이션을 말합니다. 이 정도는 당시 로마의 물가의 8배에서 16배 정도라고 합니다. 이러면 사람이 살아가는 것이 힘들어집니다. 사람들이 음식을 구할 수 없습니다. 결국 기근에 처 하게 됩니다. 기근은 사람을 끔찍하게 만들어 버립니다.

그런데 그 가운데 감람유와 포도주는 해치 말라고 합니다. 즉 감람유와 포도주는 남아 있습니다. 그런데 이것은 너무 비싸서 아무나 먹을 수 없 습니다. 양극화의 모습을 적나라하게 보여줍니다.

넷째 인과 죽음

네번째 인을 떼자 청황색 말이 나옵니다. 이 말은 더욱 끔찍한 현실을 보여줍니다. 바로 죽음을 보여주기 때문입니다.

"내가 보매 청황색 말이 나오는데 그 탄 자의 이름은 사망이니 음부가 그 뒤를 따르더라 저희가 땅 사분 일의 권세를 얻어 검과 흉년과 사망과 땅의 짐승으로써 죽이더라"(8절)

이 말씀을 보면 말 탄 자의 이름을 사망이라고 합니다. 그리고 그 사망 은 죽은 자들을 음부 즉 지옥으로 데려갑니다. 이들은 땅 1/4을 다스릴 수 있는 권세를 받습니다. 그리고 검과 흉년과 사망과 땅의 짐승으로써 죽이 는 일을 합니다. 검은 전쟁을 의미하고, 흉년은 기근을 의미하고 기근은 사망을 가져오는데 일반적으로 전염병을 의미합니다. 그리고 땅의 짐승은 악한 인간의 모습을 잘 보여줍니다. 이들이 세상을 고통 가운데 있게 합니다. 이러한 재앙들이 주님 오시는 그날까지 계속될 것입니다.

이러한 재앙은 에스겔 14장 21절에서 이미 말씀하셨습니다. "주 여호와께서 가라사대 내가 나의 네 가지 중한 벌 곧 칼과 기근과 사나운 짐승과 온역을 예루살렘에 함께 내려 사람과 짐승을 그 중에서 끊으리니 그 해가 더욱 심하지 않겠느냐"

예레미야 역시 동일한 재앙에 대하여 말씀하였습니다. "그들이 금식할지라도 내가 그 부르짖음을 듣지 아니 하겠고 번제와 소제를 드릴지라도 내가 그것을 받지 아니할 뿐 아니라 칼과 기근과 염병으로 그들을 멸하리라"(렘 14:12)

이러한 죽음을 가져오는 재앙들이 주님 오시는 그날까지 지속될 것입니다. 타락한 세상에 존재하는 가장 큰 슬픔이 바로 죽음입니다. 하나님의 말씀을 불순종하고 우상숭배하는 자들에게 주어지는 재앙입니다.

이렇듯 이 말씀은 인간 사회에 존재하는 여러 죽음에 대한 가르침입니다. 다양한 죽음이 우리 앞에 있습니다. 누구에게도 이러한 죽음은 찾아옵니다. 하지만 그리스도인에게는 죽음이 끝이 아니라 새로운 시작일 뿐입니다. 그러므로 이 땅에서 우리는 죽음을 잘 맞이하는 것이 중요합니다. 죽음이 있을 때 하나님을 볼 수 있어야 합니다. 이 땅의 기간은 하나님이 주시는 영원한 생명을 준비하는 기간입니다. 그러므로 더욱 힘써 주님을 섬겨야 합니다.

우리는 여러 가지의 재앙을 보았습니다. 그리고 실제로 우리의 역사와 현실에서 이러한 모습을 보고 있습니다. 그러나 이러한 재앙을 볼 때 우리가 기억해야 할 것이 있습니다. 어떠한 재앙도 하나님의 허락이 없이는 불가능합니다. 하나님이 모든 세상을 붙잡고 있기 때문입니다.

그렇다면 이 재앙들의 의미는 무엇입니까? 그것은 바로 성도들을 향한 하나님의 계획하심이라고 할 수 있습니다. 하나님의 자녀들이 부패한 세상 가운데서 어떻게 살아야 할지를 알려주시는 지혜입니다. 그리스도인은 세상을 떠나 사는 사람들이 아닙니다. 부패한 세상 속에 살고 있지만 세상에 속하지 않습니다. 우리는 하늘에 속한 자로서 하늘의 삶을 이 땅에서 살아가는 것입니다.

1세기 성도나 지금 우리나 많은 고난 가운데 살고 있습니다. 그러나 이 고난은 우리를 거룩하게 하시는 하나님의 계획이심을 기억하여야 합니다. 거룩한 백성으로 세움을 입기 위하여 허락된 고난이며 우리를 정금과 같이 나오게 하시려는 은혜입니다. 그러므로 고난 가운데 두려워하지 마시고 하나님의 뜻을 붙잡고 믿음으로 이겨야 합니다(시 119:71).

우리는 이 땅에서 영적인 전쟁을 혹독하게 치러야 합니다. 그러나 우리는 이미 승리하였습니다. 예수 그리스도께서 승리하였기 때문입니다(요 16:33). 그러므로 고난과 핍박이 올 때 우리를 이기게 하신 예수 그리스도를 더욱 붙잡아야 합니다. 영적인 두려움에 떠는 자가 아니라 성령의 인도하심으로 이기는 자가 되어야 합니다. 주님은 언제나 우리와 함께하시며 우리는 이 약속을 받은 사람들입니다. 이 약속을 붙잡고 믿음의 길을 감당해야 합니다. 우리 모두 예수 그리스도의 능력으로 정금 같은 신앙으로 자라나기를 소망합니다.

그 수가 차기까지(계 6:9-11)

계시록 6장에서 어린 양이신 예수 그리스도께서 하나님의 오른손에 있던 일곱 인으로 봉인된 책을 받아서 하나씩 떼어냅니다. 하나씩 봉인된 것이 풀려질 때마다 하나님의 심판이 나타납니다. 계시록 6장 1-8절까지는 네 개의 인을 떼어낸 모습을 볼 수 있습니다. 네 가지 인은 네 개의 말로 된 심판이었습니다.

이제 다섯째 인부터 여섯째 인이 열려진 것을 다루고 있습니다. 두 개의 열려진 봉인을 통하여 하나님의 심판이 무엇인지를 살펴 볼 수 있습니다. 사도 요한은 하나씩 봉인된 책이 열려질 때마다 놀라움을 금치 못합니다. 하나님의 계획을 안다는 것은 특권이지만 동시에 막중한 책임이 따르기 때문입니다. 이것은 이 시대를 살아가는 우리들에게도 동일하게 적용됩니다. 우리는 하나님이 주신 계시의 말씀을 듣습니다. 즉 말세를 사는 교회와 세상 사람들을 향한 하나님의 계획을 미리 알기 때문입니다. 그래서 복음을 아는 것은 형언할 수 없는 축복이지만 동시에 반드시 감당해야 할 책임이 있습니다. 그것은 바로 진리가 진리 됨을 보여야 하는 것입니다. 우리의 말과 행실이 진리를 진리 되게 하는 일에 더욱 힘이 되기도 하고, 장애물이 되기도 합니다. 그러므로 바른 진리를 아는 것과 사는 것에 하나가 되도록 힘써야 합니다.

다섯째 인은 예수 그리스도의 이름을 자랑하며 사는 모든 그리스도인들에게 큰 위로가 되는 말씀입니다. 그러나 교회를 핍박한 자들을 향해서는 심판이 확실하게 선고됨을 보여줍니다.

"다섯째 인을 떼실 때에 내가 보니 하나님의 말씀과 저희의 가진 증거를 인하여 죽임을 당한 영혼들이 제단 아래 있어"(9절)

이 말씀은 복음과 함께 고난받은 성도들의 모습을 보여주고 있습니다. 이들은 하나님과 그 분의 말씀을 증거했기 때문에 죽임을 당한 사람들입니다. 일반적으로 이러한 분들을 "순교자"라고 부릅니다. 복음을 전하다가 죽임을 당한 사람들입니다. 그러나 이 말씀은 단지 죽임을 당한 순교자로만 볼 수 없습니다. 왜냐하면 11절에 "수가 차기까지"라는 말을 볼 때 많은 이들이 순교할 것을 의미하기 때문입니다. 그런 측면에서 볼 때 순교자를 포함한 고난받는 모든 그리스도인을 의미한다고 볼 수 있습니다.

이렇게 복음을 위하여 고난받은 그리스도인들이 제단 아래 있습니다. 여기서 제단은 제사를 드리는 그러한 제단을 의미하는 것이 아니라 하나님의 임재 아래, 하나님의 보호하심 아래 있다고 말할 수 있습니다. 말씀에 대한 분명한 신앙고백을 하였기에 고난을 받은 성도들은 하나님의 보호하심 아래 있게 됩니다. 이것은 가장 존귀한 자리이며, 영광의 자리입니다. 이 자리에는 분명한 신앙고백을 한 자들만 있게 됩니다.

그런데 하나님 임재 가운데 있는 성도들이 하나님을 향하여 큰 소리로 외치는 것을 볼 수 있습니다.

"큰 소리로 불러 가로되 거룩하고 참되신 대주재여 땅에 거하는 자들을 심판하여 우리 피를 신원하여 주지 아니하시기를 어느 때까지 하시려나이까 하니"(10절)

하나님을 향한 이들의 큰 소리는 바로 탄원의 기도였습니다. 땅에 거하는 자들을 심판하여 달라는 것입니다. 땅에 있는 자들은 현존하는 사람을 의미하는 것이 아니라 그리스도인을 핍박하는 마귀의 추종자들을 의미합니다. 고난받고 하나님 보좌 앞에 있는 성도들은 이들의 심판을 요구합니다. 이들은 말하기를 "우리 피를 신원하여 주지 아니하시기를 어느 때까지 하시려나이까"라고 부르짖습니다. 여기서 '신원하다'는 '복수하다'라는 의미입니다. 그렇다면 이 기도는 우리를 핍박하고 하나님을 모독하였던 이들을 향하여 복수하여 달라는 기도입니다. 그런데 이것이 이해가 됩니까? 왜냐하면 예수님께서 말씀하시기를 원수를 사랑하라고 하셨습니다. 고난받고 순교하였던 스데반 집사는 자신을 죽이고 있는 이들을 용서하여 달라고 기도하였습니다. 그런데 이들이 하나님 보좌 앞에서 저주의 탄원을 하였다는 것은 참으로 이상합니다.

그렇다면 이 기도를 어떻게 보아야 합니까? 이것은 성도들의 복수를 해달라는 기도가 아니라 하나님의 공의가 이뤄지기를 위하는 기도라고 할 수 있습니다. 주님은 원수 갚는 것이 자신에게 있다고 하셨습니다(롬 12:19). 이것이 바로 그리스도의 공의하심입니다. 주님은 그리스도인을 핍박하는 자들을 반드시 심판하십니다. 그리고 하늘의 공의를 나타내십니다. 지금 하나님의 임재 가운데 있는 순교자들은 이렇게 하나님의 공의가 이뤄지도록 기도하는 것입니다.

그러자 하나님은 이들에게 대답하십니다. 그 대답은 두 가지로 나타납니다. 첫째는 복음과 함께 고난받은 신앙에 대한 승리와 명예를 인정하여 주십니다. 두번째는 심판의 때까지 인내하라 말씀입니다.

"각각 저희에게 흰 두루마기를 주시며 가라사대 아직 잠시 동안 쉬되 저희 동무 종들과 형제들도 자기처럼 죽임을 받아 그 수가 차기까지 하라 하시더라"(11절)

하나님은 각각 저희에게 흰 두루마리를 주셨습니다. 흰 두루마리가 의미하는 것은 순결과 영광입니다. 복음과 함께 고난받았던 신앙을 인정하여 주신 것입니다. 온갖 미혹의 영이 날 뛰는 세상에서 분명한 신앙고백을 가지고 산다는 것은 결코 쉬운 일이 아닙니다. 더구나 우리 시대와 같이 예수 믿음을 비웃는 세상에서 당당하게 예수 믿음을 고백하는 것은 결코 쉽지 않습니다. 그러나 하나님이 인정하는 것은 복음을 확신하고, 정확하게 고백하고 기쁨으로 고난의 길을 가는 것입니다. 하나님께서 친히 흰 두루마리를 입혀주시므로 고난받은 성도의 믿음을 인정하시는 것입니다. 사람들은 몰라도 하나님은 아십니다. 그리고 승리하였다고 선언하여 주십니다.

그러나 악인들의 심판은 좀 더 기다려야 합니다. 하나님은 말씀하시기를 "아직 잠시 동안 쉬되 저희 동무 종들과 형제들도 자기처럼 죽임을 받아 그 수가 차기까지 하라"고 하셨습니다. 잠시 동안은 우리의 시간 개념이 아닙니다. 이것은 하나님의 시간 개념입니다. 성경은 천년이 하루 같고, 하루가 천년 같다고 말합니다. 그런 측면에서 이것은 임박한 종말을 말하는 것이 아닙니다. 하나님의 시간표입니다. 그때까지 복음과 함께 고난받고 순교의 자리에 서는 성도들이 있습니다. 하나님은 "그 수가 찰 때"까지라고 말씀하십니다. "그 수"는 아무도 모릅니다. 오직 하나님만이

교회를 세우는 요한계시록 강해

아십니다. 그러나 분명한 것은 무릇 경건하게 살고자하는 자는 핍박을 받을 것입니다. 그리고 순교의 자리에 서기도 할 것입니다. 복음과 함께 고난받는 일들이 이어질 것입니다. 그러나 하나님이 작정하신 때가 이르면 심판에 이를 자들을 볼 것입니다. 그 때까지 우리는 인내하여야 합니다. 천상에 이미 있는 성도들과 함께 이 땅에서 믿음의 길을 가는 우리들은 하나님의 때가 이뤄질 때까지 믿음의 길을 인내하여야 합니다.

이것이 사도요한이 보았던 다섯째 인입니다. 우리는 여기에서 복음과 함께 고난을 받았던 성도들이 누리는 영광을 볼 수 있습니다. 이것은 하나님의 때가 이뤄질 때까지 우리가 어떠한 자세로 신앙 생활하여야 함을 보여주는 말씀입니다.

본문은 1세기 성도들은 물론이고 이 땅에서 믿음의 길을 가는 우리들에게 더욱 의미 있는 말씀입니다.

성도의 가장 아름다운 모습은 복음과 함께 누리는 고난입니다.

영적인 고난은 아무나 누리는 것이 아닙니다. 하나님의 말씀을 정직하게 고백하는 자에게만 주어지는 영광입니다. 예수님은 산상설교에서 이 사실을 분명하게 말씀하셨습니다.

"나로 말미암아 너희를 욕하고 박해하고 거짓으로 너희를 거슬러 모든 악한 말을 할 때에는 너희에게 복이 있나니 기뻐하고 즐거워하라 하늘에서 너희의 상이 큼이라 너희 전에 있던 선지자들도 이같이 박해하였느니라"(마 5:11-12)

복음으로 인하여 당하는 고난은 복이라고 말씀하십니다. 그러면서 하늘에서 너희의 상이 큼이라고 하였습니다. 그리고 사도 요한은 하나님의 임재 아래에 있는 순교자들을 비롯한 복음을 위하여 살다가 주님 품에 안긴 성도들을 보았습니다. 하나님은 믿음으로 사는 우리들이 이 땅에서 힘들게 살 수 있을 수 있지만 하나님은 우리가 옳았다고 인정하십니다.

영광을 누릴 때까지 남은 고난을 인내하여야 합니다.

우리 모두는 다 하나님이 입혀주시는 흰 두루마리를 받을 것입니다. 하나님의 품안에서 누리는 평안을 누릴 것입니다. 이것은 분명한 약속입니다. 반드시 이뤄질 약속입니다. 사도 요한은 그것을 우리에게 보여주고 있습니다. 그러나 그 영광을 누릴 때까지 그리스도의 남은 고난에 참여하여야 합니다. 그리고 인내하여야 합니다.

초대 교회 성도들은 날마다 다가오는 고난에 힘들었습니다. 그래서 지하 동굴 도시인 카타콤베에 들어가서 살았습니다. 그 시간이 얼마나 힘들겠습니까? 하지만 인내하면서 믿음의 길을 걸어갔습니다. 마침내 하나님께서 자유로운 세상으로 나오도록 하셨습니다.

신앙 생활하는 것이 분명 힘들고 어렵지만 그러나 우리는 승리합니다. 우는 사자와 같이 우리를 삼키려는 사단의 세력이 있지만 하나님은 우리를 지키시고 보호하십니다. 우리가 하는 것이 아니라 하나님이 하십니다. 우리를 인도하여 주십니다. 그리고 마침내 승리의 잔치에 이르게 합니다. 그러므로 영광을 누릴 때까지 찾아오는 고난을 인내하여야 합니다. 우리 각자에게 다양한 방법으로 고난이 올 수 있습니다. 그러나 보이는 것은 잠시입니다. 우리에게는 영원한 영광이 있습니다. 그 사실을 바라보면서

교회를 세우는 요한계시록 강해

인내할 수 있어야 합니다.

악인을 향한 하나님의 심판은 공의롭게 집행됩니다.

우리는 이 사실을 확신하는 것이 정말 중요합니다. 왜냐하면 우리가 사는 세상은 불의한 자들이 잘 사는 것 같기 때문입니다. 정직하거나 힘없는 이들이 고통 받고 있는 세상이기 때문입니다. 그런데 하나님께서 이들을 심판하시기는커녕 더 잘 되는 것처럼 보이기 때문입니다. 그래서 교회를 비웃고, 우리를 우습게 여기고, 하나님을 모독하는 것을 볼 수 있습니다.

그러나 의심하지 말아야 합니다. 그리고 기다려야 합니다. 하나님의 공의는 정확한 시간에 이뤄집니다. 결코 변명할 수 없는 하나님의 공의가 선포됩니다. 그러므로 우리는 하나님의 공의로우심을 믿고 믿음의 길을 가야 합니다.

"믿음의 주요 또 온전케 하시는 이인 예수를 바라보자 저는 그 앞에 있는 즐거움을 위하여 십자가를 참으사 부끄러움을 개의치 아니하시더니 하나님 보좌 우편에 앉으셨느니라"(히 12:2)

우리 주님도 십자가를 참으시고 부끄러워하지 않았습니다. 이것이 우리가 가야 할 길입니다. 오늘 나에게 주어진 삶의 현장에서 예수 그리스도를 당당하게 고백할 수 있기를 소망합니다. 살아도 주를 위하여 살고 죽어도 주를 위하여 살 수 있기를 소망합니다. 나의 자랑은 예수 그리스도임을 담대하게 증거 할 수 있기를 소망합니다. 그리고 마침내 하나님의 보좌 앞에 서는 우리 모두가 되기를 간절히 축복합니다.

여섯째 인을 떼실 때에(계 6:12-17)

하나님의 손에 있는 일곱 인으로 봉해진 두루마리를 받은 어린 양 예수님은 그 인을 하나씩 떼어 열어 보입니다. 그리고 인이 열릴 때마다 하나님의 심판이 선포됩니다. 앞서서 우리는 첫째 인부터 다섯째 인까지 열려진 내용을 살펴보았습니다. 첫째 인을 열 때 흰 말이 있었습니다. 둘째 인을 뗄 때 붉은 말이 있었습니다. 셋째 인을 뗄 때 검은 말이 있었습니다. 그리고 넷째 인을 뗄 때 청황색 말이 나왔습니다. 이 말들은 그 자체로 하나님의 심판이 어떠하였는지를 상징하고 있습니다.

성도는 이 땅에서 광명의 천사로 변장한 사단에 의하여 유혹을 받습니다. 또한 각종 전쟁을 통하여 고난의 자리에 섭니다. 그리고 경제적인 고난도 찾아옵니다. 마침내 죽음에 이르는 고난도 보게 됩니다. 순교의 자리에 서게 되는 일들이 생깁니다. 이것은 이 땅에서 하나님의 사람으로 어떻게 살아야 할지를 분명하게 보여주는 말씀입니다.

우리의 삶은 언제나 고난이 있습니다. 그것은 이 세상이 가는 길과 다르기 때문입니다. 사망으로 가는 길이 아니라 생명으로 가는 길이기에 세상은 우리를 시기합니다. 이 길은 우리 주님이 먼저 가신 길입니다. 사단이 광야에서 예수님을 유혹하였지만 예수님은 사단이 보여준 모든 영광을 다 물리치셨습니다. 그리고 가난하지만 보내심을 받은 대로 십자가의 길을 가셨습니다. 믿음의 사람들은 한결같았습니다. 모세는 그리스도를 위하여 받는 능욕을 애굽의 모든 보화보다 더 큰 재물로 여겼습니다(히 11:26). 그리고 사도 바울은 복음과 함께 고난받기를 부끄러워하지 않았습니다(딤후 1:8). 바울의 큰 자랑은 예수님의 십자가였습니다(갈 6:14). 그러므로 고난이 괴로운 것이 아닙니다. 고난은 영광을 위한 건널목입니다. 그러므로 하나님이 작정하신 수가 찰 때까지 우리에게 남은 고난을 인내하여야 합니다. 이것이 다섯 가지 인을 통하여 보여주신 말씀입니다.

그러나 아직 하나님의 심판이 끝난 것이 아닙니다. 여섯번째 인과 일곱번째 인이 남아 있습니다. 여섯번째 인 앞의 다섯번째 인과 차별이 있는 심판의 모습을 볼 수 있습니다. 여섯번째 인을 통하여 우리는 하나님의 심판이 얼마나 엄청난지를 볼 수 있습니다. 그 실체를 만나보겠습니다.

우주적 재난

여섯째 인을 떼실 때에 우주적인 심판이 있음을 볼 수 있습니다. 12-14절까지 나타난 심판의 모습을 보면 일곱 영역을 볼 수 있습니다. 첫째, 땅에 큰 지진이 있습니다. 둘째, 해가 총담 즉 검은 털로 짠 상복같이 어두워집니다. 셋째, 달이 핏빛으로 변합니다. 넷째, 별들이 떨어집니다. 다섯째, 하늘은 종이가 말리는 것처럼 떠나갑니다. 여섯째, 각 산이 옮깁니다. 일곱째, 각 섬이 옮깁니다.

이 모습이 심판을 상징하는 것임을 알 수 있는 것은 구약성경과 예수님의 예언의 말씀 그리고 사도의 말씀을 통하여 확인할 수 있습니다. 큰 지진은 에스겔 38장에서 볼 수 있습니다.

"내가 투기와 맹렬한 노로 말하였거니와 그 날에 큰 지진이 이스라엘 땅에 일어나서 바다의 고기들과 공중의 새들과 들의 짐승들과 땅에 기는 모든 벌레와 지면에 있는 모든 사람이 내 앞에서 떨 것이며 모든 산이 무너지며 절벽이 떨어지며 모든 성벽이 땅에 무너지리라"(겔 38:19, 20)

해가 검어지고 달이 피같이 되는 것은 이사야와 요엘서에서 예언되었습니다.

"하늘의 별들과 별 떨기가 그 빛을 내지 아니하며 해가 돋아도 어두우며 달이 그 빛을 비취지 아니할 것이로다"(사 13:10)

"너희 중에 여호와를 경외하며 그 종의 목소리를 청종하는 자가 누구뇨 흑암 중에 행하여 빛이 없는 자라도 여호와의 이름을 의뢰하며 자기 하나님께 의지할지어다"(사 50:10)

"여호와의 크고 두려운 날이 이르기 전에 해가 어두워지고 달이 핏빛 같이 변하려니와"(욜 2:31)

별들이 떨어지고, 하늘이 두루마리처럼 말리는 것은 이사야의 예언입니다.

"하늘의 만상이 사라지고 하늘들이 두루마리 같이 말리되 그 만상의 쇠잔함이 포도나무 잎이 마름 같고 무화과나무 잎이 마름 같으리라"(사 34:4)

이렇듯 하나님의 심판이 임할 때 나타나는 징조들입니다. 이것은 예수님의 말씀을 통하여 다시금 확인됩니다. 종말에 관한 예수님의 말씀에서 마지막 때의 모습을 말씀하실 때 여섯째 인을 떼는 모습과 동일함을 볼 수 있습니다.

"그 날 환난 후에 즉시 해가 어두워지며 달이 빛을 내지 아니하며 별들이 하늘에서 떨어지며 하늘의 권능들이 흔들리리라"(마 24:29)

"민족이 민족을, 나라가 나라를 대적하여 일어나겠고 처처에 지진이 있으며 기근이 있으리니 이는 재난의 시작이니라"(막 13:8)

또한 사도들의 말씀에서도 볼 수 있습니다.

"그 때에는 그 소리가 땅을 진동하였거니와 이제는 약속하여 가라사대 내가 또 한번 땅만 아니라 하늘도 진동하리라 하셨느니라"(히 12:26)

"그러나 주의 날이 도적같이 오리니 그 날에는 하늘이 큰 소리로 떠나가고 체질이 뜨거운 불에 풀어지고 땅과 그 중에 있는 모든 일이 드러나리로다"(벧후 3:10)

이 모든 것은 최후의 심판의 모습입니다. 일곱 개의 영역은 온 우주적인 심판을 의미한다고 할 수 있습니다. 하나님의 심판은 하나님의 때에 온 우주적으로 주어집니다. 그때에 구원받을 자와 심판받을 자가 명백하게 갈리움을 받게 됩니다. 우리는 이 사실을 아는 자로서 마지막 심판을 잘 준비하는 자가 되어야 합니다.

믿지 않는 모든 사람들에게 마지막은 두려움의 날이 됩니다.

마지막 심판은 믿는 자에게는 영광의 나라를 상속받는 날이지만 믿지 않는 자 특별히 우상숭배하는 자는 하나님의 진노를 받아야 합니다. 그리고 그 진노는 땅에 있는 모든 사람들에게 임합니다.

15-16절을 보면 이들의 두려움을 잘 알 수 있습니다. 이들이 누구입니

까? 15절은 이들을 향하여 일곱 개의 영역으로 말하고 있습니다.

"첫째 임금, 둘째 왕족, 셋째 장군, 넷째 부자, 다섯째 강한 자, 여섯째 각 종, 일곱째 자유자"입니다. 기득권자와 가난한 자 모두를 포함하고 있습니다. 이것은 예수님을 믿지 않는 모든 사람을 의미합니다. 이들에게 하나님의 심판이 동일하게 임합니다.

이들은 산과 바위에게 기도합니다. 우리에게 떨어져서 하나님과 어린 양의 진노로부터 숨겨 달라고 말합니다. 참으로 안타까운 모습입니다. 이들의 모습은 호세아에서 엿볼 수 있습니다.

"이스라엘의 죄 된 아웬의 산당은 패괴되어 가시와 찔레가 그 단 위에 날 것이니 그 때에 저희가 산더러 우리를 가리우라 할 것이요 작은 산더러 우리 위에 무너지라 하리라"(호 10:8)

하나님을 향한 기도가 아니라 산과 바위를 향하여 기도하는 참으로 불쌍한 사람들입니다. 이렇게 할 수밖에 없는 것은 자신들의 죄에 대한 심판이 너무나 두렵기 때문입니다. 특별히 구약성경에서 바위 뒤에 숨는 것은 하나님의 심판을 피하기 위함입니다. 바위틈에 숨는 것은 이사야를 통하여 알 수 있습니다.

"너희는 바위틈에 들어가며 진토에 숨어 여호와의 위엄과 그 광대하심의 영광을 피하라"(사 2:10)

"사람이 숭배하려고 만들었던 그 은 우상과 금 우상을 그 날에 두더지와 박쥐에게 던지고 암혈과 험악한 바위틈에 들어가서 여호와께서 일어나사 땅을 진동시키시는 그의 위엄과 그 광대하심의 영광을 피하리라"(사 2:20, 21)

교회를 세우는 요한계시록 강해

특히 이사야서에 나타난 모습은 우상숭배한 자에 대한 하나님의 심판을 피하기 위한 모습을 볼 수 있습니다. 계시록에 나타난 마지막 심판에서도 이러한 모습을 말씀한 것은 우상숭배자에 대한 분명한 심판입니다. 하나님 외에 다른 것을 섬기는 자들을 향한 하나님의 심판은 무섭게 진행됩니다. 그러기에 하나님을 믿지 않는 모든 이들은 마지막 날이 두려움의 날이 됩니다.

하나님의 심판을 피할 수 있는 자가 없습니다.

너무나 명백한 사실이지만 다시금 확인합니다. 17절은 그러한 말씀입니다.

"그들의 진노의 큰 날이 이르렀으니 누가 능히 서리요 하더라"

표준새번역은 이렇게 말합니다. "그들이 진노를 받을 큰 날이 이르렀다. 누가 이것을 버티어 낼 수 있겠느냐?" 또 다른 번역인 바른성경은 이렇게 말합니다. "그분들의 진노의 큰 날이 이르렀으니, 누가 능히 설 수 있겠느냐?" 진노의 날에 버틸 수 있는 사람이 없습니다. 하나님의 심판을 피할 사람이 없습니다. 여기에는 부자와 권력자뿐 아니라 가난한 사람도 예외가 아닙니다. 하나님은 가난한 사람을 존중히 여기지만 우상숭배와 죄의 자리에 있는 자는 존중히 여기지 않습니다. 하나님의 심판을 피할 수 없습니다.

이 땅에서 하나님의 심판을 피하여 사는 것처럼 여기지만, 우리 모두에게 오는 심판의 날에는 결코 도망갈 수 없습니다. 그 앞에 모두 서게 됩니다. 그리고 하나님의 심판을 받습니다. 누구도 하나님의 심판을 견딜 수 없습니다. 이 사실을 항상 잊지 말아야 합니다. 바쁜 현실에 갇혀 살면 하나님 앞에 서는 것을 망각합니다. 하지만 한 사람의 예외 없이 하나님을 대면해야 함을 기억해야 합니다. 그럴때 이 땅에서의 믿음의 삶이 위로받습니다.

여섯째 인이 떼어질 때 나타난 모습을 보았습니다. 하나님의 최후의 심판 때 나타날 모습입니다. 이 모습을 우리에게 보여주는 것은 분명합니다. 우리가 이 땅에서 어떠한 자세로 믿음의 길을 가야 하는지를 말씀합니다.

우리는 오늘을 살지만 심판을 준비하는 사람들입니다. 그러므로 항상 경건의 능력을 나타내려고 힘써야 합니다. 세상은 점점 하나님을 모독하는 일에 힘쓰고 있습니다. 그리스도인들도 세상에서 멋있게 보이려고 혼합주의 신앙으로 스며들고 있습니다. 이제 신학교에서도 성경의 가르침이 흔들리고 있다는 소리도 들려옵니다. 교회는 도덕적인 권위를 상실하였습니다. 그래서 교회가 조롱당하고 있습니다. 더구나 새로운 사상에 속수무책으로 흔들리고 있습니다.

이러한 시대에 우리에게 주어진 이 말씀을 매우 엄중하게 들어야 합니다. 종말의 날, 최후 심판의 날에 나타날 일을 우리에게 보이신 것은 그날을 잘 준비하기 위함입니다. 세상 사람들이 가는 길을 부러워하지 말라는 것입니다. 오직 우리의 길을 가야 합니다. 믿음의 길, 은혜의 길, 십자가의 길을 가야 합니다. 이것이 비밀의 말씀을 1세기 성도에게 그리고 앞선 선진들과 오늘 우리들에게 주신 이유입니다. 우리 함께 이 길을 잘 감당할 수 있기를 축복합니다.

7장

세상에서 환난을 당하나 담대하시기 바랍니다.

주님께서 믿음을 지킨 우리들에게 감당할 수 없는 위로와 사랑을 주십니다.

날마다 생명샘으로 우리를 인도하십니다.

그 샘에서 나오는 것은 기쁨이요, 행복이며, 감사요, 즐거움입니다.

더 이상 슬픔과 고통과 괴로움과 무서움이 없습니다.

인 맞은 자들이 십사만 사천이라
(계 7:1-8)

계 6장에서 어린 양이 일곱 인으로 봉인된 책 가운데 여섯 개의 인을 여는 것을 보았습니다. 이제 일곱째 인이 남았습니다. 그런데 하나님은 곧바로 일곱째 인을 말하지 않고 다른 말씀을 기록한 후에 일곱째 인을 여십니다. 이렇게 하시는 것은 여섯째 인을 뗄 때 주어진 말씀에 대한 답을 주시기 위함이라고 할 수 있습니다. 계시록 6장 17절은 이러한 질문으로 끝을 맺습니다.

"그들의 진노의 큰 날이 이르렀으니 누가 능히 서리요 하더라"

누가 하나님의 심판을 피할 자가 있겠습니까? 누가 우주적인 심판에서 피하여 도망갈 수 있겠습니까? 누가 능히 설 수 있겠습니까? 이러한 질문에 대한 답이 바로 7장이라고 할 수 있습니다. 7장은 진노의 그날에 진노를 피할 수 있는 자가 누구인지를 말씀하여 줍니다. 그런 의미에서 볼 때 7장은 6:17의 답변이라 할 수 있습니다.

7장은 "이 일 후에"라고 시작합니다. 이것은 일반적으로 시간적 순서를 말하는 것이 아니라 논리적 순서를 말하고 있습니다. 즉 "진노의 날에

교회를 세우는 요한계시록 강해

누가 능히 서리요?"에 대한 답변의 관점에서 "이 일 후에"라고 말씀합니다. 이때 네 천사가 네 모퉁이에서 땅 사방의 바람을 붙잡고 있었습니다. 그래서 바람으로 하여금 땅과 바다와 각종 나무에 불지 못하게 하였습니다. 여기서 강조하는 바람의 이미지 역시 구약 예언의 말씀을 생각하게 합니다.

"하늘의 사방에서부터 사방 바람을 엘람에 이르게 하여 그들을 사방으로 흩으리니 엘람에서 쫓겨난 자의 이르지 아니하는 나라가 없으리라"(렘 49:36)

"다니엘이 진술하여 가로되 내가 밤에 이상을 보았는데 하늘의 네 바람이 큰 바다로 몰려 불더니"(단 7:2)

"내가 또 눈을 들어본즉 네 병거가 두 산 사이에서 나왔는데 그 산은 놋산이더라 첫째 병거는 홍마들이, 둘째 병거는 흑마들이, 세째 병거는 백마들이, 네째 병거는 어룽지고 건장한 말들이 메었는지라 내가 내게 말하는 천사에게 물어 가로되 내 주여 이것들이 무엇이니이까 천사가 대답하여 가로되 이는 하늘의 네 바람인데 온 세상의 주 앞에 모셨다가 나가는 것이라 하더라"(슥 6:1-5)

이렇게 보면 네 바람은 6장의 네 개의 말과 같은 의미를 말하고 있다고 할 수 있습니다. 그러면 네 바람 역시 심판을 의미합니다. 그 심판이 온 세상에 가득 찬 것입니다. 바람은 성경에서는 재앙을 가져오는 것으로 묘사됩니다. 그런데 천사가 그 바람을 꼭 붙잡고 있어 땅과 바다 그리고 각종 나무가 안전하게 유지되게 합니다. 이 네 천사는 하나님의 심판을 대리할 자들입니다. 2절에 보면 "땅과 바다를 해롭게 할 권세를 얻은 네 천사"라고 말하고 있습니다. 그러니까 이 천사들은 하나님의 심판을 집행할 자들입니다. 그리고 그 심판을 피할 자는 아무도 없습니다.

그런데 이때 또 다른 천사가 해 돋는 곳 즉 동쪽에서 올라와서 권세를 받은 네 천사들에게 이마에 하나님의 인을 맞은 사람의 수가 차기까지 심판을 기다리라고 말합니다. 이 말씀을 보면 천사들이 바람을 붙잡고 있지 않으면 땅은 멸망합니다. 그런데 천사들이 그 바람을 붙잡고 있습니다.

그렇다면 멸망으로 이끄는 네 바람은 무엇일까요? 이 질문에 대한 답을 얻으려면 우선 계시록이 교회를 위하여 주신 말씀이라는 사실을 항상 기억해야 합니다. 바람은 교회에 아주 치명적인 것임을 말씀합니다. 교회에 이 바람이 분다면 교회는 매우 어려워집니다. 1세기에 불어왔던 바람은 황제숭배와 혼합주의 신앙 그리고 맘몬주의의 핍박이었습니다. 이것이 하나님을 바르게 예배하는 것을 힘들게 하였습니다.

21세기 한국교회에도 만만치 않은 바람이 불고 있습니다. 조국교회에 부는 바람은 무엇이겠습니까? 저는 세계 교회를 말하기 전에 조국 교회를 말하고자합니다. 조국 교회의 강력한 바람은 네 가지라고 생각합니다. 하나는 도덕적 타락, 신학의 왜곡, 사상의 혼돈이 그것입니다. 사상의 혼돈 가운데 핵심은 모든 권위를 무력화시키는 해체주의입니다. 그리고 네번째는 더욱 악해진 맘몬의 유혹과 우상숭배입니다. 맘몬의 도전 앞에 휘청거리는 조국교회의 모습을 봅니다. 맘몬과 함께 조국교회의 밑바닥에 흐르는 각종 우상숭배는 매우 간교하고 위험합니다. 이것이 조국 교회를 흔들고 있습니다.

이렇게 볼 때 조국 교회는 분명히 위기입니다. 그런데 하나님께서 땅과 바다를 해롭게 할 수 있는 천사들에게 명하여 해하지 말라고 명령하셨습니다. 하나님의 주권이 우리를 지키고 있음을 봅니다. 하나님께서 천사

교회를 세우는 요한계시록 강해

들로 하여금 바람을 막지 않고 있다면 우리는 다 그 바람에 치명타를 받고 파산했을 것입니다. 그런데 하나님께서 천사들로 하여금 바람을 멈추라고 하셨습니다. 물론 해하지 말라고 하였다고 고난이 없는 것은 아닙니다. 핍박이 있지만 견딜 수 있다는 것입니다. 왜냐하면 하나님의 명령이 있기 때문입니다. 해 돋는 곳 즉 동쪽에서 올라온 천사가 네 천사에게 큰 소리로 외칩니다. 하나님의 종들이 이마에 인 치기까지 해치지 말라는 것입니다. 그러므로 인 맞은 수가 차기까지 믿음의 길을 갑니다.

여기서 두 가지 내용을 만나게 됩니다. 하나는 이마에 인 맞는 것입니다. 그리고 둘째는 그 숫자가 144,000입니다. 이 말씀은 계 14장에 다시 나옵니다. 우선 인 맞음은 하나님의 보호와 소유의 표시를 의미합니다. 인 친다는 것이 무엇을 의미하는지 1세기 성도들은 잘 알고 있었습니다. 이미 선지자의 예언을 통하여 배웠기 때문입니다. 에스겔 9장 3-4절입니다.

"그룹에 머물러 있던 이스라엘 하나님의 영광이 올라 성전 문지방에 이르더니 여호와께서 그 가는 베옷을 입고 서기관의 먹 그릇을 찬 사람을 불러 이르시되 너는 예루살렘 성읍 중에 순행하여 **그 가운데서 행하는 모든 가증한 일로 인하여 탄식하며 우는 자의 이마에 표하라** 하시고"

구약은 이마에 표시하라고 되어 있지만 이것은 인을 친다는 것과 같습니다. "인 친다"는 것은 "보호하고 보존한다"는 의미가 있습니다. 핸드릭슨은 인침을 받는 것을 세 가지 의미로 보았습니다. "보호"한다는 의미와 함께 "소유권"을 표시하고, "진짜"임을 증명하는 것이라 하였습니다. 이렇게 인을 치는 것은 하나님의 소유임을 보증하면서 하나님께 끝까지 보호하여 주심을 말씀합니다.

요즘도 시골에 있는 소를 보면 귀에 도장을 찍은 것을 볼 수 있습니다. 이 도장은 소유권과 보호권, 보증을 보여주고 있습니다. 이렇게 볼 때 3절의 하나님의 종은 하나님의 소유된 자를 의미한다고 볼 수 있습니다.

그렇다면 인 맞은 수 144,000은 무슨 뜻입니까? 여기서 그 유명한 144,000이 나옵니다. 이 말이 오해된 것은 여호와 증인과 신천지와 같은 이단들 때문입니다. 이들은 144,000을 구원받은 사람의 수라고 말합니다. 그래서 144,000만 구원받는다고 말합니다. 그러나 본문에서 말씀하는 것은 구원받은 숫자를 말하는 것이 아닙니다. 144,000은 구약의 12지파와 신약의 열두 사도를 곱하고 거기에 많은 수를 의미하는 1000을 곱한 것입니다. 그래서 충만한 수를 말합니다.

좀 더 자세하게 살펴보겠습니다. 사도는 12지파에 대한 환상을 봅니다. 그리고 이 가운데 인 맞은 자가 각 12,000씩입니다. 그래서 총 144,000명이 됩니다. 그래서 혹자는 이 숫자가 구약의 구원받은 이들의 총수라고 말하기도 합니다.

그런데 본문을 보면 아주 독특한 기록을 볼 수 있습니다. 우선 이스라엘의 12지파인데 순서가 다릅니다. 르우벤이 먼저 나오지 않고 유다가 먼저 나옵니다. 그 이유는 유다로부터 예수님이 오시기 때문입니다. 또 하나는 에브라임 지파 대신에 요셉 지파가 들어갔습니다. 그리고 단 지파는 아예 없습니다. 단 지파가 빠진 것은 우상숭배에 빠진 지파였기 때문으로 봅니다. 더구나 북 이스라엘의 금송아지 신전이 벧엘과 단에 있었습니다.(삿 18:20, 왕상 12:19) 그래서 유대 랍비들은 단 지파를 향하여 적그리스도를 의미한다고 보았습니다(렘 8:16). 그런 의미에서 이 기록은 정상적인 족보의 기록이라고 볼 수 없습니다. 오히려 영적이고 상징적인 기록이라고 할 수 있습니다.

　본문은 이스라엘의 역사적인 지파를 보여주는 것이 아닙니다. 이것은 매우 상징적인 의미를 가진 말씀입니다. 즉 하나님의 심판으로부터 피하는 자를 의미하는 숫자입니다. 그렇다면 도대체 이들은 누구일까요? 계시록이 70년 이전에 쓰여졌다고 생각하는 이들은 A.D 70년에 예루살렘 성이 함락되었을 때 피하여 믿음을 지킨 유대 기독교인의 숫자라고 합니다. 그러나 4절에서 말하는 144,000은 좀 더 넓은 의미로 보는 것이 합당합니다. 왜냐하면 9절에 능히 셀 수 없는 큰 무리가 등장하기 때문입니다. 이것은 같은 의미입니다. 이렇게 볼 때 144,000은 지상에 있는 교회를 의미합니다. 이것은 계시록 14장 3절에서 다시 반복합니다. 지상의 교회를 의미한다고 할 수 있습니다. 그러므로 144,000명만 구원받는다는 것은 성경의 가르침을 바르게 이해하지 못한 것입니다. 이 부분은 계 14장과 21장에서 다시 한번 다루게 될 것입니다. 그러나 분명한 것은 하나님의 심판을 견디는 자가 있습니다.

　진노의 큰 날에 누가 능히 설 수 있겠느냐는 물음에 대한 답변으로 첫 번째 말씀을 살펴보았습니다. 그 누구도 설 수 없습니다. 그러나 하나님의 인 맞은 자들은 설 수 있습니다. 오직 하나님의 선택을 받은 성도만이 시험을 이기고 영광의 자리에 이르게 됩니다. 그러므로 내가 구원받았다는 확신이 얼마나 중요한지 모릅니다. 나에게 어떤 어려움이 와도 하나님의 손길이 나를 지키고 있음을 확신한다면 결코 환경으로 절망하지 않습니다.

　주님 나라가 이 땅에 완성되는 그날까지 우리는 계속해서 유혹과 싸워야 합니다. 이것이 우리의 삶에 다가오는 고난입니다. 그러나 아무리 유혹이 크다 할지라도 우리를 죽일 수 없습니다. 다만 우리의 기쁨을 잠시 빼앗아 갈 뿐입니다. 그러므로 하나님이 우리에게 주신 기쁨을 빼앗기지 않으려면 힘써 믿음의 자리에 서서 유혹과 싸워 이겨야 합니다.

특히 교회를 세우는 일에 열심을 내야 합니다. 구원은 교회로부터 나오기 때문입니다. 교회가 바르게 세워지는 것이 진노의 날을 견딜 수 있게 합니다. 그래서 사단은 끊임없이 교회를 약화시키는 일을 합니다. 이 사실을 인식하고 더욱더 교회를 건강하게 만들어야 합니다. 이것이 우리가 감당해야 할 일입니다.

생명샘으로 인도하시는 예수님
(계 7:9-17)

　여섯번째 인이 열리고 일곱번째 인이 열리기 전에 사도 요한은 의미심장한 환상을 봅니다. 사도 요한이 본 환상은 천사가 네 바람을 붙잡고 있는 모습입니다. 바람은 땅과 바다를 해롭게 할 수 있는 심판입니다. 그런데 이 심판을 네 천사가 붙잡고 있습니다. 네 천사는 세상을 심판할 수 있는 권세를 하나님께로부터 받았습니다. 그들이 바람을 불면 세상은 감당할 수 없는 고통에 처하게 됩니다. 그런데 아직 바람이 불지 않고 있습니다. 하나님께서 허락하지 않았기 때문입니다. 그러나 허락이 떨어지면 이 땅에 엄청난 심판이 불어닥칩니다.

　하나님께서 천사들로 하여금 바람을 붙잡고 있게 하고, 또 다른 천사를 통하여 심판을 기다리라고 말씀하십니다. 그것은 하나님의 종들 때문입니다. 하나님이 창세 전에 선택하신 하나님의 자녀를 부르시기 위함입니다. 하나님은 선택받은 자를 설명하기를 이마에 인 맞은 자라고 하였습니다. 인 친다는 것은 하나님의 소유와 보호 그리고 참된 존재를 의미합니다. 그런데 그 숫자가 144,000명입니다. 이것은 구원받을 수를 의미하지만, 구원받은 숫자는 아닙니다. 즉, 144,000명만 구원받는 것이 아닙니다. 이 숫자는 구약의 12지파와 신약의 12사도와 1,000이라는 풍성한 수를 곱한 것으로 하나님이 작정하신 충만한 숫자입니다. 그 사실을 9절의 "능히 셀 수 없는 큰 무리"에서 그 사실을 알 수 있습니다.

심판이 잠시 보류되는 기간에 한 천사가 하는 일은 바로 인 맞을 자를 찾고 있습니다. 그것은 하나님께서 심판의 때에 피할 자를 준비시키는 것입니다. 그 수가 144,000명입니다, 그리고 그 수가 의미하는 것은 바로 지상의 교회를 의미합니다. 그리스도의 피로 값 주고 산 교회입니다. 바로 하나님께서 이 교회를 지키시고 보호하십니다. 그러므로 어떠한 바람이 불어온다 하여도 하나님의 교회는 보호됩니다. 이 교회는 하나님이 주인이시기 때문입니다. 이것은 우주적 교회를 의미합니다. 역사적, 지리적 교회는 때때로 사라집니다. 하지만 주님의 교회는 결코 사라지지 않습니다.

사도 요한이 본 환상이 더 있습니다. 바로 흰 옷을 입은 큰 무리가 손에 종려나무 가지를 가지고 보좌 앞과 어린 양 앞에서 크게 외치는 소리였습니다. 9절을 보면 아무라도 능히 셀 수 없는 큰 무리입니다. 이 사람들은 3절에 있는 144,000명을 말한다고 하였습니다. 그러나 어떤 이들은 또 다른 무리라고 말하기도 합니다. 하지만 우리는 전자의 의미로 생각합니다.

하나님 앞에 선 큰 무리들의 모습이 우리에게 많은 힘을 줍니다. 그리고 이들을 향한 하나님의 마음도 우리에게 큰 도전을 줍니다. 모든 족속 가운데 모인 큰 무리들 즉 선택받은 성도들의 모습입니다. 그 모습을 자세히 살펴보는 것은 매우 큰 은혜입니다.

교회를 세우는 요한계시록 강해

성도는 영적 승리자로서 삼위 하나님 앞에 서서 하나님께서 이루신 구원을 찬양합니다.

그리스도인이 가질 수 있는 최고의 영광은 하나님께 인정받음입니다. 이처럼 행복한 것이 없습니다. 이 땅에서 모진 고난과 핍박과 시험을 견딘 후에 하나님 앞에 섰을 때 잘했다 칭찬받는 것처럼 기쁜 것이 없습니다.

사도 요한은 그 사실을 보았습니다. 큰 무리가 흰 옷을 입고 종려나무 가지를 들고 삼위 하나님 앞에 섰습니다. 이 장면은 1세기 성도들이라면 잘 아는 모습입니다. 로마 군대는 전쟁에서 승리하고 돌아오면 흰 옷을 입는 특권이 주어졌습니다. 종려나무 가지 역시 승리의 상징입니다. 이처럼 성도는 영적 승리자로서 하나님 앞에 서게 됩니다. 하나님께서 보호하시고 인도하셔서 영광의 자리에서 결코 떨어지지 않게 하십니다.

이렇듯 큰 무리들이 하나님 앞에서 칭찬을 받습니다. 승리자라고 인정받습니다. 이 땅에서 수고하였다고 인정하여 주십니다. 이것은 말로 표현할 수 없는 영광입니다. 왜 그렇습니까? 우리는 영광을 받을 만한 존재가 아니기 때문입니다. 그런데 흰옷을 입고 종려나무 가지를 들고 하나님 앞에 선 것입니다. 하지만 이것이 모두 하나님의 은혜임을 알고 있습니다. 그래서 이렇게 노래합니다.

"구원하심이 보좌에 앉으신 우리 하나님과 어린 양에게 있도다"(10절)

구원은 전적으로 하나님의 일하심입니다.

우리가 결코 구원을 성취할 수 없습니다. 흰 옷 입은 성도들은 자신들이 지금 영적인 전쟁에서 승리하고 하나님 보좌 앞에 설 수 있었던 것은 오직 하나님의 선물임을 고백합니다. 시 3:8에서 시인은 구원은 하나님에게 있음을 노래하였습니다. 구원은 전적인 하나님의 선물입니다. 하나님이 우리에게 하신 일입니다. 그러므로 우리는 구원하심이 삼위 하나님에게 있음을 노래하지 않을 수 없습니다.

그러자 모든 천사와 장로들과 네 생물들이 엎드려 얼굴을 땅에 대고 하나님께 경배합니다. 하나님이 이루신 구원이 너무나 놀랍고 위대하기 때문입니다. 모든 심판에서 건져 내실 하나님의 능력을 찬송하고 경배합니다.

"아멘 찬송과 영광과 지혜와 감사와 존귀와 능력과 힘이 우리 하나님께 세세토록 있을지로다 아멘"(12절)

이 노래의 시작과 끝이 아멘입니다. 그것은 확실하다는 의미입니다. 구원은 전적으로 하나님의 일하심입니다. 그의 능력이고, 지혜이고, 힘입니다. 12절의 말씀은 4:9, 11, 5:12과 동일합니다. 구원은 전적으로 하나님의 능력임을 알기에 찬양합니다.

흰 옷 입은 성도들은 하나님의 은혜를 분명히 고백합니다. 하나님이 구원을 베풀어 주셨기에 하나님 앞에 서는 영광을 얻게 됩니다. 이 세상이 도저히 알 수 없는 그 능력이 구원의 은혜를 누립니다.

성도는 큰 환난에서 나오는 영광의 사람들입니다.

하나님 앞에서 칭찬받는 성도는 누구입니까? 장로들이 사도 요한에게 질문합니다. 그러자 사도 요한은 '내 주여 당신이 알리이다' 라고 합니다.

그러자 장로가 두 가지 사실을 말합니다. 하나는 큰 환난에서 나오는 자들이고 둘째는 어린 양의 피에 옷을 깨끗하게 씻어 희게 한 사람입니다. 이 말씀은 매우 의미심장합니다. 흰 옷은 승리의 영광입니다. 그런데 그 흰 옷 입은 사람이 큰 환난에서 나온다고 말씀합니다. 승리의 영광은 고난을 통과하여야 함을 말씀합니다. 이 환난은 모든 교회가 다 겪습니다. 하나님 앞에 승리자로 서는 교회가 감당하여야 하는 일입니다. 이 환난은 주님의 초림부터 재림 사이에 존재하는 교회의 모습입니다. 환난에 대한 성경의 기록은 다니엘 12장 1절과 마태복음 24장 21절입니다. 전자는 교회의 전 시기를 의미하고 후자는 마지막에 있을 대환난을 의미합니다. 그러나 본문에서 의미하는 것은 다니엘 12장 1절의 관점에 따라서 교회 시기의 성도를 의미하는 것이라 말할 수 있습니다.

물론 여기에는 다른 해석도 공존합니다. 우선 마지막에 있을 7년 대환난을 의미한다는 견해와 또 다른 견해로 요한 당시의 교회가 당하고 있는 환난을 의미한다고 말합니다. 그러나 9절에서 말하는 것처럼 셀 수 없는 많은 사람들이 구원에 이른 모습을 볼 때 초림과 재림 사이에 존재하는 모든 교회의 성도를 의미한다고 생각합니다.

그렇다면 이들은 왜 환난을 당하는 것입니까? 바로 공중권세 잡은 자인 사단의 발악 때문입니다. 그리스도의 은혜로 인하여 구원의 기쁨을 누리지 못하게 하려고 온갖 방해를 합니다. 그러나 그 고난이 결코 구원받은 성도의 믿음을 허물지 못합니다. 이들은 어린 양의 피로 말미암아 깨끗함을 입었기 때문입니다. 씻는 것은 정결함, 깨끗함을 의미합니다. 하나님께 나아가는 자는 정결해야 합니다. 그리스도인은 예수님의 피로 말미암아 깨끗함을 입은 사람들입니다. 그리스도의 의가 우리에게 다 입혀졌습니다. 그러므로 어떤 환난에서도 무너지지 않습니다. 그리스도의 은혜가 우리를 지켜주기 때문입니다. 그리고 마지막 하나님 앞에서 영광과 찬송의 노래를 부릅니다.

우리도 동일합니다. 이 땅에서 많은 어려움이 있지만 마침내 영광의 자리에 이를 것입니다. 어린 양의 피로 씻음을 입은 자이기 때문입니다.

성도는 감당할 수 없는 황홀한 영광을 누립니다.

이제 하나님 앞에 있는 성도들이 누리는 영광의 구체적인 모습을 보게 됩니다. 사도 요한은 이 놀라운 사실에 감격하였습니다. 이 땅에서 많은 환난을 겪지만 믿음을 지킨 성도들에게 주시는 하나님의 은혜는 참으로 놀랍기 때문입니다. 이것은 우리 모두가 누리는 영광입니다. 그렇다면 그 영광의 실체는 무엇입니까?

첫째, 하나님의 임재 가운데 영원토록 예배하는 일입니다. 15절은 이렇게 시작합니다. "그러므로 그들이 하나님의 보좌 앞에 있고" 그렇습니다. 복음과 함께 고난을 견뎌 낸 성도들이 하나님의 보좌 앞에 있습니다. 어린 양의 피로 구원받은 성도들이 하나님의 보좌 앞에 있습니다. 마치 우리 주님이 죽기까지 복종하셨을 때 하나님 보좌 우편에 앉으신 것처럼 그리스도의 은혜를 입은 모든 성도들이 다 하나님의 보좌 앞에 있게 됩니다. 그 순간이 얼마나 흥분되는지 심장이 정신없이 뛸 것입니다. 하나님 보좌 앞에 서게 되는 영광을 누릴 수 있다는 것은 이루 말할 수 없는 영광이기 때문입니다.

그런데 이렇게 하나님 보좌 앞에 모인 성도들이 어떤 일을 합니까? 밤

교회를 세우는 요한계시록 강해

낮 하나님을 섬깁니다. 여기서 섬기는 것은 예배함입니다. 하나님은 마음껏 예배합니다. 우리는 마 5:8에서 마음이 청결한 자는 하나님을 볼 것이라고 하였습니다. 그리스도의 피로 깨끗함을 입은 자들은 이 영광을 모두 누립니다. 그 말씀의 성취를 사도 요한은 보았습니다.

예배할 때 하나님이 함께하십니다. "보좌에 앉으신 이가 그들 위에 장막을 치시리라"고 말씀합니다. 무슨 의미입니까? 장막을 친다는 것은 하나님이 함께하신다는 약속입니다. 즉 그들 위에 임재하신다는 의미입니다. 임마누엘이 성취됩니다. 하나님이 우리와 함께하심을 눈으로 봅니다. 이것이 바로 환난을 이긴 성도가 누리는 영광입니다.

둘째, 더 이상 우리의 삶에 환난이 없습니다. 참다운 평화를 누립니다. 이 땅에서 고통당하였던 모든 삶의 굴레에서 해방시켜 주십니다.

"저희가 다시 주리지도 아니하며 목마르지도 아니하고 해나 아무 뜨거운 기운에 상하지 아니할지니"(16절)

배고픔, 목마름, 병듦은 이 땅에서 겪어야 하는 슬픔입니다. 이 슬픔은 모두 죄의 결과입니다. 죄로 인하여 우리는 배고픔과 목마름과 병듦을 겪어야 합니다. 이것이 이 땅을 살아가는 우리들의 고통입니다. 사단이 예수님을 시험할 때도 이러한 모습으로 유혹하였습니다. 이 모습은 우리의 신앙생활을 무너뜨리게 하는 요소임을 분명하게 보여주고 있습니다. 그런데 더 이상 이러한 고난이 없습니다. 하나님의 보좌 앞에서는 더 이상의 배고픔과 목마름과 병듦이 없기 때문입니다.

육신적인 아픔이 없는 것이 진정한 평화입니다. 참된 행복이고 즐거움입니다. 이 즐거움이 그리스도의 피로 구원받은 성도들에게 있습니다.

셋째, 예수님께서 우리를 행복함으로 늘 인도하여 주십니다. 하나님 나라에서 우리가 누리는 영광은 우리의 잘남 때문에 주어진 것이 아닙니다. 이 모든 것은 처음부터 그리스도의 은혜입니다. 천상의 삶 역시 그리스도의 은혜로 살아갑니다. 우리의 목자 되신 어린 양께서 우리를 생명 샘으로 인도하여 주십니다. 그리고 우리의 눈에서 나는 모든 눈물을 씻어 주십니다. 복음과 함께 고난받고 환난의 시기를 겪은 자녀들을 위로하여 주십니다. 그의 마음을 아시고 감싸 주십니다. 더 이상 슬픔에 잠길 이유가 없습니다. 생명샘으로 늘 인도하여 주시는 주님이 함께하시기 때문입니다.

우리도 이 땅에서 힘들고 지칠 때 따스한 말 한마디가 얼마나 큰 위로가 되는지를 잘 알고 있습니다. 그런데 하나님 나라에서는 더 이상의 눈물이, 아픔이, 슬픔이 없습니다. 주님께서 모든 슬픔을 다 사라지게 하셨기 때문입니다. 이것이 성도가 누리는 영광입니다.

우리가 살아가는 이 땅은 잠시 동안 힘들고 어려운 것이 사실입니다. 이 세상에 들어온 죄는 하나님이 주신 평화를 다 깨뜨렸기 때문입니다. 그래서 고난과 슬픔과 아픔을 겪습니다. 더구나 그리스도를 믿는 것은 이에 하나 더하는 고통이 있습니다. 세상과 다르게 살기 때문입니다. 세상은 복음을 싫어합니다. 아주 친절하게 보이지만 실제로는 매우 사악합니다. 복음을 전하는 우리들의 약점을 살핍니다. 우리를 공격하여 믿음의 기쁨을 누리지 못하게 합니다.

때로는 경제적 문제, 직장 문제, 가정 문제로 어려움을 겪습니다. 질병이 우리를 아프게 합니다. 그래서 하나님을 불신하게 만들고 있습니다. 세상의 전략은 아주 치밀합니다. 그러나 이러한 모든 고난을 이기게 하신 그리스도의 은혜가 우리를 죄의 자리에 떨어지지 않게 합니다. 그리고 하나님 보좌 앞에 앉게 하십니다.

이 사실을 아는 우리는 더욱 견고한 믿음의 자리 있을 수 있습니다. 이 일을 위하여 그리스도를 아는 믿음에서 더욱 자라나야 합니다. 이것이 환난의 시기를 이기고 영광의 자리에 이르는 길입니다. 세상에서 환난을 당하나 담대하시기 바랍니다. 주님께서 믿음을 지킨 우리들에게 감당할 수 없는 위로와 사랑을 주십니다. 날마다 생명샘으로 우리를 인도하십니다. 그 샘에서 나오는 것은 기쁨이요, 행복이며, 감사요, 즐거움입니다. 더 이상 슬픔과 고통과 괴로움과 무서움이 없습니다. 그러므로 이 땅에서 모든 것을 다 누리지 못하였다고 자신을 학대하지 마시기 바랍니다. 우리에게는 놀라운 선물이 예비되어 있습니다. 이 기쁨과 행복이 우리의 삶을 이끌 수 있기를 축복합니다.

8장

하나님을 떠나 우상숭배하는 자들에게 심판은 무섭게 다가옵니다.
더구나 교회와 성도를 핍박하는 자들에 대한 하나님의 심판도 집행됩니다.
그러나 최후의 심판 전까지는 삼분의 일만 재앙 가운데 있습니다.
이것은 회개하고 돌아오라는 하나님의 자비하심입니다.

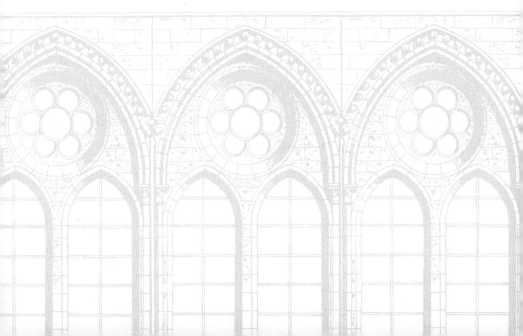

우리의 기도와 하나님의 응답
(계 8:1-5)

하늘 보좌로 올림 받은 사도 요한은 하나님이 보여주시는 심판의 모습을 보았습니다. 어린 양이신 예수님께서 하나님의 손에 있는 일곱 개의 인으로 봉해진 두루마리를 받아서 하나씩 열어봅니다. 인봉된 책에는 장차 이뤄질 심판에 대하여 기록되어 있었습니다. 지금까지 총 여섯 인을 열어 보았습니다. 그리고 일곱번째 인을 열어 보기 전에 구원을 받을 하나님의 자녀들에 대하여 말씀하셨습니다.

그리고 일곱번째 인을 열어 보이십니다. 일곱번째 인은 여섯번째 인과는 차원이 다른 심판의 모습이 기록되어 있습니다. 물론 이 심판은 새로운 심판은 아니지만 더 무섭게 느껴질 수 있습니다.

우선 그 내용을 살펴보고자 합니다. 일곱번째 인이 떼어질 때 하늘이 한 30분 동안 고요하였습니다. 여기서 고요하다는 것은 "침묵"을 의미합니다. 어떠한 소리도 들리지 않는 상태를 말합니다. 이전과 전혀 다른 모습입니다. 왜 하늘은 일곱번째 인을 떼실 때 침묵하였을까요? 우리는 상식적으로 생각할 때 무슨 일을 결정하기 전에 종종 혼자만의 조용한 시간

교회를 세우는 요한계시록 강해

을 갖습니다. 특별히 그 결정이 정말 중요하다고 하면 더 신중하게 그 시간을 가집니다. 그렇다면 지금 하늘에 벌어진 이 침묵을 어떻게 이해하여야 할까요? 하나님 앞에서 침묵에 대한 모습이 성경에 종종 나타납니다.

"무릇 혈기 있는 자들이 여호와 앞에서 잠잠할 것은 여호와께서 그 성소에서 일어나심이니라 하라 하더라"(슥 2:13)

"주 여호와 앞에서 잠잠할지어다 이는 여호와의 날이 가까왔으므로 여호와가 희생을 준비하고 그 청할 자를 구별하였음이니라"(습 1:7)

여기에 나타난 여호와의 날은 심판의 날을 의미합니다. 그것은 스바냐 1장 14-18절의 내용에서 다시 언급하고 있습니다. 이렇듯 하나님 앞에서의 침묵은 하나님의 심판이 이뤄지기 전의 모습으로 새로운 시작이 준비되어 있음을 보여주고 있습니다. 30분은 긴 시간이 아니지만 매우 긴장된 시간입니다. 피겨스케이팅 선수가 연기를 마치고 자신의 점수를 확인하기 위하여 자리에 앉은 시간은 정말 짧지만 당사자에게는 엄청나게 긴장되고 긴 시간입니다. 이렇듯이 하나님의 심판이 임하기 전에 30분의 우주적 침묵은 엄청난 두려움의 시간입니다. 온 우주가 어떠한 소리도 내지 않는 것을 상상할 수 있겠습니까? 이러한 침묵은 세상의 종말이 왔음을 분명하게 보여주는 모습입니다.

이러한 고요함 가운데 일곱 천사가 일곱 나팔을 받습니다. 일곱째 인이 열어질 때 일곱 천사가 일곱 나팔을 받았다는 사실을 잘 기억해야 합니다. 성경에서 나팔은 회중을 모을 때와 전쟁에 나갈 때 사용합니다. 그리고 심판을 선언할 때 사용합니다. 이러한 나팔의 사용에서 볼 때 계시록의 나팔은 심판과 전쟁의 선포를 의미한다고 볼 수 있습니다. 모세도 이러한 모습을 기록합니다.

"또 너희 땅에서 너희가 자기를 압박하는 대적을 치러 나갈 때에는 나팔을 울려 불지니 그리하면 너희 하나님 여호와가 너희를 기억하고 너희를 너희 대적에게서 구원하리라"(민 10:9)

또한 우리가 잘 알고 있는 대로 여호수아가 여리고 성을 무너뜨릴 때 사용한 것이 바로 나팔이었습니다.

"제사장 일곱은 일곱 양각나팔을 잡고 언약궤 앞에서 행할 것이요 제 칠일에는 성을 일곱번 돌며 제사장들은 나팔을 불 것이며 제사장들이 양각나팔을 길게 울려 불어서 그 나팔 소리가 너희에게 들릴 때에는 백성은 다 큰 소리로 외쳐 부를 것이라 그리하면 그 성벽이 무너져 내리리니 백성은 각기 앞으로 올라갈지니라 하시매"(수 6:4-5)

그리고 신약 성경에서는 마지막의 징조를 보여주는 용도로 사용하였습니다.

"저가 큰 나팔소리와 함께 천사들을 보내리니 저희가 그 택하신 자들을 하늘 이 끝에서 저 끝까지 사방에서 모으리라"(마 24:31)

"주께서 호령과 천사장의 소리와 하나님의 나팔로 친히 하늘로 좇아 강림하시리니 그리스도 안에서 죽은 자들이 먼저 일어나고"(살전 4:16)

이렇듯 나팔은 하나님의 심판과 종말이 시작되었음을 경고하는 것입니다. 그 일을 위하여 일곱 천사가 일곱 나팔을 받았습니다. 이제 나팔이 불려질 때 하나님의 심판이 어떻게 이뤄지는지를 보게 됩니다. 이 심판은 새로운 심판이 아닙니다. 이미 인 심판을 통하여 보여주신 심판의 확장이고 구체적인 실체입니다.

본문을 보면 천사가 나팔을 불기 전에 한 천사가 제단 곁에 서서 금향

교회를 세우는 요한계시록 강해

로에 많은 향과 함께 모든 성도들의 기도를 받습니다. 그리고 그 향이 천사의 손으로부터 하나님 앞으로 올라가 향로를 가지고 단 위의 불을 담습니다. 그런 후에 땅에 쏟습니다. 그러자 뇌성과 음성과 번개와 지진이 일어났습니다. 이 모습은 성도들의 기도를 들으신 하나님께서 응답해 주심에 대한 묘사입니다. 우리는 이와 같은 모습을 출애굽기에서 볼 수 있습니다.

"제 삼일 아침에 우뢰와 번개와 빽빽한 구름이 산 위에 있고 나팔 소리가 심히 크니 진중 모든 백성이 다 떨더라 모세가 하나님을 맞으려고 백성을 거느리고 진에서 나오매 그들이 산 기슭에 섰더니 시내산에 연기가 자욱하니 여호와께서 불 가운데서 거기 강림하심이라 그 연기가 옹기점 연기 같이 떠오르고 온 산이 크게 진동하며 나팔 소리가 점점 커질 때에 모세가 말한즉 하나님이 음성으로 대답하시더라"(출 19:16-19)

시내산에서 들려진 하나님의 응답하실 때 나타난 모습입니다. 그런 의미에서 뇌성과 음성과 번개와 지진은 하나님께서 성도들의 기도를 들으시고 세상에 심판을 내리시는 모습이라 할 수 있습니다. 이것은 앞으로 이어질 심판의 모습이 어떠한지를 보여주는 전조라 할 수 있습니다. 하나님은 성도들이 고난 중에 드리는 기도를 기억하십니다. 그리고 하나님을 모독하고 그의 자녀들을 핍박하는 자들에게 반드시 심판을 내리십니다. 그리하여 하나님의 살아계심을 보여주십니다.

본격적인 심판이 임하기 전에 나타난 모습은 우리에게 중요한 교훈을 주고 있습니다. 이 땅을 살아가는 우리들이 어떠한 믿음을 가지고 있어야 하는 지를 말씀하기 때문입니다. 그 내용을 살펴봅니다.

하나님의 침묵은 오래가지 않습니다.

우리는 종종 하나님의 침묵에 대하여 힘들어할 때가 있습니다. 그 가운데 악한 자들이 잘 먹고 잘 사는 모습을 볼 때 하나님은 왜 심판하지 않느냐고 원망할 때가 있습니다. 더구나 하나님을 모독하고 교회를 핍박하는 세력들의 창궐하는 모습을 볼 때 더욱 그러한 생각을 갖습니다. 어쩌면 이러한 생각이 자연스러울 수 있습니다. 그러나 그 침묵은 영원하지 않습니다. 우리의 시간표에 의하면 너무나 길고 힘이 들 수 있습니다. 그러나 하나님의 시간표는 그리 길지 않습니다. 반드시 말씀하시기 때문입니다.

믿음은 하나님의 침묵을 의심하지 않고 인내함입니다. 하나님께서 합력하여 선을 이루심을 알기 때문입니다. 그 모습을 잘 보여주신 것이 바로 아브라함의 모습입니다. 그는 자신의 생각에 따라 하나님의 약속을 무시하였습니다. 자녀에 대한 소식이 없을 때 그는 불안하였습니다. 그래서 천사의 이야기에도 웃었습니다. 그러나 하나님은 약속하신 대로 그에게 자녀를 주셨습니다.

하나님의 침묵은 우리의 기준으로 볼 때 매우 길게 느껴질 수 있습니다. 그래서 기다림이 힘들고 때로는 하나님을 불신하기도 합니다. 하지만 때가 이르면 반드시 말씀하십니다. 우리 하나님은 말 못 하는 목석이 아닙니다. 살아계신 인격입니다. 그러므로 하나님의 침묵에 인내할 수 있어야 합니다. 하나님의 침묵은 큰 결정을 위한 준비임을 잊지 말아야 합니다.

얼마 전 남북과 북미 정상들의 만남을 보며 정말 이것이 현실인가라고 생각하는 분들이 많이 있었습니다. 그러나 사실이었습니다. 하나님의 침묵하심에 대하여 의심하지 말아야 합니다. 하나님의 생각은 우리의 생각

교회를 세우는 요한계시록 강해

과 다릅니다. 나의 생각에 하나님의 생각을 가져오면 안 됩니다. 하나님의 생각이 이뤄짐을 기다려야 합니다. 고요하다고 답답해하지 말아야 합니다. 하나님의 말씀이 임할 때 우리는 그 일하심의 영광을 보게 될 것입니다.

그리스도인의 확고한 성은 항상 기도함에 있습니다.

하나님의 침묵에 대하여 인내할 수 있다면 우리는 기도할 수 있습니다. 기도는 하나님이 말씀하시는 분임에 대한 확신이기 때문입니다. 우리의 기도는 모두 다 하나님의 존전에 올라갑니다. 그러므로 기도를 쉬는 것은 가장 바보 같은 행동입니다. 그래서 성경은 쉬지 말고 기도하라고 하는 것입니다. 기도를 쉬는 것은 죄라고 말하는 것은 기도를 쉴 때 우리의 영혼이 하나님 없이 살 수 있다는 생각을 갖기 때문입니다.

더구나 고난과 환난이 있을 때 성도는 더욱 기도해야 합니다. 앞이 캄캄하게 느껴질 때 더욱 기도해야 합니다. 마틴 루터는 바쁘기에 더욱 기도한다고 하였습니다. 기도는 바빠서 못하는 것이 아닙니다. 바쁘기에 더해야 합니다. 우리의 영혼을 세상의 가치에 빼앗기지 않으려면 더욱 힘써 기도해야 합니다.

앞으로 세상은 교회를 조롱하는 일에 더욱 열심할 것입니다. 교회가 망신을 받을 날들이 많아지고 위축될 수 있습니다. 물론 이러한 원인에는 교회에 대한 불신과 부정직함, 정치 권력이 한몫 하였습니다. 이제 각종 미디어를 통하여 교회의 부끄러움이 더 많이 보여질 것입니다. 그래서 예수 믿는 것이 더욱 힘들어질 수 있습니다. 실체적 교회는 점점 줄어들 것입니다. 이럴 때 교회가 할 일은 기도입니다. 핍박하는 이들을 향하여 분노하기에 앞서 기도하는 일이 우선되어야 합니다.

1세기 성도들에게 물리적 핍박이 있었다면 우리는 정신적이고, 사상적 핍박이 가중되고 있습니다. 더욱 기도해야 합니다. 이 시대와의 싸움에서 이기는 것은 쉬지 않는 기도입니다.

성도의 기도는 반드시 열매를 맺습니다.

기도할 수 있는 힘은 응답하심에 있습니다. 하나님의 응답하심이 우리에게 있습니다. 하나님의 침묵은 결코 길지 않습니다. 반드시 응답하사 하나님을 모독하는 자들에게 심판을 하실 것입니다. 하나님을 떠나 세상을 간 이들을 향한 하나님의 심판은 반드시 임합니다. 그때에 심판을 견딜 수 있는 자가 없습니다.

우리의 기도가 하나님 앞에 올라가고 하나님의 응답하심이 우리 앞에 내려옵니다. 이것은 하나님의 약속입니다.

"너는 내게 부르짖으라 내가 네게 응답하겠고 네가 알지 못하는 크고 은밀한 일을 네게 보이리라"(렘 33:3)

"선지자 예레미야가 그들에게 이르되 내가 너희 말을 들었은즉 너희 말대로 너희 하나님 여호와께 기도하고 무릇 여호와께서 너희에게 응답하시는 것을 숨김이 없이 너희에게 말하리라"(렘 42:4)

"네가 부를 때에는 나 여호와가 응답하겠고 네가 부르짖을 때에는 내가 여기 있다 하리라 만일 네가 너희 중에서 멍에와 손가락질과 허망한 말을 제하여 버리고"(사 58:9)

기도에 대한 하나님의 약속은 분명합니다. 그러기에 하나님의 위대한 일은 기도함을 통해서 이루신다고 말씀하셨습니다. 특별히 환난의 때를 견디는 힘은 말씀과 기도에 있음을 기억해야 합니다. 그리고 그 기도는 반드시 응답됨을 확신해야 합니다.

하나님의 침묵은 오래가지 않습니다. 하나님의 침묵이 끝나고 말씀이 선포될 때 하나님의 심판은 시작되며 이 땅을 살아가는 우리들이 마지막 때를 어떻게 보내야 할지를 말씀합니다. 영적인 환난은 계속되고 하나님의 침묵으로 앞으로의 우리의 신앙이 매우 흔들릴 수 있습니다. 그러나 이때가 우리의 믿음을 더욱 견고하게 할 때입니다. 우리의 믿음을 더욱 견고하게 하는 준비를 잘 해야 합니다.

우리의 준비는 말씀을 의지하며 기도하는 일입니다. 기도를 쉬면 죄의 자리에 떨어지게 됩니다. 유혹의 손길에 넘어가게 됩니다. 기도가 유혹과 환난을 이기는 능력입니다. 기도의 열매는 반드시 응답으로 나타납니다. 기도하는 사람은 살고, 조롱하는 자는 심판에 이릅니다.

여러분의 신앙의 자리는 어떠합니까? 어려운 현실과 세상의 조롱 앞에 낙망이 되십니까? 피하여 갈 수 없다면 싸워 이겨야 합니다. 우리가 있어야 할 자리는 기도입니다. 하나님 앞에 서는 날을 확신하는 성도는 의심 없이, 쉬지 않고 믿음으로 기도합니다. 우리의 기도가 끊어지지 않고 계속되기를 소망합니다.

화, 화, 화가 있으리로다(계 8:6-13)

CBS의 한 인터뷰에서 북극의 빙하 전문가인 김백민 극지연구소 책임 연구원은 북극의 빙하가 2030년 정도면 없어질 것이라는 진단을 하였습니다(2018년 8월 24일). 우리가 한 달 동안 겪어야 했던 무더위의 원인이 지금 지구 온난화에 따른 빙하의 사라짐에 있다고 하였습니다. 전 세계의 문제인 기후 위기에 대해 과학자들조차 뾰족한 수를 내지 못하고 있습니다. 심각한 위기가 우리 앞에 다가오고 있습니다.

이젠 늦었다고 말하는 환경 재앙이 점점 현실적으로 우리 앞에 다가오고 있습니다. 이러한 재앙이 다른 나라의 일이라고 생각하였고, 우리 시대에는 아닐 것이라는 생각이 점점 무너지고 있는 현실을 살고 있습니다.

성경은 재앙에 대하여 여러 말씀을 하고 있습니다. 예수님의 종말 설교에서도 땅에 이뤄질 재앙을 말씀하셨습니다. 그러나 이러한 재앙은 구약 시대에서부터 있었습니다. 노아 시대에는 홍수 재앙이 있었습니다. 아브라함 시대에는 소돔과 고모라에 불 재앙이 있었습니다. 이렇듯 재앙은 하나님의 심판을 보여줍니다. 특별히 이러한 심판이 아주 강력하게 나타난 것이 바로 모세를 통하여 애굽에 나타난 열 가지 재앙입니다. 이 재앙은 장차 올 최후의 심판에 있을 재앙을 예표합니다. 요한계시록의 재앙의 모

교회를 세우는 요한계시록 강해

습은 애굽에 일어났던 재앙과 비교됩니다. 그리고 이러한 재앙은 교회의 역사 가운데 나타났던 모습입니다. 그리고 마침내 최후의 심판이 임할 때 종말의 재앙은 우리 앞에 펼쳐집니다.

본문은 일명 나팔 재앙이라 부르는 첫째부터 넷째 나팔에 이르는 심판을 묘사합니다. 2절에서 살펴보았듯이 나팔은 성경에서 심판을 보여줍니다. 여리고성이 무너질 때 일곱 번 나팔을 불었던 것을 생각하시면 됩니다. 그런 의미에서 나팔 심판은 매우 무거운 모습을 가지고 있습니다. 첫 번째 나팔 심판은 일곱 인이 떼어질 때 주어졌습니다. 이것은 새로운 심판이라고 말할 수 없습니다. 일곱 인 심판과 일곱 나팔 심판 그리고 일곱 대접 심판은 동일한 재앙입니다. 그러나 그 모습은 조금 다르고 강도도 다른 것을 볼 수 있습니다.

앞서서 보았던 6장의 첫째에서 다섯째에 이르는 인 심판은 믿는 사람들의 환난에 초점이 맞춰 있습니다. 그리고 여섯째 인은 최후의 심판이 임할 때 주어지는 재앙을 보여주고 있습니다. 이것은 일곱번째 나팔 심판과 관계되어 있습니다. 나팔 심판에서는 동일한 교회 시대에 그리스도인을 핍박하고 조롱하였던 이들을 향한 하나님의 심판을 볼 수 있습니다. 그 가운데 첫번째부터 다섯째 심판까지는 자연에 대한 심판을 하고 있습니다. 그리고 여섯번째 심판부터는 사람에 대한 심판을 말씀합니다.(계 9:15)

나팔 심판은 무서운 재앙인데 하나님의 사람들에게는 은혜의 사건으로 주어집니다. 하지만 불신자를 향한 하나님의 심판은 매우 무섭게 진행됩니다. 우리가 계시록 6장 10절에서 핍박하는 자들에 대하여 신원하여 달라는 그 간절한 기도가 나팔 심판에서 이뤄지고 있는 것을 볼 수 있습니다. 그레고리 비일은 이러한 모습이 애굽에 내린 재앙과 평행을 이룬다고 말합니다. 이제 구체적으로 심판의 모습을 살펴보겠습니다.

첫째 나팔을 불 때 피 섞인 우박과 불이 나서 땅에 쏟아집니다. 엄청난 일이 일어납니다. 이 모습은 출애굽기에서 볼 수 있습니다.

"여호와께서 모세에게 이르시되 너는 하늘을 향하여 손을 들어 애굽 전국에 우박이 애굽 땅의 사람과 짐승과 밭의 모든 채소에 내리게 하라 모세가 하늘을 향하여 지팡이를 들매 여호와께서 뇌성과 우박을 보내시고 불을 내려 땅에 달리게 하시니라 여호와께서 우박을 애굽 땅에 내리시매 우박의 내림과 불덩이가 우박에 섞여 내림이 심히 맹렬하니 애굽 전국에 그 개국 이래로 그같은 것이 없던 것이라 우박이 애굽 온 땅에서 사람과 짐승을 무론하고 무릇 밭에 있는 것을 쳤으며 우박이 또 밭의 모든 채소를 치고 들의 모든 나무를 꺾었으되"(출 9:22-25)

애굽에 내린 우박과 불은 애굽 온 땅의 밭에 있는 것을 다 부러뜨렸습니다. 그런데 계시록에서 피 섞인 우박과 불이 떨어집니다. 그래서 수목의 삼분의 일과 각종 푸른 풀이 타 버립니다. 물론 이 심판은 최종 심판이 아닙니다. 그것은 땅의 삼분의 일에 주어진 심판이기 때문입니다. 이 심판은 전 영역에 주어집니다. 그러나 완전하지 않습니다. 이렇게 하심은 아직 최후의 심판을 앞두고 회개할 기회를 주시는 것이라 볼 수 있습니다.

그렇다면 수목과 각종 풀이 다 타버린 것은 어떤 재앙을 의미합니까? 이것은 하나님의 법을 어긴 이스라엘에 대한 심판 예언에서 살펴볼 수 있습니다. 에스겔 선지자를 통하여 보여주셨던 심판의 모습입니다.

교회를 세우는 요한계시록 강해

"너의 가운데서 삼분지 일은 온역으로 죽으며 기근으로 멸망할 것이요 삼분지 일은 너의 사방에서 칼에 엎드러질 것이며 삼분지 일은 내가 사방에 흩고 또 그 뒤를 따라 칼을 빼리라"(겔 5:12)

이스라엘이 온역과 기근으로 죽는 이가 삼분의 일이라고 말하고 있습니다. 더구나 불이 강조된 것을 보면 가뭄과 기근으로 인한 재앙이라고 할 수 있습니다. 그런데 이러한 모습이 전 지구적으로 나타납니다. 우리나라도 예외가 아닙니다. 기상청 통계에 따르면 2010년 이후 가뭄일수는 1970년대 10년간 가뭄일수에 비해 약 2배로 늘었다고 합니다. 기근과 가뭄은 심각한 전염병을 가져옵니다. 그리고 곡물 대란도 가져옵니다. 참으로 무서운 일이 아닐 수 없습니다. 그러나 아직 끝은 아닙니다.

둘째 나팔을 불자 불붙는 큰 산이 바다에 던지웁니다.(8-9) 바다의 삼분의 일이 피가 되고, 바다 가운데 생명을 가진 피조물들의 삼분의 일이 죽고, 배들이 삼분의 일이 깨어집니다. 불붙는 산은 무엇일까요? 아마 쉽게 떠오를 수 있는 것은 화산입니다. 얼마 전에도 하와이에서 화산이 분출하여 바다로 떨어지는 것을 화면으로 볼 수 있었습니다. 더구나 요한이 살던 시대에 폼페이에 있는 베스피우스 화산 폭발이 일어났고 엄청난 사람들이 죽었습니다. 당시의 참혹함이 얼마나 대단하였는지 당시의 유물로 알 수 있습니다. 그래서 불붙는 산을 이렇게 생각하는 분들도 있습니다.

그러나 70년 저작설을 말하는 분들은 불붙는 산을 이스라엘 백성을 상징한다고 보기도 합니다. 이렇게 볼 때 산이 바다에 던져진다는 것은 이스라엘 백성을 향한 심판이라고 보기도 합니다.(송영목, 2010)

하지만 요한이 본 환상은 선지자를 통하여 주신 말씀에 근거한다고 할 수 있습니다. 구약 성경은 산을 나라로 비유합니다. 그런데 큰 산이라고 한다면 큰 나라를 의미합니다. 그 큰 산이 바다에 던져진다는 것은 큰 나라의 악함에 대한 심판을 보여준다고 할 수 있습니다. 이것은 선지자 예레미야의 말씀을 통하여 볼 수 있습니다.

"나 여호와가 말하노라 온 세계를 멸한 멸망의 산아 보라 나는 네 대적이라 나의 손을 네 위에 펴서 너를 바위에서 굴리고 너로 불탄 산이 되게 할 것이니"(렘 51:25)

여기서 예레미야는 바벨론이 불탄 산이라고 하였습니다. 불탄 산은 하나님의 심판을 받은 산임을 보여주는 말씀입니다. 그래서 불붙는 산은 하나님의 심판을 의미하는 것이라고 말합니다. 이렇게 볼 때 불붙는 산은 하나님의 심판에 대한 은유라고 보는 것이 합당합니다. 하나님의 심판이 임할 때 바다가 피로 변합니다. 이것은 출 7:20-21절의 모습처럼 모세가 바로 앞에서 지팡이로 강을 칠 때 강이 피로 변한 모습을 비유합니다. 피로 변한 바다에 생명을 가진 피조물 삼분의 일이 죽습니다. 그리고 배들이 깨어집니다. 당시의 배는 경제와 사람을 이어주는 다리의 역할을 하였습니다. 그런데 삼분의 일이 깨어지고 말았습니다. 이것은 경제적 타격을 의미합니다. 참으로 무서운 일이 아닐 수 없습니다. 바다에 생명체가 죽어 가는 것입니다. 우리는 바다의 환경에 대하여 끔찍한 이야기들을 자주 듣고 있습니다. 유명한 커피 가게가 플라스틱 용기를 사용하지 않는 결단을 내렸습니다. 그 이유 가운데 하나가 거북이 코에 플라스틱 빨대가 박혀 괴로워하는 모습을 보았기 때문입니다. 어떤 전문가는 2050년에는 바다에 쓰레기가 물고기보다 더 많을 것이라고 하였습니다. 바다가 오염으

교회를 세우는 요한계시록 강해

로 죽어가는 것은 인간의 죽음을 보여줍니다. 그리고 바다의 배들이 상징하는 경제적인 위기도 찾아옵니다. 이러한 모습에 우리는 긴장하여야 합니다. 최후의 심판이 다가오고 있음을 기억해야 합니다.

세번째 나팔이 불자 횃불같이 타는 큰 별이 하늘에서 떨어집니다(10-11).
하늘에서 떨어진 큰 별은 강들과 여러 물 샘에 떨어집니다. 그런데 이 별의 이름이 쑥입니다. 그러자 물의 삼분의 일이 쑥이 됩니다.

"세째 천사가 나팔을 부니 횃불 같이 타는 큰 별이 하늘에서 떨어져 강들의 삼분의 일과 여러 물샘에 떨어지니 이 별 이름은 쑥이라 물들의 삼분의 일이 쑥이 되매 그 물들이 쓰게 됨을 인하여 많은 사람이 죽더라"(10-11절)

사람들이 이 물을 먹자 죽음에 이르게 됩니다. 참으로 끔찍한 심판이 아닐 수 없습니다. 세번째 나팔 심판이 무엇을 의미하는지 쉽지는 않습니다. 그러나 첫째와 둘째 심판과는 다른 모습을 가지고 있습니다.

"큰 별"이 무엇을 의미하는 것일까요? 이에 대한 해석이 다양합니다. 혹자는 "운석"이라고 말합니다. 운석은 큰 별입니다. 지구에 여러 번 격변이 있었다고 말하는 학자들은 이 격변의 원인이 운석이라고 말하기도 합니다. 이 운석이 강들과 샘들에 떨어져서 식수를 오염시켰다고 보는 관점입니다.

또한 큰 별을 "위대한 인물"이라고 말합니다. 고대에는 별이 지는 것을 위대한 인물이 죽는 것으로 보았기 때문입니다. 그리고 마지막으로는 죄인들을 대표하는 "타락한 천사"라고 말합니다. 이렇게 보는 것은 계시록 9장 1절에서 하늘에서 떨어진 별 하나가 무저갱의 열쇠를 받았기 때문입니다.

이 가운데 첫째와 세번째 해석이 본문의 의미에 가깝다고 할 수 있습니다. 첫번째 견해를 가질 때 세번째 심판은 식수 오염 재앙이라고 봅니다. 실제로 우리는 물을 사 먹는 시대를 살고 있습니다. 이제 돈 주고 물을 사는 것은 아주 자연스러운 모습이 되었습니다. 그만큼 물이 오염되었다는 사실입니다. 물이 극도로 오염될 때는 가뭄이 지속될 때입니다. 그런 의미에서 큰 별을 말할 때 횃불 같이 타는 큰 별이라고 말합니다.

그러나 본문의 떨어진 별은 타락한 천사로 보는 것이 가장 무난합니다. 타락한 천사의 이름은 쓴 쑥입니다. 쓴 쑥이 강과 샘에 떨어졌습니다. 그러자 사람들이 먹을 수 없게 되었고 먹는 자는 죽게 됩니다. 이것은 바로에게 임하였던 첫번째 재앙을 생각하게 합니다. 강물이 피로 변하여 물을 먹을 수 없게 된 것입니다. 더구나 하나님은 선지자를 통하여 하나님을 배반한 자들에게 쑥을 먹일 것이라고 말씀하셨습니다.

"그러므로 만군의 여호와 이스라엘의 하나님 내가 말하노라 보라 내가 그들 곧 이 백성에게 쑥을 먹이며 독한 물을 마시우고"(렘 9:15)

여기에서 쓴 쑥은 하나님의 심판을 의미합니다. 그런 의미에서 세번째 심판은 단순히 식수의 근원이 마르는 것에서 끝나지 않고 좀 더 확장된 땅을 향한 하나님의 진노를 보여줍니다. 하늘에서 떨어진 쓴 쑥인 타락한 천사들은 세상을 오염시킵니다. 하나님을 바르게 섬기지 못하게 할 것이고, 공중 권세 잡은 자인 마귀를 추종하게 합니다. 그래서 사람들로 하여금 죽음에 이르게 합니다. 지금 우리 주변에 기생하고 있는 이단들의 모습이 한 예가 될 수 있습니다. 그리고 무신론자가 되는 것이 마치 엘리트 지성인이 되는 것처럼 호도하는 모습이 바로 쓴 쑥을 먹는 모습이라 할

교회를 세우는 요한계시록 강해

수 있습니다. 그러나 삼분의 일만 심판을 받습니다.

네번째 나팔 심판은 해 삼분의 일과 달과 별들의 삼분의 일이 타격을 받는 것입니다. 그러자 해와 달과 별의 삼분의 일이 어두워졌습니다. 낮도 삼분의 일이 비추임이 없고 밤도 비추임이 없는 것입니다.

"네째 천사가 나팔을 부니 해 삼분의 일과 달 삼분의 일과 별들의 삼분의 일이 침을 받아 그 삼분의 일이 어두워지니 낮 삼분의 일은 비췸이 없고 밤도 그러하더라"(12절)

이 모습은 애굽에 내린 아홉번째 재앙과 비슷합니다.

"여호와께서 모세에게 이르시되 하늘을 향하여 네 손을 들어서 애굽 땅 위에 흑암이 있게 하라 곧 더듬을만한 흑암이리라 모세가 하늘을 향하여 손을 들매 캄캄한 흑암이 삼일 동안 애굽 온 땅에 있어서 그 동안은 사람 사람이 서로 볼 수 없으며 자기 처소에서 일어나는 자가 없으되 이스라엘 자손의 거하는 곳에는 광명이 있었더라"(출 10:21-23)

온 세상이 어두워지는 것은 참으로 무서운 일입니다. 선지자들은 하나님의 심판을 말할 때 어두움을 강조하였습니다.

"사람이 많음이여, 판결 골짜기에 사람이 많음이여, 판결 골짜기에 여호와의 날이 가까움이로다 해와 달이 캄캄하며 별들이 그 빛을 거두도다"(욜 3:14-15)

"그 날은 분노의 날이요 환난과 고통의 날이요 황무와 패괴의 날이요 캄캄하고 어두운 날이요 구름과 흑암의 날이요"(습 1:15)

일반적으로 해와 달이 사라진 어두움은 두려움과 공포를 가져다줍니다. 불빛이 없는 거리에서는 편안하게 걸을 수 없습니다. 그것이 바로 어두움이 주는 두려움입니다. 이 두려움은 우리에게서 평화를 빼앗아갑니다. 그래서 불안 가운데 살게 합니다. 이것이 땅의 사람들의 모습입니다. 하나님을 배반하고 교회를 조롱하고 핍박하는 자들이 받을 심판을 보여 주십니다. 이들은 자신들의 행동에 자신만만해 합니다. 그러나 이들은 곧 흑암의 심판 앞에 두려워할 것이고, 평화를 상실할 것입니다. 그러나 하나님의 사람들은 하나님이 주시는 평화를 누립니다.

이 사실이 분명한 것이 바로 13절입니다. "내가 또 보고 들으니 공중에 날아가는 독수리가 큰 소리로 이르되 땅에 거하는 자들에게 화, 화, 화가 있으리로다 이 외에도 세 천사의 불 나팔소리를 인함이로다 하더라"

요한은 네번째 나팔을 분 다음에 한 독수리의 외침을 듣습니다. 그 독수리는 땅에 거하는 자들에게 화가 있을 것이라고 큰 소리로 외칩니다. 그리고 세 천사의 불 나팔 소리도 남아 있다고 말합니다. 독수리는 시체가 있는 곳에 있습니다. 예수님도 말씀하시기를 주검이 있는 곳에 독수리가 있다고 하셨습니다.(마 24:28) 시체가 있다는 것은 최후의 심판이 가까이 왔음을 알리는 것입니다.

"곧 여호와께서 원방에서, 땅 끝에서 한 민족을 독수리의 날음 같이 너를 치러 오게 하시리니 이는 네가 그 언어를 알지 못하는 민족이요"(신 28:49)

"보라 그가 구름 같이 올라 오나니 그 병거는 회리바람 같고 그 말들은 독수리보다 빠르도다 우리에게 화 있도다 우리는 멸망하도다 하리라"(렘 4:13)

"나팔을 네 입에 댈지어다 대적이 독수리처럼 여호와의 집에 덮치리니

이는 무리가 내 언약을 어기며 내 율법을 범함이로다"(호 8:1)

하나님의 심판이 땅에 거하는 자들에게 가까이 왔습니다. 하나님에게서 떠나 있는 이들에게 하나님의 심판은 도적같이 다가 옵니다. 이 땅에서 대단한 기세를 가지고 있다고 하더라도 독수리의 기세에 무너집니다. 비참한 최후를 맞이할 것입니다. 하나님을 떠나 우상숭배하는 자들에게 심판은 무섭게 다가옵니다. 더구나 교회와 성도를 핍박하는 자들에 대한 하나님의 심판도 집행됩니다. 그러나 최후의 심판 전까지는 삼분의 일만 재앙 가운데 있습니다. 이것은 회개하고 돌아오라는 하나님의 자비하심입니다.

하나님은 성도들의 기도를 들으십니다. 그리고 하나님을 모독하고 교회를 핍박하고 성도를 힘들게 하는 이들에 대한 심판을 행하십니다. 이러한 모습은 주님 초림부터 다시 오실 그날까지 지속됩니다. 그러므로 우리는 더욱 힘써 믿음을 견고하게 하여야 합니다. 구원에 대한 분명한 확신을 가지고 있어야 합니다. 더욱더 하나님을 아는 일에 힘을 쓰고 기도하는 일에 전념해야 합니다.

"하늘에 아무리 많은 독수리가 떠 있어도 살아서 걸어가는 사람에게는 덮치지 않는다."(김서택)라고 합니다. 하나님의 말씀을 굳게 잡고 믿음의 길을 간다면 우리는 이 땅에 나타날 재앙으로 인하여 넘어지지 않습니다. 이것을 잘 모르면 사이비 종말론 단체에 빠지고 맙니다. 구원받은 하나님의 자녀들에게는 지금 이곳이 천국입니다. 새로운 낙원이 있다고 유혹하는 것은 사단의 속임수입니다. 그것은 독수리의 먹잇감이 될 뿐입니다. 그러므로 우리가 할 일은 더욱더 힘을 써서 믿음의 성숙을 이루는 일입니다. 온 힘을 다하여 복음을 듣고, 자랑하고, 하나님과 이웃을 사랑하고, 그리스도의 장성한 분량에 이르도록 힘써야 합니다. 또한 우리의 심령이 교만해지는 것을 막아야 합니다. 좀 더 겸손해야 합니다. 이것이 종말의 시대에 천국을 살아가는 신앙입니다.

9장

그리스도를 아는 지식이 풍성할 수록 어두움의 심판을 이겨 낼 수 있습니다.
언제나 어디서나 하나님은 그의 성령을 통하여 우리를 지키시고 보호하신다는 사실을
기억하고 감사해야 합니다.
우리가 이렇게 모여 예배하는 것이 바로 하나님이 인도하시고 보호하신다는 증표입니다.

파괴하는 자와 보호하시는 분
(계 9:1-12)

    사도 요한은 넷째 나팔을 분 후에 공중에 날아가는 독수리의 큰 소리를 듣습니다. 그 소리는 땅에 거하는 자들에게 화, 화, 화가 있을 것이라는 외침이었습니다. 아직 땅에 거하는 자들 즉 하나님을 떠난 자들에게 세 번의 심판이 남아 있음을 보여주는 것입니다. 계시록 8장에 기록된 네 번의 나팔 심판은 자연 세계를 향한 하나님의 심판을 보여주고 있습니다. 우리는 그 사실을 우리 앞에 나타난 자연적 재해의 모습에서 어느 정도 이해할 수 있었습니다. 그러나 아직 끝이 아닙니다. 왜냐하면 그 심판은 삼분의 일만 해당되기 때문입니다.

    9장은 다섯번째와 여섯번째 나팔 심판에 대하여 말씀하고 있습니다. 그 중에 다섯번째 심판을 살펴보고자 합니다. 다섯번째 심판은 자연을 향한 재앙보다는 사람을 향한 심판을 말씀하고 있습니다. 그러기에 좀 더 우리의 모습을 돌아볼 수 있는 시간이 될 수 있습니다.

    본문은 하나님께로 허락을 받은 타락한 천사인 사단이 하는 일을 말씀하고 있습니다. 사단이 이 땅 가운데 보여줄 첫번째 화를 말씀합니다. 그

교회를 세우는 요한계시록 강해

모습은 이전의 인 심판과는 다르게 더욱 강력해졌음을 알 수 있습니다. 그러나 강력한 심판이지만 최후의 심판은 아닙니다. 최후의 심판이 오기까지 회개할 기회가 있습니다.

다섯번째 천사가 나팔을 불 때 나타난 일은 무엇입니까? 그것은 바로 사단이 무저갱의 열쇠를 받습니다.

"다섯째 천사가 나팔을 불매 내가 보니 하늘에서 땅에 떨어진 별 하나가 있는데 저가 무저갱의 열쇠를 받았더라"(1절)

여기서 한 가지 주목할 내용은 하늘에서 땅에 떨어진 한 별입니다. 이 별의 정체는 무엇일까요? 여기에도 여러 가지 의견이 있습니다. 어떤 이는 하늘에서 떨어진 별이 무저갱을 관리하는 착한 천사라고 말합니다. 그러나 앞서 계시록 8장 10절에서 살펴보았듯이 이 별은 타락한 천사 곧 사단으로 보는 것이 합당합니다. 이사야를 볼 때 분명하게 알 수 있습니다.

"너 아침의 아들 계명성이여 어찌 그리 하늘에서 떨어졌으며 너 열국을 엎은 자여 어찌 그리 땅에 찍혔는고"(사 14:12)

바벨론 왕을 향하여 하늘에서 떨어진 별로 말하고 있기 때문입니다. 또한 예수님의 말씀에서 알 수 있습니다.

"예수께서 이르시되 사단이 하늘로서 번개 같이 떨어지는 것을 내가 보았노라"(눅 10:18)

이처럼 하늘에서 떨어진 별은 악한 천사 곧 사단을 의미합니다. 그런데 이 사단이 하나님께로부터 무저갱의 열쇠를 받았습니다. 무저갱은 땅속 깊은 곳을 의미합니다. 이곳은 사단이 천 년 동안 갇힌 장소입니다.(계 20:1-3) 또한 두 증인을 죽인 짐승이 올라오는 장소입니다.(계 11:7)

이때 사단이 한 일은 하나님께 명령을 받아서 닫혀 있던 무저갱을 여는 것입니다. 그런 후에 하나님의 심판이 주어집니다. **그렇다면 무저갱이 열려지자 일어난 일은 무엇입니까?**

첫째, 슬피울며 이를 가는 심판이 집행됩니다. 무저갱이 열려지자 큰 풀무의 연기 같은 연기가 올라와서 해와 공기를 어둡게 합니다.(2절) 무저갱에서 올라온 풀무 같은 연기가 무엇이기에 해와 공기를 어둡게 할까요? 이것을 문자적으로 이해하려고 하면 어려움을 겪습니다. 왜냐하면 무저갱 자체를 우리가 문자적으로 알 수 없기 때문입니다. 그러므로 이 부분은 상징적으로 이해하여야 합니다. 연기가 올라와서 주변을 어둡게 하였습니다. 어두움은 심판을 의미합니다.

"그 앞에서 땅이 진동하며 하늘이 떨며 일월이 캄캄하며 별들이 빛을 거두도다"(욜 2:10)

하나님의 심판이 임할 때 나타나는 모습을 어두움으로 묘사합니다. 어두움은 아무것도 보이지 않는 상태입니다. 그러니 두려움이 가득할 수밖에 없습니다. 우리 교회처럼 지하 예배당에서 예배 중에 불이 나가면 소란이 장난이 아닐 것입니다. 출구를 알 수 없을 때 느끼는 혼란은 무섭습니다. 그러나 이보다 좀 더 극단적인 예를 들어 본다면 쉽습니다. 고층 아파트의 엘리베이터가 내려오다가 멈췄습니다. 그런데 전기도 끊어졌습니다. 그때 느끼는 그 공포는 이루 말할 수 없습니다.

그렇다면 이것이 무엇을 의미하겠습니까? 영적인 삶에 어두움이 온다는 것은 무엇을 의미할까요? 영적 어두움은 삶을 절망하게 합니다. 미래에 대한 소망이 없다고 생각해 보시기 바랍니다. 살아야 할 이유가 상실됩니다. 또한 영적인 어두움이 오면 방향을 상실하게 됩니다. 어디로 가

교회를 세우는 요한계시록 강해

야 할지 알지 못합니다. 그래서 영적 어두움에 빠지면 하나님을 찾지 않고 자기소견에 따라 살다가 슬피 울며 이를 가는 결말에 이르게 됩니다. 이것이 바로 무저갱에서 올라온 연기가 주는 심판의 모습입니다.

두번째로 심령에 상상할 수 없는 고통을 줍니다. 무저갱이 열리면서 황충이 연기 가운데로부터 나옵니다. 황충은 일종의 메뚜기라고 할 수 있습니다. 그런 의미에서 황충 심판은 여덟번째 애굽 재앙에 있어서 나타난 메뚜기 재앙을 상징합니다.

"여호와께서 모세에게 이르시되 네 손을 애굽 땅 위에 들어 메뚜기로 애굽 땅에 올라와서 우박에 상하지 아니한 밭의 모든 채소를 먹게 하라 모세가 애굽 땅 위에 그 지팡이를 들매 여호와께서 동풍을 일으켜 온 낮과 온 밤에 불게 하시니 아침에 미쳐 동풍이 메뚜기를 불어 들인지라 메뚜기가 애굽 온 땅에 이르러 그 사방에 내리매 그 해가 심하니 이런 메뚜기는 전에도 없었고 후에도 없을러라 메뚜기가 온 지면에 덮여 날으매 땅이 어둡게 되었고 메뚜기가 우박에 상하지 아니한 밭의 채소와 나무 열매를 다 먹었으므로 애굽 전경에 나무나 밭의 채소나 푸른 것은 남지 아니하였더라"(출 10:12-15)

메뚜기가 떼로 다니면 참으로 무섭습니다. 그런 의미에서 황충의 심판은 매우 크고 무서운 심판이라고 할 수 있습니다. 그런데 본문을 보면 황충이 땅에 있는 전갈의 권세를 받았다고 합니다. 전갈은 꼬리에 독이 가득한 곤충입니다. 그래서 전갈에 물리면 큰 고통을 당하게 되고 심지어 목숨을 잃게 됩니다. 그런데 하나님께서 황충에게 전갈의 권세를 주셨습니다.

이렇게 전갈의 권세를 받은 황충이 하는 일이 있습니다. 우선 땅의 풀이나 푸른 것이나 각종 수목을 해하지 않습니다. 이것이 애굽에 내린 재앙과 다른 모습입니다. 애굽의 재앙은 식물을 해치는 심판이었습니다. 그런데 다섯번째 나팔 심판에 나온 황충은 식물이 아니라 이마에 인 맞지 아니한 사람들만 해치라는 명령을 받습니다. 인 맞지 않은 사람들은 하나님을 믿지 않은 사람들 곧 구원 밖에 있는 사람들을 의미합니다. 황충은 식물이 아니라 사람을 괴롭히는 권세를 받은 존재입니다. 그러나 황충은 사람을 죽일 수 없습니다. 다만 괴롭히기만 합니다. 그 괴로움이 얼마나 무서운지는 전갈에 물린 고통이라는 표현에서 알 수 있습니다. 그런데 더 무서운 것은 죽지 않습니다. 그리고 죽을 수도 없습니다.

"그날에는 사람들이 죽기를 구하여도 얻지 못하고 죽고 싶으나 죽음이 저희를 피하리로다"(6절)

상상할 수 없는 고통입니다. 이 고통이 다섯 달 동안 진행됩니다. 왜 다섯 달일까요? 어떤 이들은 메뚜기가 활동하는 시간인 다섯 달과 같다고 말합니다. 어떤 이는 노아의 홍수가 150일 동안 있었듯이 다섯 달 동안 심판이 있을 것이라고 말하기도 합니다. 그러나 본문에서 말하는 것은 상징적 의미보다는 하나님이 정하신 주권적인 시간을 의미합니다. 그 고통이 끝나는 기간이 있습니다. 이 다섯 달은 회개할 수 있는 기간이라 할 수 있습니다. 왜냐하면 아직 최후의 심판은 아니기 때문입니다.

그렇다면 전갈에 쏘임 같은 괴로움은 무엇을 의미할까요? 얼마나 큰 고통이기에 죽기를 구하는 두려움일까요? 이 두려움은 영적이고 심적인 것이라 할 수 있습니다. 우리 사회는 자살하는 이들이 많이 있습니다. 참으로 안타까운 일입니다. 자살에 이르는 대부분의 사람에게서 볼 수 있는 것이 바로 삶에 대한 절망입니다. 좀 더 산다고 행복할 수 없다는 상실감

교회를 세우는 요한계시록 강해

이 안타까운 일을 하게 합니다. 더구나 자신이 기대하였던 세상적 성공이 의미가 없다는 것을 알았을 때 그 충격을 이루 말할 수 없습니다. 황충이 하는 일이 바로 이런 행위입니다. 불신자들로 하여금 이러한 절망과 상실감과 무력감에 빠지게 합니다. 그래서 영적으로, 심적으로 완전히 탈진하게 해 버립니다. 이렇게 되면 사람들은 살아도 사는 것이 아닙니다. 우리의 심령을 황폐하게 만드는 것이 황충의 일입니다. 잠언에서는 이렇게 말씀합니다.

"사람의 심령은 그 병을 능히 이기려니와 심령이 상하면 그것을 누가 일으키겠느냐"(잠 18:14)

심령이 상하면 어떠한 병도 이길 수 없습니다. 그런데 사단이 이 일을 합니다. 심령을 상하게 하여서 소망을 갖지 못하게 합니다. 하나님의 사랑을 볼 수 없도록 영혼을 황폐화시킵니다. 그러한 모습들이 우리 주변에 얼마나 많이 나타나고 있습니까? 인간성을 아주 피폐하게 만드는 모습을 종종 봅니다. 아마 여기에는 일등만 최고로 대접하는 세상의 모습이 그럴 것입니다. 돈으로 사람을 구분하는 시대의 악함이 그러합니다. 이웃에서 사람이 죽어도 나와 상관없다는 모습들이 그러합니다. 그래서 서로 믿지 못하게 만듭니다. 아무도 믿을 수 없는 세상이 얼마나 무섭습니까? 편하게 길을 걸을 수 없고 계속하여 뒤를 돌아보아야 하는 삶이란 참으로 슬픕니다. 실제로 우리의 삶에는 이러한 극악한 일들이 종종 나타납니다. 게임에 졌다고 화가 나서 총으로 사람을 죽이는 참으로 끔찍한 일들이 있습니다. 우리 시대의 많은 게임이 사람을 죽이고, 부숩니다. 그리고 이것을 즐거워합니다. 왜 그렇습니까? 이 모든 것이 부패한 인간의 모습입니다. 그리고 이러한 타락한 자를 더욱 황폐하게 하는 사단의 일들입니다.

황충은 이러한 두려움을 사람들에게 심겨 줍니다.

이러한 두려움은 같은 시대를 사는 성도들에게도 다가옵니다. 하지만 인 맞은 자는 이러한 두려움에 굴복하지 않습니다. 또한 하나님께서 이러한 두려움을 이길 수 있도록 지켜주십니다. 그리고 악한 세대를 향하여 소망을 보여줍니다. 이것이 무저갱이 열리면서 일어난 일입니다.

그런데 여기서 좀 더 살펴야 할 내용이 있습니다. 요한은 무저갱에서 일어난 일에 대하여 기록하면서 특별히 황충에 대하여 세밀하게 전하고 있는 것을 볼 수 있습니다. 그만큼 황충의 역할이 크기 때문입니다. **무저갱에서 올라온 황충은 심령에 고통을 준다고 하였습니다. 그렇다면 황충이 어떻게 고통을 줍니까? 황충이 하는 구체적인 행동은 무엇입니까?**

첫째, 전쟁을 예비한 말들 같습니다. 이것은 혼자가 아님을 보여줍니다. 그리고 이들은 싸울 무기도 준비가 잘 된 자들입니다. 두번째, 머리에 금 면류관을 쓴 사람과 같습니다. 사람과 같이 지혜롭게 통치할 수 있는 능력이 있는 존재입니다. 세번째, 여자의 머리털 같은 머리털이 있습니다. 여자의 긴 머리는 사람을 유혹하는 도구가 되기도 하였습니다. 사람들을 미혹하여 죄의 자리에 빠지게 하는 일을 합니다. 우리 시대에 각종 미디어와 인터넷을 통하여 미혹합니다. 또한 얼마나 많은 이들이 이러한 도구를 이용하여 하나님을 떠나 살게 하는지 모릅니다. 네번째, 그 이는 사자의 이와 같습니다. 사자의 이에 물리면 죽음에 이르게 됩니다. 아주 잔인한 모습을 가지고 있습니다. 다섯번째, 철흉갑 같은 흉갑이 있습니다. 흉갑은 자신을 보호하는 것입니다. 어떠한 공격에도 견딜 수 있음을 보여줍니다. 그리고 여섯째, 그 날개들의 소리는 병거와 말들이 전장으로 달려 들어가는 소리 같습니다. 전쟁에서 말들이 달리는 소리는 두려

교회를 세우는 요한계시록 강해

움을 가져다줍니다. 사람들을 두려워하게 하는 힘이 있음을 보여줍니다. 일곱째, 전갈과 같은 꼬리가 있습니다. 이들이 하는 일은 5절에서 보듯이 큰 괴롭힘을 줍니다. 참으로 끔찍한 일들이 벌어지는 것입니다. 사단은 아주 조직적으로 심판의 대행자 역할을 감당하고 있습니다. 하나님을 떠나 우상숭배와 불순종의 삶을 살아가는 이들에게 주어지는 심판은 매우 철저하고, 끈질기고, 무섭습니다.

사단이 이렇게 조직적으로 할 수 있는 것은 그들을 다스리는 임금이 있기 때문입니다. 그 왕의 이름은 "파괴자"입니다. 11절을 보겠습니다.

"저희에게 임금이 있으니 무저갱의 사자라 히브리 음으로 이름은 아바돈이요 헬라 음으로 이름은 아볼루온이더라"

여기서 무저갱의 사자인 아바돈과 아볼루온의 뜻은 멸망시키는 혹은 파괴자라는 의미입니다. 이들은 다섯 달 동안만 우상숭배자와 불순종하는 자들을 파괴시킵니다. 그것도 아주 지혜로운 방법으로 교묘한 유혹을 통하여 하나님을 배반하게 만듭니다. 그리고 멸망의 자리에 이르게 합니다.

사단이 하는 일이 바로 하나님께로 가지 못하도록 관계를 파괴시키는 것입니다. 사단은 끊임없이 자신의 졸개들을 통하여 인간의 영혼을 파괴시키는 일에 집중하는 것을 볼 수 있습니다. 이것이 무저갱에서 올라온 황충에 대한 기록입니다.

지금까지 우리는 다섯번째 나팔 시험을 살펴보았습니다. 이 심판은 하나님을 떠나 있는 우상숭배자들을 향한 심판을 보여줍니다. 하나님 없이 살고 있는 자들에 대한 하나님의 심판이 어떠한지를 알려주는 말씀입니다. 물론 이 심판은 우리에게도 영향을 줍니다. 심판이 임할 때 우리를 두려워하게 만듭니다. 그래서 하나님이 주시는 평안을 누리지 못하게 합니다. 믿음에 대하여 의심을 하기도 합니다. 그래서 우울함에 빠지게 할 수도 있습니다.

더구나 세상에 나타날 수 있는 공포가 엄습할 때가 있습니다. 우리 가운데 6.25를 경험하신 분은 전쟁의 두려움을 잘 알고 있습니다. 두려움은 공포로 변하고 공포가 우리의 삶을 지배하면 삶의 모든 의욕이 사라지게 됩니다. 그러면 그것은 살아도 사는 것 같지 않습니다. 이러한 일들이 더 이상 있으면 안 됩니다. 하나님의 심판은 어떠한 모습으로 다가올지 모릅니다. 사람들은 무서운 공포를 경험하여도 강퍅한 생각에 사로잡혀서 예수님을 믿지 않습니다. 그래서 그 고통을 고스란히 당하게 됩니다. 그러나 더 이상 견딜 수 없는 최후의 심판이 다가오고 있음을 기억해야 합니다.

그리스도인들은 이러한 어두움의 현실을 맞이할 때 하나님의 뜻이 이뤄지는 것을 인식하고 두려움의 자리에서 떠나야 합니다. 하나님은 두려움의 현장에서 우리의 피난처요 보호자가 되십니다. 세상을 향한 심판은 믿는 자들에게 은혜의 날이 가까이 오고 있음을 보여주는 표시입니다. 그러므로 인 맞은 자의 삶을 당당하게 살아야 합니다. 동시에 이웃과 세상을 향하여 믿음이 주는 평화가 무엇인지를 보여주어야 합니다. 이것이 바로 심판의 징조를 알려주신 이유입니다.

더욱더 힘을 써 믿음에서 자라나야 합니다. 그리스도를 아는 지식이 풍성할 수록 어두움의 심판을 이겨 낼 수 있습니다. 언제나 어디서나 하나님은 그의 성령을 통하여 우리를 지키시고 보호하신다는 사실을 기억하고 감사해야 합니다. 우리가 이렇게 모여 예배하는 것이 바로 하나님이 인도하시고 보호하신다는 증표입니다. 이 은혜를 결코 포기하지 마시기 바랍니다. 그 무엇과도 바꾸지 말아야 합니다. 주님 오시는 그날까지 하나님이 우리를 보호하여 주신다는 이 약속에서 참된 평안을 누릴 수 있기를 소망합니다.

불과 연기와 유황(계 9:13-21)

교회 집사님들과 다가올 시대의 모습을 이야기한 적이 있었습니다. 인공 지능으로 인하여 점점 일자리가 줄어들고 남아도는 사람들로 인하여 일자리를 공유하게 될 것이고 그러다 보면 사람들은 많은 여가 시간이 생길 것이라는 이야기였습니다. 그리고 그렇게 남은 시간이 과연 유익한 여가 생활로 갈 수 있을지에 대한 내용이었습니다. 그러다가 전쟁이 일어난다면 어떻게 될 것인지 나누었습니다. 그러자 지금의 고민은 아무 의미가 없어졌습니다. 전쟁이 일어나면 여기는 사라지고 다시 일해야 하기 때문입니다.

미래에 어떠한 일이 일어날지는 아무도 모릅니다. 그런데 이렇게 걱정하는 이유는 지금의 현실이 보여주는 상황 때문입니다. 우리 가운데 그 누구도 내일 일을 알 수 없습니다. 하루하루 살 수밖에 없는 존재임을 고백하지 않을 수 없습니다. 이렇게 볼 때 오늘 나에게 주어진 시간이 얼마나 소중한지 모릅니다.

그런 의미에서 이 본문은 우리의 삶을 더욱 감사하게 합니다. 예수님을 믿음으로 살아가고 있다는 것이 얼마나 큰 기쁨인지 모릅니다. 본문은 여섯번째 나팔 재앙에 대한 말씀입니다. 즉 두번째 화에 대한 말씀입니다.

교회를 세우는 요한계시록 강해

요한이 본 여섯번째 재앙은 참으로 두려운 모습입니다. 다섯번째 나팔 재앙과는 전혀 다른 모습입니다. 다섯번째 재앙에서는 불신자를 향하여 고난 가운데 처하라고 하였지 죽이라고 하지 않았습니다. 그러나 여섯번째 나팔 재앙은 사람 삼분의 일이 죽임을 당합니다. 이것은 다섯번째 심판과 비교할 수 없는 정도의 강력한 재앙이라고 할 수 있습니다.

그 재앙의 모습을 차례대로 살펴보겠습니다. 여섯째 천사가 나팔을 불자 하나님 앞 금단 네 뿔 앞에서 한 음성이 나는 것을 요한이 듣습니다. 하나님 앞 금단은 향로단을 의미합니다. 즉 백성들의 기도를 들으시는 곳입니다. 금 제단 네 뿔도 하나님의 완벽한 통치를 의미합니다. 바로 그곳에서 음성이 들렸습니다. 이 음성은 성도들의 기도에 응답하시는 하나님의 음성입니다. 이미 계 6:9-10. 8:3-5절에서 살펴보았듯이 하나님은 성도들의 기도에 응답하십니다. 요한은 그 소리를 들었습니다. 그렇다면 요한이 들은 하나님의 음성과 모습은 무엇입니까?

첫째, 큰 강 유브라데에 결박한 네 천사를 놓아주라는 소리였습니다(13-14). 여기서 결박당한 네 천사는 계시록 7장 1절에 기록된 천사와는 다릅니다. 7장의 천사는 경건한 천사였지만 본문의 천사는 결박당한 것을 볼 때 악한 천사라고 할 수 있습니다. 일부 사람은 본문의 네 천사가 타락한 천사가 아니라 하나님의 주권에 의하여 활동하지 못한 경건한 천사라고 말합니다. 그러나 전체적인 의미에서 볼 때 타락한 천사라고 보는 것이 합당합니다. 하나님께서 악한 천사를 심판의 도구로 사용합니다. 이들은 하나님이 허락하지 않는 한 풀려날 수 없고 어떠한 일도 할 수 없습니다. 하나님께서 그를 결박하고 있기 때문입니다. 이것은 매우 의미심장합니다. 이 땅에 나타나는 재앙은 하나님의 섭리가 없이는 존재할 수 없습니다. 이 땅에 이뤄지는 모든 일은 하나님의 주권에 달려 있음을 잊지 말아야 합니다.

그런데 이 천사가 왜 큰 강 유브라데에 매여 있었을까요? 유브라데는 유프라테스강을 말합니다. 이 강은 성경에 자주 등장합니다. 우선 창세기 2장 14절에 보면 땅의 근원으로서 넷째 강입니다. 그리고 이스라엘의 역사에서 유브라데는 이스라엘에 약속된 북쪽 지역의 경계였습니다(수 1:4). 다윗과 솔로몬 시대에는 그 영토가 유브라데까지였습니다.

"솔로몬이 하수 이편을 딥사에서부터 가사까지 모두 다스리므로 하수 이편의 모든 왕이 다 관할한바 되매 저가 사방에 둘린 민족과 평화가 있었으니"(왕상 4:24)

본문에 기록된 하수가 바로 유브라데강입니다. 이곳이 경계이므로 끊임없는 전쟁이 이 강가에서 이뤄졌습니다. 앗수르, 바벨론, 페르시아의 모든 왕들은 유브라데강을 건너 침략하였습니다. 더구나 요한이 살던 로마 시대에는 유브라데강을 사이에 두고 강력한 기마병을 가진 파르티아 제국이 있었습니다. 로마는 이 파르티아와의 전쟁에서 두 번(53, 62년)이나 패하기도 하였습니다.

이러한 역사적 상황으로 큰 강 유브라데는 하나님의 심판을 상징하는 의미로 사용되었습니다. 유브라데에서 일어났던 거대한 전쟁처럼 이 땅 가운데 전쟁이라는 재앙이 있을 것임을 보여줍니다. 그것을 알 수 있는 말씀이 바로 15절입니다.

"네 천사가 놓였으니 그들은 그 년 월 일 시에 이르러 사람 삼분의 일을 죽이기로 예비한 자들이더라"

천사들이 년, 월, 시에 풀려났다는 것은 철저하게 하나님의 주권에 의하여 움직이고 있음을 보여줍니다. 네 천사가 하는 일은 하나님이 정하신 때에 사람의 삼분의 일을 죽이는 일입니다. 이것은 참으로 엄청난 재앙이라고 할 수 있습니다. 그러나 반복하여 말씀하고 있지만 전부는 아닙니다. 삼분의 일의 사람이 어떻게 죽는지는 모릅니다. 분명한 것은 아직 최후의 심판은 아니라는 사실입니다. 하지만 하나님은 우상숭배를 하는 세대를 향하여 심판을 내리십니다. 이것이 결박한 네 천사가 풀려나서 하는 일입니다.

둘째는 전쟁을 수행하는 마병대의 수가 이억 명이라는 소리였습니다(16절). 타락한 천사가 놓임을 당하여 전쟁을 일으키는데 천사가 동원한 숫자가 수가 이억 명이나 됩니다. 이것은 어마어마한 숫자입니다.

"마병대의 수는 이만만이니 내가 그들의 수를 들었노라"(16절)

이만만은 이억 명을 의미합니다. 성경은 이러한 표현을 자주 씁니다. 만만이요, 천천이라고 합니다. 이것은 오늘날 같은 숫자 개념이 없었기 때문입니다. 그러므로 성경이 이러한 표현을 쓸 때는 엄청나게 많은 수를 말하고자 하는 것입니다. 그러므로 이만만은 셀 수 없는 큰 수를 상징합니다. 이렇게 많은 군대들이 사람을 죽입니다. 이렇게 사람을 죽이는 이들의 모습은 참으로 잔인합니다. 17절입니다.

"이같이 이상한 가운데 그 말들과 그 탄 자들을 보니 불빛과 자주빛과 유황빛 흉갑이 있고 또 말들의 머리는 사자 머리 같고 그 입에서는 불과 연기와 유황이 나오더라"

우선 이들은 화려한 갑옷을 입었습니다. 그리고 말의 머리는 사자와 같습니다. 이것이 상징하는 것은 분명합니다. 한 번 물리면 살 수 없음을 의미합니다. 그리고 그 입에서는 불과 연기와 유황이 나옵니다. 이것은 네 천사가 행하는 강력한 재앙을 보여줍니다. 그런데 세대주의자들은 이 본문을 문자적으로 해석하여서 불과 연기와 유황을 탱크와 미사일과 같은 현대 무기로 해석하는 분들도 있습니다. 그러나 본문은 이러한 무기를 의미하는 것이 아니라 하나님의 심판의 치명적인 파괴력을 의미합니다. 이러한 모습은 이미 소돔과 고모라의 멸망에서도 볼 수 있었습니다(창 19:24-28). 더구나 이 전쟁은 영적인 전쟁을 말씀하고 있습니다.

영적인 전쟁은 여기서 끝나지 않습니다. 입에서 나오는 세 재앙 즉 불과 연기와 유황이 사람 삼분의 일을 죽입니다. 이억 명의 군대들이 우상 숭배하는 사람 삼분의 일을 죽입니다. 이것은 무엇을 의미하는 것일까요? 어떤 분들은 이것을 로마가 자행하였던 대량학살이라고 말하기도 합니다. 또는 미래적 해석을 하는 세대주의자들은 이억 명의 군대를 가질 수 있는 나라인 중국과 인도, 러시아의 군인들이 마지막 전쟁 때 이스라엘을 침략할 것이라고 말합니다. 하지만 이는 바른 해석이 아닙니다.

본문에서 말하는 것은 우상숭배하는 세상을 심판할 때 동원되는 강력한 사단의 세력을 의미합니다. 이들이 가진 강력한 무기와 방법은 19절 말씀에 나타납니다.

"이 말들의 힘은 그 입과 그 꼬리에 있으니 그 꼬리는 뱀 같고 또 꼬리에 머리가 있어 이것으로 해하더라"

말들의 힘이 그 입과 꼬리에 있는데 그 꼬리가 뱀 같다고 말합니다. 입이 의미하는 것은 거짓과 미혹입니다(계 16:13). 그리고 계시록에서 뱀은 사단을 의미합니다. 즉 꼬리가 사단 같다는 말이 됩니다. 구약에서 꼬리는 거짓 선지자를 의미합니다. "머리는 곧 장로와 존귀한 자요 꼬리는 곧 거짓말을 가르치는 선지자라"(사 9:15) 이렇게 보면 사단이 거짓 선지자의 모습으로 나타나서 말로서 사람들의 영혼을 미혹하여 고난과 죽음에 이르게 합니다(계 16:13). 이것이 입과 꼬리로 상징되는 사단의 모습입니다.

우리 시대는 거짓이 난무하고 있습니다. 그래서 사실 확인이 필요한 시대가 되어 버렸습니다. 서로를 믿지 못함은 무서운 재앙입니다. 이러한 모습은 교회도 예외가 아닙니다. 교회의 불신이 매우 높습니다. 여기에 목사들을 불신합니다. 그리고 마침내 말씀까지도 불신합니다. 결국 미혹의 영에 빠져 암흑 가운데 살게 합니다. 그리고 영과 육의 죽음에 이르게 하는 것입니다. 이것이 사단이 지금도 열심히 하고 있는 일들입니다. 이렇듯 사단은 우상숭배 자들, 불순종하는 자들, 하나님을 모욕하는 자들. 특별히 거짓된 말을 전하는 이단자들을 통하여 사람들의 영혼을 파괴시킵니다. 그런 의미에서 요한이 받은 말씀은 현재진행형입니다.

세번째로 재앙을 겪고도 회개치 않는 사람들을 보았습니다(20-21절). 여섯번째 나팔을 통하여 보여준 것은 불신자들과 우상숭배자들을 향한 재앙이었습니다. 이것은 너무나 참혹한 일이었습니다. 우리는 역사적 사실에서 이러한 재앙이 얼마나 참혹할지 가늠할 수 있습니다. 1, 2차 세계 전쟁은 물론이고 우리나라에서 일어난 6.25전쟁이 가져왔던 참혹한 현실을 우리는 잘 알고 있습니다. 그러나 이러한 역사적인 전쟁뿐 아니라 영적으로, 도덕적으로 사람들의 영혼이 망가진 모습들을 또한 여실히 볼 수 있습니다. 로마서의 말씀처럼 하나님을 알되 감사치도 않고 고백하지 않는 미혹된 사람들이 얼마나 많이 있는지 모릅니다. 자신들의 쾌락을 즐기기에 정신이 없는 모습을 보게 됩니다. 더구나 고난의 현실을 겪었음에도 회개치 아니하는 자들이 얼마나 많은지 모릅니다. 고난이 사람을 변화시키는 것이 아니라는 사실입니다. 고난이 우리의 생각을 돌아보게 할 수 있지만 회심의 자리로 반드시 오게 하는 것은 아닙니다. 그 사실을 요한은 분명하게 보았고 증언하고 있습니다. 20, 21절은 그 사실을 말합니다.

"이 재앙에 죽지 않고 남은 사람들은 그 손으로 행하는 일을 회개치 아니하고 오히려 여러 귀신과 또는 보거나 듣거나 다니거나 하지 못하는 금, 은, 동과 목석의 우상에게 절하고 또 그 살인과 복술과 음행과 도적질을 회개치 아니하더라"

재앙에 죽지 않고 남은 사람들이 있습니다. 하나님께서 삼분의 일만 심판하셨기 때문입니다. 아직 삼분의 이가 남아 있습니다. 이것은 반복적으로 알려주셨듯이 회개할 기회를 주는 것입니다. 우리는 무서운 일을 경험하면 자신의 무능력을 인정하게 됩니다. 그리고 하나님이 없이는 인간은 아무것도 아님을 알 수 있는 절호의 기회입니다. 그런데 타락한 인간에게는 여전히 가증한 모습이 남아 있습니다. 아프고 힘들 때는 주님을 찾기에 여념이 없다가 삶이 나아지면 주님을 찾는 일에 게을러지는 모습과 같습니다.

삼분의 일이 죽는 재앙을 보았음에도 살아남은 사람들이 회개치 않았습니다. 오히려 생명 없는 것들을 향하여 절하는 우상숭배를 지속합니다. 그리고 살인과 복술, 즉 점치는 것과 음행과 도적질을 부끄러워하지 않습니다. 참으로 끔찍한 죄를 저질렀는데 회개가 없습니다. 회개의 기회를 버린 자들에 대한 심판은 매우 무섭습니다. 유럽에 페스트가 전염되어 엄청난 재앙으로 다가왔던 시절이 있었습니다. 그때 하나님의 심판으로 알

교회를 세우는 요한계시록 강해

고 많은 사람들이 하나님께 회개하고 돌아왔습니다. 그러나 그 시간도 잠시 지금의 유럽은 철저한 세속사회로 변모하고 있습니다. 인간이 가진 사악한 모습입니다.

그런 의미에서 볼 때 우리는 얼마나 감사합니까? 우리의 죄 됨을 알고 그리스도의 은혜가 필요함을 인정합니다. 성령의 선물이 없었다면 우리는 하나님을 고백하는 자리에 있을 수 없었습니다. 그런데 성령께서 우리에게 오셔서 우리로 하여금 죄를 고백하게 하고 예수님을 믿게 한 것입니다. 성령이 아니고서는 누구도 그리스도를 주라고 고백할 수 없기 때문입니다.(고전 12:3) 고난이 온다고 예수님을 믿는 것이 아니라 성령이 구원하실 때 믿음을 가질 수 있습니다. 그러기에 오늘 믿음으로 예배하는 것이 얼마나 감사한 일인지 모릅니다.

또 기억할 것은 재앙이 임할 때 성도를 향한 하나님의 보호하심은 더욱 강력하게 임한다는 사실입니다. 그러므로 지금 우리가 힘써야 할 것은 우상숭배의 자리에서 도망치는 일입니다. 그리고 힘써 하나님을 섬기는 자리에 있어야 합니다. 세상이 말씀을 불신할 때 우리는 말씀을 더욱 붙잡아야 합니다. 이것이 우리를 미혹하게 하는 사단을 물리치는 일이기도 합니다. 주님이 재림하시는 그날까지 우리는 더욱 힘써 믿음에 믿음을 더하여야 합니다.

그리고 더욱 힘써 이 세상을 향하여 기도하여야 합니다. 하나님의 재앙이 우리들의 기도의 응답임을 보았습니다. 불의한 세력을 향하여 우리는 기도해야 합니다. 하나님을 모독하는 시대를 향하여 하나님의 정의가 나타나도록 기도해야 합니다. 도덕이 타락하고 쾌락이 난무하는 시대를 향하여 기도해야 합니다. 또한 말씀을 방해하고 교회를 허물고 있는 나라들의 행태를 막아 달라고 기도해야 합니다. 가난하고 힘든 이들이 죄의 자리에 서지 않도록 위하여 기도하고, 하나님을 무시하는 부유한 자들의 변화를 위하여 기도해야 합니다. 이것이 구원받은 우리들이 지금 이 땅에서 해야 할 일입니다. 이 일에 우리 모두 헌신할 수 있기를 소망합니다.

교회를 세우는 요한계시록 강해

10장

복음의 비밀을 들은 성도는 그 비밀을 전하는 삶을 살아야 합니다.
그것이 그리스도의 명령입니다.
때를 얻든지 못 얻든지 예수 그리스도를 전하는 것이 그리스도인의 삶입니다.
그래서 우리에게 구원과 심판을 알려주시고 말씀을 듣게 하십니다.

입에는 다나 배에는 쓰다(계 10:1-11)

　우리말에 "달면 삼키고 쓰면 뱉는다"는 말이 있습니다. 자신에게 유리한 것만 취하는 모습을 비꼬는 말입니다. 아주 이기적인 사람을 향하여 말할 때 쓰는 말입니다. 처음에 단 것이 나중에 쓰다고 버린다면 그 사람은 가치 있는 사람이라고 할 수 없습니다. 자기에게 필요할 때는 친근하게 대하다가 자신에 필요가 없다고 느끼면 모른 척하는 인간은 가장 추잡한 존재라고 생각합니다. 그런데 의외로 이 땅에는 이러한 사람들이 자주 출몰합니다. 하지만 그리스도인은 적어도 이러한 모습으로 살아서는 안 됩니다. 그리스도인의 삶은 일관되며 변함없는 모습이어야 합니다.

　본문은 여섯번째 나팔 재앙을 말씀하신 후에 일곱번째 나팔 재앙을 앞두고 주어진 말씀으로 종말을 사는 그리스도인의 삶이 어떠해야 하는지를 보여주고 있습니다. 마치 여섯번째 인 재앙과 일곱번째 인 재앙 사이에 주어졌던 중간 사건과 동일한 모습을 가지고 있습니다. 계시록 10:1-11:14절까지는 여섯 번째와 일곱 번째 나팔 재앙 사이에 있는 중간 사건이라고 할 수 있습니다. 그 중에 우리는 10장을 살펴봅니다.

　본문에는 반복되는 두 단어가 있습니다. 하나는 힘센 천사(1, 5, 7, 8, 9, 10절)이고 그리고 작은 책(2, 8, 9, 10절)입니다. 이렇게 볼 때 본문은 힘센 천사와 작은 책에 대한 요한의 환상이라고 말할 수 있습니다. 이러한 반복된 중요 단어를 생각하면서 말씀을 이해하는 것이 유익합니다.

첫째, 열방의 주권자이신 그리스도입니다. 1절을 보면 사도 요한은 힘센 다른 천사가 구름을 입고 하늘에서 내려오는 것을 봅니다.

"내가 또 보니 힘센 다른 천사가 구름을 입고 하늘에서 내려 오는데 그 머리 위에 무지개가 있고 그 얼굴은 해 같고 그 발은 불기둥 같으며"

이 천사는 하늘에서 떨어진 천사와는 다릅니다. 이 천사는 구름을 입고 하늘에서 내려왔습니다. 여기서 구름과 내려옴은 계 1:7의 예수님의 모습을 떠오르게 합니다.

"볼지어다 구름을 타고 오시리라 각인의 눈이 그를 보겠고 그를 찌른 자들도 볼 터이요 땅에 있는 모든 족속이 그를 인하여 애곡하리니 그러하리라 아멘"

구름은 성경에서 신적 임재를 의미할 때 사용됩니다.(겔 10:4) 이런 의미에서 볼 때 구름 타고 온 힘센 다른 천사는 타락한 천사가 아닙니다. 이 천사는 하나님의 일을 수행하기 위하여 온 천사입니다. 그렇다면 이 힘센 다른 천사는 누구일까요? 여기에는 세 가지 정도의 해석이 존재합니다. 하나는 하나님의 일을 전달하는 가브리엘 천사라고 생각합니다. 둘째는 계시록 5장 2절에 있는 것처럼 힘 있는 천사 중의 하나로 봅니다. 세번째는 이 천사를 그리스도로 봅니다. 저는 힘센 다른 천사를 그리스도로 보고자 합니다. 어떤 이들은 계시록에서 천사를 그리스도로 표현하는 곳이 없기 때문에 그리스도와 비슷한 모습을 가졌지만 그리스도가 아니라고 말합니다.

그러나 힘센 천사를 그리스도라고 보는 이유는 그의 모습에서 볼 수 있습니다. 그의 머리 위에 무지개가 있습니다. 무지개는 성경에서 언약을 상징합니다. 우리가 알고 있듯이 노아와 맺은 언약의 상징이 바로 무지개입니다. 이 모습은 계시록 4장 3절(앉으신 이의 모양이 벽옥과 홍보석 같고 또 무지개가 있어)을 통해서도 알 수 있습니다. 또한 앞서서 보았듯이 예수님은 구름을 타고 오십니다. 그리고 그 얼굴이 해 같다고 말합니다. 이 역시 예수님의 모습을 생각하게 합니다. 계시록 1장 16에는 "그 얼굴은 해가 힘 있게 비취는 것 같더라"고 증거합니다. 이렇게 볼 때 힘센 다른 천사는 예수님과 비슷한 능력을 가진 천사가 아니라 예수 그리스도를 의미한다고 할 수 있습니다.

더구나 힘센 천사는 손에 작은 책을 가지고 있습니다. 손에 펴져 있는 작은 책은 하나님의 손에 봉인되어 있던 책과 동일합니다. 어린 양이신 예수님은 그 봉인된 책을 개봉하셨습니다. 그런데 그 책을 힘센 천사가 가지고 있습니다. 또한 그 오른발은 바다를 밟고, 왼발은 땅을 밟고 있습니다. 이것은 말씀으로 열방을 다스리시는 분임을 말하는 것입니다. 열방의 주인이 누구입니까? 바로 예수 그리스도입니다. 이렇게 볼 때 힘센 천사는 그리스도를 상징하는 것이라 말할 수 있습니다. 사도 요한은 막간을 통하여 그리스도가 열방의 주인이심을 듣고 있습니다. 이것은 우리의 주님이 어떤 분이신지를 보여주는 말씀입니다. 만물을 다스리시는 분은 예수 그리스도입니다.

둘째, 임박한 그리스도의 심판입니다. 요한은 사자의 부르짖는 것같이 큰 소리로 외치는 것을 들었습니다. 성경에서 사자는 유다 지파를 상징합니다. 그런 의미에서도 힘센 천사는 그리스도라고 할 수 있습니다.

"사자의 부르짖는 것같이 큰 소리로 외치니 외칠 때에 일곱 우레가 그 소리를 발하더라"(3절)

이렇게 사자의 부르짖는 것으로 표현하는 것은 하나님의 강력한 말씀이 임할 때 사용됩니다. 호세아에서 그 사실을 볼 수 있습니다.

"저희가 사자처럼 소리를 발하시는 여호와를 좇을 것이라 여호와께서 소리를 발하시면 자손들이 서편에서부터 떨며 오되"(호 11:10)

하나님이 사자처럼 말씀하시는 것을 기록하고 있습니다. 그만큼 하나님의 말씀에 권위와 위엄이 있음을 비유하는 말씀입니다. 이렇게 외치자 일곱 우레가 그 소리를 내어 말합니다. 우레는 계시록 6장 1절에서 살펴보았듯이 하나님의 심판을 의미합니다. 사도 요한은 우레 소리의 내용을 들었습니다. 그래서 그 내용을 기록하려고 하였습니다. 그런데 하늘에서 소리가 나더니 그것을 기록하지 말라는 것입니다. 결국 요한은 우레와 같은 소리를 기록하지 않았습니다. 그 내용이 무엇인지 우리는 알 수 없습니다. 그러나 하나님의 심판에 관한 내용이었음이 분명합니다. 하지만 하나님께서는 최후의 심판을 아직 알리지 않으신 것입니다. 그렇다고 심판이 없어진 것이 아닙니다. 그 심판의 날은 곧 옵니다.

심판이 지체되지 않고 곧 온다는 사실을 보여주는 말씀이 바로 5-7절의 말씀입니다. 천사 즉 그리스도께서 하늘을 향하여 오른손을 들고 천지의 창조주이신 하나님께 "지체하지 않을 것"이라고 맹세합니다. 그때가 언제인지 모르나 가까이 왔음을 의미합니다. 이것은 마지막 심판에 대한 다니엘의 질문에 대한 하나님의 답변과 병행합니다. 다니엘은 책에 기록된 모든 자의 구원에 대하여 듣습니다.

"그 때에 네 민족을 호위하는 대군 미가엘이 일어날 것이요 또 환난이 있으리니 이는 개국 이래로 그 때까지 없던 환난일 것이며 그 때에 네 백성 중 무릇 책에 기록된 모든 자가 구원을 얻을 것이라"(단 12:1)

그러나 그때가 언제인지 알 수 없었습니다. 그래서 다니엘은 그때가 언제냐고 질문합니다. 그리고 그 끝이 있을 날에 대하여 듣습니다.

"그중에 하나가 세마포 옷을 입은 자 곧 강물 위에 있는 자에게 이르되 이 기사의 끝이 어느 때까지냐 하기로 내가 들은즉 그 세마포 옷을 입고 강물 위에 있는 자가 그 좌우 손을 들어 하늘을 향하여 영생하시는 자를 가리켜 맹세하여 가로되 반드시 한때 두때 반때를 지나서 성도의 권세가 다 깨어지기 까지니 그렇게 되면 이 모든 일이 다 끝나리라 하더라"(단 12:6-7)

"한때 두때 반때"가 지나면 끝이 난다는 말을 듣습니다. 이것은 얼마되지 않아서 이루어진다는 말씀입니다. 그런데 요한은 그 내용을 "지체되지 아니하리라"고 말씀합니다. 그러면 구체적으로 그날은 언제입니까? 그것이 바로 7절의 내용입니다.

"일곱째 천사가 소리 내는 날 그 나팔을 불게 될 때에 하나님의 비밀이 그 종 선지자들에게 전하신 복음과 같이 이루리라"

이것은 일곱째 천사가 나팔을 불어 소리 내는 날에 하나님께서 자신의 종들, 곧 선지자들에게 전하신 것처럼 그분의 비밀이 성취될 것이라는 사실입니다. 나팔이 불려지는 날이 언제인지 모릅니다. 전적으로 하나님의 주권에 속해 있습니다. 그러나 분명한 것은 나팔이 불려질 때 선지자들에게 전하여 주신 대로 하나님의 비밀이 이뤄 집니다. 선지자들에게 주

교회를 세우는 요한계시록 강해

신 말씀은 앞서서 보았던 다니엘서의 말씀을 의미합니다. 그런데 그 말씀처럼 하나님의 비밀이 성취될 것이라는 말씀입니다. 여기서 "하나님의 비밀"은 하나님의 구원계획과 마지막 심판을 의미합니다.

그런데 이 말씀을 구약의 관점에서 볼 때는 아직 말씀이 성취된 것이 아닙니다. 그러나 신약의 관점으로 보면 그 말씀이 성취되었습니다. 바로 예수 그리스도의 오심으로 종말이 시작되었습니다. 그러나 완성이 되지 않았습니다. 그 완성은 예수님의 재림때에 이뤄집니다. 즉, 예수님의 초림으로 종말이 시작되었습니다. 그러나 아직 완성이 되지 않았습니다. 완성될 그 나라의 모습은 계시록 11:15에서 볼 수 있습니다.

"일곱째 천사가 나팔을 불매 하늘에 큰 음성들이 나서 가로되 세상 나라가 우리 주와 그 그리스도의 나라가 되어 그가 세세토록 왕 노릇 하시리로다 하니"

그리스도께서 최후의 심판을 선언하실 때에는 세상의 나라가 그리스도의 나라가 됩니다. 그리스도가 영원토록 통치합니다. 그리스도의 온전한 통치가 이뤄집니다. 이 모든 것이 최후의 심판과 함께 이뤄집니다. 이것이 하나님 앞에 맹세한 내용입니다. 하나님 나라가 이 땅에 완성됩니다. 하지만 그 완성에 이르기 전에 이 땅에서 복음과 함께 고난을 받아야 합니다. 이것이 두번째 말씀입니다.

세번째, 복음의 비밀을 간직한 성도는 주님오실 때까지 복음을 전해야 합니다. 그리스도의 말씀 선포는 중단되어서는 안 됩니다. 그리스도를 통하여 심판에 대하여 들은 요한은 이제 자신에게 들려오는 말씀을 듣습니다. 그것은 놀랍게도 책을 먹어 버리라는 말씀입니다.

"하늘에서 나서 내게 들리던 음성이 또 내게 말하여 가로되 네가 가서 바다와 땅을 밟고 섰는 천사의 손에 펴 놓인 책을 가지라 하기로 내가 천사에게 나아가 작은 책을 달라 한즉 천사가 가로되 갖다 먹어버리라 네 배에는 쓰나 네 입에는 꿀 같이 달리라 하거늘 내가 천사의 손에서 작은 책을 갖다 먹어버리니 내 입에는 꿀 같이 다나 먹은 후에 내 배에서는 쓰게 되더라"(8-10)

예수 그리스도의 손에 있는 책을 가지라고 말씀하십니다. 그래서 요한은 천사 곧 그리스도에게로 나가서 책을 달라고 합니다. 그러나 천사가 말하기를 책을 가져다가 먹으라고 말합니다. 책을 먹는다는 것은 하나님의 구원계획에 대하여 확실하게 소화시키라는 말씀입니다. 말씀을 자신의 것으로 만들라는 의미입니다. 이러한 모습은 이미 에스겔 선지자의 말씀을 통하여 알고 있습니다.

"그가 또 내게 이르시되 인자야 너는 받는 것을 먹으라 너는 이 두루마리를 먹고 가서 이스라엘 족속에게 고하라 하시기로 내가 입을 벌리니 그가 그 두루마리를 내게 먹이시며 내게 이르시되 인자야 내가 네게 주는 이 두루마리로 네 배에 넣으며 네 창자에 채우라 하시기에 내가 먹으니 그것이 내 입에서 달기가 꿀 같더라"(겔 3:1-3)

이렇게 말씀하신 것은 분명합니다. 참된 신앙은 복음에 대하여 확실하게 알고 있어야 합니다. 그래야 신앙에 대하여 묻는 자들에게 바르게 대답할 수 있으며 나의 신앙을 견고하게 가질 수 있기 때문입니다.

그런데 본문을 보면 아주 독특한 내용이 나옵니다. 그것은 이 말씀이 먹을 때는 달지만 배에 들어가면 쓰다는 것입니다. 이것은 에스겔 선지자가 경험하였던 것과는 다릅니다. 에스겔 선지자는 말씀이 입에서 달기가

교회를 세우는 요한계시록 강해

꿀 같다고 하였습니다. 그런데 요한은 달지만 쓰다고 말합니다. 이것이 무엇을 의미하는 것입니까?

복음은 우리에게 구원을 주시는 생명의 양식입니다. 그러므로 우리를 살리게 합니다. 그런 의미에서 달콤합니다. 하지만 복음과 함께 사는 것은 고난을 동반합니다. 그런 의미에서 쓸 수밖에 없습니다. 또한 복음은 믿는 자에게는 꿀 송이와 같지만 그 복음을 세상에 전할 때 세상은 심판의 소리를 들어야 하기 때문에 쓰디 씁니다. 바로 여기에 우리의 긴장이 있습니다. 그리고 이 긴장은 동시에 설교자와 성도 간에도 존재합니다. 그러나 말씀은 생명에 이르는 유일한 길입니다. 쓰다고 포기할 수 없습니다. 달면 삼키고 쓰면 뱉는 것은 그리스도인의 모습이 아닙니다.

사도 요한은 달지만 쓴 말씀을 들은 후에 중요한 명령을 받습니다. 그것은 "예언을 전하라"는 말씀입니다.

"저가 내게 말하기를 네가 많은 백성과 나라와 방언과 임금에게 다시 예언하여야 하리라 하더라"

열방을 향하여 즉 복음이 필요로 하는 모든 곳에 말씀을 전합니다. 그것이 복음을 듣고 거듭난 그리스도인의 사명입니다. 복음의 비밀을 들은 성도는 그 비밀을 전하는 삶을 살아야 합니다. 그것이 그리스도의 명령입니다. 때를 얻든지 못 얻든지 예수 그리스도를 전하는 것이 그리스도인의 삶입니다. 그래서 우리에게 구원과 심판을 알려주시고 말씀을 듣게 하십니다.

말씀은 생명으로 가는 길임을 우리는 너무나 잘 알고 있습니다. 우리가 할 일은 이 복음을 그대로 전하는 일입니다. 이 일에 쓰디쓴 고난을 경험할 수 있습니다. 그러나 그것이 진정한 꿀 송이임을 잊지 말아야 합니다. 말씀이 때때로 나에게 힘들게 다가올 수 있습니다. 그래서 듣지 않으려고 할 수 있습니다. 그러나 힘들다고 듣지 않고, 필요하고, 좋은 것만 듣는 것은 복음을 알지 못하는 사람입니다. 말씀은 우리가 살아가야 하는 삶의 표지판입니다. 말씀이 우리를 건강하게 만드는 영의 양식입니다. 말씀이 우리에게 쓴 것은 그것이 참된 양식이기 때문입니다. 그래서 복음을 전하는 삶을 살라고 하시는 것입니다. 복음 외에는 구원에 이르는 다른 길이 없기 때문입니다. 쓰리고 아플 수 있지만 이 복음이 생명입니다.

일곱번째 나팔 재앙을 앞두고 주신 말씀을 들었습니다. 말씀을 통하여 세 가지를 생각하였습니다. 첫째, 열방의 주권자이신 그리스도입니다. 둘째, 임박한 그리스도의 심판입니다. 세번째, 복음의 비밀을 간직한 성도는 주님오실 때까지 복음을 전해야 합니다. 우리는 복음을 들은 자가 되었습니다. 복음이 우리에게 들려진 이유는 분명합니다. 구원의 은혜를 누리고, 구원의 삶을 보여주고, 약속의 위대함을 전하는 일입니다.

하나님 나라의 비밀을 아는 성도로서 감사함과 긴박함을 가지고 있어야 합니다. 세상의 가치가 아닌 복음의 비밀을 누려야 합니다. 새로운 피조물의 영광을 자져야 합니다. 지금 여러분의 신앙은 어떻습니까? 복음의 비밀로 충만합니까? 복음의 비밀을 주님 오실때까지 전해야 합니다. 우리 모두에게 주께서 이 복음을 듣게 하신 이유가 여기에 있습니다. 이 말씀을 다시금 묵상하면서 복음을 증거하고, 주님 오심을 준비하는 신앙이 되기를 소망합니다.

교회를 세우는 요한계시록 강해

11장

우리는 마지막 최후의 심판이 임할 때 하나님 나라의 평강 속에 거하게 될 것입니다.

교회는 이 땅에서 고난을 당하는 것을 피할 수 없습니다.

그러나 고난은 영광을 위한 길입니다.

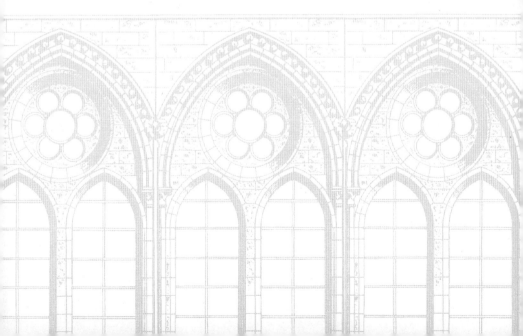

두 증인(계 11:1-6)

2018년에 열린 장로교 총회 발표 자료에 따르면 교인들의 숫자가 많이 줄어든 것으로 나타났습니다. 장로교 교단 가운데 양대 교단인 합동과 통합의 모습을 보면 더욱 그것을 실감할 수 있습니다. 예장 합동 교세 통계를 보면 전년 대비 7만 5,000명이 감소했고, 예장 통합도 전년 대비 1만 6,000여 명 감소했습니다. 감소 이유에는 여러가지가 있겠지만 분명한 한 가지는 교회가 외면당하고 있다는 사실입니다. 우리의 실수든 아니든 이것이 교회가 직면하고 있는 현실입니다(2010년에서 2020년까지 합동은 57만명, 통합은 46만명 줄었다).

그러나 이러한 현실이 이상한 것은 아닙니다. 예수님이 말씀하셨듯이 마지막 때가 이르면 알곡과 가라지가 구분된다고 하였기 때문입니다. 그러므로 우리는 점점 우리 자신의 믿음을 돌아보아야 합니다. 또한 교회는 점점 참된 교회와 거짓된 교회로 나뉘게 될 것입니다. 우리는 이러한 시대를 살아가고 있습니다. 그러기에 이 본문이 매우 의미심장하게 들립니다. 마지막 시대에 있을 두 증인의 모습이 바로 우리의 모습과 겹쳐지기 때문입니다. 본문은 자주 오용되고 자기 멋대로 해석되는 부분이기 때문에 더욱더 바르게 이해하는 것이 중요합니다. 이제 본문 속으로 들어가도

교회를 세우는 요한계시록 강해

록 하겠습니다.

첫째, 교회는 하나님의 보호하심 가운데 살아갑니다. 우리는 이 사실을 기억해야 합니다. 교회는 하나님께서 지키시고 보호하십니다. 어떠한 상황이 온다 해도 두려워하지 않고 담대할 수 있는 이유는 바로 하나님의 보호하심 때문입니다. 하나님이 우리의 피난처이기 때문입니다. 이것이 종말의 때를 믿음으로 살아가는 강력한 원천입니다. 그 약속이 바로 1-2절의 말씀입니다.

"또 내게 지팡이 같은 갈대를 주며 말하기를 일어나서 하나님의 성전과 제단과 그 안에서 경배하는 자들을 척량하되 성전 밖 마당은 척량하지 말고 그냥 두라 이것을 이방인에게 주었은즉 저희가 거룩한 성을 마흔 두 달 동안 짓밟으리라"

1절을 보면 하나님께서 요한에게 지팡이 같은 갈대를 줍니다. 그리고 그 갈대로 하나님의 성전과 제단과 그 안에서 경배하는 자들을 척량하라고 말씀합니다. 갈대는 오늘날의 자와 같은 역할을 하였습니다. 구약에서는 갈대로 거리를 재는 모습을 볼 수 있습니다. 에스겔 40-48장은 성전을 척량하는 내용을 담고 있습니다.

"나를 데리시고 거기 이르시니 모양이 놋 같이 빛난 사람 하나가 손에 삼줄과 척량하는 장대를 가지고 문에 서서 있더니"(겔 40:3)

이러한 척량에 대한 내용은 스가랴 선지자도 말씀하였습니다.

"내가 또 눈을 들어 본즉 한 사람이 척량 줄을 그 손에 잡았기로 네가 어디로 가느냐 물은즉 내게 대답하되 예루살렘을 척량하여 그 장광을 보고자 하노라 할 때에 내게 말하는 천사가 나가매 다른 천사가 나와서 그를 맞으며 이르되 너는 달려가서 그 소년에게 고하여 이르기를 예루살렘에 사람이 거하리니 그 가운데 사람과 육축이 많으므로 그것이 성곽 없는 촌락과 같으리라 여호와의 말씀에 내가 그 사면에서 불 성곽이 되며 그 가운데서 영광이 되리라"(슥 2:1-5)

하나님은 왜 선지자들에게 성전을 척량하라고 하셨을까요? 그것은 하나님의 통치영역을 분명하게 보여주시기 위함입니다. 그래서 하나님의 소유된 성전을 확실하게 보호하시겠다는 것입니다. 1절을 다시 보면 "성전과 제단과 그 안에서 경배하는 자들을 척량하라"고 말씀합니다. 성전과 그 안에서 경배하는 자들을 향한 보호하심을 볼 수 있습니다. 본문에서 성전은 구약적 개념이 아닌 신약적 이해를 가져야 합니다. 왜냐하면 더 이상 물리적 성전이 존재하지 않기 때문입니다. 물리적 성전을 이야기한다면 우리는 예루살렘에서 예배하여야 합니다. 하지만 예수님은 예루살렘 성전을 말씀하지 않으셨습니다. 비록 요한이 구약 성전에 대한 환상을 보고 있지만 그것은 신약 시대를 향한 징표일 뿐입니다.

그렇다면 이 성전은 무엇입니까? 직접적으로 말씀드린다면 바로 예수 그리스도입니다. 예수님은 부활하신 자신이 참 성전임을 말씀하셨습니다.

"예수께서 대답하여 가라사대 너희가 이 성전을 헐라 내가 사흘 동안에 일으키리라 유대인들이 가로되 이 성전은 사십 륙년 동안에 지었거늘 네가 삼 일 동안에 일으키겠느뇨 하더라 그러나 예수는 성전 된 자기 육체를 가리켜 말씀하신 것이라"(요 2:19-21)

"성전 된 자기 육체"라고 말씀합니다. 이렇게 볼 때 성전은 예수 그리스도입니다. 그런데 제단과 경배하는 자들을 측량하라고 말합니다. 제단

교회를 세우는 요한계시록 강해

은 제사드리는 곳입니다. 그리고 경배하는 자들은 제사장들입니다. 성전과 제단과 제사장은 성전의 모습을 입체적으로 보여줍니다. 이렇게 본다면 성전은 예수 그리스도이고, 제단은 예배하는 것이며, 경배하는 자들은 만인 제사장인 그리스도인들을 의미합니다.

그렇다면 이것은 그 의미가 분명해집니다. 즉, 요한이 살던 시대의 관점으로 볼 때 그것은 바로 교회를 의미합니다. 그리고 하나님께서 교회를 측량하라고 한 것은 고난의 날에 하나님께서 교회 공동체를 구별하시고 보호하여 주신다는 것을 의미합니다. 즉, 말씀을 먹을 때는 달아도 배에서는 쓴 날을 살아야 하지만 하나님은 교회 공동체를 지켜주신다는 약속입니다. 교회는 하나님의 보호하심 가운데 재앙의 날을 살아갑니다. 이것이 지금 우리의 삶이라고 할 수 있습니다.

이렇게 말씀하신 하나님은 2절에서는 측량하지 말아야 할 것을 말씀하십니다. 2절에서 하나님은 요한에게 "성전 밖 마당은 척량하지 말고 그냥 두라"고 하십니다. 여기서 성전 밖 마당에 대한 이해가 쉽지 않습니다. 잠시 구약 시대의 성막과 성전을 생각해 볼 필요가 있습니다. 우선 성막에서는 한 개의 마당만 있습니다. 그러나 솔로몬 성전에는 제사장만 들어가는 안마당과 모든 사람들이 들어갈 수 있는 바깥마당으로 두 개의 마당이 있습니다(왕상 6:36, 대하 4:9). 그런데 헤롯이 지은 성전에는 큰 마당 하나를 더 만들었습니다. 그래서 이 마당을 이방인의 마당으로 불렀습니다. 그런 면에서 요한이 보았던 성전 밖 마당은 이방인의 마당일 수 있고, 바깥마당일 수 있습니다. 그러면 성전 밖 마당을 측량하지 말라고 하였는데 이것은 어떤 의미로 보아야 할까요? 여기에는 크게 두 가지 해석이 있습니다. 하나는 성전 밖 마당은 성전이 아니고 외식적인 그리스도인, 세속적인 교인, 거짓된 교회를 의미한다고 보는 것입니다. 하나님께서 불성실한 교인들이 이방인들에 의하여 고난을 받도록 하게 하신다는 것입니다. 그리고 두번째는 성전 밖 마당도 성전의 일부로 보아서 참된 성도들이 불신자들에게 고난받는 교회의 외적인 모습이라고 해석합니다. 저는 두번째 해석이 본문에 부합하다고 봅니다. 그렇게 보는 것은 우선 계시록에서 강조하듯이 주의 자녀들에게 재앙을 내리시지 않기 때문입니다. 그리고 2절 자체 안에서 성전 밖 마당과 거룩한 성이 동일한 의미로 쓰였기 때문입니다.

"성전 밖 마당은 척량하지 말고 그냥 두라 이것을 이방인에게 주었은즉 저희가 거룩한 성을 마흔두 달 동안 짓밟으리라"(2절)

성전 밖 마당은 곧 거룩한 성이 있는 곳입니다. 그런데 거룩한 성은 성경에서 예루살렘을 의미합니다. 이렇게 볼 때 성전 밖 마당은 성전의 일부라고 할 수 있습니다. 마흔두 달 동안 이방인들이 이 거룩한 성을 짓밟습니다. 이방인들이 교회를 괴롭히는 것을 말씀합니다. 거룩한 성을 짓밟습니다. 교회를 향한 핍박이 있음을 보여줍니다. 마지막 시대를 살아가는 교회의 모습입니다. 진리를 싫어하는 세상의 괴롭힘입니다. 그러나 그 기간은 결코 길지 않습니다. 요한은 그 기간을 마흔두 달이라고 말합니다. 왜 마흔두 달일까요? 그리고 그 의미는 무엇일까요? 이러한 모습은 다니엘서의 배경을 통하여 알 수 있습니다. 다니엘은 이스라엘이 맞이하여야 할 환난이 마흔두 달이라고 예언하였습니다.

"그가 장차 말로 지극히 높으신 자를 대적하며 또 지극히 높으신 자의 성도를 괴롭게 할 것이며 그가 또 때와 법을 변개코자 할 것이며 성도는 그의 손에 붙인바 되어 한 때와 두 때와 반 때를 지내리라"(단 7:25)

교회를 세우는 요한계시록 강해

다니엘이 성도가 괴롭힘을 당하고, 지극히 높으신 자를 대적하는 시간을 한 때, 두 때 반 때라고 말합니다. 이것은 마흔두 달 그리고 천이백육십일을 의미합니다. 이때에 이방인들에 의하여 교회가 큰 환난을 당할 것이라고 예언하였습니다. 과거주의로 성경을 보는 분들은 이 사건이 로마의 예루살렘 침공이 42개월 동안 지속되었고 결국 함락당하였다는 것을 근거로 이야기합니다. 하지만 본문에서 말하는 42개월은 상징적인 숫자로 보아야 합니다. 그 이유는 계시록에 42개월의 이미지가 많이 있기 때문입니다. 계시록 12장 6절을 보면 하나님께서 광야에서 양육하시는 시간이 42개월입니다. 또한 박해받는 기간에 양육받는 시간이 42개월입니다.(계 12:14) 그리고 짐승이 권세를 받은 날이 42개월입니다.(계 13:5) 이렇게 볼 때 42개월은 상징적인 의미를 가지고 있습니다. 결국 이 42개월은 숫자적인 42개월이 아니라 예수님의 부활하심부터 재림하실 때까지의 시간이라 할 수 있습니다. 계시록 12장 말씀이 이 사실을 증명합니다.

"그 여자가 광야로 도망하매 거기서 일천 이백 육십일 동안 저를 양육하기 위하여 하나님의 예비하신 곳이 있더라"(계 12:6)

이렇게 볼 때 종말을 사는 세상은 교회를 미워하고 박해하고 조롱합니다. 교회도 세상에 짓밟힐 것입니다. 이것은 복음을 듣지 않고자 하는 이들의 발악이기 때문입니다. 그런 의미에서 이 땅을 살아가는 그리스도인의 삶에 고난이 찾아오는 것은 자연스러운 일입니다. 그러나 앞서서 계속하여 말씀드렸듯이 하나님은 그의 자녀들을 지키시고 보호하십니다. 박해가 영원하지 않습니다. 곧 주님이 오셔서 해결하십니다.

그러므로 교회를 비난하는 소리가 들리고, 믿는 것을 방해하는 일들이 나타날 때 더욱 말씀을 기억할 수 있어야 합니다. 주님이 우리를 보호하고 있습니다. 세상은 우리에게 외적인 상처를 줄 수 있겠지만, 우리의 영혼을 건드릴 수 없습니다. 하나님이 손이 우리를 보호하시기 때문입니다. 이것이 바로 우리를 향한 약속의 말씀입니다.

둘째, 교회의 소명은 끝까지 복음을 전하는 일입니다. 교회가 고난을 받고 있을 때 하나님은 두 증인에게 권세를 주셨습니다. 그리고 이들은 일천이백육십 일 즉 42개월 동안 예언하였습니다.

"내가 나의 두 증인에게 권세를 주리니 저희가 굵은 베옷을 입고 일천 이백 육십 일을 예언하리라"(3절)

여기서 두 증인은 선지자를 의미합니다. 굵은 베옷은 선지자의 상징입니다. 더구나 유대인들은 두 증인이 구약의 위대한 선지자인 엘리야와 모세를 상징한다고 생각합니다(계 11:5-6). 그러나 두 증인이 꼭 두 사람을 의미한다고 볼 수 없습니다. 그럼 두 증인은 어떤 존재일까요? 우선 두 증인은 선지자의 사명을 가지고 있습니다. 선지자의 사명은 백성들에 하나님의 말씀을 선포하는 것입니다. 선지자는 하나님께 들은 말씀을 전하는 사람입니다. 말씀을 전하는 환경이 호의적이든, 어려운 상황이든 상관없이 사랑으로 진리를 전하는 사람입니다. 그런데 본문을 보면 두 증인이 베옷을 입고 말씀을 전하는 것을 볼 수 있습니다. 베옷은 국가적인 재앙이 올 때 하나님 앞에 기도하기 위하여 입는 옷입니다. 때론 금식과 회개할 때 베옷을 입습니다.

"내가 금식하며 베옷을 입고 재를 무릅쓰고 주 하나님께 기도하며 간구하기를 결심하고"(단 9:3)

"아합이 이 모든 말씀을 들을 때에 그 옷을 찢고 굵은 베로 몸을 동이

고 금식하고 굵은 베에 누우며 행보도 천천히 한지라"(왕상 21:27)

그런데 두 증인이 베옷을 입고 말씀을 전합니다. 이것은 두 증인의 시대가 참으로 위기라는 표징입니다. 바울은 마지막 때를 말하기를 "네가 이것을 알라 말세에 고통하는 때가 이르리니"(딤후 3:1)라고 하였습니다. 고통하는 때에 하나님은 증인을 보내신 것입니다. 그만큼 증인의 역할이 중요하기 때문입니다.

그렇다면 이 두 증인은 누구일까요? 4절은 두 증인이 누구인지 말씀합니다.

"이는 이 땅의 주 앞에 섰는 두 감람나무와 두 촛대니"

이들은 이 땅의 주 곧 하나님 앞에 서 있는 감람나무와 촛대입니다. 두 감람나무는 스가랴서에 등장합니다.

"그가 내게 묻되 네가 무엇을 보느냐 내가 대답하되 내가 보니 순금 등대가 있는데 그 꼭대기에 주발 같은 것이 있고 또 그 등대에 일곱 등잔이 있으며 그 등대 꼭대기 등잔에는 일곱 관이 있고 그 등대 곁에 두 감람나무가 있는데 하나는 그 주발 우편에 있고 하나는 그 좌편에 있나이다 하고"(슥 4:2-3)

"가로되 이는 기름 발리운 자 둘이니 온 세상의 주 앞에 모셔 섰는 자니라 하더라"(슥 4:14)

본문에서 두 감람나무와 등대 곧 촛대가 있습니다. 우선 두 감람나무는 기름 부음 받은 자입니다. 이것은 당시의 제사장 여호수아와 왕인 스룹바벨을 의미합니다. 그런데 계시록 5:10에서 살펴보았듯이 "나라와 제사장"은 하나님 나라의 통치를 감당하는 그리스도인 즉 교회 공동체를 의미합니다. 이렇게 볼 때 두 감람나무는 교회를 의미합니다. 또한 계시록 1장에서 촛대를 교회라고 말씀하고 있습니다.

"네 본 것은 내 오른손에 일곱 별의 비밀과 일곱 금 촛대라 일곱 별은 일곱 교회의 사자요 일곱 촛대는 일곱 교회니라"(계 1:20)

촛대는 교회를 의미합니다. 이렇게 볼 때 두 증인은 바로 교회라고 할 수 있습니다. 그런데 왜 두 증인입니까? 구약에서 증인은 최소 두 명이었습니다.(민 35:30) 또한 예수님도 제자들을 두 명씩 파송한 것을 볼 수 있습니다.(눅 10:1) 그래서 복음의 증인으로서의 역할을 말씀하시기 위하여 두 증인이라고 말씀하셨습니다.

그런데 이 두 증인들인 교회가 하는 일은 박해의 시기가 끝나는 그 시간까지 선지자의 사명을 감당합니다. 복음을 선포하고, 죄를 지적하고, 회개를 선언하는 생명을 살리는 일입니다. 이것이 교회의 소명입니다. 교회는 주님 재림하시는 그날까지 복음을 전해야 합니다. 교회의 모든 지체들은 복음을 듣고 자신의 죄를 회개하고 세상을 향하여 하나님 나라를 증거해야 합니다. 이것이 세상의 핍박 가운데 살아가는 그리스도인의 모습입니다. 앞으로 인간이 강조될수록 하나님은 외면당합니다. 그것은 교회가 세상으로부터 박해를 당할 수 있음을 가리킵니다. 그러나 그 핍박은 곧 지나갑니다. 주님의 심판이 가까이 오기 때문입니다. 우리는 42개월의 핍박 가운데 42개월동안 복음을 전합니다. 그리고 그 시간이 끝나면 주님은 재림하십니다. 그러므로 우리는 온 힘을 당하여 생명의 복음을 전해야 합니다.

셋째, 교회는 원수를 소멸하는 권세를 가졌습니다. 주님 재림하시는 날까지 복음을 전하는 것이 교회의 사명입니다. 그러나 세상의 저항은 더

교회를 세우는 요한계시록 강해

욱 거세어질 것입니다. 우리의 원수들은 우리를 자신의 편으로 만들기 위하여 온갖 작전을 사용할 것입니다. 그래서 교회를 불신하게 만들고 싫어하는 마음을 갖게 합니다. 사실 이러한 모습이 점점 실제적으로 다가오고 있음을 봅니다. 그러나 기억하시기 바랍니다. 원수들이 아무리 강력하게 온다 할 지라도 우리를 무너뜨릴 수 없습니다. 우리는 원수를 소멸할 수 있는 권세를 받았기 때문입니다.

"만일 누구든지 저희를 해하고자 한즉 저희 입에서 불이 나서 그 원수를 소멸할지니 누구든지 해하려 하면 반드시 이와 같이 죽임을 당하리라 저희가 권세를 가지고 하늘을 닫아 그 예언을 하는 날 동안 비 오지 못하게 하고 또 권세를 가지고 물을 변하여 피 되게 하고 아무 때든지 원하는 대로 여러가지 재앙으로 땅을 치리로다"(5-6절)

누구라도 증인들을 대적할 때 하나님의 심판을 피할 수 없습니다. 5절의 배경은 엘리야 선지자와 아하시야 왕 사이에 일어난 사건을 의미합니다. 엘리야는 아하시야 왕의 우상숭배에 대하여 책망합니다. 그러나 아하시야는 엘리야를 잡으러 군사를 보냅니다. 그런데 그 군사들이 두 번씩이나 불 태워 죽임을 당하게 됩니다.(왕하 1:10-12)

또한 6절의 전반부 말씀은 왕하 17-18장의 우상숭배하는 아합 왕의 심판으로 엘리야가 삼 년 동안 가뭄을 들게 한 내용입니다. 그리고 후반부는 모세의 바로에 대한 심판 가운데 첫번째로 물이 피로 변한 사건입니다. 이처럼 하나님의 말씀을 대적하는 자들에게 심판이 임한 것을 볼 수 있습니다. 누구든지 교회를 허물고자 하는 자는 반드시 심판을 받습니다. 6절에 있는 말씀처럼 "아무 때든지 원하는 대로 여러 가지 재앙으로 땅을 치리합니다." 이것이 교회가 가진 권세입니다. 복음을 증거하는 증인들에게 주어진 능력입니다. 그러므로 아무리 원수들이 날뛴다 해도 결코 교회를 무너뜨릴 수 없습니다. 그리스도인을 굴복시킬 수 없습니다.

세상은 우리에게 해를 끼치려고 혈안이 되어 있습니다. 점점 날뛸 것입니다. 그러나 그럴수록 하나님의 심판을 받을 것입니다. 교회로 하여금 위축하게 만들고 복음을 변질시키게 하려는 온갖 유혹이 있습니다. 그러나 결코 교회는 무너지지 않습니다. 오늘도 하나님 앞에서 우리를 위하여 탄원하는 선진들의 기도가 있으며, 우리의 기도도 있기 때문입니다.

우리의 기도는 결코 작은 것이 아닙니다. 하나님 앞에 올라간 기도는 세상을 변화시키는 기도입니다. 그러므로 당장 어떠한 변화가 없다고 의기소침할 필요가 없습니다. 우리의 기도는 반드시 응답되어집니다. 그러기에 어떠한 원수의 도전에도 이길 수 있습니다. 이 믿음으로 오늘도 복음을 자랑하는 우리 모두가 되기를 소망합니다.

주님 다시 오시는 날까지 세상은 우리를 핍박하고 힘들게 하고 유혹하여서 자신의 편으로 만들려고 합니다. 아주 다양한 방법으로 우리를 어렵게 합니다. 그러나 아무리 강력한 시험이 있더라도 하나님의 손에서 우리를 빼앗아 갈 수 없습니다. 하나님의 보호하심은 그 무엇도 무너뜨릴 수 없습니다. 우리는 이 믿음을 분명하게 가지고 끝까지 복음의 일꾼이 되어야 합니다. 혹시라도 이 복음에 대하여 확신이 없다면 성령께 간구하시기 바랍니다. 저 역시 성령의 도우심이 임하기를 기도합니다. 그러나 예수님을 믿는다면 어떠한 두려움에도 굴복하지 마시기 바랍니다. 그리고 끝까지 예수님의 증인으로서 복음을 전할 수 있어야 합니다. 우리는 이 시대의 증인들입니다. 주님 재림하시는 그날까지 성령께서 우리와 함께하십니다. 그러므로 증인으로서 더욱 분명한 신앙을 가지고 기도하는 일에 전

교회를 세우는 요한계시록 강해

넘하고 전할 수 있어야 합니다. 우리 모두 이 믿음으로 주님 앞에 설 때까지 열심히 달려가기를 소망합니다.

교회의 고난(계 11:7-14)

우리나라의 유명한 시인 가운데 서정주 시인이 있었습니다. 좋은 시를 많이 썼지만, 친일 행적으로 지탄을 받았던 사람이기도 합니다. 그가 쓴 시 가운데 가장 많이 읽히는 시는 바로 "국화 옆에서"라는 시입니다.

> 한 송이의 국화꽃을 피우기 위해
> 봄부터 소쩍새는
> 그렇게 울었나 보다
>
> 한 송이의 국화꽃을 피우기 위해
> 천둥은 먹구름 속에서
> 또 그렇게 울었나 보다

아름다운 꽃망울을 만들기 위해 인내의 시간을 견뎌야 함을 잘 보여준 시라고 생각합니다. 주님의 재림을 기다리는 우리들의 모습에 잘 어울리는 것이라 생각합니다. 그리스도인의 삶을 표현한다면 십자가를 통한 영광이라고 말할 수 있습니다. 우리에게는 십자가 없이 영광은 없습니다. 영적인 고난은 우리에게 영원한 영광을 가져다주기 때문입니다. 그런 의

교회를 세우는 요한계시록 강해

미에서 지금 믿음의 길이 힘들게 느껴진다고 생각하신다면 영광이 가까이 다가오고 있다는 증거라 할 수 있습니다.

본문은 이러한 교회의 모습을 잘 보여주고 있습니다. 하나님은 두 증인 즉 교회에게 일천이백육십 일을 예언하게 하셨습니다. 이들의 선포는 땅의 사람들 즉 하나님을 불신하는 이들에게는 불편하였습니다. 그들을 향하여 회개의 자리로 돌아오도록 요청하였기 때문입니다. 더구나 두 증인은 자신을 대적하는 자들을 심판할 수 있는 능력까지 부여받았습니다. 그렇기에 두 증인은 아주 강력하게 복음을 전할 수 있었습니다.

그런데 이러한 두 증인에게 큰 고난이 예비되었음을 말씀하십니다. 복음 증거를 마칠 때 무저갱이 열리고 그곳으로부터 짐승이 나와서 두 증인을 죽입니다. 참으로 가슴 아픈 일이 일어납니다. 그러나 그날은 오래가지 않았습니다. 다시금 하나님의 심판이 임하고 두 증인들은 영광의 상태로 부활합니다. 이것이 본문의 중심 내용입니다. 복음을 전하는 교회에 잠시 다가온 고난을 보여주고 있습니다. 이 고난은 주님의 재림이 가까이 왔음을 보여주는 표지라 할 수 있습니다. 그런 의미에서 본문은 종말을 사는 교회가 어떠한 자세를 가지고 있어야 하는지를 잘 보여주고 있습니다. 그 내용을 하나씩 살펴보고자 합니다.

첫째, 복음을 전하는 교회는 잠깐 동안의 고난을 받습니다. 11:2절에서 두 증인 즉 교회는 하나님께 권세를 받아서 복음을 전합니다. 그리고 받은바 소명을 다할 즈음에 무저갱으로부터 짐승이 올라옵니다. 그리고 두 증인을 죽입니다.

"저희가 그 증거를 마칠 때에 무저갱으로부터 올라오는 짐승이 저희로 더불어 전쟁을 일으켜 저희를 이기고 저희를 죽일 터인즉"(7절)

증거를 마칠 때에 짐승이 올라와서 증인을 죽입니다. 우리는 여기서 증인들이 "증거를 마칠 때"를 우선 생각하여야 합니다. 증거를 마칠 때란 증인들의 사명을 다 감당할 때입니다. 즉 교회에 주어진 사명이 끝날 때를 의미합니다. 그때에 하나님은 죽음을 허락하셨습니다. 이 사실은 우리에게 중요한 가르침을 줍니다. 하나님의 사람들은 그 받은 사명을 다할 때까지 죽지 않습니다. 하나님이 부르실 때는 이 땅에 보냄받은 사명을 감당하였을 때입니다.

이렇게 증거를 다 마칠 때 무저갱에서 짐승이 나옵니다. 이는 사단의 졸개입니다. 무저갱은 지하 감옥입니다. 사단이 갇혀 있는 감옥입니다. 이 내용은 계 20장 말씀에서 다시 자세하게 살펴볼 것입니다. 이 감옥에서 짐승이 올라와서 증인들과 전쟁을 일으키고 죽입니다. 이것은 교회가 당하는 고난을 보여주는 말씀입니다. 이때는 악의 세력들이 최후의 발악을 하는 시기입니다. 하지만 그리 오래가지 못합니다. 이들의 발악은 삼 일 반뿐입니다.

짐승은 적그리스도들을 의미합니다. 이 짐승은 다니엘 7장의 말씀과 평행합니다. 다니엘 7장에서 이스라엘을 박해하는 세력은 악한 왕과 나라였습니다. 이처럼 종말을 사는 교회를 향한 핍박 역시 적대적 나라와 권력자들을 통하여 주어집니다. 이들은 교회를 파괴하고 하나님을 모욕하고 신자들을 죽입니다. 그래서 순교자가 나타납니다. 이 때가 언제인지는 알 수 없지만 확실한 것은 세계에서 동시에 일어나는 것이 아니라 각 나라와 족속과 역사 속에서 일어나는 것이라 할 수 있습니다. 우리는 역사 속에서 이러한 일들을 자주 보았습니다. 네로가 그러한 황제였으며, 도미티아누스가 그러했으며, 히틀러와 공산당들이 그러하였습니다. 그

교회를 세우는 요한계시록 강해

시간들이 참으로 힘들고 어렵습니다. 이때에 교회는 고난의 시간을 보냅니다.

교회가 죽었다는 것은 영적인 의미로 복음이 증거되는 것을 무력으로 가로막는 나라들이 점점 늘어난다는 의미입니다. 그리고 영적으로 영향력을 상실하였다는 것입니다. 그래서 세상에 굴복한 모습을 보여줍니다. 이렇게 볼 때 우리의 시대 역시 종말을 향하여 좀 더 가까이 가고 있음을 볼 수 있습니다. 중국은 자국 땅에서 외국인 선교사를 다 쫓아내겠다고 공공연히 말하고 있습니다. 우리 역시 점점 성경의 가치가 세상의 논리에 밀려나고 있습니다. 짧은 시간이지만 이렇게 다가오는 고난을 교회는 견뎌야 합니다. 패배처럼 보이지만 실상은 마지막 승리를 앞두고 있음을 기억해야 합니다. 앞서 말씀드렸듯이 사명이 남아 있을 때까지 우리의 생명도 그리고 교회의 생명도 유지되기 때문입니다. 그러므로 마지막 순간까지 우리는 복음을 전하는 일에 열심을 내야 합니다.

둘째, 세상은 교회의 죽음을 매우 즐거워합니다. 교회가 죽는 것은 상상할 수 없는 일입니다. 그러나 성경은 교회가 죽음을 맞이한다고 말하고 있습니다. 그리고 세상은 교회의 죽음을 자신들의 축제거리로 만들어 버립니다. 8절을 보면 증인의 시체가 큰 성 길에 방치되었다고 말합니다. 그 성은 이 세상을 의미합니다. 그런데 이 세상을 영적으로 말씀하기를 소돔이며 애굽이라고 말합니다. 소돔은 우상숭배의 본거지며 애굽은 핍박의 장소입니다. 그래서 하나님의 심판을 받았던 곳입니다. 그런데 그곳을 예수님께서 십자가에 못 박히신 예루살렘이라고 말씀합니다. 예루살렘은 예수님을 죽인 악한 성을 의미합니다. 바로 그곳에 증인의 시체가 방치되었습니다. 여기서 예루살렘은 실제적인 예루살렘을 말씀하는 것이 아니라 모든 것이 한 곳으로 모이는 죄악된 세상을 의미합니다. 이들은 증인들의 장례를 치르지 못하게 하고 구경거리로 방치하였습니다.

"백성들과 족속과 방언과 나라 중에서 사람들이 그 시체를 사흘 반 동안을 목도하며 무덤에 장사하지 못하게 하리로다"(9절)

사흘 반 동안 장례를 치르지 않은 것은 모독하기 위함입니다. 그런데 이들이 사흘 반 동안 장례를 치르지 않은 것은 선지자들이 전한 복음 때문입니다. 사람들은 복음을 들을 때 힘들어했습니다. 복음을 듣는데 어찌 힘들지 않겠습니까? 그런데 그렇게 자신을 힘들게 하였던 사람들이 죽었으니 얼마나 좋았겠습니까? 복음이 들리지 않으니 자기 소견에 옳은 대로 얼마든지 살 수 있으니 얼마나 즐겁겠습니까?

"이 두 선지자가 땅에 거하는 자들을 괴롭게 한 고로 땅에 거하는 자들이 저희의 죽음을 즐거워하고 기뻐하여 서로 예물을 보내리라 하더라"(10절)

저희의 죽음을 즐거워하고 기뻐합니다. 아주 자연스러운 일입니다. 인간의 본성에 반대되는 말씀을 전하는 교회가 무엇이 좋겠습니까? 죄를 회개하라고 외치는 교회가 얼마나 밉겠습니까? 마음껏 살고 싶은데 교회가 죄에 대하여 선포하니 얼마나 기분이 나쁘겠습니까? 그런데 그런 교회가 사라진다고 생각해 보십시오. 신이 나지 않겠습니까? 교회의 죽음은 영적인 죽음을 의미합니다. 더 이상 십자가의 복음이 선포되지 않는 교회입니다. 영혼을 살아나게 하는 말씀을 전하지 않습니다. 교회는 있지만 죽은 시체가 되어 버린 것입니다. 그래서 세상은 교회의 죽음을 보고 서로 잔치를 벌입니다. 이제 더 이상 죄와 회개 그리고 일용한 양식을 위한 기도와 이웃을 향한 섬김과 배려와 나눔을 듣지 않아도 되는 것입니다. 교회도 세상이 전하는 삶의 방식을 동일하게 전합니다. 너무나 신이 난 것입니다.

예수님은 이렇게 말씀하셨습니다. "내가 아버지의 말씀을 저희에게 주었사오매 세상이 저희를 미워하였사오니 이는 내가 세상에 속하지 아니함 같이 저희도 세상에 속하지 아니함을 인함이니이다"(요 17:14) 세상이 제자들을 미워하는 것은 제자들이 세상에 속하지 않았기 때문입니다. 교회는 세상의 소리가 아니라 하나님의 소리를 전하는 곳입니다. 그래서 세상은 교회를 싫어하는 것입니다. 그래서 더욱더 힘을 써서 교회를 핍박하고 죽이는 데 온 힘을 다 쓰는 것입니다. 주님의 재림이 가까이 올 때 이러한 교회의 죽음을 목격하게 됩니다. 하지만 남은 자가 있다는 것을 세상은 알지 못하고 있습니다. 교회는 복음을 전할 때 세상으로부터 미움을 당하고 고난을 받습니다. 세상은 더 이상 교회가 복음을 증거하지 않을 때 즐거워합니다. 이렇게 볼 때 교회의 살아있음은 복음이 선포되는 것이고, 교회의 죽음은 복음이 침묵하는 것입니다.

셋째, 고난은 짧지만 영광은 영원합니다. 교회를 핍박하는 시간은 매우 강렬하지만 그러나 매우 짧은 시간만 허용되었습니다. 이내 짐승은 무저갱에 영원히 갇히게 될 것입니다. 11절은 이 사실을 말씀합니다.

"삼일 반 후에 하나님께로부터 생기가 저희 속에 들어가매 저희가 발로 일어서니 구경하는 자들이 크게 두려워하더라"

교회를 죽이고서 잔치를 즐겼던 이들이 큰 두려움에 빠지는 일들이 일어납니다. 그것은 바로 죽은 교회가 다시 살아날 것이기 때문입니다. 그들이 보는 가운데서 다시 살아납니다. 얼마나 무서운 일이겠습니까? 자신들이 죽였다고 생각하였는데 다시 살아났으니 얼마나 무서웠겠습니까?

교회의 부활은 영적인 부활을 의미합니다. 이것은 교회의 증거가 합당하다는 하나님의 보증이라 할 수 있습니다.

교회가 죽음의 시간을 보낸 것은 삼일 반입니다. 즉 복음이 선포되는 시간이 마흔두 달, 일천이백육십 일이었다면 고난의 시간은 아주 짧은 삼일 반입니다. 삼일 반은 예수님께서 무덤에 계신 모습을 기억하게 합니다. 그때 사람들은 자신들이 이기었다고 의기양양하였습니다. 하지만 삼일 뒤에 예수님은 죽음을 이기시고 부활하셨습니다. 그리고 하나님께로 승천하셨습니다. 고난은 짧지만 영광은 영원함을 보여주신 것입니다. 교회의 부활 후에 일어난 사건은 더더욱 땅의 사람들을 두렵게 하였습니다.

"하늘로부터 큰 음성이 있어 이리로 올라 오라 함을 저희가 듣고 구름을 타고 하늘로 올라가니 저희 원수들도 구경하더라 그 시에 큰 지진이 나서 성 십분의 일이 무너지고 지진에 죽은 사람이 칠천이라 그 남은 자들이 두려워하여 영광을 하늘의 하나님께 돌리더라"

죽은 자들이 살아나서 구름을 타고 하늘로 올라갔습니다. 하늘로 올라감은 실제적인 승천을 말하는 것이 아닙니다. 즉 휴거를 의미하지 않습니다. 이것은 영적인 부활을 의미합니다. 죽은 교회가 다시 살아나는 것입니다. 영적인 영향력을 다시 회복하는 것입니다. 거의 소망이 없을 것 같은 교회가 다시 생명력을 얻는 것입니다. 이 놀라운 부활의 영광을 원수들이 구경한 것입니다. 그들이 똑똑히 보는 가운데 교회는 하늘의 영광을 누리게 됩니다. 그러나 땅은 무시무시한 심판에 이르게 됩니다. 하늘로 올라간 그 시에 큰 지진이 나서 성 십분의 일이 무너지고 지진에 죽은 사람이 칠천입니다. 이것은 참으로 무서운 심판입니다. 이번 인도네시아에서 큰 지진이 일어나서 천오백 명의 사람이 죽었다고 합니다. 참으로 안타깝고 슬픈 일이 아닐 수 없습니다.

칠천 명은 단순한 숫자가 아니라 전면적인 심판이 시작되었음을 의미합니다. 그러나 아직 완전한 최후의 심판이 임한 것은 아닙니다. 엘리야 시대는 7천 명이 남았지만 심판의 때는 7천 명이 죽습니다. 교회를 핍박하였던 자들의 심판이 시작되었음을 보여줍니다. 얼마나 많은 이들이 심판의 자리에 설지 아무도 모릅니다. 그러나 하나님의 때가 되면 그 실체가 다 드러납니다. 그리고 교회는 영원한 영광 가운데 거하게 됩니다.

동시에 세상은 이러한 심판 앞에 두려움을 가집니다. 그래서 하나님을 두려워하고 영광을 돌립니다. 그렇다고 이것이 세상이 회개한다는 의미는 아닙니다. 13절 하반절에는 하나님께 영광을 돌린다고 하였는데 이것은 회개의 의미가 아닙니다. 단지 엄청난 두려움 가운데 하나님 앞에 엎드리는 모습을 의미할 뿐입니다. 사람이 변하는 것은 오직 하나님의 은혜 외에는 없습니다. 아무리 엄청난 충격을 받아도 하나님의 은혜가 없이는 회개와 믿음의 자리에 이르지 않습니다.

세상은 복음을 좋아하지 않습니다. 그리고 복음을 전하는 교회를 싫어합니다. 교회가 그 기능을 멈추는 것을 좋아합니다. 그래서 사단은 교회를 쓸모없게 만드는 일을 합니다. 주님의 재림이 가까이 올 때 나타나는 현상 가운데 하나가 교회의 죽음입니다. 더 이상 복음을 들을 수 없는 상태입니다. 교회의 영향력을 죽이는 일을 사단이 합니다. 이러한 고통 가운데 존재하게 됩니다. 그러나 그러한 고난은 잠시뿐입니다. 다시금 주님이 살려 주심을 볼 것입니다.

"그 때에 불법한 자가 나타나리니 주 예수께서 그 입의 기운으로 저를 죽이시고 강림하여 나타나심으로 폐하시리라"(살후 2:8)

불법한 자가 나타나서 교회로 하여금 복음을 전하지 못하도록 막습니다. 복음이 선포되지 않는 교회는 죽은 교회나 마찬가지입니다. 하지만 육은 죽여도 영은 죽이지 못하는 이들을 두려워할 필요가 없습니다. 이들은 아무리 대단하여도 영혼은 결코 죽일 수 없기 때문입니다. 그리고 주님의 재림으로 인하여 온전히 멸망하는 자리에 이르게 될 것입니다. 그때 세상은 두려워하며 떨게 됩니다. 그리고 비로소 하나님의 살아계심을 고백하게 될 것입니다. 하지만 이미 구원의 길에서 떨어진 이후입니다.

우리는 마지막 최후의 심판이 임할 때 하나님 나라의 평강 속에 거하게 될 것입니다. 교회는 이 땅에서 고난을 당하는 것을 피할 수 없습니다. 그러나 고난은 영광을 위한 길입니다. 바울은 고난을 영광을 위한 선물로 고백하였습니다.

"우리가 잠시 받는 환난의 경한 것이 지극히 크고 영원한 영광의 중한 것을 우리에게 이루게 함이니"(고후 4:17)

고난은 잠시 다가오지만 영광은 영원함을 기억하시기 바랍니다. 우리에게는 이러한 영광이 있습니다. 그래서 살아도 주를 위하여 살고, 죽어도 주를 위하여 죽습니다. 우리는 사나 죽으나 다 주의 것임을 항상 기억할 수 있어야 합니다. 이것이 종말의 시대를 이기는 길입니다.

이것은 두번째 화입니다. 온 교회가 그 시간을 보낼 것입니다. 그러므로 더욱더 우리의 영혼을 굳게 하고 믿음의 길에 서 있어야 합니다. 더욱이 교회는 더욱 담대히 복음을 전해야 합니다.

교회를 세우는 요한계시록 강해

일곱째 나팔(계 11:15-19)

　우리는 아슬아슬한 시대를 살아가고 있습니다. 전쟁과 평화의 경계선에서 살고 있습니다. 그래서 뉴스에서 들려오는 말 한 마디 한 마디에 신경을 곤두세우고 있습니다. 더구나 전쟁과 평화를 결정할 수 있는 지도자들의 태도에 노심초사합니다. 한 번의 실수가 엄청난 결과를 낳을 수 있기 때문입니다. 우리가 이렇게 걱정하는 것은 이 땅에는 완전한 것이 없기 때문입니다. 그래서 불안할 수밖에 없는 것이 현실입니다. 그래서 우리는 참된 평화로 이끄는 지도자를 소망하는 것입니다. 우리는 불안의 굴레에서 벗어나게 해 줄 수 있는 그러한 지도자를 소망합니다. 그러나 이 땅에서는 그러한 지도자를 기대하는 것은 불가능합니다. 그런데 일곱째 천사의 나팔 소리와 함께 우리는 완전한 지도자를 보게 됩니다. 그리고 우리는 참되고 영원한 평화를 누리게 됩니다. 그 영광이 이미 시작되었고 멀지 않았습니다.

　본문은 하늘에 큰 음성이 나는 것으로 시작합니다. 이 음성은 우리를 춤추게 하지만 이 땅은 절망합니다. 이것은 여섯번째 심판과는 매우 다른 모습으로 나타납니다. 일곱째 나팔은 마지막 날 있을 영광스러운 모습을 보여주십니다. 그리고 그 모습은 우리로 하여금 이 땅에서의 삶에 큰 소망을 주고 있습니다. 예수님을 믿고 사는 것이 얼마나 행복한 일인지를 보여주십니다. 처음보다 나중에 훨씬 나음을 분명하게 보여주십니다. 반면에 그 영광은 이 세상 사람들에게는 가장 큰 심판이 됩니다. 이제 그 영광을 자세히 살펴보겠습니다.

첫째, 하나님의 나라가 마침내 완성됩니다. 하늘에서 들리는 큰 음성은 분명하였습니다. 그것은 듣는 이들로 하여금 시대를 정확하게 분별할 수 있게 하였습니다. 하나님의 영원한 통치가 완성된 것입니다.

"일곱째 천사가 나팔을 불매 하늘에 큰 음성들이 나서 가로되 세상 나라가 우리 주와 그 그리스도의 나라가 되어 그가 세세토록 왕 노릇 하시리로다 하니"(15절)

'세상 나라가 우리 주와 그 그리스도의 나라가 되었습니다.' 이 말씀은 하나님의 통치가 완성되었다는 말씀입니다. 동시에 이 말씀은 마귀의 통치가 이제 끝났음을 보여줍니다. 하나님의 원수들이 완전히 몰락하였음을 보여줍니다. 더 이상 하나님의 자녀를 괴롭히는 일들이 없습니다. 하나님의 거룩한 영광이 온전히 나타날 뿐입니다.

그리고 하나님께서 세세토록 왕 노릇 하십니다. 이 말은 더 이상 불완전함이 이 땅에서 존재하지 않음을 의미합니다. 하나님의 통치는 사랑과 공의가 온전하기 때문입니다. 이러한 약속은 이미 다니엘을 통하여 보여주셨습니다. 다니엘이 보았던 그 완성될 하나님의 나라의 모습은 영광스럽습니다.

"그 남은 모든 짐승은 그 권세를 빼앗겼으나 그 생명은 보존되어 정한 시기가 이르기를 기다리게 되었더라 내가 또 밤 이상 중에 보았는데 인자

교회를 세우는 요한계시록 강해

같은 이가 하늘 구름을 타고 와서 옛적부터 항상 계신 자에게 나아와 그 앞에 인도되매 그에게 권세와 영광과 나라를 주고 모든 백성과 나라들과 각 방언하는 자로 그를 섬기게 하였으니 그 권세는 영원한 권세라 옮기지 아니할 것이요 그 나라는 폐하지 아니할 것이니라"(단 7:12-14)

사단의 권세는 더 이상 힘을 쓸 수 없습니다. 이제 모든 권세는 하나님 께로 옮겨졌습니다. 이것이 바로 세상을 향한 완벽한 심판입니다. 하나님의 다스리심이 온전하게 회복됩니다. 이때에 복음과 함께 고난받았던 주의 자녀들은 하나님의 다스림 가운데 참된 평화를 누립니다. 그러므로 지금 발악하는 악의 세력들의 저항에 인내하고 믿음으로 이겨야 합니다. 믿음으로 살아가는 우리들을 온갖 유혹을 통하여 죽이려고 하지만 마침내 완전한 패배의 자리에 서게 됩니다. 그러므로 그날을 바라보면서 믿음의 길을 걸어가야 합니다. 이것이 우리가 걸어가는 믿음의 길입니다.

둘째, 하나님의 공의가 온전하게 이뤄짐을 봅니다. 우리가 이 땅을 살면서 가장 분통을 터뜨릴 때는 정의가 사라졌을 때입니다. 지금 우리는 사법파동 때문에 화가 많이 나 있습니다. 법을 가지고 장난을 치는 법관들의 파렴치한 모습에 분노합니다. 법은 정의가 생명입니다. 그런데 정의가 무너지면 법은 사단의 도구가 되어 권력을 유지하는 개에 불과하게 됩니다. 그때 사람들은 발로 차고, 침을 뱉고 분노할 수밖에 없습니다. 우리는 유전무죄 무전유죄에 치를 떨고 있습니다. 그런 모습을 너무나 자주 보았기 때문입니다. 정의가 이뤄질 때 우리는 박수를 치고 기쁨을 누리겠지만 이 땅에서는 그러한 모습을 기대하기란 너무나 어렵습니다.

그러하기에 하나님의 나라 즉 하나님의 통치를 소망하는 것입니다. 하늘의 큰 음성이 들렸습니다. 하나님의 통치가 완성되었다는 소리입니다.

그러자 이십사 장로들이 화답하며 감사의 찬양을 합니다. 이십사 장로들의 찬양은 하나님 나라를 소망하며 살고 있는 우리들에게 강력한 위로를 줍니다.

"하나님 앞에 자기 보좌에 앉은 이십 사 장로들이 엎드려 얼굴을 대고 하나님께 경배하여 가로되 감사 하옵나니 옛적에도 계셨고 시방도 계신 주 하나님 곧 전능하신이여 친히 큰 권능을 잡으시고 왕 노릇 하시도다 이방들이 분노하매 주의 진노가 임하여 죽은 자를 심판하시며 종 선지자들과 성도들과 또 무론대소하고 주의 이름을 경외하는 자들에게 상 주시며 또 땅을 망하게 하는 자들을 멸망시키실 때로소이다 하더라."(계 11:16-18)

이십사 장로들은 정확하게 하나님을 찬양합니다. 옛적에도 계셨고 시방도 계신 주 하나님은 전능하신 하나님이십니다. 이 하나님께서 친히 왕으로서 다스리십니다. 장로들의 찬양은 충만한 감사가 담겨 있습니다. 하나님이 친히 다스리십니다. 그리고 그 다스리심은 정의롭다는 감사입니다.

하나님의 다스리심이 정의롭다는 것은 불의한 자에 대한 진노의 심판이 있다는 것입니다. 이 땅에서는 불의한 자라 할지라도 얼마든지 진노의 심판을 피할 수 있습니다. 그러나 하나님 나라에서는 누구도 피할 수 없습니다. 특별히 하나님을 모독하고 교회를 핍박하였던 이들은 심판의 자리에 반드시 서게 됩니다. 그리고 진노의 판결을 받을 것입니다.

특히 "이방들이 분노하매 주의 진노가 임하여 죽은 자를 심판하시며"라는 말씀은 시 2:1-3절을 근거한 말씀입니다.

교회를 세우는 요한계시록 강해

"어찌하여 열방이 분노하며 민족들이 허사를 경영하는고. 세상의 군왕들이 나서며 관원들이 서로 꾀하여 여호와와 그 기름 받은 자를 대적하며 우리가 그 맨 것을 끊고 그 결박을 벗어 버리자 하도다."

이방인들의 분노가 무엇입니까? 바로 여호와와 그 기름 받은 자를 대적하는 행위입니다. 하나님께 분노하는 불경입니다. 하나님은 이러한 대적자들에게 진노하십니다. 그리고 교회의 죽음을 기뻐하고 잔치를 벌이는 자들 역시 하나님의 진노의 심판을 피할 수 없습니다.

또한 땅을 망하게 하는 자들을 멸망시키십니다. 땅은 하나님이 우리에게 주신 선물입니다. 이 세계를 잘 다스리고 가꾸는 것이 하나님께 영광을 돌리는 자세입니다. 하나님은 우리에게 땅에 충만하고, 땅을 개발하고, 땅에 있는 것을 잘 다스리라고 하였습니다. 그런데 그 땅이 더러워졌습니다. 그 땅이 망하게 되었습니다. 이러한 자들에 대한 하나님의 심판이 있을 것입니다. 그리스도인은 누구보다도 이 땅을 잘 다스려야 합니다. 그렇지 않으면 하나님께 책망받습니다. 이렇게 하나님은 대적자들이 반드시 심판의 자리에 설 것임을 말씀하셨습니다.

그러나 동시에 선지자들, 성도들 그리고 주님을 경외하는 자들에게는 상을 주십니다. 이 땅에서 믿음으로 살았던 모든 그리스도인들에게 하나님은 상을 주십니다. 하나님을 예배하고 사랑하고 그의 뜻을 따라 살았던 그리스도인들에게 하나님은 상을 주십니다. 이 상은 바로 우리의 구원입니다. 영원한 생명입니다. 영원한 사랑입니다. 영원한 행복입니다. 영원한 평화입니다. 이 상이 그리스도를 경외하는 모든 자에게 주어집니다. 이 모든 것이 심판의 날에 명백하게 밝혀집니다. 그래서 감사 찬양을 부르지 않을 수 없습니다. 우리의 잘남이 아니라 하나님의 은혜로 우리를 부르시고 하나님을 경외할 수 있도록 인도하신 하나님께서 우리에게 친히 상을 주시기 때문입니다.

세번째, 그리스도인은 하나님의 영원한 임재 가운데 함께합니다. 그리스도인이 누리는 영광의 절정은 하나님의 영원한 임재 가운데 함께하는 것입니다. 하나님의 임재는 최후의 심판을 피한 자리입니다. 그러기에 더더욱 영광스러운 자리입니다. 요한이 본 그 영광은 바로 19절에 잘 나타나 있습니다.

"이에 하늘에 있는 하나님의 성전이 열리니 성전 안에 하나님의 언약궤가 보이며 또 번개와 음성들과 뇌성과 지진과 큰 우박이 있더라."

하늘에 있는 하나님의 성전이 열렸습니다. 구약에서 성전은 하나님의 임재가 있는 곳입니다. 일 년에 한 차례씩 대제사장이 들어가서 하나님을 만나는 곳입니다. 거기에는 언약궤가 있습니다. 그래서 하나님의 뜻을 듣는 곳입니다. 그런데 하늘의 성전이 열렸습니다. 그리고 하나님의 언약궤가 있습니다. 하나님의 영원한 임재가 주어졌습니다. 이것이 상을 받은 자들에게 주어진 영광입니다.

하나님과 함께 영원히 사는 그 기쁨을 보여주신 것입니다. 그러나 불의한 세상을 향하여는 하나님의 심판이 주어집니다. '번개와 음성들과 뇌성과 지진과 큰 우박이 있더라' 우리의 영원한 임재는 동시에 세상의 심판을 의미합니다.

이때 우리는 영화로운 상태로 변합니다. 그리고 첫 사람 아담이 하나님과 대화하며 지냈던 그 영광을 우리는 누립니다. 그 모습은 상상할 수 없지만 그러나 하나님의 임재가 우리 가운데 충만합니다. 그래서 더 이상

이 땅에서 가져야 했던 모든 불의와 고난과 슬픔과 아픔에서 자유합니다. 그 영광이 곧 우리에게 옵니다. 우리 모두 그 영광의 자리에 함께 하기를 축복합니다.

우리는 마지막 날 있을 영광스러운 모습을 보았습니다. 하나님의 나라가 마침내 완성될 것입니다. 하나님의 공의가 온전하게 이뤄짐을 볼 것입니다. 하나님의 영원한 임재 가운데 함께합니다. 이 영광이 우리에게 약속되어졌습니다. 그리고 우리는 그 약속을 받았습니다. 우리가 오늘 믿음의 길을 갈 수 있는 것은 이 약속이 온전히 성취될 것을 믿기 때문입니다. 그리고 그 믿음이 있다면 우리는 이 땅의 삶을 살아갈 수 있습니다. 우리 앞에 어떠한 일들이 다가올지 모릅니다. 그러나 분명한 것은 하나님은 사명을 받은 자가 사명을 완수하기까지 지키신다는 분명한 사실입니다. 그리고 사명을 받은 자들이 마침내 완성될 하나님 나라에 들어가는 상을 다 받는다는 사실입니다.

우리가 사는 세상은 불의함이 많습니다. 하나님을 대적하는 이들이 여기저기에 있습니다. 그러나 염려와 두려움과 절망에 빠져 있지 말아야 합니다. 하나님의 공의가 모든 것을 바로잡을 것입니다. 우리는 그 사실을 아는 사람들입니다. 그러기에 우리는 선지자적 현실주의로 살 수 있고, 절망적 낙관주의자가 될 수 있습니다. 지금 우리에게는 이 믿음이 필요합니다.

예수님은 이 사실을 우리에게 실제적으로 보여주시기 위하여 십자가의 길을 걸어 가셨습니다. 그리고 하나님 우편에 계십니다. 우리 역시 믿음의 주요 온전케 하시는 예수님을 믿는 것은 이 영광을 확신하기 때문입니다. 우리 모두 하나님과 영원히 함께하는 그 영광을 누릴 수 있기를 소망합니다. 이 믿음으로 오늘도 담대하게 그리스도를 자랑하고 십자가를 기뻐할 수 있기를 주님의 이름으로 축복합니다.

12장

우리는 교회가 이 땅의 소망임을 한시도 잊어서는 안 됩니다.

교회는 하나님의 빛을 반사하는 거룩한 공동체입니다.

하나님은 교회를 통하여 그의 나라를 건설하십니다.

그러기에 교회는 사단의 방해 가운데 늘 놓여 있습니다.

하지만 사단이 교회를 이길 수 없습니다.

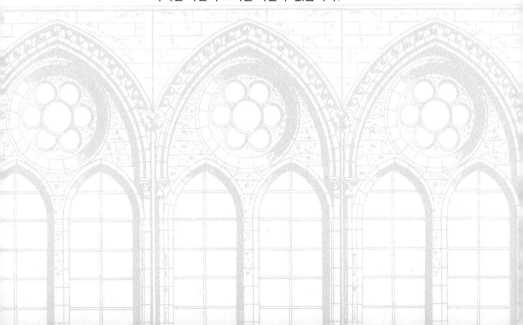

여자와 붉은 용(계 12:1-6)

교회만큼 영광스러운 공동체는 없습니다. 그러나 현실은 생각만큼 밝지는 않습니다. 교회의 신뢰도는 바닥을 향하고 있습니다. 더불어 교인의 숫자도 점점 줄어들고 있습니다. 교인들의 신앙은 점점 혼합주의와 토속신앙으로 가고 있습니다. 영광스러운 교회가 왜 이런 상황에 이르렀을까요? 우리는 어떻게 해야 할까요? 본문 말씀이 이 질문에 답을 줍니다.

사도 요한은 일곱째 천사가 나팔을 불 때 하늘에 있는 하나님의 성전이 열리는 것을 보았습니다. 그리고 동시에 번개와 음성들과 뇌성과 지진과 큰 우박이 있었습니다. 이것은 주의 이름으로 경외하는 자 즉 예수님을 믿는 자들에게 주어질 영광과 세상에 나타날 심판을 보여주시는 말씀입니다. 바로 이때 하늘에 큰 이적이 일어났습니다. 그것은 한 여자와 붉은 용의 모습입니다. 여자와 붉은 용은 상반되는 모습을 가지고 있습니다. 이것은 재림을 기다리면서 살아가는 교회가 어떠한 자세를 가지고 있어야 하는지를 보여주는 말씀이라 할 수 있습니다.

본문은 세 부분으로 나누어 생각할 수 있습니다. 1-2절, 3-5절, 6절입니다. 이 부분은 각각 교회와 관계된 내용입니다. 본문을 통하여 우리에게 말씀하시는 바른 교훈을 얻고자 합니다.

첫째, 교회는 하나님의 빛을 반사하는 거룩한 공동체입니다.(1-2절)

사도 요한이 본 하늘에 일어난 이적은 아주 독특합니다. 해를 입은 한 여자가 있었고 발아래에는 달이 있었습니다. 또한 머리에는 열두 별의 면류관이 있습니다. 우리에게도 매우 익숙한 이 장면은 바로 요셉의 꿈을 연상시킵니다. 요셉은 해와 달과 열한 별이 자신에게 절하는 꿈을 꾸었다고 합니다.(창 37:9) 이러한 모습이 오늘 12:1에 나타나 있습니다.

그렇다면 사도 요한이 보았던 모습 즉, 해를 입은 한 여자는 누구를 의미하는 것일까요? 여자가 해를 입었다는 것은 찬란한 영광을 가지고 있음을 의미합니다. 그의 발아래는 달이 있습니다. 달은 이 세상을 의미합니다. 그런 의미에서 달이 발아래에 있다는 것은 세상을 다스리는 권세를 가지고 있음을 의미합니다. 이러한 영광과 권세를 가진 여인의 머리에는 열두 별의 면류관이 있습니다. 열두 별은 계시록에서 반복적으로 나타나고 있듯이 열두 지파, 열두 사도를 가리키는 상징입니다.

이러한 사실로 볼 때 이 여인은 매우 존귀한 존재임이 분명합니다. 그렇다면 과연 누구를 의미하는 것일까요? 이에 대하여 로마 가톨릭은 이 여자는 마리아라고 주장합니다. 로마 가톨릭은 마리아를 매우 중요시하며 대단히 거룩한 존재라고 생각합니다. 하지만 이것은 마리아가 아닙니다. 결론적으로 말하자면 이 여자는 구약과 신약을 대표하는 교회 공동체를 의미합니다.

이는 구약의 증거를 보면 더욱 분명해집니다. 이미 앞서 보았듯이 요셉의 꿈에 나타났던 해와 달과 별은 다른 말씀에서는 이스라엘 자체를 의미합니다.

"다시는 낮에 해가 네 빛이 되지 아니하며 달도 네게 빛을 비취지 않을 것이요 오직 여호와가 네게 영영한 빛이 되며 네 하나님이 네 영광이 되리니 여기에서 다시는 **네 해**가 지지 아니하며 **네 달**이 물러가지 아니할 것은 여호와가 네 영영한 빛이 되고 네 슬픔의 날이 마칠 것임이니라"(사 60:19-20)

이사야는 회복된 이스라엘을 표현할 때 해와 달로 말하고 있음을 알 수 있습니다. 그리고 이사야 62장 3절에서 이스라엘을 향하여 여호와의 손의 아름다운 면류관이라고 표현합니다. 그리고 계시록 17장 4절을 보면 비슷한 모습으로 대비되는 음녀가 나옵니다. 이 음녀는 하나님을 부정하는 세속화된 세상을 의미합니다. 이렇게 볼 때 이 여자는 교회 공동체를 의미한다고 할 수 있습니다.

교회는 이렇게 하나님의 영광을 받은 존재입니다. 하나님의 빛을 반사하는 거룩한 공동체입니다. 그런데 이 여인이 아이를 임신하여 해산하는 고통으로 부르짖는 모습을 볼 수 있습니다. 이 아이는 5절에 기록된 말씀처럼 철장으로 만국을 다스릴 남자입니다. 이 아이가 누구입니까? 이는 바로 예수 그리스도를 의미합니다. 그리스도를 낳기까지 교회는 많은 고통의 시간을 보내야 했습니다. 그러나 하나님의 때에 그리스도는 이 땅에 오셨습니다. 이사야 선지자는 이렇게 예언하였습니다.

"여호와여 잉태한 여인이 산기가 임박하여 구로하며 부르짖음 같이 우리가 주의 앞에 이러하니이다 우리가 잉태하고 고통하였을지라도 낳은 것은 바람 같아서 땅에 구원을 베풀지 못하였고 세계의 거민을 생산치 못하였나이다"(사 26:17-18)

또한 이사야 66장에서도 해산하는 여인의 고통을 통하여 이스라엘의

교회를 세우는 요한계시록 강해

회복을 예언하는 말씀을 볼 수 있습니다.

"시온은 구로하기 전에 생산하며 고통을 당하기 전에 남자를 낳았으니 이러한 일을 들은 자가 누구이며 이러한 일을 본 자가 누구이뇨 나라가 어찌 하루에 생기겠으며 민족이 어찌 순식간에 나겠느냐 그러나 시온은 구로하는 즉시에 그 자민을 순산하였도다 여호와께서 가라사대 내가 임산케 하였은즉 해산케 아니하겠느냐 네 하나님이 가라사대 나는 해산케 하는 자인즉 어찌 태를 닫겠느냐 하시니라"(사 66:7-9)

이렇게 볼 때 1-2절의 여자는 교회를 의미한다고 할 수 있습니다. 이 교회는 하나님께로부터 권세를 받았습니다. 그리로 만국을 다스릴 그리스도의 권세가 바로 교회를 통하여 이뤄집니다.

오늘날 한국 교회가 지탄을 받고 있어서 그 빛이 많이 퇴색되어진 것같이 보이지만 하나님의 구원은 전적으로 교회를 통하여 이뤄집니다. 그러므로 교회를 세우는 것은 하나님의 영광을 나타내는 일입니다. 교회는 하나님의 영광의 빛입니다. 그리스도는 오직 교회를 통하여 우리를 구원으로 이끄십니다. 우리가 교회가 되었다는 것은 이 영광을 입었다는 사실입니다.

둘째, 교회는 사단의 방해 가운데 놓여있지만 사단은 결코 이길 수 없습니다(3-5절). 교회의 영광을 우리가 살펴보았습니다. 그런데 교회는 늘 평안한 것이 아닙니다. 그것은 하나님의 자리를 모방하고자 하였던 타락한 천사의 방해 때문입니다. 사도 요한은 하늘에 있는 또 다른 이적을 보았습니다. 그것은 바로 큰 붉은 용이 있는 모습이었습니다. 3-4절입니다.

"하늘에 또 다른 이적이 보이니 보라 한 큰 붉은 용이 있어 머리가 일곱이요 뿔이 열이라 그 여러 머리에 일곱 면류관이 있는데 그 꼬리가 하늘 별 삼분의 일을 끌어다가 땅에 던지더라 용이 해산하려는 여자 앞에서 그가 해산하면 그 아이를 삼키고자 하더니"

붉은 용은 동양에서는 귀한 존재로 여겨집니다. 그러나 성경에서 붉은 용은 사단을 의미합니다.

"주께서 주의 능력으로 바다를 나누시고 물 가운데 용들의 머리를 깨뜨리셨으며"(시 74:13)

"그 날에 여호와께서 그 견고하고 크고 강한 칼로 날랜 뱀 리워야단 곧 꼬불꼬불한 뱀 리워야단을 벌하시며 바다에 있는 용을 죽이시리라"(사 27:1)

용은 하나님을 대적하는 세력으로 일곱개의 머리를 가지고 있습니다. 이것은 이들이 가진 지혜가 대단함을 의미합니다. 사람을 속이고 힘들게 하고, 죄에 빠지게 하고, 하나님을 대적하게 하는 일에 누구보다도 지혜가 있는 존재입니다. 그런 이들이 일곱 면류관을 썼습니다. 거기에 뿔이 열입니다. 뿔은 권세와 힘을 의미합니다. 이것은 이들이 가진 힘이 대단하다는 것입니다. 이들은 사람들에게 대단한 존재로 여겨집니다. 일곱 면류관은 일곱 뿔을 가지신 예수님과 대비되어 하나님 같은 존재로 보여집니다. 예수님은 하나님과 맘몬을 겸하여 섬기지 말라고 하셨습니다. 맘몬이 하나님과 대비되는 권세를 가졌음을 의미합니다. 이것이 바로 붉은 용의 모습입니다.

붉은 용이 하는 일이 무엇입니까? 우선 그 꼬리로 하늘의 별 삼분의 일을 끌어다가 땅에 던집니다. 여기서 하늘의 별이 무엇을 의미하는 것일까

교회를 세우는 요한계시록 강해

요? 여기에는 세 가지 해석이 있습니다. 하나는 교회 성도를 의미한다고 보는 것입니다. 그래서 성도들이 사단에 의하여 던짐을 받는다는 것은 곧 교회의 핍박을 의미한다는 해석입니다. 이것은 다니엘 말씀을 생각하게 합니다.

"그것이 하늘 군대에 미칠 만큼 커져서 그 군대와 별 중에 몇을 땅에 떨어뜨리고 그것을 짓밟고"(단 8:10)

그레고리 비일은 이것은 구원받아야 할 이스라엘의 포로상태를 의미하는 것이라고 하였습니다. 이렇게 별은 하나님의 자녀를 의미한다는 해석입니다. 그리고 두번째는 하늘의 별은 타락한 천사를 의미한다는 해석입니다. 사단이 타락한 천사 삼분의 일을 땅으로 보내서 교회를 핍박한다는 것입니다. 세번째는 유대의 묵시록에 나오는 견해로 하늘의 별들은 억압자들에게 학살당한 의인을 상징한다고 봅니다(에녹1서 46:7). 그래서 용이 별을 땅에 떨어뜨렸다는 것은 의인들의 죽음을 경멸하는 것이라는 해석입니다.

이렇게 세 가지 해석이 있습니다. 저는 첫번째 해석이 가장 합당하다고 생각합니다. 교회를 핍박하는 모습을 보여줍니다. 앞서서 살펴보았던 말씀과의 일관성이 있습니다. 실제로 요한계시록은 핍박받고 있는 교회를 향하여 주신 말씀입니다.

그렇다면 사단이 핵심적으로 하고자 하는 교회 핍박은 무엇입니까? 바로 그리스도의 죽임입니다. 4절을 다시 보시기 바랍니다.

"그 꼬리가 하늘 별 삼분의 일을 끌어다가 땅에 던지더라 용이 해산하려는 여자 앞에서 그가 해산하면 그 아이를 삼키고자 하더니"

여인이 해산할 아이는 5절에서 말하고 있는 만국을 철장으로 다스릴 그리스도를 의미합니다. 그러기에 마귀는 끊임없이 그리스도를 죽이고자 하였습니다. 우리는 예수님이 태어나실 때 헤롯이 행하였던 범죄를 기억합니다. 헤롯은 2살 이하의 아이를 다 죽이라는 명령을 하였습니다.

"이에 헤롯이 박사들에게 속은 줄을 알고 심히 노하여 사람을 보내어 베들레헴과 그 모든 지경 안에 있는 사내아이를 박사들에게 자세히 알아본 그 때를 표준하여 두 살부터 그 아래로 다 죽이니"(마 2:16)

사단은 하나님을 대적하여 교회를 핍박합니다. 그러나 이러한 사단의 일들은 결코 성공하지 못합니다. 이미 교회는 하나님의 언약 가운데 세움을 입었기 때문입니다. 사단이 실패하였음을 보여주는 것이 바로 5절의 예수님의 승천입니다.

"여자가 아들을 낳으니 이는 장차 철장으로 만국을 다스릴 남자라 그 아이를 하나님 앞과 그 보좌 앞으로 올려가더라"

사단이 아무리 하나님과 같은 모습으로 변장하여 교회를 무너뜨리려고 하여도 교회는 결코 무너지지 않습니다. 하나님께서 지키시고 있기 때문입니다. 그러므로 궁극적으로 사단의 계획은 무산될 것입니다. 그리고 그리스도 안에 있는 교회는 하나님이 예비하신 영광을 볼 것입니다.

사단은 끊임없이 교회의 사역, 그리스도의 구원 사역을 대적할 것입니다. 사람들로 하여금 실망을 갖게 하고 교회를 떠나게 할 것입니다. 상처를 주어서 교회에 대하여 환멸을 갖게 할 것입니다. 이것이 사단이 하는 일입니다. 여기에 누구라도 꾀임을 당할 수 있습니다. 하지만 하나님의 교회는 결코 무너지지 않습니다. 구원받기로 작정된 하나님의 사람들은

교회를 세우는 요한계시록 강해

살아서 교회를 세울 것입니다. 궁극적 승리는 교회입니다. 이 사실을 기억하시고 시험을 이길 수 있기를 소망합니다.

셋째, 교회는 주님 재림하실 때까지 하나님께 보호받습니다(6절). 그리스도의 오심으로 교회는 더욱 강력해졌습니다. 세상은 그리스도의 다스림 가운데 들어갑니다. 그러자 사단은 더욱 강력하게 발악을 합니다. 그것은 바로 그리스도의 십자가의 죽음입니다. 사단은 자신이 이기었다고 생각하였을 것입니다. 그러나 이것은 하나님의 언약의 성취인 것을 알지 못한 것에서 온 착각입니다. 그들의 나라가 완전히 박살 날 것임을 알지 못하는 무지라고 할 수 있습니다. 사도 바울은 골로새 교회에 보내는 편지에서 이 사실을 분명하게 말씀하였습니다.

"정사와 권세를 벗어버려 밝히 드러내시고 십자가로 승리하셨느니라"(골 2:15)

사단은 결코 승리할 수 없습니다. 그들은 영원한 심판 가운데 떨어질 것입니다. 그러나 이때 여자는 광야로 피신을 합니다. 예수님이 죽으시고 승천하셔서 다시 오실 때까지 교회는 광야로 도망갑니다. 이것이 교회의 현실입니다.

"그 여자가 광야로 도망하매 거기서 일천 이백 육십일 동안 저를 양육하기 위하여 하나님의 예비하신 곳이 있더라"(계 12:6)

교회가 광야로 가서 1,260일 동안 하나님이 예비하신 곳에서 양육을 받습니다. 사단은 신이 나서 교회를 박해합니다. 온갖 모욕을 줍니다. 그래서 성도들로 하여금 교회를 떠나게 만들고 있습니다. 이것이 사단이 하는 일입니다. 그렇게 교회는 힘들고 어려운 상황에 처하게 됩니다.

그런데 성경을 보면 이 광야 생활을 괴로운 곳으로 묘사하고 있지 않습니다. 하나님의 양육을 받는 장소라고 말하고 있습니다. 그런 의미에서 1,260일은 교회가 건강하게 준비하는 시간이라고 할 수 있습니다. 그렇다면 이 1,260일은 어떤 시간일까요? 그 시간은 예수님의 승천과 재림 사이의 기간이라고 말할 수 있습니다.

하나님은 교회의 박해를 허용하지만 그러나 사명자의 사명을 다 감당할 때까지 지키시고 보호하십니다. 이 땅의 교회는 주님의 재림이 임하시기까지 양육받는 시간을 갖습니다. 고난을 이기고 핍박을 견디어 낼 수 있는 훈련의 시간입니다. 이 시간에 우리가 하는 것은 더욱더 말씀의 자리에 서야 합니다. 호세아 선지자의 외침처럼 말씀의 기근이 오지 않도록 힘써야 합니다. 그러기에 이렇게 외쳤습니다.

"오라 우리가 여호와께로 돌아가자 여호와께서 우리를 찢으셨으나 도로 낫게 하실 것이요 우리를 치셨으나 싸매어 주실 것임이라 여호와께서 이틀 후에 우리를 살리시며 제 삼일에 우리를 일으키시리니 우리가 그 앞에서 살리라 그러므로 우리가 여호와를 알자 힘써 여호와를 알자 그의 나오심은 새벽 빛 같이 일정하니 비와 같이, 땅을 적시는 늦은 비와 같이 우리에게 임하시리라 하리라"(호 6:1-3)

하나님께로 돌아가자는 외침, 여호와를 알자는 외침은 종말의 시대를 사는·우리들에게 가장 중요한 말씀입니다. 예수님은 이렇게 말씀하셨습니다.

"나는 마음이 온유하고 겸손하니 나의 멍에를 메고 내게 배우라 그리하면 너희 마음이 쉼을 얻으리니"(마 11:29)

교회를 세우는 요한계시록 강해

예수님을 배우는 일입니다. 예수님을 더욱 알아가는 일입니다. 이것이 사단의 시험을 이기는 길이고 교회를 지키는 일입니다. 특별히 교회를 허무는 것은 가정에서부터 시작됨을 기억하고 가정에서 하나님의 영광을 나타내는 일에 힘써야 합니다. 부부가 말씀의 자리에 있어야 합니다. 그리고 삶의 현장에서 그리스도의 향기를 나타내도록 힘써야 합니다. 그것이 교회를 건강하게 세우는 시작입니다. 교회를 무너뜨리려고 하는 사단의 방해가 있겠지만 교회는 결코 무너지지 않습니다. 오히려 이럴수록 우리 자신을 돌아보고 믿음의 길에 더욱 굳게 서야 합니다. 이것이 우리가 감당해야 할 일입니다.

우리는 교회가 이 땅의 소망임을 한시도 잊어서는 안 됩니다. 교회는 하나님의 빛을 반사하는 거룩한 공동체입니다. 하나님은 교회를 통하여 그의 나라를 건설하십니다. 그러기에 교회는 사단의 방해 가운데 늘 놓여 있습니다. 하지만 사단이 교회를 이길 수 없습니다. 교회는 구원의 길이기 때문입니다. 지금 우리는 그리스도의 승천과 재림 사이에 놓여 있어서 고난의 시간을 보내야 하지만 이 기간은 절망의 시간이 아니라 훈련의 시간임을 잊지 말아야 합니다. 양육의 시간을 잘 보내는 것이 교회의 일입니다. 여러분은 어떤 양육을 받고 있습니까? 양육 받는 일에 간절함이 있습니까? 양육받음이 광야의 시간을 이기는 능력임을 확신하십니까? 성도는 양육받는 일에 항상 반응해야 합니다.

그리고 기억하시기 바랍니다. 하나님은 우리를 끝까지 보호하십니다. 사명자는 하나님이 지키시고 보호하십니다. 그러므로 담대하게 주의 나라와 영광을 위하여 살아야 합니다. 특별히 예수님을 더욱 깊이 배워야 합니다. 우리가 닮아야 할 분은 예수님입니다. 예수님은 세상을 이기는 힘입니다. 사단을 이기는 능력입니다. 이 일을 위하여 최선을 다할 수 있기를 바랍니다.

하늘의 전쟁(계 12:7-12)

요한계시록 12:1-6절에서는 고난받는 교회와 성도의 모습을 보았습니다. 사단이 어떠한 핍박을 한다고 하더라도 결코 교회를 무너뜨릴 수 없고, 성도를 구원의 자리에서 떨어지게 할 수 없음도 보았습니다. 하나님은 언약백성을 끝까지 지키시고 인도하십니다.

이제 본문을 통하여 하늘에서 이뤄지는 사건에 대하여 살펴보고자 합니다. 붉은 용이 하늘의 별 삼분의 일을 땅에 던졌습니다. 그리고 그리스도를 죽이려고 작정을 하였습니다. 하지만 붉은 용 즉 사단은 모두 실패하였습니다. 그리고 하늘에서 붉은 용과 천사 미가엘의 전쟁이 있습니다. 이 전쟁을 통하여 사단은 내어 쫓김을 당하고 하나님의 영광은 높여졌습니다. 이렇게 하늘의 전쟁을 통하여 들려주시는 하나님의 교훈을 바르게 아는 기쁨이 있기를 소망합니다. 본문의 가르침은 네 가지로 살펴보고자 합니다.

첫째, 하늘의 전쟁을 통하여 드러난 용의 실체입니다(7-9절). 하늘에서 전쟁이 일어났습니다. 이 전쟁은 예수님께서 승천하신 후에 일어나는 교회의 박해 기간을 묘사합니다. 전쟁의 모습을 보면 미가엘과 그의 사자들과 용과 그의 사자들의 싸움입니다. 이 싸움에서 용이 미가엘을 이기지 못합니다. 그리고 땅으로 쫓겨납니다.

"하늘에 전쟁이 있으니 미가엘과 그의 사자들이 용으로 더불어 싸울새 용과 그의 사자들도 싸우나 이기지 못하여 다시 하늘에서 저희의 있을 곳을 얻지 못한지라 큰 용이 내어 쫓기니 옛 뱀 곧 마귀라고도 하고 사단이라고도 하는 온 천하를 꾀는 자라 땅으로 내어 쫓기니 그의 사자들도 저와 함께 내어 쫓기니라"(계 12:7-9)

이 전쟁은 다니엘서의 예언이 성취되어짐을 보여주는 말씀입니다. 단 10:18-21 말씀에서 하나님의 뜻에 따라 싸우는 미가엘의 모습을 말하고 있습니다.

"그가 이르되 내가 어찌하여 네게 나아온 것을 네가 아느냐 이제 내가 돌아가서 바사군과 싸우려니와 내가 나간 후에는 헬라군이 이를 것이라 오직 내가 먼저 진리의 글에 기록된 것으로 네게 보이리라 나를 도와서 그들을 대적하는 자는 너희 군 미가엘 뿐이니라"(단 10:20-21)

본문에서 "그"는 다니엘 10장 18절에 있는 말씀처럼 "인자"를 말합니다. 그리고 "인자"는 예수 그리스도를 의미합니다. 이렇게 볼 때 미가엘은 예수님을 도와주는 존재입니다. 다음 구절은 이 사실을 더욱 분명하게 보여줍니다.

"그 때에 네 민족을 호위하는 대군 미가엘이 일어날 것이요 또 환난이 있으리니 이는 개국 이래로 그 때까지 없던 환난일 것이며 그 때에 네 백성 중 무릇 책에 기록된 모든 자가 구원을 얻을 것이라"(단 12:1)

미가엘이 모든 자의 구원을 얻는 일에 동원됨을 볼 수 있습니다. 그래서 혹자는 미가엘을 예수님이라고 보기도 합니다. 그러나 우리는 미가엘

교회를 세우는 요한계시록 강해

을 하나님의 호위천사로 봅니다. 미가엘은 하나님의 뜻을 좇아 용과 싸우고 그들을 좇아냅니다. 그리고 미가엘에게 쫓겨남을 당한 용의 실체가 드러납니다. 9절입니다.

"큰 용이 내어 쫓기니 옛 뱀 곧 마귀라고도 하고 사단이라고도 하는 온 천하를 꾀는 자라 땅으로 내어 쫓기니 그의 사자들도 저와 함께 내어 쫓기니라"

용은 옛 뱀입니다. 이것은 아담과 하와를 미혹하여 타락시켰던 그 뱀을 상징합니다.(창 3:14) 하나님은 이 뱀의 후손이 여자의 후손과 원수가 될 것이라고 말씀하셨습니다.(창 3:15) 그리고 이 큰 용은 마귀 즉, 사단입니다. 이들은 세상을 속여서 어지럽히는 자들입니다. 가짜 뉴스를 만들어서 세상을 혼란케 하는 무리가 바로 이러한 사단입니다. 사단은 속이는 자입니다. 미혹하여서 서로를 믿지 못하게 만드는 것이 바로 사단입니다. 이 사단의 실체가 드러난 것입니다.

그러나 사단의 모습은 여기에만 있지 않습니다. 10절 하반절에 보면 사단은 하나님 앞에 밤낮 형제들을 참소하는 자입니다. 즉 형제들을 비난하고 고소하는 자들입니다. 욥 1장을 보면 욥을 고소하는 사단의 모습이 나옵니다. 하나님은 욥만 한 사람이 없다고 말합니다. 그러나 사단은 욥이 까닭없이 하나님을 경외하지 않는다고 고소합니다. 그리고 이렇게 말합니다.

"이제 주의 손을 펴서 그의 모든 소유물을 치소서 그리하시면 정녕 대면하여 주를 욕하리이다"(욥 1:11)

이것이 사단이 하는 일입니다. 사단은 하나님의 자녀들의 죄를 들춰내서 하나님 앞에 고소하는 일을 하였습니다. 그래서 하나님의 자녀들이 누리는 그 기쁨을 다 빼앗아 가는 일에 열심을 내는 자입니다. 그런데 그러한 사단이 내쫓김을 당하였습니다. 그리고 하나님의 백성들이 기쁨을 회복하였습니다.

사단은 거짓 고소로 하나님의 자녀들이 누려야 하는 행복을 빼앗아 갑니다. 사단에 미혹당한 자들에게는 결코 자유와 기쁨이 없습니다. 서로를 믿지 못하게 합니다. 그래서 기쁨을 상실하게 만듭니다. 사단에 매여 있는 인생이 불쌍한 이유는 그에게는 자유와 기쁨이 없기 때문입니다. 우리를 불행하게 만드는 죄에서 자유하게 됨이 가장 큰 기쁨입니다.

둘째, 예수 그리스도의 십자가의 영광이 선포되었습니다(9-10). 미가엘과의 전쟁에서 패한 마귀는 땅으로 내어 쫓깁니다. 여기서 하늘과 땅은 지리적인 의미로 생각하면 안 됩니다. 이것은 상징적인 의미로 보아야 합니다. 이 말은 하나님 앞에서 행하였던 모든 참소하는 직임에서 면직된 것을 의미합니다. 또한 만국을 거짓말로 혼란케 하는 일을 더 이상 하지 못하게 된 것입니다.

이렇게 하나님의 자녀들을 밤낮 고소하던 자가 쫓겨났습니다. 더 이상 인간을 고소하는 일이 없어졌기 때문입니다. 그것은 미가엘이 전쟁에서 이기어서 그런 것이 아니라 하나님의 능력으로 주어진 것입니다. 사람들이 마귀의 미혹에 빠져 살았던 것은 죄로 인한 타락 때문입니다. 죄가 사람을 지배하자 사람은 자유를 상실했고 기쁨도 없어졌습니다. 마귀의 종이 되어서 죄 가운데 사는 자가 되었습니다. 욥을 고소하였던 마귀의 말처럼 조금만 어려움이 생기면 하나님을 원망하는 그러한 나약한 존재가 바로 인간입니다. 그러므로 인간 스스로에게는 어떤 소망도 없습니다.

그런데 하나님의 구원과 능력이 임하였습니다. 그 구원과 능력은 바로 예수 그리스도의 십자가의 죽음이었습니다. 모든 인류의 죄를 지고 예수님께서 십자가에서 죽으셨습니다. 인간의 모든 죄를 다 해결하셨습니다. 더 이상 사단이 고소할 내용이 없어졌습니다. 예수님의 십자가 앞에서 마귀가 할 수 있는 일은 하나도 없습니다. 밤낮 끈질기게 고소하였던 마귀가 쫓겨났습니다. 더 이상 누구도 예수 그리스도 앞에서 고소할 수 없습니다. 예수님의 십자가의 보혈이 마귀를 이기셨습니다.

이것이 참된 복음입니다. 이제 중요한 것은 이 사실을 믿음으로 받느냐입니다. 믿는 자에게는 구원의 영광이 주어집니다. 예수님으로 말미암아 주어지는 자유와 기쁨과 행복이 있습니다. 그러나 이 사실을 믿지 못하면 여전히 사단의 속임수에 휘둘리는 인생이 됩니다. 하지만 예수 그리스도의 십자가의 은혜를 믿는 자에게는 환난을 이길 수 있는 능력이 있습니다. 예수님 안에서 우리는 세상을 이길 힘을 얻습니다. 이것이 하늘에서의 전쟁을 통하여 우리에게 주신 선물입니다. 사단을 이긴 그리스도의 십자가를 더욱 굳게 붙잡고 믿음의 길을 감당할 수 있기를 소망합니다.

셋째, 교회는 진리를 위하여 생명을 아끼지 아니함이 사명입니다(11절). 이제 또 하나의 중요한 사실을 살펴보고자 합니다. 그것은 바로 교회의 사명입니다. 사도 요한은 또 하나의 사단을 이긴 힘을 말씀합니다. 그것은 바로 교회가 가진 사명을 감당할 때 주어지는 것입니다. 11절은 그 사실을 말씀하고 있습니다.

"또 여러 형제가 어린 양의 피와 자기의 증거하는 말을 인하여 저를 이기었으니 그들은 죽기까지 자기 생명을 아끼지 아니하였도다"

여러 형제는 바로 교회를 의미합니다. 교회가 어린 양의 피와 증거하는 말씀을 인하여 사단을 이기었다고 말씀합니다. 교회가 사단을 이기신 예수 그리스도의 보혈을 의지하고 그의 말씀을 순종할 때 사단은 더 이상 자신의 자리를 지키지 못하고 내쫓김을 당합니다. 사단은 교회가 그리스도의 십자가의 피와 그의 말씀을 전할 때 멸망합니다.

11절 하반절에 "그들은 죽기까지 자기 생명을 아끼지 아니하였도다"는 말씀을 기억해야 합니다. 교회가 죽기까지 진리를 지킬 때 사단은 결코 교회를 허물지 못함을 의미합니다. 사단이 교회를 향하여 온갖 모함을 하고 핍박을 가하고 미혹을 하여도 십자가의 보혈과 진리의 말씀을 바르게 전하고 믿고 있다면 결코 사단이 이길 수 없습니다.

교회가 할 일은 분명합니다. 그것은 예수 그리스도의 진리의 말씀을 끝까지 지키는 일입니다. 다른 무엇보다도 이 진리의 말씀을 가지고 있을 때 교회는 사단을 항상 이깁니다. 그렇기에 우리는 바울의 고백에 동의합니다.

"그러나 내게는 우리 주 예수 그리스도의 십자가 외에 결코 자랑할 것이 없으니 그리스도로 말미암아 세상이 나를 대하여 십자가에 못박히고 내가 또한 세상을 대하여 그러하니라"(갈 6:14)

우리의 자랑은 오직 예수 그리스도의 십자가에 있습니다. 오직 말씀에 있습니다. 이 말씀이 우리를 살게 합니다.

"모든 성경은 하나님의 감동으로 된 것으로 교훈과 책망과 바르게 함과 의로 교육하기에 유익하니 이는 하나님의 사람으로 온전케 하며 모든 선한 일을 행하기에 온전케 하려 함이니라"(딤후 3:16-17)

교회는 오직 이 진리를 전하는 데 힘써야 합니다. 그리고 성도는 이 진

교회를 세우는 요한계시록 강해

리를 배우는 데 전력해야 합니다. 이것이 사단의 유혹을 이기는 길이며 구원의 영광을 누리게 됩니다. 끝까지 이 믿음을 지킬 수 있는 교회와 성도가 되기를 소망합니다. 우리 교회가 이 진리를 지키면 수백 년이 흘러도 존재하지만 그렇지 않으면 바람에 날아가는 낙엽처럼 사라지고 맙니다. 우리 모두 주님 오시는 그날까지 이 진리를 지킬 수 있기를 소망합니다.

넷째, 종말의 시대는 사단의 마지막 발악의 시간입니다(12절). 우리가 진리를 지키는 일에 열심을 낼 때 기억해야 할 한 가지는 주님의 재림이 있기까지 이 땅에는 사단의 최후의 발악이 있습니다. 그래서 유형적인 교회가 무너지기도 하고 성도들이 많은 고난을 당하기도 합니다. 그리고 세상은 점점 악해집니다. 이것은 하늘에서 쫓겨난 사단이 하는 최후의 발악이기 때문입니다. 그러나 사단은 이미 끝난 존재입니다. 두려워할 필요가 없습니다. 부지깽이와 같이 사라질 존재입니다. 12절을 보겠습니다.

"그러므로 하늘과 그 가운데 거하는 자들은 즐거워하라 그러나 땅과 바다는 화 있을진저 이는 마귀가 자기의 때가 얼마 못된 줄을 알므로 크게 분내어 너희에게 내려 갔음이라 하더라"

이 본문은 아주 분명하게 말씀하고 있습니다. 하늘에 거하는 자들과 땅과 바다에 거하는 자들로 구분합니다. 하늘에 거하는 자들에게는 즐거움이 주어지지만 땅과 바다에 거하는 자들에게는 화가 있습니다. 여기서 하늘에 거하는 자는 바로 거듭난 그리스도인들의 모임 즉 교회 공동체를 의미합니다. 교회 공동체만이 하나님이 주신 즐거움을 누릴 수 있습니다. 그 어떤 고난에도 교회는 하나님이 주신 즐거움을 빼앗기지 않습니다. 동시에 땅과 바다는 사단의 지배를 받는 세상을 의미합니다. 하나님이 없는 세상은 점점 악해집니다. 사단은 자신의 날이 얼마 남지 않았음을 알기에 분을 냅니다. 그리스도의 십자가의 은혜로 결정적으로 자신이 패하였음을 알고 있습니다. 그래서 그 분노를 참지 못하여 세상을 향하여 화를 분출합니다.

세상에서는 계속하여 잔인한 사건들이 일어납니다. 참으로 끔찍한 모습입니다. 하나님의 은혜의 손길이 아니면 세상은 더 이상 소망이 없습니다. 이 땅의 방법이 세상을 회복하는 것은 불가능합니다. 세상은 참된 즐거움을 알지 못하는 피곤한 곳입니다.

그러나 교회는 하나님이 주시는 즐거움을 누릴 것입니다. 이것이 우리의 영광입니다. 비록 종말의 시대는 사단이 발악하는 시대이지만 교회는 하나님이 주시는 즐거움과 행복을 누릴 것입니다. 이 영광의 선물을 풍성하게 누릴 수 있기를 바랍니다. 교회는 세상의 방법으로 사는 곳이 아닙니다. 그리스도인은 세상의 가치로 행복을 찾는 사람이 아닙니다. 그리스도인은 예수님의 십자가로 즐거움을 삼는 사람입니다. 이 믿음이 우리 가운데 있어야 합니다.

우리는 이미 임한 하나님 나라에서 아직 완성되지 않은 하나님 나라, 즉 예수님의 처음 오심과 승천 그리고 다시 오심의 사이에 살고 있습니다. 이 시대에 우리가 사는 길은 오직 하나입니다. 바로 예수 그리스도의 십자가를 의지하고 죽기까지 진리를 지키는 일입니다. 이것이 우리가 이 땅에서 즐거움을 누리는 길입니다. 사단이 우리 주변에서 마지막 발악을 하고 있지만 두려워하지 마시기 바랍니다. 이미 끝난 존재들입니다. 그것에 신경 써서 우리에게 주신 즐거움과 기쁨과 행복을 잃어버리지 말아야 합니다. 우리 모두 주님이 주시는 즐거움을 만끽하시기를 소망합니다. 그

　　　　　　　　교회를 세우는 요한계시록 강해

것은 서로 사랑하는 것이고 인내하는 것이고, 이해하는 것이고, 배려하는 것이고, 존중하는 것이고, 섬기는 것이고, 나누는 것입니다.

주님이 주시는 기쁨을 만끽하기 위해서는 무엇보다 건강한 교회를 세워야 합니다. 말씀을 전하는 설교자와 말씀을 듣고 반응하기를 소망하는 성도가 함께해야 합니다. 사단이 결코 빼앗아 갈 수 없는 기쁨은 복음을 나눔에 있습니다. 복음의 나눔에서 게을러지고, 지치면 사단은 여지없이 공격합니다. 그러므로 건강한 교회를 세우는 것이 광야의 시대에 주님이 주신 기쁨을 누리게 합니다. 이러한 은혜가 우리 모두에게 있기를 소망합니다.

교회를 향한 미혹과 박해(계 12:13-17)

기복이 심한 신앙생활을 원하는 사람은 없습니다. 모두들 한결같고 변함이 없는 신앙생활을 하고 싶어 합니다. 그러나 현실은 그렇지 못합니다. 신앙의 굴곡이 있을 때가 참으로 많습니다. 은혜가 충만하여서 얼굴에서 미소가 떠나지 않고 사람들에게 하염없이 기쁘게 대할 때가 있는 반면에 한순간에 미소가 사라지고 하나님이 과연 살아계신지 의심이 들 때가 있습니다. 목숨 바쳐서 교회를 섬기겠다고 하다가도 교회를 옮겨야겠다는 생각이 들기도 합니다. 참으로 걷잡을 수 없는 우리의 신앙을 보게 됩니다.

또한 멋지게 잘 성장하던 교회가 느닷없이 혼란에 빠지고 목사와 성도 간에 등을 돌리고 교회가 쪼개지고 사라지는 것을 봅니다. 그리스도께서 하나 되게 하신 것을 스스로 부정하는 일을 봅니다. 도대체 이해할 수 없는 일들을 종종 보고 겪게 됩니다. 왜 그럴까요? 또 이러한 아픔을 겪지 않으려면 어떻게 해야 할까요? 그러면서 나는 어떤가? 그리고 우리 교회는 어떤가? 라는 질문을 자연스럽게 던집니다.

본문은 이 질문에 매우 중요한 답을 주고 있습니다. 교화와 우리 자신이 원치 않는 시험에 빠지고 미혹과 박해를 당하는 이유가 무엇인지를 말

교회를 세우는 요한계시록 강해

씀하고 있습니다. 그 내용을 자세하게 살펴보겠습니다.

지상의 교회는 마귀의 핍박 가운데 존재하지만 최후의 승자가 됩니다.

우리는 12장 9절에서 마귀가 하늘에서부터 쫓겨남을 보았습니다. 마귀는 예수님을 죽이려는 일에 실패하였고 땅으로 쫓겨났습니다. 그러자 마귀는 더욱 발악을 하기 시작합니다. 땅으로 쫓겨남을 당한 마귀의 모습을 13절에서 묘사하고 있습니다.

"용이 자기가 땅으로 내어 쫓긴 것을 보고 남자를 낳은 여자를 핍박하는지라"

남자 즉 그리스도를 낳은 여자 곧 교회를 핍박하는 모습입니다. 마귀의 발악을 잘 보여주는 모습입니다. 마귀는 교회를 허물고자 온 힘을 다합니다. 마귀의 핍박은 거짓 가르침과 물리적 박해로 다가옵니다. 15절은 이러한 마귀의 박해를 말하고 있습니다.

"여자의 뒤에서 뱀이 그 입으로 물을 강 같이 토하여 여자를 물에 떠내려가게 하려 하되"

마귀가 그 입으로 물을 강같이 토합니다. 이것은 마귀가 행하는 핍박의 모습입니다. 우선 입으로 물을 내었다는 말에서 알 수 있듯이 말로서 교회를 핍박합니다. 성경은 마귀는 거짓의 아비라고 하였습니다. 거짓을 통하여 이간질시키고 믿음을 버리게 합니다. 또한 거짓 선지자들을 교회에 침투시켜서 바른 진리에서 떠나가게 합니다. 교회가 그리스도의 가르침에서 떨어지지 않으려는 열심을 우습게 여기는 말을 통하여 시험 들게 합니다. 불의 혀와 같은 말을 통하여 교회를 흔듭니다. 교회는 늘 이러한 시험과 미혹 가운데 존재합니다. 각종 이단들이 난무하는 세상에서 진리를 지키는 것은 쉬운 일이 아닙니다. 그러나 반드시 감당해야 할 일입니다.

또한 물질적인 박해도 있습니다. "물을 강 같이 토하여 여자를 물에서 떠내려가게" 하는 것입니다. 물을 강같이 토한다는 것은 홍수를 의미합니다. 홍수는 물리적인 박해와 핍박을 의미합니다. 성경 역시 홍수는 이러한 박해를 상징하고 있음을 말합니다. 다윗의 시편에는 홍수가 박해를 의미하는 구절이 있습니다.

"이로 인하여 무릇 경건한 자는 주를 만날 기회를 타서 주께 기도할지라. 진실로 홍수가 범람할지라도 저에게 미치지 못하리이다"(시 32:6)

홍수가 범람할지라도 결코 미치지 못할 것은 하나님이 지켜주시기 때문입니다. 이러한 모습은 다니엘 9장에서 더욱 분명하게 나타납니다.

"육십 이 이레 후에 기름부음을 받은 자가 끊어져 없어질 것이며 장차 한 왕의 백성이 와서 그 성읍과 성소를 훼파하려니와 그의 종말은 홍수에 엄몰됨 같을 것이며 또 끝까지 전쟁이 있으리니 황폐할 것이 작정되었느니라."(단 9:26)

다니엘은 마지막 때 전쟁에 대해 "홍수의 엄몰됨 같을 것"이라고 말하고 있습니다. 이처럼 홍수는 교회를 향한 물리적인 박해를 의미합니다. 하늘에서 쫓겨난 사단이 교회를 무너뜨리려고 온갖 방해를 합니다. 간교한 말로 진리의 말씀을 혼잡하게 하여서 구원의 자리에 이르지 못하게 하고, 물질적인 어려움을 통하여 믿음의 자리에서 떠나게 하려고 온갖 핍박을 가합니다.

바로 이러한 상황 속에 교회는 세워지고 또 세워집니다. 우리 역시 교회에 다가오는 다양한 시험을 경험하였습니다. 그러므로 교회를 핍박하는 이들은 의도적이든 의도적이 아니든 사단의 도구가 됩니다.

그러나 교회는 결코 무너지지 않습니다. 사단의 핍박은 결코 성공하지 못합니다. 육적인 괴롭힘을 통하여 이긴 것처럼 보이지만 결코 이길 수 없습니다. 16절은 그 사실을 분명하게 보여줍니다.

"땅이 여자를 도와 그 입을 벌려 용의 입에서 토한 강물을 삼키니"

땅이 여자를 도와 강물을 삼켜버립니다. 아무리 교회를 핍박하여도 마지막 승리는 교회임을 보여주시는 약속입니다. 우리는 성경을 통하여 하나님을 배반하였던 무리들이 땅 속으로 삼킴을 당한 사건을 알고 있습니다. 바로 고라와 다단 아비람의 사건입니다. 모세를 거역하였던 이들의 최후는 땅에 갇힘이었습니다.

"만일 여호와께서 새 일을 행하사 땅으로 입을 열어 이 사람들과 그들의 모든 소속을 삼켜 산채로 음부에 빠지게 하시면 이 사람들이 과연 여호와를 멸시한 것인 줄을 너희가 알리라 이 모든 말을 마치는 동시에 그들의 밑의 땅이 갈라지니라 땅이 그 입을 열어 그들과 그 가족과 고라에게 속한 모든 사람과 그 물건을 삼키매 그들과 그 모든 소속이 산채로 음부에 빠지며 땅이 그 위에 합하니 그들이 총회 중에서 망하니라"(민 16:30-33)

"르우벤 자손 엘리압의 아들 다단과 아비람에게 하신 일 곧 온 이스라엘의 한가운데서 땅으로 입을 열어서 그들과 그 가족과 그 장막과 그를 따르는 모든 생물을 삼키게 하신 일이라"(신 11:6)

사단이 아무리 대단한 힘을 가지고 있다고 하더라도 결코 하나님의 교회를 무너뜨릴 수 없습니다. 그러므로 우리는 교회가 부족한 부분이 있더라도 교회를 떠나서는 안 됩니다. 또한 끝까지 교회를 세우는 일에 힘을 써야 합니다. 교회를 세우는 일에 게을리하는 것은 결국 사단의 미혹에 빠진 것이고 사단에게 즐거움을 선사하는 일입니다. 이러한 마귀의 사악함을 잘 분별하여 힘써 교회를 위한 봉사에 열심을 내야 합니다. 교회를 세우는 일은 목사와 성도 온 공동체가 함께 하는 일입니다. 이렇게 할 때 교회를 허물려는 사단의 핍박을 이길 수 있습니다. 주님 오시는 그날까지 교회는 세워집니다.

그리스도인들도 고난을 통과하지만 영광의 자리에 이르게 됩니다.

교회를 허물고자 힘을 쓰는 사단은 이제 개개인의 성도를 향하여 핍박을 가합니다. 사단의 발악은 그 끝이 가까울수록 더욱 심해집니다. 사단이 자신이 하늘에서 쫓겨난 것에 대한 분노로 성도들을 핍박합니다. 17절은 사단의 사악한 모습을 보여줍니다.

"용이 여자에게 분노하여 돌아가서 그 여자의 남은 자손 곧 하나님의 계명을 지키며 예수의 증거를 가진 자들로 더불어 싸우려고 바다 모래 위에 섰더라."

분노한 사단은 여자의 남은 후손 곧 예수의 증거를 가진 자들로 더불어 싸울 준비를 합니다. 여자의 남은 후손은 땅에 있는 성도를 의미합니다. 사단은 믿음으로 살려는 성도들과 싸우려고 합니다. 그래서 하나님이 주시는 구원의 기쁨을 누리지 못하게 합니다. 하나님이 없다는 생각을 갖게 합니다. 이 싸움은 결코 만만치 않습니다. 13장에서 좀 더 자세하게 볼 수 있습니다.

마귀는 자신의 분노를 여자의 남은 후손들에게 쏟아 붓습니다. 일반적으로 이 시기를 역사의 끝날 시기로 봅니다. 그것은 그리스도인들이 주님 오시는 그날까지 견뎌야 하는 상황을 말씀하십니다. 하나님의 거룩한 영광에 자리에 이르지 못하도록 사단은 온갖 방해를 합니다. 그래서 교회로부터 주어지는 기쁨과 즐거움을 누리지 못하게 합니다. 교회에 대한 불신을 지속적으로 갖게 합니다. 그래서 교회는 소망이 없다는 생각을 하게 합니다.

거기에 교회의 실수나 직분자들의 실수가 더해지면 교회로부터 세상으로 도피하는 그리스도인들이 나타납니다. 그러면 사람들은 그것을 정당하게 여기고 반깁니다. 교회가 없어도 된다는 생각을 가지게 합니다. 그리고 나아가서 예수 그리스도를 믿는 신앙에서 멀어집니다.

그러나 결코 하나님의 사람들은 무너지지 않습니다. 그것은 교회를 지키신 하나님이 그리스도인을 보호하시기 때문입니다. 그 약속의 말씀이 바로 14절입니다.

"그 여자가 큰 독수리의 두 날개를 받아 광야 자기 곳으로 날아가 거기서 그 뱀의 낯을 피하여 한 때와 두 때와 반 때를 양육 받으매"

사단이 교회를 핍박하고 그리스도인들을 박해하여서 하나님이 예비하신 영광의 자리에 이르지 못하게 하려고 하지만 하나님은 사단의 행위를 결코 허락하지 않습니다. 여자 즉 교회는 큰 독수리의 두 날개로 광야로 날아가서 거기서 사단을 피하여 주님 오시는 날까지 보호를 받습니다. 하나님은 각 시대마다 핍박이 있을 때마다 보호하셨습니다. 각자의 광야는 다르지만 하나님의 보호하심은 한결같았습니다. 핍박 속에 남은 교회의 역사가 그것을 잘 보여줍니다. 성경에서 독수리는 보호와 승리를 상징합니다.

"모세가 하나님 앞에 올라가니 여호와께서 산에서 그를 불러 가라사대 너는 이같이 야곱 족속에게 이르고 이스라엘 자손에게 고하라 나의 애굽 사람에게 어떻게 행하였음과 내가 어떻게 독수리 날개로 너희를 업어 내게로 인도하였음을 너희가 보았느니라."(출 19:3-4)

이스라엘의 구원하심을 말씀하시면서 독수리 날개로 업어 인도하여 내셨다고 말씀하셨습니다. 또한 신명기에서도 이스라엘을 어떻게 보호하셨는지를 말씀합니다.

"여호와의 분깃은 자기 백성이라 야곱은 그 택하신 기업이로다 여호와께서 그를 황무지에서, 짐승의 부르짖는 광야에서 만나시고 호위하시며 보호하시며 자기 눈동자 같이 지키셨도다. 마치 독수리가 그 보금자리를 어지럽게 하며 그 새끼 위에 너풀거리며 그 날개를 펴서 새끼를 받으며 그 날개 위에 그것을 업는 것같이 여호와께서 홀로 그들을 인도하셨고 함께 한 다른 신이 없었도다."(신 32:9-12)

독수리는 이렇게 하나님의 보호하심 뿐 아니라 하나님의 구원을 말씀하실 때도 사용됩니다.

"오직 여호와를 앙망하는 자는 새 힘을 얻으리니 독수리의 날개 치며 올라감 같을 것이요 달음박질하여도 곤비치 아니하겠고 걸어가도 피곤치 아니하리로다."(사 40:31)

하나님의 보호하심은 주님 재림하실 때까지 계속됩니다. 본문에서 한 때 두 때 반 때 동안 보호하신다고 하였습니다. 이 시기는 42개월, 1,260일을 의미합니다. 그리고 이 의미는 예수님의 초림과 재림을 상징하는 것입니다. 그렇다면 이 말씀은 하나님께서 주님 재림하실 때까지 교회와 남은 자 그리스도인을 보호하신다는 의미입니다.

우리는 교회도 그리고 우리들도 마귀의 시험에 자유롭지 못하다는 것을 알고 있습니다. 그러나 마귀는 결코 우리의 구원을 빼앗아 갈 수 없습니다. 물리적인 고난이 있을 수 있지만 영적인 승리는 우리의 것입니다. 프랑스의 위그노들처럼 우리도 혹독한 고난이 혹 올 수 있을지 몰라도 교회는 살아남습니다. 그리고 우리의 영적인 삶은 하나님이 반드시 보호하여 주십니다. 이 믿음이 우리를 이끌어가기를 소망합니다.

교회가 핍박의 시기를 이기려면 진리로 양육받아야 합니다.

하나님은 우리를 끝까지 보호하여 주십니다. 그러나 이 약속은 우리의 게을러도 된다는 말씀이 아닙니다. 게으름은 마귀의 먹잇감이 되기에 가장 좋습니다. 우리는 게으름의 유혹과 싸워 이겨야 합니다. 그것이 우리를 영광의 자리에 이르게 합니다. 그렇다면 하나님이 명령하시는 것이 무엇입니까? 우선 진리로 양육받는 일에 힘써야 합니다. 14절은 하나님께서 교회를 광야로 데려가서 거기서 양육하신다고 말씀하고 있습니다. 광야 교회에서 주님 오시는 날까지 하는 것이 바로 양육받는 일입니다. 이것이 사단의 시험을 이기는 길이기 때문입니다.

여기서 "양육받다"는 단어는 "단단하게 하다"는 의미입니다. 교회가 말씀으로 단단하게 되었다는 것입니다. 진리로 단단해질 때 사단의 속임

교회를 향한 미혹과 박해(계 12:13-17)　　　　　　　　　|341|

수와 박해를 이길 수가 있습니다. 단단하지 않으면 사단의 시험에 쉽게 무너지고 맙니다. 앞서 계 12:1-6절의 말씀을 통해서도 양육이 얼마나 중요한지를 나눴습니다. 영적인 훈련은 종말의 시대를 살아가는 그리스도인에게 더욱 강조해야 할 말씀입니다.

의사들은 당뇨병 환자에게 운동으로 근육을 키우라고 강조합니다. 근육이 단단하지 않으면 당이 다 빠져나가 죽기 때문입니다. 근육이 단단하지 않으면 쉽게 피곤해져 아무 일도 하지 못합니다. 그런데 이것이 영적인 우리의 삶에도 동일합니다. 말씀의 근육이 단단해야 하나님의 일을 감당할 수 있습니다. 이 일은 끊임없는 훈련이 있어야 합니다. 말씀을 읽고 듣고 배우는 일에 힘을 써야 합니다. 좋은 책을 읽고 교회의 훈련에 참여할 때 단단해집니다. 이것이 핍박의 시기를 이겨내고 교회를 굳게 세우며 하나님의 영광에 참여하게 됩니다.

하나님의 말씀에 시선을 고정 시켜야 합니다.

17절에 보면 "하나님의 계명을 지키며"라는 말씀이 있습니다. 여기서 "지키다"는 이 단어는 "시선을 계속하여 둔다"는 의미가 있습니다. 우리에게 소중한 것이 있을 때 우리의 시선은 소중한 것에 계속 가 있습니다. 이처럼 하나님의 계명에 시선을 계속하여 둘 때 사단의 시험을 이길 수 있습니다. 사단을 이길 수 있는 힘은 바로 말씀에 있습니다. 그래서 예수님은 사단의 시험 앞에서 이렇게 선포하셨습니다.

"예수께서 대답하여 가라사대 기록되었으되 사람이 떡으로만 살 것이 아니요 하나님의 입으로 나오는 모든 말씀으로 살 것이라 하였느니라 하

교회를 세우는 요한계시록 강해

시니"(마 4:4)

우리의 시선이 말씀에 있으면 삶의 위기의 순간에 그 말씀이 우리를 지키고 보호합니다. 말씀이 능력이고 생명이기 때문입니다. 또한 우리가 어디로 가야할지 고민할 때 말씀이 우리를 인도합니다. 그러므로 말씀에 우리의 시선을 계속하여 두어야 합니다. 이것이 고난을 이기는 우리의 준비이고 영광의 이르는 길입니다.

우리가 사는 이 땅은 교회에 호의적이지 않습니다. 사단은 끊임없이 미혹하고 박해합니다. 하지만 구원받은 우리는 교회가 이 땅의 진정한 소망임을 확신하고 있습니다. 그래서 고난 가운데서도 포기하지 않고 예수님을 전해야 합니다. 계속해서 교회로 오라고 초청해야 합니다. 교회가 사단을 이기게 하는 유일한 곳이라는 사실을 알려야 합니다.

세상은 점점 타락하여 가고 있습니다. 그리고 철저하게 자기중심으로 살아가고 있습니다. 서로 죽여야 화가 풀리는 세상입니다. 그래서 용서는 사치라고 여기는 세상입니다. 그러다 보니 누구도 자신의 죄를 회개하지 않습니다. 회개하여도 용서받지 못할 것이라는 생각으로 가득 차 있습니다. 참으로 어두움이 짙게 깔린 세상입니다.

우리는 이러한 세상에 살아갑니다. 그러기에 우리는 말씀으로 단단해져야 합니다. 그리고 말씀에 우리의 시선이 집중되어 있어야 합니다. 이것이 우리가 이 세상에 주눅 들지 않는 힘입니다.

기억합시다. 사단이 아무리 우리를 핍박하여도 결코 우리를 무너뜨릴 수 없습니다. 삼위 하나님의 보호하심이 늘 우리와 함께하고 있습니다. 이 믿음으로 주님 오시는 그날까지 믿음의 길을 감당할 수 있기를 소망합니다.

13장

많은 사람들이 말씀을 사모하는 것보다 이적을 선호하고, 체험을 추구합니다.

그래서 말씀이 무엇이라 말하는지 관심이 없고 자신의 아픈 것을 해결해 주고,

자신의 필요를 채워 주면 따라갑니다.

그래서 사람들이 많이 모이기도 합니다.

잠시 동안 삶이 부유해질 수 있습니다.

하지만 사단의 유혹입니다. 함정에 빠지면 그 끝은 파산입니다.

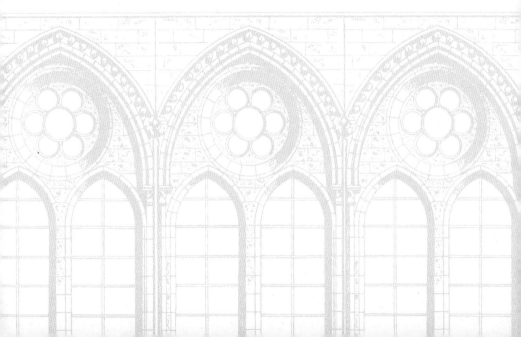

귀가 있거든 들을지어다(계 13:1-10)

초대 교회사를 공부하면 '팍스 로마나'에 대하여 배우게 됩니다. 로마의 평화라는 것으로 오랜 시간 동안 평화와 번영을 누린 시대를 말합니다. 그 시기는 아우구스투스부터 마르쿠스 아우렐리우스 황제까지로 로마의 화려함이 절정을 이룬 시기입니다. 그러나 팍스 로마나의 시기는 기독교인들에게는 끔찍한 핍박의 시기였습니다. 제국의 번영과 화려함 속에 숨겨진 폭력을 보여주고 있습니다. 로마의 자랑이라고 여기는 콜로세움을 비롯한 원형 경기장은 그리스도인들의 순교의 자리이기도 하였습니다. 그런 의미에서 팍스 로마나는 진정한 의미에서 평화라고 말할 수 없습니다. 일반 역사의 관점에서는 평화라고 말할 수 있겠지만 그 시기에 무서운 살육이 자행되었기 때문입니다.

이러한 핍박의 시대를 살아야 했던 그리스도인들의 삶은 어떠했겠습니까? 예수 그리스도가 우리의 왕입니다. 이 고백이 지금은 대단하게 들리지 않지만 고난의 시기에 이 고백은 순교와 배교의 기준이 되었습니다. 그런 의미에서 초대 교회사는 순교의 역사라고 부를 수 있습니다. 온갖 박해와 고난 속에서 믿음을 지킨 선배들의 모습은 우리 시대를 살아가는 우리들에게 끊임없이 말하고 있습니다.

교회를 세우는 요한계시록 강해

오늘도 우리들에게 여전히 이 고백은 중요합니다. 예수님은 나에게 어떤 분입니까? 오늘 말씀은 바로 이 질문에 대하여 분명한 대답을 요구하는 말씀입니다. 그래서 들을 귀가 있거든 들으라고 말씀하시는 것입니다. 점점 신앙고백이 흐려지는 우리 시대입니다. 아니 신앙고백에 대하여 큰 관심이 없는 시대입니다. 그러기에 참된 믿음을 가진 우리들은 더욱 흔들림 없는 신앙고백을 가지고 있어야 합니다. 이것이 그리스도께서 짊어지신 십자가의 사랑을 영화롭게 만드는 일입니다. 그리고 이 땅에서 그리스도인으로서 참된 영광을 누리는 것입니다.

우리가 분명한 신앙고백을 강조하는 것은 사단의 끈질기고 사악한 유혹 때문입니다. 사단의 유혹은 여전히 진행 중이기 때문입니다. 그러므로 참된 믿음을 지키다가 주님의 영광에 들어가기 위해서는 더욱더 확실한 신앙고백을 가지고 있어야 합니다. 그런 의미에서 본문은 이러한 우리의 자세가 왜 중요한지를 잘 보여주고 있습니다.

본문은 세 가지 관점에서 살펴볼 수 있습니다. 특히 바다와 짐승 그리고 성도의 자세가 어떠해야 하는지를 말씀하고 있기에 그 의미를 자세하게 살펴보고자 합니다. 그리고 이러한 말씀이 우리에게 무엇을 말씀하시는지 보도록 하겠습니다.

첫째, 교회를 핍박하는 세상 권력의 맹렬한 공격입니다. 사도 요한은 용이 바다 모래 위에 서 있을 때 바다에서 한 짐승이 나오는 것을 보았습니다. 그 바다에서 올라온 짐승은 엄청난 모습이었습니다. 그 짐승의 모습이 어떠한지 함께 살펴보겠습니다.

"내가 보니 바다에서 한 짐승이 나오는데 뿔이 열이요 머리가 일곱이라 그 뿔에는 열 면류관이 있고 그 머리들에는 참람된 이름들이 있더라 내가 본 짐승은 표범과 비슷하고 그 발은 곰의 발 같고 그 입은 사자의 입 같은데 용이 자기의 능력과 보좌와 큰 권세를 그에게 주었더라"(계 13:1, 2)

바다에서 한 짐승이 나왔습니다. 바다는 모든 악의 근원을 의미합니다. 그곳에서 열 개의 뿔이 있고 머리가 일곱인 한 짐승이 나왔습니다. 뿔에는 일곱 면류관이 있습니다. 이 상징은 다니엘 7장의 모습을 인용합니다. 다니엘 7장에는 큰 짐승 넷이 바다에서 나오고 표범과 곰의 모습과 열 뿔에 대하여 말합니다. 이 모습은 계시록 12장 3절에서 인용되었던 용의 모습과 동일함을 볼 수 있습니다.

앞서서 보았듯이(12:3) 뿔은 성경에서 권력을 의미합니다. 계시록 17장 12절을 보면 열 뿔은 열 왕이라고 말합니다. 왕은 가장 강력한 권력을 가진 사람입니다. 그런 의미에서 바다에서 나온 짐승에게 강력한 권력이 있습니다. 그런데 머리가 일곱입니다. 계시록 17장 10절에서는 일곱 머리를 왕으로 해석합니다. 이 부분에 있어서 다양한 해석이 공존합니다.

첫째, 로마의 일곱 황제로 보는 해석입니다. 둘째, 일곱 머리를 이 땅에 존재하는 세속 정부로 생각합니다. 그리고 세번째는 일곱 머리는 압제하는 권력의 충만함이라고 봅니다. 머리가 일곱이기에 그는 매우 지혜로운 존재임을 상징하여 지혜와 권력으로 통치하는 존재를 상징합니다. 저는 일반적 관점에서 세번째가 본문에 합당하다고 봅니다. 혹자는 사단이 가지고 있는 압제하는 권력의 충만함으로 보기도 합니다. 그러나 좀더 정확하게 말하자면 바다에서 나온 짐승은 **사단의 도구로 사용되는 강퍅한 세상**

교회를 세우는 요한계시록 강해

권력입니다. 이들은 권력을 하나님의 자리에 놓으려고 합니다. 그리고 일곱 머리에는 참람된 즉 하나님을 모독하는 이름들이 있습니다. 이것은 하나님 외에 다른 것을 신으로 숭배하는 것을 의미합니다. 1세기에 존재하였던 로마 황제 숭배 사상을 엿볼 수 있습니다. 인간을 신의 자리에 올려놓은 것은 하나님을 모독하는 강력한 행위입니다.

그런데 이 짐승의 모습이 어떠합니까? 표범과 비슷하고 그 발은 곰의 발과 같고 그 입은 사자의 입과 같습니다. 참으로 무시무시한 존재입니다. 빠르고 한 번 물리면 죽습니다. 그렇게 강력한 짐승이 바다에서 나왔습니다. 그리고 그 짐승은 용으로부터 용이 능력과 보좌와 권세를 받은 것입니다. 참으로 강력한 존재인 것입니다.

그렇다면 마귀로부터 이러한 능력을 부여받은 짐승은 누구이겠습니까? 일차적으로는 로마를 의미합니다. 1세기에 가장 강력한 힘을 가지고 기독교를 핍박하였던 세력이 바로 로마입니다. 로마가 사단의 졸개가 되었을 때 그들은 하나님이 부여하신 국가의 지위를 지키지 못하였습니다. 자신의 권력을 유지하고 온갖 사치와 방탕과 그리고 폭력을 일삼는 데 열심을 내었습니다. 로마의 황제들은 철저하게 자신의 권력을 지키기 위하여 자신을 신격화하였습니다. 특별히 네로와 도미티아누스 황제는 더욱 철저하게 자신을 신격화시켰고 그리스도인들을 핍박하였습니다.

하지만 이 짐승은 단지 로마만 의미하지 않습니다. 이것은 역사적인 의미로 로마로 상징되는 기독교를 핍박하는 모든 세상 권력이라고 볼 수 있습니다. 이들은 교회를 핍박하고 그리스도인들을 박해하므로 본래 하나님이 주신 권력을 잘못 사용하는 것입니다. 이렇듯 마귀의 손에 휘둘리는 권력은 교회를 항상 핍박합니다. 그리고 그 공격은 맹렬함을 인식하여야 합니다. 그런 의미에서 우리는 그러한 고난을 겪지 않고 있음에 감사할 뿐 아니라 더욱더 믿음을 굳게 하고 위정자들을 위하여 기도하는 일에도 열심을 내야 합니다. 이것이 우리가 감당할 이 땅의 일입니다.

두번째, 짐승의 핍박은 주님 재림하실 때까지 지속됩니다. 예수님의 초림부터 재림까지는 하나님께서 그 백성을 보호하십니다. 그러나 동시에 이 기간은 사단이 자신의 졸개인 짐승을 통하여 끊임없이 그리스도인을 핍박하는 시간이기도 합니다. 용으로부터 권세를 받은 짐승의 태도는 참으로 대단합니다. 3절을 보면 머리 중 하나가 상하여 죽게 된 것 같더니 상처가 나으매 온 땅이 이상히 여겨 짐승을 따른다고 말합니다. 머리가 왕이라고 보았습니다. 그중 하나가 죽을병에 걸렸습니다. 그런데 병이 나았습니다. 그러자 사람들이 놀라서 그 짐승을 따랐다는 내용입니다. 도대체 이 머리 하나가 누구일까요? 이에 대하여 일부 학자들은 네로 황제라고 합니다. 31살로 자살하였던 네로가 다시 환생할 것이라는 소문이 있었습니다. 이것을 근거로 상한 머리가 네로고 환생한 머리는 도미티아누스라는 해석입니다. 그러나 이러한 해석은 역사적인 사실이 아닙니다. 그러므로 네로라고 보는 것은 합당하지 않습니다. 메튜 헨리는 이것을 "교회에 도입된 교황의 우상숭배"라고 말합니다. 그러나 이 회복된 짐승 곧 머리의 상처가 나은 짐승은 끊임없이 자신의 도구를 사용하여 교회를 괴롭히는 "핍박자"를 의미합니다.

이 짐승은 자신이 병에서 나으면서 더욱더 자신만만하여집니다. 마치 그리스도의 부활처럼 자신도 부활하였다고 착각합니다. 더구나 용은 이 짐승에게 강력한 힘을 줍니다. 그러자 이 짐승의 교만이 하늘을 찌릅니다. 이 짐승이 말하기를 "누가 이 짐승과 같으뇨, 누가 능히 나와 더불어

교회를 세우는 요한계시록 강해

싸울 수 있느냐"고 말합니다. 자신과 맞서서 싸울 수 있냐고 떵떵거립니다. 마치 자신이 구원주인 양 떠들고 있는 모습입니다. 예수님 없이도 얼마든지 살 수 있다는 자신만만한 태도입니다. 그러나 이 짐승은 예수 그리스도가 아닙니다. 곧 멸망한 자들입니다. 하지만 이들의 기세는 대단합니다. 그것은 5-8절까지의 모습에서 여실히 볼 수 있습니다.

"또 짐승이 큰 말과 참람된 말 하는 입을 받고 또 마흔두 달 일할 권세를 받으니라 짐승이 입을 벌려 하나님을 향하여 훼방하되 그의 이름과 그의 장막 곧 하늘에 거하는 자들을 훼방하더라 또 권세를 받아 성도들과 싸워 이기게 되고 각 족속과 백성과 방언과 나라를 다스리는 권세를 받으니 죽임을 당한 어린 양의 생명책에 창세 이후로 녹명되지 못하고 이 땅에 사는 자들은 다 짐승에게 경배하리라"

짐승은 큰소리를 칩니다. 즉 과장된 말을 합니다. 마치 자신이 모든 것을 해결해 줄 수 있다는 과장입니다. 또한 하나님을 모독하는 말을 합니다. 짐승은 입을 열면 하나님을 모독하는 말을 합니다. 하나님이 있다면 도와줄 거라고 비웃으면서 박해를 합니다. 그래서 하나님의 이름을 모독하고 하늘에 있는 이들을 모독합니다. 천국이 없다고 생각하는 이들은 믿음을 지키고 죽은 자들을 향해서 더욱 모욕적입니다. '천국이 어디 있나 죽어봐야 알지'라고 비웃습니다.

더구나 이들에게 있는 권세는 땅에서 믿음을 지키고 사는 성도들을 더욱 핍박하는 도구로 사용합니다. 안디옥 목사였던 이그나티오스는 로마의 황제 트라야누스에게 심문을 받았습니다.

트라야누스가 이렇게 질문합니다. "십자가에 못 박힌 자를 네가 모시고 있다고?" 그러자 이그나티오스는 "예, 그렇습니다. 성경 말씀에 의하면 그분은 우리 가운데 거하고 우리와 함께 거닐 것이라고 하십니다."라고 답합니다. 황제 트라야누스는 이렇게 판결을 합니다. "십자가에 못 박힌 자를 마음에 두고 있다는 것을 확언한 이그나티오스를 포박하여 로마로 압송하라! 그리고 야생동물의 먹이로 주어라. 시민들이 고마워할 것이다."

그러자 이그나티오스는 이렇게 말합니다. "감사하신 주님! 당신을 향한 완전한 사랑으로 나를 영예롭게 하셨으니 진실로 감사합니다. 사도 바울처럼 쇠사슬에 묶여 압송되는 영광을 허락하시는 정말 감사합니다."

성도들을 핍박하고 죽이는 일을 너무 쉽게 합니다. 이러한 핍박에 견디지 못한 사람들은 다 짐승에게 경배합니다. 이들은 "죽임을 당한 어린 양의 생명책에 창세 이후로 녹명되지 못하고 이 땅에 사는 자들"입니다. 즉 구원받지 못한 자들입니다. 예수님을 진심으로 믿지 않는 자들입니다. 이들은 짐승의 핍박에 여지없이 무너집니다. 이 세상의 권력에 무릎을 꿇습니다.

실제로 역사 가운데 사단의 도구로 사용되었던 국가권력은 로마만이 아니었습니다. 독일의 히틀러와 소련의 스탈린도 예외가 아닙니다. 또한 현대의 독재 국가들도 동일합니다. 국가의 본래의 권위를 망각하고 스스로 하나님의 자리에 서고자 하는 세속 권력은 사단의 도구로 사용됩니다.

이들은 5절에 있는 것처럼 마흔두 달 동안 권세를 받았습니다. 마흔두 달은 성경이 계속하여 반복하고 있는 한 때와 두 때와 반 때, 그리고 1260일을 의미합니다. 즉 주님의 초림부터 재림 사이의 시기를 의미합니다. 이때에 짐승은 하나님의 허용하심을 통하여 성도들을 괴롭힙니다. 사단의 마지막 발악에 교회와 그리스도인들은 핍박을 받습니다. 하나님께서 핍박을 허락하신 이유는 하나님의 뜻을 성취하기 위함입니다. 우리는 이를 온전하게 이해할 수 없습니다. 그러나 하나님의 뜻이 있습니다. 그리고 더욱 분명한 사실은 구원받기로 작정된 자는 끝까지 믿음을 지키고 구원에 이릅니다. 하지만 핍박을 겸하여 견딥니다.

모든 권력이 다 악하지는 않기에 선한 권력을 위하여 기도하고 순종하라고 하였습니다. 그러나 교회를 핍박하는 권력이 여전히 있을 것임을 말씀하고 있습니다. 그것을 이상하게 여기지 말라는 것입니다. 사단의 마지막 순간이 더욱 가까이 왔다는 증거이기 때문입니다.

세번째, 종말을 사는 성도들에게 필요한 것은 인내와 믿음입니다. 사도 요한은 누구든지 귀가 있거든 들으라고 말씀합니다. 귀가 있는 사람은 알아들으라는 말씀입니다. 귀가 있어도 듣지 못하거나, 들어도 깨닫지 못한다면 소망이 없습니다. 그러나 귀를 주신 하나님은 들을 수 있는 능력도 주셨습니다. 그렇다면 무엇을 들어야 하고 무엇을 깨달아야 합니까? 바로 10절 말씀입니다.

"사로잡는 자는 사로잡힐 것이요 칼로 죽이는 자는 자기도 마땅히 칼에 죽으리니 성도들의 인내와 믿음이 여기 있느니라"

사로잡힐 자는 사로잡혀 갈 것입니다. 그리고 칼에 죽을 사람은 마땅히 칼에 죽을 것입니다. 이것이 무엇을 의미합니까? 이것은 렘 15:2을 상기시키는 말씀입니다.

"그들이 만일 네게 말하기를 우리가 어디로 나아가리요 하거든 너는 그들에게 이르기를 여호와의 말씀에 사망할 자는 사망으로 나아가고 칼을 받을 자는 칼로 나아가고 기근을 당할 자는 기근으로 나아가고 포로

될 자는 포로 됨으로 나아갈지니라 하셨다 하라"

이 말씀은 이스라엘의 멸망에 대한 하나님의 결정 사항을 전해주는 말씀입니다. 하나님의 심판이 결정되었음을 의미하는 말씀입니다. 그런데 이 말씀을 사도 요한이 핍박 가운데 있는 교회에게 말씀합니다. 그 의미는 고난을 회피하지 말라는 의미입니다. 이미 고난이 주어졌다는 말씀입니다. 고난이 주어질 때 두려워하지 말라는 것입니다. 칼을 쓰는 자는 자기도 그 칼에 죽임을 당합니다. 그러므로 이러한 고난이 왔을 때 더욱더 인내와 믿음을 가지라는 말씀입니다.

짐승의 폭력 앞에 이기는 힘은 그리스도의 약속을 믿는 믿음입니다. 이 믿음이 고난을 이기게 합니다. 믿음은 바라는 것들의 실상입니다. 그러므로 믿음이 고난을 이기는 가장 강력한 힘이 됩니다. 그런데 이 믿음은 바로 예수님에 대한 신앙고백이 그 기초입니다. 신앙고백 위에 언약에 대한 확신을 갖습니다. 그것이 우리를 고난의 순간에 믿음을 지키게 합니다.

이탈리아의 순교자 체칠리아라는 귀족 여성이 있었습니다. 체칠리아는 믿음으로 검소한 생활을 하면서 노예를 해방하고 복음을 전도했습니다. 그러다가 행정관 알마치우스에 의하여 기독교인이라는 사실이 발각되어 처형당했습니다. 체칠리아는 뜨거운 목욕탕에 갇혀 쪄 죽는 형을 받아 며칠 동안 목욕탕에 갇혀 있었습니다. 그런데 얼마 후에 시신을 꺼내기 위하여 목욕탕 문을 열었는데 죽기는커녕 찬송을 부르고 있었습니다. 그러자 놀란 알마치우스는 그녀에게 참수형을 선고합니다. 그런데 그의 목을 쳤지만 실패했고 체칠리아의 목숨은 3일 동안 붙어 있었으며 그녀는 오른쪽 손가락 세 개와 왼쪽 엄지손가락을 펴 보이면서 자신은 삼위일체 하나님을 믿는다고 고백하면서 순교하였습니다. 그때가 230년입니다.

교회를 세우는 요한계시록 강해

믿음과 인내가 고난을 이기는 힘이 됩니다. 믿음으로 인내할 때 하나님의 영광을 누릴 수 있습니다. 이 믿음은 온전한 신앙고백입니다. 그리고 그 신앙고백을 끝까지 지킬 때 영광을 누릴 수 있습니다. 이것은 거듭난 그리스도인들은 모두 감당하는 일입니다. 우리 안에 거하시는 성령이 그 일을 감당하게 하십니다. 그러므로 세상의 유혹과 핍박에 두려워하지 마시기 바랍니다. 주께서 우리를 인도하여 주십니다. 우리가 할 일은 바른 믿음과 인내로서 감당하는 것입니다.

이 땅의 세속 정부는 하나님의 뜻에 따라 그 사명을 감당할 때 존귀함을 받습니다. 하지만 부패한 권력은 언제든지 악한 짐승이 되어 본연의 임무를 버리고 교회를 핍박하는 사단의 앞잡이가 될 수 있습니다. 이때에 우리가 할 일은 믿음으로 인내하는 것입니다. 여기에는 악한 정부에 대한 비폭력적 시민 불복종도 있습니다. 교회사에서 주님 품에 안긴 선배들처럼 믿음의 길을 가는 것입니다.

그러나 또 기억할 것이 있습니다. 짐승이 아무리 대단하여도 피조물이며 사라질 것입니다. 짐승은 결코 그리스도가 아닙니다. 우리는 세속 정부를 오해하면 안 됩니다. 정확하게 알고 있어야 합니다. 그리고 더욱더 믿음의 길을 가야 합니다. 앞으로 어떠한 시대가 올지 아무도 모릅니다. 그러나 분명한 것은 믿음과 인내가 모든 것을 이기고 주님의 재림을 맞이하게 합니다. 우리 모두 믿음의 거룩한 길을 인내로서 경주하기를 주님의 이름으로 소망합니다.

주님 오실 때까지 바다에서 올라온 짐승 즉 부패하고 타락한 세속권력의 맹렬한 핍박이 있습니다. 종말의 때는 다양한 고난이 존재합니다. 물리적 고난이 있습니다. 사상적 고난이 있습니다. 물질적 고난이 있습니다. 세속적 권력은 다양한 모습으로 교회를 무력하게 합니다. 이러한 종말의 시대를 우리는 살아갑니다.

이러한 시대를 감당하는 자세는 믿음과 인내입니다. 믿음과 인내는 성령의 함께하심으로 감당합니다. 어떠한 고난이 찾아올지 모릅니다. 그때 우리를 도우시는 보혜사 성령님을 의지하고 끝까지 믿음과 인내로서 신앙의 경주를 완주해야 합니다.

짐승의 표(계 13:10-18)

가정이 건강할 때는 부부가 건강할 때입니다. 부부가 건강하지 못하면 가정이 휘청거립니다. 이처럼 교회가 건강하려면 설교자와 직분자가 건강해야 합니다. 여기서 건강하다고 하는 것은 자신이 많은 책임을 잘 감당하는 것을 의미합니다. 각자의 영역에서 자신에게 부여해 준 소명과 사명을 잘 감당할 때 건강한 공동체를 만들어 갈 수 있습니다. 특별히 교회가 건강하려면 중요한 한 가지가 더 있습니다. 그것은 바른 말씀과 교리로 잘 무장하는 것입니다. 말씀을 통하여 견고한 신앙을 형성할 때 교회를 허물고자 유혹하는 상황들을 이길 수 있습니다.

특별히 종말의 시대를 사는 우리들은 이 사실을 더욱 깊이 새겨들어야 합니다. 종말의 시대는 참과 거짓이 혼재되어 있습니다. 그래서 바른 지혜와 분별이 없으면 거짓 선지자들의 소리에 넘어갈 수 있기 때문입니다. 그런 의미에서 우리들은 더욱 힘써 믿음의 도를 바르게 알고 있어야 합니다.

본문은 이렇게 종말의 시대를 사는 우리들의 삶에 집요하게 다가오는 사단의 그림자를 보여주고 있습니다. 사단이 어떤 존재인지 그리고 얼마나 거짓되고 얍삽한 존재인지를 알 수 있습니다. 계 13:1은 바다에서 한 짐승이 올라오는 것을 말씀하였습니다. 그리고 용은 그 바다에서 나온 짐승에 자신의 권세를 주었습니다. 그런데 오늘 말씀은 또 하나의 짐승을 이야기합니다. 이 짐승은 땅에서 올라온 짐승입니다. 그리고 자기의 종이 된 사람들의 이마에 표를 받게 하였습니다. 그리고 그 짐승의 수가 666입니다. 이것이 전체적인 내용입니다. 이제 각론으로 본문의 말씀을 살펴보겠습니다.

첫째, 땅에서 올라온 짐승은 성도들 미혹하는 거짓 선지자입니다. 바다와 함께 땅에서 또 한 마리의 짐승이 올라옵니다. 그 모습이 두 뿔이 있는 새끼 양 같다고 말합니다.

"내가 보매 또 다른 짐승이 땅에서 올라오니 새끼 양 같이 두 뿔이 있고 용처럼 말하더라"(10절)

이 말씀은 다니엘 8장에 기록된 두 뿔을 단 숫양과 비슷합니다. "내가 눈을 들어 본즉 강가에 두 뿔 가진 수양이 섰는데 그 두 뿔이 다 길어도 한 뿔은 다른 뿔보다도 길었고 그 긴 것은 나중에 난 것이더라."

이렇게 보는 것은 단 7장은 바다에서 나오는 짐승의 모습을 기록하고 있다면 단 8장은 땅에서 나온 짐승을 묘사하고 있습니다. 이러한 연관성에서 본문을 살펴봅니다. 또한 어린 양이신 예수님을 모방하는 것을 볼 수 있습니다. 이것은 양의 탈을 쓴 늑대와 같음을 보여줍니다. 그럴듯하게 자신을 속입니다. 더구나 이들은 용처럼 말합니다. 이것은 계 12:9에 있는 말씀처럼 이 짐승이 천하를 속이는 자를 의미합니다.

이 짐승은 땅에서 올라와서 하는 일이 땅과 땅에 거하는 자들로 하여금 바다에서 올라온 짐승을 경배하게 합니다. 특별히 죽게 되었던 상처가 나

교회를 세우는 요한계시록 강해

은 짐승이라고 분명하게 말을 합니다. 바다에서 올라온 짐승은 교회를 핍박하는 자라고 보았습니다. 당대에는 로마 총독과 제국이었다면 그것은 오는 모든 세대의 교회 핍박자를 말합니다. 그런데 땅에서 올라온 짐승이 바다에서 나온 짐승에게 경배하게 한 것입니다. 이것은 바다에서 올라온 짐승이 용에게 한 행위와 동일합니다.

이 짐승은 바다에서 올라온 짐승을 경배하게 하기 위하여 큰 이적을 행합니다. 그렇게 해서 땅에 있는 사람들을 미혹하게 하는 것입니다. 이들이 한 이적은 엘리야가 했던 이적과 비슷합니다.

"큰 이적을 행하되 심지어 사람들 앞에서 불이 하늘로부터 땅에 내려오게 하고 짐승 앞에서 받은바 이적을 행함으로 땅에 거하는 자들을 미혹하며 땅에 거하는 자들에게 이르기를 칼에 상하였다가 살아난 짐승을 위하여 우상을 만들라 하더라"(13-14절)

짐승은 사람들 앞에서 불이 하늘로부터 땅에 내려오게 하였습니다. 이것은 엘리야 선지자의 사건을 연상시킵니다. 짐승은 자신도 엘리야와 같은 능력이 있음을 보여주고 그 능력을 용으로부터 받았다고 말합니다. 그렇게 능력을 통하여 사람들을 미혹하게 합니다.

사단이 하는 일은 대단하게 보입니다. 하지만 이것은 다 거짓된 것입니다. 껍데기에 불과한 것입니다. 그러나 사람들은 눈에 보이는 이적들에 영혼을 빼앗겨 버립니다. 모방된 것이라 할지라도 이적은 엄청난 영향력을 미칩니다. 사람들은 이적 앞에 진리를 가볍게 여깁니다. 보이는 것은 사람의 영혼을 훔쳐 가기에 충분하기 때문입니다.

이렇게 땅에서 올라온 이 짐승은 더욱 집요하게 사람들을 미혹하였습니다. 그리하여 우상숭배의 자리로 가게 합니다. 이것이 거짓 선지자들의 모습입니다. 거짓 선지자들은 황제 숭배를 하도록 각종 능력을 동원하여 유혹하였습니다. 예수님은 거짓 선지자들에 대하여 아주 분명하게 말씀 하셨습니다.

"거짓 그리스도들과 거짓 선지자들이 일어나 큰 표적과 기사를 보이어 할 수만 있으면 택하신 자들도 미혹하게 하리라"(마 24:24)

거짓 선지자들은 그리스도인을 미혹하여 하나님의 자리에서 멀어지게 합니다. 오늘날도 교회에 이러한 참 선지자를 모방하는 거짓 선지자들이 교회를 혼란스럽게 하는 일이 얼마나 많은지 모릅니다. 각종 이단들은 요한계시록을 통하여 그리스도인들을 미혹하는 일에 열심을 냅니다. 그러나 이러한 이단만이 아닙니다. 이적을 중시하고 말씀을 가볍게 여기는 이들 역시 거짓 선지자의 모습을 갖춘 자라고 할 수 있습니다. 거짓 선지자가 돌아다니면 교회는 위험에 처하게 됩니다(살후 2:9-12). 그러므로 온 성도는 영적으로 깨어 있어야 하고 바른 분별력을 가지고 있어야 합니다.

둘째, 땅에서 올라온 짐승은 우상숭배를 유도하는 자입니다. 땅에서 올라온 짐승은 거짓 유혹으로 우상숭배를 유도합니다. 그래서 하나님을 섬기는 자리에 서지 못하도록 합니다. 이들이 하는 행위는 매우 철저한 것을 볼 수 있습니다. 14절 하반절을 보면 "칼에 상하였다가 살아난 짐승을 위하여 우상을 만들라"고 합니다. 아주 적극적으로 우상을 만들라고 합니다. 그리고 그 우상을 섬기지 않을 때 핍박이 주어짐을 말씀합니다.

"저가 권세를 받아 그 짐승의 우상에게 생기를 주어 그 짐승의 우상으로 말하게 하고 또 짐승의 우상에게 경배하지 아니하는 자는 몇이든지 다 죽이게 하더라"(15절)

교회를 세우는 요한계시록 강해

15절 말씀을 보면 둘째 짐승이 사단에게 권세를 받아서 첫째 짐승의 우상에게 생기를 주어서 말하게 하였습니다. 그런데 여기서 독특한 모습은 땅에서 올라온 짐승이 첫째 짐승의 우상에게 생기를 주었습니다. 생기는 성령을 의미하는데 짐승이 성령을 주는 것은 불가능합니다. 그렇다면 이는 둘째 짐승이 성령을 모방하였음을 의미합니다. 그레고리 비일은 둘째 짐승의 정체성을 교회에 능력을 주시는 성령의 모방자라고 하였습니다.

거짓 선지자답게 성령을 모방하여 우상을 섬기게 합니다. 여기서 우상은 일차적으로 황제 숭배를 의미합니다. 그리고 역사 속에서 하나님의 자리에 다른 것을 놓는 모든 것을 의미합니다. 둘째 짐승은 철저하게 우상 숭배를 강요합니다. 실제로 터키의 에베소 지역을 가면 그 입구에 도미티아누스 황제의 신전이 있습니다. 그리고 그 신전을 지나야 광장으로 가게 됩니다. 그러므로 황제를 숭배하는 것을 아주 자연스럽게 만들어 놓았습니다. 그리고 황제 숭배를 하지 않으면 죽음에 이르는 결과를 가져오게 하였습니다. 사도 요한의 마지막 제자였던 서머나 교회의 감독 폴리갑의 순교가 바로 황제 숭배를 거부한 것이었습니다.

짐승은 아주 집요하게 우상 숭배하도록 온갖 술수를 행합니다. 그것이 바로 그 오른손과 이마에 표를 받게 하는 것입니다. 이 표를 통하여 자신을 섬기는 자를 만듭니다. 이것은 계 7:3-4에 나타난 하나님의 종들의 이마에 인 맞은 것에 대한 모방입니다. 이렇게 짐승은 오른손과 이마에 표를 받게 하여서 자신의 종임을 표시합니다.

"저가 모든 자 곧 작은 자나 큰 자나 부자나 빈궁한 자나 자유한 자나 종들로 그 오른손에나 이마에 표를 받게 하고 누구든지 이 표를 가진

자 외에는 매매를 못하게 하니 이 표는 곧 짐승의 이름이나 그 이름의 수라"(16-17절)

이 짐승의 표는 모든 사람이 받습니다. 그리고 이 표가 없으면 경제 활동을 하지 못하게 하였습니다. 이것 때문에 많은 사람들이 바코드라고도 하고 또는 베리칩이라고도 하였습니다. 그러나 이미 살펴보고 있는 대로 요한계시록은 1세기 성도에게 주신 말씀입니다. 짐승의 표는 계 7장의 말씀과 비교하여 볼 때 소유권을 의미합니다. 손과 이마에 표를 받은 것은 황제 숭배를 한다는 의미입니다. 즉 황제의 소유라는 의미입니다. 실제로 황제 숭배를 거부하는 자들에 대한 매매 활동의 제약은 당시의 그리스도인들에게 매우 힘든 일이었습니다.

그런 의미에서 이 말은 베리칩과 바코드와 아무 관계가 없습니다. 누구의 소유인지를 보여줌입니다. 우상숭배자는 이미 짐승의 표를 받은 자입니다. 그러나 우리는 하나님을 따르는 자들입니다.

이렇듯 거짓 선지자들은 하나님을 섬기는 것에 집중하지 못하게 합니다. 온갖 미혹을 통하여 하나님을 섬기는 자리에서 멀어지게 합니다. 그 일에 모든 것이 사용됩니다. 하나님 외에 다른 것을 사랑하게 함으로 사단의 소유가 되게 합니다. 종말을 사는 교회는 늘 이러한 유혹 앞에 있습니다. 그러므로 이 사실을 잘 인식하고 하나님의 자녀로서 분명한 고백을 가지고 있어야 합니다. 그것이 거짓을 분별하고 참된 신앙의 자리에 서는 것입니다.

셋째, 땅에서 올라온 짐승의 수는 666입니다. 이제 가장 논란이 되는 말씀을 살펴볼 것입니다. 이미 앞서서 짐승의 표가 베리칩 같은 것이 아니라고 하였습니다. 그것은 소유권을 의미한다고 하였습니다. 우리는 이 사실을 잘 기억해야 합니다. 그런데 여기서 한 가지 더 질문을 던질 수 있습니다. 소유권을 의미하는 짐승의 표는 구체적으로 무엇입니까? 17절 하반절은 이렇게 말합니다.

"이 표는 곧 짐승의 이름이나 그 이름의 수라"

소유권을 의미하는 이 표는 짐승의 이름과 그 이름을 나타내는 숫자로 표가 찍힌 사람이라고 말씀합니다. 이름이 있는데 그 이름이 숫자로 되어 있다는 뜻입니다. 그렇다면 그 이름의 수는 무엇입니까? 18절입니다.

"지혜가 여기 있으니 총명 있는 자는 그 짐승의 수를 세어 보라 그 수는 사람의 수니 육백 육십 육이니라"

짐승을 가리키는 숫자를 세어 보라고 합니다. 그 숫자는 사람의 이름을 표시하는 것인데 바로 666입니다. 이 말이 무엇을 의미할까요? 한때 바코드가 666으로 되어 있다고 하여서 난리가 아니었습니다. 그러나 666은 그 말을 의미하는 것이 아닙니다. 그렇다면 666은 무엇을 의미하는 것일까요? 여기에는 참으로 많은 해석이 공존합니다.

우선 가장 보편적인 해석은 게마트리아에 의한 해석입니다. 고대 히브리 말에는 글자에 숫자가 하나씩 존재합니다. 마치 A는 1, B는 2와 같은 것입니다. 그런데 히브리어 알파벳에 첫 글자도 이와 같이 구성되어 있습니다. 그런데 666이라는 숫자를 조합해서 보니까 네로 카이사르의 숫자입니다. 이와 같은 해석을 근거로 666을 네로로 보는 관점이 있습니다. 이것이 오래된 해석입니다. 화산으로 무너진 폼페이 벽에 "나는 이름이 545인 여자를 사랑한다"는 낙서가 쓰여 있습니다. 이러한 사례를 근거로 666을 이름으로 해석하였습니다.(조지 비슬리 머레이)

그러나 반면에 666은 왕상 10:14-15을 근거로 로마의 평화로 위장된 로마 제국주의라고 보기도 합니다.(이병학) 또한 재림 직전에 이뤄질 적그리스도의 숫자라고 보기도 합니다.(서문 강) 또는 하나님이 되고자 하는 모든 것의 숫자(자끄 엘륄)로 보기도 합니다. 그래서 하나님의 숫자는 7인데 짐승의 숫자는 6으로 표현하였다는 것입니다.

그럼 왜 666일까요? 이것은 삼위 하나님 777을 모방하였다는 해석입니다. 예수님의 헬라어 숫자는 888입니다. 이렇게 볼 때 불완전한 것이 완전을 추구하는 모방을 의미합니다. 그리고 마지막으로 666은 타락한 인간성을 가리키는 수라고 해석합니다.(그레고리 빌)

해석하기 쉽지 않은 내용입니다. 숫자의 의미를 명백하게 파악할 수 없는 한계가 있습니다. 그러나 우리는 본문을 보면서 늘 1세기의 관점에서 말씀이 쓰여졌음을 생각하여야 합니다. 그렇게 본다면 전통적인 관점에서의 "네로"와 넓게는 "하나님을 대적하는 모든 세력"을 의미한다고 보는 것이 합당한 것 같습니다.

결국 이 짐승이 교회를 유혹하고, 핍박하고 고통을 줄 것입니다. 그러기에 더욱 힘써 믿음의 길에 바로 서야 합니다.

지금까지 땅에서 올라온 짐승이 어떠한지 살펴보았습니다. 이제 우리에게 필요한 것은 이 짐승을 잘 분별해야 합니다. 18절은 지혜와 총명 있는 사람은 그 수를 세어 보라고 말씀합니다. 이것은 사단을 분별하는 일에는 지혜와 총명이 있어야 함을 보여줍니다. 용과 바다의 짐승과 땅의 짐승은 마치 삼위일체 하나님을 흉내 내듯 우리에게 접근하여 우리를 미혹합니다. 때로는 이적을 통해서 때로는 고난을 통해서 자신의 편으로 만들려고 힘을 씁니다.

많은 사람들이 말씀을 사모하는 것보다 이적을 선호하고, 체험을 추구합니다. 그래서 말씀이 무엇이라 말하는지 관심이 없고 자신의 아픈 것을 해결해 주고, 자신의 필요를 채워 주면 따라갑니다. 그래서 사람들이 많이 모이기도 합니다. 잠시 동안 삶이 부유해질 수 있습니다. 하지만 사단의 유혹입니다. 함정에 빠지면 그 끝은 파산입니다. 많은 이단들의 끝이 파산에 이르는 이유가 여기에 있습니다.

우리 역시 말씀을 알고자 하는 지혜와 총명이 무디어지면 반드시 이러한 시험에 빠지게 됩니다. 그러므로 우리는 더욱더 힘을 다하여 말씀을 사모하고 말씀의 자리에 있어야 합니다. 말씀으로 바른 분별력을 길러서 광명의 천사와 같이 다가오는 마귀를 이겨야 합니다. 특별히 거짓 선지자를 잘 구분하여야 합니다. 그러기 위하여 말씀과 교리에 정통해야 합니다. 그것이 이 시대를 이기는 길입니다. 삶이 혼탁해지는 이 시대에 더욱 말씀으로 굳게 세워지고 선명한 믿음을 가질 수 있기를 주님의 이름으로 소망합니다.

14장

사람들은 눈에 보이는 행복만을 위하여 살아갑니다.

당장 다가오는 물질의 풍성함을 쫓아갑니다.

마치 불 속에 뛰어드는 불나방처럼 오직 땅의 것에 집착하여 살아갑니다.

그렇게 불 속에서 사라집니다.

그러나 그리스도인은 주님을 위하여 살다가 주 안에서 죽습니다.

주님을 섬기다가 죽는 것이 가장 행복한 것임을 알기 때문입니다.

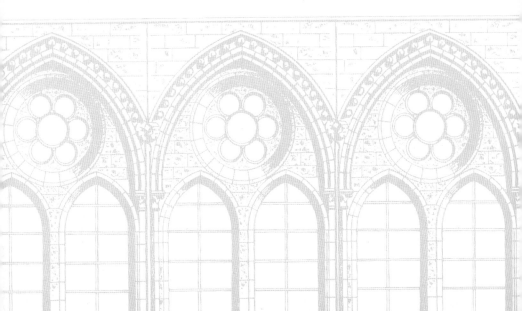

하나님과 어린 양에게 속한 자
(계 14:1-5)

    우리는 또다시 논란이 많은 부분을 다루게 되었습니다. 13장의 666도 많은 논란이 되었지만 본문의 144,000명도 많은 논란이 되는 말씀입니다. 이 말씀으로 인하여 각종 이단들이 양산되었기 때문입니다. 오래전 다미 집단도 144,000명만 구원받는다고 하였습니다. 그리고 신천지 집단도 144,000명만이 구원받는다고 말하고 있습니다. 이것은 종말의 시기를 어떻게 볼 것이냐의 문제부터 시작하여, 구원의 소식이 지역별로 어떻게 전해지는지에 이르기까지 다양한 해석을 가져옵니다. 그래서 본문을 바르게 이해하는 것이 매우 중요합니다. 우리는 이미 이 문제에 대하여 살펴보았습니다. 바로 7:4의 말씀입니다. 7:4의 말씀과 오늘 본문의 말씀은 동일한 의미입니다. 하지만 다시 한번 이 문제에 대하여 확인하고 정확하게 아는 것이 중요합니다.

    본문 말씀을 바르게 이해하기 위해서는 13장의 말씀을 잘 기억해야 합니다. 왜냐하면 144,000명은 666명과 대조되는 숫자이기 때문입니다. 13장은 붉은 용과 바다에서 올라온 짐승과 땅에서 나온 짐승과 그들에게 속

                    교회를 세우는 요한계시록 강해

한 사람들을 말씀합니다. 이들은 이마와 오른손에 짐승의 표를 가졌습니다. 온 세상이 다 짐승의 표를 가진 것처럼 보입니다. 그런데 본문은 그렇지 않다고 말씀합니다. 마치 아합 시대에 바알에 무릎 꿇지 않은 7,000명의 사람들이 있었듯이 짐승의 표를 가지지 않은 사람, 오히려 어린 양에게 속한 사람 144,000명이 있음을 말씀하고 있습니다. 그런 의미에서 이 말씀은 종말의 시대를 살아가는 우리들에게 큰 힘을 주는 말씀입니다. 결코 혼자 외롭게 신앙생활 하는 것이 아님을 보여주는 말씀입니다.

그렇다면 짐승의 표가 아니라 하나님과 어린 양에게 속한 이들이 누구인지 본문을 통하여 살펴보고 우리의 신앙을 돌아볼 수 있기를 바랍니다.

첫째, 하나님과 어린 양에게 속한 이들은 삼위 하나님의 보호하심을 받은 교회입니다. 사도 요한은 놀라운 사실을 또 봅니다. 그것은 짐승의 표가 아니라 어린양과 하나님의 이름이 이마에 인 쳐진 사람들입니다. 이들이 있는 곳은 시온산이고 그 숫자는 144,000명입니다.

"또 내가 보니 보라 어린 양이 시온산에 섰고 그와 함께 십 사만 사천이 섰는데 그 이마에 어린 양의 이름과 그 아버지의 이름을 쓴 것이 있도다"

우선 본문을 보면 어린 양이 시온산에 서 있습니다. 어린 양은 예수님입니다. 그런데 예수님이 시온산에 있습니다. 시온산은 문자적 의미로는 바로 예루살렘을 의미합니다. 그 예루살렘에 예수님이 서 있습니다. 그런데 사도 요한이 살던 시대에는 이미 예루살렘은 파괴되었습니다. 디도 장군에 의하여 헤롯 성전은 돌 위에 돌 하나도 없이 파괴되었습니다. 그렇다면 시온산은 문자적인 의미로 보는 것이 아니라 바로 비유적인 의미로 보아야 합니다. 시온산은 구약 성경에 매우 많이 등장합니다. 특별히 구약에서는 시온산을 핍박 가운데 구원받은 백성이 있음을 말할 때 사용합니다.

"누구든지 여호와의 이름을 부르는 자는 구원을 얻으리니 이는 나 여호와의 말대로 시온산과 예루살렘에서 피할 자가 있을 것임이요 남은 자 중에 나 여호와의 부름을 받을 자가 있을 것임이니라"(욜 2:32)

그리고 또한 장차 오실 그리스도께서 왕으로 세움을 입는 곳을 가리킬 때 사용합니다.

"내가 나의 왕을 내 거룩한 산 시온에 세웠다 하시리로다 내가 영을 전하노라 여호와께서 내게 이르시되 너는 내 아들이라 오늘날 내가 너를 낳았도다"(시 2:6-7)

하나님이 왕을 보내셔서 거룩한 산 시온에 세울 것입니다. 이 구절에서 약속을 미리 보여주셨는데 바로 하나님의 아들을 왕으로 세우신다는 것입니다. 그렇다면 이 왕은 누구입니까? 바로 예수 그리스도입니다. 행 13:32-33을 보겠습니다.

"우리도 조상들에게 주신 약속을 너희에게 전파하노니 곧 하나님이 예수를 일으키사 우리 자녀들에게 이 약속을 이루게 하셨다 함이라 시편 둘째 편에 기록한 바와 같이 너는 내 아들이라 오늘 너를 낳았다 하셨고"

이 말씀은 시편이 예언한 말씀을 인용한 것입니다. 그리고 그 말씀의 주인공이 예수님이라고 말합니다. 그렇다면 시온산에는 예수님과 핍박 가운데서 구원받은 남은 자들이 모인 곳이라 할 수 있습니다. 이렇게 볼 때 시온산은 우선 장차 이뤄질 천상의 예루살렘을 의미하지만 실제적으로 신약 교회를 의미합니다. 하나님과 어린 양에게 속한 성도들이 교회에

교회를 세우는 요한계시록 강해

있습니다. 교회는 이렇게 그리스도를 왕으로 모시고 사는 구원받은 사람들의 모임입니다.

1세기의 상황을 보면 더욱 분명해집니다. 그 모진 핍박 가운데 그리스도인의 씨가 다 말라 버린 것 같았지만 교회는 존재하였습니다. 구원받기로 작정된 하나님의 자녀들은 교회로 모여서 기도하고 예배하였습니다. 짐승이 다스리는 세상에서 건져 냄을 받은 성도들의 모임입니다. 교회는 바로 이러한 곳입니다. 오늘 교회가 여전히 소망이 있는 것은 교회가 그리스도가 임재하는 곳이며 구원받은 백성들의 안식처이기 때문입니다.

그런데 교회에 모인 숫자가 144,000명입니다. 이것은 앞서 보았듯이 7:4의 말씀과 같습니다. 이것은 구약의 12지파 신약의 12사도 그리고 충만한 숫자인 1000을 곱한 것입니다. 그래서 이것은 "지상에 있는 교회"를 의미합니다. 또한 "구원받은 성도의 충만한 수"를 의미합니다. 그러므로 이것을 문자적인 144,000명으로 이해하는 것은 가장 어리석은 것입니다. 그런 면에서 시온산을 제3의 성전이라고 보는 것 역시 바르지 않습니다.

이들은 하나님과 어린 양에게 속한 자들입니다. 놀라운 것은 이들의 이마에 어린 양의 이름과 그 아버지의 이름을 쓴 것이 있습니다. 이것은 짐승의 표를 가진 이들과 구별된 존재임을 보여줍니다. 이것은 하나님께서 지켜주신다는 분명한 표시입니다. 하나님의 소유라는 의미입니다. 15:2을 보면 이들은 짐승과 우상과 그 이름의 수를 이긴 사람들입니다. 즉 세상의 온갖 유혹과 핍박에서 하나님의 지켜주심으로 이긴 성도들을 의미합니다. 이들이 바로 교회인 것입니다. 그러므로 교회는 이렇게 세상에서 하나님의 보호하심을 받아서 불러낸 이들의 모임이라고 하는 것입니다.

이것이 우리의 정체성입니다. 우리는 하나님의 보호하심을 받아서 예수 그리스도의 지체로서 교회로 모입니다. 교회의 한 지체가 되었다는 것이 얼마나 복되고 존귀한 일인지 모릅니다. 교회를 떠나는 것은 곧 짐승의 소유가 된다는 것입니다. 교회를 떠나서는 결코 영적인 기쁨을 누릴 수 없습니다. 그러므로 무엇보다도 건강하고 성경적인 교회를 세워야 합니다. 이것이 우리가 영원한 행복을 누리는 길입니다. 이러한 행복을 위하여 거룩하고 참된 교회를 세워 나가기를 힘쓰는 우리 모두가 되기를 소망합니다.

둘째, 하나님과 어린 양에게 속한 이들은 승리의 찬송을 부르는 유일한 사람들입니다. 세상에 수없이 많은 노래가 있습니다. 대부분의 노래는 사람 사이의 사랑과 이별을 노래합니다. 그것이 사람이 사는 세상의 현실이기 때문입니다. 그래서 승리의 노래가 무엇인지 잘 모릅니다. 하지만 하나님의 자녀들에게는 이 승리의 노래가 주어집니다. 성경은 그것을 새 노래라고 말합니다. 2-3절을 보겠습니다.

"내가 하늘에서 나는 소리를 들으니 많은 물소리도 같고 큰 뇌성도 같은데 내게 들리는 소리는 거문고 타는 자들의 그 거문고 타는 것 같더라 저희가 보좌와 네 생물과 장로들 앞에서 새 노래를 부르니 땅에서 구속함을 얻은 십 사만 사천인 밖에는 능히 이 노래를 배울 자가 없더라"

사도 요한은 하늘의 시온산에 섰던 성도들의 모습을 본 후에 하늘에서 나는 소리를 듣습니다. 그 소리는 참으로 놀라운 소리였습니다. 우선 그 소리는 많은 물소리 같습니다. 많은 물소리는 어디서 들을 수 있습니까? 산에서 떨어지는 거대한 폭포를 연상하면 됩니다. 또는 웅장한 오케스트라의 연주를 생각해도 됩니다. 그런 소리를 들은 것입니다. 또한 사도 요한이 들은 소리는 천둥 소리와 같습니다. 엄청난 소리입니다. 하늘이 쪼

교회를 세우는 요한계시록 강해

개지는 것과 같은 소리입니다. 그런데 놀랍게 그 소리가 요한에게 거문고 타는 소리처럼 들렸습니다. 거문고 소리는 많은 물소리와 뇌성에 비하면 아주 조용한 소리입니다.

그런데 이 노래가 보좌와 네 생물과 장로들 앞에서 새 노래로 들려집니다. 더구나 이 노래는 땅에서 구속함을 받은 144,000명만 부를 수 있습니다. 짐승의 표를 가진 이들은 결코 부를 수 없습니다. 오직 구원받은 성도만이 부를 수 있습니다. 보좌는 하나님 앞입니다. 또한 네 생물은 하나님을 섬기는 모든 이들을 대표합니다. 그리고 장로들은 신구약의 구속받은 성도들의 대표입니다. 바로 이들 앞에서 노래가 불려집니다. 이 노래는 새 노래입니다. 성경은 새 노래를 승리의 노래라고 말합니다. 시 33:1-3입니다.

"너희 의인들아 여호와를 즐거워하라 찬송은 정직한 자의 마땅히 할 바로다 수금으로 여호와께 감사하고 열 줄 비파로 찬송할지어다 새 노래로 그를 노래하며 즐거운 소리로 공교히 연주할지어다"

이렇게 새 노래는 구원받은 백성들의 승리의 찬가라고 할 수 있습니다. 15:3에서 이 노래를 "모세의 노래"라고 말씀합니다. 새 노래는 아무나 부르는 노래가 아닙니다. 구원받은 백성이 부르는 노래입니다. 그러므로 새 노래는 정확하게 삼위 하나님을 노래합니다. 참된 신앙고백이 담긴 노래가 바로 새 노래입니다. 성경은 성도들의 찬송을 중요하게 말씀합니다.

"시와 찬미와 신령한 노래들로 서로 화답하며 너희의 마음으로 주께 노래하며 찬송하며"(엡 5:19)

"그리스도의 말씀이 너희 속에 풍성히 거하여 모든 지혜로 피차 가르

치며 권면하고 시와 찬미와 신령한 노래를 부르며 마음에 감사함으로 하나님을 찬양하고"(골 3:16)

구원받은 성도들에게 있어서 찬송은 정말로 중요합니다. 찬송은 우리의 신앙을 고백하게 합니다. 또한 찬송은 지친 우리의 영혼에 힘을 줍니다. 그리고 찬송은 이 세상과 싸울 수 있는 능력도 줍니다. 우리가 삼위하나님을 참되게 찬송할 때 그 힘은 참으로 놀랍게 주어집니다. 그러므로 우리는 교회로 모이면 찬양을 부릅니다. 우리가 부르는 이 찬양이 바로 새 노래입니다. 짐승의 표를 가진 자들과 분명하게 다른 모습을 보여주는 것이 바로 찬송입니다. 이 승리의 찬송이 있기에 우리는 다시금 이 세상과 싸울 수 있습니다. 온 교회가 함께 부르는 찬양은 마치 많은 물소리 같고 번개 소리 같습니다. 그리고 지친 영혼들에게는 안식을 주는 잔잔한 하프의 소리입니다.

그런 의미에서 우리는 찬송을 크게 부를 수 있어야 합니다. 마귀가 틈타지 못하도록 힘껏 찬송해야 합니다. 이것은 구원받은 자의 특권이며 선물이기 때문입니다. 마음껏 찬양할 수 있기를 소망합니다.

세번째로 하나님과 어린 양에게 속한 이들은 영적인 성품을 소유함으로 자신의 정체성을 증거합니다. 세상에서 구원받은 이들의 모습은 분별이 가능합니다. 예수 믿는 사람인지 아닌지는 물론이고 참된 성도인지 외식하는 성도인지도 알 수 있습니다. 이것은 구원받은 자들에 나타나는 영적인 성품과 자세 때문입니다. 사도 요한은 시온산에서 새 노래를 부르는 144,000명의 모습을 분명하게 보여주고 있습니다.

우선 이들은 여자로 더럽히지 아니하고 정절이 있는 자입니다. 이것은 금욕생활이나 세상과 관계를 끊어버리는 것을 의미하는 것이 아닙니다.

교회를 세우는 요한계시록 강해

이 말은 교회가 그리스도의 신부로서 가지고 있어야 할 영적 정결함을 의미합니다. 앞으로 살펴보겠지만 요한계시록에는 두 여자가 나옵니다. 하나는 음녀이고(계 17:2-5) 또 한 여인은 어린 양의 신부입니다.(계 19:7-9) 이런 의미에서 정결함을 의미하는 것은 영적으로 그리고 도덕적으로 깨끗함을 의미합니다. 마치 어린 양의 신부로서 정결함을 유지하듯이 교회는 이러한 깨끗함을 가지고 있어야 합니다.

그런 측면에서 교회의 탐욕은 깨끗함을 훼손하는 범죄입니다. 그러므로 온 성도는 무엇보다도 영적인 깨끗함과 도덕적인 순결함을 위하여 애를 써야 합니다. 장차 완성될 하나님의 나라의 영광은 거룩함입니다. 이것이 세상과 대조되는 교회의 모습입니다.

또한 이들은 예수님이 어디로 인도하든지 따라갑니다. 이것이 참된 성도의 모습입니다. 이 자세는 매우 중요합니다. 이렇게 따를 수 있음은 예수님에 대한 확실한 믿음이 있기 때문입니다. 믿음이 없이는 예수님을 따를 수 없습니다. 예수님은 나를 따라오려거든 자신의 십자가를 지고 따라오라고 하였습니다. 그런데 많은 사람들이 십자가만 보고 따라가지 않습니다. 그런데 예수님은 이렇게 말씀하십니다.

"나는 마음이 온유하고 겸손하니 나의 멍에를 메고 내게 배우라 그러면 너희 마음이 쉼을 얻으리니 이는 내 멍에는 쉽고 내 짐은 가벼움이라 하시니라"(마 11:29-30)

짐이 가볍다는 것은 주님이 함께 들어주시기 때문입니다. 그러므로 구원받은 백성은 주님께서 어디를 가든지 따라갈 수 있습니다. 이것의 실제적인 모습은 기도보다 앞서지 않는 신앙입니다. 자신의 생각과 경험만을 의지하는 것이 아닙니다. 자신의 상황을 우선하지 않습니다. 그리스도인의 우선순위는 하나님의 뜻입니다.

사실 1세기의 성도들은 신앙을 가지고 살아가는 삶이 만만치 않았습니다. 그러나 끝까지 주님 가신 길을 따라갔습니다. 이것이 구원받았다는 증거입니다. 세상 사람들과 다른 것은 바로 하나님의 뜻을 따라 살아가는 것입니다. 참으로 무엇을 하든지 하나님의 영광을 생각하는 것입니다. 이것이 그리스도인의 영적인 자세입니다.

그리고 이들은 처음 익은 열매로 하나님께 바쳐진 사람들입니다. 성경에서 처음 열매는 하나님의 소유입니다. 하나님께 헌신하는 사람들을 의미합니다. 그래서 어떤 분은 소아시아의 일곱 교회가 처음 익은 열매라고 말합니다. 하지만 그보다도 교회사의 살았던 모든 성도를 의미합니다. 성도는 예수님께 바쳐진 처음 열매입니다. 그리스도인은 하나님의 소유입니다. 하나님이 주인이십니다. 하나님의 뜻을 따르는 존재가 바로 그리스도인입니다. 왜냐하면 그리스도께서 피로 사셨기 때문입니다.

"이뿐 아니라 또한 우리 곧 성령의 처음 익은 열매를 받은 우리까지도 속으로 탄식하여 양자 될 것 곧 우리 몸의 구속을 기다리느니라"(롬 8:23)

이렇게 그리스도인은 하나님의 소유로써 하나님을 위하여 사는 사람입니다. 언제든지 하나님의 뜻을 따라 헌신하는 분명한 자세를 가집니다.

마지막으로 입에 거짓말이 없습니다. 이것이 하나님께 속한 자의 아름다움입니다. 거짓은 사단의 도구입니다. 그래서 사단을 거짓의 아비라고 부릅니다. 하지만 성도는 거짓과 싸우는 자들입니다. 스바냐 선지자는 이스라엘의 남은 자는 거짓이 없는 자라고 예언하였습니다.

교회를 세우는 요한계시록 강해

"이스라엘의 남은 자는 악을 행치 아니하며 거짓을 말하지 아니하며 입에 궤휼한 혀가 없으며 먹으며 누우나 놀라게 할 자가 없으리라"(습 3:13)

이것이 바로 하나님과 어린 양에게 속한 이들에게 나타나는 영적인 성품이며 자세입니다. 그러므로 사단은 교회를 허물 때 항상 거짓을 통하여 혼란시킵니다. 사람들은 거짓에 대하여 경계하지 않습니다. 그것은 자신들의 본성과 부합하기 때문입니다. 그래서 사악한 통치자는 백성은 무지하다고 단정하고 거짓을 일삼습니다. 그러나 하나님의 사람들은 이 부분에서 투쟁하며 살아갑니다. 우리의 연약한 육신이 종종 거짓말을 하게 하지만 다시금 회개하고 정직한 자리에 서려고 애를 쓰는 것입니다. 거짓과 싸우는 것이 바로 성도들의 자세입니다. 이처럼 교회도 더욱더 힘써서 거짓과 싸워야 합니다. 적어도 교회는 정직하다는 소리를 들을 수 있도록 우리 모두가 분투해야 합니다. 이것이 하나님께 속한 교회의 모습입니다.

교회는 하나님과 어린 양에게 속하여 있습니다. 세상으로부터 불러냄을 받은 공동체입니다. 세상의 길이 아니라 삼위 하나님의 길을 가는 것입니다. 하나님의 뜻을 성취하는 것이 바로 교회이며 우리들의 삶입니다.

오늘날 교회가 많은 욕을 먹고 있습니다. 교회도 세상과 별 차이가 없다는 소리를 듣습니다. 그런 면에서 우리는 어떠합니까? 우리의 교회는 또 어떻습니까? 삼위 하나님께 속한 모습을 잘 간직하고 있습니까? 세상은 다양한 모습으로 교회를 유혹합니다. 그래서 교회를 떠나게 만들고 있습니다. 교회를 떠난 도피성도가 점점 늘어난다고 합니다. 하지만 교회를 떠나면 신앙이 결코 건강해지지 않습니다. 하루 이틀 지나가면서 영적인 피폐함을 겪게 됩니다. 그러므로 우리는 교회를 바르게 세우는 일에 힘을 다해야 합니다. 여전히 우리가 교회를 사랑하고 교회를 세우는 이유는 교회만이 하나님이 허락하신 영적 안식처이기 때문입니다.

　나 자신을 돌아보고, 우리 교회를 살펴보고 삼위 하나님께 속한 교회의 모습으로 건강하게 세워질 수 있도록 서로 기도하고 함께 헌신하여 세워가기를 소망합니다.

세 천사가 전하는 복음(계 14:6-12)

짐승의 표를 받은 이들이 지배하는 세상에서 순결한 신앙을 가진 144,000명이 있음을 앞서서 살펴보았습니다. 세상 사람들이 다 말세라고 말하는 시대에 소망을 가지고 살아가는 사람들이 있다는 말씀입니다. 세상에 굴복하지 않은 신실한 사람, 세속의 가치에 타협하지 않은 신자들이 있습니다. 모두가 교회는 썩었다고 말하는 시대에 정절을 지키며 살아가는 하나님의 사람들이 있습니다. 이들은 땅에서 구속함을 받은 사람들입니다. 교회를 사랑하고 인내하며 교회를 세우는 사람들입니다. 하늘의 빛나는 별들과 같은 성도들입니다. 그러기에 나 혼자 이 길을 간다고 생각하지 말아야 합니다. 때론 외롭지만 함께 걷는 믿음의 사람이 있음을 기억하시기 바랍니다.

요한은 하나님의 사람들을 본 후에 천사들이 전하는 복음을 듣습니다. 그것은 외적으로는 심판의 메시지입니다. 그러나 심판의 이면에는 순결을 지킨 성도들을 향한 복음입니다. 요한은 천사들이 전하는 복음을 통하여 큰 위로와 힘을 얻습니다. 그리고 이 복음이 땅에서 믿음으로 살아가는 성도들에게 동일한 위로가 됨을 전하고 있습니다. 그러나 땅에 속한 사람들에게는 고통이 될 것입니다.

그렇다면 천사가 전한 복음이 무엇이기에 성도들에게는 위로가 되고, 땅에 속한 사람들에게는 고통이 되는 것입니까? 그 사실을 차례대로 살펴보고자 합니다.

첫번째 천사가 전한 복음은 임박한 최후의 심판입니다. (6-7절) 요한은 다섯번째 이적을 봅니다.(12:1, 13:1, 13:11, 14:1, 14:6) 그것은 공중에 날아다니는 천사였습니다. 이것은 이 천사의 사역이 전 우주적이라는 사실을 의미합니다. 그러나 그가 땅에 거하는 자들에게 전할 영원한 복음을 가졌습니다. 본문에서 말하는 땅에 거주하는 자들은 짐승의 표를 받은 사람들**(13:8,12)**을 의미하는 것이 아닙니다.

땅에 속한 사람들의 의미가 아니라 **복음을 들어야 할 사람들**입니다. 그래서 "곧 여러 나라와 족속과 방언과 백성"이라고 붙입니다. 이것은 매우 중요합니다. 땅에 있는 모든 사람들에게 복음이 선포되기 때문입니다. 그러니 최후의 심판 때에 하나님의 말씀을 듣지 못했다고 변명할 수 없습니다.

땅에 거주하는 이들에게 들려진 복음은 분명합니다. 그것은 바로 "심판하실 시간이 이르렀다"는 말씀입니다. 이것은 최후의 심판을 의미합니다. 이때는 누구도 피할 수 없습니다. 그 심판대 앞에 모두 서야 합니다. 그리고 하나님의 판결을 받을 것입니다. 천사는 하나님의 심판이 이르렀다고 말씀합니다. 결코 실수하지 않으시고, 완전히 공의롭고 정직하신 하나님의 심판대 앞에 설 것입니다.

심판이 복음인 것은 성도들에게는 심판은 영광의 날이기 때문입니다. 복음을 듣지 않는 자들에게는 심판이 임하지만 복음을 들은 자들에게는 구원의 날이기 때문입니다. 그러기에 사도 요한은 큰 음성을 듣습니다.

교회를 세우는 요한계시록 강해

그것은 하나님을 두려워하라는 말씀입니다. 그리고 하나님께 영광을 돌리고, 창조주 하나님을 경배하는 일입니다. 이것은 하나님을 온전하게 예배하는 자들이 가지고 있는 모습입니다.

복음을 듣고 회개하지 않는 이들에게 하나님의 심판이 임할 것이고, 회개하는 이들은 하나님을 경배하는 삶을 살아갑니다. 그러므로 복음을 들은 사람들에게는 분명한 명령이 주어집니다. 바로 무엇을 하든지 하나님을 경외하며, 영화롭게 하고, 경배하는 일입니다. 이것이 구원받은 자들이 감당하는 일입니다. 이 명령은 오늘 우리들에게도 동일하게 주어진 말씀입니다. 그러므로 예수님을 믿음으로 고백한다면 우리는 힘을 다하여 하나님을 경외하고, 영화롭게 하고 예배하는 일에 열심해야 합니다. 하지만 말씀을 듣지 않는 자들에게는 피할 수 없는 마지막 심판이 기다리고 있음을 기억해야 합니다.

두번째 천사가 전한 복음은 교회를 조롱하는 세력들의 멸망입니다.(8절)
두번째 천사는 큰 성 바벨론이 무너짐을 선포합니다. 이것이 바로 복음입니다. 큰 성 바벨론은 모든 나라를 음행으로 인하여 진노의 포도주를 먹이던 자들입니다. 여기서 큰 성 바벨론은 1세기의 사람들에게는 로마 제국을 의미합니다. 이것은 단 4:30에서 인용되었습니다. 이스라엘은 바벨론에 의하여 나라가 망했습니다. 그리고 많은 사람들이 바벨론으로 잡혀갔습니다. 바벨론의 왕인 느부갓네살은 바벨론의 위엄을 자랑한 자였습니다.

"나 왕이 말하여 가로되 이 큰 바벨론은 내가 능력과 권세로 건설하여 나의 도성을 삼고 이것으로 내 위엄의 영광을 나타낸 것이 아니냐 하였더니"(단 4:30)

느부갓네살에게는 바벨론이 큰 도성이지만 이스라엘 백성에게는 억압의 상징입니다. 이러한 모습이 계시록의 큰 성 바벨론으로 인용된 것입니다. 이렇게 볼 때 큰 성 바벨론은 1세기의 로마를 의미합니다. 그러나 동시에 모든 세대 가운데 존재하는 교회를 억압하고 핍박하고 유혹하며 독재하는 악한 세력이나 조직과 제도를 의미할 수 있습니다. 그래서 청교도들은 로마 가톨릭을 큰 성 바벨론으로 생각하였습니다. 그런 의미에서 중국 교회는 시진핑 정부를 큰 성 바벨론으로 볼 수 있습니다. 북한 교회 입장에서 김정은 정권이 큰 성 바벨론입니다.

이들은 교회를 음행하도록 인도합니다. 음행(폴네이아)은 비유적으로 우상숭배를 의미합니다. 그래서 마침내 진노의 포도주를 먹입니다. 진노의 포도주는 독주입니다. 즉 죽음 혹은 멸망을 의미합니다. 이것이 큰 성 바벨론이 하는 짓입니다. 세상은 우리를 협박합니다. 그리고 상대적으로 연약한 우리들은 그 억압에 주눅 듭니다. 그래서 세상과 타협하는 일을 합니다. 그러나 이 타협은 결국 죽음에 이르는 길입니다. 음행은 사회적인 성공을 가져다줄 수 있을지 모릅니다. 하지만 진노의 포도주를 마시게 됩니다.

이러한 일은 최후의 심판이 있을 때까지 지속됩니다. 특별히 자본주의 사회에서의 경제적인 유혹은 더욱더 우리를 음행의 자리로 이끌어 갑니다. 온갖 유혹과 우상숭배를 하게 합니다. 그러면 경제적인 만족과 사회적인 지위를 주겠다고 말합니다. 하지만 이것이 바로 진노의 포도주를 마시는 행위입니다. 죽음에 이르는 길입니다. 우리가 깨어 있어야 하는 이유가 여기에 있습니다.

하지만 그렇게 유혹하던 바벨론은 마침내 무너집니다. 하나님께서 이

교회를 세우는 요한계시록 강해

들의 사악함을 그대로 두지 않습니다. 그들은 하나님의 심판으로 인하여 무너졌습니다. 바벨론도 무너졌고, 로마도 무너졌고, 로마 가톨릭의 사악함도 무너졌고, 중국의 시진핑도, 북한 김정은도 무너질 것입니다. 세상의 악한 구조들은 반드시 무너집니다. 약자를 조롱하고, 무시하고, 모욕을 주는 집단은 반드시 무너집니다.

이들은 우리가 기대하고 타협할 것이 되지 못합니다. 무너질 것에 타협하는 자가 되지 말고 영원하신 하나님을 의지하면서 이길 수 있어야 합니다. 보이는 것은 잠깐입니다. 보이지 않는 것이 영원합니다. 영원한 것을 바라보면서 믿음의 길을 완주하기를 소망합니다.

세번째 천사가 전한 복음은 인내로서 믿음을 지킨 성도에게 주어지는 영광입니다.(9-12절) 세번째 천사가 큰 음성으로 외치는 것을 요한은 듣습니다. 그것은 아주 분명한 모습이었습니다. 바로 짐승의 표를 받거나 우상숭배하는 자에게 주어지는 심판입니다. 천사가 전해주는 심판의 메시지는 분명합니다. 그러나 동시에 이것은 믿음으로 살아가는 하나님의 자녀들에게는 진정한 복음입니다. 복음은 축복과 심판의 약속이기 때문입니다.

짐승의 표와 우상숭배는 경제적인 모습을 보여줍니다. 13:17에 있는 말씀처럼 짐승의 표를 가진 사람들 외에는 매매를 못 하게 합니다. 그래서 경제적인 성공을 위하여 짐승의 표를 받습니다. 세상은 아주 치밀하게 이렇게 우리를 유혹합니다. 바벨론의 음행으로 주어진 포도주를 마신 세상은 더욱더 우상을 경배합니다. 이제 돈만 있으면 못할 것이 없다는 생각에 지배를 당합니다. 모든 것이 경제적인 부를 얻기 위하여 미친 듯이 살아갑니다. 이 땅에 존재하는 이유가 오직 돈입니다. 그래서 모든 길이

돈으로 통합니다. 이것이 사단이 기대하는 것입니다.

그러기에 하나님은 아주 분명하게 말씀합니다. 이렇게 짐승의 표를 받고 우상숭배하는 자들에게 주어질 심판을 선포합니다. 그 심판은 매우 실제적이면서 고통스러운 것입니다.

우선 하나님의 진노의 포도주를 마시게 됩니다. 하나님의 진노의 포도주는 구약에서는 하나님의 심판을 의미합니다. 하나님의 심판이 임할 것입니다. 이것은 하나님의 심판 앞에 서게 될 것을 보여주는 말씀입니다. 지금은 음행의 포도주에 취하여 있을 수 있겠지만 심판 때 하나님의 진노를 받게 됩니다.

하나님의 진노가 무서운 것은 불과 유황의 심판을 받기 때문입니다. 불과 유황은 하나님의 심판을 분명하게 보여주는 비유입니다. 성경은 소돔과 고모라의 심판을 말씀하시면서 불과 유황으로 멸망하였다고 하였습니다. 하나님의 심판이 짐승의 표를 받고 우상숭배하는 자들에게 임합니다. 이 모든 것이 하나님의 어린 양 앞에서 주어질 것입니다.

더구나 이들은 영원토록 쉼을 얻지 못하는 심판을 받습니다. 안식이 없는 삶이 바로 심판입니다. 세상의 악한 구조에 굴복하고 경제적인 만족과 사회적인 지위를 누리고자 하는 자들에게 주어지는 결과는 쉼이 없는 결과입니다. 쉼이 없는 것은 미쳐가고 있다는 증거입니다. 죽음의 길에 들어가고 있음을 의미합니다. 이것이 세상이 받아야 하는 심판입니다.

하지만 이것은 하나님의 사람들에게는 복음이 됩니다. 쉼이 없는 세상에서 쉼을 기대하는 삶을 살 수 있기 때문입니다. 모두가 짐승의 표를 받아서 살아가려고 합니다. 이것은 매우 쉬운 길입니다. 이 세상의 길로 가는 것은 크고 넓은 길입니다. 하지만 예수님을 따르는 길은 좁은 길입니다. 그래서 십자가의 길이라고 부릅니다. 하지만 이 길이 참된 쉼을 얻는 길입니다. 그래서 성도들은 인내하면서 십자가의 길을 가는 것입니다. 12절 말씀을 보겠습니다.

"성도들의 인내가 여기 있나니 저희는 하나님의 계명과 예수 믿음을 지키는 자니라"

모두가 짐승의 표를 받고 우상숭배의 길이라는 쉽고 넓은 길을 갈 때 성도는 하나님의 계명과 예수 믿음을 지킵니다. 이 일에는 인내가 필요합니다. 인내가 있어야 말씀과 믿음을 지킬 수 있습니다. 현실의 삶은 결코 쉽지 않습니다.

그리스도인들이 인내할 수 있는 것은 약속을 받은 자들이기 때문입니다. 이 세상의 세력이 마침내 무너질 것이라는 약속을 받았기에 인내할 수 있는 것입니다. 그런 의미에서 그런 의미에서 성도들은 이 세상의 유혹 앞에서 절망하지 않고 소망의 나라를 바라보면서 믿음으로 인내하는 사람들입니다. 세상의 소리가 아니라 하나님의 말씀과 예수님을 향한 믿음을 끝까지 지킵니다. 세상은 어떻게 해서라도 우리의 믿음을 흔들려고 합니다. 그리고 말씀을 무력화시키려고 합니다. 하지만 참된 성도는 그러한 도전 앞에 인내로서 이겨 나갑니다.

성도에게 인내가 필요한 것은 하나님의 약속을 받기 위함입니다. "너희에게 인내가 필요함은 너희가 하나님의 뜻을 행한 후에 약속하신 것을 받기 위함이라"(히 10:36) 그러므로 믿음의 사람들은 인내를 가지고 끝까지 믿음의 경주를 한 것입니다.

"이러므로 우리에게 구름 같이 둘러싼 허다한 증인들이 있으니 모든 무거운 것과 얽매이기 쉬운 죄를 벗어 버리고 인내로써 우리 앞에 당한 경주를 경주하며"(히 12:1)

그러기에 야고보 사도는 인내하는 자가 복이 있다고 하였습니다.

"보라 인내하는 자를 우리가 복되다 하나니 너희가 욥의 인내를 들었고 주께서 주신 결말을 보았거니와 주는 가장 자비하시고 긍휼히 여기시는 이시니라"(약 5:11)

이 세상의 유혹이 만만치 않습니다. 그러나 다 무너질 것들입니다. 그리고 하나님의 심판대 앞에 서게 됩니다. 이때에 인내로 믿음을 지킨 성도들은 하나님의 사람들은 영광을 받게 됩니다. 이것이 바로 복음입니다. 세상을 향한 심판은 성도를 향한 복음입니다. 그러므로 끝까지 말씀과 믿음을 지킬 수 있기를 바랍니다. 마지막 날까지 끝까지 인내하여서 영광을 받을 수 있기를 축복합니다.

복음을 받은 자로서 세상의 유혹과 싸울 수 있기를 소망합니다. 끝까지 말씀을 의지하고 예수님을 믿음으로 인내할 수 있기를 소망합니다. 곧 심판의 날이 이릅니다. 그때에 인내로 믿음을 지킨 영광을 보게 될 것입니다.

최근에 공교회적으로 이단으로 정죄하고 아직 교단이 해벌하지 않은 이단 단체에 가서 임직식을 거행한 목사들이 있습니다. 그 모습을 보면서 참으로 측은하였습니다. 분노 이전에 너무나 측은하게 보였습니다. 그 초라한 모습에 너무 불쌍하였습니다. 참된 신앙은 열매로 알 수 있습니다. 아무리 큰 교회를 하고, 교단의 중직을 맡았다고 해서 하나님의 영광을 위하여 산 사람이라고 할 수 없습니다. 하나님의 진노의 포도주인 불과 유황의 고난이 영원토록 그 앞에 놓여 있을 수 있기 때문입니다. 11절을 다시 한번 보겠습니다.

"그 고난의 연기가 세세토록 올라가리로다 짐승과 그의 우상에게 경배하고 그 이름의 표를 받는 자는 누구든지 밤낮 쉼을 얻지 못하리라 하더라"

신앙의 마지막이 이렇게 된다면 얼마나 비참한 일입니까? 밤낮 쉼이 없는 고난이 그 앞에 있음을 안다면 어찌 우상 앞에 절할 수 있겠습니까? 오늘 말씀은 우리에게 어떠한 삶을 살 것인가를 분명하게 보여주는 말씀입니다. 히브리서는 그러한 사람들을 세상이 감당치 못하는 사람이라고 하였습니다.

"여자들은 자기의 죽은 자를 부활로 받기도 하며 또 어떤 이들은 더 좋은 부활을 얻고자 하여 악형을 받되 구차히 면하지 아니하였으며 또 어떤 이들은 희롱과 채찍질 뿐 아니라 결박과 옥에 갇히는 시험도 받았으며 돌로 치는 것과 톱으로 켜는 것과 시험과 칼에 죽는 것을 당하고 양과 염소의 가죽을 입고 유리하여 궁핍과 환난과 학대를 받았으니 (이런 사람은 세상이 감당치 못하도다) 저희가 광야와 산중과 암혈과 토굴에 유리하였느니라 이 사람들이 다 믿음으로 말미암아 증거를 받았으나 약속을 받지 못하였으니 이는 하나님이 우리를 위하여 더 좋은 것을 예비하셨은즉 우리가 아니면 저희로 온전함을 이루지 못하게 하려 하심이니라"(히 11:35-40)

주님 앞에 서는 날 세상이 감당치 못한 사람들의 삶의 기록이 다 드러날 것입니다. 히브리서가 기록한 믿음의 사람들의 이야기는 우리들의 이야기이며 기록입니다. 우리 모두 그날까지 우상과 싸우고 짐승의 유혹을 견디고 끝까지 믿음의 경주를 감당할 수 있기를 소망합니다.

영원한 행복(계 14:13)

  한때 정치권에서 저녁이 있는 삶을 강조하면서 유행을 탔습니다. '저녁이 있는 삶'은 저녁이 없는 삶을 살고 있음을 전제하는 말입니다. 저녁은 쉼을 의미합니다. 해가 떠 있을 동안 일한 우리의 육체와 영혼이 쉼을 얻는 시간을 저녁으로 비유한 것입니다. 사람들은 모두 저녁이 있는 삶을 기대합니다. 예전에 불렸던 팝송 가운데 스위트 홈(Sweet Home)이라는 노래가 있습니다. 한국에서는 '즐거운 나의 집'이라는 이름으로 번안되어 불렸습니다.

"즐거운 곳에서는 날 오라 하여도
내 쉴 곳은 작은 집 내 집뿐이리
내 나라 내 기쁨 길이 쉴 곳도
꽃 피고 새 우는 집 내 집뿐이리
오 사랑 나의 집
즐거운 나의 벗 집 내 집뿐이리"

  집이 주는 가장 큰 행복은 바로 쉼입니다. 속옷만 입고 있어도 눈치 보지 않는 곳이 바로 집입니다. 작지만 집이 있다는 것이 얼마나 큰 위로와 힘이 되는지 모릅니다. 집이 없어 보면 이 말의 실감이 백 배나 될 것입니다. 하지만 우리는 대부분 집이 있어서 집이 주는 그 행복을 크게 느끼지 못하며 살고 있습니다. 오히려 더 큰 집을 갖지 못한 불만이 우리의 쉼을 방해하고 있을지 모릅니다.

쉼 곧 안식은 하나님이 주신 최고의 선물입니다. 안식은 창조의 영광을 기쁨 가운데 누릴 수 있는 최고의 순간입니다. 6일 동안 일하였다가 제칠일에 쉬면서 한 주를 돌아보는 것은 무엇과도 바꿀 수 없는 행복입니다. 이 시간은 우리의 육체와 영혼이 다시금 새 힘을 얻는 순간입니다. 그래서 이 순간을 바꾸면 우리의 몸과 영혼에 문제가 생깁니다. 그런 의미에서 쉼은 하나님께 받은 가장 큰 축복 가운데 하나입니다.

우리는 지난 시간에 참으로 불쌍한 사람들이 누구인지 살펴보았습니다. 그들은 하나님의 진노의 포도주를 마신 자들입니다. 그래서 어린 양과 거룩한 천사들 앞에서 불과 유황으로 고난을 받은 자들입니다.(10절) 그 고난은 잠깐 존재하는 것이 아닙니다. 고난의 연기가 영원토록 있습니다. 이들은 짐승과 우상에게 경배하고 짐승의 표를 받은 자들입니다.(11절) 짐승의 표를 받은 자들은 이 땅에서 경제적인 기득권을 누리면서 어린 양에게 속한 자들을 괴롭혔습니다.(1절) 이들은 자신들이 승리한 것처럼 교만과 허세를 떨었습니다. 하지만 오래가지 못하였습니다. 큰 성 바벨론이 무너지기 때문입니다. 땅의 사람들에게 음행으로 빚은 진노의 포도주를 마시게 한 바벨론이 무너집니다. 그리고 하나님의 진노의 포도주를 마시게 된 것입니다. 이들이 불쌍한 것은 "밤낮 쉼을 얻지 못하기 때문입니다."(11절) 누구든지 짐승의 표를 받고 편하고 쉬운 우상숭배의 길을 가는 자에게는 쉼이 없는 고난이 영원토록 주어집니다.

교회를 세우는 요한계시록 강해

그러나 분명한 것은 예수님을 믿는 거듭난 성도들, 어린 양에게 속한 성도들, 짐승의 표를 받지 않는 성도들은 우상의 시험과 유혹과 고난에서 인내한다는 것입니다. 끝까지 견딘다는 것입니다. 주님 앞에 서는 그날까지 인내하는 것입니다. 포기하지 않습니다. 하나님의 약속을 붙잡고 견디어 냅니다. 물론 그 길이 결코 쉽지 않습니다. 하지만 견디어 냅니다. 히브리서 기자는 이들을 세상이 감당치 못한 성도라고 하였습니다. 그리고 인내한 성도들에게는 하나님의 격려와 선물이 약속되어 있습니다. 하나님의 격려와 선물이 너무 감사하지 않습니까? 이것이 믿음을 지킨 모든 성도들에게 주어집니다.

그렇다면 어떠한 격려가 주어질까요? 하나님이 주시는 인내의 선물은 무엇일까요? 땅의 모든 고난을 다 씻을 수 있는 그 기쁨은 무엇일까요? 오늘 14절 말씀은 바로 믿음으로 인내한 성도들에게 주시는 격려와 선물을 말씀합니다. 이것은 성도들이 누리는 영원한 행복이라 할 수 있습니다. 사실 이 말씀은 장례식장에서 가장 많이 설교된 말씀입니다. 그러나 장례식 설교에 특화된 말씀이 아닙니다. 오히려 이 땅에서 믿음으로 견디며 살아가는 성도들에게 주시는 가장 큰 위로의 말씀입니다.

사도 요한은 하늘에 들리는 음성을 들었습니다. 그것은 "기록하라"는 말씀입니다. 기록하는 것은 영원토록 기념하게 하는 것입니다. 그래서 이 말씀은 "새긴다"는 의미로도 볼 수 있습니다. 이것은 모세가 시내산에서 하나님께로부터 십계명이 새겨진 말씀을 받은 것과 같은 의미입니다. 영원히 기록하게 하는 것입니다. 또한 하나님께서 영원히 기억하신다는 말씀이기도 합니다. 기록된 것은 기억됩니다. 그렇다면 사도 요한이 들은 기록의 내용은 무엇입니까?

첫째, 주 안에서 죽는 자들이 복이 있습니다. 사도 요한이 기록하여야 할 것은 주 안에서 죽는 자들이 복이 있다는 말씀입니다. 이 말이 무슨 의미입니까? 그것은 가깝게는 12절이고 멀게는 3-4절을 가리킵니다. 즉 '예수님을 섬기다가 죽는 성도들'입니다. 그래서 주 안에서 죽는 사람을 단지 순교자만을 의미하는 것이 아닙니다. 이 땅에서 인내로서 믿음의 경주를 감당하였던 모든 성도들입니다. 세상이 감당치 못하였던 성도들입니다. 끝까지 변함없이 믿음을 지킨 사람들입니다. 우상숭배의 쉬운 길이 아니라 오직 믿음의 넓은 길로 간 사람들입니다. 선한 싸움을 싸우고 달려갈 길을 마치고 믿음을 지킨 성도들입니다.(딤후 4:7) 오직 예수 그리스도를 아는 지식이 가장 고상하다고 고백하는 성도들입니다. 나의 자랑은 오직 예수 그리스도의 십자가라고 고백하는 성도들입니다.

이 땅에서 믿음의 길을 갈 때 사람들이 알아주지 않고 때로는 조롱 섞인 말을 들어야 할 때가 있지만 인내로써 믿음을 지킨 자들을 하나님이 기억하십니다. 그들의 이름이 생명책에 기록됩니다. 바울은 빌립보 교회에 보내는 서신에서 믿음으로 인내하였던 여인들의 이름이 생명책에 기록되었다고 강조하였습니다.

"또 참으로 나와 멍에를 같이한 네게 구하노니 복음에 나와 함께 힘쓰던 저 여인들을 돕고 또한 글레멘드와 그 외에 나의 동역자들을 도우라 그 이름들이 생명책에 있느니라"(빌 4:3)

복음과 함께 고난의 멍에를 함께 메었던 동역자들의 이름이 생명책에 있다고 말씀합니다. 생명책에 기록되지 않고서는 하나님 나라에 들어갈 수 없습니다.

"누구든지 생명책에 기록되지 못한 자는 불못에 던져지더라"(계

20:15)

"무엇이든지 속된 것이나 가증한 일 또는 거짓말하는 자는 결코 그리로 들어가지 못하되 오직 어린 양의 생명책에 기록된 자들만 들어가리라"(계 21:27)

생명책에 기록된 자는 일생 동안 주님을 섬기면서 산 자들입니다. 그들의 이름이 생명책에 있습니다. 복음과 함께 고난의 자리에 섰던 이들의 이름이 생명책에 있습니다. 그러기에 주 안에서 죽는 자들이 복이 있습니다. 이들이 하나님 나라를 상속받기 때문입니다. 그렇기에 주님을 섬기다가 죽는 성도들이 가장 복된 존재입니다. 이것은 우리들에게도 동일하게 주어지는 말씀입니다.

둘째, 믿음으로 사는 성도들에게는 영원한 안식이 주어집니다. 주 안에서 죽는 자들은 복이 있는 이유는 바로 영원한 안식이 주어지기 때문입니다. 진정한 스위트 홈 즉 기쁨의 집이 주어지기 때문입니다. 주 안에서 죽는 자들이 복이 있다는 하늘의 음성에 대하여 성령은 화답합니다. "그러하다"는 것입니다. 즉, '옳은 말'이라는 뜻입니다. 주님을 섬기다가 죽는 사람들은 가장 행복한 사람들입니다. 그들에게는 하늘의 안식이 약속되었습니다. 성령은 화답하기를 "저희 수고를 그치고 쉬리니"라고 말씀합니다. 이 땅에서 행한 믿음의 여정에 마쳐질 때 하나님은 참된 안식을 주십니다. 안식을 주시는 이는 오직 하나님입니다. 우리가 안식을 누릴 수 있는 것이 아닙니다. 안식을 주셔야 누릴 수 있습니다. 그런데 주님을 섬기는 성도들에게 주어진 약속은 수고를 끝내고 쉼이 있다는 것입니다. 이것은 짐승과 우상을 섬겼던 이들이 겪어야 하는 징벌과 대조되는 것입니다. 그들에게는 쉼이 없습니다. 그러나 믿음을 지킨 성도들에게는 안식이 있습니다.

여기서 '수고'는 단지 이 땅에서 행한 착한 일만을 의미하는 것이 아닙니다. 이것이 포함되지만 동시에 복음과 함께 고난을 받았던 수고입니다. 주님의 명령대로 주님의 교회를 세우는 일에 열심을 다하였던 일들입니다. 이 모든 것이 멈추고 쉬게 될 것입니다. 이것이 성도들에게 주어진 선물입니다. 그래서 바울은 믿음의 길을 걸어간 성도들에게 안식이 주어지는 것은 하나님의 공의라고 강조합니다.

"환난을 받는 너희에게는 우리와 함께 안식으로 갚으시는 것이 하나님의 공의시니 주 예수께서 자기의 능력의 천사들과 함께 하늘로부터 불꽃 가운데에 나타나실 때에"(살후 1:7)

안식은 그 일에 대하여 하나님께서 알고 있다는 공적인 선물입니다. 믿음의 길을 걸어간 것에 대한 공적인 인정입니다. 그런 의미에서 안식은 하나님의 백성 됨의 징표입니다. 하나님의 자녀만이 안식을 누릴 수 있습니다. 그러므로 누구든지 참된 믿음을 가진 자들은 안식에 들어가기를 힘쓰는 자들이라 할 수 있습니다. 히브리서 기자는 이 사실을 강조합니다.

"그런즉 안식할 때가 하나님의 백성에게 남아 있도다 이미 그의 안식에 들어간 자는 하나님이 자기의 일을 쉬심과 같이 그도 자기의 일을 쉬느니라 그러므로 우리가 저 안식에 들어가기를 힘쓸지니 이는 누구든지 저 순종하지 아니하는 본에 빠지지 않게 하려 함이라"(히 4:9-11)

참된 안식은 믿음의 길을 걸어간 성도들에게 주어집니다. 이것이 우리에게 주신 약속입니다. 하나님의 약속하신 안식에 들어가기를 힘쓰는 자는 이 땅에서 믿음의 선한 싸움에 최선을 다합니다. 앞에 있는 푯대를 향

교회를 세우는 요한계시록 강해

하여 달려가기에 최선을 다합니다. 그리고 마침내 안식을 누립니다. 이것이 바로 창조가 보여준 영광을 성취하는 것입니다. 우리 모두 안식에 들어가기에 힘써야 합니다. 이 일에 성령 하나님이 함께하심을 기억하시기 바랍니다.

셋째, 믿음으로 행한 모든 일들은 하늘의 별과 같이 기념됩니다. 성령님은 주님을 섬기다가 안식에 들어간 성도들이 행복한 이유가 분명하다고 말씀합니다. 그것은 이 땅에서 믿음으로 인내하였던 모든 것들이 기록되었기 때문입니다. 마치 하늘의 별들처럼 영원히 빛난다는 말씀입니다. 이것은 감당할 수 없는 선물입니다. 우리가 이 땅에서 행하였던 작은 일이든 큰일이든 하나님은 기억하십니다. 이 일이 기억되기에 우리에게 주어진 안식이 더욱 복이 됩니다.

그래서 히브리서 기자는 말씀하기를 "믿음이 없이는 기쁘시게 못하나니 하나님께 나아가는 자는 반드시 그가 계신 것과 또한 그가 자기를 찾는 자들에게 상주시는 이심을 믿어야 할지니라"(히 1:6)고 하였습니다. 하나님은 상 주시는 분입니다. 상을 주려면 그 내용이 있어야 합니다. 아무나 상을 받지 않습니다. 이처럼 하나님이 상을 주신다는 것은 우리가 행하였던 믿음의 인내를 다 기억하신다는 의미입니다.

그러므로 우리가 하는 작은 일들이 결코 무의미한 것이 아닙니다. 비록 어떨 때는 열매도 없이 사라지는 것 같아도 하나님은 다 기록하십니다. 그러기에 더욱 힘써 믿음으로 순종해야 합니다.

그러나 반면에 짐승의 표를 받고 우상숭배하는 자들은 그들의 행위로 인하여 심판을 받게 됩니다.

"또 내가 보니 죽은 자들이 큰 자나 작은 자나 그 보좌 앞에 서 있는데 책들이 펴 있고 또 다른 책이 펴졌으니 곧 생명책이라 죽은 자들이 자기 행위를 따라 책들에 기록된 대로 심판을 받으니"(계 20:15)

믿음으로 행한 것이라 해서 우리의 자랑이 되는 것은 아닙니다. 성령 하나님께서 믿음으로 살아갈 수 있도록 함께하시기 때문입니다. 그 은혜가 우리에게 임하여서 우리가 믿음으로 살 수 있습니다. 복음과 함께 고난받을 수 있는 힘을 성령께서 주셨기에 감당할 수 있습니다. 그러므로 믿음의 길을 인내한 것은 하나님의 은혜가 우리에게 충만하게 임하였음을 의미합니다.

영원한 복을 누리기 위하여 끝까지 믿음의 길을 갈 수 있기를 소망합니다. 변함없이 예수님을 사랑할 수 있기를 바랍니다. 주님은 우리를 결코 배신하지 않습니다. 늘 문제는 우리들입니다. 그러므로 더욱 힘써 성령을 의지하여 인내로서 믿음의 길을 갈 수 있어야 합니다. 그래서 별과 같이 빛나는 우리의 삶이 되어 하나님께 칭찬받기를 축복합니다.

이 땅의 모든 사람들이 다 죽음을 맞이합니다. 그런 의미에서 우리의 삶을 죽음을 준비하는 삶이라 할 수 있습니다. 죽음을 준비하는 삶이란 다른 말로 하면 어떠한 삶을 살 것인가를 의미합니다. 그런데 이 땅에서 무엇을 위하여 살다가 죽을 것인지가 우리의 죽음 이후를 결정합니다.

이 땅의 사람들은 노후를 대비하느라 열심입니다. 그런데 죽음 이후를 대비하는 사람들은 없습니다. 우리는 죽음 이후의 영원한 삶을 준비하는 사람들입니다. 그러므로 무엇을 위하여 살 것인지가 명백한 사람들입니다. 사람들은 눈에 보이는 행복만을 위하여 살아갑니다. 당장 다가오는 물질의 풍성함을 좇아갑니다. 마치 불 속에 뛰어드는 불나방처럼 오직 땅

교회를 세우는 요한계시록 강해

의 것에 집착하여 살아갑니다. 그렇게 불 속에서 사라집니다. 그러나 그리스도인은 주님을 위하여 살다가 주 안에서 죽습니다. 주님을 섬기다가 죽는 것이 가장 행복한 것임을 알기 때문입니다. 그래서 살아서나 죽어서나 우리의 참된 위로는 예수 그리스도라고 고백하는 것입니다.

이러한 분명한 믿음은 그 무엇보다도 영원한 안식을 소망합니다. 그 안식을 바라보면서 오늘을 살아갑니다. 이것이 신앙생활입니다. 우리는 당장 눈앞에 보이는 편리만을 추구해서는 안 됩니다. 좀 더 눈을 들어 하늘을 볼 수 있기를 소망합니다. 그 영광이 다가올 것입니다. 그리고 우리의 작은 순종도 가볍게 여겨서는 안 됩니다. 작은 일에 충성된 자가 큰일도 감당합니다. 작은 순종이 큰 순종의 길을 갈 수 있습니다. 하나님이 주시는 하늘의 복을 풍성하게 누리는 우리 모두가 되기를 소망합니다.

마지막 추수(계 14:14-20)

오늘 말씀은 이번 주일에 절묘하게 맞아떨어지는 것 같습니다. 한 해의 마지막 주일에 마지막 추수에 관한 말씀을 듣는 것은 매우 의미 있습니다.(2020년 12월 26일) 우리는 마지막이라는 단어를 들을 때 마음이 불편합니다. 마지막은 모든 것의 끝이라는 생각이 지배적이기 때문입니다. 그러나 성경은 마지막의 의미를 항상 새로운 시작과 연결시키고 있음을 봅니다. 이 땅에서의 마지막은 영원한 나라의 시작입니다. 학생들에게 졸업이 있다면 동시에 입학이 주어집니다. 이렇게 마지막은 항상 시작과 연결되어 있습니다.

그런데 새로운 시작이 끝까지 행복하려면 마무리가 어떠하느냐에 달려 있기도 합니다. 학생들은 기말시험을 봅니다. 그것은 지난 시간의 삶의 열매입니다. 그래서 좋은 결과를 얻으면 새로운 시작에 힘이 생깁니다. 반면에 생각만큼 결과가 나오지 않으면 힘이 빠지게 됩니다. 그리고 다시금 새로운 다짐을 합니다.

그런데 학교 졸업과 달리 인생의 졸업에는 차이가 있습니다. 이 땅의 삶에는 새로운 기회를 얻을 수도 있지만, 인생의 마지막에는 더 이상 기회가 주어지지 않습니다. 그래서 삶에서는 수많은 실수를 해도 새로운 기

교회를 세우는 요한계시록 강해

회를 찾을 수 있지만 삶의 마지막 추수가 주어지면 더 이상 기회가 없습니다. 누구도 피할 수 없는 마지막 추수를 어떻게 준비하여야 하겠습니까?

14장 전체는 심판에 대한 총 일곱 번의 환상 가운데 세 번의 환상을 기록하고 있습니다. 특별히 14:1-13절까지는 심판에 대비하라고 말씀합니다. 성도는 이 시기에 믿음에 대하여 인내하면서 하나님의 말씀과 예수 믿음을 지키라고 말씀합니다. 그러면 마침내 하나님이 주시는 참된 안식을 누릴 수 있다고 말씀합니다. 하나님은 믿음을 지키다 주님 안에 안기는 것은 참으로 복 있는 삶이라 말씀합니다. 이렇듯 구원받은 백성의 마지막 준비를 말씀합니다.

그런데 14절부터 보여주는 여섯번째 환상은 앞선 모습과 너무나 다릅니다. 심판에 대한 구체적인 모습을 보여줍니다. 그리고 마지막 최후의 심판이 얼마나 대단한지를 말씀합니다. 이것은 이 땅에서 어떠한 삶을 살아야 하는지를 말씀하는 것이라 할 수 있습니다. 이제 마지막 추수에 대한 말씀을 통하여 우리가 어떠한 삶을 준비하여야 할지를 돌아볼 수 있기 바랍니다.

첫째, 예수님께서 마지막 심판을 위하여 재림하십니다. 성경은 마지막 심판에 대하여 여러 곳에서 말씀하였습니다. 히브리서 기자는 말하기를 "한 번 죽는 것은 사람에게 정하신 것이요 그 후에는 심판이 있으리니"(히 9:27)라고 하였습니다. 이것은 개인적인 심판을 의미하지만 궁극적으로 모든 이들에게 있을 심판을 말씀하는 것입니다.

그렇다면 마지막 심판을 누가 하는 것입니까? 바로 예수님이십니다. 예수님께서 심판자로서 오십니다. 14절을 보면 요한이 본 여섯번째 환상에서 그 사실을 보여줍니다.

"또 내가 보니 흰 구름이 있고 구름 위에 사람의 아들과 같은 이가 앉았는데 그 머리에는 금 면류관이 있고 그 손에는 이한 낫을 가졌더라"

"구름 위에 사람의 아들 같은 이가 앉았습니다." 성경에서는 구름을 타고 오시는 분은 하나님이라고 말씀합니다. 그런데 그가 사람의 아들 같습니다. 즉 인자입니다. 그는 머리에는 금 면류관이 있고 손에는 낫을 가졌습니다. 금 면류관은 그가 왕임을 증거합니다. 즉 심판의 주로서 오신다는 의미입니다. 그리고 손에 있는 낫은 추수할 때는 쓰는 도구입니다. 알곡과 가라지를 추수하여서 알곡은 창고에 넣지만 가라지는 밖에 버립니다. 이것은 통치자의 심판을 보여주는 말씀이라고 할 수 있습니다. 그런데 인자가 보여주는 심판에 대한 구약 성경의 가르침은 단 7:13-14절입니다.

"내가 또 밤 이상 중에 보았는데 인자 같은 이가 하늘 구름을 타고 와서 옛적부터 항상 계신 자에게 나아와 그 앞에 인도되매 그에게 권세와 영광과 나라를 주고 모든 백성과 나라들과 각 방언하는 자로 그를 섬기게 하였으니 그 권세는 영원한 권세라 옮기지 아니할 것이요 그 나라는 폐하지 아니할 것이니라"

구름 타고 오시는 인자는 권세와 영광과 나라를 받은 가진 분입니다. 이 분이 바로 본문의 사람의 아들입니다. 그리고 예수님께서 친히 마지막 심판에 대하여 말씀하신 마 24:29-31입니다.

"그 날 환난 후에 즉시 해가 어두워지며 달이 빛을 내지 아니하며 별들이 하늘에서 떨어지며 하늘의 권능들이 흔들리리라 그 때에 인자의 징조

교회를 세우는 요한계시록 강해

가 하늘에서 보이겠고 그 때에 땅의 모든 족속들이 통곡하며 그들이 인자가 구름을 타고 능력과 큰 영광으로 오는 것을 보리라 저가 큰 나팔소리와 함께 천사들을 보내리니 저희가 그 택하신 자들을 하늘 이 끝에서 저 끝까지 사방에서 모으리라"

심판주로 오실 왕이신 예수님에 대하여 말씀하신 내용입니다. 예수님께서 재림하시면 이 땅에 마지막 추수를 하십니다. 손에 낫을 들고 알곡과 가라지를 자를 것입니다. 예수님은 우리의 구원주이시지만 동시에 세상을 심판하실 심판주입니다. 그리고 그 심판은 아주 공의롭게 진행됩니다. 이 사실은 이사야 선지자를 통하여 이미 밝히셨습니다.

"나는 시온의 공의가 빛 같이, 예루살렘의 구원이 횃불 같이 나타나도록 시온을 위하여 잠잠하지 아니하며 예루살렘을 위하여 쉬지 아니할 것인즉 열방이 네 공의를, 열왕이 다 네 영광을 볼 것이요 너는 여호와의 입으로 정하실 새 이름으로 일컬음이 될 것이며"(사 62:1-2)

때가 이르면 재림하실 예수님은 모든 이가 불평할 수 없는 공의로 심판하십니다. 그날이 우리 모두에게 있음을 기억하시기 바랍니다.

둘째, 최후의 심판의 날은 오직 하나님만이 아십니다. 심판을 말할 때 가장 궁금한 것이 심판의 때와 시간입니다. 언제 이뤄질지 모두가 궁금해합니다. 그래서 각종 이단들은 자신들이 하나님의 계시를 받아서 그날을 안다고 거짓을 말합니다. 여호와의증인이 그러합니다. 예전에 다미선교회 이장림이라는 이단이 그러하였습니다. 그리고 지금도 각종 이단들이 날짜를 가지고 미혹합니다. 하지만 그 때와 시간은 아무도 모릅니다. 오직 하나님만이 아십니다. 오늘 말씀을 보면 그 사실을 더욱 확인할 수 있습니다. 심판을 시행하실 예수님께서 심판 때에 대하여 천사로부터 명령을 받는 것을 볼 수 있습니다. 15절과 18절을 보시기 바랍니다.

"또 다른 천사가 성전으로부터 나와 구름 위에 앉은 이를 향하여 큰 음성으로 외쳐 가로되 네 낫을 휘둘러 거두라 거둘 때가 이르러 땅에 곡식이 다 익었음이로다 하니"(15절)

"또 불을 다스리는 다른 천사가 제단으로부터 나와 이한 낫 가진 자를 향하여 큰 음성으로 불러 가로되 네 이한 낫을 휘둘러 땅의 포도송이를 거두라 그 포도가 익었느니라 하더라"(18절)

두 말씀에서 공통적으로 볼 수 있는 것이 예수님께서 스스로 그 심판을 하시는 것이 아닙니다. 천사들이 성전과 제단으로부터 나와서 예수님께 명령을 내립니다. 이것은 천사가 성부 하나님께 받은 내용을 전달하는 모습입니다. 또한 "휘둘러"라는 말은 "보내다"는 의미입니다. 즉 예수님께서 성부 하나님의 명령을 받아서 심판을 내리십니다.

예수님은 이 사실을 이미 제자들에게 알려주셨습니다. 언제 다시 오실 것인지를 묻는 제자들에게 예수님은 그 때는 오직 하나님만이 아신다고 하였습니다. 막 13:32과 행 1:6-7입니다.

"그러나 그 날과 그 때는 아무도 모르나니 하늘에 있는 천사들도, 아들도 모르고 아버지만 아시느니라"

"저희가 모였을 때에 예수께 묻자와 가로되 주께서 이스라엘 나라를 회복하심이 이 때니이까 하니 가라사대 때와 기한은 아버지께서 자기의 권한에 두셨으니 너희의 알 바 아니요"

때와 기한은 성부 하나님의 권한입니다. 예수님도 성부 하나님이 말씀하실 때 오십니다. 그러므로 심판의 때, 재림의 시간을 말하는 자들은 모

교회를 세우는 요한계시록 강해

두 이단입니다. 거짓의 아비입니다. 하나님을 모욕하는 자들입니다. 그러므로 우리는 그 때와 기간을 알려고 할 필요가 없습니다. 우리가 할 일은 첫 제자에게 주셨던 말씀처럼 주님 오실 때까지 증인의 삶을 사는 것입니다.

"오직 성령이 너희에게 임하시면 너희가 권능을 받고 예루살렘과 온 유대와 사마리아와 땅 끝까지 이르러 내 증인이 되리라 하시니라"(행 1:8)

이것이 주님의 재림을 확신하는 성도의 신앙하는 자세입니다. 하나님이 정하신 때에 도적같이 임하십니다. 그때에 기름을 예비한 지혜로운 다섯 처녀처럼 준비하고 있어야 합니다. 이것이 심판의 날을 살아가는 우리들의 자세입니다.

세번째, 최후의 심판은 철저한 진노의 날이지만 동시에 구속의 날입니다. 최후의 심판은 다가오고 있습니다. 곡식이 익으면 거둘 때입니다. 여기서 곡식은 밀을 의미합니다. 밀이 다 익으면 농부는 낫을 준비합니다. 이 당시에는 농기구가 낫이었습니다. 날카로운 낫으로 밀을 추수합니다. 이때 낫이 가면 밀은 여지없이 잘립니다. 순식간에 곡식들이 수확됩니다. 16절을 보면 예수님께서 낫을 땅에 휘두르매 곡식이 거두어지는 것을 봅니다.

그리고 18절에서는 불을 가진 천사가 심판자가 되어서 포도송이를 거두라고 말합니다. 그리고 19절에서는 천사가 땅의 포도를 거두어 하나님의 진노의 큰 포도주 틀에 던집니다. 하나님의 진노가 임할 것임을 말씀하십니다.

15-16절이 밀 수확이라면 17-19절은 포도 수확에 관한 말씀입니다. 그

런데 포도 수확은 밀 수확과 달리 천사를 통하여 이뤄집니다. 이것은 예수님이 말씀하신 대로 천사를 통하여 심판하실 것에 대한 성취입니다.

"둘 다 추수 때까지 함께 자라게 두어라 추수 때에 내가 추숫군들에게 말하기를 가라지는 먼저 거두어 불사르게 단으로 묶고 곡식은 모아 내 곳간에 넣으라 하리라"(마 13:30)

"가라지를 심은 원수는 마귀요 추수때는 세상 끝이요 추숫군은 천사들이니"(마 13:39)

"인자가 그 천사들을 보내리니 저희가 그 나라에서 모든 넘어지게 하는 것과 또 불법을 행하는 자들을 거두어 내어 풀무 불에 던져 넣으리니 거기서 울며 이를 갊이 있으리라"(마 13:41-42)

이렇듯 밀과 포도송이의 추수할 때가 온 것입니다. 그런데 15-16절의 밀 수확과 17-19절의 포도 수확하는 모습이 조금 다른 것처럼 보입니다. 밀 수확은 인자가 직접 하십니다. 그러나 포도 수확은 불을 가진 천사가 합니다. 그리고 밀 수확은 진노의 모습이 보이지 않습니다. 반면에 포도 수확은 하나님의 진노의 모습이 보입니다. 그래서 일부 학자들은 밀 수확은 의인의 거둠을, 포도 수확은 악인의 심판을 묘사한다고 봅니다.

내용상 보면 수긍할 수 있습니다. 그러나 그렇게 나누어 생각하지 않는다고 해서 본문의 의미가 달라지는 것은 아닙니다. 왜냐하면 악인의 심판은 동시에 의인의 구원을 의미하기 때문입니다. 그 내용은 20절에서 좀 더 살펴볼 수 있습니다.

그런 의미에서 하나님의 심판은 철저한 진노의 날이자 동시에 구원의 완성을 보는 날입니다. 밀과 포도주를 통한 심판의 모습은 매우 선명합니다. 이 편지를 받았던 1세기 성도들은 이 의미를 좀 더 잘 알았을 것입니다. 우리는 이미 앞서서 하나님의 진노의 포도주에 대하여 보았습니다.(10절) 그러나 이 말씀은 구약 성경을 보면 좀 더 분명해집니다. 우선 요엘 3:12-14입니다.

"열국은 동하여 여호사밧 골짜기로 올라올지어다 내가 거기 앉아서 사면의 열국을 다 심판하리로다 너희는 낫을 쓰라 곡식이 익었도다 와서 밟을지어다 포도주 틀이 가득히 차고 포도주 독이 넘치니 그들의 악이 큼이로다"

열국을 심판하심에 대한 말씀에서 낫을 사용하고 포도주를 밟으라고 말씀합니다. 낫과 포도주를 밟는 것은 하나님의 심판의 메시지입니다. 그리고 계속해서 살펴보고 있는 이사야의 말씀에서도 볼 수 있습니다.

"어찌하여 네 의복이 붉으며 네 옷이 포도즙 틀을 밟는 자 같으뇨 만민 중에 나와 함께 한 자가 없이 내가 홀로 포도즙 틀을 밟았는데 내가 노함을 인하여 무리를 밟았고 분함을 인하여 짓밟았으므로 그들의 선혈이 내 옷에 뛰어 내 의복을 다 더럽혔음이니 이는 내 원수 갚는 날이 내 마음에 있고 내 구속할 해가 왔으나"(사 63:2-4)

열방에 대한 심판을 말씀하는 내용입니다. 이처럼 마지막 추수 시에 하나님의 심판이 무섭게 임할 것임을 말씀합니다. 그리고 그 심판은 온 세상에 주어질 것입니다. 그러나 이 심판은 성 밖에서 이뤄집니다. 20절입니다.

"성 밖에서 그 틀이 밟히니 틀에서 피가 나서 말굴레까지 닿았고 일천 육백 스다디온에 퍼졌더라"

성 밖은 하나님을 대적하는 자들이 거하는 곳입니다. 성 안은 거룩한 주의 자녀들이 거하는 곳입니다. 성 안은 지난주 이사야 말씀에서 보았듯이 구원의 영광이 있는 곳입니다.

"성문으로 나아가라 나아가라 백성의 길을 예비하라 대로를 수축하고 수축하라 돌을 제하라 만민을 위하여 기를 들라"(사 62:10)

성문으로 나아가는 것은 구원의 영광으로 들어가는 것입니다. 사도 요한은 하나님의 심판이 성문 밖에서 일어남을 보았습니다. 하나님의 심판이 대적자들에게 주어집니다. 그런데 그 심판이 온 세상에 미칩니다. 20절 말씀에서 심판의 피가 일천 육백 스다디온이라고 합니다. 이를 킬로미터로 환산하면 약 297킬로미터가 됩니다. 이것은 단에서 브엘세바까지의 거리를 의미합니다. 동시에 1,600은 4 곱하기 4 곱하기 10 곱하기 10을 의미합니다. 즉 온 세상 전체를 말합니다. 4는 세상 전체를 의미하는 우주적 숫자입니다. 네 생물(계 5:6), 네 모퉁이(계 7:1)등의 표현에서 알 수 있습니다. 또한 하나님의 최후의 심판이 온 세상에 미칠 때 누구도 피할 수가 없습니다. 피할 곳이 없습니다. 구원이 온 세상에 미쳤듯이 심판도 온 세상에 미치는 것입니다. 그러므로 성 밖에 있는 심판은 누구도 피할 수 없습니다. 하지만 성 안에 있는 자들에게는 참된 안식이 주어집니다. 참된 평화가 주어집니다. 이 날이 곧 다가옵니다. 선지자는 우리에게 말씀합니다.

"이 묵시는 정한 때가 있나니 그 종말이 속히 이르겠고 결코 거짓되지 아니하리라 비록 더딜지라도 기다리라 지체되지 않고 정녕 응하리라"(합 2:3)

우리는 지체되지 않고 정녕 이뤄질 마지막 심판의 날을 알았습니다. 곧

식이 익으면 추수를 합니다. 하나님의 때가 다가오면 예수님이 재림하십니다. 그리고 주 안에 있는 자에게는 영광이 주어지지만 예수님 밖에 있는 이들에게는 슬픔의 날이 됩니다. 우리는 이 사실을 알기에 감사하고 또한 아파합니다.

우리들 가운데 여전히 예수님을 만나지 못한 사랑하는 사람들이 있기 때문입니다. 그래서 이 말씀이 더욱 간절합니다. 예수님의 성문 안에서 함께하기를 간구합니다. 하나님께서 먼저 우리를 불러 주셨습니다. 그것이 얼마나 감사한지 모릅니다. 하나님께서 우리를 이 땅에 보내신 것은 사는 동안 최선을 다하여 복음을 전하라는 것입니다. 가장 가까운 사랑하는 사람들에게 삶으로 전하고 말로 전하고, 사랑으로 전하고 인내로 전하고 나눔으로 전해야 합니다. 그리고 하나님께서 기도하는 것입니다. 사랑하는 사람들이 구원의 영광을 볼 수 있도록 간구합니다.

그리고 주님의 부르심에 합당하게 교회를 세우고, 이웃을 사랑하고, 사회적인 약자를 서로 돌아보고, 하나님의 거룩한 문화를 만드는 일에 헌신합니다. 삶의 모든 영역에서 주님이 주인 되심을 증거하는 일입니다. 모든 것이 쉬운 것이 하나도 없습니다. 그래서 성도의 인내가 필요합니다.

이러한 삶이 성 안에 거하는 이들의 모습입니다. 구원받은 백성이 보여 주는 선한 모습입니다. 마지막 추수의 날은 우리에게는 가장 행복한 축제의 날입니다. 우리 모두 성문 밖이 아니라 성문 안에서 주님이 주시는 참된 안식을 함께 누리는 축복이 있기를 소망합니다. 그 일에 우리가 더욱 힘을 써야 합니다. 더욱 기도하고 사랑하고 복음을 전하는 우리의 삶이 되기를 축복합니다.

15장

그래서 세상에서 교회도 성도도 힘을 소진한 것처럼 보일 때가 있습니다.

실제로 숫자상으로 교회는 매우 작습니다.

성도들이 할 수 있는 일도 많아 보이지 않습니다.

마치 이 세상에서는 실패하고 패배한 것처럼 보입니다.

하지만 하나님의 공의가 드러날 것입니다.

우리의 믿음이 옳았음이 입증될 것입니다.

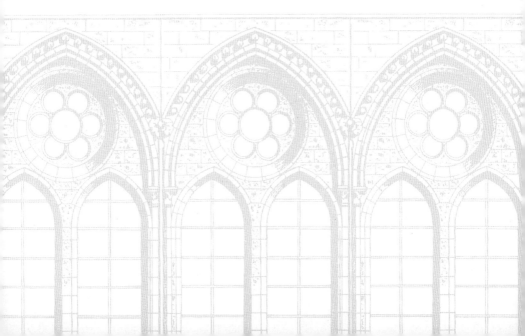

승리의 노래(계 15:1-4)

우리말에 한 치 앞도 모른다는 말이 있습니다. 아주 작은 일도 알 수 없다는 말입니다. 그래서 늘 보이는 것에 사로잡혀서 살아갑니다. 내일 일을 알 수 없기 때문입니다. 그런데 많은 사람들이 이 말을 오해합니다. 내일을 알 수 없으니까 오늘을 즐겨야 한다고 생각합니다. 그러나 예수님이 말씀하신 것은 오늘 즐기라는 것이 아니라 합력하여 선을 이루시는 하나님을 믿고 하나님의 나라와 그 의를 위하여 살라는 말씀입니다. 이렇게 말씀하심은 잠시 후면 주어질 심판과 영광의 날이 있기 때문입니다. 그리고 그날에는 삶의 역전이 있습니다. 승리의 노래를 부르는 자들과 슬픔의 탄식이 있는 날이 누구에게나 옵니다. 그날이 있음을 알려주는 것이 바로 요한계시록을 남겨주신 이유입니다.

사도 요한은 하나님께로 부름을 받아 보았던 심판의 모습을 계속하여 말씀하였습니다. 일곱 가지 심판이 있을 것임을 보았습니다. 그것은 바로 인과 나팔과 대접 심판입니다. 이것은 연대순으로 주어지는 것이 아니라 심판의 강조와 강도의 구체성을 의미합니다.

1세기에 주셨던 말씀은 바로 모든 교회 시대에 주신 말씀입니다. 예수님의 초림에서 시작하여 재림 사이에 있을 내용을 말씀하십니다. 특별히

교회를 세우는 요한계시록 강해

11:15-14:20까지는 일곱 나팔 심판에 대한 말씀입니다. 그리고 15:1은 일곱 천사가 가진 일곱 재앙에 대한 말씀입니다. 이 재앙의 구체적인 모습은 15:5 이하의 일곱 대접 심판에 관한 말씀에서 볼 수 있습니다. 일곱 대접 심판을 통하여 마지막 재앙임을 말씀합니다. 이것은 앞선 인과 나팔 심판의 반복입니다. 그러나 단순한 반복이 아니라 확대되는 심판의 총체적인 모습을 강조합니다. 그것이 1절 말씀입니다.

"또 하늘에 크고 이상한 다른 이적을 보매 일곱 천사가 일곱 재앙을 가졌으니 곧 마지막 재앙이라 하나님의 진노가 이것으로 마치리로다"

이 말씀은 앞선 나팔 심판에 대한 결론이자 앞으로 이어질 말씀에 대한 예시라고 할 수 있습니다. 이제 더 이상 심판에 대한 말씀이 없을 것입니다. 그래서 마지막 재앙이며 이것으로 하나님의 진노가 그친다는 의미입니다. 그런 후에 2-4절의 말씀이 나옵니다. 이 말씀은 하나님을 대적하는 시대에 믿음을 지킨 이들이 누리는 영광스러운 모습을 말씀합니다. 모든 심판을 견딘 자가 누리는 영광이 무엇인지를 보여줍니다. 그렇기에 믿음의 길을 가고 있는 모든 그리스도인들이 듣고 새겨야 하는 말씀입니다.

예수님을 믿든 믿지 않든 모두가 다 하나님의 심판대 앞에 서게 됩니다. 그때 이 땅에서 어떻게 살았는지에 대한 평가를 받습니다. 그런데 우리는 늘 그날이 멀다고 생각합니다. 그리고 이 땅에서 주어진 신앙의 여정을 힘들어합니다. 하나님의 안식을 기대하지만 현실에서는 여전히 고통스럽기 때문입니다.

실제로 신앙을 가지고 산다는 것이 항상 인정받은 것은 아닙니다. 오히려 긴 역사를 보면 핍박받은 역사가 더 많습니다. 물론 멀리 가지 않더라도 지금 우리의 현실을 보면 기독교가 대접받고 있지는 않습니다.

그러나 1세기의 핍박은 말로 표현하기 어려울 정도였으며 믿음으로 어려움을 견디는 일은 만만치 않은 일이었습니다. 삼위 하나님에 대한 믿음의 확실성이 없다면 현실에서 다가오는 고난과 유혹을 견딜 수 없습니다. 이러한 현실 가운데 사도 요한은 하나님 앞에서 승리의 노래를 부르는 성도들의 모습을 보았습니다. 이 땅에 임한 심판 가운데 승리의 노래를 부르는 이들을 보았습니다. 승리의 찬가를 부르는 이들은 미혹과 핍박을 이긴 성도들입니다. 하나님은 이 놀라운 광경을 기록하게 하셨습니다. 이것은 고난당하는 성도들에게 하나님이 주시는 은혜의 선물입니다.

그렇다면 승리의 노래를 통하여 하나님이 우리에게 주시고자 하는 은혜는 무엇입니까? 승리의 노래를 부르는 성도들의 모습을 통하여 우리가 얻는 영적인 능력과 유익은 무엇입니까?

첫째, 승리의 노래는 믿음을 끝까지 지킨 성도들만이 부를 수 있습니다. 이것은 승리의 노래를 부르는 성도들이 누리는 영광입니다. 2절을 보면 사도 요한이 두 가지 사실을 대조적으로 본 것을 말씀하고 있습니다. 하나는 불이 섞인 유리바다입니다. 그리고 또 다른 것은 유리바다입니다. 그리고 이 둘 사이에는 이긴 자와 진 자들이 있습니다.

"또 내가 보니 불이 섞인 유리 바다 같은 것이 있고 짐승과 그의 우상과 그의 이름의 수를 이기고 벗어난 자들이 유리 바다 가에 서서 하나님의 거문고를 가지고"(2절)

불이 섞인 유리 바다는 심판의 장소를 의미하며 출애굽 당시의 홍해 바다로 생각할 수 있습니다. 홍해 바다는 이스라엘 민족에게 있어서 두려움의 장소였습니다. 뒤에서 따라오는 바로의 군대 앞에서 도망갈 길이 없는 현실을 대변해 줍니다. 막다른 골목과 같습니다. 그런데 그 홍해 바다가 이스라엘 백성에게는 구원의 장소가 되었고 따라오던 바로의 군대들에게는 심판의 장소가 된 것입니다.

불이 섞인 유리 바다에 대한 묘사는 단 7:10-11 말씀에서도 볼 수 있으며 심판을 설명하고 있습니다.

"불이 강처럼 흘러 그 앞에서 나오며 그에게 수종하는 자는 천천이요 그 앞에 시위한 자는 만만이며 **심판을 베푸는**데 책들이 펴 놓였더라 그 때에 내가 그 큰 말하는 작은 뿔의 목소리로 인하여 주목하여 보는 사이에 짐승이 죽임을 당하고 그 시체가 상한바 되어 붙는 불에 던진바 되었으며"

그런데 이렇게 심판의 장소인 불이 섞인 바다를 이기고 벗어난 자들이 있음을 말씀합니다. "짐승과 그의 우상과 그의 이름의 수를 이기고 벗어난 자들"입니다. 이들은 짐승의 표를 받지 않은 십사만 사천 명과 같습니다. 이들이 하나님 앞에 선 것입니다. 바다에서 나온 짐승을 이긴 자들입니다. 이들은 세상이 주는 미혹과 고난과 어려움 가운데서 이긴 자들입니다. 짐승의 각종 시험을 이긴 자들입니다. 우상 앞에 무릎 꿇지 않은 성도들입니다. 잠시 동안은 패배자같이 보일지 모릅니다. 그러나 믿음을 지킨 자들입니다. 그리고 이들은 하늘의 유리 바다에 서 있습니다.

승리한 성도들은 하나님 앞에서 거문고를 가지고 승리의 노래를 부릅니다. 성도들이 짐승의 시험을 이기고 승리의 노래를 부를 수 있었던 것은 어린 양의 승리 때문입니다. 그레고리 비일은 이렇게 말합니다. "성도가 이기는 것은 오직 어린 양이 이기심으로써 바다에서 승리하신 결과에 그들이 참여하도록 허락하셨기 때문이다." 성도는 믿음을 끝까지 지킨 자들입니다. 하나님은 이러한 성도들을 유리 바다에 세우셨습니다. 그리고 승리의 노래를 부르게 하셨습니다.

성도들이 부르는 승리의 노래가 있다는 것은 끝까지 믿음을 지킨 성도들이 있음을 의미합니다. 살아도 주를 위하여 살고 죽어도 주를 위하여 죽는 성도들이 있습니다. 이들이 잠시 후에 있을 하늘의 유리 바다 즉 하나님의 보좌 앞에서 승리의 노래를 부를 것입니다. 이러한 승리의 노래를 부를 수 있는 자리에 함께 참여하기를 소망합니다.

둘째, 승리의 새 노래는 삼위 하나님을 향한 찬송입니다. 이것은 영적인 미혹과 고난을 이기게 하신 분이 누구인지를 분명하게 보여주는 찬송입니다. 성도들의 찬양은 항상 삼위 하나님입니다. 본문을 보면 불 섞인 바다가 아닌 유리 바다에 모인 성도들을 볼 수 있습니다. 이들은 승리의 노래를 부릅니다. 그런데 그 노래의 주제가 바로 삼위 하나님입니다. 승리의 노래에는 성도들 자신들의 공로가 하나도 없습니다. 오직 하나님의 영광만이 있습니다. 자신들이 믿음의 선한 싸움을 싸웠지만 영광은 하나님께 있습니다. 그것은 싸울 수 있는 힘을 공급하신 이가 바로 하나님이시기 때문입니다. 3절을 보겠습니다.

"하나님의 종 모세의 노래, 어린 양의 노래를 불러 가로되 주 하나님 곧 전능하신 이시여 하시는 일이 크고 기이하시도다 만국의 왕이시여 주의 길이 의롭고 참되시도다"

이 노래는 출애굽하여 홍해를 건넌 후에 불렀던 노래를 연상시킵니다. 그것은 모세의 노래였습니다. 그러나 모세의 노래는 예표였습니다. 이 노래의 성취는 바로 천상에서 부르는 어린 양의 노래입니다. 우선 출 15:1-2의 모세의 노래를 보겠습니다.

"이 때에 모세와 이스라엘 자손이 이 노래로 여호와께 노래하니 일렀으되 내가 여호와를 찬송하리니 그는 높고 영화로우심이요 말과 그 탄자

교회를 세우는 요한계시록 강해

를 바다에 던지셨음이로다 여호와는 나의 힘이요 노래시며 나의 구원이시로다 그는 나의 하나님이시니 내가 그를 찬송할 것이요 내 아비의 하나님이시니 내가 그를 높이리로다."

홍해를 건넌 승리자의 노래입니다. 이것은 가장 영광스러운 노래입니다. 성도들만이 부를 수 있습니다. 성도는 승리자이기 때문입니다. 이 노래가 천상에서 불립니다. 영적인 홍해인 짐승과 우상과 이름의 수 즉 666을 이긴 성도들이 부르는 노래입니다. 성도들이 부르는 노래는 오직 삼위 하나님을 향한 송영입니다. 모든 것이 하나님의 은혜임을 알기 때문입니다. 그래서 우리가 받는 모든 상급도 다 하나님의 은혜의 상임을 알기 때문입니다.

우리의 노래는 '전능하신 하나님의 하시는 일이 크고 기이함'을 노래합니다. 하나님의 일하심은 크고 놀랍습니다. 우리가 알 수 없습니다. 그러나 하나님은 약속하신 대로 모든 일에 선한 열매를 맺으십니다. 우리를 죄에서 구원하시고자 그 아들 독생자를 보내신 것이 크고 놀라운 일입니다. 하나님이 사람이 되사 십자가를 지신 것을 우리는 알 수도 없고 할 수도 없습니다. 그런데 하나님은 그 일을 친히 하셨습니다. 또한 죽은 자 가운데서 부활하사 죽음을 이기시고 하나님 우편에 앉아 계십니다. 참으로 크고 놀라운 일입니다. 바로 우리가 부르는 찬양입니다.

또한 우리는 **'만국의 왕이신 주님의 길은 의롭고 참되십니다.'**라고 노래해야 합니다. 하나님은 만국의 주권자입니다. 그리고 참되고 공의로운 통치자입니다. 이 고백은 불이 섞인 바다에서 심판을 당한 자들에 대한 하나님의 일하심이 얼마나 공의한지를 분명하게 나타냅니다. 하나님의 일하심에는 언제나 공정하십니다. 그러므로 누구도 반박하거나 항명할 수 없습니다. 그러기에 예수 그리스도가 십자가에서 죽으심으로 우리의 죄를 다 용서하신 것입니다.

이렇듯 성도의 노래는 삼위 하나님을 찬양합니다. 승리를 주신 분이 바로 삼위 하나님이시기 때문입니다. 그러므로 우리의 노래는 언제나 삼위 하나님을 향하여 있습니다. 우리의 어떠한 공로도 하나님 앞에서 찬양할 수 없습니다. 하나님이 하신 일에 우리가 초청받았기 때문입니다.

구원받은 우리가 부르는 찬송은 그런 의미에서 삼위 하나님을 높이는 노래가 되어야 합니다. 우리의 행위와 감정을 높이는 것이 아니라 하나님을 찬송하여야 합니다. 이것이 승리자의 노래입니다.

셋째, 승리자의 영광은 삼위 하나님을 향한 예배입니다. 삼위 하나님을 향한 찬송은 곧 하나님을 예배함입니다. 이 땅에서 승리를 얻은 자는 반드시 하나님을 예배합니다. 이것이 승리의 노래를 부른 성도들의 가장 큰 힘입니다.

우리는 그리스도의 은혜로 승리자가 되었음을 잘 알고 있습니다. 모든 것이 하나님의 은혜임을 의심하지 않습니다. 그러기에 우리의 입술을 열어 삼위 하나님을 찬양합니다. 그러나 승리자의 영광은 여기에서 머물지 않습니다. 삼위 하나님을 향한 예배로 나아갑니다. 하나님 앞에 섰을 때 우리가 할 수 있는 일은 하나님을 경배하는 일입니다.

우리가 하나님을 예배하는 것은 만국에 오직 하나님만이 거룩하시기 때문입니다. 오직 하나님만이 의로우시기 때문입니다. 하나님의 거룩하심 앞에 우리는 감히 설 수가 없습니다. 그 영광의 광채 앞에 나서는 것은 죽음을 의미하기 때문입니다. 그런데 주께서 우리로 하여금 경배할 수 있

교회를 세우는 요한계시록 강해

게 하였습니다. 우리의 죄를 용서하여 주시고 거룩한 존재로 여겨 주셨습니다. 우리는 그 은혜로 거룩하신 하나님 앞에 예배할 수 있게 되었습니다. 모든 심판이 끝나면 구원받은 자녀들은 그의 거룩하심을 찬양하며 예배합니다. 참으로 놀라운 은혜를 누리게 됩니다. 시편 기자의 노래가 울려 퍼질 것입니다.

"주여 주의 지으신 모든 열방이 와서 주의 앞에 경배하며 주의 이름에 영화를 돌리리이다 대저 주는 광대하사 기사를 행하시오니 주만 하나님이시니이다"(시 86:9-10)

만국이 와서 경배하는 것은 하나님이 하신 일이 공의롭고 거룩하기 때문입니다. 공의로운 자 앞에서 누구라도 고개를 숙일 수밖에 없습니다.

어제 보일러 수리 때문에 기사분이 오셨는데 나이가 많으신 분이었습니다. 보일러를 수리하던 중 국회의원 이야기가 나왔습니다. 그러면서 국회의원 없으면 우리나라 더 잘 살 것이라며 흥분하시는 것입니다. 그러면서 한 사람도 나라를 걱정하고 공의롭게 일하는 사람이 없다는 것입니다. 공의롭지 않으면 불신합니다. 불신하면 존경하지 않습니다.

그러나 하나님 앞에 섰을 때 모두가 경배합니다. 하나님의 거룩하심 앞에서 예배합니다. 그리고 그의 공의 앞에 복종합니다. 놀라운 것은 이러한 경배는 오직 구원받은 사람들만이 할 수 있다는 사실입니다. 고난을 견디고 믿음을 지킨 성도들뿐입니다. 그리고 그 영광을 지금 이곳에서 잠시 맛보고 있는 것입니다.

우리가 이 땅에서 예배하는 것은 이 영광을 미리 앞당겨 누리는 것입니다. 앞으로 영원히 예배할 것을 미리 누리는 것입니다. 짐승의 유혹을 이긴 자들에게 주어지는 영광은 바로 하나님을 예배하는 일입니다. 이 땅에서 믿음을 지키는 것이 점점 어려워지고 있습니다. 세상은 점점 편리해지고 사단은 물질을 통하여 우리의 영혼을 지배하고 있습니다. 또한 각종 장애물을 통하여 우리를 괴롭게 하고 있습니다. 그래서 세상에서 교회도 성도도 힘을 소진한 것처럼 보일 때가 있습니다. 실제로 숫자상으로 교회는 매우 작습니다. 성도들이 할 수 있는 일도 많아 보이지 않습니다. 마치 이 세상에서는 실패하고 패배한 것처럼 보입니다.

하지만 하나님의 공의가 드러나고 우리의 믿음이 옳았음이 입증될 것입니다. 그리고 이 세상은 슬피 울며 통곡하게 됩니다. 불 섞인 유리 바다를 건너지 못합니다. 하지만 성도들은 승리하신 어린 양과 함께 천상의 유리 바다 가운데 서게 됩니다. 그리고 거룩하신 하나님을 영원토록 찬송하며 예배합니다.

지금 우리들은 잘 가고 있습니다. 바르게 살고 있습니다. 보이는 것은 잠깐입니다. 그러나 보이지 않는 것은 영원합니다. 지금 우리가 제대로 믿음 생활하고 있습니다. 앞으로도 많은 유혹이 여전히 있을 것입니다. 여기서 저기서 좋다고 말하는 것들이 다가올 것입니다. 그때 더욱더 믿음의 주요 온전케 하시는 분이신 예수님을 바라보시기 바랍니다. 그것이 우리로 하여금 믿음의 경주를 이기게 합니다.

믿음을 완주한 성도가 부르는 새노래를 마음껏 누리시기 바랍니다. 영광을 얻은 자가 부르는 삼위 하나님을 향한 찬송과 예배가 충만하기를 소망합니다. 이 일은 주님 재림하시는 날 모든 성도가 다 부릅니다. 이제 남은 것은 그 날이 올 때까지 준비할 일입니다. 주님의 재림을 준비하는 성도는 이 땅에서 교회를 세우고, 세워진 교회를 통하여 영광을 미리 맛보고 누립니다. 그리스도인은 멈추어 있지 않습니다. 날마다 그리스도의 은혜와 그를 아는 지식에서 자라갑니다. 우리 모두 이 믿음의 길을 완주하기를 주님의 이름으로 축복합니다.

진노의 일곱 금 대접(계 15:5-8)

우리는 기도가 일상이 되는 삶을 살자고 작정하고 지내오고 있습니다. 기도가 일상이 될 때 주님 오시는 날 주님의 영광 가운데 들어가게 됩니다. 그러므로 항상 기도하시기 바랍니다. 그리고 결코 낙망하지 마시기 바랍니다. 오늘 말씀은 이러한 우리의 자세가 얼마나 중요한지를 잘 보여 줍니다.

사도 요한이 본 마지막 이상은 일곱 금 대접에 관한 내용입니다. 사도 요한은 이것이 크고 이상한 다른 이적이라고 기록합니다. 즉 새로운 이상을 본 것입니다. 다른 이적은 일곱 재앙에 대한 말씀으로 마지막 재앙입니다. 요한은 이 일곱 금 대접 심판으로 모든 심판이 마치게 될 것이라고 기록합니다. 일곱 금 대접 심판은 이전의 심판과는 그 정도가 다릅니다. 인과 나팔 심판의 강도와 다릅니다. 이미 말씀드렸듯이 이 심판은 연대순으로 보지 않는다고 하였습니다. 하나님의 심판에 대한 강한 강조를 보여 줍니다. 이렇듯이 일곱 금 대접 심판을 통하여 불신앙에 대한 하나님의 진노가 얼마나 무서운지를 볼 수 있습니다.

본문에는 하늘의 증거 장막의 성전이 열리고 일곱 재앙을 가진 일곱 천사가 성전으로 나옵니다. 그리고 맑고 빛난 세마포 옷을 입을 입고 가슴에 금띠를 띤 존재 즉 네 생물 가운데 하나가 하나님의 진노를 가득 담은 금 대접 일곱을 일곱 천사에게 줍니다. 그리고 성전에 연기가 차게 됩니다. 이 일로 인하여 일곱 천사의 재앙이 마치기까지 성전에 들어갈 자가 없게 됩니다. 그런 후에 성전에서 큰 음성이 나옵니다.

본문은 성전에서 큰 음성이 나오기 전까지의 모습을 보여주고 있습니다. 그런 의미에서 본문은 앞으로 전개될 금 대접 심판의 준비입니다. 그러면 심판의 서론 격인 본문을 통하여 하나님께서 우리에게 교훈하시는 것은 무엇입니까? 이제 그 내용을 차례로 살피고 함께 은혜의 자리에 있고자 합니다.

첫째, 하나님의 심판은 언약의 말씀에 따라 집행됩니다. 일곱 대접 심판의 서론에서 하나님께서 베푸시는 심판이 어떻게 실행되는지를 말씀합니다. 하나님이 베푸시는 심판의 근거는 바로 언약의 말씀입니다. 말씀의 증거를 기준으로 하여 심판이 이뤄집니다. 5-6절에서 사도 요한은 하늘에서 벌어지는 일을 봅니다.

"또 이 일 후에 내가 보니 하늘에 증거 장막의 성전이 열리며 일곱 재앙을 가진 일곱 천사가 성전으로부터 나와 맑고 빛난 세마포 옷을 입고 가슴에 금띠를 띠고"

하늘의 증거 장막의 성전이 열리고 일곱 재앙을 가진 일곱 천사가 성전으로부터 나옵니다. 사도 요한이 본 증거 장막은 구약의 지성소가 있는 성전을 의미합니다. 성전은 증거 장막입니다. 성전 안 지성소에 법궤 혹은 언약궤가 있었기 때문입니다. 언약궤 안에는 만나와 지팡이와 십계명이 있습니다. 그 가운데 십계명을 증거의 돌이라고 하였습니다.

"여호와께서 시내산 위에서 모세에게 이르시기를 마치신 때에 증거판 둘을 모세에게 주시니 이는 돌판이요 하나님이 친히 쓰신 것이더라"(출 31:18)

이렇게 증거판인 십계명이 들어가므로(출 25:21) 성전을 증거 장막이라고 부른 것입니다. 5절에 '증거의 장막 성전'이라는 의미도 증거의 장막 곧 성전이라는 뜻입니다. 그 성전이 열리며 일곱 재앙을 가진 일곱 천사가 나왔습니다. 증거 장막으로부터 심판이 시작되었습니다. 하나님의 심판은 철저하게 하나님께서 말씀하신 언약에 근거하여 진행됩니다.

5절 하반절에 "열리며"라는 의미가 바로 언약의 말씀에 근거하여 심판하신다는 뜻입니다. 그런 의미에서 하나님을 배반한 적그리스도와 불신앙인들은 그 말씀에 따라서 심판에 이르고 하나님의 자녀들도 언약의 말씀에 따라서 구원에 이릅니다. 심판과 구원이 약속된 말씀에 의하여 이뤄지기 때문에 누구도 항소할 수 없습니다. 하나님의 심판 선언이 읽어질 때 우리 모두는 아멘 하지 않을 수 없습니다.

그런 의미에서 믿음을 가진 우리들은 그 무엇보다도 말씀의 자리에 굳게 서야 합니다. 하나님이 약속하시고 계시하신 말씀이 무엇인지 아는 것이 우리의 일상이 되어야 합니다. 참 믿음을 가진 성도는 날마다 말씀의 우물에서 말씀의 물을 마셔야 합니다. 그것이 주님의 날을 맞이하는 우리의 자세입니다. 이러한 모습이 점점 단단해지기를 소망합니다.

둘째, 하나님의 심판은 성도들의 기도가 응답됨을 보여줍니다. 예수님은 항상 기도하면서 낙망하지 말라고 하였습니다. 이것은 하나님의 응답과 우리의 기대 사이에 시간 차가 있을 수 있지만 반드시 응답되어진다는 약속입니다. 오늘 말씀에서 성전이 열리고 재앙을 가진 천사들이 나옵니다.

교회를 세우는 요한계시록 강해

그런데 이들은 맑고 빛난 세마포 옷을 입었습니다. 그리고 가슴에 금띠를 띠었습니다. 이 모습은 재앙을 내리는 천사들의 순결성을 보여줍니다. 세마포 옷은 대제사장이 입는 옷입니다.(레 16:4) 겔 9:2-3에서는 천사들도 세마포 옷을 입었습니다. 그리고 금띠는 왕과 같은 지위를 상징합니다. 천사들의 이러한 모습은 그들이 하나님으로부터 보냄받은 전권 대사임을 의미합니다. 이들의 말은 하나님의 하시는 말과 같은 효력을 발생합니다. 그러나 천사들은 자신들 스스로 심판을 행하는 것이 아니라 하나님의 명령을 위임받아서 심판을 내립니다.

이 천사들은 7절에 기록된 대로 하나님의 진노를 가득히 담은 금 대접 일곱을 그 일곱 천사에게 주었습니다. 여기서 주목하여 볼 것은 '하나님의 진노를 가득히 담은 금 대접'입니다. 이것은 대접 심판에 대한 말씀입니다. 그런데 '대접'은 어디서 들어 본 말씀이 아닙니까? 바로 성도들의 기도가 금 대접에 담겨서 하나님께로 올라갔다는 말씀입니다. 계 5:8을 보겠습니다.

"책을 취하시매 네 생물과 이십 사 장로들이 어린 양 앞에 엎드려 각각 거문고와 향이 가득한 금 대접을 가졌으니 이 향은 성도의 기도들이라"

향이 가득한 금 대접은 바로 기도가 담긴 대접입니다. 그런데 오늘 본문에서는 금 대접에 하나님의 진노가 가득히 담겨 있습니다. 이것은 무엇을 의미하는 것 같습니까? 바로 성도들의 기도가 응답되었다는 말씀입니다. 하나님을 모독하고 우리를 괴롭히고 고통을 주었던 이들에 대한 성도들의 탄원이 응답되었음을 보여줍니다. 탄원의 대접이 진노의 대접이 되었습니다. 이것은 매우 중요합니다. 마지막 심판 날에 자녀들이 하나님께 기도하였던 모든 것이 다 응답되었음을 알게 됩니다. 그때 우리는 충만한 영광에 거하게 됩니다.

그러므로 하나님의 심판은 성도들에게는 기도가 응답된 영광이 됩니다. 그러므로 우리는 기도하는 일에 열심을 내야 합니다. 항상 기도하고 지치지 말아야 합니다. 한 번 두 번 기도하고 멈추면 안 됩니다. 1, 2년 기도하고 포기해서도 안 됩니다. 하나님이 하라고 하신 우리의 기도는 반드시 응답됩니다.

반면에 적그리스도와 불신앙인들에게 임한 심판은 매우 크고 집요함을 기억해야 합니다. 그것은 하나님은 영원히 계시는 분이기 때문입니다. 세세에 계신 하나님의 심판입니다. 이것은 결코 멈추지 않음을 보여주시는 말씀입니다. 시간이 지나면 잊어지는 것이 아닙니다. 세세에 계신 하나님께서 심판하십니다. 동시에 세세토록 그 자녀들을 위하여 사랑을 베푸십니다. 하나님의 사랑은 영원합니다. 이 모든 것이 우리의 기도에 대한 하나님의 응답입니다. 이 사실을 믿음으로 받아서 날마다 기도하는 자리에 있어야 합니다. 그리고 끝까지 기도하고 항상 기도해야 합니다. 참으로 기도가 일상이 되기를 소망합니다.

셋째, 하나님이 결정하신 심판은 그 누구도 중보할 수 없습니다. 우리가 마지막으로 본문을 통해서 배울 수 있는 중요한 교훈은 바로 하나님이 결정하신 심판에 대한 철저성과 단호한 결정입니다. 8절은 이러한 사실을 잘 보여줍니다.

"하나님의 영광과 능력을 인하여 성전에 연기가 차게 되매 일곱 천사의 일곱 재앙이 마치기까지는 성전에 능히 들어갈 자가 없더라"

하나님의 진노의 대접을 일곱 천사에게 주자 하나님의 영광과 능력에

교회를 세우는 요한계시록 강해

서 나오는 연기가 성전에 가득하게 차게 됩니다. 성전에 연기가 가득하다는 것은 하나님의 임재가 충만함을 의미합니다. 성전에 구름이 가득한 모습을 보여준 것은 출애굽 당시의 성막이 완성되었을 때에 나타난 하나님의 임재입니다.

"그가 또 성막과 단 사면 뜰에 포장을 치고 뜰 문의 장을 다니라 모세가 이같이 역사를 필하였더라 그 후에 구름이 회막에 덮이고 여호와의 영광이 성막에 충만하매 모세가 회막에 들어갈 수 없었으니 이는 구름이 회막 위에 덮이고 여호와의 영광이 성막에 충만함이었으며(출 40:33-35)."

이 모습은 솔로몬이 성전을 봉헌할 때 동일하게 나타납니다.

"제사장이 성소에서 나올 때에 구름이 여호와의 전에 가득하매 제사장이 그 구름으로 인하여 능히 서서 섬기지 못하였으니 이는 여호와의 영광이 여호와의 전에 가득함이었더라(왕상 8:10-11)."

또한 이사야 선지자가 보았던 하나님의 임재입니다.

"이 같이 창화하는 자의 소리로 인하여 문지방의 터가 요동하며 집에 연기가 충만한지라"(사 6:4)

그리고 에스겔 말씀도 본문과 가장 밀접한 연관성을 가지고 있습니다.

"하나님이 가는 베옷 입은 사람에게 일러 가라사대 너는 그룹 밑 바퀴 사이로 들어가서 그 속에서 숯불을 두 손에 가득히 움켜 가지고 성읍 위에 흩으라 하시매 그가 내 목전에 들어가더라 그 사람이 들어갈 때에 그룹들은 성전 우편에 섰고 구름은 안 뜰에 가득하며 여호와의 영광이 그룹에서 올라 성전 문지방에 임하니 구름이 성전에 가득하며 여호와의 영화로운 광채가 뜰에 가득하였고"(겔 10:2-4)

이 모든 모습은 하나님의 임재의 충만한 모습입니다. 하나님의 임재는 자녀들에게는 영광입니다. 하지만 우상숭배자들과 적그리스도와 불신앙 인들에게는 하나님의 심판이 됩니다. 그 심판은 참으로 단호하고 철저하게 이뤄집니다. 결코 취소되지 않습니다. 그 사실을 잘 보여주는 것이 바로 8절 하반절의 '일곱 천사의 일곱 재앙이 마치기까지는 성전에 능히 들어갈 자가 없더라'는 말씀입니다. 지성소는 대제사장이 들어가서 백성의 죄를 용서하여 달라고 기도하는 곳입니다. 그래서 하나님과 백성들 사이의 화목을 이룹니다. 이것이 성전에서 대제사장이 하는 일입니다. 그런데 그 중보의 자리에 들어갈 수 없습니다. 이 말은 하나님께 기도하여도 소용이 없음을 말씀합니다.

하나님이 선포하신 최종 심판에서 벗어날 수 있는 사람은 없습니다. 심판은 아주 철저하게 그리고 단호하게 진행됩니다. 하나님이 결정하신 일에는 후회가 없으실 뿐 아니라 매우 철저하게 진행하십니다. 천상의 존재들인 천사들도 돌이킬 수 없는 하나님의 진노입니다. 이렇게 하나님의 심판은 철저하고 단호하게 이뤄짐을 알고 있어야 합니다. 그러나 하나님의 자녀들에게는 이날은 영광의 날입니다. 하나님의 은혜를 눈앞에서 체험하는 날입니다. 우리가 영광을 돌리지 않을 수 없는 날입니다. 그러므로 그 영광의 날을 바라보면서 더욱 힘써서 믿음을 가지고 열심히 기도하여야 합니다.

하나님의 심판은 참으로 무섭습니다. 그 심판 앞에서 피할 수 있는 자는 없습니다. 하나님의 심판은 말씀의 약속대로 시행됩니다. 그러므로 우리가 들은 말씀을 되새김질하는 것이 중요합니다. 그리고 더욱 힘써 하나님을 아는 일에 매진하여야 합니다. 믿음으로 거듭난 성도들은 이 일에 무엇보다도 우선순위를 둡니다. 말씀을 가까이함이 복이 됩니다.

더구나 말씀은 우리로 하여금 기도의 자리를 온전하게 하여 줍니다. 기도하는 일이 쉽지 않습니다. 그런데 바르게 기도하는 것은 더욱 쉽지 않습니다. 그래서 말씀을 듣는 자리에 있어야 합니다. 그러면 기도의 자리가 온전하여집니다. 우리는 무엇보다도 기도가 응답되어짐에 대하여 확신하여야 합니다. 응답에 대한 확신이 없이 기도하는 것은 하나님을 믿지 못함입니다. 우리가 살아계신 하나님을 확신한다면 항상 기도하시기 바랍니다. 기도가 일상이 되어야 합니다. 무엇보다도 기도하다가 실망하지 말아야 합니다. 그리고 더욱 서로를 위하여 기도해야 합니다. 믿음의 경주를 끝까지 완주할 수 있도록, 우상의 유혹에 넘어가지 않도록, 말씀이 자리에 바로 설 수 있도록 하나님의 나라와 의를 위하여 살 수 있도록 기도해야 합니다.

기도가 우리로 하여금 배교의 자리에 서지 않도록 합니다. 하나님과의 교제가 풍성할 때 하나님이 주시는 은혜를 풍성히 받습니다. 우리 모두 기도가 일상이 되어서 주님의 영광을 위하여 멋진 삶을 살아갈 수 있기를 소망합니다.

16장

우리 시대는 하나님을 깨끗한 마음으로 섬기지 못하도록 하는 많은 유혹거리가 있습니다.

쉽게 살게 하고 편하게 즐기게 합니다.

그래서 삼위 하나님을 가까이하지 못하게 하는 일들이 너무 많습니다.

이러한 시대에 영적으로 깨어 있지 않으면 수치를 당하게 됩니다.

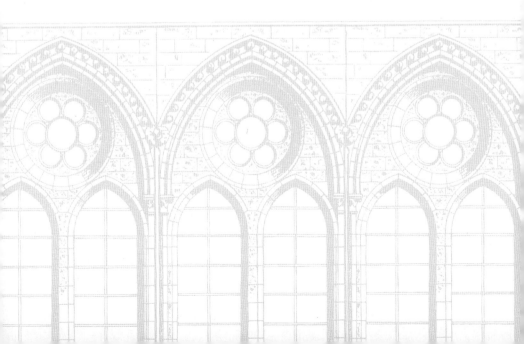

회개치 아니하더라(계 16:1-11)

사람이 모든 피조물보다 악하다는 것은 피를 볼 때까지 싸우는 것을 보면 알 수 있습니다. 동물의 세계에서는 싸움에서 이기면 상대방을 죽이지 않습니다. 또한 지면 순종합니다. 그래서 평화가 찾아옵니다. 하지만 사람은 다릅니다. 적과의 싸움에서 이기면 후환을 두려워하여 씨를 말려 죽입니다. 또한 한 번 졌다고 포기하지 않습니다. 끝까지 복수할 기회를 노립니다. 그래서 인간 사회에서 평화를 누리기 위하여 경찰과 군대를 유지합니다. 이렇듯 인간이 모든 피조물보다 독하고 악합니다.

이것은 하나님의 심판 앞에서도 나타납니다. 하나님의 의로운 심판 앞에서 회개하지 않는 인간의 모습을 봅니다. 계속하여 심판의 날을 알려줘도 듣지 않는 인간의 사악함을 볼 수 있습니다. 이것을 어리석음이라고 말할 수 있으나 근원적으로 악한 본성이기 때문에 그러합니다. 성경은 말씀을 듣고 회개치 않는 자에게는 영원토록 슬피 울며 이를 가는 삶이 있음을 분명하게 말씀하고 있습니다.

사도 요한은 이제 대접 심판을 통하여 심판의 강력함을 다시 말씀합니다. 마지막 시대에 주어지는 이 심판은 그 누구도 피할 수 없습니다. 누가 하나님의 심판 앞에서 자유할 수 있겠습니까? 사도 요한이 본 첫째부터

교회를 세우는 요한계시록 강해

다섯번째까지의 대접 심판을 살펴보려고 합니다.

사도 요한은 성전에서 나는 큰 소리를 듣습니다. 그 소리는 일곱 천사에게 들려졌습니다. "또 내가 들으니 성전에서 큰 음성이 나서 일곱 천사에게 말하되 너희는 가서 하나님의 진노의 일곱 대접을 땅에 쏟으라 하더라"(1절) 성전에서 나는 큰 소리는 천사들에게 진노의 일곱 대접을 땅에 쏟으라는 소리입니다. 그런데 성전에서 들리는 소리는 하나님의 심판을 나타낼 때 주어진 모습입니다. 이 모습은 사 66:6에서 볼 수 있습니다.

"훤화하는 소리가 성읍에서부터 오며 **목소리가 성전에서부터 들리니** 이는 여호와께서 **그 대적에게 보응하시는 목소리**로다"

그리고 구약에서는 "쏟는다" 역시 종종 하나님의 심판을 의미합니다.

"나 여호와가 말하노라 그러므로 내가 일어나 벌할 날까지 너희는 나를 기다리라 내가 뜻을 정하고 **나의 분한과 모든 진노를 쏟으려고** 나라들을 소집하며 열국을 모으리라 온 땅이 나의 질투의 불에 소멸되리라"(습 3:8)

이렇듯 사도 요한이 들은 것은 하나님의 진노였습니다. 하나님은 진노의 일곱 대접을 땅에 쏟으라고 명령하십니다. 여기서 땅은 사단의 지배를 받고 있는 사람들을 의미합니다. 이것은 계 13:8에 기록된 말씀과 같습니다. 하나님은 천사들에게 이들에게 심판의 말씀을 전하라고 합니다. 그러나 대접 심판은 나팔 심판과 다르게 전체적으로 심판을 내리고 있습니다. 나팔 재앙은 땅, 바다, 강과 샘, 천체에 대하여 1/3만 심판하였습니다.(계 8:2-11:18) 그런데 대접 심판은 모두에게 주어집니다. 짐승의 표를 받은 모든 사람들과 모든 바다, 모든 근원에 심판이 내려집니다. 이것은 대접 심판의 강력함을 분명하게 보여주는 말씀입니다. 이렇게 강력한 대접 심판이 이뤄지는 것은 땅에 속한 자들의 악한 모습 때문입니다. 이들의 모습이 어떠하기에 하나님의 강력한 심판을 받아야 했을까요? 그 모습을 차례대로 살펴보겠습니다.

첫째, 짐승의 편에 서서 우상숭배하는 자들에 대한 심판입니다. 천사가 대접을 땅에 쏟을 때 짐승의 표를 받은 사람들과 우상숭배자들에게 악하고 독한 헌데가 나타났습니다. 헌데(헬코스)는 악성종양을 의미합니다. 여기서 1절의 땅과 다르게 물리적인 육지를 의미합니다. 땅에 쏟아진 하나님의 심판은 악성종양이 생김을 의미합니다. 이것은 하나님께 저주받은 증거입니다. 이 심판은 애굽에 내렸던 6번째 독종재앙과 비슷합니다.(출 9:9-11) 그리고 구약성경은 이 악성 종기를 하나님의 심판으로 말씀하였습니다.(신 28:35)

우상숭배자를 향한 하나님의 심판입니다. 이 서신을 받았던 1세기 성도들의 가장 큰 유혹은 바로 황제 숭배였습니다. 이것이 신앙의 걸림돌이었습니다. 황제를 숭배하면 쉽고 편한 삶을 살 수 있지만 불복종하면 고난의 길을 가야 합니다. 하나님은 이들에게 아주 분명하게 전해주시는 것입니다. 우상숭배의 길을 가는 자들에게 임할 진노가 무엇인지 말씀하심입니다.

오늘날 우리들 앞에도 다양한 우상들이 놓여 있습니다. 우리 눈에 분명하게 보이는 이단들이 있습니다. 그러나 우리의 눈에 잘 보이지 않는 우상들도 있습니다. 그것은 바로 성공의 신입니다. 부와 권력을 얻고자 하는 신입니다. 얼마 전 인기를 끌었던 드라마 <SKY 캐슬>이 잘 보여줍니다. 현세적 성공은 우리의 삶을 윤택하게 하여 주기에 우리가 쉽게 빠져

들고 있습니다. 이 우상들로 인하여 하나님을 섬기는 일에 얼마나 장애가 되는지 모릅니다. 우리의 성공이 하나님을 섬기는 일에 사용되지 않는다면 우리는 성공의 신을 경배하고 있는 것임을 기억해야 합니다. 그리고 그것은 심판의 자리에 서는 것입니다. 하나님은 우상숭배에 대하여 분명하게 심판하십니다.

둘째, 성도들과 선지자들의 피를 흘린 자들을 향한 심판

둘째와 셋째 심판은 성도들과 선지자들의 피를 흘린 자들에 대한 심판입니다. 둘째와 셋째 심판은 바다와 강과 물 근원에 내린 심판입니다. 이 심판으로 인하여 바다와 강이 피가 되었습니다. 이 모습은 애굽 재앙 가운데 피 재앙을 생각하게 합니다.(출 7:19-21) 피가 된 바다와 강에 있는 모든 생물이 다 죽었습니다. 1/3이 아니라 모든 생물입니다. 이들이 다 죽었습니다.

이 심판을 어떻게 보아야 하겠습니까? 바다와 강이 다 죽어버렸다는 것이 무엇을 비유하는 말입니까? **우선 떠오르는 것은 환경 재앙입니다.** 지금 바다와 강이 죽어가고 있습니다. 아주 끔찍한 일입니다. 나팔 재앙에서 잠시 생각하였던 말씀입니다. 바다와 강이 죽으면 사람도 죽습니다. 이것이 바로 심판입니다.

하지만 또 한 가지의 의미를 가질 수 있습니다. 바로 **"경제적 타격"**입니다. 당시에 바다는 무역의 중심이었습니다. 그런데 바다가 죽었다는 것은 무역이 죽었다는 의미입니다. 결국 경제적인 심판을 의미한다고 봅니다. 즉, 짐승의 표를 가지고 매매하면서 하나님의 백성들을 괴롭혔던 이들을 경제적으로 처벌하신다는 의미입니다. 이것 역시 나팔 재앙에서 이미 살펴보았습니다. 1세기의 관점에서 볼 때 바다와 강이 마르면 경제적인 행위는 멈추게 됩니다. 더구나 바다는 1세기의 로마 제국에 있어서는 힘의 상징이었습니다. 그런데 바다와 강이 죽었습니다. 그것은 로마의 힘이 꺾였다는 것입니다. 세상의 힘이 무너졌다는 의미입니다.

그리고 또 한 가지는 바다는 이방인 로마의 심판으로, 강과 물 근원을 생수의 근원으로 보고 상징적인 의미에서 예루살렘으로 보기도 합니다. 즉 **"예루살렘을 향한 심판"**입니다. 그러나 우리는 앞서서 보았듯이 이 심판은 **"환경적이고 경제적인 심판"**에 좀 더 가깝다고 생각합니다.

그런데 이 심판이 하나님의 의로운 심판이라고 선언합니다. 5, 6절은 이 심판이 의롭고 참되다고 노래합니다. 이 끔찍한 심판이 하나님의 의로운 심판인 이유는 성도들의 기도의 응답이기 때문입니다. 이 심판을 받는 자들은 성도들과 선지자의 피를 흘리게 한 자들입니다. 성도와 선지자들을 핍박하였던 이들에 대한 하나님의 심판이 그대로 이뤄진 것입니다. 그러므로 대접 심판은 철저하게 짐승의 표를 받은 이들에게 주어지는 심판입니다.

하나님은 성도들과 선지자를 정당한 이유 없이 핍박하는 자들을 반드시 심판하십니다. 피를 흘리게 한 자들이 흘린 피를 마시게 될 것입니다. 하나님의 무서운 심판이 반드시 임함을 말씀하십니다. 이것은 성도들이 이 땅에서 믿음을 지키기 위하여 인내하는 이유입니다. 또한 복음과 함께 고난받는 것을 두려워하지 않는 이유입니다. 정직하게 살다가 당하는 낭패가 모두 보상받는다는 약속입니다. 하나님의 심판이 임할 때 성도는 그 영광을 회복하고 상급을 받습니다. 기도하였던 우리의 탄원이 다 이뤄집니다. 그러므로 하나님이 심판은 참되고 의롭습니다. 우리는 이 복을 누리는 사람입니다.

교회를 세우는 요한계시록 강해

셋째, 하나님의 심판 앞에 회개하지 않는 인간들을 향한 심판입니다. 네번째와 다섯번째 심판은 하나님의 심판 앞에 회개하지 않는 인간들의 악한 본성을 책망합니다. 넷째와 다섯번째 심판은 해와 관계된 심판이라 할 수 있습니다. 넷째 심판은 불로 사람을 태우는 심판입니다. 이것은 상징적으로 매우 괴로운 심판을 말씀합니다. 불이 몸을 태운다고 생각해 보시기 바랍니다. 얼마나 끔찍한 일입니까? 중세에는 사람을 화형시키는 잔인한 일을 하였습니다. 1세기의 로마의 폭군들은 그리스도인들을 잡아서 횃불을 삼았습니다. 끔찍한 형벌이 바로 화형입니다.

이러한 불 심판은 환경적 측면에서 지구의 심판을 의미하기도 합니다. 오존층이 무너진 지구를 생각하는 것은 참으로 끔찍한 일입니다. 살이 타는 끔찍한 모습입니다. 그러나 이 은유는 경제적으로 파탄을 맞을 것을 의미하기도 합니다. 신명기 33장 24절을 볼 때 불 심판은 언약을 파기할 때 주어진 경제적인 고통을 의미합니다. 경제적 심판처럼 무서운 것은 사실 없습니다. 경제가 파탄된 우리 시대의 사람들을 보시기 바랍니다. 끔찍한 모습을 알 수 있습니다. 어떤 이들은 이것을 구약의 몰렉 제사에 비유합니다. 아이를 태워서 제사를 드렸던 것처럼 하나님을 대적하는 자들이 받을 심판의 모습이라고 해석하기도 합니다. 그러나 앞서서 보았던 피 심판과 같이 이 심판 역시 환경적인 심판과 경제적인 심판으로 볼 수 있습니다.

다섯번째는 해가 사라지는 심판입니다. 온 세상이 암흑으로 가득합니다. 이것은 공포와 두려움을 상징합니다. 암흑은 무질서를 의미하기도 합니다. 우리는 가장 무질서한 사회를 말할 때 무법천지의 암흑이라고 표현합니다. 암흑의 상태는 평화를 기대할 수 없습니다.

우리나라는 저녁에도 편안하게 다닐 수 있습니다. 그러나 서구는 저녁이 되면 사람을 볼 수가 없습니다. 멕시코에 다녀온 분의 이야기를 들었는데 숙소에서 편의점까지 100미터밖에 안 되는데 저녁에는 결코 나오지 말라고 하였다는 것입니다. 오려면 택시를 타고 오라는 것입니다. 저녁이 무서운 나라입니다.

그런데 다섯번째 대접이 짐승의 보좌에 쏟아질 때 이러한 암흑이 됩니다. 이것은 하나님과의 완전한 분리가 주어짐을 의미합니다. 하나님의 통치가 사라지고 사단이 다스리는 통치의 영역에 남은 것은 두려움과 혼란입니다. 이들의 모습이 어떠합니까? 사람들이 아파서 자기 혀를 깨뭅니다. 아픈 것과 종기가 나서 하나님을 원망합니다. 참으로 끔찍한 현상입니다. 그런데 더 놀라운 것은 이들의 모습입니다. 이러한 심판이 주어지면 회개할 것 같은데 그러하지 않습니다. 오히려 하나님을 모독하고 회개하지 않습니다. 9절과 11절을 보겠습니다.

"사람들이 크게 태움에 태워진지라 이 재앙들을 행하는 권세를 가지신 **하나님의 이름을 훼방하며 또 회개하여 영광을 주께 돌리지 아니하더라** 또 다섯째가 그 대접을 짐승의 보좌에 쏟으니 그 나라가 곧 어두워지며"(9절)

"아픈 것과 종기로 인하여 하늘의 **하나님을 훼방하고 저희 행위를 회개치 아니하더라**"(11절)

9절을 보면 재앙을 실행하시는 권세를 가진 하나님의 이름을 모독합니다. 훼방한다는 말은 욕설을 퍼붓다, 모독하다라는 의미입니다. 회개의 자리가 아니라 욕하는 자리에 서게 됩니다. 참으로 놀라운 일입니다. 고난 가운데 회개의 자리로 나오지 않고 오히려 하나님께 욕설을 퍼붓는 자

교회를 세우는 요한계시록 강해

리에 섭니다. 이들은 영원한 심판에 대한 두려움을 아직도 모르기 때문입니다. 여전히 자신을 믿고 교만에 가득 차 있기 때문입니다. 그래서 너무나 안타깝고 슬픕니다. 하나님은 이들을 향한 심판을 철회하지 않습니다. 이것이 무서운 일입니다.

하지만 하나님의 사람들에게는 이 심판이 임하지 않습니다. 그 사실을 나팔 심판에서 이미 약속하셨습니다. 7:16절입니다.

"저희가 다시 주리지도 아니하며 목마르지도 아니하고 해나 아무 뜨거운 기운에 상하지 아니할지니"

예수 그리스도를 믿는 자들에게는 이러한 심판은 주어지지 않습니다. 하나님의 마지막 심판이 주어질 때 성도들은 그 심판의 자리에서 보호하십니다. 이것이 약속의 말씀입니다. 그러므로 우리는 이 땅에 사는 동안에 구원의 확신을 가지고 더욱 힘을 써서 그리스도인 됨을 나타내야 합니다. 그리고 세상의 욕설에 사랑으로 감당하여야 합니다. 이것이 우리가 힘써야 할 일입니다.

하나님이 말씀하신 대로 심판은 이 땅 가운데 나타납니다. 그때에 슬피 우는 자들이 받는 심판을 볼 것입니다. 회개하지 않는 자들을 향하여 하나님의 심판은 반드시 집행됩니다. 이것은 우리에게 큰 위로이자 사명이 됩니다. 사단은 우리가 누릴 영광을 알기에 끝까지 미혹합니다. 그러나 우리는 사단의 세력들이 완전히 참패당함을 볼 것입니다. 우리는 어떠한 해도 받지 않습니다. 얼마나 고맙고 감사한 일인지 모릅니다. 이 약속으로 힘을 얻으시기 바랍니다.

이 땅에 최후의 심판이 이르기 전에 우리를 유혹하는 우상들과 맞서서 싸워야 합니다. 하나님의 주권을 무시하고 하나님을 모독하는 세상에서 그리스도의 영광을 담대하게 나타내야 합니다. 세상은 갈수록 험해집니다. 악이 점점 힘을 나타냅니다. 갈수록 끔찍한 일을 볼 것입니다. 점점 극단적인 이기주의자들이 많아지고 있습니다. 물질에 영혼을 팔아버리는 일들을 보고 있습니다. 얼마 전 있었던 사건 가운데 현직 교사가 행한 청부 살해 미수는 참으로 큰 충격이었습니다. 이러한 일이 없으리라고 장담할 수 없는 세상이 되었습니다. 모든 것이 음란과 물질의 우상에 빠졌기 때문입니다. 사람들은 자신의 편리를 위하여 참는 것을 포기하고 서로를 혐오합니다.

우리는 이러한 세상에 참된 소망을 가진 사람들입니다. 우리는 대접 심판에서 벗어난 자들입니다. 그리고 보이는 것이 잠깐임을 아는 사람들입니다. 또한 하나님의 주권을 인정하고 하나님을 영화롭게 하는 것이 인생의 가장 소중한 것임을 알고 있습니다. 이러한 깨달음과 확신을 주신 하나님께 감사를 드립니다.

그렇다면 우리는 세상의 가치가 아니라 하나님의 가치 즉 성경의 말씀을 더욱 순종하여야 합니다. 성경이 말씀하시는 예수 그리스도를 더욱더 알아가고 그분 안에 거하여야 합니다. 예수 그리스도만을 나의 소망으로 삼고 살아야 합니다. 그리고 이 땅에 예수 그리스도를 믿는 영광과 기쁨과 즐거움과 행복이 무엇인지를 보여주어야 합니다. 그래서 예수님을 알지 못하는 것이 얼마나 슬픈 일이고 불행한 일인지를 보여주어야 합니다. 오늘 말씀이 이것을 우리에게 말하고 있습니다. 참된 소망을 가진 자로서 우리의 삶에서 이러한 모습이 드러나기를 간절히 소망합니다.

교회를 세우는 요한계시록 강해

아마겟돈(계 16:12-16)

　　무시무시한 종말을 말할 때 종종 들을 수 있는 단어가 바로 아마겟돈입니다. 아마겟돈 대전쟁이라는 이름의 책도 있고 아마겟돈이라는 영화도 있습니다. 그만큼 이 단어는 우리에게 친숙하게 가까이에 있습니다. 아쉬운 것은 아마겟돈에 대해 제대로 아는 사람이 많지 않다는 것입니다. 이 말이 알게 모르게 공포의 말로 인식되어 있다면 이번 기회에 바로잡을 수 있기를 바랍니다.

　　'아마겟돈'은 헬라어로는 '하르마게돈'입니다. 이 말의 뜻은 '므깃도의 산'입니다. 므깃도는 이스라엘 북쪽 지방의 이스르엘 평야지대에 있는 군사요충지입니다. 이곳은 중동으로 가는 제국들이나 지중해로 나가고 싶은 제국들이 거쳐 가는 곳입니다. 그래서 이 지역에서는 많은 전쟁이 일어났습니다. 그러다 보니 이스라엘의 미래를 예언하는 계시 문학에서 자주 사용되었습니다. 특별히 인류 최후의 전쟁을 가리키는 상징적인 말로 쓰여졌습니다. 그래서 우리도 마지막 심판이 있기 전에 아마겟돈 전쟁이 있을 것이라는 말을 자주 들은 것입니다. 그렇다면 아마겟돈 전쟁은 무엇일까요? 오늘 말씀은 이 전쟁을 중심으로 하여 주어진 말씀입니다. 그 의미를 차례대로 살펴보겠습니다.

첫째, 영적 바벨론의 멸망입니다. 본문은 일곱 대접 심판 가운데 여섯번째 대접 심판입니다. 천사가 여섯번째 대접을 큰 강 유브라데에 쏟습니다.(16절) 유브라데강은 메소보다미아 문명 발전에 큰 역할을 한 강입니다. 또한 에덴동산의 네 강 중에 하나입니다.(창 2:14) 유브라데강 위에 견고하게 세워진 제국은 바로 바벨론입니다. 그래서 성경은 유브라데강과 바벨론의 흥망성쇠를 함께 말하고 있습니다. 구약 예레미야에서 유브라데와 바벨론을 함께 언급합니다.

"나 여호와가 말하노라 **칼이 갈대아인의 위에와 바벨론 거민의 위에와** 그 방백들과 지혜로운 자의 위에 임하며 칼이 자긍하는 자의 위에 임하리니 그들이 어리석게 될 것이며 칼이 용사의 위에 임하리니 그들이 놀랄 것이며 칼이 그들의 말들과 병거들과 그들 중에 있는 잡족의 위에 임하리니 그들이 부녀 같이 될 것이며 칼이 보물 위에 임하리니 그것이 노략될 것이요 **가뭄이 물 위에 임하여 그것을 말리우리니** 이는 그 땅이 조각한 신상의 땅이요 그들은 우상에 미쳤음이니라"(렘 50:35-38)

이 말씀은 바벨론이 멸망할 것임을 예언하는 말씀입니다. 그런데 물이 마를 것이라고 말씀합니다. 여기서 물은 유브라데강을 의미합니다. 그런데 이 예언이 바사 왕 고레스에 의하여 문자 그대로 성취됩니다.

"깊음에 대하여는 이르기를 마르라 내가 네 강물들을 마르게 하리라 하며 고레스에 대하여는 이르기를 그는 나의 목자라 나의 모든 기쁨을 성취하리라 하며 예루살렘에 대하여는 이르기를 중건되리라 하며 성전에 대하여는 이르기를 네 기초가 세움이 되리라 하는 자니라"(사 44:27-28)

고레스는 유브라데강의 물줄기를 다른 데로 돌려서 강을 마르게 하였고 그곳을 건너서 바벨론을 멸망시켰습니다. 더구나 고레스는 동방에서

교회를 세우는 요한계시록 강해

온 왕이었습니다. 그가 와서 바벨론을 멸망시켰습니다. 고레스는 이방인이면서 이스라엘을 점령한 왕이지만 하나님은 이방인을 사용하여 바벨론을 멸망시키고 포로를 석방시키고 무너진 이스라엘 성전을 회복시켰습니다.

이렇듯 여섯번째 심판은 구약의 사건을 모형으로 한 마지막 심판을 말씀하심입니다. 앞서 계시록 14장에서 큰 성 바벨론의 심판을 보았습니다. 바벨론은 실재하는 나라를 말하는 것이 아니라 **'모든 세대 가운데 존재하면서 교회를 억압하고 핍박하고 독재하는 세력이나 조직'**입니다. 그 바벨론의 멸망을 보여주십니다. 무너질 것 같지 않은 견고한 조직들이 다 붕괴됩니다. 그것이 바로 여섯번째 대접 심판입니다.

그런데 하나님을 대적하는 자들이 동방에서 오는 왕들에 의하여 멸망당합니다. 그들은 이방인입니다. 하나님은 이들을 도구로 사용하시어 사단의 지배를 받으며 잠시 동안 권력을 누렸던 세력들을 멸망시키십니다. 이것이 약속입니다. 사단의 세력이 아무리 대단하게 보여도 그들은 하나님의 심판을 피할 수 없을 것이고 철저하게 파괴됩니다.

이것은 우리가 이 땅에서 어떠한 믿음을 가지고 살아야 함을 확실하게 보여줍니다. 성경이 그렇게 강조하는 것처럼 보이는 것은 잠깐이고 보이지 않는 것은 영원합니다. 이 약속을 붙잡고 살 수 있어야 합니다.

둘째, 하나님을 대적하는 사단의 세력에 대한 영원한 형벌입니다. 이제 본격적으로 마지막 전쟁을 벌이는 세력에 대하여 말씀합니다. 여섯번째 대접이 쏟아질 때 사도 요한이 본 것은 놀라운 장면이었습니다. 개구리 같은 세 더러운 영을 보았습니다. 그들은 용의 입과 짐승의 입과 거짓 선지자의 입에서 나왔습니다. 이들은 일반적으로 사단의 삼위일체라고 말합니다. 용은 사단을 의미합니다. 짐승은 바다에서 나온 사단입니다. 그리고 거짓 선지자는 거짓의 아비의 마귀의 모습입니다. 이들은 더러운 영입니다. 그리고 입에서 나왔다는 것은 그들이 사람들을 유혹하고 미혹하는 자라는 사실입니다. 즉 하나님을 향한 깨끗한 마음을 가지지 못하도록 홀립니다. 그래서 방황하게 합니다. 이들은 개구리와 같습니다. 개구리는 성경에서 부정한 동물입니다.(레 11:9-12) 또한 애굽 재앙에서도 사용되었던 동물입니다.(출 8:1-12)

이들이 하는 일은 다른 것이 아닙니다. 이적을 행하면서 온 천하에 돌아다니면서 천하 임금들에게 가서 하나님의 큰 날에 일어날 전쟁을 대비하려고 유혹하는 일입니다. 14절을 보시기 바랍니다.

"저희는 귀신의 영이라 이적을 행하여 온 천하 임금들에게 가서 하나님 곧 전능하신 이의 큰 날에 전쟁을 위하여 그들을 모으더라"

마귀의 삼위일체들이 하나님이 행하시는 전쟁에 대적하기 위하여 준비하는 것입니다. 이들은 하나님을 대적하기 위하여 땅의 왕들을 모읍니다. 그곳이 아마겟돈입니다.

"세 영이 히브리 음으로 아마겟돈이라 하는 곳으로 왕들을 모으더라"(16절)

이미 말씀드린 대로 므깃도의 산입니다. 이곳으로 천하의 왕들을 모읍니다. 그러나 아마겟돈은 실제의 장소가 아닙니다. 우선 장소적으로도 이스라엘의 므깃도는 산이 없습니다. 또한 마지막 전쟁에 대한 구약의 예언은 주로 예루살렘을 의미하기 때문입니다. 슥 12:3, 11을 보겠습니다.

"그 날에는 내가 예루살렘으로 모든 국민에게 무거운 돌이 되게 하리니 무릇 그것을 드는 자는 크게 상할 것이라 천하 만국이 그것을 치려고 모이리라"

"그 날에 예루살렘에 큰 애통이 있으리니 므깃도 골짜기 하다드림몬에 있던 애통과 같을 것이라"

이렇게 볼 때 마지막 전쟁을 위해 모인 장소는 이스라엘의 므깃도가 아님은 분명합니다. 그렇다면 아마겟돈은 어떤 의미일까요? 첫째는 하나님을 대적하는 무리들이 모인 가상적이고 보편적인 전쟁터라고 할 수 있습니다. 이것은 어느 한 장소를 말하는 것이 아닙니다. 하나님을 대적하는 자들이 있는 모이는 적대세력의 중심지라고 보는 것입니다. 또한 아마겟돈을 장소로 해석하지 않고 '패배와 황폐의 상징'으로 보기도 합니다. 이것은 장소라고 생각하면 3차 세계대전과 같은 일이 일어나는 장소라고 생각할 수 있기에 아예 장소 개념이 아니라고 말합니다. 세번째는 사건을 의미한다고 봅니다. 적대세력들의 봉기 그 자체를 뜻하는 것입니다.

다시 정리하자면 아마겟돈은 물리적 한 장소가 아님이 분명합니다. 그렇다면 아마겟돈 전쟁은 하나님을 대적하는 무리들이 모여서 하나님을 향하여 봉기하는 영적 전쟁으로 전 지구적 사건이라고 할 수 있습니다. 마지막 큰 전쟁이 있을 것입니다. 아마겟돈 전쟁은 영적인 전쟁으로서 물리적 의미의 3차 세계대전과 같은 실제적 전쟁을 말하지 않습니다. 한때는 이 전쟁은 핵전쟁이 될 것이라고 미혹하였습니다. 그러나 그렇지 않습니다. 이 전쟁은 주의 재림 시에 있을 영적인 전쟁입니다. 그리고 하나님의 큰 날에 우상 숭배하는 자, 하나님께 불순종하는 자, 사단을 추종하는 자들은 멸망합니다.

마귀의 삼위일체는 정치적인 영향력이 있는 세력들을 아마겟돈에 모을 것입니다. 그리고 교회를 대적하고자 철저하게 준비할 것입니다. 마치 대단한 전쟁을 치를 것처럼 사람들을 유혹하여 하나님을 대적하고, 교회를 핍박할 것입니다. 하지만 그날은 이들의 심판 날입니다. 계 20:10은 이 사실을 정확하게 말씀하여 주십니다.

"또 저희를 미혹하는 마귀가 불과 유황 못에 던지우니 거기는 그 짐승과 거짓 선지자도 있어 세세토록 밤낮 괴로움을 받으리라"

아마겟돈의 전쟁은 하나님을 대적하는 사단의 세력에 대한 영원한 형벌이 확정되는 날입니다. 그런 의미에서 아마겟돈 전쟁은 우리에게 큰 은혜의 날입니다. 하나님의 자녀로서 영원한 구원의 영광을 누리는 날이기 때문입니다. 이 사실을 기억하여야 합니다. 그리고 엉뚱한 소리에 흔들리면 안 됩니다. 바른 믿음과 확신을 가지고 있어야 합니다.

세번째, 깨어서 자신을 지키는 자가 영광의 날을 맞이합니다. 그렇다면 이 영광의 날이 언제 오겠습니까? 아무도 모릅니다. 그러나 반드시 옵니다. 그리고 도적같이 올 것입니다. 영광의 날 즉 아마겟돈의 전쟁은 도적같이 임합니다. 살전 5:2-4을 보시기 바랍니다.

"주의 날이 밤에 도적 같이 이를 줄을 너희 자신이 자세히 앎이라 저희가 평안하다, 안전하다 할 그 때에 잉태된 여자에게 해산 고통이 이름과 같이 멸망이 홀연히 저희에게 이르리니 결단코 피하지 못하리라 형제들아 너희는 어두움에 있지 아니하매 그 날이 도적 같이 너희에게 임하지 못하리니"

도적같이 온다고 하였습니다. 오늘 말씀 15절도 동일하게 "보라 내가 도적 같이 오리니"라고 말씀합니다. 아마겟돈 전쟁의 날 즉 심판의 날은

교회를 세우는 요한계시록 강해

도적같이 옵니다. 그러므로 이날을 잘 준비해야 합니다. 영적인 전쟁이 임하는 날을 준비하는 것이 우리에게 맡겨진 일입니다. 그럼 어떻게 준비하여야 합니까?

깨어서 자신을 지켜야 합니다. 15절을 함께 읽겠습니다. "보라 내가 도적 같이 오리니 누구든지 깨어 자기 옷을 지켜 벌거벗고 다니지 아니하며 자기의 부끄러움을 보이지 아니하는 자가 복이 있도다"

사도 요한은 깨어 자기 옷을 지키라고 말합니다. 그래서 벌거벗음의 부끄러움을 보이지 말라고 말씀합니다. 벌거벗음으로 책망을 받은 교회가 혹시 기억나십니까? 라오디게아 교회입니다. 3:17입니다.

"네가 말하기를 나는 부자라 부요하여 부족한 것이 없다 하나 네 곤고한 것과 가련한 것과 가난한 것과 눈 먼 것과 벌거벗은 것을 알지 못하도다"

벌거벗음을 알지 못하였다고 책망을 받았습니다. 벌거벗음은 수치스러운 일입니다. 라오디게아 교회의 벌거벗음은 맘몬을 섬기는 우상숭배입니다. 그러나 또한 하체를 보이는 것은 가장 수치스러운 일입니다. 나훔 선지자의 책망은 이에 합당합니다. 나 3:5입니다.

"만군의 여호와의 말씀에 내가 네 대적이 되어서 네 치마를 걷어쳐 네 얼굴에 이르게 하고 네 벌거벗은 것을 열국에 보이며 네 부끄러운 곳을 열방에 보일 것이요"

깨어 있지 않는 사람들은 이러한 수치를 당할 것이라고 말씀하십니다. 그러나 깨어 있어서 자신의 부끄러움을 보이지 않는 자들은 복이 있다고 말씀합니다. 영적으로 깨어 있어서 우상숭배와 사단의 미혹을 분별하고 이긴 성도들은 하늘의 복을 누립니다.

그렇다면 깨어서 자기를 지키는 것은 무엇입니까? 그것은 하나님께 가까이하는 삶입니다. 시편기자의 고백처럼 하나님께 가까이함이 내게 복임을 알고 살아야 합니다. 부단히 말씀을 가까이해야 합니다. 나의 죄를 위하여 십자가에서 죽으신 예수님을 믿는 자에게 구원이 있음을 확신하는 일입니다. 구원의 확신이 지상에서 천국을 살게 하고 다시 오실 주님을 제대로 맞이하게 합니다. 이것이 우리가 깨어 자기를 지키는 일입니다.

더욱이 우리 시대는 하나님을 깨끗한 마음으로 섬기지 못하도록 하는 많은 유혹거리가 있습니다. 쉽게 살게 하고 편하게 즐기게 합니다. 그래서 삼위 하나님을 가까이하지 못하게 하는 일들이 너무 많습니다. 이러한 시대에 영적으로 깨어 있지 않으면 수치를 당하게 됩니다. 우리가 더욱 힘써서 하나님을 가까이하여야 합니다. 그리고 그 무엇보다도 예수 그리스도의 십자가를 확신하고 자랑합시다.

아마겟돈 전쟁에 대하여 자세히 살펴보았습니다. 아마겟돈 전쟁은 마지막 심판에 대한 가르침입니다. 이때 영적 바벨론은 멸망합니다. 사단의 세력이 영원히 멸망하는 날입니다. 아마겟돈 전쟁이 올 것을 알고 있는 성도는 영적으로 깨어서 자신을 준비합니다. 멍하니 살지 않고 적극적으로 아마겟돈 전쟁을 준비합니다. 마귀와 사단과 미혹하는 자들의 발악에 온 힘을 다하여 적극적으로 저항합니다.

이러한 사실이 온다는 말씀 앞에 여러분은 어떻습니까? 영적으로 깨어 준비하고 있습니까? 아니면 잠자고 있습니까? 아마겟돈 전쟁 앞에 무엇을 준비하십니까? 경건의 능력이 있어야 합니다. 폼만 잡는 신앙이 아니라 적극적으로 싸울 수 있는 능력이 있어야 합니다. 능력 있는 신앙이 아마겟돈 전쟁을 대비하고, 이길 수 있습니다. 영적으로 깨어 준비하는 신앙이 되기를 소망합니다.

다 이루었도다(계 16:17-21)

우리는 종종 큰 자연적 재해를 보면 많은 생각을 합니다. 자연스럽게 인류의 종말은 이렇게 오는 것이라 생각합니다. 실제로 노아 홍수의 모습에서 그러한 종말을 얼핏 볼 수 있습니다. 또한 인류 역사에서 사라진 공룡들의 모습을 보면서 자연 재앙이 주는 무시무시함을 엿볼 수 있습니다. 물론 이렇게 멀리 나가지 않더라도 우리 주변에서 일어나는 지진과 쓰나미를 보면 자연스럽게 두려움을 가지게 됩니다. 이처럼 최후의 심판이 있을 때를 묘사할 때 하나님은 우리가 피부로 느낄 수 있는 재앙을 통하여 말씀하십니다. 오늘 말씀이 그러합니다.

앞서서 여섯번째 대접을 쏟은 천사를 통하여 주님 재림 시에 있을 아마겟돈 전쟁에 대하여 보았습니다. 그리고 그때에 깨어서 자신을 지키는 이들이 복이 있다는 말씀을 들었습니다. 이것은 마지막 영적 전쟁에서 복 있는 사람이 누구이고, 슬피 울며 이를 가는 사람이 누구인지를 보여주는 말씀입니다. 징조가 동일하게 주어져도 깨닫고 자신을 지키는 자가 있고 동시에 영적인 무지와 게으름에 빠져 심판을 받는 자가 있습니다. 아마겟돈 전쟁을 맞이하게 될 우리는 바울이 말한 두렵고 떨림으로 구원을 이루어 가라는 말씀을 기억해야 합니다. 영적으로 깨어 자신을 지킬 수 있어

교회를 세우는 요한계시록 강해

야 합니다.

이제 일곱번째 대접이 쏟아집니다. 그러자 큰 음성이 성전의 보좌로부터 나왔습니다. 그 음성은 **"되었다(게고넨)"**는 말씀입니다. 이 말씀은 이제 모든 심판이 끝났다는 선언입니다. 최후의 심판을 말씀하십니다. 그런데 이 말씀은 예수님께서 십자가에서 하신 말씀과 같은 의미의 단어입니다.

"예수께서 신 포도주를 받으신 후에 이르시되 **다 이루었다**(테텔레스타이) 하시고 머리를 숙이니 영혼이 떠나가시니라"(요 19:30)

십자가에서 하신 말씀은 하나님의 구속 계획을 완성하셨다는 말씀입니다. 즉 우리를 향한 구원이 완성되었다는 말씀입니다. 예수님께서 십자가에 죽으심으로 우리의 죄는 다 용서받았습니다. 더 이상 다른 것이 필요 없습니다. 그러므로 우리의 구원은 십자가에서 죽으시고 부활하신 예수 그리스도를 믿으면 됩니다. 다른 어떤 것도 우리의 구원에 도움이 되지 않습니다. 오직 예수 그리스도의 은혜가 우리를 구원에 이르게 합니다. 그러기에 성화 없이 우리의 구원은 실패라고 말하는 것은 합당하지 않습니다. 우리의 구원은 오직 하나님의 은혜로 됩니다. 그러기에 우리의 성화도 하나님의 은혜로 됩니다. 그 은혜가 우리로 하여금 거룩한 삶을 살수 있도록 하나님의 법을 지키게 합니다. 그러기에 구원받은 성도는 삶의 규범으로서 십계명을 누구보다 열심히 순종하여야 합니다. 또한 순종할수 있도록 일상 가운데 기도해야 합니다. 이것이 가능한 것은 예수님이다 이루셨기 때문입니다.

이러한 말씀이 최후의 심판에도 사용되었습니다. 바로 17절에서 사용된 '되었다'는 말씀입니다. 그러므로 일곱 대접의 심판으로 모든 심판이

다 이루었도다(계 16:17-21)

완성되었습니다. 이제 더 이상 심판이 없습니다. 일곱 대접이 최후의 심판입니다. 최후의 심판을 말씀하시는 본문은 우리에게 되돌이킬 수 없는 사실을 말씀합니다. 이는 마지막 심판을 통하여 볼 수 있습니다. 그 교훈을 살펴봅니다.

첫째, 공중권세 잡은 자들이 최후를 맞이합니다. 일곱째 천사는 일곱째 대접을 공기 가운데 쏟습니다. 앞서서 쏟아진 모습을 보면 땅, 바다, 강과 물 근원, 해, 짐승의 보좌, 큰 강 유브라데입니다. 그런데 일곱째는 공기 가운데 쏟습니다. 공기는 공중을 의미합니다. 그리고 공중은 마귀가 활동하고 있는 곳을 의미합니다. 우리가 잘 알고 있는 엡 2:2을 보겠습니다.

"그 때에 너희가 그 가운데서 행하여 이 세상 풍속을 좇고 **공중의 권세 잡은 자**를 따랐으니 곧 지금 불순종의 아들들 가운데서 역사하는 영이라"

마귀에 대하여 말할 때 공중 권세 잡은 자라고 표현합니다. 그런데 바로 그 공중에 일곱 대접이 쏟아졌습니다. 그리고 말씀하시기를 다 이루었다고 하셨습니다. 이 말씀이 무엇을 의미하겠습니까? 공중 권세 잡은 자들에게 최후의 심판이 임한 것입니다.

이들은 이미 십자가에서 심판을 받았습니다. "다 이루었다" 말씀하신 예수님의 선포로 마귀는 심판을 받았습니다. 그러나 최후의 심판이 남아 있기에 발악을 하고 있습니다. 여전히 거짓의 대장답게 심판을 받지 않은 것처럼 속이고 있습니다. 그래서 많은 사람들이 속임을 당하고 있지만 이들은 이미 심판을 받았습니다.

사도 요한은 십자가에서 심판을 받은 이들이 이제 최후의 심판을 받은 것을 보여줍니다. 하나님은 마귀가 최후의 심판을 받았음을 선언하십니

교회를 세우는 요한계시록 강해

다. 이것이 바로 천상의 "다 이루었다"입니다. 이 말씀은 요한계시록 21장 6절에서 다시금 반복됩니다. 악인들의 심판이 다 이루었음을 선언하는 말씀입니다.

"또 내게 말씀하시되 **이루었도다** 나는 알파와 오메가요 처음과 나중이라 내가 생명수 샘물로 목 마른 자에게 값 없이 주리니"

이렇듯 마귀와 그의 졸개들인 악인들이 마지막 최후의 심판을 받게 됩니다. 그리고 더 이상은 창조 세계 안에 존재하지 않습니다. 그러므로 마귀의 유혹과 거짓은 사라지고 오직 하나님의 영광만이 우리 가운데 존재합니다. 이것이 바로 일곱 대접 심판입니다.

둘째, 최후의 심판에는 회개할 기회가 없습니다. 하나님의 영광만이 존재하는 최후의 심판에는 죄인들에게는 더 이상 회개할 기회가 없습니다. 그 심판은 무섭고 엄청납니다. 그 심판에서 벗어날 사람들이 없습니다. 그러나 더 두려운 것은 회개할 기회가 없다는 사실입니다. 앞서서 보여주었던 네번째와 다섯번째 심판의 모습에서는 하나님을 모독한 자에 대한 회개의 기회가 있음을 알 수 있습니다. 9, 11절입니다.

"사람들이 크게 태움에 태워진지라 이 재앙들을 행하는 권세를 가지신 하나님의 이름을 **훼방하며** 또 **회개하여** 영광을 주께 돌리지 아니하더라"(9절)

"아픈 것과 종기로 인하여 하늘의 하나님을 **훼방하고** 저희 행위를 **회개치** 아니하더라"(11절)

그런데 마지막 심판에서는 그러한 모습이 없습니다. 21절을 보시기 바랍니다.

"또 중수가 한 달란트나 되는 큰 우박이 하늘로부터 사람들에게 내리매 사람들이 그 박재로 인하여 하나님을 **훼방하니** 그 재앙이 심히 큼이러라"

이것은 회개할 기회가 있었음에도 회개하지 않는다면 더 이상 회개할 기회가 없고 하나님의 심판만이 있다는 사실입니다. 회개할 기회가 없다는 것은 마지막 심판이라는 의미이고 또한 그 심판이 참으로 무섭고 거대함을 의미합니다.

18-21절까지 이뤄지는 심판을 보시기 바랍니다. 심판의 급박성 앞에 더 이상 기회가 없음을 볼 수 있습니다. 18절은 번개와 음성들과 뇌성들과 지진을 언급합니다. 이것은 모두가 구약에서 하나님이 심판하실 때 보여주신 모습입니다. 그 대표적인 말씀은 사 29:6 말씀입니다.

"만군의 여호와께서 벽력과 지진과 큰 소리와 회리바람과 폭풍과 맹렬한 불꽃으로 그들을 징벌하실 것인즉"

징벌하시는 하나님의 모습을 보여주십니다. 이렇듯 번개와 뇌성과 지진은 하나님의 심판이 가까이 왔음을 보여줍니다. 그런데 지진을 말씀하실 때 사람이 땅에 생겨난 이래 이런 큰 지진은 없다고 말씀합니다. 이러한 표현은 단 12:1에서도 볼 수 있습니다.

"그 때에 네 민족을 호위하는 대군 미가엘이 일어날 것이요 **또 환난이 있으리니 이는 개국 이래로 그 때까지 없던 환난일 것이며** 그 때에 네 백성 중 무릇 책에 기록된 모든 자가 구원을 얻을 것이라"

사람이 경험하지 못한 큰 지진입니다. 이러한 대재앙들이 있습니다. 우리는 최근에 일어난 지진들에 대한 소식을 듣습니다. 중국에서 일어난 쓰

교회를 세우는 요한계시록 강해

촨성 대지진, 그리고 가까운 일본 고베 대지진 그리고 아이티의 지진 등을 알고 있습니다. 그 지진으로 인하여 얼마나 많은 사람들이 죽고 건물이 파괴되었는지 모릅니다. 지진의 파괴력은 상상을 초월합니다. 지구에서 일어난 이러한 지진들은 마지막 지진에 비하면 아무것도 아닙니다. 경험한 적이 없는 지진이 일어날 것입니다.

이것은 최후의 심판을 보여줍니다. 그런데 이러한 대재앙으로 인하여 어떤 일이 일어납니까? 바로 큰 성 바벨론이 세 갈래로 갈라지고 만국의 성들이 무너집니다. 19절입니다.

"큰 성이 세 갈래로 갈라지고 만국의 성들도 무너지니 큰 성 바벨론이 하나님 앞에 기억하신 바 되어 그의 맹렬한 진노의 포도주 잔을 받으매"

큰 성이 세 갈래로 갈라진 것은 철저한 심판을 의미합니다. 또한 만국이 무너짐은 하나님의 심판이 전 우주적인 것임을 말씀합니다. **큰 성 바벨론은 14:8에서 이 말씀드렸듯이 당시의 로마와 예루살렘을 포함한 모든 세대 가운데 존재하는 교회를 핍박하는 악한 조직이나 제도입니다.** 이들이 진노의 포도주를 마실 것입니다.(14:10) 그러나 심판은 여기서 끝나지 않습니다. 20절이 보여주는 것처럼 첫 창조의 모습이 사라질 것입니다.

"각 섬도 없어지고 산악도 간데 없더라"

새 하늘과 새 땅을 보게 됩니다. 그리고 사단의 지배를 받은 모든 창조물은 정화되어 없어질 것과 존재할 것이 남습니다. 최후의 심판날에는 감당할 수 없는 심판이 있습니다. 바로 우박 심판입니다. 21절에는 한 달란트가 되는 큰 우박이 내린다고 말씀합니다. 한 달란트의 무게는 20킬로에서 60킬로 사이입니다. 상상할 수 없는 무게입니다. 이 무게를 견딜 수 있는 사람들이 어디 있겠습니까? 이것은 재앙 중의 재앙입니다. 에스겔 선지자는 장차 나타날 재앙을 말씀하면서 큰 우박의 위력을 예언하였습니다.

"내가 또 온역과 피로 그를 국문하며 쏟아지는 폭우와 큰 우박덩이와 불과 유황으로 그와 그 모든 떼와 그 함께 한 많은 백성에게 비를 내리듯 하리라"(겔 38:22)

참으로 무서운 심판입니다. 그리고 사람들은 하나님을 더욱 모독할 것입니다. 놀랍지 않습니까? 회개하고 돌아올 것 같은데 하나님을 원망합니다. 깨어 있지 않은 이들의 전형적인 모습입니다. 심판 앞에서도 하나님을 모독하는 사람들을 보는 것은 참으로 안타깝습니다. 더 이상 이들에게는 회개의 기회가 주어지지 않습니다. 얼마나 슬픈 일입니까? 아직 우리에게 시간이 있다는 것이 얼마나 감사한지 모릅니다. 먼저 깨어 있는 우리들이 심판의 날이 오기 전에 참된 복음을 전하는 일에 최선을 다해야 합니다. 듣는 것과 듣지 않는 것은 우리에게 달려 있지 않습니다. 그러나 우리에게 주어진 것은 복음을 전하는 일입니다.

셋째, 최후의 심판은 완전한 구원의 날입니다. 우리는 십자가에서 이루어진 사건과 마지막 최후의 심판에 이루어질 사건 사이에 살고 있습니다. 즉 이미 이뤄졌지만 아직 완성되지 않음 사이에 살고 있습니다. 이미와 아직 사이에 살아가는 우리들입니다. 그리고 하나님의 심판이 있을 것임을 알고 있는 우리들입니다. 이것이 우리의 위치입니다. 우리는 이미 천국을 살아가고 있지만 아직 최후의 심판이 임하지 않았기에 사단의 시험을 받고 있습니다. 죄를 짓는 아픔을 겪고 있습니다.

그러나 분명한 것은 십자가에서 이루신 구원의 은혜는 최후의 심판 날

교회를 세우는 요한계시록 강해

에 가장 빛이 난다는 사실입니다. 최후의 심판날에 우리는 십자가에서 이루신 예수님의 사랑으로 구원받습니다. 슬피 울며 이를 가는 날이 아닙니다. 우리에게는 구원의 날입니다. 21:3-4에서 그날의 모습을 볼 수 있습니다.

"내가 들으니 보좌에서 큰 음성이 나서 가로되 보라 하나님의 장막이 사람들과 함께 있으매 하나님이 저희와 함께 거하시리니 저희는 하나님의 백성이 되고 하나님은 친히 저희와 함께 계셔서 모든 눈물을 그 눈에서 씻기시매 다시 사망이 없고 애통하는 것이나 곡하는 것이나 아픈 것이 다시 있지 아니하리니 처음 것들이 다 지나갔음이러라"

처음 세상이 다 지났음으로 이 땅의 삶은 더 이상 생각이 나지 않습니다. 아니 생각할 이유가 없습니다. 우리도 이 땅에서 살았던 것을 다 기억하지 못합니다. 그런데 새 땅에서는 두말할 필요가 없습니다. 최후의 심판은 믿는 자에게는 구원의 영광을 완벽하게 누리는 날입니다. 이날에 우리는 그 무엇과도 비교할 수 없는 영광을 봅니다. 이것이 바로 약속입니다. 그러므로 약속을 받은 자들로서 우리는 더욱더 힘써서 복음을 전해야 합니다. 천국을 사는 사람들로서 천국을 보여주어야 합니다. 세상이 따라가고 있는 지옥의 불구덩이를 고발하고 천국의 영광을 보여주어야 합니다. 이것이 우리를 부르신 하나님의 사랑입니다.

개인에게도 마지막 날이 있습니다. 그렇듯이 이 땅도 마지막 날이 있습니다. 그날은 공중 권세 잡은 자가 영원히 결박되는 날입니다. 그리고 새 하늘과 새 땅이 완성되는 날입니다. 우리를 구원하신 십자가의 은혜가 완성되는 날입니다. 그 영광은 오직 십자가의 은혜로 구원받은 자들만이 누립니다. 우리가 그 영광의 주인공이 되기를 소망합니다.

우리는 십자가에서 다 이루신 구원과 장치 최후의 심판 때 다 이루실 영광 사이에 살고 있습니다. 이 사이는 구원의 소식을 전할 수 있는 시간입니다. 그리고 이미 우리 가운데 온 천국을 살아가는 날입니다. 더 이상 회개할 기회가 없는 날이 오기 전에 우리는 더욱 믿음을 가지고 살아야 합니다. 그리고 이 믿음을 더욱 힘써 보여주어야 합니다. 말로 보여주고 삶으로 보여주어야 합니다.

우리가 힘써 예배하고 말씀을 공부하고 기도하는 것은 모두가 구원의 은혜를 받았기 때문입니다. 은혜받은 자로서 더욱 힘써 구원을 이루어 가야 합니다. 그것이 마지막 날을 준비하는 우리의 삶입니다. 특별히 죄에 대하여는 신속하게 회개하여야 합니다. 회개는 구원받은 자들에게 주어진 가장 큰 축복입니다. 깨어 있는 자는 회개하는 자입니다. 죄를 인식하기에 언제든지 회개의 자리에 설 수 있습니다. 회개의 기회가 없는 날이 오기 전에 회개의 자리에 있어야 합니다. 우리가 회개할 때 하나님은 우리를 친히 용서하여 주십니다. 이러한 은혜가 우리 가운데 넘치기를 소망합니다.

17장

고난이 오고 핍박이 온다고 해서 하나님의 나라가 무너지는 것이 아닙니다.
교회가 사라지는 것이 아닙니다.
그리스도의 부르심을 받은 성도들, 그리스도와 연합되어 있다면
승리의 자리, 영광의 자리에 이르게 됩니다.

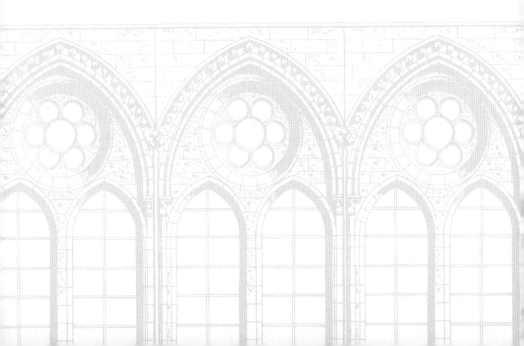

큰 음녀의 받을 심판(계 17:1-6)

음행에 취하여 산다는 것이 때때로 이해되지 않을 수 있습니다. 우리가 사는 주변을 보면 평온하고 때로는 한산하게 보이기 때문입니다. 하지만 세상에 울려 퍼지는 뉴스를 보면 참으로 끔찍한 장면을 봅니다. 한때는 대단한 인기인으로 살던 젊은 친구들이 뒤로는 음행의 모습에 깊이 관여되어 돈벌레로 살고 있었다는 것이 씁쓸하였습니다. 그 가족들은 어떠하겠습니까?

뿐만 아닙니다. 우리가 잘 알고 있는 라스베이거스는 도시 전체가 도박과 음행의 현장입니다. 참으로 많은 사람들이 그 유혹에 빠져서 살고 있습니다. 라스베이거스에는 40여 개의 한인교회가 있다고 합니다. 그런데 교인들 중 상당수가 깨어진 가정이라는 소리를 들었습니다. 물론 제가 직접 확인한 것은 아니지만 전해들은 이야기만으로도 너무 가슴 아픈 이야기였습니다.

우리 주변에 음행에 취해서 살아가고 있는 이들이 많이 있습니다. 그러나 이 모습은 이상하지 않습니다. 성경이 그 사실을 우리에게 말씀하셨기 때문입니다. 우리가 살펴볼 계시록 17장은 이러한 세상을 향한 하나님의 말씀입니다. 17장에서 19장에 이어지는 연속되는 말씀을 통하여 음행에

교회를 세우는 요한계시록 강해

취하여 살아가는 세상을 향한 하나님의 심판을 바르게 이해할 수 있기를 바랍니다.

음녀는 누구인가?

계시록 17장은 일곱 대접 심판 가운데 일곱번째 확대판이라고 할 수 있습니다. 1절에서 요한은 일곱 대접을 가진 일곱 천사 중 하나로부터 소리를 듣습니다. 그것은 큰 음녀의 받을 심판입니다.

"또 일곱 대접을 가진 일곱 천사 중 하나가 와서 내게 말하여 가로되 이리 오라 많은 물 위에 앉은 큰 음녀의 받을 심판을 네게 보이리라"

요한이 본 심판의 장면은 큰 음녀가 받을 심판입니다. 큰 음녀는 많은 물 위에 앉아 있습니다. 많은 물은 백성과 무리와 열국입니다. 본문 15절이 그 사실을 정의합니다.

"또 천사가 내게 말하되 네가 본바 음녀의 앉은 물은 백성과 무리와 열국과 방언들이니라."

음녀가 많은 물 위에 앉은 것은 열방을 다스리는 주권이 있음을 보여줍니다. '앉다'(카데메네스)라는 말은 '자리를 차지하다'라는 의미입니다. 열방의 자리를 차지한다는 의미로 볼 수 있습니다. 이것은 음녀의 통치를 말씀합니다.

요한은 음녀가 세상을 통치하고 있는 모습을 보았습니다. 그리고 동시에 음녀의 심판을 보았습니다. 즉 세상을 통치하고 있는 음녀의 심판입니다. **그렇다면 이 음녀는 누구입니까?** 음녀는 큰 성 바벨론을 상징합니다. 5절에서 큰 성 바벨론을 땅의 음녀들과 가증한 것들의 어미라고 밝히고 있습니다. 이것은 예레미야 선지자를 통하여 주신 말씀이 확증하여 줍니다.

"바벨론 성벽을 향하여 기를 세우고 튼튼히 지키며 파수꾼을 세우며 복병을 베풀어 방비하라 이는 여호와께서 바벨론 거민에 대하여 말씀하신 대로 경영하시고 행하심이로다 많은 물 가에 거하여 재물이 많은 자여 네 탐람의 한정, 네 결국이 이르렀도다"(렘 51:12-13)

음녀는 바로 큰 성 바벨론입니다. 그리고 바벨론이 심판을 받습니다. 이것이 사도 요한이 본 모습입니다. 그런데 지금 이 서신은 바벨론 시대에 작성된 서신이 아닙니다. 로마 시대에 쓴 서신입니다. 그러기에 음녀 그리고 바벨론은 상징입니다.

음녀가 상징하는 것

그러면 큰 음녀 즉 큰 성 바벨론은 무엇을 상징합니까? 이것은 계 14:8에서 이미 밝혔듯이 **"교회를 핍박하고 유혹하는 악한 조직 혹은 제도"**입니다. 사도 요한이 말씀을 받을 당시의 악한 조직은 로마라고 할 수 있습니다. 물론 여전히 부패한 유대인으로 생각하는 분들도 있습니다. 또한 죄악된 세상의 유혹(박윤선)이라고 말하기도 합니다. 하지만 전체적으로 볼 때 음녀 즉 큰 성 바벨론은 교회를 핍박하고 음행으로 유혹하는 악한 조직과 제도를 의미합니다.

사도 요한은 당시의 로마가 무너지는 것을 보았습니다. 하나님은 로마 즉 음녀의 심판을 작정하시고 시행하십니다. 또한 이들이 받는 심판의 근거를 천사를 통하여 말씀하십니다. 음녀가 심판을 받는 이유는 땅의 임금들과 땅에 거하는 자들로 하여금 음행의 포도주에 취하게 하였기 때문입니다.

교회를 세우는 요한계시록 강해

음행의 포도주는 우상숭배를 우선으로 말합니다. 하나님보다 더 사랑하고 좋아합니다. 그래서 하나님을 우선순위의 자리에서 내어 쫓습니다. 하나님 없이 방종을 누리고자 하는 모습입니다. 당시의 로마가 보여주었던 음행의 포도주는 사치와 향락이었습니다. 로마 제국의 쇠망사를 쓴 에드워드 기번은 로마의 멸망의 원인 중의 하나를 사치와 향락이라고 기록하였습니다. 사치와 향락은 하나님을 떠나게 합니다. 그런데 사치와 향락의 근원에는 바로 경제적인 혜택이 자리 잡고 있습니다. 그런 의미에서 자본주의는 언제든지 우상숭배의 자리로 나갈 수 있습니다.

우리가 살고 있는 이 시대에 가장 큰 유혹은 바로 물질입니다. 물질은 우리를 사치와 향락에 빠지게 합니다. 더구나 우리 손에 들려 있는 신용카드는 무서운 무기입니다. 잘 관리하지 않으면 음행의 포도주에 취하게 합니다. 국가나 제도는 우리의 도덕적인 가치를 우선순위에 두지 않습니다. 개인의 자유를 우선으로 생각합니다. 그리고 개인의 자유가 가장 힘을 발휘할 때는 바로 경제적 부를 누릴 때입니다. 그때는 아무도 무섭지 않습니다. 돈만 있으면 안 될 것이 없다는 생각이 우리의 영혼을 지배하면 더 이상 하나님의 말씀과 인도는 소용이 없습니다. 라스베이거스라는 동네가 보여주는 사치와 향락은 음행의 포도주가 얼마나 달콤한지를 잘 보여주고 있습니다. 그러나 그 마지막은 심판입니다.

음녀가 받을 심판

사도 요한은 성령에 이끌리어 광야로 갑니다. 성령으로 인도함을 받은 것은 모든 말씀의 권위가 하나님에게 있음을 보여줍니다. 사도 요한이 간 곳은 광야입니다. 광야에서 요한이 본 것은 붉은빛 짐승을 탄 여자입니다. 붉은빛 짐승을 탄 음녀의 모습을 광야에서 보았습니다. 붉은빛은 일반적으로 사치와 향락을 상징합니다. 또한 왕권을 말할 때 사용됩니다. 붉은빛 짐승은 이미 13장에서 살펴보았습니다. 짐승은 **사단이 가지고 있는 압제하는 권력의 충만함입니다.** 그 짐승의 몸에 참람된 이름들이 가득합니다. 하나님을 모독하는 이름들입니다.(계 13:1) 일곱 머리와 열 뿔이 있다는 것 역시 계 13:1에 나타나듯이 교회와 성도들을 박해할 수 있는 권력입니다. 그런데 그 권력 위에 여자가 앉아 있습니다.

음녀가 사단의 권력과 결탁을 한 것입니다. 그리고 성도들을 유혹합니다. 그의 모습은 매우 화려합니다.

"그 여자는 자주 빛과 붉은 빛 옷을 입고 금과 보석과 진주로 꾸미고 손에 금잔을 가졌는데 가증한 물건과 그의 음행의 더러운 것들이 가득하더라"(4절)

이렇게 화려하게 차려입었다는 것은 그가 얼마나 부요한 모습으로 나타나 유혹하고 핍박하는지를 보여줍니다. 사람들은 본성적으로 보석과 물질을 좋아합니다. 그래서 프러포즈할 때 보석을 사용합니다. 유혹하기에 딱 좋습니다. 사단은 누구보다도 인간의 마음을 잘 알고 있습니다.

"가증한 물건과 그의 음행의 더러운 것들이 가득하더라"는 말 속에 사단이 가지고 있는 유혹의 자료가 얼마나 많은지를 잘 보여줍니다. 이 모든 것은 모두 우상숭배와 관계있습니다. 음녀가 어떠한 존재인지를 5절에서 말씀합니다.

"그 이마에 이름이 기록되었으니 비밀이라, 큰 바벨론이라, 땅의 음녀들과 가증한 것들의 어미라 하였더라"

교회를 세우는 요한계시록 강해

음녀의 이마에 비밀이 기록되어 있습니다. 이것은 계 10:7에서 말씀하신 것의 연속입니다.

"일곱째 천사가 소리 내는 날 그 나팔을 불게 될 때에 하나님의 비밀이 그 종 선지자들에게 전하신 복음과 같이 이루리라"

이 비밀은 바로 사단의 심판을 의미합니다. 마지막 심판에 있을 비밀은 음녀는 볼 수 없습니다. 그러나 하나님은 그 이마에 심판을 기록하였습니다. 큰 성 바벨론은 땅의 음녀들과 가증한 것들의 어미입니다. 성도로 하여금 세상의 향락과 사치에 빠지게 하는 주적입니다. 이렇듯 음녀가 하는 일은 아주 분명합니다. 우상숭배와 음행의 포도주에 취하게 만드는 일을 하도록 유혹합니다. 때로 핍박과 고난을 통하여 음행의 포도주를 마시게 합니다.

"또 내가 보매 이 여자가 성도들의 피와 예수의 증인들의 피에 취한지라 내가 그 여자를 보고 기이히 여기고 크게 기이히 여기니"(6절)

음녀의 모습을 보시기 바랍니다. 성도들의 피와 예수의 증인들의 피에 취하여 있습니다. 유혹에 넘어가지 않으면 핍박을 통하여 음행의 자리에 이르게 합니다. 이미 우리는 이마에 인 맞은 자들이 경제활동에 큰 고통을 받았던 사실을 보았습니다. 믿음을 선명하게 고백하고 유혹에 맞설 때 세상은 엄청난 고난을 줍니다. 그것은 우리로 하여금 순교의 자리에까지 가게 할 수 있습니다.

성도들과 예수의 증인들의 피에 취하여 있다는 말씀이 다가오지 않습니까? 사단이 하는 일이 그러합니다. 이 세상의 제도와 조직이 그러합니다. 그 음녀는 당시에 로마였습니다. 그러나 지금은 우리 주변에 있는 악한 세력과 조직으로 나타납니다. 계속하여 교회를 무너뜨리려는 마귀의 세력들입니다. 특별히 물질과 독재를 통하여 다양하게 나타납니다. 그래서 사회주의 국가는 독재로, 자본주의 국가는 자본으로 우리를 우상 앞에 무릎 꿇게 합니다. 이것이 우리가 살고 있는 현실입니다. 그러므로 우리는 어느 시대에 살든 마귀와의 싸움을 피할 수 없습니다. 주님 오시는 최후의 심판 때까지 우리는 끊임없이 싸워야 합니다.

우리가 사는 세상은 달콤한 것들이 참으로 많습니다. 그래서 유혹에 빠질 요인들이 즐비해 있습니다. 잠시 한눈 팔면 세상의 탐심에 빠집니다. 사단은 계속해서 우리를 미혹의 자리에 앉게 하려고 온 힘을 다하고 있습니다. 때로는 물질로 때로는 고난으로 우리를 우상숭배의 자리로 이끕니다.

여러분은 어떠십니까? 이러한 유혹을 받아 본 적이 있을 것입니다. 어떻게 하셨습니까? 적당히 타협하셨습니까? 아니면 전쟁을 치르셨습니까? 우리가 사는 세상은 어느 것 하나 쉽지 않습니다. 모든 곳에 유혹과 고난의 폭탄이 있습니다. 하지만 보이는 것은 잠깐입니다. 곧 심판의 날이 온다는 사실을 기억해야 합니다.

그러므로 음행의 포도주에 나의 믿음을 타협하지 말아야 합니다. 음행의 포도주에 빠지면 여러분은 더 이상 죄와 싸울 힘을 상실합니다. 그것이 사단이 노리는 것입니다. 여러분의 믿음을 향락과 사치로 바꾸지 말아야 합니다. 이것은 쉽지 않습니다. 그러나 우리가 감당해야 합니다.

이 일을 잘 감당하려면 우리는 십자가에 달리신 예수님을 바라보아야 합니다. 그리고 우리에게 보내신 성령을 더욱 의지하여야 합니다. 우리 앞에 먼저 있던 신앙의 선배들의 삶을 기억하는 것도 중요합니다. 그리

교회를 세우는 요한계시록 강해

고 더욱 열심을 다하여 기도의 자리에 서야 합니다. 또한 이 길을 함께 가는 동역자들과 함께 나누고 기도해야 합니다. 혼자 갈 수 없는 길입니다. 함께 가야 합니다. 그래서 교회를 주셨습니다. 함께 기도하고 의지하면서 음녀를 이겨야 합니다. 그리고 마지막 영광을 생각하시기 바랍니다. 하나님의 영광이 우리에게 주어질 것입니다. 그 믿음으로 음녀와의 싸움을 감당해야 합니다.

천사가 알려준 비밀(계 17:7-18)

　사람들은 종종 지금이 말세라는 말을 합니다. 말세라고 생각하는 이유는 제각각인데 일반 사람들은 보통 도덕적인 타락을 근거로 말세라고 말합니다. 그러나 그리스도인은 교회의 우상숭배와 핍박을 보면서 말세라는 생각을 갖습니다. 성경은 마지막이 오면 교회가 핍박을 받고 성도들이 우상숭배에 깊이 빠진다고 말씀하고 있습니다. 그래서 말세는 교회의 무너짐을 의미하는 말이 됩니다. 그런 측면에서 우리는 말세를 살아가고 있음이 분명합니다.

　그러나 성경은 교회가 핍박을 받고 우상숭배의 무서운 장애물이 성도를 휘감고 있지만 결코 교회는 무너지지 않는다고 말씀합니다. 오히려 말세에는 사단의 세력들이 심판을 받고 멸망할 것임을 말씀합니다. 그리고 그리스도의 승리와 성도들의 승리가 있을 것임을 말씀합니다. 사도 요한은 그 사실을 보고 전하고 있습니다.

　천사에게 이끌려 광야로 나간 사도 요한은 붉은 빛 짐승 위에 탄 음녀의 모습에 크게 놀랍니다. 짐승을 탄 음녀의 기세가 참으로 대단하였기 때문입니다. 성도들의 피와 예수의 증인들의 피에 취하여 있는 모습에 매우 놀랐습니다. 그러자 천사는 사도 요한에게 왜 놀라느냐고 말합니다.

그러면서 음녀와 짐승에 대한 비밀을 알려주겠다고 말합니다. 3절에서 나타난 붉은 빛 짐승은 그 모습이 구체적으로 나타나는데 일곱 머리와 열 뿔을 가졌습니다. 이 짐승들은 잠시는 힘을 발휘하겠지만 마침내 영원한 멸망으로 끝날 자들입니다.

"네가 본 짐승은 전에 있었다가 시방 없으나 장차 무저갱으로부터 올라와 멸망으로 들어갈 자니 땅에 거하는 자들로서 창세 이후로 생명책에 녹명되지 못한 자들이 이전에 있었다가 시방 없으나 장차 나올 짐승을 보고 기이히 여기리라"(8절)

이 짐승은 전에 있었지만 지금은 존재하지 않습니다. 그러나 장차 무저갱으로부터 올라올 것입니다. 무저갱은 끝없이 깊은 구덩이를 의미합니다. 그래서 무저갱은 사단이 갇혀 있는 지하 감옥이라고 말합니다. 그런데 그곳에서 올라옵니다. 그리고 교회를 잠시 동안 핍박할 것입니다. 하지만 곧 영원한 멸망으로 들어갑니다.

특히 땅 위에 사는 사람들 중에서 천지 창조 때부터 생명책에 이름이 적혀 있지 않은 사람들은 그 짐승이 나타나는 것을 보고 놀랄 것입니다. 전에는 있었지만 지금은 없고 후에야 나타나기로 되어 있는 그 짐승을 마침내 보았기 때문입니다.

그러기에 천사는 여기에서 지혜가 필요하다고 말씀합니다. 이 말씀은 매우 중요합니다. 마지막 시대를 살아가는 성도들에게는 지혜가 필요합니다. 영적인 분별의 지혜가 무디어지면 환난의 순간들을 견딜 수 없습니다. 그러므로 성도들에게는 그 무엇보다도 영적인 지혜가 필요합니다.

천사는 지혜의 필요성을 말씀하면서 일곱 머리와 열 뿔을 가진 짐승에 대하여 설명합니다. 일곱 머리는 일곱 산이며 일곱 왕입니다.(9-10上) 보통 일곱 머리 곧 일곱 산은 일곱 언덕으로 된 로마라고 말합니다. 그러나 일곱이라는 숫자를 로마의 왕으로 보는 것은 여러 가지 문제가 있음을 이미 살폈습니다.(계 13:1-2) 일곱 머리는 로마의 왕들을 지칭하기보다는 대단한 지혜를 가지고 교회를 압제하는 모든 세력의 충만함을 의미합니다.

10절을 보면 일곱 왕 가운데 다섯은 망하였고, 하나는 있고 다른 이는 아직 이르지 아니하였다고 말합니다. 이 부분에 대하여 많이 사용되는 해석은 로마의 일곱 왕(아우구스투스, 티베리우스, 칼리굴라, 클라우디우스, 네로, 베스파시아누스, 티투스)과 혹은 역사 속에 존재하였던 일곱 제국(이집트, 앗수르, 바벨론, 페르시아, 헬라, 로마, 콘스탄티누스로 시작하는 기독교제국)으로 생각합니다. 하지만 이 말씀도 동일하게 상징적으로 보아서 압제하는 권력을 보여주는 말씀입니다. 그러나 1세기의 관점에서 볼 때 로마의 강력한 압제를 표현하는 말씀입니다.

하지만 로마의 압제보다 더욱 강한 나라와 세력이 올 것입니다. 바로 적그리스도의 세력입니다. 11절은 그러한 세력에 관하여 말씀하고 있습니다. 그러나 적그리스도의 세력이 아무리 대단하다 하더라도 결국 심판의 자리로 떨어지게 됩니다.

"전에 있었다가 시방 없어진 짐승은 여덟째 왕이니 일곱 중에 속한 자라 저가 멸망으로 들어가리라"(11절)

본문의 여덟째 왕은 일곱 왕들과 버금가는 힘을 가진 존재를 의미합니다. 사단의 강력한 능력을 소유한 존재를 의미합니다. 그러나 이들이 결국 멸망으로 들어갑니다. 이것이 일곱 왕에 대한 비밀입니다. 이들은 강

교회를 세우는 요한계시록 강해

력하게 교회를 핍박하고 괴롭게 하겠지만 그 시간은 결코 길지 않습니다. 그리고 교회를 핍박하는 적그리스도의 세력은 급속히 멸망으로 들어갑니다.

그러나 천사는 일곱 왕에 대해서만 말씀한 것이 아니라 열 뿔에 대하여서도 말씀합니다. 열 뿔은 열 왕입니다. 열 왕은 짐승으로 더불어 잠시 동안 권세를 받아서 통치합니다. 그런 의미에서 열 뿔은 장차 세상을 지배하는 적그리스도의 세력을 의미합니다. 그런데 이 열 왕들이 짐승에게 자기의 능력과 권세를 줍니다. 결국 짐승은 더욱 강력한 힘을 얻게 되는 것입니다. 이렇게 하는 이유는 바로 어린 양과 더불어 싸우려 하기 때문입니다. 어린 양이 누구입니까?

"저희가 어린 양으로 더불어 싸우려니와 어린 양은 만주의 주시요 만왕의 왕이시므로 저희를 이기실터이요 또 그와 함께 있는 자들 곧 부르심을 입고 빼내심을 얻고 진실한 자들은 이기리로다"(14절)

만 주의 주이시며, 만 왕의 왕이십니다. 이것은 다니엘 7장 21절에서 볼 수 있는 모습입니다.

"내가 본즉 이 뿔이 성도들로 더불어 싸워 이기었더니"

다만 다니엘서에서는 뿔이 이기는 것으로 나타납니다. 하지만 궁극적으로 이 뿔들은 멸망을 당합니다.(단 7:22) 적그리스도들이 싸우고 있는 대상은 바로 만 왕의 왕입니다. 그러므로 결코 이길 수 없습니다. 뿐만 아니라 그리스도와 연합되어 있는 모든 성도들도 사단의 권세에서 승리합니다.

그런 후에 천사는 하나님의 뜻에 의하여 적그리스도의 세력이 스스로 멸망되는 것을 말씀합니다. 15절에서 음녀가 지배하고 있는 물이 백성과 무리와 열국과 방언임을 밝혀 줍니다. 그러자 열 뿔과 짐승이 음녀를 미워합니다. 즉 내분이 생긴 것입니다.

"네가 본 바 이 열 뿔과 짐승이 음녀를 미워하여 망하게 하고 벌거벗게 하고 그 살을 먹고 불로 아주 사르리라"(16절)

악이 악으로 더불어 싸움으로 망하는 길로 가는 것입니다. 이것을 신학자들은 악의 자기 파괴적 속성이라고 말합니다. 쉽게 생각하면 내분입니다. 내분은 분열을 만들고 멸망에 이르게 합니다. 악은 내분에 의하여 멸망하게 되어 있습니다. 사도 바울이 고린도 교회의 분파적 내분에 대하여 강력하게 대응하였던 이유입니다. 내분은 멸망에 이르기 때문입니다.

열 뿔과 짐승과 음녀 사이에 내분이 일어났습니다. 이것은 곧 하나님을 대적하는 모든 것들이 마침내 멸망하고 말 것임을 보여주는 말씀입니다. 그런데 사실 이것은 하나님의 뜻이었습니다. 하나님은 이들이 내분을 통하여 멸망에 이르도록 섭리하셨습니다.

"하나님이 자기 뜻대로 할 마음을 저희에게 주사 한 뜻을 이루게 하시고 저희 나라를 그 짐승에게 주게 하시되 하나님 말씀이 응하기까지 하심이니라"(17절)

하나님께서 그들의 마음속에 당신의 뜻을 이루려는 욕망을 심어주셨습니다. 그리고 뜻을 모아 그들의 왕권을 그 짐승에게 넘겨주게 하셨습니다. 그리하여 결국 하나님의 뜻대로 적그리스도의 세력은 무너질 것입니다. 음녀는 땅의 왕들을 다스리는 자였지만 결국 내분에 의하여 무너지고 맙니다. 이것이 오늘 말씀입니다. 적그리스도들을 향한 심판입니다.

우리는 이 말씀을 통하여 중요한 사실들을 묵상하고 적용하여야 합니다. 첫째, 종말의 시대를 사는 모든 성도에게는 고난이 항상 존재한다는 사실입니다.

이미 죽은 것 같은 짐승이 다시 무저갱에서 올라와서 교회와 성도를 향하여 핍박을 가합니다. 요한은 당대에 이뤄지고 있는 교회의 핍박을 보면서 무저갱에서 올라온 짐승의 핍박을 묘사합니다. 그리스도께서 이들을 영원한 불 못에 던지기까지 교회와 성도들을 핍박합니다. 이들이 하는 것은 인류의 역사 가운데서 하나님의 일하심에 대하여 반기를 갖는 것입니다. 그리고 교회를 핍박합니다. 그것도 아주 교묘하게 핍박을 합니다. 정부 권력은 어떻게 해서라도 교회를 자신의 지배 아래 두려고 합니다. 그래서 충돌을 일으킵니다.

각 시대마다 이러한 세력들이 나타나서 교회를 대적하고 성도들을 괴롭히지만 궁극적으로 이기지는 못합니다. 그러기에 교회는 고난을 이상하게 여길 것이 아니라 당당하게 여겨야 합니다. 사단은 고난을 통하여 힘들게 하지만 하나님은 고난을 통하여 우리를 더욱 강하게 만들어 주십니다. 그러므로 시편기자의 고백처럼 고난받는 것이 내게 복이라고 고백할 수 있어야 합니다. 고난을 통하여 우리가 더욱더 하나님과의 관계가 견고해져야 합니다. 고난의 시대에 성숙된 신앙이 되기를 소망합니다.

둘째, 종말을 사는 그리스도인들에게 시대를 분별할 수 있는 영적인 지혜가 필요합니다.

천사는 지혜 있는 뜻을 말씀합니다. 말세를 살아가는 성도에게 무엇보다도 영적인 지혜가 중요합니다. 바르게 분별할 수 있어야 합니다. 사도 바울이 로마 교회에 보내는 편지에서 하나님의 선하시고 온전하신 뜻을 분별할 것을 강조하였듯이(롬 12:2) 지금 우리에게 이 지혜가 필요합니다. 우리는 이미 계시록 13장 18절에서 지혜에 대하여 살피면서 세상과의 타협을 조심할 것을 강조하였습니다. 이것은 다니엘 11:33, 12:10에서 말씀하듯 지혜와 깨달음이 얼마나 중요한지를 반복하여 강조합니다. 이 지혜는 영적인 지혜를 의미합니다. 지혜 있는 자가 시대의 징조를 깨닫고 핍박과 우상숭배의 공격을 이겨 낼 수 있습니다. 예수님께서 자다가 깰 때가 되었다고 말씀하심을 기억해야 합니다.

우리는 영적인 분별력이 참으로 중요한 시대에 살고 있습니다. 그러기에 함께 말씀을 듣고 서로 나누고 기도하는 일이 얼마나 중요한지 모릅니다. 짐승과의 싸움은 혼자 감당할 수 없습니다. 교회를 무너뜨리는 싸움을 이기기 위해서는 그 무엇보다도 함께하여야 합니다. 그러므로 모이기를 힘써야 합니다. 예배는 영적인 지혜를 얻고 짐승과 싸우기 위하여 힘을 얻는 곳입니다. 그래서 예배가 무너지고, 성도의 영적인 나눔이 빈약하면 세상의 싸움에서 무너집니다. 항상 무엇이 우선순위인지 잊지 말아야 합니다. 잠시 있다 사라질 것이 우리의 소망이 아닙니다.

셋째, 예수 그리스도의 택하심을 받은 성도들은 그리스도와 함께 영적인 승리를 얻게 됩니다.

우리는 지속되는 사단의 공격을 받고 있습니다. 사단의 공격은 다양합니다. 집단적이면서 개인적인 공격이 있습니다. 사단은 최후의 순간까지 어린 양과 싸웁니다. 하지만 그 결과는 멸망입니다. 만 왕의 왕이신 예수님을 어떻게 이길 수 있습니까? 하지만 이길 수 있다고 사람들을 미혹합니다. 자신이 세상의 왕이라고 기만합니다. 그래서 많은 사람들이 유혹을 당하고 있습니다. 그러나 이들의 마지막은 영원한 불 못입니다.

고난이 오고 핍박이 온다고 해서 하나님의 나라가 무너지는 것이 아닙니다. 교회가 사라지는 것이 아닙니다. 그리스도의 부르심을 받은 성도들, 그리스도와 연합되어 있다면 승리의 자리, 영광의 자리에 이르게 됩니다. 이것이 예수님의 약속입니다.

우리는 영적인 승리를 보장받은 사람들입니다. 그러므로 다가오는 고난과 핍박과 어려움으로 인하여 승리를 팔아먹지 말아야 합니다. 궁극적인 승리가 우리에게 있습니다. 그러므로 믿음의 선배들은 화형을 당하는 고난의 현장에서도 잠시 후에 있는 천국의 만찬을 생각하였습니다. 그 영광이 무서운 불길을 이겼던 것입니다. 우리에게도 다양한 고난이 찾아오겠지만 예수 그리스도의 약속을 생각하시기 바랍니다. 그리고 예수님 곁에서 떠나지 마시기 바랍니다. 예수님을 꽉 붙잡고 있으시기 바랍니다. 그럼으로 능히 이길 수 있습니다. 이 영광을 모두 누릴 수 있기를 소망합니다.

18장

이 세상이 추구하는 음녀 바벨론의 가치에서 벗어나야 합니다.
그것이 아무리 멋지게 보여도 우리가 참여하여야 할 것이 아닙니다.
그러므로 무엇을 하든지 이것이 나의 영광인지, 하나님의 영광인지
더 깊이 기도하고 결정해야 합니다.

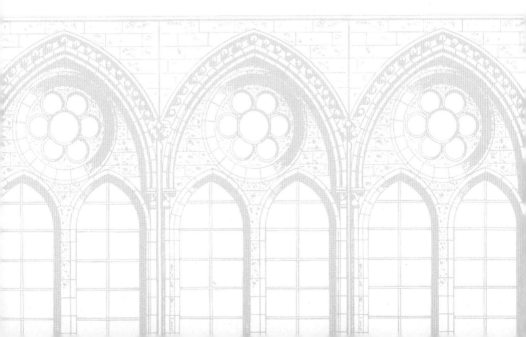

무너졌도다 무너졌도다(계 18:1-3)

17장에서 음녀와 짐승과 열 왕에 대한 내용과 이들이 어린 양을 대적하는 것과 마침내 내분으로 무너지는 것을 살펴보았습니다. 특별히 열 뿔과 짐승은 음녀를 미워합니다. 그래서 음녀를 망하게 합니다. 이 음녀는 큰 성입니다. 그런데 그 큰 성은 바로 바벨론을 의미합니다.

이제 18장에서는 이러한 바벨론의 심판에 대하여 구체적으로 말씀하는 것을 볼 수 있습니다. 오늘은 1-3절까지의 말씀을 통하여 하늘에서 내려온 천사를 통하여 주어지는 심판의 메시지와 큰 성 바벨론의 멸망 상태 그리고 멸망의 이유에 대하여 살펴보려고 합니다.

첫째로 천사가 보여준 하늘의 영광입니다.(1절-2) 18장은 하늘에서 내려온 다른 천사에 대한 이야기로 시작합니다. 보통 이전에는 일곱 천사 중 하나라고 말하였는데 18장에서는 하늘에서 내려온 천사라고 강조합니다. 그 이유는 두 가지를 생각할 수 있습니다. 하나는 17:8에 기록되어 있는 무저갱에서 올라온 짐승과 대조하기 위함입니다. 두번째는 이 천사는 이전의 천사와는 다른 존재임을 말하고자 함입니다.

1절에서 보여주는 천사의 특징 역시 두 가지입니다. 하나는 큰 권세를 가졌습니다. 두번째는 자신의 영광으로 땅을 환하게 밝힙니다. 이것은 이

교회를 세우는 요한계시록 강해

전까지 나타났던 천사들의 모습과는 분명하게 다릅니다. 땅이 환하여지는 영광을 어떻게 설명하여야 하겠습니까? 어떤 이는 이 천사가 하나님의 신적인 임재로부터 즉각적으로 보냄을 받았음을 의미한다고 말합니다(오스본). 이러한 영광과 권세를 가진 천사는 매우 특별합니다. 그러기에 그리스도의 현현으로 보기도 합니다. 그것은 계시록에서 영광받기에 합당한 분은 하나님이나 그리스도임을 나타내기 때문입니다(계 4:9, 16:9, 5:12-13 등). 땅이 환하여진 것은 심판 후에 주어질 새롭게 된 영광을 의미합니다. 이것은 에스겔 40장 이후의 모습에서 볼 수 있습니다.

"이스라엘 하나님의 영광이 동편에서부터 오는데 하나님의 음성이 많은 물소리 같고 땅은 그 영광으로 인하여 빛나니"(겔 43:2)

이것은 바벨론의 심판과 이스라엘의 회복의 영광을 나타낼 때 쓰인 말씀입니다. 결국 그리스도의 나타내심을 보여주는 이 말씀은 바벨론의 심판은 곧 하나님의 영광임을 보여주는 말씀입니다.

두번째는 큰 성 바벨론이 받을 심판입니다. 큰 권세를 가진 천사는 힘센 음성으로 바벨론의 심판을 선언합니다.

"힘센 음성으로 외쳐 가로되 무너졌도다 무너졌도다 큰 성 바벨론이여 귀신의 처소와 각종 더러운 영의 모이는 곳과 각종 더럽고 가증한 새의 모이는 곳이 되었도다"(2절)

힘센 음성은 천사가 가진 큰 권세를 강조하는 말씀입니다. 천사는 큰 음성으로 외칩니다. 그것은 바로 큰 성 바벨론의 무너짐입니다. "무너졌도다 무너졌도다 큰 성 바벨론이여" 이 말씀은 바벨론의 상태가 어떠한지를 보여줍니다. 무너졌다고 반복하는 것은 강조하기 위함입니다. 확실하게 무너졌다는 말씀입니다. 큰 성 바벨론이 무너졌습니다. 무너질 것 같지 않았습니다. 그런데 마침내 무너집니다. 이스라엘을 점령하였던 고대 바벨론도 무너졌습니다.

"마병대가 쌍쌍이 오나이다 그가 대답하여 가라사대 함락되었도다 함락되었도다 바벨론이여 그 신들의 조각한 형상이 다 부숴져 땅에 떨어졌도다 하시도다"(사 21:9)

그리고 1세기의 바벨론인 로마도 무너졌습니다. 청교도 시대에는 로마 가톨릭을 음녀로 보았습니다. 교회를 핍박하고 유혹하였던 세력들이 영원할 것 같은데 모두 무너졌습니다. 무너진 바벨론의 모습은 어떠하겠습니까? 천사는 그 상태가 얼마나 끔찍한지 말씀합니다. 바로 귀신의 처소가 되었다고 말합니다. 그렇게 화려하였던 큰 성 바벨론입니다. 계 17:4에 나타난 모습을 다시 한번 보시기 바랍니다.

"그 여자는 자주 빛과 붉은 빛 옷을 입고 금과 보석과 진주로 꾸미고 손에 금잔을 가졌는데 가증한 물건과 그의 음행의 더러운 것들이 가득하더라"

얼마나 화려합니까? 맘몬을 즐기는 사람들을 유혹하기에 더할 나위 없는 모습입니다. 그런데 그러한 모습이 귀신의 처소가 되었습니다. 그 모습이 어떠합니까? "각종 더러운 영의 모이는 곳과 각종 더럽고 가증한 새의 모이는 곳입니다." 비교하면 할수록 분명합니다. 마치 하나님을 대적하여 이 땅에 부를 누리며 사는 것이 영원할 것이라고 생각하였던 바벨론의 모습은 저주받은 곳이 되었습니다. 이것은 이사야의 말씀을 반영합니다.

"열국의 영광이요 갈대아 사람의 자랑하는 노리개가 된 바벨론이 하나님께 멸망 당한 소돔과 고모라 같이 되리니** 그곳에 처할 자가 없겠고 거할 사람이 대대에 없을 것이며 아라비아 사람도 거기 장막을 치지 아니하며 목자들도 그곳에 그 양떼를 쉬게 하지 아니할 것이요 **오직 들짐승들이 거기 엎드리고 부르짖는 짐승이 그 가옥에 충만하며 타조가 거기 깃들이며 들 양이 거기서 뛸 것이요 그 궁성에는 시랑이 부르짖을 것이요 화려한 전에는 들 개가 울 것이라 그의 때가 가까우며 그의 날이 오래지 아니하리라**"(사 13:19-21)

음녀의 최후는 가장 처참한 상태가 됩니다. 그리고 그날은 하나님의 영광이 나타나는 날입니다. 하나님의 영광과 심판이 교차됨을 볼 것입니다. 그렇다면 이렇게 바벨론이 처참하게 심판받아야 하는 이유는 무엇입니까?

세번째, 큰 성 바벨론이 심판받은 이유입니다. 화려하였던 바벨론입니다. 많은 사람들을 유혹하였던 바벨론입니다. 그래서 하나님을 떠나게 하였던 바벨론입니다. 그런데 그 바벨론이 귀신의 처소가 되었으며 가증하고 더러운 것들의 소굴이 되었습니다. 그 이유가 무엇입니까? 그것은 세 가지 이유 때문입니다.

첫째는 만국으로 하여금 음행의 포도주를 마시게 하였습니다. 우리 성경에는 "만국이 무너졌도다"라고 되어 있지만 이 말은 "만국이 마셨다(페포칸)"는 의미입니다. 만국이 음행의 포도주를 마셨습니다. 음행의 포도주는 우상숭배를 말씀합니다. 우상숭배의 자리에 함께 참여하게 하였습니다. 음녀의 유혹에 빠져서 하나님의 대적하는 우상숭배의 자리에 있게 하였습니다. 만국으로 하여금 우상숭배의 자리로 이끌었던 음녀의 최후는 더러운 소굴입니다.

두번째는 땅의 왕들이 그와 더불어 음행하였습니다. 세상 왕들이 하나님의 통치를 따르지 않고 우상숭배하는 자리에 함께하였습니다. 1세기 로마의 우상숭배는 황제 숭배가 절정이었습니다. 자신을 신으로 만들고 섬기라고 하였습니다. 이러한 모습은 역사 속에서 종종 나타납니다. 프랑스의 루이 14세는 왕은 "짐이 곧 국가"라는 말을 하였습니다. 그래서 별명이 태양왕이었습니다. 권력을 가진 자들이 자신을 숭배하는 자리에 이르는 것을 좋아합니다. 역사 속에 독재 권력을 휘둘렀던 이들의 모습에서 공통적으로 볼 수 있는 것은 음녀의 미혹에 빠진 우상숭배자의 모습입니다.

세번째는 상인들로 하여금 비정상적인 부를 축적하게 하였습니다. 3절 말씀에 있는 상고는 상인을 의미합니다. 그런 의미에서 하반절의 말씀은 "상인들도 그 사치의 세력을 인하여 치부(에플루테산) 즉 부자가 되었다"는 말씀입니다. 즉 상인들이 정상적인 부를 가진 것이 아니라 우상숭배와 사치와 향락을 조장함으로써 부를 누렸습니다.

당시의 로마는 사치와 향락의 천국이었습니다. 이러한 사치를 유지하기 위하여 무자비한 일을 하였습니다. 그리고 상인들은 그러한 무자비한 일에 동참하였습니다. 오직 돈만 벌면 되었기 때문입니다. 정상적이고 정직한 상업 활동이 아니라 사치와 향락을 조장하는 일에 열심을 내었습니다. 그것이 옳으냐 그르냐가 중요하지 않았습니다. 자신은 돈만 벌면 됩니다. 마치 마약을 파는 사악한 이들의 모습처럼 사람들이 망가져도 상관이 없습니다. 돈만 벌면 되기 때문입니다. 다른 사람의 삶에 대하여 아무 관심이 없고 오직 돈 벌기에 급급한 이들은 음녀에 유혹에 빠진 자들입니

교회를 세우는 요한계시록 강해

다. 그러기에 하나님은 타락한 세상의 근원인 음녀를 철저하게 심판하여 귀신의 처소로 만들어 버린 것입니다.

우리는 큰 성 바벨론의 심판의 모습을 보았습니다. 이러한 모습은 18장 전체를 통하여 더욱 구체적인 모습으로 나타납니다. 이러한 바벨론의 멸망은 우리로 하여금 어떠한 삶을 살아야 하는지를 말씀하십니다.

큰 성 바벨론이 무너진 이유를 통하여 자신을 돌아볼 수 있어야 합니다. 우상숭배의 자리에 함께하지는 않는지? 더불어 음행하는 자리를 즐기지 않는지? 오직 부자가 될 수만 있다면 수단과 방법을 가리지 않고 손을 잡고 있지는 않는지? 스스로 자신을 살펴볼 수 있어야 합니다.

바벨론의 무너짐과 함께 여러분도 무너진다면 그것은 참으로 처참한 일이 아닐 수 없습니다. 지금 여러분의 눈에 보이는 화려함에 속지 말아야 합니다. 음녀의 속삭임은 매우 달콤합니다. 더구나 자본주의 사회에서 더 편한 삶에 대한 유혹은 아주 강렬합니다. 그러나 그것에 타협하고 더불어 살아간다면 바벨론의 멸망과 함께 그 자리에 있게 됩니다.

아무리 달콤하여도 우리가 있어야 할 자리는 아닙니다. 매번 반복되는 고위 공직자 청문회를 보면 하나님의 말씀대로 사는 것이 바보라는 생각을 하게 미혹합니다. 서민을 위한다는 진보주의자나 가진 자를 옹호하는 보수주의자들이나 한결같이 다 음녀를 따르고 있습니다. 그러나 그러한 모습은 우리들도 예외가 아닙니다. 기회와 여건이 주어진다면 우리 역시 음녀의 속삭임에 넘어가고 그와 더불어 음행의 자리에 설 수 있습니다.

여러분, 음녀의 유혹에 넘어가지 말아야 합니다. 집도 오직 거주하기 위한 목적으로 구입하여야 합니다. 기업도 하나님의 선을 위하여 만들어야 합니다. 가정도 하나님의 말씀의 인도함을 받아야 합니다. 사치와 허영은 하나님을 섬기는 자리에서 떠나가게 해야 합니다. 화려함을 맛보면 하나님의 영광이 불편합니다. 돈이 주는 달콤함은 하나님이 주시는 자족함을 누리지 못하게 합니다. 배우고 돈이 있는 자들의 사악한 범죄들을 우리는 계속해서 보고 있습니다. 자신 앞에 있는 이득만을 위하여 정보를 조작하는 것을 보시기 바랍니다. 참으로 끔찍한 일이 아닐 수 없습니다. 모든 것이 음녀의 유혹에 빠졌기 때문입니다.

음녀가 기준이 아닙니다. 큰 성 바벨론이 여러분의 목적이 아닙니다. 우리의 목적은 하나님의 뜻이 나타나는 영광입니다. 말씀이 우리를 이끌어 갈 수 있어야 합니다. 말씀이 우리 안에 살아 있어야 합니다. 말씀을 읽고 듣고 암송하시기 바랍니다. 말씀이 심령 안에 있을 때 음녀의 소리가 아니라 말씀의 소리를 들을 수 있습니다. 여러분, 우리 모두 그리스도의 말씀 안에 있어야 합니다. 이것이 심판의 자리가 아니라 영광의 자리에 이르게 합니다. 마지막 순간까지 믿음의 길을 감당할 수 있기를 소망합니다.

교회를 세우는 요한계시록 강해

가슴에 깊이 간직하라(계 18:4-8)

여러분은 지금까지 살면서 가장 억울한 일이 있었다면 무엇입니까? 각자가 그 내용은 다를 것입니다. 더구나 누명을 쓴 것이라면 더욱더 화가 날 것입니다. 물론 그 가운데 시간이 흘러 마침내 누명을 벗은 사람들도 있습니다. 하지만 어떤 이들은 이 땅에서 끝까지 누명을 풀지 못하고 해를 당한 채 죽음을 맞이할 때가 있습니다. 그러면 그 마음이 어떻겠습니까? 더구나 그 일이 선을 위한 일이었는데 모함을 당해서 오히려 큰 피해를 입었다면 어떻겠습니까? 거기다가 자신에게 해를 가하고 거짓을 행한 자들과 그 후손들은 잘 살고 있다고 한다면 마음이 어떻겠습니까? 치유가 불가능하게 보일 깊은 상처를 가질 것입니다. 그리고 세상을 불신하고 원망할 것입니다. 어쩌면 독한 술에 빠져 살지도 모릅니다. 그렇게라도 하지 않으면 살 수 없기 때문입니다.

이렇게 생각하는 것은 모든 결정이 이 땅으로 끝난다는 생각 때문입니다. 이 땅이 끝이라면 누구나 화가 치밀 것입니다. 그리고 자신의 무능력에 대하여 비관할 것입니다. 하지만 동일한 상황에서 그리스도인은 다르게 생각하고 삽니다. 그리스도인이 다르게 생각하는 것은 이 땅이 전부가 아니기 때문입니다. 하나님은 이 땅에서 범죄하였지만 처벌받지 않은 이들 그리고 여전히 부와 권력을 휘두르는 자들에 대하여 마지막 심판을 피할 수 없다고 말씀합니다. 마지막 심판이 이르면 순식간에 모든 것이 무너집니다. 마치 소돔과 고모라 성이 한순간에 불과 유황불에 타서 없어진 것같이 사라집니다. 그것은 악인들이 받는 심판에 대한 묘사입니다. 죄인들은 자신들이 범한 죄에 대하여 하나님의 심판을 받습니다. 그때는 피할 수 없고, 도망갈 수 없고, 숨을 수 없습니다. 그리스도인은 그 사실을 알기에 인내하면서 견디어 냅니다.

사도 요한은 큰 성 바벨론의 최후를 보면서 이 땅에서 어떻게 살아야 하는지를 보았습니다. 이 땅에서 대단한 권력을 가진 지배자였지만 그 마지막은 순식간에 불에 타버리고 맙니다. 그가 행한 모든 부끄러운 일들이 드러납니다. 그리고 이 땅에서 자랑하였던 그의 영광이 무너집니다. 이것이 악인들의 최후입니다. 그리고 악인들과 어울렸던 이들도 동일하게 무너지고 맙니다.

사도는 이 사실을 분명하게 보았습니다. 그때 하늘에서 큰 소리가 나는 것을 듣습니다. 그것은 그리스도인들이 죄악된 세상에서 어떻게 살아야 하는지 말씀합니다. 사도가 들은 이 말씀은 오늘 우리들의 가슴에 깊이 간직하여야 할 말씀입니다. 그렇다면 어떤 말씀이기에 우리의 가슴에 깊이 간직하여야 하겠습니까? 사도가 들은 말씀을 통하여 우리의 믿음을 바르게 살펴볼 수 있기를 소망합니다.

첫째, 음녀 바벨론의 죄에 머물지 않고 떠나야 합니다.(4절) 그리스도인은 음녀가 주인 행세하는 세상으로 보내졌고 살아가야 합니다. 그러나 세상에 속하여 살 수 없습니다. 이것이 그리스도인이 이 땅을 살아가야 하는 자세입니다. 사도는 음녀 바벨론의 죄에 대하여 지적함과 동시에 그

교회를 세우는 요한계시록 강해

죄에서 떠나라고 말합니다.

"또 내가 들으니 하늘로서 다른 음성이 나서 가로되 내 백성아, 거기서 나와 그의 죄에 참예하지 말고 그의 받을 재앙들을 받지 말라"(4절)

사도가 들은 음성은 분명하였습니다. 음녀에게서 나오라는 말씀입니다. 음녀의 죄에 참예하지 말라는 말씀입니다. 이 말씀은 선명하게 선포된 말씀입니다. 이것은 예수님께서 제자들을 위한 기도에서 동일하게 볼 수 있습니다. 예수님은 요 17장의 기도에서 제자들을 세상에 보내셨다고 말씀하셨습니다. 그러나 제자들은 세상에 속하지 않고 세상에서 변화를 이끄는 존재임을 말씀하셨습니다.

세상에 속하지 않는 것은 세상에 변화를 일으키는 것을 의미합니다. 그러나 동시에 세상에 속한 자가 받아야 할 형벌을 받지 않는 일입니다. 세상이 아무리 화려해 보여도 죄의 자리에 있다면 최후의 심판을 피할 수 없습니다. 그러므로 하나님은 떠나라고 말씀합니다. 이것은 선지자들이 항상 하는 말씀의 표현입니다.(사 40:8, 렘 51:45) 선지자들이 하나님의 말씀을 전하는 자라는 것을 생각한다면 음녀에게서 떠나라는 이 말씀은 세상에 속하지 말아야 한다는 것은 일관된 하나님의 말씀임을 알 수 있습니다.

음녀의 자리에서 떠나는 것이 가장 영적인 사람입니다. 그것이 죄인 사실을 알기 때문입니다. 우리가 있어야 할 자리는 음녀의 자리가 아닙니다. 바로 복음의 자리입니다. 예수 그리스도의 자리입니다. 이 사실을 기억할 수 있기 바랍니다.

둘째, 음녀 바벨론의 죄를 기억하시는 하나님입니다.(5절) 그리스도인이 음녀 바벨론의 죄에 머물지 않고 떠나야 하는 또 다른 이유는 하나님께서 음녀의 죄를 기억하시기 때문입니다. 그리스도인은 음녀 바벨론의 죄를 기억하시는 하나님을 확신하는 사람입니다. 음녀 바벨론은 이 땅에서 가장 화려한 삶을 살았습니다. 역사 속의 바벨론도 마찬가지입니다. 1세기의 바벨론이었던 로마도 동일합니다. 사람들은 이들의 화려함에 숨죽였고 부러워하였고 타협하였습니다. 더구나 이들이 휘두르는 권력에 양심도 굳어 버렸습니다. 그러나 하나님은 모든 것을 알고 계십니다. 그들이 저지른 죄를 다 기억하십니다.

"그 죄는 하늘에 사무쳤으며 하나님은 그의 불의한 일을 기억하신지라"(5절)

음녀 바벨론의 죄가 하늘에 닿았습니다. 그래서 하나님께서 이들의 죄를 다 기억하신다는 말씀입니다. 불의한 일에 대하여 하나님이 기억하신다는 것은 이들이 받을 심판에 대하여 어떠한 불만과 불평을 낼 수 없다는 말씀입니다. 여기서 "기억한다"는 이 단어는 마음에 새긴다는 의미가 있습니다. 즉 하나님께서 이들이 행한 죄에 대하여 철저하게 심판하심을 강조하시는 것입니다. 사람은 잊어버릴 수 있습니다. 그러나 하나님은 잊지 않으십니다. 악인의 죄에 대한 하나님의 기억 앞에 변명할 여지가 없습니다.

그러므로 우리는 압니다. 세상에 아무리 대단하다고 여긴다 해도 죄악 가운데 있다면 그는 하나님의 심판 앞에 서게 됩니다. 그래서 억울함이 있어도 견딜 수 있습니다. 하나님이 기억하신 대로 갚으시기 때문입니다. 우리는 이 사실로 서로 격려하고 또한 더욱더 경건의 능력을 위하여 힘써야 합니다.

교회를 세우는 요한계시록 강해

셋째, 음녀 바벨론은 자신의 죄로 인하여 형벌을 받습니다.(6절) 그리스도인이 달콤한 음녀의 유혹에서 떠나고 어려운 상황에서도 흔들리지 않는 믿음을 가지고 있는 것은 음녀 바벨론이 받을 형벌을 알기 때문입니다. 사도는 하나님께서 음녀 바벨론의 죄를 기억하고 있는 것에 머물지 않고 심판이 임할 것임을 말씀합니다. 음녀는 자신이 지은 죄로 인하여 이미 버림받은 자로 작정되었습니다. 6절 말씀은 하나님의 심판이 어떻게 이뤄지는지를 말씀합니다.

"그가 준 그대로 그에게 주고 그의 행위대로 갑절을 갚아주고 그의 섞은 잔에도 갑절이나 섞어 그에게 주라"(6절)

이 표현은 음녀 바벨론에게 받은 만큼 돌려주되 음녀 바벨론의 행위를 갑절로 갚아 주라는 말씀입니다. 그리고 그가 부어준 진노의 포도주도 갑절로 돌려주라는 말씀입니다. 이렇게 말씀하심은 음녀 바벨론으로 인하여 들어온 죄악에 대한 하나님의 공의가 무엇인지를 보여주심입니다. 특별히 여기서 갑절(디플라)은 죄에 대한 하나님의 심판이 완전하고 충분함을 의미합니다.

"도적질한 것이 살아 그 손에 있으면 소나 나귀나 양을 무론하고 **갑절**을 배상할지니라"(출 22:4)

"어떠한 과실에든지 소에든지 나귀에든지 양에든지 의복에든지 또는 아무 잃은 물건에든지 그것에 대하여 혹이 이르기를 이것이 그것이라 하면 두 편이 재판장 앞에 나아갈 것이요 재판장이 죄 있다고 하는 자가 그 상대편에게 **갑절**을 배상할지니라"(출 22:9)

"내가 위선 그들의 악과 죄를 **배나 갚**을 것은 그들이 그 미운 물건의 시

체로 내 땅을 더럽히며 그들의 가증한 것으로 내 산업에 가득하게 하였음이니라"(렘 16:18)

이렇듯 귀신의 처소와 각종 더러운 것들이 모여 있는 음녀 바벨론을 향한 하나님의 심판은 완전하고 충분하게 이뤄집니다. 음녀 바벨론은 자신이 행한 죄악으로 인하여 심판을 받습니다. 그것도 이 땅에서 행한 일에 대한 온전한 심판이 주어집니다.

이것은 우리가 이 땅에서 억울함을 당할 수 있지만, 억울함이 영원하지 않음을 보여줍니다. 죄인에 대한 하나님의 심판은 완전하고 충분합니다. 그리고 그리스도인은 세상의 길이 아니라 그리스도의 길을 가야 합니다. 구원받은 성도로서 더욱 선한 일에 열심을 내야 합니다. 착한 일을 통하여 사람들이 하나님께 영광 돌리게 하여야 합니다. 세상에 살지만 세상에 속하지 않음을 보여주어야 합니다.

넷째, 교만과 사치는 순식간에 사라지는 허상입니다.(7-8절) 음녀의 유혹 가운데 그리스도인이 항상 경계할 것은 "교만과 사치와 허영"입니다. 왜냐하면 이것은 하나님을 대적할 뿐 아니라 실상은 모두 허상이기 때문입니다. 성경은 교만이 패망으로 가는 빠른 길임을 누누이 말했습니다(잠 16:18). 그러나 사람들은 대수롭게 여기지 않습니다. 오히려 자신을 좀 더 과대포장하여야 이 시대에서 살아남는다고 말합니다. 이것은 시대의 가르침에 분명하게 부합합니다. 하지만 하나님은 이러한 과대포장은 짐짓 교만의 모습이라고 책망합니다. 그리고 그 결과는 순식간에 재앙으로 다가올 것이라 말씀합니다. 하나님은 음녀 바벨론의 교만에 대하여 지적합니다. 그리고 그 교만이 얼마나 헛된 것인지를 말씀합니다.

"그가 어떻게 자기를 영화롭게 하였으며 사치하였든지 그만큼 고난과

교회를 세우는 요한계시록 강해

애통으로 갚아 주라 그가 마음에 말하기를 나는 여황으로 앉은 자요 과부가 아니라 결단코 애통을 당하지 아니하리라 하니"(7절)

음녀 바벨론의 모습은 어떻게 고발되었습니까? 바로 영화와 사치입니다. 자신 스스로를 높이는 자입니다. 사람의 유일한 목적이 하나님을 영화롭게 하는 것인데 음녀 바벨론은 그 영광을 자신에게 돌렸습니다. 또한 온갖 사치를 자랑하였습니다. 이것은 마치 내가 번 돈은 내가 알아서 쓴다는 생각입니다. 이것은 자본주의 시대에 맞는 말처럼 들립니다. 그러나 하나님 나라의 모습에는 합당하지 않습니다. 하나님께서 우리에게 은사와 재능을 주신 것은 오로지 자신의 영광을 위하여 살라고 주신 것이 아닙니다. 그러나 음녀 바벨론은 그 모든 것을 자신의 영광과 자신의 만족을 위하여 사용하였습니다.

우리는 마음껏 사치스럽게 사는 것을 보면 부러워합니다. 그러나 부러울 것이 없습니다. 왜냐하면 이러한 사치는 교만으로 발전하고 그 교만은 마침내 재앙의 자리에 서게 되기 때문입니다. 사치가 가득한 음녀 바벨론의 모습이 어떻게 변하였습니까? 자신의 부와 권력에 도취된 나머지 다른 사람과 비교합니다. 그리고 교만에 빠져 살아갑니다.

"그가 어떻게 자기를 영화롭게 하였으며 사치하였든지 그만큼 고난과 애통으로 갚아 주라 그가 마음에 말하기를 나는 여황으로 앉은 자요 과부가 아니라 결단코 애통을 당하지 아니하리라 하니"(7절)

교만과 사치에 빠진 음녀 바벨론은 자신이 가진 부와 권력을 통하여 자신의 삶이 영원히 행복할 것이라고 생각합니다. 자신은 여왕이기에 과부와 비교할 수 없고, 과부가 당하는 애통을 자신은 당하지 않을 것이라고 자신합니다. 이것이 모든 것이 하나님께로부터 왔음을 알지 못하는 가진 자들의 교만입니다. 하지만 이러한 교만은 오래가지 못합니다.

하나님은 이들에게 그들이 누렸던 만큼의 고난과 애통으로 갚아 주겠다고 말씀합니다. 하나님이 주시는 형벌은 순식간에 이뤄집니다. 그리고 그 비참함은 이루 말할 수 없을 정도로 처참합니다. 그것은 심판하시는 하나님은 강하신 분이기 때문입니다.

"그러므로 하루 동안에 그 재앙들이 이르리니 곧 사망과 애통과 흉년이라 그가 또한 불에 살라지리니 그를 심판하신 주 하나님은 강하신 자이심이니라"(8절)

하나님이 강하신 분이라는 의미는 전능하신 분이라는 의미와 함께 확고하신 분이라는 의미도 있습니다. 음녀 바벨론을 향한 하나님의 심판은 농담이 아닙니다. 그가 하신 말씀은 반드시 이뤄집니다. 그리고 확고하게 집행하십니다. 이렇게 강하신 하나님께서 하신 심판은 무엇입니까?

"하루 동안에 그 재앙들이 이르리니 곧 사망과 애통과 흉년이라 그가 또한 불에 살라지리니"

얼마나 무서운 일입니까? 음녀 바벨론이 쌓아 놓고 누렸던 모든 영광들이 하루 동안에 사라집니다. 불에 타 없어집니다. 그리고 사망과 애통 가운데 거합니다. 이것이 악인들의 최후입니다. 이것이 불의로 부를 축적하고, 권력을 쟁취하고 약자들을 무시하고, 자신의 주머니만을 채우기 위하여 사는 이 땅의 모든 음녀 바벨론들이 마지막에 당한 모습입니다.

평생 일궈온 것이 다 쓰레기와 같이 사라집니다. 그들의 명성도 존경도 사실은 다 허상입니다. 한낱 구름에 지나지 않았습니다. 심판의 바람이 불자 하나도 남기지 않고 사라졌습니다. 음녀에게 행한 하나님의 심판은

교회를 세우는 요한계시록 강해

이렇게 순식간에 이뤄집니다.

여러분은 무엇을 위하여 사시겠습니까? 사라지는 구름과 같은 것에 우리의 인생을 허비하지 않기를 바랍니다. 우리가 전심으로 헌신할 것은 하나님의 영광입니다.

우리의 가슴에 깊이 간직하여야 하여야 할 것이 무엇인지 확실해졌습니까? 이 땅에 무엇을 위하여 살아야 하는지가 좀 더 분명해졌습니까? 우리는 죄에 속하지 않고 떠나야 합니다. 이 세상이 추구하는 음녀 바벨론의 가치에서 벗어나야 합니다. 그것이 아무리 멋지게 보여도 우리가 참여하여야 할 것이 아닙니다. 그러므로 무엇을 하든지 이것이 나의 영광인지, 하나님의 영광인지 더 깊이 기도하고 결정해야 합니다. 특별히 내가 하는 일이 사회적 약자를 무시하거나, 공의를 위배하거나, 이기적인 자기만족에 근거하고 있다면 우리는 음녀 바벨론의 죄에 참여하고 있음을 기억해야 합니다. 음녀의 유혹은 멋지게 보이지만 순식간에 멸망에 이른다는 것을 기억할 수 있기 바랍니다.

여러분은 무엇을 꿈꾸십니까? 영원한 영광입니까? 한순간에 사라지는 허상입니까? 우리에게 주어진 은사와 재능과 건강과 물질이 허상을 위하여 쓰여지지 않기를 소망합니다. 사치와 허영과 교만이 아니라 겸손과 감사와 자발적 불편이 우리의 기쁨과 행복이 되기를 소망합니다.

슬퍼하는 자와 기뻐하는 자
(계 18:9-20)

얼마 전 어느 분이 저에게 세월호 사건을 어떻게 생각하느냐고 질문하셨습니다. 왜 그런 질문을 하시느냐고 묻자 그분은 그것은 사고사가 아니냐고 말하는 것이었습니다. 그분의 생각은 사고사를 기억하는 일이 어디 있냐는 의미였습니다. 저는 그것이 사고사인지 아닌지가 중요한 것이 아니라 300여 명 학생들이 어른들의 잘못으로 고통 가운데 죽었다는 사실이 중요하다고 하였습니다. 그리고 다시는 이러한 불행이 반복되어서는 안 되기에 기억하는 것이 옳다고 하였습니다. 우리의 역사에는 끔찍한 일들이 많이 있었습니다. 임진왜란, 일한병합과 같은 역사입니다. 우리는 교과서에서 이 역사를 늘 배웁니다. 왜냐하면 부끄러운 일을 다시는 당하지 않기 위함입니다.

그러나 사람들은 어떠한 사건이나 죽음에 대하여 동일한 생각을 가지고 있지 않습니다. 그래서 무엇보다도 성경의 세계관이 필요합니다. 하나님의 말씀을 기준으로 보고 해석하고 판단하는 일이 중요합니다. 이 세상의 기준이 아니라 성경이 우리의 생각과 삶의 기준이 되어야 합니다. 이

교회를 세우는 요한계시록 강해

것은 끊임없는 말씀 공부와 기도가 따르지 않으면 어렵습니다.

본문은 한 사람의 심판받음에 대하여 서로 다른 모습을 보여주고 있습니다. 하나는 세상이 추구하는 모습이고 또 하나는 하나님의 자녀들의 모습입니다. 이러한 상반된 평가는 우리에게 많은 도전을 주고 있습니다. 그리고 그것은 나의 세계관이 어디에 있는지를 잘 보여줍니다. 특별히 자본주의 시대를 살아가고 있는 여러분의 삶에 있어서 이 부분은 많은 도전을 줍니다.

본문 말씀은 3개의 슬픈 노래와 하나의 즐거움이 기록된 말씀입니다. 3개의 노래는 장례식 때 부르는 슬픈 노래입니다. 일명 장송곡입니다. 그리고 하나의 노래는 동일한 장례식 앞에서 부르는 즐거움의 노래입니다. 같은 장례식에서 이렇게 다른 결과를 가져왔다는 것이 얼마나 의미가 있는지 모릅니다.

그렇다면 누구의 장례식이기에 이렇게 상반된 모습을 가지고 있는 것입니까? 그것은 바로 큰 성 바벨론의 장례식입니다. 10, 15, 19절은 장례식의 주인공이 누구인지를 말씀하고 있습니다. 이렇듯 우리가 읽은 본문은 큰 성 바벨론의 장례식에 대한 3개의 장송곡이라고 할 수 있습니다.

첫째는 바벨론과 함께하였던 땅의 왕들의 슬픈 노래입니다(9-10절). 둘째는 상인들의 슬픈 노래입니다(11-17절 전반부). 셋째는 해상 무역상들의 슬픈 노래입니다(17절 하반절-19절). 이들의 면면을 보면 이 땅에서 부와 명예를 누렸던 사람들입니다. 그런데 이들이 지금 슬픈 노래를 부르고 있습니다. 그 이유가 궁금하지 않습니까? **이들이 이토록 큰 성 바벨론의 멸망에 대하여 슬퍼하고 애통해하는 이유가 무엇입니까?**

첫째는 바벨론으로 인하여 자신에게 닥칠 고난을 두려워했습니다(10, 15, 19절). 땅의 왕들은 바벨론과 함께 음행과 사치를 즐겼습니다. 바벨론과 함께 진노의 포도주를 먹었습니다. 하나님이 허락하신 왕의 직분을 망각하고 바벨론의 꾐에 빠져 온갖 죄를 지었습니다. 바벨론의 큰 힘에 빌붙어서 자신들의 행복을 추구하였습니다. 온갖 사치와 향락에 빠져서 하나님을 무시하였던 이들의 모습을 생각해 보시기 바랍니다. 로마 시대 말기의 타락은 참으로 엄청났습니다. 마지막을 향한 발악이라고 할 수 있습니다. 그런데 이러한 모습은 로마만이 아닙니다. 우리도 자주 접하는 모습입니다.

요즘 종종 뉴스를 통하여 접하는 마약과 사치와 향락에 빠진 일부 젊은 연예인들의 추잡한 모습을 보시기 바랍니다. 권력을 가지고 여성들을 농락하였던 권력자들을 보시기 바랍니다. 넘쳐 나는 돈을 주체하지 못하고 마약을 일삼는 일부 재벌 자제들을 보시기 바랍니다. 이들이 바로 음녀 바벨론과 함께 사치와 음행을 누렸던 사람입니다.

그런 그들이 바벨론이 자신의 죄로 인하여 당하는 고난을 보았습니다. 하나님을 대적하였던 바벨론이 당하고 있는 고난을 보았을 때 두려움이 생긴 것입니다. 왜냐하면 그것은 곧 자신들이 받아야 할 고난이기 때문입니다. 그래서 화 있다고 슬픔의 노래를 부른 것입니다. 바벨론이 하나님의 심판 앞에 서는 것처럼 자신들도 심판대 앞에 설 것입니다. 결코 피할 수 없는 형벌을 선고받습니다. 그러기에 두려움이 그들을 엄습하였습니다. 이제 더 이상 쾌락과 사치와 허영과 음행을 누릴 수 없을뿐더러 그로 인하여 하나님께로부터 무시무시한 형벌을 받게 됩니다. 그러니 어찌 두렵지 않겠습니까? 이것이 음녀의 마지막 모습입니다. 이 세상이 가는 종

착점입니다. 그러기에 애통합니다. 자신의 마지막의 모습이 어떠할지를 아는 사람은 슬픔과 기쁨이 분명하게 나타납니다. 하나님의 나라를 바라보는 사람의 기쁨과 영원한 지옥을 바라보는 슬픔이 교차되는 그 시점에 어디에 서 있겠습니까? 그때에 우리 함께 기쁨을 누리기를 소망합니다.

둘째는 바벨론으로 인하여 지금까지 누렸던 경제적 부요함이 사라졌기 때문입니다(11, 12, 19절). 바벨론은 최고의 나라입니다. 가장 많은 돈을 가진 나라입니다. 바벨론과의 교역은 큰돈을 벌 수 있는 기회입니다. 이 부분은 겔 27:12-24 당시의 상인들의 무역하는 모습을 통하여 자세하게 볼 수 있습니다.

오늘날 미국이 세계를 향하여 당당하게 말할 수 있는 것은 경제 대국이기 때문입니다. 바벨론이 그러했습니다. 로마가 그러했습니다. 그래서 이들과 무역하면 많은 돈을 벌 수 있었습니다. 이들이 무역하였던 상품이 무엇입니까? 그것이 12-13절입니다. 총 28개의 품목입니다. 어떤 분은 13절 마지막의 종들과 사람의 영혼을 분리해서 29가지라고 말하기도 합니다. 그러나 종들과 사람의 영혼은 같은 것을 의미합니다. 노예무역을 의미합니다. 당시에는 노예는 하나의 물건이었습니다. 이렇게 볼 때 총 28개입니다. 그리고 이것을 일곱 분류로 묶을 수 있습니다. 첫째, 귀금속(금, 은, 보석, 진주), 둘째, 의복재료(고운 베, 자주 옷감, 비단, 붉은 옷감), 셋째, 가구류(각종 향목, 상아로 만든 물건, 값진 나무와 청동과 철과 대리석으로 만든 각종 물건), 넷째, 향료(계피, 향료, 향, 향유, 유향), 다섯째, 식료품(포도주, 올리브유, 고운 밀가루, 밀), 여섯째, 가축(가축들, 양들, 말, 수레), 일곱째, 사람(종들 곧 사람의 영혼)입니다.

이러한 물품들은 가깝게는 시리아, 그리고 스페인, 인도, 인도네시아,

중국, 이집트, 소아시아, 예멘, 소말리아와 남북 아프리카에서 수입되었습니다. 그런데 더 이상 이러한 물품을 살 수 없어 애통해하고 슬퍼합니다. 자신들이 지금껏 누렸던 것을 누릴 수 없게 되자 슬퍼합니다. 여기에는 하나님의 뜻이 아무 가치가 없습니다. 오직 자신의 부와 사치만이 중요했습니다. 그런데 그 부와 사치를 누릴 수 없어서 슬퍼한 것입니다.

"바벨론아 네 영혼의 탐하던 과실이 네게서 떠났으며 맛있는 것들과 빛난 것들이 다 없어졌으니 사람들이 결코 이것들을 다시 보지 못하리로다"(14절)

탐내던 실과가 떠났습니다. 맛있는 것은 임금님 상에 올라가는 음식을 의미합니다. 이러한 것들을 더 이상 먹을 수 없다는 것이 슬픔입니다. 자신이 즐기던 것을 누리지 못함이 슬픔입니다. 바벨론의 죄가 중요한 것이 아닙니다. 자신들의 죄가 중요하지 않습니다. 단지 자신들이 누리지 못하는 것이 억울한 것입니다. 그래서 슬퍼합니다. 이것이 하나님을 떠난 세상이 보여주는 모습입니다.

셋째는 바벨론처럼 자신들이 쌓은 모든 영광이 순식간에 망하는 것을 보았기 때문입니다.(10, 17, 19절) 한순간에 네 심판이 이르고 망한 것입니다. 누구도 무너뜨릴 수 없다고 생각하였던 큰 성 바벨론이 무너졌습니다. 돈을 자랑하였던 큰 성 바벨론이 순식간에 거지가 되었습니다. 바벨론과 무역하였던 상인들과 무역선장과 선원들 그리고 사치와 향락을 즐겼던 왕들이 더 이상 그 즐거움을 누리지 못합니다. 바벨론이 한순간에 망하였기 때문입니다. 바벨론으로 인하여 돈을 벌었던 이들이 한순간에 사라지고 만 것입니다. 그러니 슬퍼하지 않을 수 없었습니다. 이 부분은 두로를 위하여 애가 즉 슬픈 노래를 불렀던 에스겔 선지자의 말씀과 비슷하니

다.(겔 27:29-30, 35-36)

"무릇 노를 잡은 자와 사공과 바다의 선장들이 다 배에 내려 언덕에 서서 너를 위하여 크게 소리질러 통곡하고 티끌을 머리에 무릅쓰며 재 가운데 굶이여"(겔 27:29-30)

"섬의 거민들이 너를 인하여 놀라고 열왕이 심히 두려워하여 얼굴에 근심이 나타나도다 열국의 상고가 다 너를 비웃음이여 네가 경계거리가 되고 네가 영원히 다시 있지 못하리라 하리로다 하셨다 하라(겔 27:35-36)

사도 요한은 에스겔 선지자의 형식을 따라서 큰 성 바벨론의 심판을 말씀하고 있습니다. 두로처럼 큰 성 바벨론도 멸망합니다. 이러한 멸망 앞에 슬픔은 자연스럽습니다. 이렇듯 누구라도 자신이 받을 심판을 본다면 슬퍼하지 않을 수 없습니다. 자신이 쌓은 모든 것이 무너지는데 얼마나 화가 나겠습니까?

그런데 자세히 보면 이들의 모습이 매우 사악하고 이기적이고 교만합니다. 이들은 하나님을 대적하는 자들과 손을 잡고 재물을 얻었습니다. 그리고 그 쌓았던 재물이 사라진 것은 자신들의 죄 때문입니다. 그런데 자신의 죄는 생각하지 않고 오직 자신들의 재물과 즐거움과 사치가 사라지는 것에만 관심이 있습니다. 하나님의 마음은 전혀 생각지 않고 오직 자신의 소유물이 사라지는 것에만 관심이 있습니다.

타락한 이들의 모습이 이렇습니다. 자신의 이기적인 욕구만이 중요합니다. 다른 사람의 상황에 관심이 없습니다. 더구나 하나님의 마음과 심판에 대해서도 관심이 없습니다. 오직 자신의 욕구만 중요합니다. 그래서 하나님의 공의로운 심판이 임할 때 자신들의 죄를 인식하고 회개의 자리로 나와야 하는데 아쉬워만 합니다. 이것이 전형적인 바벨론 추종자들의 모습입니다.

오늘날도 수단과 방법을 가리지 않고 결과만 추구하는 상인들과 정치 지도자들 그리고 기업인들이 있습니다. 그것이 하나님 앞에 합당한지 묻지를 않습니다. 오직 그것이 나의 삶을 윤택하게 해주는 것에만 관심이 있습니다. 이것이 바로 음녀 바벨론과 결탁한 이들의 모습입니다. 문제는 이들의 마지막이 순식간에 멸망한다는 사실입니다.

그러나 그리스도인의 삶은 바벨론의 멸망에 전혀 다른 모습을 보입니다. 그로 인하여 주어졌던 편리가 사라질 수 있지만 그리스도인은 바벨론이 사라지는 것을 슬퍼하지 않습니다. 더구나 그리스도인은 그렇게 부정과 불의를 통하여 부자가 되는 것을 구하지 않았기 때문입니다. 성경은 분명하게 가르칩니다. 잠 30:7-9입니다.

"내가 두 가지 일을 주께 구하였사오니 나의 죽기 전에 주시옵소서 곧 허탄과 거짓말을 내게서 멀리 하옵시며 나로 가난하게도 마옵시고 부하게도 마옵시고 오직 필요한 양식으로 내게 먹이시옵소서 혹 내가 배불러서 하나님을 모른다 여호와가 누구냐 할까 하오며 혹 내가 가난하여 도적질하고 내 하나님의 이름을 욕되게 할까 두려워함이니이다"

그리스도인이 구하는 것은 하나님의 이름을 욕되게 하지 않는 일입니다. 이것이 그리스도인의 삶의 자세입니다. 이 믿음이 분명할 때 우리는 복음과 함께 고난을 감당할 수 있으며, 십자가를 지고 주님을 따를 수 있습니다. 이러한 그리스도인의 고백은 무엇입니까?

교회를 세우는 요한계시록 강해

"하늘과 성도들과 사도들과 선지자들아 그를 인하여 즐거워하라 하나님이 너희를 신원하시는 심판을 그에게 하셨음이라 하더라"(20절)

그리스도인은 바벨론의 멸망을 기뻐합니다. 자신들의 삶의 불편보다 악인의 심판을 더 기뻐합니다. 그래서 기업이 국가에 많은 도움을 준다 해도 그 기업이 부정하면 망하는 것이 합당하다고 생각합니다. 그로 인하여 많은 불편이 오겠지만 하나님의 뜻을 더욱 중시합니다. 왜냐하면 불의한 기업은 하나님의 심판 앞에 순식간에 사라질 수 있기 때문입니다.

바벨론의 멸망은 성도들의 기도의 응답입니다. 하나님은 성도들을 위하여 불의한 자들을 심판하십니다. 그러므로 우리는 기뻐합니다. 악인은 그들의 죄로 인하여 심판을 받고 영원한 형벌 가운데 이르게 됩니다. 그러나 하나님의 사람들은 믿음의 거룩한 열매를 얻게 됩니다.

오늘 우리가 진심으로 슬퍼할 것이 무엇입니까? 악인들이 자신들의 죄를 회개하지 않는 것을 슬퍼해야 합니다. 불의로 재물과 권력을 얻는 자들을 슬퍼해야 합니다. 그리고 불편해도 불의한 부자들의 멸망을 기뻐해야 합니다. 이것은 하나님의 공의로운 심판이기 때문입니다. 우리는 악한 데는 미련하고 선한 것에는 지혜로워야 합니다. 이것이 십자가의 정신입니다. 바로 우리 주님이 걸어가신 십자가의 길이며 우리가 걸어가야 하는 길입니다.

우리는 불의한 자의 부자 됨을 부러워하지 말아야 합니다. 불의한 권력과 재물에 대하여 부끄러워해야 합니다. 음녀는 여전히 우리 주변에서 이러한 죄를 조장하고 있습니다. 우리가 힘써 싸워야 하는 일은 사치와 허영과 교만과 불의와 이기주의와 불순종입니다. 이 모든 것은 예수님을 대적합니다. 우리는 오직 마음이 온유하고 겸손하신 주님을 따라야 합니다.

순식간에 망하는 것에 인생을 허비하는 것처럼 무지하고 한심한 것은 없습니다. 이러한 길에서 떠나야 합니다. 그리고 영원한 것을 위하여 살 수 있어야 합니다. 우리 모두 믿음의 주요 온전케 하시는 주님을 날마다 바라보면서 살아갑시다.

다시 보이지 않는 바벨론(계 18:21-24)

사도 요한은 큰 성 바벨론이 받을 심판을 보았습니다. 땅의 왕들, 무역상들, 선박 주인들이 순식간에 무너지는 바벨론을 보았습니다. 더 이상 바벨론을 통하여 부를 누릴 수 없게 되었습니다. 하나님은 큰 성 바벨론의 심판에 대하여 즐거워하라고 말씀합니다. 하나님의 공의가 완성되었기 때문입니다(계 18:20).

사람들이 살아가면서 제일 화가 나는 것은 바로 공의가 사라지는 것입니다. 정직함이 통하지 않는 세상이라고 인식될 때 화가 납니다. 이것은 개인적인 평화를 무너뜨리는 것이고 불신 사회를 만드는 일이 됩니다. 그러나 정직한 사람들이 대접받고 공의가 바르게 세워지면 행복을 누리고 평화를 만끽하게 됩니다. 그래서 큰 성 바벨론과 그에 빌붙어 살았던 이들의 심판에 대하여 하나님의 사람들은 감사하고 기뻐합니다.

큰 성 바벨론의 무너짐은 성도들의 기도가 응답되었음을 보여줍니다(18:20). 이것은 6:9-10 말씀의 응답이라고 할 수 있습니다. 성도들을 핍박하였던 이들이 마침내 하나님의 심판을 받아 영원한 멸망 가운데로 들어갑니다. 성도들은 이로 인해 하나님께 감사합니다.

그런 후에 사도 요한은 큰 성 바벨론에 임한 심판의 모습을 한 번 더 강조합니다. 그리고 큰 성 바벨론이 심판받을 수밖에 없는 이유가 무엇인지를 말씀합니다. 우선 사도 요한은 힘센 한 천사의 행동을 보게 됩니다. **힘센 천사가 큰 맷돌 같은 돌을 들어서 바다에 던지는 모습입니다.** 바다에 떨어진 맷돌 같은 돌은 두 번 다시 바다에서 나오지 못합니다. 여기서 사용된 맷돌은 콩국수 만드는 데 쓰이는 작은 맷돌이 아닙니다. 매우 큰 맷돌입니다. 주로 당나귀가 돌리는 맷돌을 의미합니다. 그래서 사람이 결코 들수가 없습니다. 이렇게 큰 돌이 바다에 떨어졌다면 다시 꺼낼 수 있겠습니까?

사도 요한이 본 큰 맷돌 같은 돌의 비유는 바벨론의 심판을 의미합니다. 큰 성 바벨론이 이렇듯 사라진다는 말씀입니다. 실제로 고고학자들에 의하면 거대한 바벨론 제국의 역사적 흔적을 찾는 것이 어렵다고 합니다. 이처럼 사도 요한은 큰 성 바벨론이 바다에 던져진 큰 맷돌 같은 돌처럼 다시는 보이지 않을 것임을 강조합니다.(21절)

이 말씀은 구약에서는 렘 51:63-64에서 그 모습을 찾아볼 수 있습니다. 바벨론의 멸망에 대한 두루마리를 돌에 매어 유브라데 강 속에 던지라는 말씀이 나옵니다.

"너는 이 책 읽기를 다한 후에 책에 돌을 매어 유브라데 하수 속에 던지며 말하기를 바벨론이 나의 재앙 내림을 인하여 이같이 침륜하고 다시 일어나지 못하리니 그들이 쇠패하리라 하라 하니라 예레미야의 말이 이에 마치니라"

또한 신약에서는 마태복음 18:6에서 예수님께서 실족케 하는 자는 연자 맷돌을 매고 깊은 바다에 빠뜨려지는 것이 낫다는 말씀에서 살펴볼 수 있습니다.

교회를 세우는 요한계시록 강해

"누구든지 나를 믿는 이 소자 중 하나를 실족케 하면 차라리 연자맷돌을 그 목에 달리우고 깊은 바다에 빠뜨리우는 것이 나으니라"

이처럼 하나님을 대적하고 성도들을 핍박한 자들에 대하여 하나님은 매우 무겁게 심판하십니다. 이것은 성도들의 탄원을 기억하시는 하나님의 모습을 우리에게 보여주신 말씀입니다.

또한 거문고 타는 자와 풍류하는 자와 퉁소 부는 자와 나팔 부는 자들의 소리가 결코 들리지 않을 것입니다(22절). 이것은 이들이 누렸던 쾌락과 축제가 더 이상 존재하지 않을 것이라는 말씀입니다. 즐거움의 웃음소리가 사라진 곳에는 오직 삭막함과 황량함만이 자리 잡습니다. 그곳은 살 곳이 되지 못합니다. 타락한 로마가 받은 심판의 모습이 이와 같음을 말씀합니다.

그리고 어떠한 세공업자도 보이지 않습니다(22절). 이것은 사치와 허영을 가져다주었던 경제활동이 멈춘 것입니다. 경제적 즐거움을 누릴 수 없습니다. 그리고 맷돌 소리도 결코 들리지 않습니다. 맷돌은 술과 빵을 만드는 기구입니다. 그런데 그 모든 것이 사라집니다. 끔찍한 현실을 맞이하게 됩니다.

여기에 등불 빛이 더 이상 비취지 않습니다(23절). 등불은 두 가지 의미를 가지고 있었습니다. 하나는 지속적인 경제 활동을 의미합니다. 밤 늦게까지 이어지는 세공업자의 경제활동입니다. 두번째, 어두운 길을 밝혀주는 역할입니다. 그런데 그 등불 빛이 비취지 않습니다. 모든 것이 다 중단된 상태를 의미합니다. 어디로 가야 할지 알지 못하는 암흑의 세상이 됨을 보여줍니다. 황폐한 세상이 되었습니다. 마치 산속의 폐가를 연상케 합니다. 거기에 누가 살겠습니까? 누가 그곳을 동경하겠습니까? 악인들의 마지막은 이러한 파멸입니다.

더욱 끔찍한 것은 신랑과 신부의 음성이 다시 들리지 않습니다(23절). 신랑과 신부의 이미지는 사랑과 출산입니다. 그런데 이 모든 것이 들리지 않습니다. 사랑이 없는 세상, 다음 세대가 끊어진 세상은 바로 심판의 세상입니다. 바벨론의 심판을 선지자들이 표현하기를 자녀도 잃어버리고 과부가 될 것이라고 말씀하였습니다.

"그러므로 사치하고 평안히 지내며 마음에 이르기를 나 뿐이라 나 외에 다른 이가 없도다 나는 과부로 지내지도 아니하며 자녀를 잃어버리는 일도 모르리라 하는 자여 너는 이제 들을지어다 한 날에 홀연히 자녀를 잃으며 과부가 되는 이 두 일이 네게 임할 것이라 네가 무수한 사술과 많은 진언을 베풀지라도 이 일이 온전히 네게 임하리라"(사 47:8-9)

그러므로 신랑 신부가 주는 사랑과 출산을 통한 기쁨의 모습이 더 이상 들리지 않습니다. 이것이 큰 성 바벨론의 마지막 심판의 모습입니다. 더 이상 화려함을 볼 수 없습니다. 이 땅에서 누렸던 모든 영화와 부귀가 다 사라집니다. 이 모습은 이스라엘의 포로 상태를 표현하였던 예레미야의 말씀을 생각하게 합니다. 사도 요한은 그 끔찍한 모습이 바로 바벨론에 임할 것임을 말씀합니다.

"내가 그들 중에서 기뻐하는 소리와 즐거워하는 소리와 신랑의 소리와 신부의 소리와 맷돌소리와 등불 빛이 끊쳐지게 하리니"(렘 25:10)

등불 빛이 사라진 세상은 적막함과 두려움으로 가득합니다. 사람이 살 수 없는 곳입니다. 오직 짐승의 소리만 들려오는 세상입니다. 이렇게 큰 성 바벨론은 철저하게 무너지고 파괴되고 사라집니다. 이것이 큰 성 바벨

교회를 세우는 요한계시록 강해

론에 임한 현실입니다. 그렇게 대단한 권세를 자랑하였던 바벨론이 땅에서 흔적도 없이 사라졌습니다.

그렇다면 도대체 큰 성 바벨론이 이러한 심판에 이른 이유는 무엇입니까? 무엇이 이들로 하여금 영원한 심판을 받아 사라지게 한 것입니까?

첫째, 사도 요한은 바벨론이 심판을 당하고 사라진 이유는 이들이 가진 경제적 교만이라고 고발합니다(23절). "너희 상고들은 땅의 왕족들이라" 이것은 상인들이 땅의 권력자로 행세하였다는 뜻입니다. 돈을 가진 자들에게서 가장 잘 나타나는 것이 바로 교만입니다. 마치 자신이 똑똑해서 벌었다고 착각합니다. 그래서 없는 자를 무시하고 자신이 가진 것으로 허영의 파티를 즐깁니다. 가지지 못한 자들에게서는 결코 축제라는 단어가 나타나지 않습니다. 그러나 많은 것을 소유하면 그때부터 축제를 누립니다.

우리가 요즘 보고 있는 돈 좀 벌었다는 젊은 연예인들의 모습에서 그 교만을 봅니다. 힘들 때는 희망을 노래하고 인내하자고 말합니다. 그런데 명성이 높아지면 놀자고 말합니다. 경제적인 교만에 빠지면 사람들을 인격적 존재로 보지 않습니다. 돈으로 살 수 있는 물건으로 인식합니다.

교회도 예외가 아닙니다. 돈으로 직분을 사고, 돈으로 문제를 해결합니다. 정의가 보이지 않습니다. 사실 거듭나지 않은 이들이 행하는 모습이지만 사람들은 돈만 있으면 하나님을 대적합니다. 도피성도들 가운데 경제적 자만으로 가득 차 있는 이들을 종종 만납니다. 돈이 하나님의 자리에 올라가면 그것은 심판의 자리로 떨어지고 있음을 기억해야 합니다. 세계 경제의 중심지로 자리 잡았던 로마의 교만은 결국 심판의 자리에 서게 되었습니다. 그리고 이것은 모든 세대에 동일한 모습입니다.

둘째, 거짓으로 세상을 미혹하였습니다(23절). 큰 성 바벨론이 심판의 자리에서 선 것은 이들이 행한 거짓 때문입니다. 23절에서 밝히기를 "네 복술을 인하여 만국이 미혹되었도다"고 말합니다. 이것은 모든 백성이 네 마술에 속아 넘어갔다는 말입니다. 특별히 고대의 마술은 반드시 우상숭배와 음행과 연계되어 있었습니다. 그러므로 복술과 우상숭배와 음행으로 사람들을 미혹하여 죄의 자리에 빠지게 한 것입니다.

이것은 로마가 각 나라를 점령하면서 행하였던 모습을 표현한다고 할 수 있습니다. 로마는 점령하는 나라에 황제를 신으로 모시는 신전을 만들고 거기에 예배하도록 하였습니다. 거짓된 신을 만들어 내었습니다. 그리고 황제 숭배를 통하여 많은 혜택을 주었습니다. 이렇게 하여서 제국을 다스렸던 것입니다. 결국 로마는 거짓된 말로 제국의 나라를 다스렸고 그들은 우상숭배하는 자리에 있게 하였습니다. 이것이 로마가 심판받은 원인이 되었습니다.

셋째, 순교자들의 피 때문입니다(24절). 바로 하나님의 사람들을 향한 핍박입니다. 이것이 가장 큰 심판의 원인이라 할 수 있습니다. 큰 성 바벨론은 선지자들과 성도들을 핍박하고 순교의 자리에 이르게 하였습니다. 그들의 순교의 피가 도시에 가득하였습니다. 네로 황제로부터 시작한 핍박은 도미티아누스 황제를 거치면서 지속되었습니다. 선지자와 성도들이 받아야 할 고난은 참으로 끔찍하였습니다.

"선지자들과 성도들과 및 땅 위에서 죽임을 당한 모든 자의 피가 이 성 중에서 보였느니라 하더라(24절)."

이 말씀은 이미 예레미야의 고대 바벨론을 향한 예언에 주어졌습니다. "바벨론이 이스라엘 사람을 살육하여 엎드러뜨림 같이 온 땅 사람이 바벨

교회를 세우는 요한계시록 강해

론에서 살육을 당하여 엎드러지리라 하시도다"(렘 51:49) 그리고 이 말씀은 로마 제국을 통하여 더욱 강력하게 실행되었습니다. 특별히 "땅 위에서 죽임을 당한 모든 자의 피"는 복음으로 인하여 박해를 받은 모든 성도들을 의미합니다.

이렇게 그리스도인을 박해하는 자들을 향한 하나님의 심판은 매우 무섭습니다. 하나님은 이렇게 악행하는 자들을 그대로 내버려 두지 않습니다. 반드시 심판의 자리에 서게 합니다. 그리고 우리는 그 심판을 보게 될 것입니다. 하나님을 대적하는 자들의 마지막은 이렇게 정해져 있습니다. 그러므로 이들은 심판의 날에 변명도 못 할 것입니다. 이것이 심판의 이유입니다.

말씀을 정리합니다. 우리는 큰 성 바벨론이 심판을 받아 영원히 사라질 것을 보았습니다. 그들은 이 땅에서 대단한 권력을 행사합니다. 특별히 돈의 힘으로 사람을 무시하고 때로는 교회도 흔듭니다. 직분의 소중함을 망각하고 돈의 논리로 교회를 대합니다. 그래서 그리스도 안에서 한 지체임을 부수려고 합니다. 거짓과 술수를 통하여 성공만 하면 다 용서받고 인정받을 수 있다는 달콤한 소리로 유혹합니다. 그래서 어느 정도 목적을 달성하기도 합니다. 교회를 사유화하려는 이들도 있습니다. 교회를 기업처럼 인식합니다. 모두가 사단의 유혹이며 거짓입니다. 더구나 정직하게 믿음으로 살려는 것을 무시하고 핍박하는 이들이 있습니다. 무엇을 하든 기독교에 대하여 부정적입니다. 그리고 조롱합니다. 그래서 신앙 생활하는 우리들을 힘들게 합니다. 또한 믿음의 길에서 지치고 멀어지게 합니다.

그러나 기억하시기 바랍니다. 하나님을 대적하는 모든 이들은 다 심판을 받아 영원히 사라집니다. 그러므로 세상이 주는 거짓된 유혹에 맞서 싸워야 합니다. 경제적인 교만에 빠지지 마시기 바랍니다. 성공하면 더욱 겸손해져야 합니다. 그래야 심판에 이르지 않습니다. 정직하게 살 수 있는 담대함과 능력을 달라고 기도하시기 바랍니다. 늘 강조하고 반복하는 것은 자신을 잘 돌아보는 일입니다. 하나님을 대적하는 모습은 나에게는 없는가? 세상에서 잘 나간다고 생각할 때 교만하지 않았는가? 이러한 자기 성찰과 함께 정직한 삶을 살 수 있는 능력을 달라고 성령께 간구해야 합니다. 하나님을 대적하고, 미혹하고 핍박하는 세력을 대면하는 것은 결코 쉽지 않습니다. 그러기에 더욱더 보혜사 성령님을 의지하여야 합니다. 그래서 우리 모두 심판의 자리가 아니라 영광의 자리에 들어갈 수 있기를 소망합니다.

교회를 세우는 요한계시록 강해

19장

주님께서 결혼식을 위하여 우리를 데리러 오실 것입니다.

그날이 재림의 날이며 결혼식이 성대하게 이뤄지는 날입니다.

이제 주님이 우리를 데리러 오실 때까지 거룩하고 의로운 행실로 준비하고 있어야 합니다.

이것이 오늘 교회인 우리가 감당할 일입니다.

하나님을 찬양하라(계 19:1-6)

"해동(우리나라)의 여섯 용(임금)이 날으시어서, 그 행동하신 일(개국창업)마다 모두 하늘이 내리신 복이시니, 그러므로 옛날의 성인(중국의 개국 성군)의 하신 일들과 부절을 합친 것처럼 꼭 맞으시니. 뿌리가 깊은 나무는 바람에도 흔들리지 아니하므로, 꽃이 좋고 열매도 많으니. 샘이 깊은 물은 가뭄에도 그치지 않고 솟아나므로, 내가 되어서 바다에 이르니."

세종대왕이 훈민정음을 반포하기 1년 전에 만든 용비어천가 중 1, 2장입니다. 용비어천가는 말 그대로 조선을 세운 선조들의 정당성을 찬양하는 노래입니다. 이 글은 한글로 작성된 최초의 작품이라 할 수 있습니다. 세종으로서는 자신의 선조들이 세운 조선을 마음껏 찬양하고 싶었던 것입니다. 그래서 지금도 누구를 칭송하면 용비어천가에 빗대어 말합니다.

찬양에는 적어도 두 가지 이유가 있습니다. 첫째는 찬양받기에 합당한 존재가 있습니다. 둘째는 자신의 삶이 그로 말미암아 행복을 누리고 있습니다. 그래서 어느 누구도 그 찬양에 대하여 인정하지 않을 수 없습니다.

그러나 이 땅에서 찬양하는 것은 다 오류 가능성이 높습니다. 세종의 찬양은 자신에게는 아름다울 수 있을지 모르지만, 또 다른 사람들에게는 그렇게 다가오지 않을 수 있습니다. 무력으로 나라를 빼앗은 조선의 시조들을 고려의 세대들은 결코 인정하지 않았기 때문입니다. 그러므로 이 땅에서 행하는 찬양들은 온전히 참되다고 할 수 없습니다.

하지만 온전히 참되고 의로운 찬양이 있습니다. 우리는 이 찬양을 할 때 "할렐루야"라고 부릅니다. "할렐루야"는 "하나님을 찬양하라"입니다. 마지막 심판의 날에 우리의 입술은 이러한 찬양 소리로 가득할 것입니다. 우리는 그 사실을 말씀을 통하여 확인할 수 있습니다. 우리가 살펴볼 말씀은 하나님을 찬양하라는 것으로 가득 채워져 있음을 봅니다.

우리는 종종 할렐루야라는 말을 자주 합니다. 설교자가 말씀을 전하려 올라갈 때 할렐루야로 인사합니다. 그리고 할렐루야로 화답합니다. 매우 습관적이고 무미건조하게 쓰는 말 가운데 하나가 바로 할렐루야입니다. 하지만 이 말은 결코 가볍게 쓰여져서는 안 되는 단어입니다. 이 말씀은 우리의 신앙을 분명하게 고백하게 하는 말씀이기 때문입니다. 이제 그 의미를 본문을 통하여 자세하게 살펴보고자 합니다.

첫째, 구원과 능력과 권세가 하나님에게 있음을 찬양합니다. 1절에서 "이 일 후에"라는 말씀을 봅니다. 이것은 앞선 말씀인 18장을 생각하게 합니다. 18장은 큰 바벨론의 멸망을 말합니다. 즉 큰 성 바벨론이 멸망한 후에 주어진 상황을 의미합니다.

이때 들려진 소리는 하늘의 허다한 무리의 큰 음성입니다. 여기서 하늘의 허다한 무리는 승리한 성도, 승리한 교회를 의미합니다. 이들이 큰 소리로 외친 것은 바로 "할렐루야"입니다. 이 말은 앞서 보았듯이 "하나님을 찬양하라"입니다. 이 말씀은 시 113편에서 주어진 말씀이라 할 수 있습니다.

승리한 성도들의 노래는 분명합니다. 바로 하나님의 구원과 능력과 권세입니다. 이 땅에서 교회를 괴롭히고, 성도들을 힘들게 하였던 이들의 마지막은 멸망입니다. 그러나 힘든 시간 가운데 믿음을 지키고 인내하였던 성도들에게 하나님의 구원이 주어집니다. 우리를 구원하시는 하나님의 능력과 힘이 우리를 구원의 영광으로 인도하여 주십니다. 이것은 개인적인 구원뿐 아니라 하나님의 구속사의 계획이 완전하게 이뤄졌음을 의미합니다. 하나님이 구원하시기로 계획하셨던 모든 것이 마침내 완성됩니다. 그때 악한 세력들의 공격을 이긴 성도는 하나님을 찬양합니다. 우리의 찬송은 아주 분명합니다. 그리고 그것은 완전한 찬송입니다. 용비어천가식의 자기 합리화가 아닙니다. 오직 전능하신 하나님을 향한 완벽한 찬양입니다. 이것이 할렐루야의 첫번째 모습입니다.

둘째, 참되고 의로운 하나님의 심판을 찬양합니다. 하나님을 찬양하는 이유는 바로 하나님의 약속이 성취됨을 보았기 때문입니다. 우리가 하나님의 구원과 능력과 권세를 찬양하는 분명한 이유가 있습니다. 그것은 바로 우리의 구원을 주실 뿐 아니라 우리를 핍박하였던 악한 세력들을 향한 하나님의 심판 때문입니다. 2절은 우리가 하나님을 찬양해야 하는 분명한 이유를 말씀합니다.

"그의 심판은 참되고 의로운지라 음행으로 땅을 더럽게 한 큰 음녀를 심판하사 자기 종들의 피를 그의 손에 갚으셨도다 하고"

하나님의 심판은 참되고 정직합니다. 이것은 누구도 하나님의 심판에 대한 불만을 가지지 않음을 의미합니다. 하나님은 정직합니다. 그래서 더 이상 피할 수 없습니다. 하나님의 심판이 또한 참되고 의로운 것은 말씀하신 것을 성취하셨기 때문입니다.

하나님은 땅을 더럽게 한 음녀들을 심판하십니다. 이들로 인하여 정직하게 살려고 하였던 이들이 얼마나 힘들었는지 모릅니다. 온갖 유혹을 통하여 음행의 자리에 서게 하고, 우상숭배를 하게 하고, 부정직한 일을 탐하게 하는 일을 하였습니다. 또한 음녀의 음행에 저항하면 온갖 핍박을 통하여 힘들게 하였습니다. 교회사의 순교자들을 생각하면 더욱 분명해집니다. 그리고 오늘도 세속 공동체 가운데 예수 믿는 사람들의 신앙에 대하여 조롱하기도 합니다. 음녀의 만행은 참으로 광범위합니다. 그래서 힘들고 지칠 때가 많이 있습니다.

그러나 하나님은 음녀들의 만행에 대하여 심판하십니다. 그리고 자기 종들의 피를 그 손에 갚으십니다. 즉 성도들의 피를 흘리게 한 그 음녀 곧 큰 성 바벨론에게 벌을 내리십니다. 이것을 우리가 모두 볼 것입니다. 그리고 함께 찬양합니다. 서로가 격려가 됩니다. 잘 견디었음을 기뻐할 것입니다. 하나님의 심판이 참되고 의로움이 만방에 알려집니다. 심판을 받아 지옥에 있는 이들이 고개를 들 수 없습니다. 그러기에 우리는 하나님을 찬양합니다. 이것이 바로 할렐루야입니다.

셋째, 큰 성 바벨론에 대한 영원한 심판을 찬양합니다. 하나님을 찬양하는 일에 있어서 심판의 공의로움에만 머물지 않습니다. 그 심판의 영원성에 찬양이 있습니다. 인류의 역사는 좋은 사람이 왔다가 가고 그 이후에 나쁜 놈이 오기도 합니다. 그래서 항상 긴장 가운데 살아갑니다. 역사는 끝없는 복수의 연속이라 할 수 있습니다. 그래서 예수님은 칼을 사용하는 자는 칼로 망한다고 하였습니다. 이렇게 세상은 칼을 사용하는 이들의 세상같이 보입니다. 하지만 이 역사도 끝이 납니다. 더 이상 칼을 사용하여 교회와 성도들을 괴롭히던 악한 세력들이 영원한 멸망 가운데 떨어집니다. 사도 요한은 그 사실에 하나님을 찬양하지 않을 수 없었습니다. 이것이 세번째 찬양하는 이유입니다.

"두번째 가로되 할렐루야 하더니 그 연기가 세세토록 올라가더라"(3절)

사도 요한은 연기가 세세토록 올라가는 것을 보고 찬양하였습니다. 연기는 심판받은 이들의 상태를 보여줍니다. 불에 타서 무너진 성벽에 나오는 것은 연기뿐입니다. 이것은 이사야 선지자가 예언한 에돔의 멸망과 소돔과 고모라의 멸망을 배경으로 합니다.

"에돔의 시내들은 변하여 역청이 되고 그 티끌은 유황이 되고 그 땅은 불 붙는 역청이 되며 낮에나 밤에나 꺼지지 않고 그 연기가 끊임 없이 떠오를 것이며 세세에 황무하여 그리로 지날 자가 영영히 없겠고"(사 34:9-10)

"소돔과 고모라와 그 온 들을 향하여 눈을 들어 연기가 옹기점 연기 같이 치밀음을 보았더라"(창 19:28)

연기는 이렇듯 불로서의 심판을 표현합니다. 그런데 그 연기가 세세토록 올라갑니다. 이것은 영원한 심판이 주어졌음을 말씀합니다. 그토록 성도들과 교회를 괴롭혔던 이들이 당하는 심판은 영원합니다. 우리는 이 땅에서 잠시 동안 고난을 당하지만 악한 자들은 영원한 고통을 당합니다. 이것을 보았던 성도들은 할렐루야라고 외칩니다.

넷째, 전능하신 하나님의 통치를 찬양합니다. 이제 네번째로 부르는 찬양은 하나님의 심판으로 끝나지 않고 하나님의 나라가 절정에 이른 상황을 묘사합니다. 이 말씀은 사실 다음에 이어질 어린 양의 혼인 잔치와 관계가 있기도 합니다. 그러나 동시에 1절에서 주어진 찬양의 강조로 볼 수 있습니다. 그런 의미로 6절을 볼 수 있기를 바랍니다.

6절에서도 허다한 무리들의 음성이 들립니다. 그 소리는 많은 물소리와도 같고 큰 뇌성 같습니다. 이것은 1절에서 주어진 것처럼 "하늘의 허다한 큰 소리"와 동일합니다. 그렇게 볼 때 할렐루야의 결론과 혼인 잔치의 시작을 알리는 말씀으로 볼 수 있습니다. 그런 의미에서 우선 하나님을 찬양하는 의미로 살펴보고자 합니다. 허다한 성도들의 찬양은 바로 하나님의 통치입니다.

"할렐루야 주 우리 하나님 곧 전능하신 이가 통치하시도다"(6절)

이 통치는 모든 심판이 끝난 후에 주어진 영광이 무엇인지를 보여주시는 말씀입니다. 심판이 심판으로 끝나는 것이 아닙니다. 심판 이후에 하나님의 영광스러운 통치가 주어집니다. 정직하고 의로운 통치가 있습니다.

이제 전능하신 하나님께서, 공의하시고 정직하신 하나님께서 영원히 통치합니다. 이 땅에서 일어나는 무수한 불의가 하나님 나라에는 없습니다. 이것이 참된 평화입니다. 전쟁은 불의함으로 일어납니다. 그러나 하나님 나라는 불의함이 없습니다. 의로우신 하나님이 영원히 통치하기 때문입니다. 그러므로 참된 평화가 있습니다. 사람들은 억울한 죽음을 맞이하거나 힘들게 살다가 죽으면 하늘나라에 가서 평화롭게 지내라고 말합니다. 이것이 내적 본심입니다. 그러나 우리는 본심이 아니라 실제로 믿고 살아갑니다. 하나님 나라에는 참된 평화가 있습니다. 의로우신 하나님이 통치하시기 때문입니다. 그러므로 우리는 할렐루야로 찬양합니다.

승리한 성도들은 신구약을 대표하는 이십사 장로와 천상에 있는 특별한 지위의 천사들인 네 생물과 함께 찬양합니다. 이것은 온 만물이 하나님을 찬양하는 것을 의미합니다.

"또 이십 사 장로와 네 생물이 엎드려 보좌에 앉으신 하나님께 경배하여 가로되 아멘 할렐루야 하니 보좌에서 음성이 나서 가로되 하나님의 종들 곧 그를 경외하는 너희들아 무론대소하고 다 우리 하나님께 찬송하라 하더라"(4-5절)

만물이 함께 찬양하는 것은 "아멘 할렐루야"입니다. 그렇습니다. 하나님을 찬양합니다. 맞습니다. 하나님을 찬양합니다. 하나님이 하신 모든 것이 그대로 이뤄짐을 알기에 찬양합니다. 아멘은 앞서 찬양한 것들을 전적으로 동의한다는 말씀입니다. 승리한 교회의 찬송을 전적으로 동의하고 함께 찬양한다는 의미입니다. 이것은 모든 하나님 나라의 성도들의 모습입니다. 그러므로 우리의 고백은 "아멘 할렐루야"입니다.

우리는 하나님이 어떤 분인지를 정확하게 알고 있어야 합니다. 찬양은 허공에 소리치는 것이 아닙니다. 실제에 대한 신앙고백입니다. 그러므로 찬양받으실 하나님에 대하여 정확하게 알고 있어야 합니다.

우리가 외치는 할렐루야는 단지 축복의 소리만이 아닙니다. 우리에게 복 주시는 하나님만을 찬양하는 것이 아닙니다. 우리가 살펴보았듯이 우리가 찬양하는 하나님은 크고 놀라우신 분입니다. 구원을 베푸실 하나님을 찬양합시다. 공의로운 심판을 행하시는 하나님을 찬양하십니다. 우리를 위한 약속을 성취하신 하나님을 찬양합시다. 우리를 통치하시는 하나님을 찬양하십니다. 그리고 악한 자들을 영원한 멸망시키시는 하나님을 찬양합시다. 그리고 우리를 온전하게 통치하시는 하나님을 찬양합시다.

이렇게 우리의 찬양은 단지 축복을 주시는 하나님만을 찬양하는 것이 아니라 나의 삶 모든 것을 주관하시는 하나님을 찬양해야 합니다. 이것이 우리가 아멘 할렐루야로 고백하는 이유입니다. 이제부터 "할렐루야"를 외칠 때 분명한 고백 위에 해야 합니다. 의미 없는 외침이 아니라 우리가 아멘 할렐루야로 외칠 때 이러한 고백으로 할 수 있기를 소망합니다.

어린 양의 혼인 잔치(계 19:6-10)

큰 성 바벨론의 심판 이후에 하늘에서 울려 퍼진 찬송은 하나님의 자녀들이 누리는 영광을 보여주고 있습니다. 하나님의 자녀들은 큰 목소리로 하나님을 찬양합니다. 그 힘찬 목소리는 바로 할렐루야였습니다. 할렐루야의 마지막 외침은 하나님의 통치였습니다. 하나님의 다스리심에 대하여 큰 소리로 외쳤습니다. 이것은 악한 자들의 멸망과 동시에 하나님의 통치의 영광을 보여주는 모습입니다.

하나님의 통치를 찬양한 이들은 하나님을 경외하는 성도들입니다. 이들은 이제 또 다른 즐거움과 기쁨에 거하며 하나님께 영광을 돌립니다. 그것은 바로 어린 양의 혼인잔치가 이르렀기 때문입니다. 그리고 신부가 준비를 다 마쳤습니다. 이제 혼인식장에 들어가기만 하면 됩니다. 식장에 들어가는 신부는 세상에서 가장 아름다운 옷으로 몸단장을 합니다. 그리고 즐거운 잔치에 축하객이 없어서는 안 됩니다. 그래서 신랑과 신부는 사람들을 초대합니다. 신랑 신부의 초대를 받은 사람들은 결혼식의 기쁨을 만끽합니다. 이 순간은 그 무엇보다도 행복을 누리는 시간입니다. 이것이 본문의 내용입니다.

어린 양의 혼인잔치와 초대받은 사람들이 누리는 그 영광과 기쁨을 보여주는 말씀입니다. 그러나 이것은 단지 육적인 결혼식을 의미하는 것이 아님을 우리는 잘 압니다. 어린 양의 혼인잔치는 새 하늘과 새 땅에서 누릴 성도들의 영광이 무엇인지를 보여주는 말씀입니다. 이 땅에서도 결혼식을 앞둔 신랑과 신부를 보면 그 자체로 기쁘고 흥분이 됩니다. 그 모습 그대로 새 하늘과 새 땅에서 성도들이 누립니다. 그 즐거움과 기쁨을 생각하면서 오늘 말씀이 주는 영적인 가르침을 살펴보겠습니다.

첫째, 어린 양의 혼인잔치는 오직 믿음을 지킨 이들에게 주어지는 영광의 잔치입니다. 성경은 혼인잔치에 대한 비유를 자주 합니다. 가장 대표적인 것은 그리스도와 교회의 관계를 결혼의 모습(엡 5:32)으로 말씀한 것입니다. 또한 예수님은 천국을 혼인잔치에 비유하여 말씀합니다. "천국은 마치 자기 아들을 위하여 혼인 잔치를 베푼 어떤 임금과 같으니"(마 22:2) 이러한 결혼의 비유는 구약성경에서도 나타납니다. 하나님은 자신을 이스라엘과 결혼한 신랑으로 묘사합니다. "내가 네게 장가 들어 영원히 살되 공의와 정의와 은총과 긍휼히 여김으로 네게 장가 들며 진실함으로 네게 장가 들리니 네가 여호와를 알리라"(호 2:19-20)

이렇게 볼 때 어린 양의 혼인잔치는 그리스도와 교회의 관계를 잘 보여주는 말씀입니다. 그러나 이것이 단지 집합적인 의미에서만 그렇지 않습니다. 하나님의 나라의 백성이 된 우리 개개인과의 관계 역시 결혼관계로 규정할 수 있습니다.

이렇듯 하나님 나라의 즐거움과 기쁨은 혼인잔치에 있습니다. 그러므로 하나님은 이 날에 대하여 말씀하시기를 "즐거워하고 크게 기뻐하여"라고 말씀합니다. 그런데 이 말씀은 예수님께서 산상설교 가운데 하신 말씀입니다. 바로 마 5:12입니다.

"기뻐하고 즐거워하라 하늘에서 너희의 상이 큼이라 너희 전에 있던 선지자들을 이같이 핍박하였느니라"

이때의 기쁨과 즐거움은 믿음으로 인하여 당한 핍박과 고난을 견딘 자에게 주어진 선물입니다. 핍박과 고난을 이긴 성도들이 누리는 영광이 바로 즐거움과 기쁨의 잔치인 결혼식입니다. 사실 기쁨과 즐거움이 배가 되는 것은 힘든 일을 견디고 난 뒤입니다. 이것은 견딘 자만이 알 수 있습니다.

하나님 나라의 혼인잔치는 이와 같이 고난을 견딘 자들이 누리는 즐거움과 큰 기쁨의 자리입니다. 7절 하반절을 보시기 바랍니다. "어린 양의 혼인 기약이 이르렀고 그 아내가 예비하였으니"라고 말씀합니다. 여기에서 결혼식이 곧 다가옵니다. 다른 것은 다 준비되어 있습니다. 예식장도 있고, 주례자도 있습니다. 그런데 신부가 없습니다. 얼마나 기가 막힌 일입니까? 그런데 오늘 말씀에 신부가 예비되었다고 말씀합니다. 이것은 결혼식이 다 준비되었음을 의미합니다. 그렇다면 여기서 "그 아내가 예비하였다"는 의미가 무엇입니까?

이것은 17장부터 시작된 어린 양과 싸웠던 큰 성 바벨론의 시험과 환난과 시험을 이긴 교회와 성도들이 있음을 의미합니다. 이들이 천상의 결혼식에 참여합니다. 믿음의 길을 걸어갔던 이들이 마침내 즐거움과 기쁨의 자리에 참여함으로 하나님께 영광을 돌리고 있음을 말씀합니다. 욥은 이렇게 고백하였습니다. "나의 가는 길을 오직 그가 아시나니 그가 나를 단련하신 후에는 내가 정금 같이 나오리라"(욥 23:10) 천상의 결혼식에 참여하는 자들은 모두 하나님이 허락하신 연단을 견딘 자들입니다.

이렇듯 이 땅에서 믿음을 지키고 끝까지 견딘 자들은 하나님 나라의 축제에 참여하게 됩니다. 그러나 믿음의 길을 견디지 못한 자들에게는 슬피 울며 이를 가는 날만이 기다립니다. 그런 의미에서 어린 양의 혼인잔치는 오직 믿음을 견딘 이들에게 주어진 영광의 잔치입니다. 사랑하는 여러분! 천상의 결혼식의 주인공이 되기를 축복합니다.

둘째, 어린 양의 혼인잔치는 옳은 행실을 감당한 이들이 누리는 열매입니다. 어린 양의 결혼식에 참여할 수 있다는 것이 얼마나 흥분되고 감사한 일입니까? 그러나 혹시 이러한 질문을 던질 수 있습니다. 환난과 핍박을 견딘 교회와 성도들은 누구입니까? 어떻게 알 수 있습니까? 그렇습니다. 이 질문은 매우 중요합니다. 과연 결혼식의 주인공이 되는 표징은 무엇입니까? 그것은 바로 "깨끗한 세마포"입니다. 결혼식장에 가면 누가 신부인지 다 압니다. 거기에 아름답고 예쁜 여인들이 있지만 신부만 결혼 드레스를 입습니다.

이와 같이 천상의 결혼식에 참여하는 신부 역시 화려하고 깨끗한 세마포를 입습니다. 그래서 우리는 그가 바로 신부임을 알 수 있습니다. 그런데 그 세마포는 이 땅에서 준비합니다. 성경은 그 세마포가 "성도의 옳은 행실"이라고 말씀합니다. 이것은 이 땅에서 감당한 의로운 행위를 의미합니다. 이것이 어린 양의 혼인식에 참여하는 자들의 증거입니다.

그러나 이것은 구원의 조건으로 생각해서는 안 됩니다. 왜냐하면 우리의 어떤 행위로도 구원에 이를 수 없습니다. 그런 의미에서 이 말씀은 하나님이 주신 은혜를 끝까지 감당한 것을 의미합니다. 물론 하나님은 우리가 그 은혜를 끝까지 감당할 수 있도록 늘 함께하십니다. 즉 의롭게 된 성도는 거룩한 삶 즉 성화를 끝까지 감당하는 사람입니다. 이렇게 천상의 혼인잔치에 참여한 신부들에게 볼 수 있는 모습은 의로운 행실입니다. 비일은 이 세마포에 대하여 "하나님과의 올바른 관계 속에 있음을 증명하는 필수적인 증거"라고 말합니다.

믿음은 거룩한 행실을 지키어 냅니다. 성도는 큰 성 바벨론으로 상징되는 적그리스도의 세력들이 호시탐탐 노리고 있는 세상 가운데 끝까지 거룩함을 위하여 삽니다. 싸우는 것이 쉽지 않지만 세마포를 입은 자로서 세마포가 부끄럽지 않도록 살아갑니다.

우리의 모습에서 이러한 거룩함이 묻어나기를 소망합니다. 깨끗한 세마포를 입은 성도로서 말씀에 순종하고 성령의 열매를 맺는 일에 힘써야 합니다. 사랑과 희락과 화평과 오래 참음과 자비와 양선과 충성과 온유와 절제가 우리의 모습이 되어야 합니다. 이것은 성령이 임한 자들에게 반드시 열리는 열매입니다. 우리는 주님의 잔치에 참여할 때까지 이 열매에 충실할 수 있어야 합니다.

셋째, 어린 양의 혼인잔치에는 하나님의 주권적인 선택을 받은 사람만이 참여합니다. 어린 양의 결혼식이 주는 그 영광을 이루 말할 수 없습니다. 구원받은 백성들이 누리는 최고의 잔치이기 때문입니다. 그런데 이 결혼식은 아무나 참여할 수 없습니다. 오직 구원받은 자녀들만이 참여합니다. 그들이 누구입니까? 바로 하나님께서 선택하신 사람들입니다.

"천사가 내게 말하기를 기록하라 어린 양의 혼인 잔치에 청함을 입은 자들이 복이 있도다 하고 또 내게 말하되 이것은 하나님의 참되신 말씀이라 하기로"(9절)

이 땅에서도 결혼식이 수없이 열리지만 모두 가지 않습니다. 오직 초대받은 사람만 갑니다. 그럼 누가 초대받습니까? 그것은 신랑과 신부 그리고 그 가족들이 선택합니다. 그리고 그렇게 선택받은 사람들은 잔치에 참석합니다.

이와 같이 천국에서 이뤄지는 어린 양의 혼인잔치도 청함받은 사람만 참여합니다. 그러기에 청함을 받았다는 그 사실은 이루 말할 수 없는 기쁨입니다. 여기서 우리가 기억할 것은 신부는 교회이자 성도를 의미합니다. 이들이 하나님의 부르심을 받아 천국에 참여하는 자가 됩니다. 예수님은 천국 잔치에 대한 말씀에서 슬피 우는 자와 함께 동시에 즐거움의 잔치에 참여하는 자가 있을 것이라고 말씀하십니다.

"너희가 아브라함과 이삭과 야곱과 모든 선지자는 하나님 나라에 있고 오직 너희는 밖에 쫓겨난 것을 볼 때에 거기서 슬피 울며 이를 갊이 있으리라 사람들이 동서 남북으로부터 와서 하나님의 나라 잔치에 참석하리니"(눅 13:28-29)

하나님께서 동서남북에서 잔치에 참여할 사람을 부르십니다. 이들은 이 땅에서 바벨론의 체제를 거부한 사람들입니다. 세상과 싸운 사람들입니다. 세상의 법칙에 저항한 사람들입니다. 그리고 온전히 말씀의 가르침에 순종한 성도들입니다. 이들은 육적인 순교자이자 영적인 순교자입니다. 자기를 사랑하고 돈을 사랑하고 거짓과 오만과 교만에 빠지지 않는 성도입니다. 이들을 하나님이 부르셔서 교회를 세우고 마침내 천상의 잔치에 참여하게 합니다. 이것이 하나님의 일하심입니다.

천사는 이 사실을 분명하게 하기 위하여 "이것은 하나님이 하신 참된 말씀이라" 하면서 기록하라고 하셨습니다. 변함이 없는 말씀이 우리에게 주어졌습니다. 이 사실을 기억해야 합니다. 그러므로 오늘 예수님에 대한 분명한 믿음을 가지고 예배에 참여하고 교회를 세우는 여러분은 가장 복 있는 분들입니다. 주님 오시는 그날까지 믿음의 길을 감당할 수 있기를 소망합니다.

사도 요한은 이 놀라운 사실에 놀라서 그만 천사에게 절을 합니다. 그러자 천사는 자신도 동일한 하나님의 종이라고 말씀하면서 오직 하나님께만 경배하라고 말씀합니다. 그러면서 예수의 증거는 대언의 영이라고 말씀합니다. 즉 예언의 영이라고 말씀합니다. 이 말은 예수님을 증거하는 것이 예언하는 일이고 이것은 선지자의 일이라고 말합니다. 즉 교회는 선지자로서 예수님을 증거하여야 함을 말씀합니다.

우리는 이 명령에 따라 오직 예수 그리스도를 전합니다. 천상에서 이뤄지는 그리스도의 혼인잔치를 전하는 것이 교회의 사명이고 우리 개개인의 사명입니다. 예수님을 믿는 자들에게는 잠시의 고난이 있지만 견디어낸 자들은 천상의 결혼식에 참여합니다. 이 영광을 바라보면서 믿음의 길을 잘 감당할 수 있기를 소망합니다.

특히 이스라엘의 결혼식을 볼 때 이 땅에서의 우리의 삶이 어떠해야 하는지가 더욱 명확해집니다. 이스라엘은 혼인 예식이 정혼식과 결혼식이 있습니다. 정혼을 하는 순간 부부가 되지만 신랑이 신부에게 지참해야 할 것을 다 준비하면 신부를 데리러 갑니다. 그리고 신부를 데리고 다시금 신랑의 집으로 갑니다.

우리 주님께서 우리를 위하여 십자가에서 모든 것을 다 지불하셨습니다. 이제 남은 것은 주님께서 결혼식을 위하여 우리를 데리러 오실 것입니다. 그날이 재림의 날이며 결혼식이 성대하게 이뤄지는 날입니다. 이제 주님이 우리를 데리러 오실 때까지 거룩하고 의로운 행실로 준비하고 있어야 합니다. 이것이 오늘 교회인 우리가 감당할 일입니다. 우리 각자가 준비하여 할 일입니다. 잘 준비하여 주님 오실 때 즐거움과 큰 기쁨을 누리는 영광이 있기를 소망합니다.

그 이름(계 19:11-16)

'호랑이는 죽어서 가죽을 남기고 사람은 죽으면 이름을 남긴다'는 속담이 있습니다. 모든 피조물들은 다 자신의 것을 이 땅에 남기는데 특별히 인간은 이름을 남긴다는 것입니다. 여기서 이름은 그가 살아온 삶의 열매를 말합니다. 그 이름이 어떻게 남겨질지는 역사가가 판단합니다. 악질 독재자로 남겨질지 평화를 만드는 사람으로 남겨질지 그 이름을 통하여 알게 됩니다.

사도 요한이 하늘에서 보았던 놀라운 광경에서 볼 수 있는 독특한 장면은 바로 천상에 있는 이의 이름입니다. 어린 양의 혼인잔치에 청함을 받은 성도들이 누리는 복을 보았던 사도 요한은 하늘이 열려 있는 것을 봅니다. 그리고 하늘에서 이뤄지는 놀라운 풍경들을 보게 됩니다. 이것은 어린 양의 혼인잔치와 또 다른 모습입니다. 사도 요한의 눈에 보여준 것은 다양한 이름과 모습을 가진 분의 모습이었습니다.

그 모습은 혼인잔치에 참여한 성도들에게는 너무나 멋진 모습이지만 잔치에 참여하지 못한 사람에게는 매우 무서운 분이었습니다. 사도 요한은 독특한 모습과 함께 그에게 쓰인 이름을 보았습니다. 그 이름은 그분이 어떤 분인지를 보여줍니다. 여러분들도 알다시피 성경에서 이름은 매우 중요합니다. 이름에는 하나님의 뜻이 담겨 있습니다. 그런 의미에서 이름은 하나님의 분명한 계시입니다. 하나님은 예수님의 이름을 통하여 그의 사역을 알려주셨습니다. 예수님도 시몬이 아니라 베드로라고 이름을 지어주심으로 그의 뜻을 보여주셨습니다. 그런데 천상에서 벌어지는 일들 가운데 사도 요한은 그 이름과 그분을 봅니다. 그리고 그분과 그 이름을 통하여 하나님이 베푸시는 은혜와 심판이 어떻게 이뤄지는지를 알려주십니다.

오늘 우리는 사도 요한을 통하여 알려주신 그 이름과 그분을 살펴보고자 합니다. 그리고 그 이름과 그분을 통하여 말씀하시는 하나님의 뜻을 바르게 알고 하나님께 영광을 돌리고 동시에 이 땅에서 믿음의 길을 걸어가는 우리들이 얼마나 복된 존재인지를 다시금 확인하는 시간이 되기를 축복합니다.

첫째, 그 이름은 충신과 진실입니다(11-12절). 사도 요한이 보았던 그분의 모습은 화려하였습니다. 그분은 백마를 타고 있었습니다. 그리고 충신과 진실이라는 이름으로 불렸습니다. 또한 그 눈이 불꽃 같고 머리에는 많은 면류관이 있었습니다. 그리고 오직 그분만 알고 있는 이름이 또 하나 있었습니다.

"또 내가 하늘이 열린 것을 보니 보라 백마와 탄자가 있으니 그 이름은 충신과 진실이라 그가 공의로 심판하며 싸우더라 그 눈이 불꽃 같고 그 머리에 많은 면류관이 있고 또 이름 쓴 것이 하나가 있으니 자기 밖에 아는 자가 없고"

사도 요한이 열려 있는 하늘을 통하여 보았던 장면 가운데 하나는 백마를 탄 자가 싸우고 있는 모습이었습니다. 본문에 나타난 백마를 탄 자는 계 6:2과 다르게 그리스도를 의미합니다. 그런데 그리스도께서 또 다른 이름으로 불러졌습니다. 그것은 "충신과 진실"입니다. 이 말은 신뢰하실 수 있는 분이며, 정직하신 분이라는 의미를 말합니다. 이것은 하나님 나라에서 이뤄지고 있는 법적인 통치에 대한 모습입니다. 그리스도의 통치는 신뢰할 수 있고 정직합니다. 예수님은 공의로 심판하십니다. 끝까지 변함이 없습니다. 또한 누구도 그 앞에서 거짓을 말할 수 없고 숨길 수가 없습니다. 왜냐하면 그의 눈은 불꽃 같기 때문입니다. 이 말씀은 누구도 숨을 수 없음을 분명하게 보여주십니다. 불꽃 같다는 표현은 계 1:14, 2:18에서도 나타났습니다. 이 표현은 우리의 중심을 아심을 의미합니다. 우리의 깊은 내면의 소리까지 아십니다. 그러므로 누가 숨을 수 있으며 거짓을 말할 수 있겠습니까? 이에 대한 바울의 고백도 분명합니다.

"환난 받는 너희에게는 우리와 함께 안식으로 갚으시는 것이 하나님의 공의시니 주 예수께서 저의 능력의 천사들과 함께 하늘로부터 불꽃 중에 나타나실 때에 하나님을 모르는 자들과 우리 주 예수의 복음을 복종치 않는 자들에게 형벌을 주시리니"(살후 1:7-8)

이렇듯 하나님의 심판은 불꽃 가운데 이뤄집니다. 그리고 그분의 통치는 영원합니다. 유한한 통치는 언제나 그 판결이 뒤바뀔 기회가 있습니다. 그것이 바로 이 땅의 통치의 모습이고 사단의 모습입니다. 그러나 예수님의 통치는 영원합니다. 그 표현이 바로 "그 머리에 많은 면류관이 있다"는 말씀입니다. 이것은 붉은 용과 짐승에 대한 비교에서 그 의미를 찾아볼 수 있습니다. 계 12:3과 13:1을 보면 일곱 면류관과 열 면류관이 나옵니다. 그런데 오늘 말씀에는 그리스도는 많은 면류관을 가졌다고 말씀합니다. 이것은 사단의 통치와 그리스도의 통치가 어떤 차이가 있는지를

교회를 세우는 요한계시록 강해

분명하게 보여주는 말씀입니다. 사단의 통치는 잠시뿐입니다. 그러나 그리스도의 통치는 영원합니다. 그리고 그 영원한 통치는 공의롭습니다. 또한 공의롭게 통치하시는 그리스도는 충신과 진실입니다.

그러나 그에게는 또 하나의 이름이 있습니다. 그런데 이 이름은 아무도 알 수 없습니다. 오직 그리스도만 알고 있습니다. 그래서 다양한 해석이 공존합니다. 어떤 이는 그리스도의 이름 즉 11, 13, 16절에 기록된 이름을 심판받는 자리에서 알게 될 것이라고 말합니다.(비일) 또 어떤 이는 모든 피조물에게 가려져 있는 비밀스러운 이름이며 인간이 결코 이해할 수 없는 그리스도의 인격의 신비를 가리킨다고 말합니다.(마운스) 그런 의미에서 이것은 예수님의 속성에 대한 신비함을 말씀하는 것이라고 할 수 있습니다.

그러나 분명하게 알 수 있는 것은 예수 그리스도의 사법적 결정은 공의로우시며 정직하기에 누구도 저항할 수 없고 온전히 순종할 수밖에 없다는 사실입니다. 그러기에 성도에게는 가장 큰 힘이 되고 감사가 됩니다. 우리 주님의 심판은 우리의 구원의 확실성을 분명하게 보여주고 있습니다. 우리는 주님 앞에 섰을 때 그분의 십자가에서 이룬 은혜로 구원의 영광을 충만하게 누립니다. 그러기에 이 땅에서 믿음의 확신을 가지고 살아가야 합니다.

둘째, 그 이름은 하나님의 말씀이었습니다(13-15절). 이제 예수님의 두 번째 이름을 보게 됩니다. 이름은 그 존재를 분명하게 알게 해줍니다. 13절의 말씀처럼 예수님은 피 뿌린 옷을 입었습니다. 이것은 예수님이 흘리신 피를 의미하지 않습니다. 이 피는 대적자들이 심판을 받아 흘린 피를 의미합니다. 이 말씀은 사 63:1-6의 인용입니다. 2-4절을 보겠습니다.

"어찌하여 네 의복이 붉으며 네 옷이 포도즙 틀을 밟는 자 같으뇨 만민 중에 나와 함께 한 자가 없이 내가 홀로 포도즙틀을 밟았는데 내가 노함을 인하여 무리를 밟았고 분함을 인하여 짓밟았으므로 그들의 선혈이 내 옷에 뛰어 내 의복을 다 더럽혔음이니 이는 내 원수 갚는 날이 내 마음에 있고 내 구속할 해가 왔으나"

대적자들의 피가 묻은 옷입니다. 이것은 그들이 마지막 심판을 피할 수 없음을 분명하게 보여줍니다. 그때에 그들을 심판하는 무기는 바로 "하나님의 말씀"입니다. 그래서 그리스도의 또 다른 호칭이 바로 "하나님의 말씀"입니다. 이 말씀이 그들의 심판의 근거입니다. 말씀을 주신 하나님은 그 말씀에 따라서 심판하십니다. 말씀은 때로는 하나님의 증거이기 때문입니다. 더구나 그리스도는 말씀이 육신이 되사 우리 가운데 오신 하나님입니다. 그러므로 말씀은 그리스도의 권위와 능력을 나타냅니다. 우리는 말씀의 능력을 히 4:12에서 볼 수 있습니다.

"하나님의 말씀은 살았고 운동력이 있어 좌우에 날선 어떤 검보다도 예리하여 혼과 영과 및 관절과 골수를 찔러 쪼개기까지 하며 또 마음의 생각과 뜻을 감찰하나니"

이처럼 말씀으로 심판하실 때 도망갈 자 없고, 항의할 자 없으며 오직 슬피 울며 이를 가는 것을 받아들일 수밖에 없습니다. 그런데 놀라운 사실이 있습니다. 이 심판에 성도들이 함께한다는 사실입니다. 14절이 그 사실을 말씀합니다.

"하늘에 있는 군대들이 희고 깨끗한 세마포를 입고 백마를 타고 그를 따르더라"

하늘에 있는 군대는 천사들과 성도들 모두를 의미합니다. 이들은 희고 깨끗한 세마포 옷을 입습니다. 이것은 제사장들이 입는 옷입니다. 그런데 천사들과 성도들이 입었습니다. 그리스도께서 심판하실 때 성도들 역시 제사장의 역할로 함께 동참함을 의미합니다.(계 17:14) 그리고 그리스도의 심판은 철저하게 진행됩니다. 15절은 그 사실을 말씀합니다.

"그의 입에서 이한 검이 나오니 그것으로 만국을 치겠고 친히 저희를 철장으로 다스리며 또 친히 하나님 곧 전능하신 이의 맹렬한 진노의 포도 주 틀을 밟겠고"

그리스도의 입에서 나오는 검으로 만국을 치실 것이라는 뜻입니다. 이 말씀은 그리스도의 심판이 어떻게 진행되는지를 보여줍니다. 특별히 이 말씀은 구약성경의 배경을 가지고 있습니다.

첫째는 사 49:2입니다. "내 입을 날카로운 칼 같이 만드시고 나를 그 손 그늘에 숨기시며 나로 마광한 살을 만드사 그 전통에 감추시고",

둘째는 사 11:4입니다. "공의로 빈핍한 자를 심판하며 정직으로 세상의 겸손한 자를 판단할 것이며 그 입의 막대기로 세상을 치며 입술의 기운으로 악인을 죽일 것이며",

셋째는 시 2:9입니다. "네가 철장으로 저희를 깨뜨림이여 질그릇 같이 부수리라 하시도다",

넷째는 사 63:2-6입니다. 그 가운데 2-3절입니다. "어찌하여 네 의복이 붉으며 네 옷이 포도즙 틀을 밟는 자 같으뇨 만민 중에 나와 함께 한 자가 없이 내가 홀로 포도즙틀을 밟았는데 내가 노함을 인하여 무리를 밟았고 분함을 인하여 짓밟았으므로 그들의 선혈이 내 옷에 뛰어 내 의복을 다 더럽혔음이니"

이러한 말씀은 그리스도께서 행하시는 심판의 엄중함과 철저함을 잘 보여줍니다. 하나님의 나라는 죄인이 거할 수 없습니다. 오직 예수 그리스도의 은혜로 구원받은 자만이 거합니다. 그러기에 이 땅에서 성공하고, 부를 누리고 이름을 날렸다고 영광의 자리도 예약된 것이 아닙니다. 하나님의 나라는 그리스도를 믿는 자들에게만 주어집니다. 그리고 그리스도를 믿지 않는 자에게는 철저한 심판이 있을 것이고 슬피 울며 이를 갊이 있습니다. 이 모든 것이 하나님의 말씀으로 집행됩니다. 그런 의미에서 말씀을 붙잡고 살아가고 있는 우리들이 얼마나 큰 복을 누리고 있는지를 기억하고 더욱더 말씀의 자리에 있기를 힘써야 합니다.

셋째, 그 이름은 만 왕의 왕이며, 만 주의 주입니다(16절). 이제 세번째 그리스도의 호칭을 봅니다. 그 이름은 "만왕의 왕이요 만주의 주"이십니다. 즉 모든 왕의 왕이시며 모든 군주들의 군주이십니다. 이것은 그리스도의 종말론적이고 우주적인 승리를 선언하는 말씀입니다. 성경은 그리스도의 재림을 묘사할 때 이러한 표현을 통하여 찬송합니다. 딤전 6:15입니다.

"기약이 이르면 하나님이 그의 나타나심을 보이시리니 하나님은 복되시고 홀로 한 분이신 능하신 자이며 만왕의 왕이시며 만주의 주시오"

또한 계 17:14에서도 어린 양을 찬양할 때 고백되었습니다.

"저희가 어린 양으로 더불어 싸우려니와 어린 양은 만주의 주시요 만왕의 왕이시므로 저희를 이기실터이요 또 그와 함께 있는 자들 곧 부르심을 입고 빼내심을 얻고 진실한 자들은 이기리로다"

이러한 고백은 모세의 고백에서도 볼 수 있습니다.

"너희의 하나님 여호와는 신의 신이시며 주의 주시요 크고 능하시며 두려우신 하나님이시라 사람을 외모로 보지 아니하시며 뇌물을 받지 아니하시고"(신 10:17)

이렇듯 그리스도는 성경이 말씀하고 있는 하나님의 영광을 나타내고 온전한 통치를 하시며 우주적인 주권자로서 마지막에 모든 것을 성취하십니다. 그런데 그 이름이 그 옷과 다리에 쓰여져 있습니다. 우리 주님은 만 왕의 왕이시고 만 주의 주입니다. 이 고백이 우리의 심장에 박혀 있어야 합니다.

그리스도는 완전하신 통치자이심이 우리의 믿음과 삶에 큰 힘이 됩니다. 우리가 알다시피 왕은 나라를 통치하는 직분입니다. 왕은 모든 것의 기준입니다. 그리고 왕은 심판장입니다. 왕은 백성들을 행복하게 해 줄 수 있는 능력이 있습니다. 또한 왕은 죄를 분별하고 심판을 내릴 수 있습니다. 그러므로 왕의 통치가 어떠하냐에 나라의 흥망성쇠가 달려 있다고 해도 과언이 아닙니다.

이것은 로마의 황제들을 보면 더욱 분명해집니다. 그들은 자신을 신으로까지 올려서 통치하였습니다. 그러나 때로는 참으로 천박하고 추악하고 타락하였습니다. 그 가운데 칼리굴라 황제는 이루 말할 수 없는 방탕아였습니다. 그런 왕이 다스리는 나라는 소망이 없습니다. 그러나 강력한 힘을 가지고 있는 로마의 황제들은 자신들을 비판하는 이들을 죽였습니다. 그리고 자신들도 배신을 당하여 죽었습니다. 로마의 멸망에 대한 역사가들의 평가 가운데 하나가 로마 자체 내의 분열로 망하였다고 말합니다.

이에 사도 요한이 본 왕은 만왕의 왕입니다. 만주의 주입니다. 모든 왕들이 다 경배합니다. 아무리 강력한 힘을 가지고 나라를 통치하였던 로마의 황제들도 그 앞에서는 피조물에 불과하였습니다. 이 땅의 모든 왕의 왕이 바로 어린 양이신 예수 그리스도입니다. 그러기에 모든 왕이 그의 통치를 받습니다. 이렇게 통치를 받을 수밖에 없는 것은 예수님의 통치에 불만을 범할 수 없기 때문입니다. 예수님의 통치는 너무나 분명합니다. 결코 흠이 없습니다. 그러므로 모든 왕들이 그의 통치를 받습니다. 예수님의 이름이 만 왕의 왕이며, 만 주의 주이신 이유입니다.

우리가 믿고 따르는 분은 그 이름이 충신과 진실입니다. 그 이름은 하나님의 말씀입니다. 그 이름은 만 왕의 왕, 만 주의 주입니다. 우리가 무엇을 고백해야 하는지 분명해졌습니다. 그 이름의 주인은 바로 예수 그리스도입니다. 그리스도는 우리에게 언제나 정직하시고 신뢰를 주십니다. 그리스도는 늘 우리와 함께하십니다. 이 세상의 모두가 나를 버려도 그리스도는 우리를 버리지 않습니다. 그것을 말씀으로 우리에게 약속하셨습니다. "내 부모는 나를 버렸으나 여호와는 나를 영접하시리이다"(시 27:10) 이렇게 약속하신 그리스도는 우리의 왕이시며, 온 우주의 통치자이시며 참된 승리자입니다. 사람들은 보이는 것으로 자신이 이겼다고 착각하기도 합니다. 그러나 마지막 심판이 임할 때 슬피 울며 이를 갈 것입니다.

참된 안식과 영광은 그리스도 안에 거할 때 주어집니다. 그리스도를 떠난 인권, 행복, 물질, 성공, 지식은 아무 가치가 없습니다. 지금은 그것이 보이지 않습니다. 오늘 말씀으로 우리에게 약속하여 주셨습니다. 잠깐 보이는 것에 인생을 허비하지 않으시고 영원한 것에 소망을 두며 살아가는 여러분이 가장 복된 분임을 한시도 잊지 마시기 바랍니다. 예수 그리스도를 당당하게 고백하시기 바랍니다. 예수 그리스도를 자랑하시기 바랍니다. 예수 그리스도와 동행하시기 바랍니다. 예수 그리스도 안에 참된 복이 있습니다. 이제 주님과 함께 통치할 그날을 바라보면서 믿음의 거룩한 길을 말씀과 인내로서 이기시기를 축복합니다.

유황불에 던져진 짐승과 무리들
(계 19:17-21)

올해(2019년)는 2차 세계대전의 종지부를 찍은 노르망디 상륙작전 75 주년이 되는 해입니다. 히틀러가 저질렀던 세계 전쟁이 연합군의 승리로 끝나게 되는 결정적인 순간이 바로 노르망디에 연합군이 상륙한 날입니다. 이날을 보통 D-day라고 합니다. 그렇다고 전쟁이 완전히 끝난 것은 아닙니다. 승리의 날 바로 V-day까지는 시간이 남았지만 전쟁은 이미 연합군의 승리였습니다. 마지막 항복을 받기까지 많은 저항이 있었지만 그러나 전세를 바꿀 수 없었습니다.

이것은 영적인 삶에서도 동일합니다. 예수님의 초림으로 인하여 사단의 무리들은 더 이상 힘을 쓸 수 없게 되었습니다. 그러나 마지막 완전한 선언이 있는 재림의 날까지 사단의 남은 잔당들은 엄청난 저항을 할 것입니다. 하지만 저항으로 전세를 역전시킬 수 없습니다. 이제 우리는 완전한 승리가 선언될 날을 보게 될 것입니다. 이것을 보통 이미 이뤄졌지만 아직 완성되지 않은 하나님 나라를 사는 것으로 표현합니다.

마지막 사단의 모든 세력들이 완벽하게 무너지고 사단이 영원한 지옥에 갇히게 되는 심판의 날이 있습니다. 현실에서는 악의 무리들이 대단한 힘이라도 가지고 있는 것처럼 행동합니다. 하지만 그 모든 발악이 곧 끝나는 날이 옵니다. 이 세상은 영원하지 않습니다. 마지막 하나님 앞에서 정산할 날이 있습니다. 그리고 하나님이 약속하신 새 하늘과 새 땅의 영광을 누릴 것입니다. 그런 의미에서 심판의 날을 말씀하시는 것은 단지 심판의 날을 생각하고 두려워하라는 것이 아니라 현재의 삶을 어떻게 살아야 하는지를 알려주십니다. 악한 자가 잘 되는 것처럼 보이고 정직하게 살아도 삶의 환경이 급격히 좋아지지 않는 것처럼 보인다 해도 절망하지 말고 하나님이 베푸신 은혜를 감사함으로 받고 견뎌야 합니다. 이것이 바로 그리스도인의 정체성입니다.

본문을 보면 사도 요한이 열려 있는 하늘을 통하여 두번째 모습을 봅니다. 17-18절입니다. 천사가 태양 안에 서서 공중에 나는 새를 향하여 하나님의 잔치에 모이라고 외칩니다. 그리고 와서 고기를 먹으라고 합니다. 여기서 고기는 살을 의미합니다. 그러므로 이 모습은 아주 끔찍한 잔치를 의미합니다. 이것은 앞서 살펴보았던 어린 양의 혼인 잔치를 모방한 심판의 잔치를 말씀합니다.

특히 17-18절에 나타난 이 모습은 하나님의 심판의 무서움을 잘 보여주고 있습니다. 새들이 모여서 살을 먹는 것은 엄청난 살육의 현장을 보여주기 때문입니다. 고대 전쟁에서는 너무나 많은 사상자가 나오기 때문에 시신을 묻지 않았습니다. 그리고 전쟁이 끝나면 하늘의 새들이 와서 시신을 먹었습니다. 전쟁에서 패한 이들에게 주어진 가장 치욕스러운 일입니다. 성경은 이러한 모습을 표현하기를 주검이 있는 곳에 독수리들이 모인다고 하였습니다.(삼상 17:44, 마 24:28)

그런데 사도 요한은 에스겔 선지자의 말씀을 인용하여 자신이 본 심판의 날을 기록하였습니다. 겔 39:17-24입니다.

"너 인자야 나 주 여호와가 말하노라 너는 각종 새와 들의 각종 짐승에게 이르기를 너희는 모여 오라 내가 너희를 위한 잔치 곧 이스라엘 산 위에 예비한 큰 잔치로 너희는 사방에서 모여서 고기를 먹으며 피를 마실지어다 너희가 용사의 고기를 먹으며 세상 왕들의 피를 마시기를 바산의 살찐 짐승 곧 수양이나 어린 양이나 염소나 수송아지를 먹듯 할지라 내가 너희를 위하여 예비한 잔치의 기름을 너희가 배불리 먹으며 그 피를 취토록 마시되 내 상에서 말과 기병과 용사와 모든 군사를 배불리 먹을지니라 하라 나 주 여호와의 말이니라 **내가 내 영광을 열국 중에 나타내어 열국으로 나의 행한 심판과 내가 그 위에 나타낸 권능을 보게 하리니 그 날 이후에 이스라엘 족속은 나를 여호와 자기들의 하나님인 줄 알겠고** 열국은 이스라엘 족속이 그 죄악으로 인하여 사로잡혀 갔던 줄 알지라 그들이 내게 범죄하였으므로 내 얼굴을 그들에게 가리우고 그들을 그 대적의 손에 붙여다 칼에 엎드러지게 하였으되 내가 그들의 더러움과 그들의 범죄한 대로 행하여 그들에게 내 얼굴을 가리웠었느니라"

에스겔 선지자의 예언은 하나님의 심판이 어떻게 이뤄질지에 대한 말씀입니다. 겔 39장의 말씀은 38장에서 이어지는 마곡 땅을 통치하는 곡을 중심으로 하는 이방 연합군과 이스라엘의 싸움의 결과로 기록된 말씀입니다. 이 장면은 계 20장에서 계속하여 이어집니다.

하나님은 범죄하였던 이스라엘을 긍휼히 여기고 포로 생활에서 회복시켜 주십니다. 그리고 이스라엘을 대적하는 강력한 이방인 연합군과의 전쟁에서 하나님은 이스라엘을 대적하는 자들을 심판하고 그들을 구원하십

교회를 세우는 요한계시록 강해

니다. 그런데 사도 요한은 이 전쟁이 마지막 심판의 날에 성취되는 것으로 말씀합니다. 이스라엘의 대적들은 모두가 치욕스러운 심판의 자리에 설 것입니다.

그런 후에 세번째 장면을 봅니다. 19-21절입니다. 세번째 모습은 두번째 모습과 동시에 일어난 모습이라고 할 수 있습니다. 17-18절은 전쟁이 있겠지만 어떠한 전쟁인지는 말하고 있지 않습니다. 다만 그 전쟁의 결과를 보여주었습니다. 새들이 모여서 모든 이들의 살을 먹는 치욕스럽게 슬픈 잔치였습니다. 그런데 19-21절에서는 그 전쟁이 어떤 전쟁인지를 보여줍니다. 사도 요한이 본 전쟁은 바로 짐승과 땅의 임금들과 백마를 탄 자와의 전쟁입니다.

"또 내가 보매 그 짐승과 땅의 임금들과 그 군대들이 모여 그 말 탄 자와 그의 군대로 더불어 전쟁을 일으키다가"(19절)

짐승과 땅의 임금들과 그 군대들이 그 말 탄 자 즉 그리스도와 그 군대들과 더불어 전쟁을 하려고 모였습니다. 이들은 최후의 전쟁을 준비합니다. 이러한 모습은 이미 아마겟돈 전쟁을 묘사하는 계 16:14에서 보았습니다. 귀신의 영들이 하는 마지막 발악입니다. 이러한 모습은 계 20:8에도 나타납니다. 하지만 이들의 무모함은 곧 처절한 심판으로 끝나게 됩니다. 이 둘은 산 채로 유황이 타고 있는 불 못에 던져집니다.

"짐승이 잡히고 그 앞에서 이적을 행하던 거짓 선지자도 함께 잡혔으니 이는 짐승의 표를 받고 그의 우상에게 경배하던 자들을 이적으로 미혹하던 자라 이 둘이 산채로 유황불 붙는 못에 던지우고 그 나머지는 말 탄 자의 입으로 나오는 검에 죽으매 모든 새가 그 고기로 배불리우더라"(20-21절)

짐승과 이적을 행하던 거짓 선지자들이 함께 잡힙니다. 거짓 선지자는 사람들로 하여금 짐승을 따르고 경배하게 하는 자들입니다. 이 둘이 하나님을 대적하여 전쟁을 준비하였지만 이들의 결말은 산 채로 유황불 붙는 못에 던져집니다. 유황 불못은 마지막 심판의 장소를 의미합니다. 이 모습은 다니엘에서 인용됩니다.

"그 때에 내가 그 큰 말하는 작은 뿔의 목소리로 인하여 주목하여 보는 사이에 짐승이 죽임을 당하고 그 시체가 상한바 되어 붙는 불에 던진바 되었으며"(단 7:11)

붙는 불에 던져진 이들의 모습은 참으로 처참합니다. 이들이 받는 형벌은 한순간에 사라지는 것이 아닙니다. 영원한 고통입니다. 이것은 계 20:10에서 동일하게 볼 수 있습니다.

"또 저희를 미혹하는 마귀가 불과 유황 못에 던지우니 거기는 그 짐승과 거짓 선지자도 있어 세세토록 밤낮 괴로움을 받으리라"

불못에 떨어진 심판으로 세세토록 밤낮 괴로움을 받습니다. 지옥이 주는 영원한 고통을 말씀합니다. 그러나 이러한 심판은 단지 짐승과 거짓 선지자만이 아닙니다. 그 나머지 역시 심판의 자리에 섭니다. 이들은 그리스도의 말씀의 검으로 심판을 받아 죽습니다. 그러자 모든 새들이 모여서 그 고기를 먹습니다. 짐승을 따르던 무리들이 당할 심판이 무엇인지를 아주 분명하게 보여주고 있습니다. 그렇다고 짐승을 따르는 이들은 한순간에 멸절되는 것은 아닙니다. 이들 역시 영원한 형벌을 받습니다. 그것은 계 20:15을 근거합니다.

"누구든지 생명책에 기록되지 못한 자는 불못에 던지우더라"

교회를 세우는 요한계시록 강해

그리스도를 대적하고 짐승을 따르던 자들이 받은 심판은 아주 명백합니다. 영원한 불못입니다. 예수님도 마 25:41에서 영원한 불 심판에 대하여 말씀하셨습니다. 하나님을 대적하였던 이들이 감당하여야 할 마지막 모습을 우리는 잊지 말아야 합니다.

사도 요한이 본 이 장면은 오늘을 살아가는 우리들에게 매우 중요한 가르침을 주고 있습니다. 우리는 아직 마지막 날을 알지 못합니다. 다만 약속을 받았습니다. 그러나 우리도 예외 없이 하나님 앞에 서게 될 것입니다. 그리고 하나님을 대적하는 무리들을 보게 됩니다. 그때를 바라보면서 오늘을 살아가야 합니다. 오늘이라는 시간은 마지막 심판을 준비하는 시간입니다.

그렇다면 우리가 준비하여야 할 것이 무엇입니까? 이 세상을 살지만 종말을 바라보며 사는 나의 모습은 어떠해야 합니까?

첫째, 사단의 발악이 지속되고 있지만 이미 패배한 자들임을 기억하는 일입니다. 사단은 마지막 심판을 받아 불 못에 영원히 갇힙니다. 하지만 그들은 끝까지 발악합니다. 그래서 우리를 미혹합니다. 우리를 유혹하여 세상의 가치를 추종하게 만듭니다. 하지만 세상의 가치는 이미 실패한 가치입니다. 우리의 삶은 철저하게 하나님의 목적을 이루는 삶이 되어야 합니다. 그래서 우리에게 주신 모든 것이 하나님을 영화롭게 하며 이웃을 사랑하는 일에 사용되어야 합니다. 사단의 발악을 이기는 길은 하나님이 주신 목적을 기억하면서 기도의 자리가 일상이 되어야 합니다. 이것은 너무나 소중한 자세입니다. 이것을 잊어버리면 사단의 유혹에 빠지고 맙니다. 하나님이 주신 목적과 기도의 일상이 사단의 발악을 이기는 일입니다.

이제 우리는 악한 자들이 잘 되는 것에 시험 들 필요가 없습니다. 그것은 짐승들의 최후의 발악이기 때문입니다.(시 73:2-3) 또한 믿음으로 인하여 당하는 고난에 대하여 담대하시기 바랍니다. 주님께서 모든 것을 역전시키실 것입니다. 그러므로 믿음으로 끝까지 감당하시기를 바랍니다.

둘째, 거짓 선지자들의 속삭임을 바르게 분별하여야 합니다. 거짓 선지자들은 이적을 통해서 사람을 미혹하여 짐승을 따르게 합니다. 이러한 무리들을 잘 분별하는 것이 무엇보다도 중요합니다. 거짓 선지자를 분별하는 것이 영적으로 거듭나고 성숙한 사람이라 할 수 있습니다. 영적인 분별은 철저하게 말씀에 붙잡혀 있어야 합니다. 그리고 열심을 다하여 공부하여야 합니다. 주님 오시는 그날까지 열심을 다하여 배우지 않으면 한순간에 거짓 선지자들의 속삭임에 넘어갑니다.

오늘날 이단들은 물론이고 강단을 거짓 선동으로 만드는 이들이 많이 있습니다. 여기에는 교회의 규모가 관계가 없습니다. 말씀이 사라지면 더 이상 교회는 가치가 없습니다. 그런데 바르게 분별을 하지 못합니다. 그것은 목사들의 책임이 일차적이지만 성도들 역시 정직한 답을 얻기 위한 열심이 있어야 합니다. 바른 복음이 무엇인지 알지 못하면 미혹의 영들에게 빠져들어갑니다.

설교는 말씀을 강해하는 일입니다. 강해설교를 통하여 성경의 가르침을 잘 분별하면 적어도 거짓 선지자들에게 미혹당하지 않습니다. 거짓 선지자는 우리를 짐승에게로 인도하여 마침내 유황 불 못에 들어가게 하는 자임을 항상 기억해야 합니다.

우리는 영원한 나라를 바라보면서 오늘을 살아갑니다. 그런 의미에서 나에게 주어진 오늘은 매우 소중합니다. 우리가 헛된 것에 시간과 열심을 허비하지 않기를 바랍니다. 더욱더 힘을 다해 하나님을 알아가야 합니다.

그것이 우리가 받은바 은사와 재능을 가지고 소명을 감당하는 일이 됩니다. 내가 하는 모든 일들이 다 하나님의 선물입니다. 더구나 이 선물이 복된 것은 마지막 날 하나님 앞에서 다 정산되기 때문입니다. 성경은 우리에게 이 땅의 삶에 최선을 다하라고 말씀합니다.

"세월을 아끼라 때가 악하니라 그러므로 어리석은 자가 되지 말고 오직 주의 뜻이 무엇인가 이해하라"(엡 5:16-17)

주님의 나라가 가까이 옵니다. 우리 모두 최선을 다하여 살아가야 합니다. 하나님을 아는 일에 열심을 내고 늘 깨어 기도하고 하나님의 주신 지혜로 이 시대를 분별하면서 주님의 오심을 준비하는 성령 충만한 주의 자녀들이 되기를 주님의 이름으로 축복합니다.

20장

성공의 욕구는 우리로 하여금 하나님의 뜻을 찾고

주변을 돌아보게 하는 시간을 허락하지 않습니다.

하나님의 약속보다는 미래에 대한 불안이 하나님이 주신 자유를 빼앗아 갑니다.

이 모든 것은 자신의 믿음을 살피지 못하게 합니다.

결국 고난과 미혹이 다가올 때 믿음에서 탈선하는 일들이 일어나게 됩니다.

그래서 무엇보다도 성도들은 자신의 믿음을 돌아보고 살피는 일이 중요합니다.

천년 동안 결박된 사단(계 20:1-3)

이제 우리는 중요한 본문에 이르렀습니다. 가장 많이 논쟁이 되고 있는 본문입니다. 계시록에는 다양한 상징들이 있습니다. 14만 4000명, 666 등 상징적인 의미를 가진 숫자들이 있습니다. 그 가운데 가장 논쟁이 치열한 부분이 바로 오늘 본문인 천년입니다. 보통 천년왕국이라고 말하는 이 문제는 많은 논쟁이 되고 있습니다. 천년을 어떻게 보느냐에 따라서 종말에 대한 이해가 많이 달라지기 때문입니다. 그래서 오늘은 본문 말씀을 살피기 전에 일반적으로 이해되고 있는 천년왕국에 대하여 살펴보고자 합니다.

이스라엘 백성이 천년을 중요하게 여기는 것은 외경인 에녹서 등에서 역사를 천년 단위의 우주적인 주간의 날로 이해하였기 때문입니다. 그래서 하루를 천년으로 생각하여 일곱 번째 천년 즉 7000년을 메시야 시대의 안식이라고 생각했습니다. 베드로 사도 역시 하루가 천년 같다고 말하였습니다. 이렇게 천년이라는 시기는 이스라엘에게 있어서는 묵시적인 중요한 시기라고 인식되었습니다.

이러한 묵시적인 천년왕국은 주님의 재림과 관계가 있습니다. 재림을 기준으로 하여 천년왕국이 어떻게 구성되는지에 따라서 해석이 달라집니다. 물론 이 문제가 우리의 구원을 뒤흔드는 것은 아닙니다. 그러나 우리의 삶에는 분명한 영향을 미치는 것은 사실입니다. 그렇다고 해서 천년에 대한 다른 이해가 다툼의 원인이 되어서는 안 됩니다. 하지만 무엇이 좀 더 성경 전체의 가르침에 가까운지를 살피는 것은 중요합니다.

첫번째는 한국 교회가 전통적으로 지지하고 있는 관점으로 역사적 전천년설입니다. 예수님의 재림 후에 천년 동안 하나님의 통치가 있을 것이고 그때에 사단이 천년 동안 결박당한다는 이해입니다. 그래서 보통 천년 전 재림설이라고 합니다. 이 해석의 핵심은 19:11-21과 20:1의 관계에서 시작합니다. 이들은 20:1의 "또 내가 보매"라는 말씀을 19장에 이어서 주어지는 것이라고 생각합니다. 이것이 왜 중요하냐면 19:11-21에서는 이미 주님의 재림시에 있을 마지막 전쟁과 짐승과 거짓 선지자가 불못에 던져짐을 말하고 있기 때문입니다. 그리고 자연스럽게 20:1이 이어진다는 것입니다. 그것은 계 19:11, 17, 19의 연속된 모습에서 볼 수 있다는 것입니다.

20:1-3에 나타난 천년은 주님의 재림 후에 주어진 실제적인 시간이라고 생각합니다. 이들은 20:4-6에서 다시 살펴보겠지만 두 번의 육체적 부활을 강조합니다. 그러나 여기에는 다양한 문제들이 있습니다. 하나는 천년왕국이 필요한 이유에 대하여 명료하지 않습니다. 그리고 19:20 미혹자들이 불못에 던져짐으로 전쟁이 끝났는데 20:7 이하에서 다시 사단이 전쟁을 합니다. 그렇다면 재림의 성격이 모호해집니다. 이것이 역사적 전천년의 이해입니다.

둘째는 후천년설로 주님 재림 전에 천년왕국이 있을 것이라고 생각합니다. 그래서 천년후 재림설입니다. 이들은 종말에 대한 매우 낙관적인 생각을 가지고 있습니다. 기독교가 전 세계에 전파되고 모든 문명이 기독화된 후에 천년왕국이 있을 것이라는 생각을 갖습니다. 그리고 예수님은 천년왕국 끝에 재림하십니다. 이 개념은 낙관적인 문화변혁주의를 추구합니다. 하지만 우리의 삶은 낙관적이지 않습니다. 오히려 손봉호 장로님의 견해처럼 비관적 선지자주의가 옳은 생각입니다. 저는 선지자적 현실주의와 비관적 낙관주의가 옳다고 생각합니다. 이 땅은 후천년설주의자들의 생각처럼 낙관적이지 않습니다. 오히려 죄가 점점 강력한 힘을 발휘할 것입니다. 그러나 결과적으로 하나님의 주권으로 그의 나라가 완성될 것입니다.

세번째는 세대주의 전천년설입니다. 이들은 지상에 유대인을 위한 메시야 왕국을 세우는 것을 목표로 합니다. 그래서 예루살렘에 메시야 왕국이 세워지면 구약의 피 제사가 복구된다고 생각합니다. 이것은 그리스도의 구속 사역을 허무는 일이 됩니다.

특별히 세대주의 전천년주의자들은 역사를 7세대로 나눠서 생각합니다. 첫째, 낙원시대, 둘째, 양심시대, 셋째, 인간통치시대, 넷째, 약속시대, 다섯째, 율법시대, 여섯째, 은혜시대, 일곱째, 왕국시대로 봅니다.

이들은 다니엘서의 70주간을 근거로 7년 대환난을 강조합니다. 그리고 7년의 환난 기간 동안 성도들이 휴거되어서 공중의 혼인잔치에 참여한다고 합니다. 이때 예수님은 공중에 첫 번째 재림을 합니다. 그리고 7년이 지나면 땅으로 두 번째 재림한다고 가르칩니다. 그러나 성경은 두 번 재림을 말하지 않습니다. 이 모두가 인간의 자의적인 생각에 불과합니다.

마지막으로 무천년설입니다. 이것은 천년기가 없다는 의미입니다. 즉 천년기를 교회의 시기로 보는 견해입니다. 주님의 초림부터 재림까지의

교회를 세우는 요한계시록 강해

교회 기간을 의미합니다. 무천년은 구약성경에 이스라엘과 다윗과 아브라함에게 주어진 약속들이 현 세대 동안 예수 그리스도와 교회를 통해 성취되는 것으로 주장합니다(킴 리들버거). 그런 의미에서 천년은 지금의 시대를 의미합니다. 이렇게 볼 때 천년 왕국 시대의 환난은 지금 우리가 당하고 있는 영적인 고난을 의미합니다. 그리고 천년왕국이 끝에 이르면 사탄은 풀려나고 대 배교가 일어나며 보편적 부활과 예수님이 재림하셔서 마지막 심판을 행하시고, 새 하늘과 새 땅을 세우십니다(킴 리들버거). 이런 관점에서 무천년설을 주장합니다. 무천년은 천년이라는 숫자를 상징으로 보아서 교회의 시대를 의미한다고 할 수 있습니다.

이제 실제적으로 본문을 살펴보겠습니다. 1절을 보면 천사가 무저갱의 열쇠와 큰 쇠사슬을 그 손에 가지고 하늘로서 내려옵니다. 무저갱은 문자적으로는 아주 깊은 공간입니다. 그러나 여기서 사용될 때는 귀신들이 잡혀 있는 집이며 어둠의 권세가 힘을 가지고 있는 영역입니다. 또한 어거스틴의 견해처럼 셀 수 없는 악한 무리들입니다. 그런데 이 무저갱 열쇠를 한 천사가 가지고 내려옵니다. 열쇠는 풀고 잠그는 역할을 합니다. 이 모습은 계 9:1에서도 보았습니다.

2절을 보면 열쇠를 가진 천사가 용을 잡습니다. 그리고 용을 일천년 동안 결박합니다. 여기서 용은 옛 뱀, 마귀, 사단입니다. 죄와 유혹의 근원을 의미합니다. 천사는 이들을 결박하기 위하여 내려옵니다. 그리고 이들을 무저갱에 던져 잠급니다. 무저갱이 귀신들의 집이고, 악한 무리들이라면 용이 던짐을 받았다는 것은 이들이 악한 자들을 완전히 소유하였다는 의미가 됩니다.(서철원) 그리고 인봉합니다. 그 이유는 천년이 끝날 때까지 만국을 미혹하지 못하게 함입니다.

이 말이 무엇을 의미합니까? 그리스도가 오기까지 세상은 사단의 미혹을 받으며 살았습니다. 소망이라고 아무것도 없는 것이 세상이었습니다. 그런데 그리스도께서 오심으로 더 이상 사단이 왕 노릇을 하지 못하게 되었습니다. 예수님은 만국을 비추는 빛이기 때문입니다.

"이방을 비추는 빛이요 주의 백성 이스라엘의 영광이니이다 하니"(눅 2:32)

그리고 예수님은 미혹하는 마귀를 쫓았습니다(눅 11:20). 그리고 귀신의 왕 바알세불을 결박하였습니다.

"만일 사단이 자기를 거스려 일어나 분쟁하면 설 수 없고 이에 망하느니라 사람이 먼저 강한 자를 결박지 않고는 그 강한 자의 집에 들어가 세간을 늑탈치 못하리니 결박한 후에야 그 집을 늑탈하리라"(막 3:26-27)

예수님의 오심으로 사단은 결박을 당하였습니다. 이제는 그는 자신의 뜻대로 무엇을 하는 자가 아닙니다. 하나님의 허락이 없이는 그 무엇도 할 수 없는 자가 되었습니다. 그렇다면 사단을 무저갱에 던지고 인봉하였다는 것은 무엇을 의미합니까? 인봉은 아무것도 할 수 없음을 의미하는 것일까요? 그런데 우리가 기억할 것은 계 6:8입니다. 이 말씀을 보면 사망과 음부가 땅 사분지 일의 권세를 얻어서 땅을 파괴하고 있는 모습을 볼 수 있습니다. 재림 전에 사단과 음부가 여전히 활동하고 있음을 봅니다. 우리는 인, 나팔, 대접 심판이 연속이 아니라 반복적 강조라는 사실을 알고 있습니다.

이렇게 볼 때 인봉을 하였다는 것은 사단이 아무 일도 할 수 없다는 것이 아닙니다. 이것은 사단이 행하는 미혹의 행위가 제약받는다는 뜻입니다. 즉, "사탄의 인봉은 절대적인 감금을 의미하지 않는다. 그리스도인의 인침은 그들의 모든 면에서 보호받는 것이 아니라 영적인 해로부터만 보호하고 따라서 심지어는 물리적인 박해도 겪을 수 있다"(비일)라고 하였습니다.

물론 재림 직전에는 잠깐 놓임을 받아서 성도들을 미혹하는 일에 힘을 쓸 것입니다. 이것이 바로 8절에 기록된 마지막 전쟁이 됩니다.

우리는 짧은 3절을 통해서 중요한 사실을 보았습니다. 그것은 그리스도의 오심으로 사단은 결박당하여 그리스도인을 미혹하여 구원에 이르지 못하게 하는 일을 하지 못하지만 여전히 사단의 활동은 지속되고 있다는 사실입니다. 이 사실에서 중요한 교훈을 얻을 수 있습니다.

첫째, 교회 시대 내내 사단의 유혹이 있다는 사실입니다. 비록 그 힘이 제약되지만 우리의 영혼을 힘들게 하는 일은 지속한다는 사실입니다. 뜻하지 않는 고난을 당할 수 있습니다. 사단의 집요한 유혹이 우리를 힘들게할 것입니다. 그러나 그 유혹과 고난이 결코 우리의 영혼을 빼앗아 갈 수 없습니다. 바울은 그 사실을 아주 분명하게 강조하고 있습니다.

"내가 확신하노니 사망이나 생명이나 천사들이나 권세자들이나 현재일이나 장래 일이나 능력이나 높음이나 깊음이나 다른 아무 피조물이라도 우리를 우리 주 그리스도 예수 안에 있는 하나님의 사랑에서 끊을 수 없으리라"(롬 8:38-39)

그러므로 유혹이 있는 것을 이상하게 여기지 마시고 다시금 믿음을 견고하게 만드는 기회로 삼으시기 바랍니다.

둘째, 교회 시대인 천년은 복음이 증거되는 중요한 시기입니다. 거듭난 그리스도인들에게 주어진 소명의 시간입니다. 이것이 우리가 받은 사명입니다.

"하나님 앞과 산 자와 죽은 자를 심판하실 그리스도 예수 앞에서 그의 나타나실 것과 그의 나라를 두고 엄히 명하노니 너는 말씀을 전파하라 때를 얻든지 못 얻든지 항상 힘쓰라 범사에 오래 참음과 가르침으로 경책하며 경계하며 권하라"(딤후 4:1-2)

천년의 시대 즉 교회의 시대는 복음 증거를 통하여 교회를 세우고 모든 사람들을 주님 앞에 무릎 꿇게 하는 시간입니다. 그러기에 이 시기는 복음과 함께 고난받는 시간이기도 합니다. 또한 복음에 대하여 저항하는 시대에 그리스도의 영광을 나타내는 시기입니다.

셋째, 그리스도의 긍휼하심과 도와주심이 이 시대를 이기는 강력한 힘입니다. 주님이 재림하시는 그 순간까지 사단의 위협은 계속될 것입니다. 이러한 시대를 사는 것은 결코 쉽지 않습니다. 하지만 그리스도의 긍휼하심과 도와주심이 이 고난을 넉넉히 이기게 합니다. 그러므로 우리는 힘을 다하여 그리스도의 도우심을 구하여야 합니다. 사도 요한은 이 사실에 대하여 분명하게 고백합니다.

"은혜와 긍휼과 평강이 하나님 아버지와 아버지의 아들 예수 그리스도께로부터 진리와 사랑 가운데서 우리와 함께 있으리라"(요이 1:3)

은혜와 긍휼과 평강이 예수 그리스도를 믿는 우리들 안에 항상 함께하십니다. 이 사실이 사단이 미혹하는 이 시대에 우리가 승리하는 힘이 됩니다. 동시에 날마다 예수님께 도와달라고 간구할 수 있는 근거가 되기도 합니다. 그리스도의 도우심이 늘 함께하고 있음을 기억하시기 바랍니다.

교회를 세우는 요한계시록 강해

믿음으로 사는 것이 쉽지 않음을 잘 알고 있습니다. 주님께서도 여러분의 분투와 애씀을 잘 알고 있습니다. 교회를 세우는 일은 사단이 가장 싫어하는 일입니다. 그래서 건강한 교회를 세울 때 뜻하지 않은 어려움이 있습니다. 우리도 그러한 순간들을 거쳐 왔습니다. 그러나 앞으로 또 어떤 어려움이 있을지 모릅니다. 하지만 분명한 것은 그리스도께서 그때도 함께하신다는 사실입니다. 이 믿음으로 힘을 얻으시기 바랍니다.

혹 왜 나만 겪는 고난이냐고 생각이 드시는 분이 있습니까? 그 마음이 얼마나 힘든지 우리 주님이 알고 있습니다. 그러나 혼자만 겪는 고난이 아닙니다. 그 고난을 통하여 하나님은 위대한 일을 하십니다. 그러므로 힘들고 어려운 순간에 더욱더 하나님을 의지할 수 있기를 바랍니다. 좀 더 하나님께 나오시기 바랍니다. 과부의 간절한 기도를 들으신 주님입니다. 백부장의 순결한 기도를 들으신 주님입니다. 사도들의 순교적 기도를 들으신 주님이십니다. 그 주님께서 우리의 아픔을 아시고 우리의 기도를 들으십니다. 그러므로 의심하지 마시고 믿음의 기도로 나오시기 바랍니다.

또한 주님의 재림을 기다리면서 살아가고 있다면 우리에게 주어진 이 귀한 시간을 복되게 사용할 수 있기를 바랍니다. 복음을 증거하고 교회를 세우는 일에 행함과 진실함으로 최선을 다할 수 있어야 합니다. 그리스도의 뜻을 온전하게 이뤄가는 삶이 되어야 합니다.

첫째 부활, 둘째 사망(계 20:4-6)

많은 사람들이 부정직하게 살면서 부와 명예와 쾌락을 누리는 것을 볼때 어떤 생각이 드십니까? 반면에 정직하게 살지만 상대적인 가난에 살고 있다면 어떤 생각이 드십니까? 그리고 이렇게 삶이 끝난다면 어떻게 살고 싶으십니까? 아마도 많은 생각이 들 것이라 생각합니다. 쉽게 사는 것을 대수롭지 않게 생각할 수 있습니다. 그래서 거짓말도 편하게 할 것입니다. 하지만 이 땅에서의 우리의 삶이 끝이 아니고 심판의 자리가 있다고 생각한다면 또 다른 이야기가 될 것입니다.

성경은 종말에 대한 말씀을 하면서 천년 동안 하나님과 왕 노릇하는 성도들을 말씀합니다. 이것은 매우 중요한 교훈을 우리에게 줍니다. 우리의 삶을 다시금 돌아보게 합니다. 20:1-3은 사단이 천년 동안 무저갱에 갇혀서 다시는 만국을 미혹하지 못함을 말씀하고 있습니다. 이 천년은 교회시대임을 말씀드렸습니다. 그리고 사단이 결박당한 이 시기에 교회는 복음의 증인으로 살아갑니다. 이것이 앞서서 살펴보았던 1-3절의 내용입니다.

본문은 쉽지 않은 내용을 담고 있기에 많은 논쟁이 있는 말씀입니다. 청교도 주석가인 매튜 폴은 이 본문에 대하여 충분한 이해를 갖고 있지 못하다고 그의 주석에서 밝히기도 합니다. 그만큼 간단한 본문은 분명 아닙니다. 그러나 말씀이 우리에게 주어졌기에 성령의 조명하심을 의지하여 오늘 말씀을 살펴보고자 합니다.

20:4-6은 첫째 부활에 이른 성도들이 누리는 복을 말씀합니다. 성도들이 하나님과 그리스도의 제사장이 되어서 천년 동안 그리스도로 더불어 왕 노릇합니다. 이것이 말씀의 핵심이라 할 수 있습니다.

본문을 좀 더 자세하게 살펴보겠습니다. 4절에서 요한은 보좌들에 앉은 이들을 봅니다. 이들은 교회를 대표하는 24 장로들을 포함한 성도들입니다. 그런데 이들이 심판하는 권세를 받았습니다. 심판은 온전히 하나님의 몫인데 지금 그 심판을 할 수 있는 권세를 받았습니다. 이 권세를 받은 사람들은 두 종류의 사람들입니다. 첫째는 순교자들입니다. 이들은 예수님을 증거하다가 목 베인 영혼입니다. 여기서 영혼은 생명 혹은 사람을 의미합니다. 둘째는 복음과 함께 고난받는 성도들입니다. 어쩌면 잠재적 순교자라고 할 수 있습니다. 이들은 짐승과 그의 우상들에게 경배하지 않고, 이마와 손에 표를 받지 않은 사람들입니다. 이들은 살아서 예수님과 더불어 천년 동안 왕 노릇합니다.

여기서 '살았다'는 말은 생명을 얻었다 즉 부활하였다는 말씀입니다. 이들은 부활하여서 예수님과 더불어 하나님 나라를 다스리는 자들을 의미합니다. 이 사실을 5절에서 분명하게 말씀합니다. 이는 첫째 부활입니다. 그런데 괄호 안에 있는 삽입구를 잘 보아야 합니다. "그 나머지 죽은 자들은 그 천년이 차기까지 살지 못하더라." 그 나머지는 부활에 이르지 못한 사람을 의미합니다. 즉 하나님을 믿지 않는 불신자를 의미합니다. 그들은 살아나지 못합니다. 그리고 영원한 죽음에 이르게 됩니다. 이들은 지금은 육체적으로 살아있지만 영적으로 죽은 자들입니다. 이것이 불신자들의 영적 죽음입니다. 그리고 둘째 부활에 이르고 둘째 사망에 이르는 자들입니다.

그런데 6절에서 이 첫째 부활에 참예하는 자들이 복 받을 사람이라고 말씀합니다. 이들이 받은 복은 두 가지입니다. 첫째는 둘째 사망에 이르지 않습니다. 이것은 영적인 영원한 죽음을 의미합니다. 그런데 첫째 부활에 이른 사람은 두 번째 영적인 사망에 이르지 않습니다. 둘째는 하나님과 그리스도의 제사장이 되어서 천년 동안 그리스도와 더불어 왕 노릇합니다.

이렇듯 첫째 부활에 이른 자들이 천년 동안 그리스도의 제사장이 되어서 하나님 나라를 다스리는 일에 동참하게 됩니다. 이것이 4-6절까지의 내용입니다.

우리는 본문을 통하여 중요한 가르침을 받을 수 있습니다. 그것은 바로 첫째 부활과 둘째 사망입니다. 이것은 앞으로 살펴보겠지만 둘째 부활과 첫째 사망이 있음을 전제하는 말씀입니다. 오늘은 첫째 부활에 대하여 자세하게 살펴보고자 합니다. 둘째 사망에 관하여는 20:14에서 자세하게 살펴보겠습니다.

첫째, 모든 사람들은 부활합니다. 성경은 모든 사람이 다 부활할 것을 말씀합니다. 이때 부활은 육체적 부활을 의미합니다. 그리고 둘째 사망에 이를 자와 둘째 부활에 이를 자가 있음을 말씀합니다. 육체적 부활은 단 한 번 이뤄집니다. 그것은 마지막 부활이라고 할 수 있습니다. 예수님 당시에 사두개인들은 부활이 없다고 믿었습니다. 그러나 예수님은 이들의 어리석음을 책망하셨습니다. 사두개인들의 질문에 대하여 예수님의 답변

교회를 세우는 요한계시록 강해

은 분명하였습니다.

"죽은 자의 부활을 의논할진대 하나님이 너희에게 말씀하신 바 나는 아브라함의 하나님이요 이삭의 하나님이요 야곱의 하나님이로라 하신 것을 읽어 보지 못하였느냐 하나님은 죽은 자의 하나님이 아니요 산 자의 하나님이시니라 하시니"(마 22:31-32)

아브라함, 이삭, 야곱은 산 자입니다. 즉 부활하여 하나님과 함께하고 있음을 말씀합니다. 또한 예수님 자신이 부활의 첫 열매가 되셨습니다. 그러기에 바울은 이렇게 증거합니다.

"만일 죽은 자의 부활이 없으면 그리스도도 다시 살지 못하셨으리라 그리스도께서 만일 다시 살지 못하셨으면 우리의 전파하는 것도 헛것이요 또 너희 믿음도 헛것이며 또 우리가 하나님의 거짓 증인으로 발견되리니 우리가 하나님이 그리스도를 다시 살리셨다고 증거하였음이라 만일 죽은 자가 다시 사는 것이 없으면 하나님이 그리스도를 다시 살리시지 아니하셨으리라"(고전 15:13-15)

이렇듯 모든 사람은 다 부활합니다. 그리고 하나님 앞에 서게 됩니다. 그러나 이 부활에는 영광의 부활이 있고, 심판의 부활이 있습니다. 첫째 부활에 이른 자는 둘째 사망에 이르지 않고 영광의 육체적 부활에 들어갈 것입니다. 그러나 첫째 부활에 이르지 못한 사람들은 둘째 부활인 육체적 부활을 통하여 영원한 심판인 둘째 사망에 이르게 될 것입니다. 이렇듯 모든 사람은 다 부활하여 하나님 앞에 서게 됩니다.

둘째, 첫째 부활은 영적인 부활입니다. 앞서서 모든 사람이 부활할 것임을 살펴보았습니다. 그러나 이 부활에는 두 번의 부활이 있습니다. 이것을 설명하면 다음과 같습니다. 모든 사람이 다 육체적 죽음과 육체적 부활에 이릅니다. 동시에 첫 번째 부활과 두 번째 죽음에 이릅니다. 본문 5절과 6절에서 첫째 부활과 둘째 사망에 대하여 말씀합니다. 그렇다면 첫째 부활은 무엇입니까? 이에 대하여 두 가지 견해가 있습니다. 하나는 첫 번째 육체적 부활이라는 견해입니다. 두번째는 영적인 부활로 거듭난 성도를 의미한다는 해석입니다.

우리는 앞서서 말씀드렸듯이 첫째 부활은 육체적인 부활이 아니라 영적인 부활로 해석합니다. 왜냐하면 육체적 부활은 단 한 번 이뤄집니다. 그때는 둘째 부활입니다. 이때 육체적 부활이 있습니다. 그런 의미에서 첫째 부활은 영적인 부활 즉 거듭남이라고 할 수 있습니다. 이에 대하여 예수님이 하신 말씀에서 그 근거를 찾아볼 수 있습니다. 요 5:24입니다.

"내가 진실로 진실로 너희에게 이르노니 내 말을 듣고 또 나 보내신 이를 믿는 자는 영생을 얻었고 심판에 이르지 아니하나니 사망에서 생명으로 옮겼느니라"

이 말씀에서 사망에서 생명으로 옮긴 것은 육체적 부활을 의미하는 것이 아닙니다. 영적인 부활 즉 거듭난 생명을 의미합니다. 우리는 예수님을 믿음으로 새로운 생명을 받았습니다. 이전 것은 지나가고 새로운 피조물이 된 것입니다(고후 5:17). 허물로 죽은 우리를 그리스도께서 다시 살리셨습니다(엡 2:5). 이것이 바로 첫째 부활입니다. 그러나 모두에게 둘째 부활이 있습니다. 이때는 육체가 부활합니다.

"저희의 기다리는바 하나님께 향한 소망을 나도 가졌으니 곧 의인과 악인의 부활이 있으리라 함이라"(행 24:15)

교회를 세우는 요한계시록 강해

의인과 악인의 부활을 말씀하는 본문은 마지막 육체적 부활이 있음을 보여줍니다. 이것은 둘째 사망에 이르기 전에 일어나는 둘째 부활입니다. 그러나 첫째 부활은 육체적 부활이 아니라 영적인 부활이며 그리스도의 은혜로 얻은 새 생명을 의미합니다.

더구나 우리는 그리스도와 연합되어 있습니다. 부활의 첫 열매이신 그리스도와 연합되어 다시 살아난 존재입니다. 이것이 첫째 부활을 의미합니다. 정리한다면 믿는 자이든 믿지 않는 자이든 다 육체적 첫째 사망에 이릅니다. 그리고 둘 다 둘째 부활에 이르게 됩니다. 그러나 첫째 부활은 오직 그리스도인만 누립니다. 그리고 둘째 사망은 오직 불신자들만이 경험하게 됩니다. 즉 신자들은 죽으면 육체적 부활을 기다리면서 그리스도와 함께 통치합니다. 반면에 불신자들은 죽으면 영원한 심판을 위하여 부활합니다. 그리고 둘째 사망에 이르게 됩니다.

그런 의미에서 예수님을 믿고 있는 우리들은 첫째 부활에 이른 자입니다. 첫째 부활에 이른 자는 결코 둘째 사망 즉 영적인 영원한 형벌에 이르지 않습니다. 이것이 우리의 모습입니다. 오늘 우리는 이미 첫째 부활에 이른 자임을 기억하시기 바랍니다.

셋째, 첫째 부활에 참여하는 성도는 거룩하고 복됩니다. 그렇다면 첫째 부활에 참여하였다는 것이 중요한 이유는 무엇입니까? 그것은 첫째 부활에 이른 자만이 누리는 복이 있기 때문입니다. 6절 말씀은 이 사실을 분명하게 말씀하고 있습니다.

"이 첫째 부활에 참예하는 자들은 복이 있고 거룩하도다 둘째 사망이 그들을 다스리는 권세가 없고 도리어 그들이 하나님과 그리스도의 제사장이 되어 천년 동안 그리스도로 더불어 왕 노릇 하리라"

첫째 부활에 참여한 성도들은 우선 둘째 사망에 이르지 않습니다. 그리고 그리스도로 더불어 천년 동안 그리스도의 제사장이 되어 왕의 역할을 감당합니다. 이것은 그리스도의 명령에 따라서 통치한다는 의미입니다. 이미 우리는 천년이 교회의 시대라고 보았습니다. 그렇다면 교회의 시대에 그리스도의 제사장이 되어서 통치한다는 의미가 됩니다. 이것이 그리스도인의 정체성입니다.

그러나 이러한 다스림은 하늘과 땅에서 이뤄집니다. 우선 순교자와 믿음을 지킨 거룩한 성도들이 하나님 나라에서 이러한 통치를 감당합니다. 이러한 말씀은 가까운 계 5:9-10에서 확인할 수 있습니다.

"새 노래를 노래하여 가로되 책을 가지시고 그 인봉을 떼기에 합당하시도다 일찍 죽임을 당하사 각 족속과 방언과 백성과 나라 가운데서 사람들을 피로 사서 하나님께 드리시고 저희로 우리 하나님 앞에서 나라와 제사장을 삼으셨으니 저희가 땅에서 왕 노릇하리로다 하더라"

그리스도의 십자가의 은혜로 말미암은 성도들이 하나님 앞에서 나와 제사장이 되어서 땅에서 왕 노릇 합니다. 그리스도인들이 이 땅의 대리통치자로 살고 있음을 의미합니다. 그러나 이 말씀은 출 19:6 말씀의 성취이기도 합니다.

"너희가 내게 대하여 제사장 나라가 되며 거룩한 백성이 되리라 너는 이 말을 이스라엘 자손에게 고할지니라"

영적 이스라엘인 모든 그리스도인들의 삶이 제사장과 왕이 되어서 하나님 나라를 대리 통치하는 일입니다. 이것은 바울이 증거한 말씀과 상통합니다.

교회를 세우는 요한계시록 강해

"미쁘다 이 말이여, 우리가 주와 함께 죽었으면 또한 함께 살 것이요 참으면 또한 함께 왕 노릇할 것이요 우리가 주를 부인하면 주도 우리를 부인하실 것이라"(딤후 2:11-12)

첫째 부활에 참여한 그리스도인은 하늘과 땅에서 하나님의 제사장이 되어서 하나님 나라를 통치합니다. 이때 부활에 참여한 이들 가운데 순교자들은 하나님 나라에서 통치에 동참합니다. 이것은 계 6:10의 간절한 탄원이 이뤄지는 순간입니다. 이들의 간청대로 교회 시대 동안 하나님과 함께 통치합니다. 그리고 땅에 거하는 자들은 마침내 둘째 사망에 이르게 됩니다.

하지만 첫째 부활에 참여하였지만 아직 육체적 죽음을 보지 않은 그리스도인들은 이 땅에서 그리스도의 제사장과 왕으로서 다스림에 참여합니다. 그렇게 교회 시대 동안 성도들은 땅을 다스리라는 그 창조 경륜을 충실하게 감당합니다. 그런 의미에서 성도들이 복 있는 존재입니다. 비록 고난과 어려움이 있지만 우리는 창조 명령을 충실하게 따르는 그리스도의 제사장이며, 왕이기 때문입니다.

우리는 첫째 부활과 둘째 사망에 대한 모습을 보았습니다. 둘째 사망에 대해서는 14절에서 다시 한번 다룰 것입니다. 그리스도인들은 첫째 부활에 이르렀다는 사실은 우리에게 매우 큰 위로와 용기를 줍니다. 그렇다면 이렇게 첫째 부활에 참여한 성도들은 이 땅에서 어떻게 살아야겠습니까?

우선 믿음 때문에 당하는 아픔과 괴로움과 혹 모욕당함이 있다면 하나님 우편에서 함께 통치에 참여하고 있는 성도들을 볼 수 있기를 바랍니다. 이들은 이 땅에서 고난 가운데 있었지만 하나님께로부터 심판하는 권세를 받았습니다. 그래서 왕과 같이 심판에 참여하고 있습니다.

우리의 정직함과 순결함이 세상에서 우습게 여김을 당할 수 있을지 모릅니다. 그러나 그 열매는 가장 영광스러움을 기억하시기 바랍니다. 이 서신을 썼던 사도 요한은 당시의 모진 핍박과 고난을 보면서 믿음의 길을 포기하지 말아야 하는 이유가 바로 하나님과 함께 심판의 자리에 있는 성도들이라고 말하고 있습니다.

그런 의미에서 첫째 부활에 참여한 여러분도 위로받으시기 바랍니다. 그리고 다시금 힘을 얻을 수 있기를 소망합니다. 우리는 지금 그리스도의 제사장입니다. 그리고 그리스도로부터 심판의 권세를 받은 사람입니다. 우리의 삶이 곧 심판의 근거가 됩니다. 그러므로 힘들고 어려운 일이 있다 하더라도 주님을 바라보면서 다시금 힘을 얻을 수 있기를 바랍니다.

또한 주님의 제사장과 대리 통치자로서의 나는 잘 감당하고 있는지 살펴보아야 합니다. 세속의 재판관도 바른 심판을 하기 위하여 열심을 다하여 공부하고 준비합니다. 하물며 이 땅을 다스리고 심판하는 우리들이 열심을 다하여 준비하지 않는다면 그것은 부끄러운 일이 됩니다. 우리 역시 더욱 열심히 하나님을 아는 지식에서 자라가야 합니다. 선한 일에 지혜롭고 악한 일에 미련하여야 합니다. 이것이 주님이 맡겨 주신 교회를 거룩하게 세우는 일입니다. 그리고 세상에 하나님의 심판이 무엇인지를 보여 주는 것입니다. 그러므로 우리 자신을 잘 살피는 일이 무엇보다도 필요합니다.

이를 위하여 성령을 의지하는 일에 힘써야 합니다. 우리의 힘이 아니라 성령의 능력으로 감당해야 합니다. 그리고 그 힘으로 예배와 말씀과 기도 그리고 봉사에 최선을 다하여야 합니다. 우리에게 맡겨 주신 의무를 잘 감당할 때 하나님의 영광을 나타내는 삶을 살 수 있습니다. 주님 오시는 그날까지 그리스도의 십자가를 자랑하고 하나님이 맡겨 주신 일에 열심을 다할 수 있기를 소망합니다.

곡과 마곡의 전쟁(계 20:7-10)

고양이와 쥐가 싸우면 고양이가 이깁니다. 그런데 쥐가 구석에 몰려 더 이상 피할 수 없으면 어떻게 할까요? 저항은 하겠지만 고양이가 이깁니다. 자연의 순리가 작은 상황 때문에 쉽게 바뀌지 않습니다. 이렇듯 영적인 삶도 동일합니다. 사단이 대단한 힘을 가지고 있지만 그러나 결코 구원받은 백성들을 이길 수 없습니다. 성령 하나님께서 온전히 보호하여 주시기 때문입니다.

이것은 마치 2차 세계대전의 종식과 같습니다. 독일의 패전은 연합군의 노르망디 상륙작전의 성공으로 이뤄졌습니다. 그러나 히틀러가 항복하기까지는 시간이 필요하였습니다. 엄청난 저항이 있었지만 결국 패하고 말았습니다. 앞서 보았듯이 역사가들은 이를 D-day와 V-day로 종종 말합니다. 이미 이겼지만 아직 완전한 승리는 아닙니다. 그러나 이긴 것입니다.

본문은 완전한 승리의 날이 오기 전에 발악하는 사단의 모습을 보여주고 있습니다. 사단은 천년 동안 무저갱에 결박을 당하였습니다. 그가 할 수 있는 일은 매우 제한적입니다. 그는 이미 심판을 받았습니다. 하지만 최후의 심판이 아직 남았습니다. 둘째 사망이 남았기 때문입니다. 사단은 둘째 사망에 이르기 전에 잠시 무저갱에서 풀려납니다. 그리고 최후의 발악을 합니다. 이때 교회와 그리스도인을 향한 시험과 유혹이 있습니다. 하지만 사단의 결말은 둘째 사망으로 정해져 있습니다.

본문을 자세하게 살펴보겠습니다. 7절을 보면 사단이 천년 후에 옥에서 풀려남을 받습니다. **"천년이 차매 사단이 그 옥에서 놓여"** 여기서 천년은 교회의 시대의 끝입니다. 그리고 주님의 재림 직전입니다. 이때 옥 즉 무저갱에서 사단이 풀려납니다. 이미 3절에서 잠깐 놓이게 될 것을 말씀하였습니다. 그리고 7절에서 그 말씀이 성취됩니다. 사단의 풀려남은 하나님의 주권적인 일하심입니다. 이것은 사단이 어떻게 최후를 맞이하는지를 보여주시는 말씀입니다.

8절은 이렇게 풀려난 사단이 땅의 사방 백성 즉 곡과 마곡을 미혹하고 모아서 전쟁을 준비합니다.

"나와서 땅의 사방 백성 곧 곡과 마곡을 미혹하고 모아 싸움을 붙이리니 그 수가 바다 모래 같으리라"

이렇게 교회를 대적하는 무리들이 바다의 모래와 같습니다. 이것은 매우 많은 이들이 교회를 핍박할 것임을 보여주는 상징입니다. 곡과 마곡은 에스겔 38-39장의 성취라고 할 수 있습니다. 에스겔 선지자는 이스라엘의 회복과 하나님의 심판에 대한 말씀을 곡과 마곡의 전쟁으로 예언하였습니다. 선지자는 하나님께서 이스라엘을 침공하는 곡과 마곡에 대하여 준엄한 심판을 내릴 것임을 말씀하셨습니다. 이것은 계 20:8에서 성취된 것입니다. 구체적으로 겔 38:1-2, 16-18, 39:1-2, 11의 예언의 성취라고 할 수 있습니다.

그러나 이 전쟁은 계 16:14, 19:19에서 반복적으로 보았던 전쟁입니다. 이미 스가랴 선지자를 통하여 보여주었던 예언처럼 이방 나라를 모아 이스라엘과 싸우게 하십니다.(슥 14:2) 하나님의 주권에 의하여 잠깐 풀려난 사단은 교회를 향하여 최후의 전쟁을 실행합니다. 9절은 이들의 모습을 보여줍니다. 그들이 지면에 멀리 퍼져 성도들의 진과 하나님이 사랑하시는 성을 에워쌉니다. 이것은 교회를 의미하고, 핍박하는 모습을 보여줍니다.

사실 마지막에 교회를 핍박하는 세력들이 누구인지 궁금할 수 있습니다. 세대주의자들은 러시아라고 생각합니다. 그것은 겔 38:2에 나온 마곡 땅에 있는 "로스" 때문입니다.

"인자야 너는 마곡 땅에 있는 곡 곧 로스와 메섹과 두발 왕에게로 얼굴을 향하고 그를 쳐서 예언하여"

이 로스가 러시아를 의미한다고 생각합니다. 최후의 순간에 가장 강력한 교회의 핍박세력이라고 생각합니다. 하지만 이것은 의미 없습니다. 어원도 다를 뿐 아니라 지역도 다르기 때문입니다. 오히려 곡과 마곡은 마지막 시대 세계 도처에서 교회를 핍박하는 세력을 의미합니다.

그러나 이들의 전쟁은 실패하고 최후의 심판을 받습니다. 9절 하반절입니다. "하늘에서 불이 내려와 저희를 소멸하고" 교회를 박멸하고자 전쟁을 하지만 교회는 무너지지 않습니다. 마지막 순간에 하나님의 심판이 이들에게 임하기 때문입니다. "하늘에서 불이 내려와서 그들을 태워버릴" 것입니다. 이것은 비유로 하나님의 최후 심판이 즉각적으로 이뤄질 것을 말씀합니다.

교회를 세우는 요한계시록 강해

그리고 10절은 이러한 사단의 무리들은 영원한 심판 가운데 괴로움을 받을 것을 말씀합니다. 마귀가 불과 유황불에 던져집니다. 그런데 거기에는 짐승과 거짓 선지자가 있어서 영원토록 밤낮 괴로움을 당합니다. 이것은 이미 19:20 말씀을 반복합니다. 19:20에는 마귀가 없습니다. 그런데 20:10에는 마귀가 나옵니다. 그래서 어떤 이들은 이것을 시간의 간격이라고 봅니다. 이렇게 볼 때 천년왕국의 개념이 달라질 수 있기 때문입니다. 그러나 이것은 시간의 간격이 아닙니다. 유황불에 마귀도 함께 있음을 보여줍니다. 이것은 예수님의 말씀하신 대로 이뤄짐입니다. 마 25:41에서 예수님은 마귀들의 최후의 심판에 대하여 분명하게 말씀하셨습니다.

"또 왼편에 있는 자들에게 이르시되 저주를 받은 자들아 나를 떠나 마귀와 그 사자들을 위하여 예비된 영영한 불에 들어가라"

예수님의 말씀처럼 교회를 핍박하고 무너트리려는 세력이 이곳저곳에 있지만 교회는 결코 무너지지 않습니다. 주께서 지키시고 보호하시기 때문입니다. 오히려 교회를 핍박하는 세력들은 최후의 심판을 받을 것이며 영원한 고통 가운데 거하게 될 것입니다. 그 고통이 무엇인지 온전히 알 수 없지만 분명한 것은 그들에게는 안식이 없습니다. 이렇듯 본문은 그리스도의 승리를 말씀합니다.

우리는 살펴본 본문 말씀을 통하여 중요한 가르침을 얻을 수 있습니다. 그것은 바로 교회를 향한 핍박입니다. 종말 시대를 사는 그리스도인이 항상 기억해야 할 것입니다. 이 교훈이 무엇을 말하는지 세 가지로 살펴보겠습니다.

첫째, 교회는 사단의 핍박과 유혹을 감당해야 합니다. 사단이 하는 일은 분명합니다. 그것은 교회를 핍박하여 하나님을 섬기지 못하게 하는 일입니다. 주님은 말씀하시기를 세상이 너희를 미워하면 너희보다 먼저 나를 미워한 줄 알라(요 15:18)고 하셨습니다. 세상에 속하지 않았기에 세상으로부터 핍박을 받는 것입니다.(요 15:19) 이러한 핍박은 점점 커질 것입니다. 그래서 우리의 신앙을 흔들어 놓을 것입니다. 천년 동안 핍박하였던 이들은 최후의 전쟁을 통하여 마지막 발악을 합니다. 그러기에 교회도 쉽지 않은 시간을 견디어야 합니다.

또 기억할 것은 사단이 벌이는 핍박은 다양한 모습을 가집니다. 여러 모양으로 우리를 핍박하여 무너지게 할 것입니다. 하나님을 믿는 것이 잘못이었다는 생각을 가지게 할 것입니다. 마치 곧 무너질 것 같은 위기와 협박을 줍니다. 이러다가 엄청난 고난을 받겠다는 생각을 가지게 합니다. 아마 이러한 위기에 배도의 역사도 있을 것입니다. 교회를 둘러싸고 있는 이들의 모습에서 우리는 이 전쟁이 쉽지 않음을 알 수 있습니다.

그러나 그 핍박이 교회를 무너지게 할 수 없습니다. 무너질 것같이 보이게 하는 것이 이들의 한계입니다. 이들은 두려움을 주어서 스스로 믿음을 포기하게 만들려고 합니다. 하지만 사단의 발악이 아무리 거세도 교회는 결코 무너지지 않습니다. 이것은 이미 성경을 통하여 우리에게 약속하여 주셨습니다. 우리가 너무나 잘 알고 있는 말씀입니다.

"내가 확신하노니 사망이나 생명이나 천사들이나 권세자들이나 현재 일이나 장래 일이나 능력이나 높음이나 깊음이나 다른 아무 피조물이라도 우리를 우리 주 그리스도 예수 안에 있는 하나님의 사랑에서 끊을 수 없으리라"(롬 8:38-39)

어떤 핍박이 있어도 주님의 사랑이 우리를 지켜주십니다. 그리고 영광의 자리에 이르게 합니다. 하지만 이 모든 것은 핍박을 통하여 얻게 됩니다.

둘째, 전 세계적인 핍박과 유혹은 주님의 재림이 가까이 왔음을 보여줍니다. 사단이 행하는 최후의 발악은 세계적입니다. 이미 말씀드렸듯이 사방 백성이 발악을 합니다. 이것은 주님의 재림이 가까이 왔음을 알리는 신호입니다. 예수님은 만국에 재앙이 있을 것이라 하였습니다. 그러나 그 재앙은 시작일 뿐입니다.

"난리와 난리 소문을 듣겠으나 너희는 삼가 두려워 말라 이런 일이 있어야 하되 끝은 아직 아니니라 민족이 민족을, 나라가 나라를 대적하여 일어나겠고 처처에 기근과 지진이 있으리니 이 모든 것이 재난의 시작이니라"(마 24:6-8)

이렇게 시작된 재난은 주님의 재림을 더욱 분명하게 인식하게 해 줍니다. 사단이 주는 핍박과 유혹은 물리적인 것을 포함한 영적인 유혹과 핍박입니다. 이러한 시대를 성도들은 맞이할 것입니다.

그러나 사단이 주는 광범위하고 집요한 시험은 오래가지 않습니다. 3절에서 말씀하신 것처럼 "잠깐"입니다. 그러나 그 잠깐이 결코 가볍지는 않습니다. 사단은 최후의 발악을 통하여 유혹하며 교회를 더욱더 힘들게 할 것입니다. 이것은 주님의 재림이 가까이 왔음을 보여줍니다.

그러므로 이러한 시험과 유혹 앞에서 우리는 주님의 재림을 다시금 바라보아야 합니다. 지금도 다양한 부분에서 사단은 우리를 유혹하여 주님의 재림을 잊어버리도록 전략을 짜고 있습니다. 오직 현실에 만족하게 살게 합니다. 그래서 하나님 없는 삶으로 마감하게 하려고 합니다.

마치 첫 사람 아담과 하와에게 유혹하였듯이 보암직하고 먹음직스럽기도 하고 탐스럽기도 한 것들을 전시하고 유혹하고 있습니다. 참으로 이 생의 자랑과 안목의 정욕과 육신의 정욕에 따라 살게 하는 것들이 주변에 널려 있습니다. 사단은 병 주고 약 주는 방식으로 우리를 이 땅에 묶어놓으려고 합니다. 이곳이 좋다는 생각을 갖게 하여 천국에 대한 소망을 잊어버리게 합니다. 이러한 미혹과 핍박은 주님의 재림이 가까이 왔음을 알려주는 증거입니다.

그러므로 우리는 무엇보다도 힘써서 주님의 재림을 기다려야 합니다. 이러한 믿음은 오늘의 고난을 넉넉히 이겨 냅니다. 오히려 복음과 함께하는 고난을 즐거움으로 여깁니다. 이러한 믿음이 우리에게 필요합니다.

셋째, 핍박과 유혹의 시대를 견딜 수 있는 능력을 주님께서 주십니다. 그리스도인은 세상 가운데 살아갑니다. 삶의 현장에서 믿음을 고백하고 살아갑니다. 이것은 그리스도인만의 세상에서 살고 있지 않음을 말씀합니다. 우리는 예수님의 십자가의 은혜로 구원받았지만 여전히 이 세상에 살고 있습니다. 이것은 사단이 주는 시험과 핍박 가운데 산다는 말과 같습니다. 우리는 결코 사단의 유혹과 고난을 피하여 살지 않습니다. 우리는 담대하게 유혹과 고난의 현장에 존재합니다.

그렇다고 우리가 불행한 사람이 아닙니다. 우리는 세상에 살지만 세상에 속하지 않았기 때문입니다.(요 17장) 이것은 세상에 사는 우리들을 성령이 늘 함께하며 지켜주심을 의미합니다. 사단의 세력이 아무리 대단하여도 이들은 마침내 멸망합니다. 그것도 순식간에 영원한 유황불 가운데로 떨어집니다.

핍박과 유혹이 아무리 거세다 할지라도 성령 하나님 앞에서는 사라집

교회를 세우는 요한계시록 강해

니다. 사람들의 눈에 대단하게 보여도 하나님의 은혜 앞에는 사라집니다. 하나님의 능력 앞에 누가 설 수 있겠습니까? 이 사실은 마치 태풍의 사라짐과 같습니다. 우리나라는 여름과 가을에 태풍이 불어옵니다. 태풍이 바다에서 처음 시작될 때는 엄청난 바람과 비를 동반합니다. 그런데 육지로 오면 소멸됩니다. 태풍은 수면 온도 25-26도에서 활성화되지만 육지로 오면 온도가 낮아지면서 자연스럽게 소멸됩니다.

사단의 유혹과 핍박이 거세게 일어나지만 하나님의 능력 앞에서는 아무 힘도 쓰지 못하고 사라집니다. 바로 여기에 우리의 소망이 있는 것입니다. 하나님은 우리가 어디에 있든지 늘 우리와 함께하신다고 약속하셨습니다.

"야곱아 너를 창조하신 여호와께서 이제 말씀하시느니라 이스라엘아 너를 조성하신 자가 이제 말씀하시느니라 너는 두려워 말라 내가 너를 구속하였고 내가 너를 지명하여 불렀나니 너는 내 것이라 네가 물 가운데로 지날 때에 **내가 함께 할 것이라** 강을 건널 때에 물이 너를 침몰치 못할 것이며 네가 불 가운데로 행할 때에 타지도 아니할 것이요 불꽃이 너를 사르지도 못하리니 대저 나는 여호와 네 하나님이요 이스라엘의 거룩한 자요 네 구원자임이라 내가 애굽을 너의 속량물로, 구스와 스바를 너의 대신으로 주었노라"(사 43:1-3)

하나님의 약속입니다. 언제나 어디에서나 함께하신다는 약속입니다. 이 약속은 우리 주님도 하셨습니다.

"내가 너희에게 분부한 모든 것을 가르쳐 지키게 하라 볼지어다 내가 **세상 끝날까지 너희와 항상 함께 있으리라 하시니라**"(마 28:20)

삼위 하나님이 함께하십니다. 그러니 사단이 어찌 우리를 넘볼 수 있겠습니까? 사단의 유혹과 핍박은 대단한 것 같지만 순식간에 사라지는 안개와 같습니다. 바로 이러한 삼위 하나님의 보호하심이 우리로 하여금 믿음의 길을 끝까지 갈 수 있게 합니다. 사단은 결코 우리를 이길 수 없습니다. 이 사실을 잊지 말아야 합니다.

우리는 말씀을 통하여 재림 전에 있을 사건에 대하여 살펴보고 있습니다. 교회를 핍박하고 미혹하는 세력들이 있지만 그들은 성공하지 못하고 영원한 불못에 떨어지고 말 것입니다. 이것이 본문을 통하여 배운 가르침입니다.

이러한 사실 앞에 우리는 어떻게 살아야 합니까? 사단이 발악을 하면서 우리를 힘들게 하는 일이 일어나는 이러한 상황을 맞이하면서 성도로서 어떠한 준비가 필요합니까?

우선 반드시 기억하고 있어야 할 것은 길이요 진리요 생명 되신 예수 그리스도를 믿는 믿음에서 흔들려서는 안 됩니다. 현실에서 많은 시험이 우리에게 주어질 수 있습니다. 아니 이미 그러한 어려움을 겪고 있을지 모릅니다. 그러나 그것이 하나님을 향한 우리의 믿음을 흔들리게 할 수 없습니다. 바울은 그의 마지막 서신에서 성도의 삶에 어려움이 있지만 능히 이길 수 있음을 확신하였습니다.

"이를 인하여 내가 또 이 고난을 받되 부끄러워하지 아니함은 나의 의뢰한 자를 내가 알고 또한 나의 의탁한 것을 그 날까지 저가 능히 지키실 줄을 확신함이라"(딤후 1:12)

이 확신이 하나님이 주시는 영광을 보게 합니다. 그러므로 믿음 안에서 분투하고 있는 여러분, 힘을 내시기 바랍니다. 비록 감당하기 어려워 보이는 시험이 온다 할지라도 주께 능히 지켜주신다는 이 약속을 붙잡으시기 바랍니다. 주님은 나보다 나를 더 잘 아시고 나와 늘 함께하십니다.

믿음의 길은 서두른다고 성장하는 것은 아닙니다. 그러나 믿음 안에 있으면 반드시 성장합니다. 그리고 성장은 곧 고난을 이기고 영광을 누리게 합니다. 지금 여러분들이 감당하고 있는 예배와 기도 그리고 삶의 현장에서 믿음으로 분투하고 있는 모든 것을 주님은 아십니다. 그리고 오늘도 성령께서 기도하고 있습니다. 이 사실을 항상 기억하시기 바랍니다.

하지만 믿음의 분명한 고백이 없다면 핍박과 유혹의 길에서 배교하는 자리에 설 수 있습니다. 사단의 달콤한 유혹에 넘어가지 않을 자 없습니다. 오직 믿음만이 사단의 온갖 유혹과 고난을 이길 수 있습니다. 그러므로 나의 믿음을 잘 살펴보는 것이 중요합니다. 나는 죽은 죄인이었는데 예수 그리스도의 십자가의 사랑과 부활의 은혜로 죄 씻음을 받아 새로운 생명을 받은 자가 되었음을 확신해야 합니다. 이 믿음이 날마다 고백되어야 합니다. 이 복음의 확신이 우리로 하여금 죄와 싸우게 하고, 고난을 이기게 합니다.

그렇기에 종말의 시대를 사는 성도는 항상 자신의 믿음을 살피는 것이 중요합니다. 그리고 그 믿음을 고백하는 일이 있어야 합니다. 그러기 위해서는 말씀을 듣는 것과 기도하는 일에 열심을 내야 합니다. 말씀으로 자신을 살피는 것이 죄를 이기는 길입니다. 그리고 의를 행하는 삶을 살아가게 합니다.

우리 시대를 잘 보시기 바랍니다. 말씀을 가까이하지 못하게 하는 요소들이 얼마나 많은지 모릅니다. 주님을 진지하게 생각하는 시간을 갖지 못하게 합니다. 우리 손에 있는 핸드폰은 우리의 영혼에 쉼을 주지 못하니다. 성공의 욕구는 우리로 하여금 하나님의 뜻을 찾고 주변을 돌아보게 하는 시간을 허락하지 않습니다. 하나님의 약속보다는 미래에 대한 불안이 하나님이 주신 자유를 빼앗아 갑니다. 이 모든 것은 자신의 믿음을 살피지 못하게 합니다. 결국 고난과 미혹이 다가올 때 믿음에서 탈선하는 일들이 일어나게 됩니다. 그래서 무엇보다도 성도들은 자신의 믿음을 돌아보고 살피는 일이 중요합니다. 주일에 모일 때 그러한 시간들이 있기를 소망합니다.

여기에 중고등부 친구들도 동일하게 해당됩니다. 여러분 가운데 이미 세례를 받고 성찬에 참여하기도 합니다. 그것은 영적인 책임을 감당하고 믿음을 잘 살펴야 함을 의미합니다. 아직 세례를 받지 않았지만 유아세례를 받은 사실을 알고 있다면 여러분 역시 말씀의 자리에 바르게 서서 날마다 자신의 믿음을 살펴야 합니다. 이것이 책임 있는 신앙의 자세입니다.

말씀의 자리에 가까이 가기 위하여 매일 묵상과 함께 복음서를 일독할 수 있기를 바랍니다. 다시 한번 복음서를 통하여 우리에게 들려주시는 주님의 가르침을 배울 수 있기를 바랍니다. 그리고 설교를 녹음하여 드리는 것을 꼭 들을 수 있기를 바랍니다. 그렇게 하면서 여러분의 말씀노트가 있다면 깨달은 것 한 가지라도 남겨놓았으면 합니다. 이것이 유혹과 고난의 시대를 이기는 과정이 됩니다. 이러한 작은 실천을 통하여 하나님께 영광 돌릴 수 있기를 소망합니다.

흰 보좌 심판(계 20:11-15)

우리말에 콩 심은 데 콩 나고 팥 심은 데 팥 난다는 말이 있습니다. 이 말은 뿌린 대로 거둔다는 의미로 자신이 행한 대로 결과를 얻는다는 말입니다. 콩 심었는데 팥이 나지 않습니다. 지극히 정상적인 말입니다. 그런데 일부의 사람들 가운데 콩을 심어 놓고 팥을 얻으려고 하는 이상한 사람들이 있습니다. 저는 이 말을 자신의 본분에 따라 산다는 말로도 이해합니다. 그리스도인의 삶이 있고, 세상의 삶이 있다고 생각합니다. 즉, 새 생명이 있는 자와 새 생명이 없는 자의 삶의 모습을 의미합니다. 그리고 그 열매가 기록되고 마지막 심판의 자리에서 심판의 근거가 될 것입니다.

본문은 위와 동일한 말씀을 들려주고 있습니다. "죽은 자들이 자기 행위를 따라 책들에 기록된 대로 심판을 받으니", 또 "각 사람이 자기의 행위대로 심판을 받고"라는 말씀이 있습니다. 죽은 사람들이 다 심판을 받는데 자신의 행위대로 심판을 받는다고 말씀합니다. 심은 대로 거둔다는 말씀입니다. 마지막 심판의 날에 죽은 사람들이 자신이 행한 대로 심판을 받습니다. 그리고 이때 생명책에 기록되지 않은 사람들은 모두 자신이 행한 대로 심판을 받아 불 못에 던져집니다. 이것은 불변하는 사실입니다.

본문은 11절로 시작합니다. 11절은 흰 보좌 심판이라고 알려진 말씀입니다. 사도 요한은 크고 흰 보좌와 그 위에 앉으신 분을 보았습니다. 앞서서 우리는 보좌는 삼위 하나님의 심판의 자리를 의미함을 보았습니다. 흰 보좌는 하나님의 심판이 거룩하고 공정함을 나타내는 말입니다. 이 땅에서는 최종심이 대법원에서 이뤄집니다. 이 심판으로 모든 판결이 끝납니다. 하지만 이 땅에서는 오판이 있을 수 있습니다. 그래서 많은 사람들이 불복종하기도 하고, 헌법재판소에 다시 제소를 하기도 합니다. 하지만 하나님의 법정에서는 그 누구도 하나님의 판결에 대하여 제소하지 않습니다. 그것이 바로 흰 보좌의 의미입니다.

흰 보좌에 앉으신 이를 보니 땅과 하늘이 그 앞에서 피하여 사라지고 흔적도 없어졌습니다. 이것은 하나님의 심판 앞에 우주가 사라진 것입니다. 세상 구조의 파괴를 의미합니다. 이것은 계시록 6장에서 최후의 심판을 묘사할 때의 모습 그대로입니다.

"하늘은 종이 축이 말리는 것같이 떠나가고 각 산과 섬이 제 자리에서 옮기우매"(계 6:14)

이와 같이 땅 하늘이 간데없어진 것입니다. 그리고 새로운 시대가 시작될 것입니다. 바로 새 하늘과 새 땅이 시작됩니다. 이것이 바로 최후의 심판의 모습입니다. 최후의 심판은 새로운 세상의 시작입니다.

그러나 사도 요한은 이것만 보지 않았습니다. 그가 본 또 하나의 모습은 죽은 자들의 심판의 모습입니다. 12절을 보면 죽은 자들이 즉 큰 자나 작은 자 할 것 없이 모두 하나님의 보좌 앞에 서 있습니다. 이들은 의인과 죄인 모두를 의미합니다. 그리고 그 앞에는 책들이 펴 있습니다. 그리고 그 책에는 심판받는 이들의 모든 행적들이 기록되어 있습니다. 그리고 또 하나의 책이 펼쳐져 있었습니다. 그것은 바로 생명책입니다. 창세전부터

교회를 세우는 요한계시록 강해

구원받기로 작정된 이들의 이름이 기록된 책입니다.

여기서 생명책이 아닌 다른 책은 무엇을 의미할까요? 악인들의 기록일까요? 아니면 악인과 의인의 모두의 기록일까요? 메튜 헨리는 전자는 악인들의 책이고, 후자는 성경이라고 하였습니다. 그러나 저는 모든 사람 앞에 펼쳐져 있는 책은 악인들만의 책이 아니고 이 땅에서 살았던 모든 이들의 행위가 기록된 책이라고 생각합니다. 하지만 그 가운데 구원받기로 작정된 이들의 이름이 기록된 책이 있습니다. 바로 생명책입니다.

심판받는 사람들은 자기의 행위대로 받습니다. 이 말씀이 매우 중요하고 또한 어렵습니다. 우리는 구원을 우리의 행위가 아니라고 하였습니다. 그런데 심판은 행위로 받습니다. 행위의 심판은 성경의 가르침입니다.(시 62:12, 렘 17:10, 롬 2:6, 벧전 1:17) 그 가운데 두 구절만 보겠습니다.

"나 여호와는 심장을 살피며 폐부를 시험하고 각각 그 행위와 그 행실대로 보응하나니"(렘 17:10)

"하나님께서 각 사람에게 그 행한 대로 보응하시되"(롬 2:6)

그러나 이 말은 잘못 이해하면 구원도 행위로 받는 것으로 생각할 수 있습니다. 그래서 진보적인 학자는 구원은 정통교리가 아니라 올바른 실천이라고 말하기까지 합니다(이병학). 하지만 구원은 우리의 행위로 이뤄지지 않습니다. 구원은 하나님의 선택입니다.

그렇다면 본문에서 말하는 행위를 어떻게 보아야 하겠습니까? 여기서 행위는 하나님과의 관계라고 말할 수 있습니다. 즉 "이 세상에서 그 사람이 살아온 행위가 그와 하나님과의 실제적인 관계가 어떠한지를 보여주는 논박할 수 없는 증거"(오광만)라고 말합니다. 로버트 마운스 역시 동일하게 말하면서 구원을 믿음으로 얻지만 믿음은 믿음이 만들어 내는 행위에 의하여 드러나게 되어 있다고 하였습니다. 저는 이 의견에 동의합니다. 한 마디로 행위는 구원받음의 문제가 아니라 하나님과의 관계를 보여줍니다. 구원받은 자들이 보여주는 관계와 불신자들이 보여주는 하나님과의 관계를 의미합니다. 그리고 이 관계는 구원과 유기의 모습을 그대로 보여줍니다. 이것이 바로 행위대로의 의미입니다.

이때 바다가 그 가운데 죽은 자들을 내어줍니다. 그리고 사망과 음부도 사람을 내어줍니다. 이 말의 의미는 바다와 사망과 음부가 권세를 상실하였음을 의미합니다. 바다는 악한 짐승이 나오는 곳입니다.(계 13:1, 15:2) 바다는 불신자들을 가두는 사악한 영역입니다. 또한 이러한 바다와 그리고 같은 의미를 가지고 있는 사망과 음부가 더 이상 자신의 권세를 사용하지 못합니다. 그리고 믿음 없이 죽은 자들을 다시 내어줍니다. 그리고 이들도 최후 심판을 받고 둘째 사망에 이릅니다.

"사망과 음부도 불못에 던지우니 이것은 둘째 사망 곧 불못이라 누구든지 생명책에 기록되지 못한 자는 불못에 던지우더라"(14-15절)

생명책에 기록되지 않은 자들은 그가 누구든지 최후의 심판을 받고 둘째 사망에 이릅니다. 생명책에 기록되지 않았다는 것은 하나님의 공의를 분명하게 보여주시는 말씀입니다. 바울도 이 사실을 말씀하였습니다.

"저가 모든 원수를 그 발아래 둘 때까지 불가불 왕 노릇 하시리니 맨 나중에 멸망 받을 원수는 사망이니라"(고전 15:25-26)

인간에게 가장 큰 두려움을 주는 존재인 사망이 멸망합니다. 더 이상 사망이 사람을 괴롭히지 않습니다. 죽음이 최후 심판의 절정입니다. 그리

교회를 세우는 요한계시록 강해

고 생명책에 기록된 자들이 구원을 얻습니다. 이 사실은 이미 다니엘서를 통하여 하나님이 어떻게 구원하실 것인지를 말씀하셨습니다.

"그 때에 네 민족을 호위하는 대군 미가엘이 일어날 것이요 또 환난이 있으리니 이는 개국 이래로 그 때까지 없던 환난일 것이며 그 때에 네 백성 중 무릇 책에 기록된 모든 자가 구원을 얻을 것이라 땅의 티끌 가운데서 자는 자 중에 많이 깨어 영생을 얻는 자도 있겠고 수욕을 받아서 무궁히 부끄러움을 입을 자도 있을 것이며"(단 12:1-2)

어린 양의 생명책에 기록된 자들은 구원받지만 기록되지 않은 이들은 둘째 사망에 이르고 영원한 불못 가운데 던져집니다. 여기서 말하는 불못은 심판 후의 멸망의 처소입니다. 헤르만 바빙크는 음부, 무저갱, 옥은 대심판 전의 멸망의 처소이고 지옥과 불못은 대심판 후의 처소라고 하였습니다. 그런 의미에서 지옥과 불못은 같은 의미라고 할 수 있습니다.(박윤선) 이것이 본문의 내용입니다.

본문은 하나님이 집행하시는 최후의 심판입니다. 잠시 동안 이 땅에서 왕 노릇 하였던 사망과 음부와 마귀와 하나님을 대적하였던 불신자들이 둘째 사망 즉 영원한 영적인 죽음에 이릅니다. 그리고 그 심판은 자신이 이 땅에서 행한 대로 얻은 것입니다. 그러나 어린 양의 생명책에 기록된 자들은 새 하늘과 새 땅에 들어가게 됩니다.

이러한 본문의 말씀은 우리에게 매우 중요한 교훈을 주고 있습니다. 그것은 바로 최후의 심판이 보여주는 가르침입니다.

첫째, 모든 사람은 반드시 최후의 심판을 맞이합니다. 본문은 이 사실을 분명하게 강조하고 있습니다. 그렇다면 이렇게 강조하는 이유가 어디에 있습니까? 그것은 이 땅의 불의함이 끝이 아님을 분명하게 보여주는 것입니다. 악인들의 성공과 의인들의 고난이 이 땅에서 끝나는 것이 아닙니다.

이 땅이 끝이라면 의인들의 삶은 너무 비참할 것입니다. 그리고 악인들의 사악함이 너무 화가 날 것입니다. 또한 하나님의 공의는 어떻게 설명해야 하겠습니까? 그러나 속상해할 필요가 없습니다. 그것은 우리의 눈에서 눈물을 닦아주는 날이 있기 때문입니다. 주 안에서 죽는 것이 복인 것을 아는 날이 우리에게 있습니다. 그리고 동시에 공의로운 심판이 있습니다. 그러기에 이 땅에서 악인들이 잘 되는 것을 부러워할 필요가 없습니다. 또한 복음과 함께 고난받는 것을 억울해할 필요가 없습니다.

성경은 이 사실을 우리에게 잘 보여주고 있습니다. 바로 부자와 거지 나사로의 모습입니다. 이 땅에서 악한 자로 살았던 부자의 최후는 지옥 형벌입니다. 그러나 믿음 가운데 살았던 나사로는 아브라함의 품에서 안식하고 있습니다. 이것이 이 땅의 삶이 끝이 아님을 분명하게 보여주는 것입니다. 히브리서 기자는 이렇게 말씀합니다.

"한번 죽는 것은 사람에게 정해진 것이요 그 후에는 심판이 있으리니"(히 9:27)

그러므로 복음과 함께 고난을 받거나 혹은 억울한 일을 당하여 마음에 큰 병이 있습니까? 세상이 그것을 다 해결해주지 못할 수 있습니다. 그러나 마지막 최후의 심판 날에 그들이 행한 것이 온 천하에 드러날 것입니다. 악인들의 행위가 기록된 책을 통하여 반드시 심판하십니다. 그리고 참된 평안을 얻게 됩니다. 이 사실이 우리가 이 땅에서 어떻게 살아야 하는지를 분명하게 말씀하고 있습니다. 잠시 후면 오실 주님이 우리를 온전

교회를 세우는 요한계시록 강해

하게 회복하여 주실 것입니다.

둘째, 최후의 심판은 예언의 성취입니다. 없던 일이 갑자기 일어난 것이 아닙니다. 최후의 심판은 예언이 완전히 성취되는 날입니다. 심판은 갑자기 주어진 것이 아닙니다. 아주 오랫동안 심판에 대하여 말씀하셨습니다. 우리가 지금까지 살펴보았던 말씀이 그것을 증명합니다.

"여호와께서 영영히 앉으심이여 심판을 위하여 보좌를 준비하셨도다"(시 9:7)

"여호와께서 불과 칼로 모든 혈육에게 살륙을 베푸신즉 여호와께 죽임 당할 자가 많으리니"(사 66:16)

"하늘의 만상이 사라지고 하늘들이 두루마리 같이 말리되 그 만상의 쇠잔함이 포도나무 잎이 마름 같고 무화과나무 잎이 마름 같으리라"(사 34:4)

"그 날 환난 후에 즉시 해가 어두워지며 달이 빛을 내지 아니하며 별들이 하늘에서 떨어지며 하늘의 권능들이 흔들리리라"(마 24:29)

다양한 곳에서 하나님의 심판이 있을 것임을 말씀하셨습니다. 그리고 사도 요한을 통하여 구체적으로 그 예언을 알려주셨습니다. 이 심판은 하나님이 하신 예언의 성취입니다. 하나님이 하신 예언은 부도수표가 아닙니다. 우리의 지혜가 무지하여서 그 심오한 생각을 온전히 이해하지 못하지만 하나님의 말씀은 항상 이뤄졌습니다. 그러므로 주님은 재림에 대하여 묻는 질문에 이렇게 말씀하셨습니다.

"가라사대 때와 기한은 아버지께서 자기의 권한에 두셨으니 너희의 알 바 아니요"(행 1:7)

"그러나 그 날과 그 때는 아무도 모르나니 하늘의 천사들도, 아들도 모르고 오직 아버지만 아시느니라"(마 24:36)

이렇듯 최후의 심판은 하나님만이 아십니다. 그리고 그날은 하나님의 작정하신 시기에 순식간에 찾아옵니다. 그러므로 이 사실을 아는 우리들은 더욱더 믿음의 길에 서야 합니다. 마지막 심판을 기다리는 자들의 자세는 인내로서 믿음을 지키는 일입니다.

"너희에게 인내가 필요함은 너희가 하나님의 뜻을 행한 후에 약속을 받기 위함이라 잠시 잠깐 후면 오실 이가 오시리니 지체하지 아니하시리라 오직 나의 의인은 믿음으로 말미암아 살리라 또한 뒤로 물러가면 내 마음이 저를 기뻐하지 아니하리라 하셨느니라"(히 10:36-38)

하나님은 한 번도 약속을 어기신 적이 없습니다. 이와 같이 최후의 심판도 반드시 성취됩니다. 그러므로 이 사실을 잘 인식하고 믿음을 고백하고 믿음으로 살아야 합니다. 이것이 본문이 주는 교훈입니다.

셋째, 최후의 심판은 영원한 심판입니다. 최후의 심판은 둘째 사망에 이르는 길입니다. 첫째 사망은 잠시 주어졌습니다. 육신의 죽음은 잠깐입니다. 하지만 둘째 사망은 영원한 고통 가운데 들어갑니다. 이것이 어떠한 고통인지 우리는 짐작할 수 없습니다. 그러나 이미 말씀드렸듯이 영원토록 안식이 없습니다. 계 21:8은 이 사실을 다시 한번 강조합니다.

"그러나 두려워하는 자들과 믿지 아니하는 자들과 흉악한 자들과 살인자들과 행음자들과 술객들과 우상 숭배자들과 모든 거짓말하는 자들은 불과 유황으로 타는 못에 참예하리니 이것이 둘째 사망이라"

둘째 사망이 우리 앞에 놓여 있습니다. 영원한 죽음입니다. 이것이 둘

교회를 세우는 요한계시록 강해

째 사망이 보여주는 고통입니다. 예수님은 이 고통에 대하여 이렇게 말씀하셨습니다.

"또 왼편에 있는 자들에게 이르시되 저주를 받은 자들아 나를 떠나 마귀와 그 사자들을 위하여 예비된 영영한 불에 들어가라"(마 25:41)

'영영한 불'에 들어가는 날이 바로 최후의 심판입니다. 둘째 사망 이후에는 다시는 생명이 없습니다. 둘째 부활로 인하여 영원한 생명에 들어가서 다시는 죽음을 보지 않듯이 둘째 사망에 이른 자는 다시는 생명을 얻을 수 없습니다. 이것이 바로 최후의 심판이 보여주는 가르침입니다. 그러나 최후의 심판은 생명책에 기록된 자들에게는 영원한 안식의 날입니다. 이 생명책에 기록된 자는 하나님의 택하심을 받은 성도들입니다. 성도는 예수 그리스도로 말미암아 하나님의 자녀가 된 사람들입니다.

"그 기쁘신 뜻대로 우리를 예정하사 예수 그리스도로 말미암아 자기의 아들들이 되게 하셨으니"(엡 1:5)

이렇게 선택되어 생명책에 기록된 자들은 주님이 약속하신 대로 참된 안식을 누릴 것입니다.

"저희는 영벌에, 의인들은 영생에 들어가리라 하시니라"(마 25:46)

최후의 심판은 영벌과 영생에 이르는 영원한 심판입니다. 바로 이 모든 것이 흰 보좌에서 이뤄지는 최후의 심판입니다. 우리 모두 하나님의 심판대 앞에 설 것입니다. 그리고 영벌과 영생에 이르게 될 것입니다. 그러나 이러한 사실은 우리를 두려움에 떨게 하려는 것이 아닙니다. 반복하여 말씀드렸듯이 계시록은 우리를 두렵게 하려고 하는 것이 아닙니다. 오히려 구원받은 백성이 주님 오시는 그날까지 어떠한 자세로 살아야 할지를 알려주는 말씀입니다. 오늘 말씀도 동일합니다. 그렇다면 이 말씀을 들은 우리들이 어떠한 자세로 믿음의 길을 가야 할까요?

우선 오늘도 주님께 예배하고자 모인 여러분들은 참으로 존귀한 분들입니다. 히브리서 저자의 말씀처럼 마지막이 다가올수록 모이기를 폐하지 아니하는 모습이 너무나 귀하고 아름답기 때문입니다. 하나님께 신령과 진리로 예배드리는 것이 얼마나 복된 것인지 모릅니다. 각종 어려움과 시험을 이겨내고 모이기를 힘쓰는 여러분에게 하나님의 은혜가 넘치기를 소망합니다.

그러나 우리의 믿음은 실천함으로 나타나야만 합니다. 우리의 행위가 우리의 구원받음을 드러낼 수 있기를 소망합니다. 우리는 착한 행위로 구원받지 못하지만 착한 행위는 구원받았음을 나타내는 표지이기도 합니다. 하나님의 친백성의 증거 가운데 하나가 착한 일에 열심을 내는 것입니다. 이것이 바로 생명책에 기록된 모습입니다. 그러므로 구원받은 자로서 가족과 성도들과 이웃에게 선을 베풀기를 바랍니다.

특별히 우리의 구원받음은 우선적으로 가족들을 사랑하고 존중히 여기는 일에서 나타납니다. 그래서 직분자의 자격을 말할 때 가정을 잘 다스려야 한다고 하였습니다. 남편들은 아내를 최대한 사랑해주시기 바랍니다. 여자들은 사랑과 따스함이 필요합니다. 이 일에 남편들은 무엇보다도 힘써야 합니다. 또한 아내들은 남편을 존경하고 격려해주시기 바랍니다. 남자는 돕는 배필인 아내가 없으면 힘을 발휘할 수 없는 나약한 존재입니다. 이렇게 서로 섬기는 것이 구원받은 자의 증거입니다. 이러한 증거들이 하나님의 책에 온전하게 기록되기를 소망합니다.

그러기 위해서 우리는 더욱더 힘을 다하여 모이기를 기뻐하고 말씀을

교회를 세우는 요한계시록 강해

사모하고 가족과 성도와 이웃을 향하여 사랑을 나눠줘야 합니다. 혹 그러한 모습들이 없었다면 회개하고 다시금 믿음의 자녀로 굳게 설 수 있기를 소망합니다. 이러한 자세가 최후의 심판을 바라보면서 믿음의 길을 감당하는 일입니다. 사실 우리가 믿음을 가지고 이 세상을 살아가는 것이 힘든 것이 사실입니다. 하지만 잠시 후면 오실 주님을 생각하면서 믿음의 인내와 고백으로 살아가야 합니다. 이 땅에서의 삶은 인내가 필요합니다. 그리고 믿음이 더욱 중요합니다.

우리 앞에 놓인 여러 가지 상황으로 인하여 사는 것과 믿는 것이 힘들다고 느낄 때 믿음의 주이신 주님을 바라보시기 바랍니다. 나와 영원히 함께하신다고 약속하신 십자가의 사랑을 다시 묵상하시기 바랍니다. 주님께서 힘을 주시고 끝까지 믿음을 지키게 하시고 마침내 주님을 맞이하게 할 것입니다. 이러한 은혜가 우리에게 풍성하시기를 축복합니다.

21장

교회가 이 땅의 소망이듯이 장차 올 새 하늘과 새 땅의 소망도 교회입니다.

그래서 우리는 정말로 바른 복음 위에 세워진 교회를 세우려고 힘을 다해야 합니다.

그래야 영원하고 거룩한 교회를 소망할 수 있습니다.

이 땅의 교회를 소망하지 않는다면 결코 새 예루살렘성을 기대할 수 없습니다.

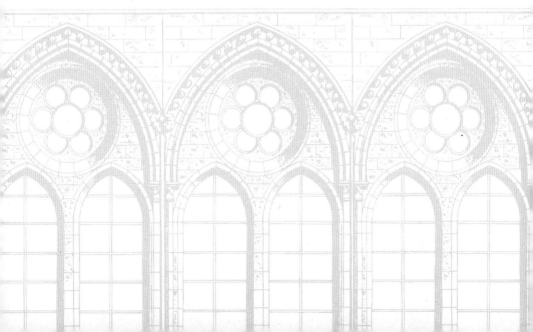

새 하늘과 새 땅(계 21:1-2)

가끔씩 글을 쓰다가 마음이 안 들면 고치려고 고민을 많이 합니다. 그래도 해결이 안 되면 삭제 키를 눌러서 싹 지워 버립니다. 그러면 머리가 맑아지고 다시 시작할 수 있습니다. 처음 것이 지워지고 새로운 것이 그 자리를 잡습니다. 그러면 전혀 생각지 못한 글이 쓰이는 것을 경험합니다. 아마도 옛것에 얽매여 있다 보면 새것에 대한 열망이 생기지 않을 수 있고, 또 옛것에 머물면 새로운 것을 상상할 수 없기 때문입니다. 그래서 다 지우면 새로 시작할 수 있는 여유가 생기는 것을 봅니다. 옛것에 대한 집착이나 아쉬움이 새것을 누리지 못하게 할 때가 많이 있기 때문입니다.

본문 말씀은 처음 하늘과 처음 땅의 이야기가 아닌 새 하늘과 새 땅의 이야기입니다. 주님의 재림으로 인하여 최후의 심판이 임하고 마귀와 그 종들은 둘째 사망에 이르게 됩니다. 생명책에 기록되지 않은 이들은 영원한 지옥에 떨어져 형벌을 받습니다. 그 형벌은 영원한 안식이 없는 삶입니다. 그러나 하나님의 자녀들에게는 전혀 다른 삶이 주어집니다. 바로 영원한 삶입니다. 새 하늘과 새 땅이 주는 선물을 누리게 됩니다. 더 이상 사망이 없습니다. 사망이 지옥에 떨어졌기에 하나님의 사람들에게는 사망이 주인 노릇 할 수 없습니다. 이제 영원한 생명을 주신 주님이 영원한 주인이 되셔서 함께 영광을 누리게 됩니다. 사도 요한은 이제 계시의 절정에 이른 것입니다.

사도 요한은 새 하늘과 새 땅을 보았다고 말을 합니다. 그리고 처음 하늘과 처음 땅과 바다가 사라짐을 보았습니다. 이것이 무엇을 의미합니까? 이 부분에 대한 자세한 설명은 제가 쓴 『기독교 세계관이 상실된 세상에서』를 보면 확실하여질 것입니다. 그러므로 자세한 것을 설명하기보다는 본문이 말하는 것을 말씀드리고자 합니다.

사도 요한이 본 새 하늘과 새 땅은 이전 것과 다른 하늘과 땅이 아닙니다. 일반적으로 이 부분은 완전히 새로운 하늘과 땅으로 생각합니다. 하지만 새 하늘과 새 땅은 옛 하늘과 옛 땅과의 단절을 의미하지 않습니다. 오히려 연속성을 말합니다. 이것은 새롭다는 말에서 근거를 찾아볼 수 있습니다. 여기서 새롭다는 원어는 "카이노스"입니다. 이 단어는 질적으로 새로운 것을 의미합니다. 즉 질적 갱신을 의미합니다. 이렇듯 새 하늘과 새 땅을 봅니다.

또한 바다가 사라집니다. 바다는 짐승들이 나오는 곳입니다. 하나님을 대적하는 무리들이 나온 곳이 바로 바다입니다. 그런 의미에서 바다는 옛 세상의 모습을 잘 보여줍니다.(13:1, 17:1)

즉 사단의 위협과 사망이 다시는 없을 것입니다. 그기에 성도들의 삶에 고난은 더 이상 존재하지 않습니다. 바로 이런 바다가 보이지 않습니다. 더 이상 사단의 무리들이 존재하지 않음을 의미합니다. 이들은 둘째 사망에 이르러 영원한 지옥에 떨어졌기 때문입니다.

그런 후에 사도 요한은 놀라운 사실을 보게 됩니다. 바로 2절에 기록된 것과 같이 거룩한 성 예루살렘이 하나님께로부터 하늘에서 내려옵니다. 그런데 그 모습이 신부가 남편을 위하여 단장한 것 같다고 말합니다. 신부가 남편을 맞이하는 것은 가장 큰 기쁨과 설렘입니다. 최고의 상태를 준비하여 남편을 맞이합니다. 이제 정혼한 남편은 자신을 데리러 오는 것입니다.

여기서 성으로 표현된 단어는 "폴리스"입니다. 이 단어는 도시국가를 의미합니다. 도시는 모든 문화가 종합되어 존재함을 의미합니다. 이것은 문화의 시작이었던 에덴동산에서 문화의 총합인 예루살렘 도시로 완성됨을 의미합니다. 동산에서 도시는 바로 문화명령의 성취입니다. 하나님의 계획이 죄로 말미암아 방향의 문제가 있었지만 마침내 하나님의 은혜로 말미암아 완성된 것입니다. 이것이 문화의 측면에서 바라보는 관점입니다.

그러나 이것은 완성된 교회를 의미하기도 합니다. 새 하늘과 새 땅에 완성될 거룩한 교회입니다. 이 땅의 교회는 다 부족합니다. 하지만 새 하늘과 새 땅의 교회는 완전한 교회입니다. 거룩한 성 새 예루살렘을 표현하기를 "하나님께로부터 하늘에서 내려왔다"라고 말씀합니다. 하나님의 구속의 사역이 완성되고 약속하였던 교회가 정화된 이곳에 세워지는 것입니다. 예루살렘은 하늘의 성전의 모형입니다. 그런데 새 예루살렘이 하늘에서 내려온다는 것은 참 성전이 이 땅에 세워짐을 의미합니다. 그것은 바로 교회의 완성이며 하나님의 온전한 임재를 의미합니다. 새 예루살렘 즉 구속받은 완전한 교회의 세워짐은 가장 거룩한 순간입니다. 이제 그리스도께서 세우셨던 교회가 온전히 회복되는 순간입니다. 우리는 이상적인 교회를 볼 것이며 그 영광을 알게 될 것입니다. 이것이 본문의 의미입니다.

　이렇듯 오늘 말씀은 재림의 날에 있을 새 하늘과 새 땅 그리고 거룩한 성 새 예루살렘에 대해 말씀합니다. 재림의 날에 만물이 새롭게 됩니다. 그리고 구원받은 우리들은 분명히 재림의 그날에 만물이 새롭게 되는 것을 볼 것입니다. 그렇다면 만물이 새롭게 된다는 것이 주는 가르침은 무엇입니까? 새롭게 된다는 교리가 주는 의미를 세 가지 관점에서 살펴보고자 합니다.

　첫째, 만물이 죄로부터 정화되어 본래적 기능을 회복함을 의미합니다. 사도 요한이 본 장면은 주님의 재림이 무엇을 의미하는지를 잘 보여줍니다. 재림의 날은 하나님이 행하신 구속이 완성되는 날입니다. 이것은 계시의 절정입니다. 이 절정의 날에 나타나는 영광은 모든 만물이 죄로부터 정화되어 본래적 기능을 회복함입니다. 이 모든 것이 새 하늘과 새 땅에서 이뤄집니다.

　새 하늘과 새 땅의 영광은 이사야 선지자의 예언의 성취입니다.

　"보라 내가 새 하늘과 새 땅을 창조하나니 이전 것은 기억되거나 마음에 생각나지 아니할 것이라"(사 65:17)

　이스라엘 백성에게 예언한 그 말씀이 사도 요한이 본 것입니다. 새롭게 된 것은 앞에서 말씀드렸듯이 옛 세상을 파괴하고 새로운 세상을 만드는 것이 아닙니다. 옛 세상의 연속이지만 질적으로 다릅니다. 이것은 우리의 중생에서 그 일부를 볼 수 있습니다. 예수님을 믿으면 새 생명이 들어옵니다. 그러나 우리의 모습이 새롭게 바뀐 것이 아닙니다. 몸은 그대로이지만 질적으로 우리는 다른 존재가 된 것입니다.

이처럼 새 하늘과 새 땅은 질적으로 새롭게 된 세상입니다. 특별히 새롭게 되었다고 할 때 그것은 죄가 더 이상 존재하지 않음을 의미합니다. 그래서 거룩한 성이라고 말합니다. 이것이 바로 베드로 사도가 했던 말씀입니다.

"그러나 주의 날이 도적같이 오리니 그 날에는 하늘이 큰 소리로 떠나가고 체질이 뜨거운 불에 풀어지고 땅과 그 중에 있는 모든 일이 드러나리로다 이 모든 것이 이렇게 풀어지리니 너희가 어떠한 사람이 되어야 마땅하뇨 거룩한 행실과 경건함으로 하나님의 날이 임하기를 바라보고 간절히 사모하라 그 날에 하늘이 불에 타서 풀어지고 체질이 뜨거운 불에 녹아지려니와 우리는 그의 약속대로 의의 거하는바 새 하늘과 새 땅을 바라보도다"(벧후 3:10-13)

그날에 하늘이 불에 타서 풀어지고 체질이 뜨거운 불에 녹아지는 것은 옛 세상이 파괴되는 것이 아니라 거룩하게 정화되는 것입니다. 이때에 바다에서 나온 모든 마귀와 그 졸개들이 모두 둘째 사망에 이르게 됩니다. 더 이상 존재하지 않습니다. 그리고 거룩하게 변화된 만물은 새 하늘과 새 땅을 보게 됩니다. 이것이 사도 바울이 롬 8:21에서 하였던 말씀입니다.

"그 바라는 것은 피조물도 썩어짐의 종노릇 한데서 해방되어 하나님의 자녀들의 영광의 자유에 이르는 것이니라"

새롭게 된 날의 영광은 죄로부터의 완전한 자유입니다. 더 이상 죄가 우리를 지배하지 못합니다. 우리는 완전한 자유를 누립니다. 이것이 바로 새롭게 됨의 의미입니다. 이러한 은혜를 모두 누릴 수 있기를 소망합니다.

둘째, 사람에게 부여한 문화사명이 완성됨을 의미합니다. 사도 요한이 본 새 하늘과 새 땅의 모습 가운데 거룩한 성 새 예루살렘이 하나님께로부터 하늘에서 내려옵니다. 여기서 성은 도시라고 말씀드렸습니다. 도시가 의미하는 것은 문화가 모이는 것을 의미합니다. 우리가 농촌과 도시를 구분할 때 가장 먼저 떠올리는 것은 문화입니다. 농촌에 문화가 종합적으로 존재하면 더 이상 농촌이라 부르지 않습니다. 그것은 도시입니다. 그런 의미에서 거룩한 성은 새 예루살렘은 모든 문화가 모인 곳이라 할 수 있습니다. 이것은 창조의 모습을 볼 때 온전해집니다. 하나님은 첫 창조로 에덴동산을 만들었습니다. 그리고 아담에게 동산을 관리하고 각종 동식물들의 이름을 지으라고 하였습니다. 이것은 아담에게 준 문화적 사명이었습니다.

"하나님이 그들에게 복을 주시며 그들에게 이르시되 생육하고 번성하여 땅에 충만하라, 땅을 정복하라, 바다의 고기와 공중의 새와 땅에 움직이는 모든 생물을 다스리라 하시니라"(창 1:28)

"여호와 하나님이 그 사람을 이끌어 에덴 동산에 두사 그것을 다스리며 지키게 하시고"(창 2:15)

"여호와 하나님이 흙으로 각종 들짐승과 공중의 각종 새를 지으시고 아담이 어떻게 이름을 짓나 보시려고 그것들을 그에게로 이끌어 이르시니 아담이 각 생물을 일컫는 바가 곧 그 이름이라"(창 2:19)

하나님은 문화가 완성된 상태로 세상을 창조하신 것이 아니라 창조하신 인간을 통하여 그 창조물을 다스려서 하나님이 기뻐하시는 문화가 되게 하셨습니다. 이것이 하나님의 계획이었습니다. 문화는 창조를 개발하여 자연 상태를 벗어나는 것입니다.(서철원) 문화를 만드는 것이 사람의 사람 됨이라 할 수 있습니다. 그러므로 사람이 존재하는 곳에는 항상 문화가 있습니다. 이것이 가능한 것은 인간이 문화를 창조하신 하나님의 형상으로 지음받았기 때문입니다.

그러므로 인간은 창조 상태를 연구하여서 문화 상태를 만들도록 작정하였습니다. 바로 이것이 동산에서 도시로의 여정인 이유입니다. 그러므로 재림은 동산으로 돌아가는 것이 아니라 도시인 새 예루살렘에 이르는 것입니다. 앞으로 살펴보겠지만 새 예루살렘성으로 역사에서 진행된 모든 문화 업적들이 모이게 됩니다.

그러기에 거룩한 성이 하늘에서 내려오는 것입니다. 옛 세상의 문화업적들이 거룩하게 되어 새 도시를 채우게 될 것입니다. 그러므로 우리가 하는 모든 일들이 소중하고 중요합니다. 이것이 두번째 가르침입니다.

셋째, 완벽한 보편적 교회가 세워짐을 의미합니다. 사도 요한은 새 예루살렘성이 하늘에서 내려오는 것을 보았습니다. 사도 요한은 이사야 선지자가 말씀하였던 거룩한 성 예루살렘을 본 것입니다.

"시온이여 깰지어다 깰지어다 네 힘을 입을지어다 거룩한 성 예루살렘이여 네 아름다운 옷을 입을지어다 이제부터 할례 받지 않은 자와 부정한 자가 다시는 네게로 들어옴이 없을 것임이니라"(사 52:1)

이것은 이스라엘이 포로생활의 회복으로 돌아올 때 이뤄질 모습을 예언한 것입니다. 거룩한 성 예루살렘이 아름다운 옷을 입을 것입니다. 이렇게 강조한 것은 예루살렘이 하나님의 임재를 상징하기 때문입니다. 바로 땅의 성전이 있는 곳입니다.

그런데 사도 요한은 선지자가 선포하였던 말씀을 주님의 재림의 영광

교회를 세우는 요한계시록 강해

을 묘사하는 데 사용하였습니다. 그것은 하나님의 임재의 영광이기 때문입니다. 그런데 사도 요한이 본 것은 하늘에 있는 새 예루살렘 성입니다. 여기서 하늘을 강조한 것은 거룩하신 하나님의 임재를 말하고자 함입니다. 그 거룩한 새 예루살렘이 하늘에서 내려옵니다.

여기서 새 예루살렘을 교회라고 생각하는 것은 신약성경이 그렇게 해석하기 때문입니다. 갈 4:26은 위에 있는 예루살렘을 말합니다.

"오직 위에 있는 예루살렘은 자유자니 곧 우리 어머니라"

이 말씀을 잘못 해석하여 하나님은 어머니라 말하는 무식한 자들이 있습니다. 그러나 이 말씀은 위에 있는 예루살렘 즉 교회를 의미하는 말씀입니다. 이에 대하여 히 12:22-23을 더 보겠습니다.

"그러나 너희가 이른 곳은 시온산과 살아 계신 하나님의 도성인 하늘의 예루살렘과 천만 천사와 하늘에 기록한 장자들의 총회와 교회와 만민의 심판자이신 하나님과 및 온전케 된 의인의 영들과"

이렇듯 새 예루살렘성은 하나님의 온전한 임재가 있는 교회를 의미합니다. 이 교회는 곧 도시입니다. 도시가 곧 교회입니다. 이 땅에서는 교회와 세상이 분리되지만 새 하늘과 새 땅에는 분리가 없습니다. 도시가 교회이고, 교회가 도시입니다. 이것이 바로 새 예루살렘성의 의미입니다. 새롭게 된 것은 하나님의 창조의 모든 계획이 완전히 성취되었음을 의미합니다. 그리고 생명책에 기록된 주님의 자녀들은 그 영광을 누리게 됩니다.

이처럼 교회가 세워집니다. 언제나 그랬듯이 교회는 하나님이 세우십니다. 하나님께서 자신의 영광을 위하여 교회를 완성하십니다. 이것이 본문의 가르침입니다.

이렇게 새로운 모습이 주님의 재림으로 이뤄집니다. 재림의 날은 새로운 날입니다. 이전 것이 완전히 회복된 날입니다. 그런 의미에서 오늘 우리들은 새로운 날을 기다리는 사람이라고 할 수 있습니다. 이것이 그리스도인의 정체성입니다. 여러분 모두 확고한 신앙의 정체성을 갖기를 소망합니다.

새 하늘과 새 땅의 의미를 살펴보았습니다. 이제 우리는 그날이 올 때까지 이 땅에 살아야 합니다. 그리고 그날을 맞이할 준비를 해야 합니다. 우리는 무엇을 준비해야 합니까?

우선 여러분이 받은 재능을 기뻐하시기 바랍니다. 하나님 나라에는 필요 없는 것이 없습니다. 하나님은 모든 만물이 함께 하나님을 찬양하기를 기뻐하십니다. 그러므로 하나님을 대적하거나 죄 짓는 일이 아니라면 여러분이 받은 은사와 재능은 가장 존귀한 것입니다. 우리가 직업에 귀천이 없다는 것은 하나님의 창조 세계를 개발하는 일에 참여할 때 쓰이는 말입니다.

그러므로 무엇이든 존귀하게 여기시기 바랍니다. 그리고 그것을 통하여 하나님의 뜻을 이루시기 바랍니다. 문화는 문화적 활동을 통하여 만들어진 모든 결과를 포함합니다. 그러므로 무엇을 하든 당당하시기 바랍니다. 그리고 비교의 늪에 빠지지 말고 하나님의 영광을 바라볼 수 있기를 바랍니다.

또한 여러분 자신의 영적인 상태를 잘 살피는 것이 중요합니다. 우리는 종종 땅의 것을 바라보다가 하늘의 영광을 잃어버릴 때가 많이 있습니다.

아무리 좋은 머리와 재능이 있다고 할지라도 자신의 영광과 맘몬을 섬기는 우상숭배에 빠진다면 헛되고 헛된 것이 됩니다. 그러기에 이러한 어리석음에 빠져 있지는 않는지 늘 자신을 살피는 일에 부지런해야 합니다. 그리고 혹시라도 세상의 유혹에 흔들리고 있다면 즉시로 회개의 자리에 서야 합니다.

또한 하나님께서 우리를 부르사 자녀로 삼으신 것은 교회를 세우는 일입니다. 비록 이 땅에는 완벽한 교회는 존재하지 않지만 우리의 소명은 그리스도의 교회를 세우는 일입니다. 교회가 세워져야 잠시 후에 임할 거룩하고 영원한 교회를 기대하게 됩니다. 이 땅의 교회 없이 하늘의 교회를 생각할 수 없습니다. 그러므로 우리가 힘써야 할 것은 교회입니다.

교회가 이 땅의 소망이듯이 장차 올 새 하늘과 새 땅의 소망도 교회입니다. 그래서 우리는 정말로 바른 복음 위에 교회를 세우려고 힘을 다해야 합니다. 그래야 영원하고 거룩한 교회를 소망할 수 있습니다. 이 땅의 교회를 소망하지 않는다면 결코 새 예루살렘성을 기대할 수 없습니다. 그러기에 우리는 그리스도의 십자가의 은혜로 세운 교회를 사랑하고 바르게 세워가야 합니다.

앞으로 우리 사회는 교회를 세우고 유지하는 일이 쉽지 않습니다. 그래서 세상의 온갖 유혹에 타협하면서 살기를 좋아할 것입니다. 이러한 시대에 우리의 할 일은 분명합니다. 교회를 세우는 일입니다. 그리스도의 십자가의 복음이 선포되면 반드시 교회가 세워집니다. 세워진 교회가 세상의 유혹과 협박에 이길 수 있는 힘을 공급합니다. 이것이 우리가 힘써야 할 일입니다. 끝까지 감당해야 합니다. 그 일에 우리 함께할 수 있기를 소망합니다.

새 하늘과 새 땅(계 21:1-2)

언약의 완성(계 21:3-4)

달리기 중에 가강 긴 달리기가 마라톤입니다. 그래서 마라톤을 하는 사람들은 최고의 폐활량을 가지고 있어야 합니다. 그래야 42.195km를 완주할 수 있습니다. 마라톤은 인간의 한계에 도전하는 스포츠라고 합니다. 스포츠에는 인간의 한계를 시험하는 종목들이 있습니다. 그러나 아무리 길어도 마라톤의 끝은 있습니다. 그래서 완주할 수 있습니다. 이것은 우리의 생명도 동일합니다. 다 끝이 있습니다. 무한한 것은 이 땅에 존재하지 않습니다.

그렇다면 이 땅의 만물은 어떨까요? 끝이 있을까요? 없을까요? 끝이 있습니다. 처음 하늘과 처음 땅이 없어지는 날이 있습니다. 즉 죄와 허물로 덮여 있는 모든 피조계가 깨끗함을 입는 순간이 있습니다. 그날은 하나님의 형상을 입은 인간이 완전히 새롭게 되는 날입니다. 그리고 하나님의 사람들을 괴롭혔던 무리들이 영원히 지옥에 떨어지는 날입니다. 악인들이 심판받는 날입니다. 억울하였던 모든 일들이 다 풀어지는 날입니다. 바로 최후의 심판의 날입니다. 그리고 그날은 주님이 재림하시는 날입니다.

주님이 재림하시는 날, 새 하늘과 새 땅이 시작되는 날은 믿음을 가지

교회를 세우는 요한계시록 강해

고 살아온 모든 이들에게는 최고의 날입니다. 그런데 이날이 예수님을 믿는 우리들에게 최고의 날인 이유가 무엇입니까? 구체적으로 어떠한 일이 일어나기에 행복의 극치를 맛보는 최고의 날입니까? 오늘 말씀은 그 답을 우리에게 알려주고 있습니다.

우선 본문의 말씀을 자세하게 살펴보겠습니다. 3절은 사도 요한이 하늘 보좌에서 들려오는 소리를 듣습니다. 그것은 새 하늘과 새 땅의 모습을 보라는 것입니다. 하나님은 사도 요한에게 하늘에서 일어나는 일을 보라고 말씀합니다. 그리고 그 말씀에 순종하여 사도 요한은 새 하늘과 새 땅의 모습을 봅니다.

사도 요한이 본 모습은 놀라운 광경이었습니다. 우선 하나님의 장막이 사람들과 함께 있습니다. 장막은 집이라고 할 수 있습니다. 그런데 하나님의 집이 사람들과 함께 있습니다. 이것은 사람들 가운데 있음을 말합니다. 즉 사람들 가운데 있습니다. 다시 말한다면 하나님의 집이 사람들 가운데 있다는 의미입니다. 이것은 매우 중요한 의미를 담고 있습니다. 왜냐하면 장막은 원문으로 "스케네"입니다. 그런데 이 말은 구약 성경의 "쉐케네"라는 단어를 연상시킵니다. 이 말은 하나님의 임재를 의미하는 단어입니다. 물론 쉐케네가 스케네로 번역되지 않지만 그 의미는 밀접한 관계를 가지고 있습니다.

성경 전체에서 하나님의 장막은 하나님의 임재를 상징합니다. 그런데 여기서 하나님의 임재는 두 가지 의미를 갖습니다. 하나는 이스라엘과의 결혼관계를 상징합니다. 하나님이 집에 거하시는 것은 하나님의 백성들과의 결혼관계가 되었음을 의미합니다. 그리고 그 관계는 누구도 갈라서게 할 수 없습니다. 영원히 한 집에 함께 사는 것이 임재가 가지고 있는

언약의 완성(계 21:3-4)

의미입니다.

그러나 하나님의 임재에는 두 번째 의미가 있습니다. 이것이 더 중요합니다. 바로 하나님의 언약의 최종적 성취를 의미합니다. 언약은 하나님은 우리의 하나님이 되시고 우리는 하나님의 백성이 되어 영원히 사는 것입니다. 이것은 구약 성경의 처음부터 주어진 약속입니다.

우리는 에덴동산의 모습을 기억해야 합니다. 에덴동산에 인간이 사는 방법은 바로 하나님의 계명을 지키는 일입니다. 바로 선악을 알게 하는 나무의 열매를 먹지 않는 일입니다. 이것이 하나님께서 계명의 형태로 사람과 맺은 언약입니다.(서철원) 하나님은 사람과의 언약을 통하여 자신의 나라를 통치하신 것입니다. 그런데 사람은 이 언약을 파기하였습니다. 결국 에덴동산에서 쫓겨나고 죽음에 이른 것입니다. 하나님께서 언약을 체결하신 이유는 사람들 가운데 임재하시기 위함입니다. 그래서 언약을 체결한 에덴동산에서 하나님은 늘 아담을 만났습니다. 그런데 아담이 언약을 파기하자 더 이상 하나님은 아담을 만나지 않으셨습니다.

언약의 목적은 다른 것이 아닙니다. 하나님께서 자기 백성을 삼으시고 그들 가운데 임재하시기 위함입니다. 이렇듯 언약의 목적은 하나님의 백성 삼으심에 있습니다. 이것을 창조경륜이라고 말합니다.(서철원, 『교의신학 2』)

그런데 이러한 첫 언약이 파기되었습니다. 인류가 하나님의 백성 됨에서 떠난 것입니다. 이것은 전적으로 인간의 문제였습니다. 하지만 하나님은 언약의 책임을 사람에게만 돌리지 않으시고 자신에게도 돌렸습니다. 그래서 다시 창조 목적을 회복하시기로 작정하신 것입니다. 그런데 타락한 사람은 이 약속을 다시 체결할 수 없습니다. 그래서 성자 하나님께서

교회를 세우는 요한계시록 강해

사람의 몸을 입고 오셔서 이 약속을 성취하신 것입니다. 그리고 다시금 하나님의 백성 되기를 거부한 인류를 백성 삼기로 하셨습니다.

그런 의미에서 새 언약은 첫 언약의 성취라고 할 수 있습니다.(히 8:7-8) 그리스도의 오심은 바로 자신의 백성을 삼으시기 위함입니다. 하나님은 이러한 자신의 뜻을 알려주시기 위하여 역사 속에 언약을 말씀하셨습니다. 그 성경의 실제적 증거를 살펴보겠습니다.

우선 아브라함에게 주신 언약입니다.

"내가 내 언약을 나와 너와 네 대대 후손의 사이에 세워서 영원한 언약을 삼고 너와 네 후손의 하나님이 되리라 내가 너와 네 후손에게 너의 우거하는 이 땅 곧 가나안 일경으로 주어 영원한 기업이 되게 하고 나는 그들의 하나님이 되리라"(창 17:7-8)

그리고 모세에게 주신 시내산 언약의 모습입니다.

"세계가 다 내게 속하였나니 너희가 내 말을 잘 듣고 내 언약을 지키면 너희는 열국 중에서 내 소유가 되겠고 너희가 내게 대하여 제사장 나라가 되며 거룩한 백성이 되리라 너는 이 말을 이스라엘 자손에게 고할지니라"(출 19:5-6)

그리고 레위기 말씀은 오늘 말씀과 가장 긴밀하게 연결된 말씀입니다.

"내가 내 장막을 너희 중에 세우리니 내 마음이 너희를 싫어하지 아니할 것이며 나는 너희 중에 행하여 너희 하나님이 되고 너희는 나의 백성이 될 것이니라"(레 26:11-12)

그리고 예레미야 선지자와 맺은 새 언약의 말씀입니다.

"나 여호와가 말하노라 보라 날이 이르리니 내가 이스라엘 집과 유다 집에 새 언약을 세우리라 나 여호와가 말하노라 이 언약은 내가 그들의 열조의 손을 잡고 애굽 땅에서 인도하여 내던 날에 세운 것과 같지 아니할 것은 내가 그들의 남편이 되었어도 그들이 내 언약을 파하였음이니라 **나 여호와가 말하노라 그러나 그 날 후에 내가 이스라엘 집에 세울 언약은 이러하니 곧 내가 나의 법을 그들의 속에 두며 그 마음에 기록하여 나는 그들의 하나님이 되고 그들은 내 백성이 될 것이라**"(렘 31:31-33)

그리고 에스겔 말씀입니다.

"내 처소가 그들의 가운데 있을 것이며 나는 그들의 하나님이 되고 그들은 내 백성이 되리라"(겔 37:27)

이렇게 하나님은 언약을 성취하여 인류를 자신의 백성을 삼으시려고 언약을 말씀하셨고 친히 그리스도의 오심으로 새 언약을 회복하셨습니다. 그리고 마침내 새 하늘과 새 땅에서 그 언약을 성취하십니다.

"내가 들으니 보좌에서 큰 음성이 나서 가로되 보라 하나님의 장막이 사람들과 함께 있으매 하나님이 저희와 함께 거하시리니 저희는 하나님의 백성이 되고 하나님은 친히 저희와 함께 계셔서"(3절)

이렇게 볼 때 새 하늘과 새 땅의 영광은 하나님과 온전한 그의 백성 됨을 보게 됩니다. 이렇게 함으로 언약을 통하여 의도하셨던 것을 완성하신 것입니다. 그러기에 본문에서 사람들이라는 복수를 사용한 것입니다. 바로 언약의 성취를 보여주기 위함입니다. 하나님께서 모든 인류를 자기 백성 삼으시기 위함입니다.

사실 하나님께서 인류와 언약을 맺으신 의도는 자발적으로 하나님만 섬기는 자녀가 되게 하는 것입니다. 그것이 죄로 깨어졌지만 새 하늘과 새 땅에서 언약의 온전한 모습이 완성됩니다. 그러므로 하나님의 장막이 사람들과 함께 거하는 것은 하나님께서 결혼관계를 상징하여 영원히 함께하신다는 의미와 함께 하나님께서 인류가 깨트린 그 언약을 회복하시고 완전히 성취하심을 말씀하십니다. 바로 그 현장을 사도 요한이 본 것입니다. 얼마나 흥분되고 위대한 장면입니까?

이렇게 언약이 완성된 나라가 보여주는 그 흥분은 무엇이겠습니까? 그것이 바로 4절 말씀입니다. 언약이 성취되는 그날에는 더 이상 눈물이 없습니다. 사망도 없습니다. 슬픔도 없습니다. 고통도 없습니다. 이것은 언약이 완성되기 이전의 모습들입니다. 즉 죄가 여전히 살아있을 때의 모습입니다. 그러나 죄가 더 이상 존재하지 않습니다. 이사야 선지자가 예언하였던 것처럼 죄가 가지고 있었던 모든 수치가 사라지는 것입니다.

"사망을 영원히 멸하실 것이라 주 여호와께서 모든 얼굴에서 눈물을 씻기시며 그 백성의 수치를 온 천하에서 제하시리라 여호와께서 이같이 말씀하셨느니라(사 25:8)

하나님의 언약 안에서 완전히 회복되었습니다. 그래서 죄가 주는 이 땅의 고통과 죽음은 존재하지 않습니다. 이것은 오직 하나님이 주시는 기쁨과 감사만 있음을 의미합니다. 이제 처음 것들 즉 처음 하늘과 처음 땅과 바다가 사라진 것입니다.(1절)

우리는 매우 중요한 말씀을 보고 있습니다. 하나님의 언약이 완성되는 그 모습을 보고 있습니다. 하나님의 창조의 계획이 그리스도의 구속을 통하여 새 하늘과 새 땅에서 성취되는 장면을 보고 있습니다. 그리고 언약의 완성이 주는 황홀함도 보았습니다. 언약의 완성 혹 창조경륜의 성취가 주님의 재림을 바라보며 이 땅에서 살아가는 그리스도인들에게 주는 교

언약의 완성(계 21:3-4)

훈은 무엇일까요? 재림신앙을 가진 언약 백성의 자세는 어떤 것일까요? 8 가지로 생각하고자 합니다.

첫째, 그리스도인은 하나님의 언약 백성입니다. 그리스도인은 여러 가지 말로서 정의할 수 있습니다. 그 가운데 하나가 바로 언약백성 즉 약속의 자녀라는 사실입니다. 하나님은 오직 사람과 언약을 맺었습니다. 그래서 선악을 알게 하는 열매는 먹지 말라고 하였습니다. 또한 말씀을 통하여 언약백성 됨을 알려주셨습니다. 그리고 예수님을 새 언약의 중보자라고 말씀합니다.(히 12:24) 그리고 우리는 그분과 연합되어 있습니다. 이것은 우리 역시 언약의 자손임을 분명하게 보여주는 것입니다. 이렇듯 그리스도인은 언약의 중보자이신 그리스도와 더불어 언약의 자손입니다. 그래서 바울은 말하기를 우리는 그리스도와 함께한 후사(롬 8:17)라고 하였습니다. 하나님의 약속을 받은 언약백성입니다. 이것이 우리의 실존입니다.

둘째, 언약백성은 하나님의 임재 가운데 살아갑니다. 언약백성의 가장 큰 특권은 바로 하나님의 임재 가운데 사는 것입니다. 오늘 말씀 3절에 있는 것처럼 우리는 영원히 하나님과 함께합니다. 하지만 그 놀라운 선물은 바로 지금 이 자리에서 시작합니다. 바로 성령이 우리 안에 내주하심입니다.

"너희 몸은 너희가 하나님께로부터 받은 바 너희 가운데 계신 성령의 전인 줄을 알지 못하느냐 너희는 너희 자신의 것이 아니라"(고전 6:19)

이렇듯 성령은 오직 언약백성 안에만 내주하십니다. 그래서 언약백성은 늘 성령의 인도하심에 따라 살아갑니다. 우리를 위하여 탄식하여 주시는 분이 바로 성령님입니다. 우리에게 진리를 가르쳐 주시는 분이 성령님입니다. 바로 여기에 언약백성인 우리의 자부심이 있습니다.

교회를 세우는 요한계시록 강해

셋째, 언약백성은 땅의 것이 영원하지 않음을 알고 있습니다. 언약백성은 하나님의 영원한 언약을 바라보면서 살아갑니다. 그런 의미에서 언약백성은 땅의 것이 영원하지 않음을 잘 알고 있습니다. 보이는 것이 잠깐임을 너무나 잘 알고 있습니다.

"우리의 돌아보는 것은 보이는 것이 아니요 보이지 않는 것이니 보이는 것은 잠간이요 보이지 않는 것은 영원함이니라"(고후 4:18)

땅의 것의 유한성을 잘 알고 있기 때문에 땅의 것의 충만함에도 교만하지 않고, 상실에도 절망하지 않습니다. 이것은 언약백성만의 고백입니다.

넷째, 언약백성은 땅의 것으로 만족하지 않습니다. 언약백성은 땅의 것이 삶을 만족시켜주지 않음을 잘 알고 있기에 집착하며 살아가지 않습니다. 땅의 것에 집착하는 것은 하나님의 영광을 생각하지 않음을 의미합니다. 언약백성이 만족하는 것은 하늘의 것입니다.

"그러므로 너희가 그리스도와 함께 다시 살리심을 받았으면 위엣 것을 찾으라 거기는 그리스도께서 하나님 우편에 앉아 계시느니라 위엣 것을 생각하고 땅엣 것을 생각지 말라"(골 3:1-2)

언약백성은 위엣것에 자신의 삶의 목적을 두고 살아갑니다. 그래서 만족을 위하여 땅의 것에 집착하지 않습니다. 땅의 것은 단지 위엣것을 생각하기 위한 도구에 불과합니다. 그래서 땅의 것이 풍족하다고 교만하지 않습니다. 오히려 위엣것을 위하여 사용합니다.

다섯째, 언약백성은 하늘의 영광을 알기에 땅의 현실과 싸우며 살아갑니다. 언약백성은 위엣것을 생각하는 자라고 하였습니다. 그것은 무엇을 하든지 하나님의 영광을 생각하는 것을 말합니다. 하나님의 영광을 위하여 현실과 싸웁니다. 그러나 마지막 완성의 날에 가장 큰 영광을 누립니다.

"그런즉 너희가 먹든지 마시든지 무엇을 하든지 다 하나님의 영광을 위하여 하라"(고전 10:31)

그래서 자신의 지체를 하나님께 드리기를 기뻐합니다. "또한 너희 지체를 불의의 무기로 죄에게 내주지 말고 오직 너희 자신을 죽은 자 가운데서 다시 살아난 자 같이 하나님께 드리며 너희 지체를 의의 무기로 하나님께 드리라"(롬 6:13)

하나님께 드리기를 기뻐하는 삶이 바로 언약백성의 자세입니다. 언약백성은 자신에게 주어진 은사와 재능 그리고 육체의 능력을 이 땅이 아니라 하나님의 영광을 위하여 사용합니다. 부정직한 것에 사용하지 않습니다. 때론 달콤함이 많이 있지만 불의와 싸웁니다. 그리고 하나님의 영광을 나타냅니다.

여섯째, 언약백성은 하나님의 자녀 됨을 기뻐합니다. 언약백성은 자신이 하나님의 자녀 됨을 자랑하고 기뻐합니다. 이것은 장차 주어질 영광의 선물을 잘 알고 있기 때문입니다. 그래서 세상 위협에 두려워하지 않습니다. 그리고 오히려 담대하게 그리스도를 증거합니다. 언약백성 됨을 확신하였던 사도들의 모습에서 잘 볼 수 있습니다. 예수님을 전하지 말라고 위협하는 유대인 지도자들 앞에서 사도들은 담대하였습니다.

"베드로와 요한이 대답하여 가로되 하나님 앞에서 너희 말 듣는 것이 하나님 말씀 듣는 것보다 옳은가 판단하라 우리는 보고 들은 것을 말하지 아니할 수 없다 하니"(행 4:19-20)

언약백성은 자신이 하나님의 자녀임을 부끄러워하지 않습니다. 어디서라도 담대하게 그리스도인 됨을 드러냅니다. 언약백성의 자부심은 바로 그리스도인임을 자랑함에서 나타납니다.

일곱째, 언약백성은 자발적으로 하나님을 섬기기를 즐거워합니다. 언약 백성은 하나님을 섬길 때 자발적으로 헌신합니다. 억지로 하지 않습니다. 그것은 언약백성의 모습이 아닙니다. 하나님이 함께하는 영광을 누리고 있는데 억지로 할 수 없습니다.

"각각 그 마음에 정한 대로 할 것이요 인색함으로나 억지로 하지 말지니 하나님은 즐겨 내는 자를 사랑하시느니라"(고후 9:7)

인색함과 억지로 하지 말라는 것입니다. 그러므로 시편 기자는 이렇게 기도하였습니다.

"주의 구원의 즐거움을 내게 회복시켜 주시고 자원하는 심령을 주사 나를 붙드소서"(시 51:12)

자발적 순종이 언약백성의 모습입니다. 이것이 하나님께서 인류와 언약을 맺으신 이유입니다. 자원하여 섬기는 것이 하나님이 가장 기뻐하시는 일입니다. 하나님 나라의 아름다움은 하나님을 향한 순종이 온전함입니다. 언약백성이 보여주는 자세라 할 수 있습니다.

여덟째, 언약백성은 말씀에 사로잡혀 살아가기를 자원합니다. 언약백성의 가장 두드러진 특징이 있다면 바로 하나님의 말씀에 사로잡혀서 하나님의 일을 하고 싶어 합니다. 즉, 언약백성들은 항상 하나님의 뜻에 따라 자원함으로 하나님의 일을 합니다. 베드로 사도는 언약백성의 모습을 바르게 말씀하였습니다.

"너희 중에 있는 하나님의 양 무리를 치되 부득이함으로 하지 말고 오직 하나님의 뜻을 좇아 자원함으로 하며 더러운 이를 위하여 하지 말고 오직 즐거운 뜻으로 하며"(벧전 5:2)

하나님의 뜻을 따르기를 기뻐합니다. 그래서 말씀이 명하는 대로 살아가기를 기뻐합니다. 말씀이 인도하는 대로 순종합니다. 자신의 생각이 아니라 하나님의 말씀을 통하여 살려고 합니다.

"여호와의 율법은 완전하여 영혼을 소성케 하고 여호와의 증거는 확실하여 우둔한 자로 지혜롭게 하며 여호와의 교훈은 정직하여 마음을 기쁘게 하고 여호와의 계명은 순결하여 눈을 밝게 하도다 여호와를 경외하는 도는 정결하여 영원까지 이르고 여호와의 규례는 확실하여 다 의로우니 금 곧 많은 정금보다 더 사모할 것이며 꿀과 송이꿀보다 더 달도다"(시 19:7-10)

하나님의 말씀에 대한 고백이 너무나 분명합니다. 이것이 언약백성의 삶입니다. 이러한 믿음으로 주님 오시는 그날을 준비하며 살아갑니다. 그리고 마침내 그 언약이 성취되는 영광을 보게 됩니다. 그리고 우리는 언약의 성취를 통하여 언약백성의 삶이 어떠한지 보았습니다.

그렇다면 오늘을 살아가는 우리들에게 이 말씀을 어떻게 적용할 수 있겠습니까? 우리는 언약의 자녀가 되었다는 것이 얼마나 행복하고 흥분되는지 잘 알고 있습니다. 언약의 자녀가 되는 것은 철저한 하나님의 은혜로 됩니다. 우리의 행위는 하나도 없습니다. 이 사실을 기억하는 것이 얼마나 중요한지 모릅니다. 우리가 진노의 자녀였고 세상을 즐기며 살 수밖에 없는 타락한 존재인데 이렇게 사랑하여 주셔서 언약백성이 되었습니다. 이제 여러분은 예수 그리스도를 통하여 회복된 새 언약의 백성으로서 마침내 언약이 성취되는 영광을 누릴 것입니다. 그러므로 언약백성의 자

교회를 세우는 요한계시록 강해

부심을 가져야 합니다. 이것은 이 세상의 그 무엇과도 바꿀 수 없는 보물입니다.

하지만 언약백성의 자부심을 잃어버리면 어떠한 영광도 누리지 못합니다. 혹 잠시 동안에 세상이 주는 소산물에 기뻐할 수 있습니다. 하지만 그 모든 것은 잠깐이라는 사실을 우리는 잘 알고 있습니다. 세상은 잠깐 눈에서 눈물을 씻어줄 수 있지만 영원한 고통을 줍니다. 그러나 언약백성은 잠깐 보이는 세상에 만족하지 않습니다. 영원한 영광을 사모합니다. 더 이상 눈물과 아픔과 슬픔과 두려움과 사망이 없는 영광을 소망합니다. 이것은 오직 언약백성만이 누릴 수 있습니다.

오늘 이 땅에서 억울한 일을 당할 수 있습니다. 그리고 해결도 당하지 못할 수 있습니다. 그러나 혹 그런 일을 당할 때 낙심하거나 절망하지 마시기 바랍니다. 아직 마지막 판결이 남아 있습니다. 그러므로 어떠한 순간에도 믿음의 길을 떠나서는 안 됩니다. 믿음의 주님을 바라보아야 합니다. 십자가의 사랑을 바라보아야 합니다. 나를 위하여 여전히 간구하시는 성령 하나님의 은혜를 보시기 바랍니다. 이것이 언약 백성의 삶입니다.

언약백성은 자신의 삶을 하나님께 고정시키기 위하여 정말 열심히 살아갑니다. 그것은 예배를 통하여 나타납니다. 그리고 가정에서 삶의 다양한 현장에서 나타납니다. 언약백성은 세상의 소금과 빛이 되기를 추구하는 만큼 가정의 빛과 소금 되기를 기뻐합니다. 그리고 무엇보다도 그리스도의 몸인 교회를 세우는 일에 힘을 씁니다.

세상은 점점 교회를 모래알처럼 만들어서 흩으려고 합니다. 이러한 시대를 살아가려면 언약백성의 자부심과 확실성을 가지고 있어야 합니다. 언약백성이라는 신앙의 정체성이 분명할 때 세상이 추구하는 탐욕과 싸울 수 있습니다. 장차 완성될 하나님 나라에 함께하실 하나님은 지금 성령으로 우리 안에 거하십니다. 성령이 거하는 전으로 우리의 신앙을 더욱 굳게 가지고 언약백성답게 하나님 나라를 세우기를 간절히 소망합니다.

하늘의 유업을 이을 자(계 21:5-8)

　오래전 줄타기를 하는 사람의 이야기를 읽은 적이 있습니다. 줄타기는 공중에서 부채나 혹은 긴 막대기를 의지하여 한 쪽에서 다른 쪽으로 건너는 기술입니다. 구경꾼들은 불안해하면서도 아슬아슬한 줄타기 보는 것을 즐거워합니다. 한 번은 이 줄타기하는 분이 한 아이를 목마 태우고 줄을 타기 시작했습니다. 구경꾼들은 모두 조마조마해하며 지켜보고 있었고 이 줄타기꾼은 줄을 무사히 건넜습니다. 사람들은 우레와 같은 박수로 화답했습니다. 그때 한 기자가 목마를 탄 아이에게 무섭지 않았느냐고 질문했습니다. 그러자 이 아이는 전혀 무섭지 않다고 대답했습니다. 아빠 등에 매달려 있었기 때문에 무서울 것이 없었다는 것입니다.

　든든한 후원자가 있으면 누구든 자신 있는 삶을 살 수 있습니다. 그런데 그리스도인에게는 이 땅의 그 어떤 사람과도 비교할 수 없는 후원자가 있습니다. 바로 창조주 하나님이십니다. 또한 구속주 하나님이십니다. 그러므로 그리스도인만큼 이 땅에서 당당하게 살 수 있는 사람이 없습니다. 그러므로 하나님에 대한 확신은 이 땅에서의 삶에 가장 큰 능력이 됩니다.

　오늘 말씀은 바로 이러한 하나님의 위대하심에 대하여 말씀하고 있습니다. 사도 요한은 새 하늘과 새 땅의 영광을 보았습니다. 하나님의 장막이 사람들과 함께하는 모습을 보았습니다. 하나님의 언약이 성취되고 언약백성들의 눈에서 눈물을 씻겨 주심을 보았습니다. 처음 것들이 다 지나감을 보았습니다. 그리고 영광을 얻을 자와 둘째 사망에 이를 자를 또한 보았습니다. 주님의 재림의 날에 있을 모습들입니다.

이 부분을 좀 더 자세하게 보겠습니다. 5절에서 사도 요한은 보좌에 앉으신 이의 말씀하심을 듣습니다. 즉 성부 하나님의 말씀입니다. 그 말씀은 만물을 새롭게 하신다는 말씀입니다. 모든 것을 새롭게 하신다는 말씀입니다. 이 말씀은 21:1 말씀의 반복입니다. 하나님은 만물을 다시 만든다고 말하지 않고 새롭게 한다고 말씀합니다. 즉 만물을 정화시킨다는 의미입니다. 이것을 만물 갱신이라고 할 수 있습니다.

정화된 세상에는 죄가 존재하지 않습니다. 그러므로 더 이상 죄로 인하여 고통받을 일이 사라집니다. 우리가 이 땅에서 살아갈 때 가장 슬픈 것은 바로 죄로 인한 고통입니다. 그런데 그 고통이 다 사라집니다. 이 말을 들을 때 무슨 공상과학 소설 같은 이야기로 들릴 수 있습니다. 왜냐하면 그 누구도 경험한 적이 없기 때문입니다. 그러기에 의심이 들 수 있습니다. 이 사실을 잘 알았던 하나님은 말씀합니다. "이 말은 신실하고 참되니 기록하라"는 말씀입니다.

"신실하다"는 것은 확실하다. 믿음이 있다는 뜻입니다. 그리고 "참되다"는 것은 진실하다는 의미입니다. 그런데 무엇이 확실하고 진실하다는 것일까요? 바로 "말씀"입니다. 여기서 말씀은 "로고스"입니다. 바로 하나님이 하신 말씀입니다. 이렇게 본다면 하나님이 하신 말씀은 확실하고 진실합니다. 변함이 없습니다. 이렇게 하나님 말씀이 확실하고 진실한 이유

교회를 세우는 요한계시록 강해

는 하나님 자신이 변함이 없는 분이기 때문입니다. 그리고 반드시 약속을 이루실 분이기 때문입니다. 지금 사도 요한이 이렇게 확실하고 진실한 말씀을 받은 것입니다.

그러자 또 하나님이 말씀합니다. 바로 6절입니다. 하나님은 사도 요한에게 아주 독특한 말씀을 하십니다. 바로 "이루었다"는 말씀입니다. 이 말씀은 예수님께서 십자가상에서 하셨던 말씀과 동일합니다. 주님은 "다 이루었다"라고 하시고 십자가에서 죽으셨습니다. 그렇다면 무엇을 향하여 다 이루었다고 말씀하시는 것입니까? 그것은 하나님께서 약속하셨던 새 하늘과 새 땅입니다. 그리고 언약의 성취입니다. 즉 "창조경륜의 성취"입니다. 이것을 다 이루신 것입니다. 그런데 다 이루셨다고 확실하게 말할 수 있는 것은 바로 약속하신 이가 처음과 끝이고 알파와 오메가이기 때문입니다. 약속을 하신 이가 하나님이시고, 약속을 성취하신 이가 하나님이십니다. 그러므로 알파와 오메가 되시는 예수님께서 다 이루었다고 하는 것은 확실하고 진실한 것입니다. 알파와 오메가는 헬라어의 첫 글자와 마지막 글자입니다. 이 표현은 역사를 향한 하나님의 절대 주권을 강조하는 것입니다. 그렇게 본다면 이 말은 하나님께서 역사의 근원이시고 역사의 목적이라는 의미라 할 수 있습니다. 모든 역사는 다 하나님 안에서 의미가 있고 완성됩니다.

그러면서 6절 하반절과 8절에 이르러 매우 의미심장한 말씀을 하셨습니다. 그것은 유업을 얻을 자와 둘째 사망에 이를 자의 모습입니다. 하나님은 생명수 샘물을 목마른 사람에게 값없이 주신다고 하였습니다. 생명수의 말씀은 구약성경에서 자주 등장합니다. 시편 42:1입니다.

"하나님이여 사슴이 시냇물을 찾기에 갈급함 같이 내 영혼이 주를 찾기에 갈급하니이다"

하나님은 목마른 자의 갈증을 해결하여 주시는 분입니다. 그것도 값없이 주시는 분입니다. 그러기에 이사야 선지자는 놀라운 말씀을 하십니다.

"너희 목마른 자들아 물로 나아오라 돈 없는 자도 오라 너희는 와서 사먹되 돈 없이, 값 없이 와서 포도주와 젖을 사라"(사 55:1)

이스라엘의 회복을 말씀하신 사 55:1은 궁극적으로 계 21:6에서 성취됩니다. 이러한 약속은 예수님의 말씀을 기억나게 합니다. 예수님은 믿는 자들의 구원을 말씀하시면서 생수를 언급합니다.

"명절 끝날 곧 큰 날에 예수께서 서서 외쳐 가라사대 누구든지 목마르거든 내게로 와서 마시라 나를 믿는 자는 성경에 이름과 같이 그 배에서 생수의 강이 흘러나리라 하시니"(요 7:37-38)

생명수 샘물은 바로 성령을 의미합니다. 성령을 받는 자는 더 이상 목마르지 않습니다. 그리고 그는 유업을 얻게 됩니다. 즉 언약의 주인공이 됨을 의미합니다. 그리스도인 된 우리들은 다 생수를 마신 자들입니다. 그리고 이렇게 생수를 마신 자들은 이긴 자 즉 승리자라고 인정하십니다. 그것이 바로 7절입니다.

"이기는 자는 이것들을 유업으로 얻으리라 나는 저의 하나님이 되고 그는 내 아들이 되리라"

"이긴다"는 것은 일곱 교회에 보내는 편지에서 반복적으로 등장하였습니다. 그리고 21장에서 다시금 나타납니다. 즉 이 말씀은 일곱 교회에 보낸 편지의 성취라고 할 수 있습니다. 다시 한번 살펴봅니다.

"귀 있는 자는 성령이 교회들에게 하시는 말씀을 들을지어다 이기는

교회를 세우는 요한계시록 강해

라"(계 2:7)

"귀 있는 자는 성령이 교회들에게 하시는 말씀을 들을지어다 이기는 자는 둘째 사망의 해를 받지 아니하리라"(계 2:11)

"귀 있는 자는 성령이 교회들에게 하시는 말씀을 들을지어다 이기는 그에게는 내가 감추었던 만나를 주고 또 흰 돌을 줄 터인데 그 돌 위에 새 이름을 기록한 것이 있나니 받는 자 밖에는 그 이름을 알 사람이 없느니라"(계 2:17)

"이기는 자와 끝까지 내 일을 지키는 그에게 만국을 다스리는 권세를 주리니"(계 2:26)

"이기는 자는 이와 같이 흰 옷을 입을 것이요 내가 그 이름을 생명책에서 반드시 흐리지 아니하고 그 이름을 내 아버지 앞과 그 천사들 앞에서 시인하리라"(계 3:5)

"이기는 자는 내 하나님 성전에 기둥이 되게 하리니 그가 결코 다시 나가지 아니하리라 내가 하나님의 이름과 하나님의 성 곧 하늘에서 내 하나님께로부터 내려 오는 새 예루살렘의 이름과 나의 새 이름을 그이 위에 기록하리라"(계 3:12)

여기서 이긴다는 것은 주님의 말씀을 신실하게 지킨 것을 의미합니다. 말씀을 의심하지 않고, 교만하지 않고 겸손하게 온전히 순종하였다는 말입니다. 이러한 믿음을 가진 성도는 마침내 언약이 성취되는 것을 보게 됩니다.

그것이 7절 하반절의 말씀입니다. "나는 저의 하나님이 되고 그는 내 아들이 되리라" 이미 말씀드렸듯이 언약의 성취를 의미합니다. 하나님은 다윗과 맺은 언약에서 이 사실을 아주 분명하게 증거하였습니다.

"나는 그 아비가 되고 그는 내 아들이 되리니 저가 만일 죄를 범하면 내가 사람 막대기와 인생 채찍으로 징계하려니와"(삼하 7:14)

이것이 언약백성의 영광입니다. 하지만 말씀에 불순종한 자. 불의 가운데서 떠나지 않는 자, 생명수를 마시지 못한 자들은 둘째 사망에 이릅니다. 이들은 두려워하는 자들입니다. 즉 영적으로 비겁한 자들이라 할 수 있습니다. 고난이 두려워서 신앙을 타협하는 이들을 의미합니다. 또한 경제적인 달콤한 유혹에 역시 신앙을 타협하는 사람들입니다. 이러한 자들을 불의한 자라고 말합니다.

또한 믿지 않는 사람들입니다. 이들은 환난으로 인해 진리의 말씀을 의심하는 사람들입니다. 그러다가 마침내 교회를 떠나는 사람들입니다. 이들은 온갖 이유를 대면서 합리화하지만 끝내는 교회를 떠나고 신앙을 버립니다. 이들이 바로 불의한 자들입니다.

그리고 흉악한 자들 즉 혐오스럽고, 가증한 사람들입니다. 그리고 음행하는 자들과 점쟁이들과 우상숭배자들과 모든 거짓말하는 자들은 다 유황불에 떨어집니다. 이들은 새 하늘과 새 땅이 아닌 둘째 사망 즉 영원한 지옥에 떨어집니다. 즉, 20:14-15 말씀의 확증입니다.

이것이 본문의 내용입니다. 알파와 오메가가 되시고 처음과 나중 되시는 하나님께서 이루신 역사입니다. 그리고 그 끝에는 유업을 이을 자와 둘째 사망에 이를 자가 존재합니다. 그런 의미에서 이 땅에 사는 모든 이들에게는 오직 두 가지의 길만 존재합니다. 다른 길이 없습니다. 유업을 이을 자와 둘째 사망에 이를 자입니다. 이것이 약속을 성취하신 하나님의 말씀입니다.

우리는 오늘 말씀을 통하여 매우 분명한 사실을 확인하게 되었습니다. 그것은 주님의 재림의 날에는 중간지대가 존재하지 않는다는 사실입니다. 오직 영원한 생명과 둘째 사망만이 존재합니다. 유업을 이을 자와 탈락자만이 존재합니다. 그리고 그것은 이 땅에서 이미 시작되어집니다. 그런 의미에서 그리스도인은 하늘의 유업을 얻을 자입니다. 하나님께서 우리에게 이러한 은혜를 베풀어 주셨습니다. 우리는 이 사실에서 중요한 교훈을 새겨야 합니다.

첫째, 하늘의 유업을 이을 자는 성령의 은혜가 임한 자입니다. 우리에게 유업을 약속하신 분은 알파와 오메가 되신 하나님입니다. 역사의 주인이시며 우리가 살아가는 이유와 목적입니다. 그런데 놀랍게도 이 사실을 아는 사람들이 그리 많지 않습니다. 하나님이 자신의 삶의 목적임을 분명하게 하는 이들은 오직 그리스도인뿐입니다. 그리스도인은 사는 것과 죽는 것의 유익이 바로 하나님에게 있음을 알고 있습니다.(롬 14:8) 그래서 먹든지 마시든지 무엇을 하든지 하나님의 영광을 위하여 한다고 고백합니다.(고전 10:31) 이것은 참으로 놀라운 일입니다. 이러한 고백은 우리의 열심과 결단으로 되지 않습니다. 오직 하나님의 은혜로 가능합니다.

그런 측면에서 하늘의 유업을 이을 자는 오직 그리스도인이라고 말씀하는 것입니다. 6절의 말씀처럼 생명수 샘물이 목마른 자에게 값없이 주어졌습니다. 그래서 목마른 자들이 와서 언제든지 먹을 수 있게 하였습니다. 예수님은 누구든지 목마르거든 자신에게 와서 먹으라고 하였습니다. 하지만 생명수를 먹을 수 있는 사람은 오직 은혜로 선택받은 사람뿐입니다.

"성령이 친히 우리 영으로 더불어 우리가 하나님의 자녀인 것을 증거하시나니 자녀이면 또한 후사 곧 하나님의 후사요 그리스도와 함께 한 후사니 우리가 그와 함께 영광을 받기 위하여 고난도 함께 받아야 될 것이니라"(롬 8:16-17)

성령의 은혜가 임할 때 우리는 하나님의 자녀가 됩니다. 즉 하나님 나라의 상속자가 됩니다. 이렇듯 하늘의 유업을 이을 자는 성령의 은혜가 임한 사람입니다. 생수가 있다고 다 먹지 않습니다. 오직 은혜를 입은 자들이 먹습니다. 그러므로 하늘의 유업을 이을 자는 성령의 은혜가 임한 사람입니다.

둘째, 하늘의 유업을 이을 자는 약속을 성취한 자입니다. 이것은 매우 중요합니다. 하늘의 유업을 이을 자의 영광은 하나님께서 약속하여 주셨던 그 놀라운 것을 다 성취하기 때문입니다. 그림자가 아니라 실체를 보는 영광을 누리게 됩니다. 하나님의 말씀을 신실하게 지킨 자들에게 언약의 성취를 보여주십니다. 아브라함에게 주셨던 그 언약, 모세와 다윗에게 말씀하셨던 언약이 온전히 성취되는 것을 봅니다.

"나는 저의 하나님이 되고 그는 내 아들이 되리라"(7절)

이것은 언약의 절정입니다. 그림자가 아니라 실제로 나타나기 때문입니다. 다시 한번 다윗에게 약속하였던 말씀을 보시기 바랍니다.

"나는 그 아비가 되고 그는 내 아들이 되리니 저가 만일 죄를 범하면 내가 사람 막대기와 인생 채찍으로 징계하려니와"(삼하 7:14)

이 언약이 마침내 새 하늘과 새 땅에서 완성됩니다. 약속이 실체로 나

교회를 세우는 요한계시록 강해

타납니다. 그리고 이것은 하나님 나라의 모든 것을 상속받음을 의미합니다. 약속의 절정은 바로 상속이 주어지는 것입니다.

셋째, 하늘의 유업을 얻을 자는 불의와 끝까지 싸웁니다. 마지막 날에는 하늘의 유업을 이을 자의 영광과 함께 둘째 사망인 영원한 불못에 떨어지는 자도 있습니다. 이들은 생명수를 마시지 않은 자들입니다. 하나님의 말씀에 신실하게 반응하지 않은 사람입니다. 자신의 죄에 대하여 슬퍼하지 않는 사람입니다. 그리고 분명한 것은 불의함을 가지고서는 하나님 나라의 영광을 결코 볼 수 없습니다. 8절 말씀이 이러한 내용을 분명하게 밝히고 있습니다.

"그러나 두려워하는 자들과 믿지 아니하는 자들과 흉악한 자들과 살인자들과 행음자들과 술객들과 우상 숭배자들과 모든 거짓말하는 자들은 불과 유황으로 타는 못에 참예하리니 이것이 둘째 사망이라"

이미 앞서서 말씀드렸던 사람들입니다. 이들을 한마디로 표현한다면 바로 불의를 행하는 사람들입니다. 바울은 고린도전서와 갈라디아서에서 하나님의 뜻이 무엇인지를 말씀합니다.

"불의한 자가 하나님의 나라를 유업으로 받지 못할 줄을 알지 못하느냐 미혹을 받지 말라 음란하는 자나 우상 숭배하는 자나 간음하는 자나 탐색하는 자나 남색하는 자나 도적이나 탐람하는 자나 술 취하는 자나 후욕하는 자나 토색하는 자들은 하나님의 나라를 유업으로 받지 못하리라"(고전 6:9-10)

"투기와 술 취함과 방탕함과 또 그와 같은 것들이라 전에 너희에게 경계한 것 같이 경계하노니 이런 일을 하는 자들은 하나님의 나라를 유업으

로 받지 못할 것이요"(갈 5:21)

주어진 말씀처럼 불의를 가지고서는 결코 하나님의 영광에 이르지 못합니다. 영적으로 비겁한 사람 그래서 자신의 기분에 따라서 신앙생활하는 사람, 말씀을 불신하고, 사람들을 증오하고 혐오하는 이들, 살인자들과 간음한 자들 그리고 우상숭배와 거짓말하는 자들, 그리고 남색하는 자들은 하나님 나라의 유업을 받지 못합니다.

새 하늘과 새 땅에서는 이들을 볼 수 없습니다. 그러나 이 땅에서는 이처럼 두 종류 사람들이 존재합니다. 그리고 하늘의 유업을 받는 자들은 불의와 끝까지 싸우는 사람들입니다. 이들이 천국을 차지합니다. 불의와 싸운다는 것은 성령의 은혜가 임한 증거이기 때문입니다. 그러므로 하늘의 유업을 이을 성도는 불의와 끝까지 싸웁니다.

우리는 하늘의 유업을 이을 자가 어떠한 자세를 가지고 있는지 살펴보았습니다. 이제 이 말씀에 비추어 우리 자신을 볼 수 있기를 소망합니다.

우리가 본문 말씀을 통하여 확실하게 알 수 있는 것은 그리스도인은 하늘의 유업을 이을 자라는 사실입니다. 이것은 우리의 공로나 열심이나 아니면 믿음의 가정에서 태어나서 신앙생활을 잘하고 있기 때문이 아닙니다. 그리스도인이 유업을 얻을 수 있는 것은 전적으로 성령의 선물입니다. 그것도 값없이 부어 주신 성령의 은혜로 구원을 받습니다. 야고보 사도는 이 사실을 말씀합니다.

"내 사랑하는 형제들아 들을찌어다 하나님이 세상에 대하여는 가난한 자를 택하사 믿음에 부요하게 하시고 또 자기를 사랑하는 자들에게 약속하신 나라를 유업으로 받게 아니하셨느냐"(약 2:5)

교회를 세우는 요한계시록 강해

하나님께서 우리를 택하시고 믿음을 주시고 하나님을 사랑하게 하심으로 유업을 얻게 하셨습니다. 이것이 우리의 정체성이며 자존감입니다. 우리는 하나님의 선택을 받았습니다. 그래서 예배하고, 찬양하며 하나님의 영광을 위하여 우리의 삶을 살고 있습니다. 그러기에 우리는 세상의 어떠한 유혹과도 싸울 수 있고 마침내 하나님이 준비하신 유업을 이을 수 있습니다. 그러므로 더욱더 영적 자부심을 가지고 믿음의 길을 갈 수 있기를 소망합니다.

그렇다고 우리 앞에 늘 꽃길만 있는 것이 아닙니다. 때로는 이해할 수 없는 고난도 오고 슬픔도 옵니다. 그래서 속상하기도 합니다. 그런 일이 없으면 너무 좋겠는데 그렇지 못할 때가 너무 많습니다. 하지만 이 모든 것은 힘들지만 큰 도움이 되기도 합니다. 그것은 고난을 견디어 냈을 때입니다. 그래서 성도들은 서로 존중하는 일이 중요합니다. 특별히 말에 있어서 존중의 언어가 필요합니다. 이것이 믿음의 길을 이겨내는 영적 동지애라고 할 수 있습니다.

그래서 우리 자신을 늘 살피는 것이 무엇보다도 필요합니다. 영적인 성숙이 우리 안에서 일어나고 있는지 살피는 것이 중요합니다. 그 가운데 자신에게 들려지는 하나님의 말씀이 있는지가 중요합니다. 다른 사람이 누리는 은혜가 아니라 내가 누리는 은혜가 중요합니다. 하나님 나라를 상속받을 자는 믿음의 길에 서서 불의와 싸우는 자들입니다. 불의는 늘 우리 주변에 존재합니다. 나는 영적으로 비겁한 사람은 아닌가? 힘 있는 사람에게는 굽신거리고 힘없는 사람에게는 거만한 모습을 하고 있지는 않는가? 가증한 모습으로 사람들의 마음을 아프게 하지는 않는가? 말로써 사람을 죽이는 살인자의 모습을 가지고 있지는 않는가? 음행하고 우상 숭배하는 참으로 수치스러운 일을 자행하고 있지는 않는가? 거짓말을 부끄러워하지 않고 행하고 있지는 않는가?

우리 자신을 잘 살피는 것이 중요합니다. 그리고 추악한 모습이 드러나면 즉각적으로 회개하고 더욱더 믿음과 주님을 사랑하는 자리로 나가야 합니다. 주님의 말씀을 신실하게 믿고 의지할 때 하나님 나라를 이어가는 자가 됩니다. 우리 모두 한순간의 신앙이 아니라 하나님 나라를 상속받아 그 영광을 이어가는 영원한 신앙이 되기를 소망합니다.

거룩한 성 예루살렘(계 21:9-21)

누구나 꿈꾸는 것 가운데 하나가 있다면 사람들에게 흠 잡히지 않는 완벽한 인간, 완전한 교회, 완벽한 삶일 것입니다. 실수하지 않고 오해 주지 않고, 아픔 주지 않는 삶을 누구나 기대합니다. 그러나 현실은 엉망진 창입니다. 뜻하지 않은 실수로 상대방을 아프게 하고 힘들게 합니다. 그래서 우리는 날마다 회개하고 새 하늘과 새 땅을 바라보는 것입니다. 그 때에는 완성된 인격체와 완전한 신앙이 가능하기 때문입니다. 분명 그러한 날이 올 것입니다. 그런데 그 영광의 날은 이미 시작되었고 우리가 만들어 가고 있다는 사실을 잊을 때가 참 많습니다. 영광은 지금 내가 시작하고 있음을 기억해야 합니다. 본문은 우리에게 그 사실을 강조합니다.

본문 말씀에 들어가기에 앞서 21-22장 전체를 개관하겠습니다. 21:1-22:21은 계시록의 절정이자 결론입니다. 우선 21:1-22:15은 모든 성도가 누리게 될 새 하늘과 새 땅의 영광과 완성된 교회의 모습을 보여줍니다. 주님의 초림에서 시작되었던 종말의 영광이 마침내 완성되어짐을 보여줍니다. 그리고 이 말씀은 다음과 같이 구분될 수 있습니다.

21:1-8은 새 하늘과 새 땅의 영광을 보여줍니다. 21:9-21은 거룩한 성

예루살렘의 모습입니다. 21:22-27은 새 하늘 성전의 내부 모습입니다. 22:1-5은 새 하늘에 있는 생명수 강의 모습입니다. 22:6-10은 속히 오리라는 첫번째 말씀입니다. 22:11-15은 속히 오리라는 두번째 말씀입니다.

그리고 요한계시록의 결론인 22:16-21에서는 예수님의 증언과 주의 재림이 임할 때까지 말씀을 받은 자가 어떠한 자세를 가지고 있어야 하는지를 말씀합니다.

이것이 21장과 22장의 내용입니다. 우리는 계시록의 절정인 21-22장의 말씀 가운데 그 시작 부분인 21장 1-8절의 내용은 이미 살펴보았습니다. 그리고 오늘은 21:9-21을 살펴보려고 합니다. 오늘 말씀은 거룩한 성 예루살렘의 찬란한 영광을 말씀하고 있습니다.

본문이 길기에 먼저 짧게 살펴보고자 합니다. 우선 살펴볼 말씀은 9절과 10절입니다. 사도 요한은 1-8절에서 영원한 영광에 들어갈 자와 영원한 사망인 둘째 사망에 들어갈 자가 누구인지를 들었습니다. 그런 후에 대접 심판을 행하였던 천사 가운데 일곱 대접을 가지고 마지막 일곱 재앙을 담당하였던 천사 중 하나가 사도 요한에게 신부 곧 어린 양의 아내를 보여주겠다고 말씀합니다. 그리고 사도 요한을 데리고 크고 높은 산으로 올라갑니다. 그리고 그곳에서 하나님께로부터 하늘에서 내려오는 거룩한 성 예루살렘을 보여줍니다. 이 모습은 이미 1절에서 보았던 장면입니다. 그리고 11절은 거룩한 성 예루살렘의 영광스러움을 말씀합니다.

그런 후에 12-14절에서는 거룩한 성 예루살렘이 어떻게 이뤄지고 완성되었는지를 보여줍니다. 또한 그 나라에 들어갈 수 있는 자들은 누구인지를 말씀합니다. 새 예루살렘성 즉 도시는 튼튼한 성곽과 열두 문과 열두 기초석으로 이뤄졌습니다. 그리고 그 문 위에는 천사들이 있고 열두 지파의 이름이 있습니다. 또한 열두 기초석에는 열두 사도의 이름이 기록되어 있습니다.

마지막으로 16-21절에서는 거룩한 성 예루살렘의 찬란한 모습을 보여줍니다. 각종 보석으로 가득한 도시의 아름다움을 보여줍니다. 보석으로 치장된 하나님 나라의 모습은 매우 인상적이고 중요합니다. 이것이 본문의 짧은 요약입니다.

사도 요한이 본 거룩한 도시 예루살렘의 모습은 참으로 장대하였습니다. 그러나 이 환상 역시 상징으로 가득 차 있습니다. 그러므로 이 상징이 의미하는 것이 무엇인지 바르게 아는 것이 중요합니다. 그렇다면 이러한 모습이 무엇을 말씀하고 있는 것입니까? 본문 말씀이 주는 그 비밀을 살펴보고자 합니다. 우선 사도 요한이 본 거룩한 도시 예루살렘은 앞서서 살펴보았듯이 장차 완성될 교회를 말씀하고 있음을 인식하고 살펴봅니다.

전체적으로 본문은 장차 완성된 교회에 대한 말씀이라 할 수 있습니다. 완성된 교회를 바로 아는 일은 믿음의 여정에 중요합니다. 알고 가는 길만큼 안전한 것이 없습니다. 그렇다면 어떤 교회일까요? 본문의 말씀을 통하여 차례대로 살펴보도록 하겠습니다.

첫째, 거룩한 도시 예루살렘은 그리스도의 신부인 교회입니다. 천사는 사도 요한을 높은 산으로 데리고 갔습니다. 사도 요한이 올라간 산이 어디인지 모릅니다. 여기서 높은 산은 물리적인 산이 아니라 하나님의 영광을 볼 수 있는 곳을 의미합니다. 이것은 선지자 에스겔이 경험한 것과 동일합니다. 하나님은 이스라엘의 회복을 말씀하면서 에스겔 선지자를 높은 산으로 데려가서 그 영광을 보여줍니다.

"우리가 사로잡힌지 이십 오년이요 성이 함락된 후 십 사년 정월 십일 곧 그 날에 여호와의 권능이 내게 임하여 나를 데리고 이스라엘 땅으로 가시되 하나님의 이상 중에 나를 데리고 그 땅에 이르러 나를 극히 높은 산 위에 내려놓으시는데 거기서 남으로 향하여 성읍 형상 같은 것이 있더라"(겔 40:1-2)

이러한 모습을 사도 요한이 경험합니다. 그런데 천사가 9절에서는 어린 양의 아내를 보여준다고 하였는데 막상 사도 요한이 본 것은 거룩한 도시인 예루살렘이었습니다. 이것은 거룩한 도시가 곧 어린 양의 아내라는 의미입니다. 어린 양의 신부는 교회를 의미합니다. 이것은 사 62:5에서 이스라엘을 신부로 말씀하심을 반영하는 것입니다. 이렇게 볼 때 거룩한 도시인 예루살렘은 구원받은 하나님의 공동체인 거룩한 교회라고 할 수 있습니다. 즉, 새 하늘과 새 땅은 그 자체로 교회입니다.

그런 의미에서 우리가 교회로 모이고 있다는 사실이 얼마나 존귀한지 모릅니다. 우리는 그리스도의 신부입니다. 그리스도의 신부로서 지금 살아가고 있습니다. 신부의 아름다움이 무엇입니까? 바로 순결함입니다. 그러므로 우리는 순결한 신부로서 우리 자신을 잘 가꿔야 합니다. 그런 의미에서 그리스도의 신부는 끝까지 자신의 거룩함을 위하여 싸우는 사람들입니다. 하나님은 신부를 끝까지 지키시고 인도하십니다.

여기에 의미 있는 모습이 또 있습니다. 바로 교회가 가지고 있는 영광입니다. 11절은 새 예루살렘 도시 즉 교회가 가지고 있는 영광이 무엇인지를 말씀합니다. 그것은 바로 하나님의 영광입니다. 새 하늘과 새 땅이 지극히 귀한 보석 같고 벽옥과 수정같이 맑은 것은 바로 하나님의 영광이 있기 때문입니다. 하나님께서 천지를 창조하시고 사람을 자신의 형상으

교회를 세우는 요한계시록 강해

로 만드신 이유는 바로 하나님의 영광을 나타내기 위해서입니다. 그런 의미에서 창조는 하나님의 영광이 나타난 것이라고 할 수 있습니다. 그 영광의 충만함이 새 하늘과 새 땅에서 나타납니다.

이러한 모습은 이스라엘이 바벨론의 지배에서 회복되었음을 보여주었던 환상을 생각하게 합니다. 겔 43:1-5은 성전에 가득 찬 하나님의 영광을 보여줌으로 이스라엘을 회복하신다는 하나님의 약속을 확인시켜 주셨습니다. 그런데 그 예언의 성취를 사도 요한이 본 것입니다. 우리는 이 땅에서 그 영광을 온전히 볼 수 없지만 그날에는 마침내 그 영광을 모두가 볼 것입니다. 하나님의 찬란한 영광을 보고 누릴 것입니다. 이것이 교회의 영광입니다. 교회는 하나님의 영광이 가득한 곳입니다.

그러므로 우리가 계속하여 힘써야 하는 것은 교회를 거룩한 신부로 잘 준비하는 일입니다. 교회가 망가지는 것처럼 아픈 것이 없습니다. 우리 한 사람 한 사람이 거룩한 신부로 준비될 때 우리 교회는 하나님이 준비하신 영광을 누립니다. 이 영광을 함께 누릴 수 있기를 소망합니다.

둘째, 교회는 오직 말씀으로 세워집니다. 예루살렘의 영광을 본 후에 사도 요한은 새 예루살렘 도시에 있는 열두 문과 열두 기초석을 봅니다. 그것이 12-14절의 말씀입니다. 12절을 보면 크고 높은 성곽이 있고 열두 문이 있습니다. 그런데 그 문에는 열두 천사가 있고, 문들 위에 이름을 썼습니다. 그 이름은 바로 이스라엘 열두 지파의 이름입니다. 이 모습은 에스겔 선지자가 이스라엘의 회복을 약속받으면서 보았던 환상입니다. 사도 요한은 에스겔 선지자의 말씀을 인용하여 새 예루살렘의 모습을 기록합니다. 겔 48:31-35은 이스라엘이 회복되기를 간절히 소망하고 있는 모습입니다.

"그 성읍의 문들은 이스라엘 지파들의 이름을 따를 것인데 북으로 문이 셋이라 하나는 르우벤 문이요 하나는 유다 문이요 하나는 레위 문이며 동편의 광이 사천 오백척이니 또한 문이 셋이라 하나는 요셉 문이요 하나는 베냐민 문이요 하나는 단 문이며 남편의 광이 사천 오백척이니 또한 문이 셋이라 하나는 시므온 문이요 하나는 잇사갈 문이요 하나는 스불론 문이며 서편도 사천 오백척이니 또한 문이 셋이라 하나는 갓 문이요 하나는 아셀 문이요 하나는 납달리 문이며 그 사면의 도합이 일만 팔천척이라 그 날 후로는 그 성읍의 이름을 여호와삼마라 하리라"

사도 요한은 에스겔이 보았던 그 환상을 보았습니다. 그리고 에스겔의 환상이 자신의 눈앞에서 성취되었음을 기록합니다. 사도 요한이 보았던 새 예루살렘은 단지 이스라엘의 회복이 아니라 완성된 교회의 모습을 보여주고 있습니다. **그런 의미에서 12-14절은 교회가 어떻게 세워지는지를 보여줍니다.** 그 모습을 자세하게 보겠습니다.

우선 예루살렘 도시는 크고 높은 성곽이 있습니다. 이것은 완성된 도시를 의미합니다. 즉 새 예루살렘 교회는 완성된 교회를 말씀합니다. 이 땅의 교회는 미완성이지만 마침내 완성된 교회를 보게 됩니다. 그런데 이 도시에는 문이 있습니다. 이것은 아무나 들어올 수 있는 것을 의미하지 않습니다. 왜냐하면 이 문에는 열두 천사가 지키고 있으며 열두 지파의 이름이 있습니다. 그런데 그 성곽의 기초석이 있는데 그 기초석에는 십이 사도의 이름이 있습니다. 이렇게 볼 때 12지파와 12사도는 24장로를 의미하고 곧 구원받은 하나님의 자녀들 전체를 의미한다고 할 수 있습니다. 이들의 이름이 성곽의 기초석과 문에 기록되어 있습니다.

이것은 교회가 어떻게 이뤄지는지를 말씀합니다. 우선 비일의 견해처

교회를 세우는 요한계시록 강해

럼 성곽의 기초석이 12지파가 아니라 12사도라는 사실에서 완성된 교회
는 그리스도 안에서 성취되었음을 강조합니다. 이것은 교회가 선지자들
과 사도들의 터 위에 세워짐을 말씀합니다.

"너희는 사도들과 선지자들의 터 위에 세우심을 입은 자라 그리스도
예수께서 친히 모퉁이 돌이 되셨느니라"(엡 2:20)

교회는 선지자들과 사도들의 터 위에 세워집니다. 이것은 예수 그리스
도를 의미합니다. 그러므로 교회를 말할 때 진리의 기둥과 터라고 말합니
다(딤전 3:15). 교회의 영광은 예수 그리스도의 말씀에 있습니다. 다른 무
엇으로도 교회는 세워지지 않습니다. 교회의 기초는 오직 말씀입니다. 말
씀이 희미하게 되면 교회는 큰 시험에 빠지게 됩니다. 교회의 시험은 말
씀의 상실에서 시작됩니다. 이것은 목사를 비롯한 직분자 그리고 일반 성
도들 모두에게 다 동일합니다. 말씀이 교회의 기초가 되고 기둥이 될 때
건강하게 세워집니다. 그러나 말씀이 기초가 되지 않고 체험과 경험이 기
초가 되면 그 교회는 반드시 무너집니다.

교회는 성경이 말하는 대로 세움을 입어야 합니다. 그래야 어떤 시험
에도 흔들리지 않는 교회가 됩니다. 이것이 예수님이 말씀하신 반석 위
에 지은 집입니다. 말씀이 기초가 되지 않은 모든 것은 다 모래 위에 지은
집입니다. 그런 의미에서 이 교회에 들어갈 수 있는 자격은 말씀으로 구
원받은 자들뿐입니다. 우리의 외적인 조건이 아닌 오직 말씀이 우리를 새
하늘의 완전한 교회의 일원이 되게 합니다. 이것이 12-14절이 의미하는
내용입니다.

세번째, 완성된 교회는 가장 거룩하고 순결하고 영광스럽습니다. 15-21절은 완성된 교회의 모습이 어떠한지를 보여주고 있습니다. 사도 요한이 본 완성된 교회의 모습은 그야말로 최상이었습니다. 우선 그 크기와 규모가 엄청납니다. 도시를 척량하는 모습을 봅니다. 그런데 도시의 너비가 12,000스다디온, 약 2,400km 정도 됩니다. 그리고 높이 혹은 두께가 144규빗입니다. 이것은 약 70m 정도 됩니다. 그러나 이 표현은 상징입니다. 새 예루살렘성이 이렇게 묘사된 것은 구원받은 성도들이 거하는 데 완전한 공간임을 말씀합니다. 12,000스다디온은 12에 1,000을 곱한 수로 완전한 수를 의미한다고 볼 수 있습니다. 앞서서 구원받은 성도의 수인 144,000을 말할 때 12×12,000으로 보았듯이 12,000도 동일한 모습이라 할 수 있습니다. 또한 144규빗은 12×12임을 알 수 있습니다. 이렇게 볼 때 완성된 교회는 구원받은 모든 백성들에게 가장 최상임을 말씀하는 것입니다. 이러한 측량의 모습을 볼 때 정육면체의 모습입니다. 이렇게 말씀하신 것은 모세 시대의 장막과 솔로몬 성전의 지성소 모습과 에스겔 선지자에게 말씀하셨던 이스라엘이 회복할 성전 측량의 모습을 보여줍니다.

"그 중에서 성소에 속할 땅은 장이 오백척이요 광이 오백척이니 네모 반듯하며 그 외에 사면 오십척으로 뜰이 되게 하되"(겔 45:2)

"그런즉 예물로 드리는 땅의 도합은 장도 이만 오천척이요 광도 이만 오천척이라 너희가 거룩히 구별하여 드릴 땅은 성읍의 기지와 합하여 네모 반듯할 것이니라"(겔 48:20)

에스겔이 보았던 이 성전의 모습은 사도 요한이 보았던 새 하늘과 새 땅에서 완성됩니다. 이렇게 볼 때 새 예루살렘성은 하나님이 임재하는 지

교회를 세우는 요한계시록 강해

성소라 할 수 있습니다. 바로 거룩한 교회입니다.

그 교회는 18-21절의 말씀처럼 각종 보석으로 되어 있습니다. 18절은 성곽은 벽옥이고 성은 정금이라고 말씀합니다. 그것도 맑은 유리 같은 정금입니다. 상상이 되지 않습니다. 하지만 이것은 완성된 교회의 거룩함이 어떠한지를 잘 보여주는 말씀입니다. 그리고 19절에서 20절까지는 성곽의 기초석이 각색 보석으로 되어 있음을 강조합니다. 참으로 다양한 색을 가지고 있습니다. 12개의 보석은 구약의 제사장들이 입었던 판결 흉패에 달린 보석과 비슷합니다. 8개 정도가 동일합니다(출 28:17-20).

이사야 선지자는 회복될 미래의 예루살렘을 표현할 때 보석으로 가득한 나라로 말하였습니다.

"너 곤고하며 광풍에 요동하여 안위를 받지 못한 자여 보라 내가 화려한 채색으로 네 돌 사이에 더하며 청옥으로 네 기초를 쌓으며 홍보석으로 네 성첩을 지으며 석류석으로 네 성문을 만들고 네 지경을 다 보석으로 꾸밀것이며"(사 54:11-12)

이렇게 교회는 영광스러운 모습으로 세워질 것입니다. 여기에 나타난 돌들은 각자가 자신의 특징을 가지고 있습니다. 그리고 그 자체로 하나님의 교회를 밝히고 있습니다.

그리고 성도는 열두 진주문과 맑은 유리 같은 정금으로 된 길로 다니게 됩니다. 이것은 물리적인 표현이라기보다는 그 순수함과 거룩함을 묘사하는 것이라 할 수 있습니다. 새 예루살렘성의 거룩함을 묘사하는 말씀입니다.

옛적에 어떤 분들은 이 모습을 보고 천국에는 맨션도 있고, 빌라도 있다는 식으로 말하기도 하였습니다. 그러나 그런 의미가 아니라 하나님의 교회를 세워 나가는 성도들의 거룩함과 자부심을 의미합니다. 우리 한 사람 한 사람이 거룩한 교회를 세우는 일원임을 기억해야 합니다. 이것이 본문이 주는 가르침입니다.

그렇다면 이렇게 영광스러운 교회가 완성될 것을 알고 있는 우리들은 그 나라가 완성되기까지 어떻게 살아야 합니까?

우선 잊지 말아야 할 자세가 있습니다. 구원받은 하나님의 자녀들은 반드시 완성된 하나님 나라에 들어갑니다. 우리가 늘 마음으로 꿈꾸던 그 교회를 경험합니다. 교회로 모이고, 교회로 흩어지고, 교회가 되는 그 실제를 다 누리게 될 것입니다. 이것은 하나님의 약속입니다. 우리를 위하여 십자가에서 죽으신 그리스도의 보증입니다. 이것이 가능한 것은 우리의 구원이 우리에게 있는 것이 아니라 예수님의 선물이기 때문입니다. 이 선물을 확실하게 붙잡고 있으시기를 바랍니다.

그리고 좀 더 적극적으로 우리들이 가지고 있어야 할 신앙의 자세가 있습니다. 그것은 바로 여러분들이 완성된 교회의 보석이라는 사실입니다. 이것은 베드로 사도가 말하였던 교회를 세우는 이들의 모습에서 알 수 있습니다.

"너희도 산 돌 같이 신령한 집으로 세워지고 예수 그리스도로 말미암아 하나님이 기쁘게 받으실 신령한 제사를 드릴 거룩한 제사장이 될지니라"(벧전 2:5)

성도는 산 돌같이 신령한 집을 세우는 자들입니다. 즉 여러분이 교회를 세우는 산 돌이라고 말씀하고 있습니다. 이것은 너무나 중요한 인식입니다. 우리는 산 돌같이 신령한 집으로 세워지는 자들입니다. 그런데 이 돌은 다양합니다. 각종 보석이라는 의미입니다.

교회에는 다양한 은사를 받은 사람들이 모여 있는 곳입니다. 누가 더 잘났다고 말할 수 없습니다. 모두가 각자가 받은 은사대로 살아갑니다. 벽옥과 남보석과 옥수와 녹보석과 홍마노와 홍보석과 황옥과 녹옥과 당황옥과 비취옥과 청옥과 자정입니다. 그 자체로 아름다운 보석입니다.

교회는 이렇게 보석 같은 성도들을 통하여 세워집니다. 그런데 보석이 될 수 있는 것은 예수님께서 우리를 보석으로 만들어 주셨기 때문입니다. 그러므로 보석으로서의 자부심을 가지고 서로 존중하고 격려하고 사랑하고 섬겨야 합니다. 이것이 거룩한 교회를 세우는 길입니다. 그리고 그렇게 세운 교회를 우리는 다 볼 것입니다.

그러므로 나 자신을 비하하는 것은 가장 부끄러운 일입니다. 하나님이 귀한 존재로 만들어 주셨는데 우리 스스로 부끄럽게 여겨서는 안 됩니다. 또한 어떤 사람도 무시해서는 안 됩니다. 다 하나님의 교회를 세우는 존귀한 사람들입니다. 그리고 각자가 받은 은사를 존중해야 합니다. 하나님의 교회는 서로 짐을 지는 곳이며 합력하여 선을 이루는 곳입니다.

그렇기에 내가 남들보다 더 대단한 존재라는 의식을 생각을 가지고 있었다면 회개하여야 합니다. 하나님은 우리 모두에게 가장 필요한 것을 주셨습니다. 우리에게 불필요한 것은 없습니다. 그래서 서로를 존중해야 합니다. 교회는 그렇게 존중하는 사람으로 세워집니다. 비록 지금은 불완전하지만 완전한 교회를 볼 것입니다. 이것이 바로 약속의 말씀입니다. 이 말씀을 붙잡고 끝까지 믿음의 길을 갈 수 있기를 소망합니다.

성전에 들어오는 자(계 21:22-27)

많은 사람들이 가장 궁금해하는 것이 있다면 아마도 주님이 재림하실 때 이 땅의 문화가 존속할 것인지에 대한 여부가 아닌가 생각합니다. 이 것은 하나님 나라의 연속과 불연속성의 관점에서 늘 있어왔던 질문입니다. 더구나 성경도 이 두 부분에 대하여 다 말씀하고 있는 것처럼 보이기 때문입니다. 대표적인 말씀인 벧후 3:10-13을 보면 새 하늘과 새 땅은 불연속성처럼 보입니다. 그리고 이것은 전천년설을 믿고 있는 이들이 강력하게 지지하기도 합니다. 그래서 각종 시한부 종말론자들은 지금의 모든 문화는 다 불로 없어지고 다시 새 하늘과 새 땅이 오니 이 땅의 것에 집착하지 말고 모든 재산을 다 교회에 바치라고 미혹하는 것입니다.

하지만 이러한 무지는 계시록 전체에 대한 바른 이해를 가지지 않았기에 생긴 문제이고 특별히 본문 말씀에 대한 바른 이해를 가지고 있지 않아서 생긴 결과라고 생각합니다. 새 하늘과 새 땅은 연속성과 불연속성 전체의 관점에서 보아야 할 문제입니다. 연속성은 하나님 나라에서도 나의 존재는 그대로입니다. 그러나 지금의 나의 모습과는 전혀 다를 것입니다. 적어도 죄가 없습니다. 그리고 진리를 의심 없이 알 것입니다. 이것이 불연속성입니다. 이 사실을 알고 있어야 문화에 대하여 바른 이해를 가질

교회를 세우는 요한계시록 강해

수 있고 현재의 삶에 대한 사명 의식을 더욱 분명하게 할 수 있기 때문입니다.

본문을 살펴보겠습니다. 앞선 말씀 9-21절까지는 거룩한 성 예루살렘에 대한 말씀이었습니다. 거룩한 성 예루살렘은 완전한 교회이고, 거룩한 성의 열두 보석들은 거룩한 성도들입니다. 이 모습은 두고두고 생각해야 합니다. 거룩한 성도들로 채워진 거룩한 성 교회입니다. 그런데 오늘 22-27절 말씀은 이러한 영광을 누리는 자와 그렇지 못하는 자에 대하여 말씀합니다. 아무나 거룩한 성도가 되는 것이 아닙니다. 이 사실이 우리의 신앙을 다시금 생각하게 만듭니다.

22절은 거룩한 성 안에 있는 성전을 묘사합니다. 사도 요한은 거룩한 성은 보았으나 성전을 보지 못하였다고 말씀합니다. 이것은 이스라엘의 성전의 모습을 생각하게 합니다. 성 안에 있는 성전은 하나님이 임재하는 곳입니다. 그러므로 성전은 가장 거룩한 곳입니다. 이스라엘의 중심은 예루살렘성이 아니라 바로 성전이었습니다. 성전은 하나님이 백성들을 만나는 곳이기 때문입니다. 그런데 사도 요한이 그 성전을 보지 못한 것입니다. 그 이유가 무엇입니까? 사도 요한이 보지 못한 이유는 거룩한 성의 성전은 더 이상 필요하지 않기 때문입니다. 삼위 하나님이 바로 성전이기 때문입니다. 22절 하반절에서 말하기를 거룩하신 하나님과 어린 양이 그 성전이라고 말씀합니다. 이 말씀은 거룩한 성 자체가 바로 하나님이 임재하시는 성전이라는 의미입니다. 이제 성전과 성이 분리되지 않습니다. 그 자체로 성이자 성전이기 때문입니다. 하나님은 어디에서나 함께하십니다. 그러므로 따로 구별된 성전이 필요하지 않습니다.

또한 성전인 거룩한 성은 해와 달의 비침이 필요 없습니다. 하나님의 영광과 어린 양이 등 즉 해와 달이기 때문입니다.(23절) 이것은 자연적인 해와 달이 필요 없다는 것이 아닙니다. 이것은 하나님의 영광의 위대함을 말씀하는 내용입니다. 해와 달의 빛도 감당하지 못할 그 영광이 바로 하나님 나라에 있습니다. 하나님은 자연적인 해와 달도 감당할 수 없는 영원한 영광입니다. 이에 대하여 두 가지 해석이 공존합니다. 새 하늘과 새 땅에는 더 이상 밤이 없으므로 해와 달이 필요 없다는 견해입니다. 두번째는 해와 달의 존재가 없어진 것이 아니라 해와 달의 광채가 하나님의 영광에 가려졌다는 의미입니다. 즉 어두움 가운데 촛불은 강력한 빛을 발하지만 태양 앞에서는 촛불의 그 힘을 쓰지 못합니다. 이처럼 자연의 해와 달도 하나님의 영광 앞에 가려진다는 견해입니다. 이 두 가지 중 후자가 합당하다고 할 수 있습니다. 그런 의미에서 이 말씀은 이사야 선지자의 예언의 성취입니다.

"다시는 낮에 해가 네 빛이 되지 아니하며 달도 네게 빛을 비취지 않을 것이요 오직 여호와가 네게 영영한 빛이 되며 네 하나님이 네 영광이 되리니 다시는 네 해가 지지 아니하며 네 달이 물러가지 아니할 것은 여호와가 네 영영한 빛이 되고 네 슬픔의 날이 마칠 것임이니라"(사 60:19-20)

사도 요한은 영광의 빛에 대하여 이미 잘 알고 있었습니다. 그는 예수님이 참된 빛이라고 기록하였기 때문입니다.

"예수께서 또 일러 가라사대 나는 세상의 빛이니 나를 따르는 자는 어두움에 다니지 아니하고 생명의 빛을 얻으리라"(요 8:12)

이처럼 영원한 빛이신 예수님이 존재하는 곳이 바로 거룩한 성입니다. 그렇다면 과연 이곳은 어떤 곳일까요? 24-26절은 거룩한 성이 어떻게 존

교회를 세우는 요한계시록 강해

재하는지를 보여줍니다. 우선 거룩한 성에는 만국이 그 빛 가운데 있습니다. 이것은 사 60:1-3 말씀의 성취라 할 수 있습니다. 이사야 선지자는 열왕들이 여호와의 빛 가운데로 들어올 것이라 하였습니다.

"일어나라 빛을 발하라 이는 네 빛이 이르렀고 여호와의 영광이 네 위에 임하였음이니라 보라 어두움이 땅을 덮을 것이며 캄캄함이 만민을 가리우려니와 오직 여호와께서 네 위에 임하실 것이며 그 영광이 네 위에 나타나리니 열방은 네 빛으로, 열왕은 비취는 네 광명으로 나아오리라"

그리고 땅의 왕들 즉 만국을 다스렸던 이들이 자신들의 영광을 가지고 새 예루살렘성으로 들어옵니다. 도대체 땅의 왕들의 영광은 무엇입니까? 이것 역시 이사야 선지자의 예언을 근거로 확인할 수 있습니다. 사 60:4-9입니다.

"네 눈을 들어 사면을 보라 무리가 다 모여 네게로 오느니라 네 아들들은 원방에서 오겠고 네 딸들은 안기워 올 것이라 그 때에 네가 보고 희색을 발하며 네 마음이 놀라고 또 화창하리니 이는 **바다의 풍부**가 네게로 돌아오며 **열방의 재물**이 네게로 옴이라 **허다한 약대,** 미디안과 에바의 젊은 약대가 네 가운데 편만할 것이며 스바의 사람들은 다 **금과 유향을** 가지고 와서 **여호와의 찬송을 전파**할 것이며 **게달의 양 무리**는 다 네게로 모여지고 **느바욧의 수양**은 네게 공급되고 내 단에 올라 기꺼이 받음이 되리니 내가 내 영광의 집을 영화롭게 하리라 저 구름 같이, **비둘기**가 그 보금자리로 날아 오는 것같이 날아오는 자들이 누구뇨 곧 섬들이 나를 앙망하고 다시스의 배들이 먼저 이르되 원방에서 네 자손과 그 은금을 아울러 싣고 와서 네 하나님 여호와의 이름에 드리려 하며 이스라엘의 거룩한 자에게 드리려 하는 자들이라 이는 내가 너를 영화롭게 하였음이니라"

이사야 선지자는 하나님 앞에 만국의 왕들이 자신이 가진 문화적 업적을 가지고 와서 하나님께 드리고 찬송한다고 강조합니다. 이들은 하나님을 대적하였던 자들이지만 하나님의 은혜로 거듭나서 하나님께 영광을 돌리는 자가 되었습니다.

26절에서도 사람들이 만국의 영광과 존귀를 가지고 들어옵니다. 이것 역시 땅에서 이룬 문화적 업적이라고 할 수 있습니다. 하나님이 주신 일반은총의 역사로 빚어낸 각종 문화들이 하나님 나라로 들어옵니다. 물론 죄의 부정함이 모두 정화되어 깨끗하게 된 문화입니다. 그런데 이 문화들이 25절 말씀처럼 밤낮없이 거룩한 성으로 들어옵니다. 문이 닫히지 않습니다. 그리고 밤이 없습니다. 무슨 의미입니까? 이 역시 이사야 60장 11절 말씀의 성취입니다.

"네 성문이 항상 열려 주야로 닫히지 아니하리니 이는 사람들이 네게로 열방의 재물을 가져오며 그 왕들을 포로로 이끌어 옴이라"

이 말씀에 대하여 로버트 마운스는 문이 항상 열려 있는 것은 "악이 멸망했기에 안전을 위한 조치가 더 이상 필요 없어졌기 때문"이라고 하였습니다. 이것은 매우 의미 있습니다. 첫 사람 아담이 에덴 동산에서 타락하여 쫓겨났을 때 하나님은 천사를 통하여 생명나무를 지키게 하였습니다. 아무도 들어올 수 없게 하였습니다. 그런데 새 예루살렘 도시는 문지기가 없습니다. 더 이상 죄가 문제가 되지 않습니다. 예수님께서 십자가에서 다 해결하셨기 때문입니다. 그러므로 구원받은 자는 누구든지 들어갈 수 있습니다.

또한 "밤이 없다"는 것은 "구속받은 자들이 하나님의 영광스러운 임재에 나아가는 데 아무 방해를 받지 않기 때문입니다."(비일) 이렇게 만국의 왕들이 하나님의 은혜로 인하여 거룩한 도시에 들어와서 도시를 완성합니다. 이 모든 것에서 우리는 하나님 나라의 영광이 무엇인지 볼 수 있습니다.

그런데 모든 문화와 업적이 들어오는 것이 아닙니다. 27절은 그 사실을 분명하게 보여줍니다. 바로 속된 것 즉 우상숭배와 같은 더러운 것이나 가증하고 혐오스러운 것들과 거짓을 말하는 자는 들어가지 못합니다. 오직 성령으로 깨끗함을 입은 자 즉 어린 양의 생명책에 기록된 자만이 영광의 나라에 들어옵니다. 이 모든 문화는 사람의 업적입니다. 그러나 그 사람이 부패하고 거짓을 일삼고 하나님의 말씀에 순종하지 않는다면 하나님 나라는 이들의 소유가 아닙니다. 이것이 본문의 내용입니다. 어린 양의 생명책에 기록되지 않은 자들은 인격에 있어서 성화가 없는 사람입니다. 구원은 인격과 성품의 성화를 가져옵니다. 그리고 그러한 거룩한 인격이 하나님 나라에 들어갑니다. 그러나 더러운 것과 가증한 것과 거짓을 일삼는 자는 결코 성전에 들어올 수 없습니다. 하나님 나라에는 더 이상 불의가 존재하지 않습니다. 이것이 본문 말씀입니다.

본문은 분명하게 말씀합니다. 어린 양의 생명책에 기록된 자들만이 거룩한 성에 들어올 수 있습니다. 거룩한 성에 들어오는 모든 문화는 거룩한 과정을 통과한 것들입니다. 그래서 거룩한 성의 영광은 완벽합니다. 모든 문화는 하나님께서 동산에서 예비하셨던 그 도시의 영광입니다. 모든 것이 완벽하게 준비된 나라입니다. 그리고 그 나라는 영원한 나라입니다. 우리는 즉 예수님을 믿는 모든 이들은 그 나라에 들어가는 자격을 얻은 자입니다. 그리고 우리가 쌓은 모든 문화업적들이 하나님의 영광을 통과하여 하나님 나라로 들어갑니다. 이 모든 것은 바로 하나님을 예배하기 위함입니다. 모든 문화 업적들은 자랑하기 위한 것이 아닙니다. 하나님을 찬양하고 경배하기 위함입니다.

이렇듯 본문은 동산에서 도시로의 여정에 대한 영광을 말씀하고 있습니다. 이 말씀을 통하여 우리가 바르게 정립하여야 할 교훈은 무엇입니까?

첫째, 우리가 받은 첫 명령은 문화 명령입니다. 하나님은 아담을 부르시고 에덴동산에 보내시고 동산을 잘 다스려서 문화가 찬란하게 빛나는 도시를 만들도록 하셨습니다. 이것이 모든 사람들이 받은 명령입니다.(창 1:26-28, 2:15) 창조명령이라고 부르는 문화 명령은 하나님의 창조세계를 잘 관리하여서 문화의 도시를 완성하는 일입니다. 그래서 하나님은 사람만 독특하게 창조하셨습니다. 바로 하나님의 형상입니다. 땅을 다스리는 사명을 받았기에 인간만이 문화를 창조하였습니다. 그리고 하나님의 뜻을 이뤄나갔습니다. 새 예루살렘 도시는 바로 문화명령이 완성되는 곳입니다.

우리는 이 일을 위하여 지음을 받았고 지금도 살고 있습니다. 우리의 생명이 다하는 날까지 우리는 문화명령을 수행하는 자들입니다. 이전에는 죄로 인하여 죄된 문화만 알았다면 이제는 거듭난 자녀로서 선한 일에 열심하게 된 것입니다. 그리고 명령을 잘 수행하여 도시를 완성하는 일입니다.

이 명령은 모든 이들에게 주어졌습니다. 그래서 성경은 가인의 후손들이 만들어낸 문화를 하나님의 자녀들이 누리게 하였습니다. 문화는 일반은총입니다. 하나님의 창조세계를 밝히는 것입니다. 오늘 우리들이 최선을 다하여 문화적 사명을 감당하는 이유가 바로 여기에 있습니다.

교회를 세우는 요한계시록 강해

둘째, 거룩한 도시에는 거룩한 성도와 거룩한 문화만이 존재합니다. 하나님의 창조계획은 에덴동산에서 예루살렘 도시로의 여정입니다. 에덴동산이 시작된 성전이라면 예루살렘 도시는 완성된 성전이라 할 수 있습니다(서철원). 성전은 하나님이 자녀들과 만나 함께 거주하는 곳입니다. 그러므로 거룩한 하나님이 계시는 곳에는 거룩한 문화가 존재합니다.

이스라엘이 성막을 지을 때 하나님은 직접 말씀하셨습니다. 하나님의 뜻이 온전히 드러나게 하였습니다. 그래서 성막은 거룩한 하나님의 장소이지만 동시에 가장 위대한 문화의 총합이라고 할 수 있습니다. 이스라엘의 성막을 지을 때 하나님은 창조적인 사람들을 통하여 그 일을 하게 하였습니다. 그들은 바로 브살렐과 오홀리압입니다.

"브살렐과 오홀리압과 및 마음이 지혜로운 사람 곧 여호와께서 지혜와 총명을 부으사 성소에 쓸 모든 일을 할 줄 알게 하심을 입은 자들은 여호와의 무릇 명하신 대로 할 것이니라"(출 36:1)

이 두 사람은 성막을 만드는 데 최고의 사람들이었으며 성막은 이스라엘의 문화적 업적이 총체적으로 나타난 곳이라 할 수 있습니다. 그러나 장차 완성될 예루살렘 도시는 구별된 성막이 없고, 도시 자체가 성전이며, 문화의 총합이라고 할 수 있습니다.

그리고 거룩한 도시는 더 이상 어두움을 이끄는 문화가 없습니다. 새 예루살렘에는 밤이 없습니다. 죄가 없습니다. 밝음이 영원합니다. 이 도시에는 오직 구별된 성도 즉 어린 양의 생명책에 기록된 성도와 거룩한 문화만이 존재할 것입니다. 땅의 왕들이 자기의 영광을 가지고 들어오고(24절), 사람들이 만국의 영광과 존귀를 가지고 들어옵니다.(26절) 하나님을 대적하였던 땅의 왕들이 은혜를 입어 주의 자녀가 되었고 그들에게 주었던 문화의 유산들이 하나님 나라로 들어옵니다. 그 문화는 불로써 깨끗하게 된 문화입니다. 물론 구체적으로 어떻게 완성되는지는 모릅니다. 분명한 것은 새 예루살렘은 문화적 연속성 가운데 있습니다.

셋째, 문화의 목적은 하나님을 예배하기 위함입니다. 이 땅의 문화는 하나님의 성전에서 영광스럽게 존재하게 될 것입니다. 이렇게 하여 동산에서 시작된 영광은 마침내 예루살렘 도시에서 완성됩니다. 그런데 문화의 목적은 동일합니다. 바로 하나님을 영화롭게 하기 위함입니다. 모든 것이 하나님께로부터 왔음을 찬양하기 위함입니다. 전적으로 하나님을 예배하기 위함입니다. 이것은 사 60:6, 7, 9에서 나타나듯이 하나님을 찬양하며, 하나님의 집을 영광스럽게 하고, 하나님 앞에 모두 드리기 위해서입니다. 이것은 하나님을 예배하기 위함임을 분명하게 보여주는 말씀입니다.

이 사실을 우리는 계 4:11에서 보았습니다. "우리 주 하나님이여 영광과 존귀와 능력을 받으시는 것이 합당하오니 주께서 만물을 지으신지라 만물이 주의 뜻대로 있었고 또 지으심을 받았나이다 하더라"

모든 만물은 하나님의 영광과 존귀와 능력을 나타내기 위함입니다. 모든 만물은 다 하나님을 영화롭게 하기 위함입니다. 이렇듯 문화는 거룩한 성전을 하나님의 뜻대로 완성하기 위함입니다. 그리고 하나님을 마음껏 예배하기 위함입니다. 성전이 존귀한 것은 바로 하나님을 예배하기 때문입니다. 성전에 들어오는 자의 목적은 오직 하나입니다. 바로 하나님을 예배하는 것입니다. 새 예루살렘의 영광은 바로 하나님을 예배하는 것입니다. 그리고 모든 문화는 하나님의 위대함을 예배하기 위하여 준비된 도구들입니다.

이것이 이 땅에 문화가 존재하는 이유입니다. 지금은 죄로 인하여 하나

교회를 세우는 요한계시록 강해

님을 예배하는 것이 아니라 하나님을 예배하는 것을 방해하는 문화가 만연되어 있습니다. 그러나 문화의 참 목적은 하나님의 지혜와 영광을 나타내는 일입니다. 새 예루살렘의 영광은 이처럼 모든 문화가 하나님을 예배할 것입니다. 그 놀라운 광경이 어떻게 이뤄질지 모르지만 그러나 구원 백성들은 모두 그 영광을 볼 것입니다.

우리는 새 예루살렘이 교회이고 성전임을 보았습니다. 새 예루살렘에는 하나님의 임재가 필요한 별도의 장소가 필요하지 않습니다. 그 자체가 완성된 성전이기 때문입니다. 그리고 우리는 그 성전을 가슴에 품고 살아갑니다. 이미 우리는 성령이 거하는 성전으로 자라고 있습니다. 그리고 마침내 완성될 성전인 새 예루살렘에 들어갈 것입니다. 이곳은 오직 어린 양의 생명책에 기록된 자들만이 들어갑니다. 그리고 거룩하게 구별된 문화들도 들어옵니다. 이렇게 모든 것이 합력하여 하나님을 예배할 것입니다. 이러한 영광을 누릴 수 있기를 소망합니다.

말씀을 정리하고 적용합니다. 영광스런 나라를 바라보면서 이 땅에서 살아가고 있는 우리들은 어떠한 준비를 하여야 합니까? 즉 어떻게 살아야 합니까?

새 예루살렘은 이미 우리 가운데 시작되었음을 인식하여야 합니다. 성령이 우리 안에 거하시기 때문입니다. 그러므로 우리가 하는 것은 작은 것이라도 하나님 나라를 세워감을 인식하여야 합니다. 하나님 나라를 만들어가는 것이 우리에게 주어진 사명입니다. 그래서 죄 짓는 것 외에는 다 하나님의 영광을 위하여 감당해야 합니다. 어떤 것이 하나님 나라에 편입될지 모릅니다. 그러나 분명한 것은 오염되고, 가증되고, 거짓된 것들은 분명 아닙니다. 그러므로 내가 하고 있는 일들이 이러한 것은 아닌지 살펴보아야 합니다. 그리고 하나님을 영화롭게 하는 일에 열심을 내야 합니다. 주께서 지혜와 명철을 주실 것입니다.

그리고 기억해야 할 것은 하나님께서는 우리 모두에게 창조성을 주셨다는 사실입니다. 그래서 새 예루살렘을 풍성하게 만들기를 원하십니다. 그러므로 하나님이 주신 창조성을 잘 개발하여야 합니다. 그리고 더욱 기도하고 간구해야 합니다. 하나님의 나라를 풍성하고 아름답게 만드는 일에 쓰임을 받을 수 있도록 기도해야 합니다. 어두움의 문화가 아니라 창조성이 뛰어난 밝은 문화를 만들 수 있도록 기도해야 합니다. 저는 그 가운데 하나가 가정예배라고 생각합니다. 그리고 시편찬송을 비롯한 찬양이라고 생각합니다. 이뿐이겠습니까? 우리의 주변에서 나타나는 모든 문화의 아름다움은 다 하나님의 창조성의 열매입니다. 이 창조성을 마음껏 발휘할 수 있도록 애쓰는 것이 바로 새 예루살렘을 준비하는 자세입니다.

그러나 그 무엇보다도 힘써야 하는 것은 바로 예배입니다. 모든 문화의 목적이 하나님을 예배하는 데 있습니다. 그래서 우리의 작은 예배도 각종 문화가 동원되어 하나님을 경배하고 있습니다. 하나님의 영광을 나타내는 예배를 감당하는 것이 바로 새 예루살렘 성전에 들어가는 길입니다. 이 땅의 삶에서 예배만큼 중요한 것이 없습니다. 예배를 통하여 삶의 모든 것에 의미가 주어지기 때문입니다. 그래서 예배를 잘 감당해야 합니다. 예배는 교회의 영광이고, 하나님을 가장 영화롭게 하는 일입니다. 우리의 삶의 시작과 끝은 예배에 있습니다.

그런 측면에서 늘 예배하는 나의 자세를 살피는 일이 중요합니다. 신령과 진리로 예배하는지를 살피고, 말씀이 살아있는 예배인지 살피고, 예배에 최선을 다하고 있는지 살펴야 합니다. 우리의 존재는 하나님을 찬양하고 예배하기 위함임을 기억해야 합니다. 이것이 새 예루살렘에 들어가는 이들의 삶입니다. 우리 모두에게 이러한 영광이 있기를 소망합니다.

22장

교회는 주 예수 그리스도를 기다리는 공동체입니다.

이 땅에서 누리는 부귀와 영화가 목적이 아닙니다.

참으로 마라나타의 신앙이 교회의 신앙입니다.

교회로부터 이 신앙을 듣지 못하고 배우지 못하면 더 이상 교회라고 할 수 없습니다.

교회는 새 하늘과 새 땅을 기다리는 곳이고,

주 예수 그리스도의 오심을 간절하게 소망하는 공동체입니다.

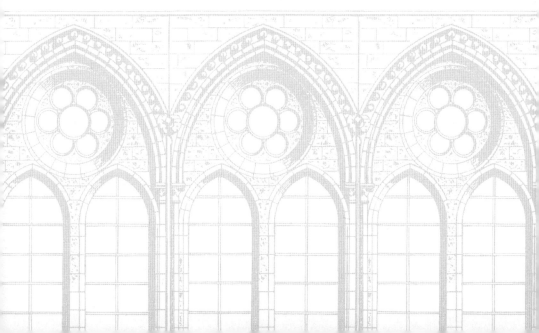

생명수의 강(계 22:1-5)

　　연해주 단기 선교를 통하여 한 가지 중요한 사실을 볼 수 있었습니다. 그것은 하나님이 예비하신 사람이 항상 있다는 사실입니다. 100여 년 전 우리의 선조들이 고국 땅을 떠나서 연해주로 이주하였을 때 무엇을 기대하였겠습니까? 이국 땅에서 살아남을 수 있기만을 소망하지 않았을까요? 그런데 놀라운 일이 일어납니다. 이주 후 얼마 되지 않은 기간인 약 15년 동안 그곳에 3-4,000명의 성도와 수많은 교회들이 세워졌습니다. 그리고 그곳은 민족의 독립을 위한 본산지가 되기도 하였습니다. 단지 사는 것으로 끝나지 않고 복음의 터전을 세웠습니다. 마치 초대 예루살렘 교회가 핍박을 받자 소아시아로 흩어진 신자들이 이방의 땅에 안디옥 교회를 세운 것과 비교할 수 있습니다. 그리고 조국의 독립을 위한 전진기지가 되었습니다. 연해주는 하나님의 일하심이 무엇인지 볼 수 있는 곳입니다. 그곳에 다녀오면서 내가 있는 자리에서 더욱 열심히 삶을 감당해야겠다는 생각을 가지게 되었습니다. 오늘의 삶이 바로 내일을 준비하는 것이고 새 하늘과 새 땅의 삶을 예비하는 것이기 때문입니다. 본문은 그러한 사실을 잘 보여주고 있습니다.

　　본문의 내용을 자세하게 살펴봅니다. 본문은 21장에서 시작된 새 하늘

교회를 세우는 요한계시록 강해

과 새 땅의 모습을 보여주는 마지막 장면이라 할 수 있습니다. 6절 이하의 말씀은 속히 오시겠다는 말씀으로 계시록의 결말이라고 할 수 있습니다. 그런 의미에서 22:1-5은 새 하늘과 새 땅의 절정의 모습 가운데 마지막 부분이라 할 수 있습니다.

하나님은 사도 요한에게 수정같이 맑은 생명수 강을 보입니다. 처음 바다가 없어진 자리에 수정같이 맑은 강이 있습니다. 이것은 자연스럽게 동산의 강을 생각하게 합니다. 창 2:10-15은 에덴동산의 식물이 자라날 수 있는 자양분을 공급하는 강들을 소개합니다.

"강이 에덴에서 발원하여 동산을 적시고 거기서부터 갈라져 네 근원이 되었으니 첫째의 이름은 비손이라 금이 있는 하윌라 온 땅에 둘렸으며 그 땅의 금은 정금이요 그곳에는 베델리엄과 호마노도 있으며 둘째 강의 이름은 기혼이라 구스 온 땅에 둘렸고 셋째 강의 이름은 힛데겔이라 앗수르 동편으로 흐르며 넷째 강은 유브라데더라 여호와 하나님이 그 사람을 이끌어 에덴 동산에 두사 그것을 다스리며 지키게 하시고"

강은 생명의 근원입니다. 에덴동산의 모든 식물은 이 강물을 먹고 자랍니다. 이러한 모습은 에스겔 선지자의 예언을 통해서도 알 수 있습니다. 겔 47:1-12은 이스라엘의 회복을 성전 문지방에서 시작된 강물을 통하여 말씀합니다.

"그가 나를 데리고 전 문에 이르시니 전의 전면이 동을 향하였는데 그 문지방 밑에서 물이 나와서 동으로 흐르다가 전 우편 제단 남편으로 흘러내리더라 그가 또 나를 데리고 북문으로 나가서 바깥 길로 말미암아 꺾여 동향한 바깥 문에 이르시기로 본즉 물이 그 우편에서 스미어 나오더라 그 사람이 손에 줄을 잡고 동으로 나아가며 일천 척을 척량한 후에 나로 그

물을 건너게 하시니 물이 발목에 오르더니 다시 일천척을 척량하고 나로
물을 건너게 하시니 물이 무릎에 오르고 다시 일천 척을 척량하고 나로
물을 건너게 하시니 물이 허리에 오르고 다시 일천 척을 척량하시니 물이
내가 건너지 못할 강이 된지라 그 물이 창일하여 헤엄할 물이요 사람이
능히 건너지 못할 강이더라 그가 내게 이르시되 인자야 네가 이것을 보았
느냐 하시고 나를 인도하여 강 가로 돌아가게 하시기로 내가 돌아간즉 강
좌우편에 나무가 심히 많더라 그가 내게 이르시되 이 물이 동방으로 향하
여 흘러 아라바로 내려가서 바다에 이르리니 이 흘러 내리는 물로 **그 바다
의 물이 소성함을 얻을지라** 이 강물이 이르는 곳마다 번성하는 모든 생물
이 살고 또 고기가 심히 많으리니 이 물이 흘러 들어 가므로 바닷물이 소
성함을 얻겠고 이 강이 이르는 각처에 모든 것이 살 것이며 또 이 강 가에
어부가 설 것이니 엔게디에서부터 에네글라임까지 그물 치는 곳이 될 것
이라 그 고기가 각기 종류를 따라 큰 바다의 고기 같이 심히 많으려니와
그 진펄과 개펄은 소성되지 못하고 소금 땅이 될 것이며 강 좌우 가에는
각종 먹을 실과나무가 자라서 그 잎이 시들지 아니하며 실과가 끊치지 아
니하고 달마다 새 실과를 맺으리니 그물이 성소로 말미암아 나옴이라 그
실과는 먹을 만하고 그 잎사귀는 약재료가 되리라"

　이렇게 강물은 생명의 자양분입니다. 그래서 시편기자는 복 있는 사람
에 대하여 말씀할 때 시냇가에 심은 나무와 같이 과실을 많이 맺는 것이
라고 하였습니다(시 1:3). 이렇게 본다면 생명수의 강은 에덴동산에서 죄
로 인하여 잃어버렸던 그 영광이 다시금 회복되는 것이라 말할 수 있습니
다. 더구나 새 하늘과 새 땅의 강은 수정같이 맑습니다. 이것은 오염되지
않은 물을 의미합니다. 오염되지 않았기에 이 물을 먹는 이들은 결코 오

교회를 세우는 요한계시록 강해

염되지 않고 영원한 생명을 얻게 됩니다. 이 강이 새 하늘과 새 땅에 있습니다.

그런데 그 강의 근원은 바로 하나님과 어린 양의 보좌입니다. 강의 근원을 하나님과 어린 양의 보좌로 말씀하신 것은 예수님께서 믿는 자들에게 생명의 물을 주신다고 약속하셨기 때문입니다. 요 7:37-38입니다.

"명절 끝날 곧 큰 날에 예수께서 서서 외쳐 가라사대 누구든지 목마르거든 내게로 와서 마시라 나를 믿는 자는 성경에 이름과 같이 그 배에서 생수의 강이 흘러나리라 하시니"

그러기에 생명수의 강의 근원은 하나님과 어린 양의 보좌라고 말씀하는 것입니다. 생명수의 강은 길 가운데로 흐릅니다. 그리고 강물을 먹은 강 좌우의 생명나무들은 열두 가지 과실을 달마다 맺습니다. 이것은 엄청난 축복입니다. 생명나무는 아담이 타락하였을 때 하나님께서 천사를 통하여 길을 막고 누구도 먹지 못하게 하였습니다.(창 3:24) 그런데 새 하늘과 새 땅에서는 생명나무의 열매를 누구나 먹을 수 있습니다. 이것은 저주에서 해방되었음을 의미합니다. 누구든지 마음껏 생명나무의 과실을 먹을 수 있습니다.

더구나 생명나무의 과실이 끊어지지 않습니다. 달마다 열매를 맺습니다. 이것은 더 이상 죽음이 없음을 보여줍니다. 그리고 나무 잎사귀들은 만국을 소성하기 위하여 존재합니다. '소성'은 '치료한다'는 뜻입니다. 즉, 나무 잎사귀들이 만국을 치료하는 약으로서의 역할을 합니다. 이것은 어떠한 질병도 존재하지 않음을 상징합니다. 이 땅에는 이유를 알 수 없는 병들이 많습니다. 그것을 불치병, 희귀병, 난치병이라고 부릅니다. 그것은 죄가 인간에게 치유할 수 없는 질병을 주었기 때문입니다. 그런데 새 하늘과 새 땅에서는 그러한 병이 존재하지 않습니다. 강가에 흐르는 나무의 잎사귀가 모든 병을 치유하기 때문입니다.

또한 새 하늘과 새 땅에는 다시 저주가 없습니다(3절). 그리고 다시 밤이 없습니다.(5절) 저주와 밤은 같은 의미입니다. 둘 다 죄가 가져온 열매입니다. 그러나 죄가 없는 새 하늘과 새 땅에는 결코 저주가 없고, 다시는 밤이 없습니다. 저주가 없는 새 하늘과 새 땅의 영광은 분명합니다. 저주가 없다는 것은 아담의 죄로 인하여 동산에 저주가 들어온 것이 온전히 해결되었음을 의미합니다. 이것은 스가랴 선지자의 예언의 성취이기도 합니다.

"사람이 그 가운데 거하며 다시는 저주가 있지 아니하리니 예루살렘이 안연히 서리로다"(슥 14:11)

죄로 인하여 하나님과 관계가 단절되었던 두려움이 사라집니다. 그리고 죄로 인하여 주어진 죽음의 저주도 사라집니다. 새 하늘과 새 땅에는 이러한 저주가 없습니다. 그리고 그곳에는 하나님을 향한 온전한 예배가 이뤄집니다. 생명수 강의 근원인 하나님과 어린 양의 보좌가 새 하늘 중앙에 있으며 모든 종들이 하나님을 예배합니다. 그리고 죄로 인하여 볼 수 없었던 하나님의 얼굴을 볼 것입니다. 이 말씀은 고린도전서 말씀의 성취입니다.

"우리가 이제는 거울로 보는 것같이 희미하나 그 때에는 얼굴과 얼굴을 대하여 볼 것이요 이제는 내가 부분적으로 아나 그 때에는 주께서 나를 아신 것같이 내가 온전히 알리라"(고전 13:12)

더 이상 하나님을 향한 의심과 두려움이 사라집니다. 모든 관계가 온전하게 회복됩니다. 아담의 타락 이후에 인간은 하나님을 대면할 수 없었습니다. 그래서 바위틈에 숨었습니다. 이후로 사람이 하나님의 얼굴을 보는 것은 곧 죽음이었습니다.(출 33:20) 그러나 새 하늘과 새 땅에서는 하나님의 얼굴을 봅니다. 더 이상 죄가 작동하지 않기 때문입니다. 하나님과의 인격적인 모든 관계가 회복됩니다. 아담이 동산을 거닐 때 하나님과 대화하였던 그 영광이 새 하늘과 새 땅이 주는 선물입니다.

그리고 4절 말씀처럼 생명책에 기록된 모든 이들은 이마에 하나님의 소유됨이 쓰여 있습니다.(4절, 7:3) 이로써 구원받는 이들을 알 수 있습니다. 이렇게 구원받은 백성들이 천상예배를 드립니다. 참으로 우리가 소망하였던 모든 것이 완벽하게 이뤄집니다.

새 하늘과 새 땅에는 밤이 없습니다. 더 이상 등과 햇빛이 필요 없습니다. 왜냐하면 하나님이 빛이시기 때문입니다. 그리고 구원받은 백성들은 하나님의 빛을 받아서 영원한 왕으로서 역할을 감당합니다(5절). 이것은 아담에게 주어졌던 문화명령의 실패가 완전히 성취되었음을 의미합니다. 이제 영원토록 왕으로서 통치할 수 있습니다. 이것은 하나님의 창조 계획의 완전한 성취입니다.

이렇듯 생명수 강이 흐르는 천상은 이 땅에서 소망하였던 모든 것들이 눈앞에서 이뤄집니다. 구원받은 이들은 모두가 저주와 밤이 존재하지 않는 참된 평화와 기쁨을 누립니다.

우리는 지금 새 하늘과 새 땅의 영광의 모습을 보았습니다. 영원히 마르지 않는 생명수의 강물이 흐릅니다. 이 생명수는 우리를 영원한 생명에로 이끌어갑니다. 마르지 않는 샘과 같이 우리의 영혼을 영원토록 적셔줍니다. 그리고 열두 과실로 날마다 먹여주십니다. 참된 치유와 영광이 영원한 곳입니다. 그곳에 예수님을 믿는 이들은 다 들어가 영원토록 살며 하나님을 예배합니다. 그리고 우리는 창조 시에 받았던 그 명령을 온전하게 수행합니다. 즉, 새롭게 된 피조물에 대한 통치입니다. 이것이 새 하늘과 새 땅이 보여주는 영광입니다.

우리는 본문을 통하여 새 하늘과 새 땅의 모습을 정확하게 알 수 있었습니다. 새 하늘과 새 땅의 모습을 통하여 우리에게 가르치는 말씀은 분명합니다. 그것은 새 하늘과 새 땅에서도 변함없이 우리가 감당하는 일입니다. 이것은 이 땅에서 시작되고 영원히 계속됩니다. 그것이 무엇입니까?

첫째, 예수 그리스도가 생명의 근원임을 증거합니다. 첫 사람 아담의 실패로 생명나무의 실과를 먹을 수 없게 되었던 인류는 영원한 죽음에 이르게 되었습니다. 그래서 모든 사람이 다 죽음을 맞이합니다. 그런데 하나님의 은혜로 영생을 얻는 길이 열렸습니다. 바로 예수 그리스도의 십자가의 죽으심과 부활입니다. 이제 누구든지 그리스도를 믿으면 죽지 않고 영생을 얻을 수 있습니다(요 3:16). 하나님은 영생에 이르는 오직 한 길을 허락하셨는데 바로 예수 그리스도를 믿는 것입니다. 성경은 이 사실을 강조합니다. 다른 이름으로서는 결코 구원에 이를 자가 없습니다.

"다른이로서는 구원을 얻을 수 없나니 천하 인간에 구원을 얻을만한 다른 이름을 우리에게 주신 일이 없음이니라 하였더라"(행 4:12)

천상의 일원이 되는 길은 오직 예수 그리스도뿐입니다. 영광의 나라에 이르는 길은 오직 하나 예수 그리스도를 믿는 믿음입니다. 주님은 자신이 길이고, 진리고 생명이라고 말씀합니다. 구원에 이르는 길이고, 생명을 얻는 통로입니다. 이것이 이 땅에 주신 하나님의 선물입니다.

그러나 동시에 예수님은 새 하늘과 새 땅에서도 생명의 근원입니다. 예수님은 영원한 생명의 근원입니다. 예수님은 누구든지 목마르거든 내게로 와서 마시라고 하셨습니다. 예수님이 우리를 소생시켜 주실 수 있는 유일한 분입니다. 그런데 이러한 사실이 새 하늘과 새 땅에서도 동일합니다. 생명은 새로운 것이 아닙니다. 예수님이 바로 우리의 생명입니다.

둘째, 예수 그리스도 안에 있을 때 영적인 열매를 맺을 수 있습니다. 강 좌우의 생명나무가 사는 길은 강물을 지속적으로 먹는 일입니다. 시냇가에 심은 나무가 죽지 않고 과실을 맺습니다. 그리스도인의 영적인 생명은 생명수이신 예수 그리스도를 믿는 믿음입니다. 이 믿음이 없이는 결코 영적인 열매를 맺을 수 없습니다.

그래서 예수 믿음이 구원의 길이고 성숙의 길입니다. 예수님을 믿음이 생명을 얻고 열매를 맺는 유일한 길입니다. 다른 길로는 영적인 열매를 맺을 수 없습니다. 그러므로 우리가 힘쓰는 것은 바로 예수 그리스도를 믿는 일입니다. 예수님을 믿는다는 것은 그의 말씀을 믿는 일입니다. 예수님은 이렇게 말씀하셨습니다.

"나는 포도나무요 너희는 가지니 저가 내 안에, 내가 저 안에 있으면 이 사람은 과실을 많이 맺나니 나를 떠나서는 너희가 아무 것도 할 수 없음이라"(요 15:5)

예수님 안에 거할 때 즉 예수님을 믿을 때 우리는 영적인 열매를 맺을 수 있습니다. 새 하늘과 새 땅의 삶이 이 땅의 모습과는 다릅니다. 죄가 없는 거룩한 곳이며, 생명나무의 과실을 마음껏 먹을 수 있습니다. 그렇다고 예수 그리스도가 필요 없다는 의미가 아닙니다. 새 하늘과 새 땅에서도 우리에게 예수님이 동일하게 필요합니다. 예수님이 없는 천국은 상상할 수 없습니다. 예수님이 계시기에 그곳이 천국이 되는 것입니다. 그리고 예수님이 우리로 하여금 천국의 삶을 풍성하게 만들어 줍니다. 여전히 새 하늘과 새 땅에서도 예수 그리스도를 통하여 영적인 열매를 맺으며 살 수 있습니다. 새 하늘과 새 땅은 무위도식하는 곳이 아닙니다. 여전히 노동이 있고, 그에 따른 열매가 있습니다. 그리고 이 모든 열매의 근원은 예수 그리스도입니다. 새 하늘과 새 땅에서도 예수 그리스도 안에서 충만한 열매를 맺습니다.

셋째, 예수 그리스도 안에서 순전한 예배와 말씀의 순종입니다. 예배는 영원합니다. 이 땅에서도 그리고 새 하늘과 새 땅에서도 변하지 않는 것이 바로 예배입니다. 본문 3절처럼 하나님의 종들이 하는 일은 예배입니다. 이 예배가 그리스도인에게 가장 중요합니다. 하나님께서 새 하늘과 새 땅의 삶을 준비시키는 것이 바로 예배입니다.

예수님은 예배를 성령과 진리로 드리라고 하였습니다. 천상의 예배는 바로 성령과 진리로 드리는 예배의 절정이라 할 수 있습니다. 오늘 우리는 그 영광을 준비하는 자들입니다. 주께서 우리를 구원하신 교회를 주신 것은 천상의 예배를 누리게 하기 위함입니다. 그러므로 그리스도인은 누구보다도 예배를 사모해야 합니다. 그리고 온전한 마음으로 예배해야 합니다. 예배는 새 하늘과 새 땅의 백성 됨의 눈에 보이는 증거입니다. 세상과 다른 모습은 바로 예배입니다. 그러므로 예수님은 항상 예배할 것을 말씀하셨습니다.

또한 말씀의 순종입니다. 첫 사람 아담이 실패한 것은 말씀을 순종하지 않았기 때문입니다. 죄가 들어오고, 죽음이 온 것은 말씀을 왜곡하였기 때문입니다. 그러나 그리스도께서 성취하신 것은 말씀의 순종입니다. 성

교회를 세우는 요한계시록 강해

부 하나님의 말씀대로 그는 철저하게 순종하셨습니다. 공생애의 시작부터 그의 십자가의 죽으심까지 말씀에 대한 순종이었습니다. 이것은 대리 통치자로서의 자격입니다. 그러기에 우리가 더욱더 감당해야 할 것은 말씀을 더욱 깊이 알고 온전하게 순종하는 일입니다. 이것이 하나님 나라를 확장하는 일입니다. 우리 모두에게 맡겨진 사명입니다. 이것이 본문의 핵심입니다.

새 하늘과 새 땅이 보여주는 생명수 강의 영광을 보았습니다. 그리고 그것이 무엇을 의미하는지 살펴보았습니다. 그렇다면 이 말씀을 가지고 오늘을 어떻게 살아야 합니까? 주님 맞이하는 그날까지 어떻게 준비해야 합니까?

우선 여러분이 복 있는 사람이라는 사실을 기억하는 것이 중요합니다. 왜냐하면 천상의 예배를 지금 드리고 있기 때문입니다. 예배는 구원받은 백성 됨의 증거입니다. 이마에 인 친 자들의 영광은 영원토록 하나님을 예배함입니다. 삶의 모든 일이 예배가 됩니다. 그러므로 지금 이렇게 예배하고 있다는 사실이 복되고 감사한 일입니다. 예배하고 있고, 예배의 은혜 속에 있는 것이 천상의 사람으로 예비되었다는 사실입니다. 이 일에 기뻐하시기 바랍니다.

그런 의미에서 우리는 예배의 기쁨을 제대로 누리고 있는지 살펴보아야 합니다. 예배는 하나님을 만나는 공식적인 자리입니다. 말씀을 통하여 하나님의 뜻을 듣는 시간입니다. 나에게 말씀하시는 시간입니다. 하나님의 뜻을 들을 수 있고, 깨달을 수 있는 시간이기 때문입니다. 그래서 예배를 가볍게 하거나 육적인 자세로 한다면 결코 하나님의 뜻을 알 수 없습니다. 하나님께서 말씀하시기를 기뻐하는데 들을 준비가 되어 있지 않다면 하나님의 뜻을 알 수 없고 행할 수 없습니다.

그리고 우리는 삶의 모든 영역에서 하나님의 대리 통치자로서 사명을 감당하는 일에 충성해야 합니다. 그런데 이 일은 하나님의 뜻을 온전하게 아는 일에서 시작합니다. 그리고 그것은 바로 예배에서 시작합니다. 하나님의 말씀이 선포되고 성도의 교제가 이뤄지는 예배에서 왕권을 가진 통치자의 삶을 확인할 수 있습니다. 그러므로 예배와 대리 통치는 늘 함께합니다. 예배가 무너지면 삶의 영역에서 힘을 상실합니다. 지혜도 무디어지고, 능력도 나타나지 않습니다. 지혜와 지식의 근본이신 하나님을 경외하는 예배가 핵심이기 때문입니다. 그러므로 예배가 소중함은 바로 삶의 영역에서 하나님의 뜻을 나타내기 위함입니다.

오늘도 하나님은 우리에게 말씀하기를 기뻐하십니다. 우리를 통하여 기쁨을 함께 나누기를 원하십니다. 하나님이 주시는 그 기쁨을 풍성하게 누릴 수 있기를 소망합니다.

말씀을 지키라(계 22:6-9)

　요한계시록 22장은 전체의 결말에 해당되는 부분입니다. 앞서서 보았듯이 1-5절까지는 영광스러운 하나님 나라를 보여줍니다. 하나님과 어린 양의 보좌로부터 흘러나오는 생명수의 강이 흐르고 그 양편에 생명나무가 있습니다. 생명나무에서는 달마다 열두 가지 실과가 맺힙니다. 나무 잎사귀들은 만국을 치료합니다. 이것은 죄로 인하여 저주를 받았던 에덴동산이 완전히 회복되었음을 의미합니다. 그러므로 더 이상 죄로 인한 저주가 없습니다. 그리고 하나님의 얼굴을 대면하는 영광을 회복합니다. 다시는 밤이 없습니다. 구원받은 백성들은 하나님이 맡겨 주신 일을 영원히 통치합니다. 이것이 완성된 하나님 나라의 모습입니다. 그리스도인은 이 나라의 상속자입니다. 그리스도의 은혜로 이 영광을 받았습니다. 여기까지가 예언의 말씀을 통하여 보여주신 하나님 나라입니다.

　본문은 요한계시록의 결론 부분의 시작입니다. 사도 요한은 천사로부터 자신이 받은 이 말씀이 신실하고 참됨을 확인받습니다. 6절에서 천사는 이 말은 신실하고 참되다고 말씀합니다. 여기서 이 말은 짧게는 계 22:1-5의 말씀입니다. 하나님을 대면하는 영광의 나라가 임할 것임이 분명하다는 말씀입니다. 그러면서 천사는 이 말씀이 선지자들에게 영감을 주시는 하나님께서 그의 종들에게 속이 될 일을 보이시려고 그의 천사를 보내셨다고 말씀합니다.

여기서 "선지자들의 영의 하나님"이라는 의미는 선지자들에게 영감을 주시는 하나님이라고 볼 수 있습니다. 이렇게 볼 때 선지자들은 성령의 영감을 받아 말씀을 기록한 신구약의 저자들을 의미한다고 할 수 있습니다. 그렇게 생각하는 것은 "선지자들의 영의 하나님이 그의 종들에게"라는 말씀에서 볼 수 있습니다. 여기서 "그의 종들"은 누구이겠습니까? 이들은 선지자들이 아닙니다. 이들은 말씀을 받는 사람입니다. 바로 "모든 하나님의 자녀 즉, 그리스도인"이라고 할 수 있습니다.

이렇게 볼 때 6절 말씀은 성경을 기록하게 하신 하나님께서 속히 될 일을 그리스도인들에게 보이시려고 그의 천사를 통하여 사도 요한에게 알리셨다고 할 수 있습니다. 그러면 성경을 기록한 목적이 분명해집니다. 이것은 모든 그리스도인들에게 하나님의 뜻을 알려주려고 기록한 것입니다. 그런 후에 7절에서 주님의 재림을 강조합니다. 그런데 주님의 재림에 대하여 말씀하실 때 속히 온다고 강조합니다. "내가 속히 오리니"라는 말씀은 분명하게 주님의 재림을 말씀합니다. 이 말씀은 궁극적으로 재림을 의미하지만 좀 더 넓은 의미로는 주님의 초림부터 재림 때까지 늘 우리에게 다가오시는 주님을 의미하기도 합니다. 그러므로 이러한 의미를 인식하고 이 말씀을 보아야 합니다. 주님이 오시면 모든 것이 온전하게 밝혀질 것입니다. 이 말씀은 계 1:1의 내용을 반복합니다.

"예수 그리스도의 계시라 이는 하나님이 그에게 주사 반드시 속히 될 일을 그 종들에게 보이시려고 그 천사를 그 종 요한에게 보내어 지시하신 것이라"

교회를 세우는 요한계시록 강해

속히 될 일을 보이신 주님은 속히 오실 것입니다. 그런데 여기서 "속히" 혹은 "빠르게"라는 단어 때문에 주님의 재림의 의미를 혼동할 수 있습니다. 왜냐하면 주님이 이 말씀을 하실 때부터 지금까지 약 이천 년이라는 시간이 흘렀기 때문입니다. 더구나 "속히"라는 말은 금방이라는 의미를 가지고 있습니다. 그래서 이 말로 인하여 혼돈을 가질 수 있습니다. 그러나 우리가 기억하여야 할 것이 있습니다.

우선 누구도 그 때와 기한은 알 수 없습니다. 그리고 우리의 시간표와 하나님의 시간표는 다릅니다. 재림은 하나님의 시간표에 따라 속히 올 것입니다. 그런데 우리의 시간과 하나님의 시간은 다릅니다. 베드로 사도는 하나님께는 천년이 하루 같다고 말씀하였습니다. 그러므로 하나님의 시간표에 따르면 예수님이 돌아가신 후에 지금이 이틀 정도 된 것이라 할 수 있습니다. 그렇기에 "속히 온다"는 말씀은 틀린 말씀이 아닙니다. 그러므로 "속히 온다"는 의미는 하나님의 관점에서 보아야 하는 말씀입니다. 결코 우리의 시간표대로 보아서는 안 됩니다. 하나님의 시간표는 우리에게 은혜를 베풀어 주는 시간입니다. 만약 하나님이 즉시로 오셨다면 오늘 우리는 존재하지 않을 것입니다. 그러므로 우리의 시간표가 아니라 하나님의 시간표임을 감사해야 합니다. 그리고 하나님의 시간표는 언제인지 모른다는 사실이 우리에게 중요한 의미를 가져다줍니다. 이 말씀은 언제 올지 모르기 때문입니다. 내일 올지, 내년에 올지 아무도 모릅니다. 그러므로 하나님의 시간표는 우리에게 하루 하루를 믿음으로 최선을 다하여 살라고 하는 것입니다.

속히 온다는 것을 아는 사람과 모르는 사람은 살아가는 삶이 다릅니다. 아는 사람은 준비하며 살아갑니다. 그래서 예수님은 준비하는 사람들을 말씀하실 때 신랑을 기다리는 어리석은 처녀와 지혜로운 처녀를 비유로 말씀하셨습니다. 지혜로운 처녀들은 언제든지 오실 줄 알았기 때문에 잠을 자지 않고 끝까지 등불을 준비하여 기다렸습니다. 그러나 어리석은 처녀들은 언제 올지 모른다고 하면서 준비하지 않고 졸았습니다. 그런데 신랑이 온 것입니다. 준비한 자들은 주님을 만나서 결혼을 하였습니다. 바로 이 비유를 통하여 볼 수 있는 것이 "속히"의 의미입니다. 우리는 언제 주님이 오실지 모르지만 주님은 반드시 오실 줄 알기 때문에 하루 하루를 최선을 다하며 믿음을 지키며 사는 것입니다. 그러므로 믿음을 가지고 주님을 만나고 주님과 함께 동행하는 것이 참으로 중요합니다.

그리고 그러한 하루를 살아가는 우리들이 가지고 있어야 할 자세는 바로 "예언의 말씀을 지키는 것"입니다. 하나님은 예언의 말씀을 지키는 자가 복이 있다고 말씀합니다. 하나님은 복 주시기를 기뻐하시는 분입니다. 그러나 예언의 말씀을 지키지 않으면 심판에 이를 것임도 말씀하십니다.

8-9절은 사도 요한의 실수와 천사의 바른 교정을 볼 수 있습니다. 사도 요한은 천사가 보여준 말씀에 너무나 크게 감동하였습니다. 그래서 천사의 발 앞에 경배를 하려고 엎드렸습니다. 그러자 천사는 화들짝 놀라면서 자신도 말씀을 지키는 자들과 함께 된 종이라고 말합니다. 그러면 경배할 대상은 오직 하나님이라고 말씀합니다.

이렇게 요한계시록의 결론이 시작되는 말씀을 살펴보았습니다. 본문을 통하여 우리는 의미 있는 사실을 배울 수 있습니다. 그것은 종말을 사는 그리스도인에 대한 인식입니다. 종말을 사는 그리스도인은 어떤 존재입니까?

첫째, 그리스도인은 예언의 말씀을 받은 사람입니다. 사람이 동물과 다른

교회를 세우는 요한계시록 강해

많은 이유들이 있지만 그 가운데 동물들이 결코 갖지 못한 것은 바로 "예언의 말씀"입니다. 예언의 말씀은 오직 하나님의 형상으로 지음받은 사람에게만 주어졌습니다. 하나님은 그의 종들 곧 그리스도인들에게 예언의 말씀을 주셨습니다. 그 이유는 속히 될 일을 알려주시기 위함입니다.

하나님은 그의 자녀들이 종말을 어떻게 살아야 할지를 알려주시고자 예언의 말씀을 주셨습니다. 사람이 말씀을 알 수 있는 것은 오직 하나님의 형상으로 지음받았기 때문입니다. 이 땅에 아무리 똑똑한 동물이 있다 해도 하나님의 말씀을 들을 수 없고 깨달을 수 없습니다. 말씀을 알 수 있는 존재는 오직 하나님 형상으로 지음받은 사람입니다.

그러나 사람이라고 해서 다 하나님의 말씀을 알 수 있지 않습니다. 오직 선택받은 그리스도인만이 알 수 있습니다. 말씀은 성령의 영감으로 써졌기 때문에 성령의 비춰심이 없이는 그 의미를 알 수 없습니다. 그런데 성령은 오직 그리스도인에게만 거하십니다.

"너희 몸은 너희가 하나님께로부터 받은바 너희 가운데 계신 성령의 전인 줄을 알지 못하느냐 너희는 너희의 것이 아니라"(고전 6:19)

그래서 6절 말씀에서 "그의 종들에게"라고 말씀하신 것입니다. 예언의 말씀은 오직 주의 종들에게 주신 말씀입니다. 그래서 세상의 지혜가 아무리 뛰어나도 이 말씀을 알지 못합니다. 동시에 세상의 지혜가 부족하지만 말씀을 깊이 깨달을 수 있습니다. 그것은 성령의 비춤으로 결정됩니다. 그런 의미에서 그리스도인은 예언의 말씀을 받고 그 의미를 아는 존재입니다. 이것이 첫번째 사실입니다.

둘째, 그리스도인은 예언의 말씀을 지키는 사람입니다. 그리스도인이 누리는 복은 말씀을 받은 것에 머물지 않습니다. 그리고 그 말씀을 아는 것에 주어지지 않습니다. 그리스도인이 누리는 복은 바로 말씀을 지키는 것에 있습니다. 사도 요한은 계시록을 시작할 때 분명하게 언급하였습니다.

"이 예언의 말씀을 읽는 자와 듣는 자들과 그 가운데 기록한 것을 지키는 자들이 복이 있나니 때가 가까움이라"(계 1:3)

그리고 마무리를 하면서 다시 한번 이 말씀을 지키는 자가 복이 있다고 강조합니다. 환난의 시기에 말씀을 지킨다는 것은 결코 쉬운 일이 아닙니다. 그러나 그 말씀을 굳게 지킨 자에게 복을 선언하셨습니다. 이것은 환난의 시기에 많은 이들이 말씀을 지키지 않고 배교하는 일들이 일어남을 의미합니다. 히브리서 기자는 배교자에 대한 하나님의 심판이 어떠함을 경고하였습니다.

"한번 비췸을 얻고 하늘의 은사를 맛보고 성령에 참예한 바 되고 하나님의 선한 말씀과 내세의 능력을 맛보고 타락한 자들은 다시 새롭게 하여 회개케 할 수 없나니 이는 자기가 하나님의 아들을 다시 십자가에 못박아 현저히 욕을 보임이라"(히 6:4-6)

그러나 주님은 재난이 일어나고 환난이 올 때 끝까지 믿음을 지킨 자는 구원을 얻는다고 말씀하셨습니다.

"그 때에 사람들이 너희를 환난에 넘겨주겠으며 너희를 죽이리니 너희가 내 이름을 위하여 모든 민족에게 미움을 받으리라 그 때에 많은 사람이 시험에 빠져 서로 잡아 주고 서로 미워하겠으며 거짓 선지자가 많이 일어나 많은 사람을 미혹하게 하겠으며 불법이 성하므로 많은 사람의 사랑이 식어지리라 그러나 끝까지 견디는 자는 구원을 얻으리라"(마 24:9-13)

주님께서 말씀하셨듯이 끝까지 견디는 자는 구원을 얻습니다. 이것은 말씀을 지킨 자에게 주어지는 복입니다. 그런 의미에서 그리스도인은 바로 예언의 말씀을 끝까지 지키는 자입니다. 우리 모두에게 이러한 복이 있기를 소망합니다.

셋째, 그리스도인은 오직 하나님만 경배하는 사람입니다. 그리스도인은 말씀을 받고 끝까지 지키는 자임을 확인하였습니다. 그러나 이것이 종말을 사는 그리스도인의 정체성의 전부는 아닙니다. 예수님은 속히 오십니다. 그리고 우리를 영광스러운 나라에 살게 하십니다. 새 하늘과 새 땅의 영광을 우리에게 주십니다. 이렇게 강조함은 그리스도인은 오직 하나님만 경배해야 하는 존재이기 때문입니다. 이 말을 하는 것은 사도 요한이 실수하였던 것처럼 우리도 종종 실수할 수 있기 때문입니다.

우리도 종종 나의 삶에 영광을 가져다주고, 물질을 가져다주고, 명예를 가져다주고, 기쁨을 가져다주는 것에 경배할 때가 많이 있습니다. 그래서 삶의 우선순위가 정해지는 것을 봅니다. 사도 요한은 영광스러운 하나님 나라를 보여주었던 천사에게 그만 경배하고 말았습니다. 천사가 수습하지 않았다면 우상숭배에 빠지고 말았을 것입니다. 우리도 항상 경계하여야 합니다. 우리의 삶을 풍요롭게 해주는 이가 누구인지 분명하게 고백할 수 있어야 합니다. 여러분의 삶을 윤택하게 해주는 이가 여러분 회사의 사장일 수 있습니다. 또는 여러분의 노력이라고 생각할 수 있습니다. 또한 여러분의 자녀가 기쁨이 될 수 있습니다. 그러나 하나님이 그 모든 것을 거두시면 어떻게 하시겠습니까?

그리스도인의 삶의 우선순위는 오직 하나님입니다. 그래서 이 예언의 말씀을 주신 것입니다. 이 말씀을 통하여 우리가 가야 할 길을 명확하게 해야 합니다. 오직 우리는 하나님이 우리의 우선순위이며 변하지 않는 경배자입니다. 이 일을 감당하는 것이 그리스도인입니다. 그리스도인만이 하나님을 경배합니다.

종말을 사는 그리스도인이 어떠한 존재인지 분명하게 알게 되었으리라 생각합니다. 그리고 이 모든 것을 알게 해 주신 이는 예수 그리스도입니다. 그렇기에 주님 오시는 그날까지 우리가 감당해야 할 일이 더욱 분명해졌습니다.

우선 우리에게 말씀을 주신 하나님께 감사해야 합니다. 그리고 우리가 말씀을 받을 수 있도록 선택하여 주신 예수님께 감사해야 합니다. 또한 우리로 하여금 말씀을 지킬 수 있도록 도우시는 성령님께 감사해야 합니다. 우리가 얼마나 큰 복을 받았는지 잊으면 안 됩니다. 이 받은 복을 끝까지 유지할 수 있는 은혜가 있기를 소망합니다.

주님은 우리에게 속히 될 일을 알려주셨습니다. 이것은 핑계치 못하게 하심도 있지만 이 환난의 시기에 믿음을 더욱 굳게 하라는 것입니다. 우리가 사는 시대는 정말 유혹이 많습니다. 온갖 유혹이 우리를 시험 들게 하고 믿음의 자리에서 떠나가게 합니다. 그러기에 더욱더 힘을 다하여 믿음을 굳게 하여야 합니다. 그것은 말씀을 지키는 일입니다.

그리고 듣고 읽은 말씀을 반복하여 묵상하고 내 심령에 새길 때 우리의 신앙이 성장합니다. 이 일이 없으면 시험에 들고 유혹에 빠져 죄의 길에 서게 됩니다. 고통하는 때인 말세에 하나님보다 사랑하는 것은 그 무엇이든지 다 버릴 수 있어야 합니다. 하나님보다 소중한 것이 없습니다. 이 사실을 가슴에 깊이 새기시기를 바랍니다.

교회를 세우는 요한계시록 강해

여러분의 얼굴이 밝고 빛날 때가 언제인지 아십니까? 말씀의 인도함을 받을 때입니다. 그때는 여러분의 입에서 저절로 말씀이 흘러나옵니다. 그런데 말씀이 흘러나오지 않으면 얼굴이 어둡습니다. 왜냐하면 세상 근심이 여러분의 영혼을 점령하였기 때문입니다.

예수님을 사랑하시기 바랍니다. 말씀을 다시 들으시기 바랍니다. 그리고 기도하시기 바랍니다. 그러면 영혼이 다시 회복됩니다. 우리 함께 종된 자들로서 끝까지 말씀을 지키는 동지가 되기를 소망합니다.

주님이 주시는 상(계 22:10-15)

어릴 적에 교회를 좋아했던 이유 중 하나는 교회에서 상을 자주 받았기 때문입니다. 학교에서는 잘 받지 못하였던 상인데 교회에서는 자주 받았습니다. 전도상, 성경퀴즈상, 봉사상, 기도상, 개근상 등 상을 많이 받았습니다. 그것이 얼마나 자랑스럽고 행복했는지 모릅니다. 지금은 학교에서도 하도 많은 상을 주어서 그런지 상에 대해 그다지 높이 평가하지 않지만 상은 그 자체로 우리를 행복하게 해줍니다.

그런데 새 하늘과 새 땅에서도 주님이 주시는 상이 있습니다. 물론 이 상은 아무나 받는 것은 아닙니다. 상을 받지 못하여 성 밖에 있는 자들도 있습니다. 그러나 하나님의 자녀들은 상을 받습니다. 그리고 그 기쁨 가운데 살아갑니다. 본문은 주님이 주시는 상에 대한 내용입니다.

본문은 세 부분으로 나누어 생각할 수 있습니다. 10-12절 그리고 13절, 14-15절입니다. 우선 10-11절에서 아주 특별한 당부를 하시는 말씀을 봅니다. 그것은 예언의 말씀을 인봉하지 말라는 것입니다. 이 말은 요한계시록의 말씀이 공개되었으나 모두가 알 수 있도록 하라는 말씀입니다. 계시록은 비밀스러운 문서가 아니라 모든 성도들이 들어야 할 목회서신입니다. 물론 예언의 말씀으로 가득하지만 보지 말아야 할 말씀이 아닙

교회를 세우는 요한계시록 강해

니다. 그리고 인봉하지 말라는 이유는 주님의 오실 때가 가깝기 때문입니다. 주님이 오시면 이 땅에서 이뤄지지 않았던 모든 정의가 온전히 성취될 것입니다. 11절은 그 사실을 말씀합니다. 불의한 자는 불의하고, 더러운 자는 더러울 것입니다. 그러나 의로운 자는 의를 행하고 거룩한 자는 그대로 거룩하게 행합니다. 이 말씀은 계 20:12에서 했던 말씀의 반복입니다.

"또 내가 보니 죽은 자들이 무론대소하고 그 보좌 앞에 섰는데 책들이 펴 있고 또 다른 책이 펴졌으니 곧 생명책이라 죽은 자들이 자기 행위를 따라 책들에 기록된 대로 심판을 받으니"(계 20:12)

앞서서 이 사실을 충분하게 살펴보았습니다. 생명책에 기록된 대로 사람들은 심판을 받습니다. 그래서 하나님의 정의가 온전히 성취됩니다. 이 땅에서 무자비한 권력 때문에 저항도 못하고 눈물을 흘렸던 사람, 엄청난 돈 앞에서 비굴하게 대우받았지만 말 한번 해보지 못했던 사람, 갑질의 행태로 존중받지 못하고 숨죽여 살았던 사람들의 아픔이 다 회복되고 하나님의 정의가 불의한 자들에게 베풀어집니다. 그러나 불의와 불공정으로 사회적 부와 권력을 얻었던 사람들은 하나님의 심판을 혹독하게 받을 것입니다. 의로운 사람들과 거룩한 사람들은 새 하늘과 새 땅의 백성으로 살아갑니다.

12절은 주님이 주시는 상을 언급합니다. 주님이 속히 오셔서 모든 사람들에게 일한 대로 갚아 주신다는 약속입니다. 주님은 심판과 상이 분명히 있음을 말씀합니다. 마지막 날 상 받을 자와 벌 받을 자가 분명하게 나뉘게 됩니다.

13절은 이러한 상을 주시는 분이 누구인지를 설명합니다. 그 분은 바로 알파와 오메가, 처음과 나중입니다. 이 말씀은 상을 주시는 주님은 역사의 주인이심을 의미합니다. 역사를 시작하시고 끝내시는 분이 바로 주님입니다. 또한 이 말씀은 역사의 참된 심판관임을 말씀합니다. 우리는 어제의 일도 명확하지 못해서 말하는 사람마다 다릅니다. 종종 시위를 하거나 집회를 할 때 집회 참여자 수에 대한 주최 측과 경찰 측의 수치가 항상 다릅니다. 각자의 생각과 기준으로 보기 때문에 나타나는 현상입니다. 그러나 하나님은 처음과 나중이십니다. 정확하게 아신다는 의미입니다. 그래서 항소가 불가능한 판결을 내리십니다.

14-15절은 이러한 역사의 주인이시며 참된 재판관이신 주님께서 주시는 상과 벌을 말씀합니다. 상은 생명나무에 들어가며, 거룩한 성에 들어가는 자격을 얻습니다. 생명나무에 들어가는 자는 자신의 옷을 어린 양의 피에 빨아서 희게 한 자들입니다. 이미 계시록 7장에서 살펴보았습니다.

"내가 가로되 내 주여 당신이 알리이다 하니 그가 나더러 이르되 이는 큰 환난에서 나오는 자들인데 어린양의 피에 그 옷을 씻어 희게 하였느니라"(계 7:14)

어린 양의 피로 깨끗하게 된 옷을 입은 자만이 생명나무가 있는 거룩한 성에 들어갈 수 있습니다. 이것은 자신의 죄에 대하여 민감하게 인식하고 죄 죽임의 자리를 가까이하는 것입니다. 이미 죄 용서를 받았지만 매일 우리를 더럽히게 하는 것들을 씻어내야 합니다.

그러나 반면에 성 밖에 있는 자들이 있습니다. 이들은 죄 씻음에 무감각합니다. 이들은 개들과 술객들과 살인자들과 우상숭배하는 자들과 거짓말하는 자들입니다. 이들은 결코 하나님의 성에 들어갈 수 없습니다. 여기서 개들은 물리적인 개를 의미하는 것이 아닙니다. 개는 불경건한 자

교회를 세우는 요한계시록 강해

와 악한 자들입니다.(신 23:17-18) 또한 종교적 외식자라고도 할 수 있습니다. 빌 3:2에서도 개들을 삼가고 행악하는 자들을 삼가라는 말씀이 있습니다. 이렇게 행악하는 자는 결코 생명나무에 들어올 수 없고 거룩한 성에 들어올 수 없습니다.

이상에서 보듯이 주님이 주시는 상은 바로 생명나무에 들어가는 것입니다. 이들은 이 땅에서 거룩하고 의롭게 살았던 이들입니다. 하나님은 이들이 일한 대로 갚아 주신다고 하였습니다. 그리고 그 상은 생명나무에 들어가 생명나무의 열매를 먹는 것입니다. 의인들은 죄로 인하여 막혀 있었던 생명나무에 들어가는 상을 받습니다. 하지만 악인들은 성 밖에 거하는 영원한 심판을 받습니다. 그가 어떻게 살았는지 상을 받는 자리에서 모든 것이 밝혀집니다.

이렇듯 본문 말씀은 새 하늘과 새 땅에 온전한 상이 있고 모든 성도들에게 주어진다고 약속하십니다. 주님은 속히 오셔서 약속하신 대로 상을 주시겠다고 말씀합니다. 이것은 우리에게 매우 중요한 교훈을 줍니다.

첫째, 주님은 우리의 중심을 보십니다. 사람들은 비교하고 차별을 하지만 하나님은 자녀들을 누구 하나 차별하지 않습니다. 그 자체로 소중하고 존중하여 줍니다. 오히려 차별하는 이들을 향하여 하나님은 외모가 중심을 보신다고 말씀하십니다.

"너희의 하나님 여호와는 신의 신이시며 주의 주시요 크고 능하시며 두려우신 하나님이시라 사람을 외모로 보지 아니하시며 뇌물을 받지 아니하시고"(신 10:17)

"여호와께서 사무엘에게 이르시되 그 용모와 신장을 보지 말라 내가 이미 그를 버렸노라 나의 보는 것은 사람과 같지 아니하니 사람은 외모를 보거니와 나 여호와는 중심을 보느니라"(삼상 16:7)

"상전들아 너희도 저희에게 이와 같이 하고 공갈을 그치라 이는 저희와 너희의 상전이 하늘에 계시고 그에게는 외모로 사람을 취하는 일이 없는줄 너희가 앎이니라"(엡 6:9)

이 사실에 대하여 예수님을 비방하였던 바리새인들과 헤롯 당원들도 인정하였습니다. 예수님은 외모로 사람을 판단하지 않으십니다.

"자기 제자들을 헤롯 당원들과 함께 예수께 보내어 말하되 선생님이여 우리가 아노니 당신은 참되시고 참으로써 하나님의 도를 가르치시며 아무라도 꺼리는 일이 없으시니 이는 사람을 외모로 보지 아니하심이니이다"(마 22:16)

우리 주님은 우리를 자녀로 부르시고 주의 일을 맡기실 때 세상의 기준이 아니라 하나님 앞에서의 신앙의 중심을 보십니다. 11-12절은 이러한 주님의 마음을 보여줍니다.

"불의를 하는 자는 그대로 불의를 하고 더러운 자는 그대로 더럽고 의로운 자는 그대로 의를 행하고 거룩한 자는 그대로 거룩되게 하라 보라 내가 속히 오리니 내가 줄 상이 내게 있어 각 사람에게 그의 일한 대로 갚아 주리라"

주님께서 우리의 중심을 보시고 갚아주실 수 있는 것은 처음과 나중 되시기 때문입니다. 더구나 주님은 나보다 나를 더 잘 아시는 분입니다. 그러므로 이 땅에서 하나님의 자녀로서 행하는 거룩한 삶이 너무나 귀한 일입니다. 여러분이 주님의 이름으로 맡겨진 일에 정직하고 최선을 다할 때 주님은 가장 기뻐하십니다. 그것이 어떠하든 하나님은 반드시 열매로 갚아 주십니다. 뿌린 대로 거두게 하십니다. 일한 대로 갚아주십니다. 그러므로 더욱더 두렵고 떨림으로 정직하게 주님의 일을 감당할 수 있기를 소망합니다.

두번째, 모든 그리스도인은 상을 받습니다. 새 하늘과 새 땅에는 그리스도인들에게 주어지는 상이 있습니다. 이것은 우리 주님이 예비하신 상입니다. 이 상은 생명나무에 들어가서 먹는 일입니다. 참으로 귀한 상입니다. 이러한 상은 오직 예수 그리스도를 믿는 자들에게만 주어집니다. 이 상은 아무나 받을 수 없습니다. 착한 일 했다고 받는 것이 아닙니다. 이 상은 철저하게 하나님의 은혜로 주어지는 상입니다. 오직 그리스도를 주라고 고백하는 자들에게 주어지는 상입니다. 그러므로 모든 그리스도인은 이 상을 받습니다. 이 사실에 대하여 히브리서 저자는 확고하게 주장합니다.

"믿음이 없이는 기쁘시게 못하나니 하나님께 나아가는 자는 반드시 그가 계신 것과 또한 그가 자기를 찾는 자들에게 상 주시는 이심을 믿어야 할지니라"(히 11:6)

하나님께 나아가는 자, 하나님이 존재하심을 믿는 자. 자기를 찾는 자들에게 상 주시는 분입니다. 그런데 누가 하나님께 나아가고, 하나님을 믿고 하나님을 찾습니까? 바로 그리스도인입니다. 이런 의미에서 생명나무에 들어가는 영생의 상은 믿음으로 살았던 모든 성도들만이 받습니다. 이사야 선지자는 새 하늘과 새 땅에서 성도들이 받을 상급이 있을 것임을 말씀하였습니다.

"여호와께서 땅 끝까지 반포하시되 너희는 딸 시온에게 이르라 보라

네 구원이 임하느니라 보라 상급이 그에게 있고 보응이 그 앞에 있느니라 하셨느니라"(사 62:11)

이렇듯 그리스도인은 이 땅에서부터 새 하늘과 새 땅에 이르기까지 상을 받습니다. 그리고 생명나무에 나아가며 그 열두 가지의 열매를 먹으며 주님과 대면하는 놀라운 선물을 받습니다.

도대체 무엇 때문에 그리스도인이 이러한 상을 받는 것입니까? 그리스도인은 십자가의 보혈로 깨끗함을 입은 자이기 때문입니다. 상은 오직 그리스도의 십자가의 보혈로 자신의 죄를 씻음받은 자에게만 주어집니다. 그래서 믿음의 선배들은 십자가를 그렇게 자랑한 것입니다. 십자가의 보혈이 없다면 우리는 거룩한 삶을 살고자 하는 마음도 없고 열심도 없습니다. 그러나 그리스도의 십자가의 보혈로 우리의 죄가 다 씻겨짐으로 우리가 그리스도인이 되었습니다. 우리가 이 믿음을 지키고 거룩하게 살 때 주님이 주시는 상을 받습니다. 그러나 상급을 말할 때 꼭 기억할 것은 행위로 인한 구원을 말하는 것이 아니라는 사실입니다. 우리가 행한 조건으로 인하여 주어지는 상급을 생각하면서 구원 역시 그렇게 생각할 수 있습니다. 그러나 구원은 결코 행위로 얻는 것이 아닙니다. 그럼에도 불구하고 하나님께서 상을 언급하는 것은 칼빈의 견해처럼 이 땅에서 믿음으로 살다가 당하는 고난이 결코 헛되지 않음을 보여주시기 위함입니다. 또한 우리의 연약함을 아시기에 영적인 힘을 얻게 하게 위한 것입니다. 그러므로 행한 대로 받는다고 말하지만 이 역시 하나님의 은혜입니다. 우리 모두 주님이 주시는 상급을 받을 수 있기를 소망합니다.

주님은 속히 오신다고 거듭 말씀하고 있습니다. 비록 그 때가 우리에게 알려지지 않았지만 생각지 않을 때에 주님은 오실 것입니다. 그리고 이

교회를 세우는 요한계시록 강해

땅에서 우리가 살았던 대로 갚아 주실 것입니다. 우리는 이 사실을 신중하게 듣고 준비하여야 합니다. 그렇다면 무엇을 준비하여야 하겠습니까?

우선 작은 일에도 충성하는 자세를 가져야 합니다. 주님 오시는 날 닥쳐서 충성하겠다는 생각은 헛되고 헛된 일입니다. 주님의 오심은 뜻하지 않게 오기 때문입니다. 그러므로 우리는 주어진 시간과 공간 안에서 최선을 다하여 충성하며 살아야 합니다.

"사람이 마땅히 우리를 그리스도의 일군이요 하나님의 비밀을 맡은 자로 여길지어다 그리고 맡은 자들에게 구할 것은 충성이니라"(고전 4:1-2)

맡은 자들에게 필요한 자세는 충성입니다. 충성할 때 하나님이 주시는 열매를 받을 수 있습니다. 그런데 이 충성은 작은 일부터입니다. 작은 일에 충성한 자가 큰일에도 충성하기 때문입니다. 주님은 이 사실을 분명하게 말씀하셨습니다.

"지극히 작은 것에 충성된 자는 큰 것에도 충성되고 지극히 작은 것에 불의한 자는 큰 것에도 불의하니라"(눅 16:10)

작은 것에 충성할 때 주님은 큰 것을 맡기십니다. 주님은 달란트 비유를 통하여 이러한 가르침을 주었습니다. 다섯 달란트와 두 달란트를 받아서 각각 다섯 달란트와 두 달란트를 남긴 이들에게 주님은 놀랍도록 큰 축복을 하였습니다.

"그 주인이 이르되 잘 하였도다 착하고 충성된 종아 네가 작은 일에 충성하였으매 내가 많은 것으로 네게 맡기리니 네 주인의 즐거움에 참예할지어다 하고"(마 25:21, 23)

이것은 종말을 사는 우리들이 가지고 있어야 할 신앙과 삶의 자세입니다. 내가 하고 있는 것이 어떠하든지 최선을 다하여 충성하면 하나님은 우리에게 큰 축복을 주십니다. 그러나 작은 일에 게으르면 주신 것도 다 사라짐을 기억해야 합니다.

또한 무슨 일을 하든 주님 앞에서 한다는 자세를 가져야 합니다. 거짓과 꼼수로 일하면 안 됩니다. 주님은 알파와 오메가입니다. 처음과 나중입니다. 우리의 모든 것을 아십니다. 그러므로 무슨 일을 하든 정직하게 해야 합니다.

그러면 힘들어도 주님은 아시기에 마침내 큰 축복을 주십니다. 그리고 생명나무에 들어가게 하십니다. 우리가 참된 믿음을 가졌다면 항상 하나님 앞에서의 자세를 늘 확인해야 합니다. 우리는 하나님이 없으면 좋겠다는 생각을 할 수 있습니다. 그러나 그것은 잠시는 편하지만 죄의 소굴을 만드는 것이고 반드시 멸망의 자리로 가게 됩니다. 당장은 아니라 할지라도 심판의 자리는 결코 피할 수 없습니다. 그러므로 항상 하나님 앞에서 즉 코람데오의 자세를 꼭 유지하셔야 합니다. 이것은 하나님이 도우심을 고백하는 일입니다.

마지막으로 날마다 주님의 십자가를 묵상하고 그 앞에 무릎 꿇는 일을 잘 감당해야 합니다. 주님의 은혜와 함께하심이 없이는 우리의 삶은 엉망진창이 됩니다. 우리의 본성은 언제나 죄를 짓는 것을 선호합니다. 그래서 방심하면 죄의 자리에 가 있습니다. 우리의 생각도 행동도 죄를 짓는 자리로 갑니다. 그러므로 더욱더 주님의 십자가를 묵상해야 합니다. 그리고 십자가 앞에 나가야 합니다. 십자가 앞에 나의 모든 문제를 가져가야 합니다. 그것이 사는 길입니다. 알파와 오메가이시고 처음과 나중 되신 주님께서 나와 함께하시고 나를 복되게 만들어 주십니다. 언제나 이 믿음으로 승리할 수 있기를 주님의 이름으로 축복합니다.

아멘 주 예수여 오시옵소서
(계 22:16-21)

이제 요한계시록 강해 마지막 부분에 이르렀습니다. 요한계시록은 이 땅을 믿음으로 살아가는 성도들에게 용기와 희망과 능력을 주시기 위한 말씀입니다. 그래서 이 말씀을 듣는 자들과 읽는 자들과 그 가운데 기록된 것을 지키는 자들에게 복이 있다고 말씀하셨습니다. 이제 마지막 내용을 통하여 우리의 신앙이 더욱 굳어지고 성숙되기를 소망합니다. 말씀을 통하여 다가오시는 주님의 말씀을 굳게 붙잡으시기 바랍니다. 오늘도 성령은 나에게 말씀하십니다. 이 은혜를 결코 놓치지 마시고 풍성하게 누릴 수 있기를 소망합니다.

이제 마지막 본문을 살펴보겠습니다. 본문 16절은 두 가지 사실을 강조합니다. 하나는 요한계시록을 기록하게 한 이유입니다. 그것은 바로 교회를 위한 것입니다. 당시의 교회는 핍박과 고난 가운데 있었습니다. 보통 믿음이 아니고는 이겨낼 수 없는 상황이었습니다. 바로 이러한 상황 가운데 놓여 있던 교회가 능히 고난과 핍박을 이길 수 있도록 하기 위하여 말씀을 주신 것입니다. 두번째는 말씀을 주신 예수님 자신에 대한 알

교회를 세우는 요한계시록 강해

려주심 즉 자기계시입니다. 예수님은 다윗의 뿌리이며 광명한 새벽별이라고 말씀합니다.

이렇게 말함은 예수님께서 구약의 예언하셨던 메시아임을 다시금 확인하심입니다. 그리고 이 말씀이 바로 신적 권위가 있는 말씀임을 선언합니다. 구약은 오실 예수님에 대하여 다윗의 자손으로 오실 것임을 예언합니다. 사 11:1, 10입니다.

"이새의 줄기에서 한 싹이 나며 그 뿌리에서 한 가지가 나서 결실할 것이요"(사 11:1)

"그 날에 이새의 뿌리에서 한 싹이 나서 만민의 기호로 설 것이요 열방이 그에게로 돌아오리니 그 거한 곳이 영화로우리라"(사 11:10)

그리고 계시록은 그 예언의 주인이 바로 예수 그리스도임을 말씀합니다.

"장로 중에 하나가 내게 말하되 울지 말라 유대 지파의 사자 다윗의 뿌리가 이기었으니 이 책과 그 일곱 인을 떼시리라 하더라"(계 5:5)

이렇게 예수님은 오실 메시아로 약속되어진 분이며 성취자입니다. 본문 말씀은 앞서서 밝힌 내용을 다시 한번 반복하여 강조합니다. 또한 '광명한 새벽별'에 대한 말씀은 발람이 한 예언에 대한 성취라고 할 수 있습니다.

"내가 그를 보아도 이 때의 일이 아니며 내가 그를 바라보아도 가까운 일이 아니로다 한 별이 야곱에게서 나오며 한 홀이 이스라엘에게서 일어나서 모압을 이 편에서 저 편까지 쳐서 파하고 또 소동하는 자식들을 다 멸하리로다"(민 24:17)

발람의 예언의 말씀인 야곱에게서 나온 홀은 가깝게는 다윗이었지만 요한계시록에서 하나님은 이를 예수님으로 말씀합니다. 이렇게 교회를 위하여 예언의 말씀을 주신 예수님은 구약성경이 약속하셨던 메시야 즉, 그리스도입니다. 그러기에 이 말씀은 신적 권위를 가진 말씀입니다.

그런 후에 17절은 성령과 신부가 사람들을 초청하는 모습입니다. 말씀을 듣는 자와 목마른 사람 그리고 생명의 물을 마시기 원하는 사람은 와서 무료로 마시라는 것입니다. 여기서 신부는 교회를 의미합니다. 앞선 21:2에서 새 예루살렘성은 교회를 의미한다고 하였습니다. 본문에서는 새 예루살렘성이 남편을 맞이하는 신부로 묘사됩니다. 이것은 신부가 교회임을 의미합니다. 그러므로 17절 말씀은 성령으로 충만한 교회의 요청입니다.

그런데 이 말씀에서 세 번이나 "오라"고 말씀을 합니다. 이 세 번의 모습을 보면 첫번째 두번째는 예수님을 향하여 하는 말씀이고 세번째는 세상을 향하여 요청하는 말씀으로 볼 수 있습니다. 물론 세 개 다 세상을 향한 요청으로 보기도 합니다. 그러나 두 개로 나뉘는 것이 설득력 있습니다.

이렇게 볼 때 첫번째 성령과 교회가 오라는 말씀은 예수님께서 속히 임하여 달라는 말씀입니다. 이것은 계 22:7, 12, 20의 말씀에서 속히 오신다고 하셨으니 속히 오시라고 간청하는 말씀입니다. 또한 두번째 요청은 말씀을 듣는 개개인 신자가 교회로부터 들은 말씀을 가지고 주님께 하는 요청입니다. 세번째 요청은 교회 밖의 비신자나 교회 안에 있지만 영적으로 잠들어 있는 자들을 향하여 교회로 돌아오라는 성령이 충만한 교회의 요청이라고 할 수 있습니다. 그것이 바로 생명수를 원하는 자는 누구든지

교회를 세우는 요한계시록 강해

와서 먹으라는 말씀입니다. 그런데 이 말씀은 사 55:1 말씀을 떠오르게 합니다.

"너희 목마른 자들아 물로 나아오라 돈 없는 자도 오라 너희는 와서 사 먹되 돈 없이, 값 없이 와서 포도주와 젖을 사라"

또한 예수님께서 하셨던 말씀을 다시 반복하는 것이라 할 수 있습니다.

"명절 끝날 곧 큰 날에 예수께서 서서 외쳐 가라사대 누구든지 목마르거든 내게로 와서 마시라 나를 믿는 자는 성경에 이름과 같이 그 배에서 생수의 강이 흘러나리라 하시니"(요 7:37-38)

이렇게 교회는 세상을 향하여 교회로 돌아오라고 초청합니다. 이 소리를 듣고 오는 자들은 하나님이 주시는 생명수를 먹을 수 있습니다. 이 얼마나 감사한 일입니까? 주님께 오는 사람들은 누구든지 목마르지 않을 것이고 배고프지 않습니다. 주님이 생명수이시고 영원한 양식이기 때문입니다.

그리고 18-19절은 예언의 말씀에 대한 태도를 말씀합니다. 하나님의 말씀에 대하여 그 무엇도 더하거나 빼지 말라는 말씀입니다. 그리고 이 명령을 어길 때 책에 기록된 재앙들이 임할 것이라고 말씀합니다. 이 말씀은 복음을 왜곡하는 자들에 대한 하나님의 경고입니다. 모세 역시 하나님의 말씀에 대하여 더하거나 빼지 말라고 경고하였습니다.

"내가 너희에게 명하는 말을 너희는 가감하지 말고 내가 너희에게 명하는 너희 하나님 여호와의 명령을 지키라"(신 4:2)

사람들은 상황에 따라서 말씀을 바꾸고 싶어 합니다. 그러나 성경의 명령은 더하지도 말고 빼지도 말라는 것입니다. 이 명령을 지키는 것이 생명나무와 거룩한 성에 들어가는 길입니다.

이제 요한계시록의 마지막 구절을 볼 수 있습니다. 바로 20-21절입니다. 주님께서 진실로 속히 오겠다고 말씀합니다. 그러자 듣는 사도 요한은 응답합니다. "아멘 주 예수여 속히 오시옵소서" 이 말은 고전 16:22에 기록된 아람어 "마라나타(마란 아다)"와 동의어입니다. 그래서 우리는 종종 "마라나타"라고 부릅니다. 그리고 21절에서 축복이 선언됩니다. "주 예수의 은혜가 모든 자들에게 있을지어다 아멘" 여기서 보듯이 하나님의 복이 선언될 때 성도의 대답은 아멘입니다. 아멘은 그렇게 될 것을 믿는다는 고백입니다. 그러므로 이 말씀은 하나님의 은혜가 나에게 이뤄지기를 믿는다는 말씀이 됩니다.

이렇게 요한계시록은 마무리가 됩니다. 이 말씀을 주신 이유는 환난의 시기를 견디고 예언의 말씀을 믿음으로 받고 주님 오실 때까지 끝까지 지키는 교회와 성도들에게 하나님의 크신 은혜가 주어진다는 약속입니다.

우리는 본문이 말하고 있는 내용을 자세하게 살펴보았습니다. 이제 본문을 통하여 가르치는 교훈을 나누고자 합니다. 그것은 곧 재림하실 주님을 맞이하는 교회와 성도들이 가지고 있어야 할 신앙입니다. 종말을 살아가는 교회가 바른 자세를 가지고 있으면 성도들은 길을 잃어버리지 않습니다. 세상이 아무리 혼탁하고 혼란스러워도 가야 할 길을 흔들리지 않고 걸어갑니다. 그러므로 말씀에 대한 바른 자세가 중요합니다.

첫째, 말씀은 교회를 세우기 위하여 주어졌습니다. 말씀이 교회를 위하여 주어졌다는 사실을 기억해야 합니다. 교회를 세우고 무너지지 않게 하기 위하여 말씀을 주셨습니다. 그러므로 교회와 관계없는 말씀이란 존재하지 않습니다. 교회는 주님의 말씀 위에 세워졌기 때문입니다(마 16:16).

교회를 세우는 요한계시록 강해

그리고 말씀을 통하여 건강하게 자라기 때문입니다. 첫번째 교회인 예루 살렘 교회는 물론이고 이방의 첫번째 교회인 안디옥 교회를 통하여 보았 듯이 교회는 말씀 위에 세워지고 말씀을 통하여 건강하게 성장합니다. 그 러므로 말씀에 소홀하거나 말씀이 왜곡된 교회는 오래갈 수 없습니다. 비 록 그 교회에 많은 사람들이 모이고 건물이 거대하다 할지라도 이미 병든 교회이고 어쩌면 처음부터 그리스도의 교회가 아니었는지 모릅니다.

주님은 자신의 몸인 교회가 건강하게 세워지도록 말씀을 주셨습니다. 그리고 그 말씀을 읽고 듣고 지키는 자들에게 복이 있다고 약속하셨습니 다.(계 1:3) 주께서 재림하실 그날까지 있을 온갖 고난과 어려움을 능히 이겨 낼 수 있도록 하기 위하여 말씀을 주셨습니다. 그래서 누구든지 이 말씀을 가까이하는 자들은 고난의 시기를 이길 뿐 아니라 성도로서 온전 케 되는 복을 누립니다(딤후 3:17).

이것은 시편기자의 고백처럼 주의 말씀은 내 발에 등이요 내 길에 빛이 기 때문입니다(시 119:105). 그러므로 교회는 무엇보다도 열심을 다하여 말씀을 바로 알고 순종하여야 합니다. 그것이 주님의 재림을 준비하는 성 도의 자세입니다.

둘째, 세워진 교회의 본질적인 소명은 복음 증거입니다. 예수님은 교회를 말씀 위에 세우셨습니다. 말씀에 대한 믿음이 없이는 교회는 세워질 수 없습니다. 그런데 교회에게 주어진 일은 복음을 전하는 일입니다. 이것이 주님의 지상명령입니다.

"내가 너희에게 분부한 모든 것을 가르쳐 지키게 하라 볼지어다 내가 세상 끝날까지 너희와 항상 함께 있으리라"(마 28:20)

그래서 복음이 증거되면 교회가 세워지고 교회가 세워지면 복음이 확장되었습니다. 복음이 없는 교회는 존재할 수 없습니다. 교회는 복음으로 세워지고 복음을 전함으로 그 생명을 유지합니다. 교회는 모든 사람에게 문을 열고 목마르거든 들어와서 생수를 마시라고 해야 합니다. 교회는 닫혀 있는 곳이 아니라 열려 있는 곳입니다. 그래서 누구든지 와서 복음을 들을 수 있어야 합니다. 사도 바울은 그리스도께서 자신을 사도로 부르신 것은 오직 복음을 전하게 하기 위함이라고 말씀합니다.

"그리스도께서 나를 보내심은 세례를 주게 하려 하심이 아니요 오직 복음을 전케 하려 하심이니 말의 지혜로 하지 아니함은 그리스도의 십자가가 헛되지 않게 하려 함이라 십자가의 도가 멸망하는 자들에게는 미련한 것이요 구원을 얻는 우리에게는 하나님의 능력이라"(고전 1:17-18)

교회는 이 일에 매진하는 곳입니다. 때를 얻든지 못 얻든지 복음이 증거되는 곳입니다(딤후 4:2). 교회는 번영을 약속하는 곳이 아닙니다. 교회는 삶의 문제 해결을 위한 곳도 아닙니다. 이러한 하나님이 주시는 선물이지 교회가 할 일은 아닙니다. 교회는 복음을 전하는 곳입니다. 복음을 들으라고 초청하는 곳입니다. 그러므로 우리가 하는 지역 섬김도 바르게 이해하여야 합니다. 이것은 복음을 들은 교회와 성도들이 감사함으로 베푸는 사랑입니다. 네 이웃을 사랑하라는 말씀의 순종입니다. 즉 복음을 들어야 온전하고 겸손한 사랑을 할 수 있습니다. 그래서 교회의 소명은 복음을 전하는 일입니다. 그래서 교회로 오라고 할 때 여기에 기쁜 소식 즉 복음이 있다고 해야 합니다. 우리의 삶이 변화되는 복음이 있다고 해야 합니다. 이렇게 교회는 복음을 전하는 사명을 가지고 있습니다.

셋째, 교회는 무엇보다 성경에 대하여 확고한 신앙을 가지고 있어야 합니

다. 교회가 복음을 전하려면 무엇보다 성경이 하나님의 말씀임을 확신해야 합니다. 오늘날 성경 비평학자들에게서 무신론자들이나 하는 소리를 듣습니다. 그래서 이들은 예수님의 동정녀 탄생도 믿지 않습니다. 예수님의 육체적 부활도 믿지 않습니다. 이제는 성경이 분명하게 말씀하고 있는 가르침에 대하여서도 성경을 비틀어서 보고 있습니다. 비평학자들은 현대 과학으로 이해하기 어려운 것은 신화나 신앙고백이지 역사적 사실이 아니라고 말합니다. 또한 시대의 사상에 맞지 않으면 편집되었다고 말합니다. 그래서 성경을 이리저리 난도질합니다. 하지만 성경은 성령의 영감으로 주어진 하나님의 말씀입니다. 이것은 성경 자체가 증거합니다.

"모든 성경은 하나님의 감동으로 된 것으로 교훈과 책망과 바르게 함과 의로 교육하기에 유익하니"(딤후 3:16)

성경을 불신하는 것이 거짓의 아비인 마귀의 유혹에 빠지는 것입니다. 우리는 과학과 맞지 않을 때 과학을 믿는 것이 아니라 성경을 믿고 기다리는 자세가 필요합니다. 우리의 이해가 아직 온전하게 되지 못하였기에 성령의 도우심을 기다리는 자세를 가져야 합니다. 성경은 성령의 영감으로 쓰여졌다는 사실을 잊어버리면 안 됩니다.

교회에 들어온 악한 무리들의 특징은 성경의 권위를 약화시키고 의심하게 만듭니다. 그래서 우리로 하여금 성경에 대한 확신을 갖지 못하게 합니다. 이것은 첫 사람 아담으로부터 시작된 시험입니다. 이 시험을 이기신 분이 바로 예수님입니다. 그러므로 예수님을 믿는 성도들은 무엇보다도 성경의 권위에 대하여 확고해야 합니다. 그러므로 말씀을 더하는 것도 말씀에서 빼는 것도 성경에 대한 바른 자세가 아닙니다.

정확무오한 하나님의 말씀은 삼위 하나님에 대한 권위로부터 시작하니다. 우리가 삼위 하나님을 온전히 신뢰한다면 성령의 영감으로 쓰인 성경은 곧 하나님의 말씀입니다. 이 믿음이 분명할 때 말세의 고통하는 때를 이길 수 있습니다. 이것이 종말을 사는 교회의 자세입니다.

넷째, 교회는 주님 오심을 간절히 기다리는 공동체입니다. 우리 시대는 주님의 재림에 대한 간절함이 점점 퇴색되어가고 있습니다. 이 땅의 것이 전부이고 영원한 것인 양 끔찍하게 집착하고 살아가고 있는 모습을 봅니다. 그러나 성경은 분명하게 말씀합니다. 보이는 것은 잠깐입니다(고후 4:18). 그런데 이렇게 잠깐인 것에 목숨을 거는 것처럼 어리석은 것이 없습니다.

교회는 무엇보다도 재림 신앙으로 단단해야 합니다. 그래서 성도로 하여금 주어진 소명이 끝난 후에 속히 주님과 함께 거하는 것을 소망하게 해야 합니다. 바울은 그 사실을 확고하게 증거하였습니다.

"오직 우리의 시민권은 하늘에 있는지라 거기로서 구원하는 자 곧 주 예수 그리스도를 기다리노니"(빌 3:20)

교회는 주 예수 그리스도를 기다리는 공동체입니다. 이 땅에서 누리는 부귀와 영화가 목적이 아닙니다. 참으로 마라나타의 신앙이 교회의 신앙입니다. 교회로부터 이 신앙을 듣지 못하고 배우지 못하면 더 이상 교회라고 할 수 없습니다. 교회는 새 하늘과 새 땅을 기다리는 곳이고, 주 예수 그리스도의 오심을 간절하게 소망하는 공동체입니다. 그래서 세상의 것들로 인하여 영혼이 파괴되지 않습니다. 그래서 이 땅에 모든 것을 걸고 살아가지 않습니다. 오늘도 주님의 오심을 소망하며 이 땅에서 소명에 충실한 우리 모두가 되기를 축복합니다.

교회를 세우는 요한계시록 강해

우리는 본문을 통하여 재림하실 주님을 맞이하는 교회와 성도들이 가지고 있어야 할 신앙에 대하여 살펴보았습니다. 이제 우리에게 남은 것은 나는 어떻게 살 것인가입니다. 신앙은 항상 교회로부터 나에게로 흐르기 때문입니다.

여러분은 주님의 재림을 얼마나 소망하면서 살고 있습니까? 그것은 먼 나라의 이야기라 생각하지는 않았습니까? 아직도 살날이 많은데 무슨 주님의 재림인가라고 생각한다면 아직 거듭나지 않은 상태이거나 영적인 긴 잠에 빠진 상태라고 할 수 있습니다.

우리는 주님이 언제 오실지 모릅니다. 그러나 도적같이 오신다고 하였습니다. 이것은 늘 주님의 오심을 갈망하면서 살라는 의미입니다. 마라나타의 신앙이 되라는 것입니다. 주님의 재림을 소망한다면 이 땅의 것에 집착하는 일에서 좀 더 자유할 수 있습니다. 그런 이들에게 하나님은 이 땅의 일들을 더 크게 맡겨 주실 것이라 생각합니다.

그리고 재림 신앙을 굳게 붙잡고 있다면 더더욱 성경에 대한 분명한 자세를 가져야 합니다. 그것은 우리의 신앙을 지켜주는 가장 강력한 힘이 됩니다. 이 세상의 달콤하고, 지적인 소리에 넘어가지 마시고 성경의 소리와 역사적 신앙고백의 소리를 들어야 합니다. 웨스트민스터 신앙고백은 성경에 대하여 이렇게 고백합니다.

"마땅히 믿고 순종해야 할 성경의 권위는 어느 사람이나 교회의 증거에 의거하지 아니하고 오직 진리 자체이시며, 저자(著者)이신 하나님에게 전적으로 의거한다. 따라서 성경은 하나님의 말씀이므로 수납되어야 한다"(1장 4항)

앞으로 우리 시대는 성경의 권위에 대한 전쟁이 더 심해질 것입니다. 성경의 권위가 무너지면 세상의 사상이 교회를 지배하게 됩니다. 그러므로 무엇보다도 교회가 순결한 신부로 남으려면 성경의 권위에 대한 흔들리지 않는 믿음을 가져야 합니다. 그리고 이 말씀을 전하는 일에 자부심과 담대함을 가져야 합니다. 말씀에 대한 확신과 담대함은 혼탁하고 고난이 다가오는 현실을 이기게 합니다. 이 믿음이 우리를 강건하게 하기를 주님의 이름으로 축복합니다.

교회를 세우는 요한계시록 강해

에필로그

65번의 설교를 통하여 요한계시록 전체를 살펴보았습니다. 이 말씀은 우리를 겁주는 말씀이 아님을 보았습니다. 또한 이미 주어진 말씀 속에 예언의 내용이 담겨 있음도 보았습니다. 그러므로 이단들이 왜곡하는 논리에 넘어가서는 안 됩니다. 다시금 이 말씀을 잘 살펴보고 묵상함으로 다시 오실 주님을 고대하고 지혜로운 다섯 처녀와 같이 신랑 되신 우리 예수님을 맞을 준비를 잘 하셔야 합니다. 그것은 이 땅에서 주님이 맡겨 주신 사명을 충성스럽게 감당하는 일입니다. 그것이 크든 작든 하나님 앞에서의 자세로 감당할 때 우리는 주님의 오심을 준비하는 것이 됩니다. 우리의 고백도 늘 아멘 주 예수여 오시옵소서, 즉 마라나타입니다.

참고도서

국내서

강신권, 김형종, 『요한계시록』, 솔로몬, 2009

김서택, 『요한계시록』, 성서유니온, 1998

김홍전, 『요한계시록』, 성약, 2013

민형기, 『요한계시록』, 생명의말씀사, 2006

박윤선, 『요한계시록』, 영음사, 1984

서문 강, 『요한계시록』, 청교도신앙사, 2013

서철원, 『교의신학 2: 하나님론』, 쿰란출판사, 2018

서철원, 『교의신학 7: 종말론』, 쿰란출판사, 2018

서철원, 『기독교문화관』, 총신대학출판부, 1992

서철원, 『하나님의 나라』, 총신대학출판부, 1993

송영목, 『요한계시록은 어떤 책인가?』, 쿰란출판사, 2010

송영목, 『요한계시록』, SFC, 2013

신동식, 『기독교 세계관이 상실된 세상에서』, 우리시대, 2019

오광만, 『요한계시록』, 생명나무, 2013

이병학, 『요한계시록』, 새물결플러스, 2016

이상근, 『요한계시록』, 성등사, 1991

이상웅, 『요한계시록』, 목양, 2015

이순태, 『새 하늘과 새 땅은 어디인가?』, 기독교문서선교회, 1994

이필찬, 『내가 속히 오리라』, 이레서원, 2006

임진남, 『요한계시록 해설』, 우리시대, 2018

하문호, 『요한계시록은 이런 뜻이었다』, 그리심, 2006

국내서(역서)

D. M. 로이드 존스, 『교회와 종말에 일어날 일』, 장광수 역, 기독교문서선교회, 2000

G.E 래드, 『요한계시록』, 이남종역, 크리스챤서적, 1990

J.A 벵겔, 『벵겔 신약주석;요한계시록』, 라형택역, 로고스, 1991

그레고리 빌, 데이비드 캠벨, 『요한계시록 주석』, 김귀탁 역, 복있는사람, 2015

그레이엄 골즈워디, 『복음과 요한계시록』, 김영철 역, 성서유니온, 1993

레온 모리스, 『요한계시록』, 김근수 역, 기독교문서선교회, 1993

로버트 마운스, 『요한계시록』, 장규성 역, 부흥과개혁사, 2019

리차드 마우, 『미래의 천국과 현재의 문화』, 한화룡 역, 두란노서원, 1986

리차드 보쿰, 『예언의 절정 Ⅰ』, 최흥진 역, 한들출판사, 2009

마이클 윌콕, 『요한계시록』, 정옥배 역, 두란노서원, 1988

매튜 헨리, 『매튜헨리 주석 디모데전서-계시록』, 김영배 역, 크리스챤다이제스트, 2007

매튜 풀, 『청교도 성경주석: 요한계시록』, 정충하 역, 크리스천다이제스트, 2017

번 S. 포이쓰레스, 『요한계시록 맥잡기』, 유상섭 역, 크리스챤, 2002

샘 스톰스, 『개혁주의 무천년설 옹호』, 윤석인 역, 부흥과개혁사, 2016

안토니 A. 후크마, 『개혁주의 종말로』, 류호준, 기독교문서선교회, 1994

앤드류 카이벤호벤, 『개혁교회의 종말론』, 심재승 역, 이레서원, 2001

에드윈 윌아우트, 『요한계시록』, 이용태 역, 기독교문서선교회, 1994

윌리엄 바클레이, 『요한계시록』, 편찬위원회 역, 기독교문사, 2009

윌리엄 헨드릭슨, 『요한계시록』, 김영익, 문영탁 역, 아가페출판사, 2015

윌리엄 핸드릭슨, 『내세론』, 오성종 역, 새순출판사, 1992

유세비우스 팜필루스, 『유세비우스의 교회사』, 엄성옥 역, 은성, 1990

자끄 엘륄, 『요한계시록 주석』, 유상현 역, 한들출판사, 2000

제임스 B. 조르단, 『계시록의 구속사적 연구』, 이동수 역, 그리심, 2005

조지 래드, 『개혁주의 종말론 강의』, 이승구 역, 이레서원, 2000

조지 비슬리 머레이, 『IVP 성경주석 신약: 요한계시록』, 김재영,
황영철 역, IVP, 2006

존 맥아더, 『맥아더 성경 주석』, 황영철, 전의우, 김진선, 송동민 역, 아바서원, 2015

존 스토트, 『그리스도가 보는 교회』, 정규채 역, 생명의말씀사, 1980

캐리 인맨, 『당신의 천국개념:전통적인가? 성경적인가?』, 이길상 역, 나침반, 1990

케네스 젠트리 주니어, 크레이그 블레이싱, 로버트 스트림플, 『천년왕국이란 무엇인가?』,
박승민 역, 부흥과개혁사, 2011

코르넬리스 비네마, 『개혁주의 종말론 탐구』, 박승민 역, 부흥과개혁사, 2014

크레이그 키너, 『IVP 성경배경주석』, 정옥배 외 역, IVP, 2011

킴 리들바거, 『개혁주의 무천년설』, 박승민 역, 부흥과개혁사, 2013

하워드 마샬, 스티븐 트레비스, 이안 폴, 『서신서와 요한계시록』, 박대영 역,
성서유니온선교회, 2007

하인리히 크라푸트, 『요한계시록』, 편집부 역, 한신연구소, 1990

국외서

BEEKE, JOEL, *Revelation*, Reformation Heritage Books, 2016

HAMILTON, JAMES M., JR, *Revelation*, Crossway, 2012

PHILLIPS, RICHARD D., *Revelation*, P&R, 2017

SCHREINER, THOMAS R., *ESV EXPOSITORY COMMENTARY — Revelation*,
CROSSWAY, 2018

함께 읽으면 좋은 우리시대 책

팬데믹과 교회격변
포스트 코로나 시대, 뉴노멀 교회는 있는가
신동식 저 | 9,000원 | 192쪽
팬데믹 상황에서 오히려 고전의 소비가 증가하고 있다고 한다.
아무리 기술이 발전하여 첨단의 특혜를 누릴 수 있다고 해도 깨어 있는 많은 사람들은
여전히 고전을 파고들며 현상 이면의 본질과 가치에 대해 고민하고 있는 것이다.
너도 나도 온라인 예배로 몰려드는 이 상황에서 교회의 본질에 대해 탐구하는 본서는
거리두기 사회 속에서 가장 안전한 방식으로 하나님께 예배하는 것이 무엇인지에 대한
질문에 설득력 있게 답변하고 있다.

도피 성도
교회로부터 도피하는 그리스도인들에게 보내는 부탁
신동식 저 | 12,000원 | 244쪽
한국 교회로부터 도피하여 세상으로 향하고 있는 그리스도인들에 대하여 교회적
신학적으로 접근하여 현실을 담담히 기술하며, 오늘날 빚어진 사태는 개개인의 문제가
아니라 교회와 성도, 목회자 모두가 함께 만들어낸 일이라고 말한다.
그로부터 자연히 교회와 성도, 목회자의 총체적인 개혁이 일어나야 한국 교회가
회복될 것이라는 결론을 얻은 저자는 그 회복을 위하여 각자 무엇을 어떻게 준비해야
할지 실천적인 대안을 제시한다.

구원, 길을 찾다
하나님이 하신 극히 아름다운 일
신동식 저 | 12,000원 | 218쪽
교회를 잘못된 가르침으로부터 돌이켜 세운 종교개혁의 태동은 구원의 문제에 관한
성경적인 이해를 되찾는 것으로부터 시작되었다. 오늘날의 교회는 외적으로는 성장했으나
내적 성숙에 힘쓰지 못한 결과가 나타나 많은 혼란을 겪고 있다. 정보가 범람하는 시대에
일반 성도들은 왜곡된 신학에 무방비로 노출되어 있다. 이 책은 성경에 계시된 믿음과
구원의 관계에 대하여 쉽고 분명하게 가르쳐 준다.

교회를 세우는 요한계시록 강해

글쓴이: 신동식
펴낸날: 2022년 10월 28일
펴낸이: 신덕례
편집: 권혜영
교열교정: 허우주
디자인: 김선
유통: 기독교출판유통
펴낸곳: 우리시대

경기 고양시 덕양구 마상로 102번길 53
우리시대
woorigeneration@gmail.com
SNS /woorigeneration.woori

ISBN 979-11-85972-48-0
ISBN 979-11-85972-47-3 (세트)

38,000원